Rechtsgrundsätze

der

neuesten Entscheidungen

des

Königlichen Ober-Tribunals.

Geordnet

nach dem Systeme der Gesetzbücher

und herausgegeben

von

Theodor Striethorst,
Kammergerichts-Rath.

Zweiter Band.

Berlin.

Verlag von J. Guttentag.

1858.

Vorwort.

Der vorliegende zweite Band dieses Werkes enthält die Rechtsgrundsätze derjenigen Obertribunals-Entscheidungen, welche in den zwölf Bänden des vierten, fünften und sechsten Jahrgangs des Archivs für Rechtsfälle (Bd. 13—24.) veröffentlicht worden sind.

Die einzelnen Rechtsgrundsätze habe ich in möglichst konziser Fassung, im Uebrigen aber stets, soweit es als zulässig erschien, mit denselben Worten der betreffenden Entscheidungen wiederzugeben gesucht.

Bei der Auswahl der in diesen Entscheidungen enthaltenen Rechtsgrundsätze habe ich nur auf diejenigen, welche wesentlich zur Rechtfertigung des gesprochenen Urtheils gedient haben, und daher, wie anzunehmen ist, von dem Ober-Tribunal selbst für richtig anerkannt sind, nicht aber auch auf diejenigen Rücksicht genommen, welche sich in den Urtheilsgründen nur nebenher, ohne als wesentliche Stütze des Urtheils zu dienen, ausgesprochen finden.

Berlin, im Juli 1858.

Theodor Striethorst.

Inhalts-Anzeige.

Berichtigungen.

Seite 4 Zeile 17 von oben statt 1389 lies: 1361.
„ 18 „ 6 von unten statt Zeit-Ablauf lies: Ablauf.
„ 31 „ 8 und 16 von oben statt Dig. 13. 5. lies: Dig. 13. 3.
„ 45 „ 4 von unten statt § 629 lies: § 627.
„ 47 „ 7 von unten statt Untersuchungs- lies: Untersagungs-
„ 64 „ 11 und 12 von oben statt der Klageanmeldung lies: durch Klageanmeldung bei dem gehörigen Richter.
„ 65 „ 1 und 2 statt Nichtgebrauch A. ꝛc. lies: Nichtgebrauch durch Klage bei dem ungehörigen Richter:
A. Ueberhaupt.
„ 130 „ 5 von unten statt 728 lies: 1.
„ 190 „ 6 von unten statt vom 11. Mai lies: Nr. 3256 vom 11. März.
„ 203 „ 6 von unten statt 15 lies: 9.
„ 214 „ 8 von unten statt Anstellung lies: Abschließung.
„ 220 „ 7 von oben statt mit der lies: der.
„ 227 „ 2 von unten statt Real- lies: Gemeinde-
„ 251 „ 13—16 von oben ist so zu lesen:
§ 937. Natur der Abgaben von Offertorien, Pröven und anderen dergleichen Abgaben an den Pfarrer und Küster.
A. Natur der Abgaben von Wurstgeld und Eiern. — Vergl. ꝛc.
„ 251 „ 14 von unten statt Meßgeld lies: Wurstgeld.
„ 259 „ 8 und 14 von unten statt XXVI. lies: XXIV.
„ 277 „ 10 von unten statt Aussteller lies: Acceptanten.
„ 289 „ 8 von oben statt solcher lies: solchen.
„ 332 „ 17 von oben statt einer rechtshängigen lies: der während der Rechtshängigkeit erworbenen streitigen.
„ 359 „ 3 von unten statt Zweiter Theil ꝛc. lies: Sächsisches Weichbildrecht.
„ 377 lies als Seitenzahl statt 277: 377.
„ 389 Zeile 2—4 von oben statt des Vermögens ꝛc. lies: des Stiftsvermögens für die Bedürfnisse der Seelsorge in dem Bezirke der dem Stifte inkorporirten Pfarre.
„ 432 „ 5 und 9 statt 1136 lies: 1137.
„ 508 „ 7 von oben statt Pächter lies: Verpächter.

Allgemeines Landrecht.

Publikations-Patent vom 5. Februar 1794.

---

§§ 1. Siehe Rechtsgrundsätze 1. 704. (§ 3 dieses Patents; A. L. R. II 16. § 138.)

§§ 3. Beschränkung der Anwendbarkeit der Provinzialgesetze und Statuten hauptsächlich auf Privat- und Vermögensrechte. — Vergl. § 1. dieses Patents.

Rechtsgr. 1. — III. Senat. 9. November 1855. (XVIII. 306.)

Die Vorschrift des § 3. des Publikations-Patents vom 5. Februar 1794 über die fernere Gültigkeit der Provinzialgesetze und Statuten bezieht sich zunächst und hauptsächlich nur auf Privat- und Vermögensrechte, wogegen die subsidiäre Natur des Allgem. Landrechts nicht unbedingt da anzunehmen ist, wo es sich um ein aus Gründen der öffentlichen Wohlfahrt und Ordnung erlassenes, die Beamten einer bestimmten Kategorie betreffendes Verbotsgesetz handelt.

§§ 7. Gewohnheitsrecht und Observanzen:

A. Entstehung eines Gewohnheitsrechts überhaupt; Erforderniß hinsichtlich des Zeitraumes. — Vergl. A. L. R. II. 11. § 710.

Rechtsgr. 2. — I. Senat. 22. Mai 1857. (XXIV. 325.)

Zur Entstehung eines Gewohnheitsrechts ist eine bestimmte Anzahl von Jahren nicht erforderlich, vielmehr fällt die Frage, ob gewisse Handlungen eine Gewohnheit geworden, und welcher Zeitraum zur Begründung einer Gewohnheit erforderlich und genügend sei? lediglich dem durch die Einzelheiten des bestimmten Falles bedingten richterlichen Ermessen anheim.

B. Entstehung einer Observanz in kirchlichen Gemeineverhältnissen. — Vergl. A. L. R. II. **11**. § 710.

Rechtsgr. **3**. — I. Senat. 22. September 1854. (XV. 21.)

Observanzen in kirchlichen Gemeineverhältnissen können zwar schon aus zwei gleichartigen Fällen erwiesen werden, sie bedürfen jedoch eines verjährungsmäßigen, wenn auch nicht eben dreißigjährigen Zeitverlaufs. Zur Begründung einer Gewohnheit in kirchlichen Genossenschaften ist ein wenigstens zehnjähriges Herkommen erforderlich. *

Dergleichen ununterbrochene Gewohnheiten können auch aus dem Zeitraum nach Emanation des Allg. Landrechts dargethan werden.

C. Herkommen als Rechtsquelle für die Gemeinderechte älterer Städte. — Vergl. Jüngster Reichsabschied von 1654. §. 105.

Rechtsgr. **4**. — II. Senat. 4. December 1855. (XIX. 147.)

Liegen die Gegenstände des Herkommens in Betreff der Gemeinderechte der älteren Städte im Kreise der Autonomie der Bürger, und ergiebt sich aus der Gleichförmigkeit und dem Zeitraume, in welchem dasselbe stets beobachtet worden ist, daß sowohl die Bürger, als die städtischen und landesherrlichen Behörden, dasselbe als eine verbindliche Norm anerkannt haben, so kann an der rechtsbegründeten Kraft desselben kein Zweifel obwalten.

Siehe auch Rechtsgrundsätze 548. 589. 675. 1338. (A. L. R. II. **1**. § 492., **2**. § 592., **11**. § 823.; Ablösegesetz vom 2. März 1850 § 40.)

§ **8**. Siehe Rechtsgrundsatz 424. (A. L. R. I. **18**. § 815.)

§ **9**. Siehe Rechtsgrundsätze 189. 190. 424. (A. L. R. I. **9**. § 655., **18**. § 815.)

§§ **10**. **11**. Siehe Rechtsgrundsatz 424. (A. L. R. I. **18**. § 815.)

§ **12**. Siehe Rechtsgrundsätze 11. 12. (A. L. R. Einl. § 23.)

§ **17**. Siehe Rechtsgrundsätze 15. 16. (A. L. R. Einl. § 23.)

* Vergl. dagegen die Note im Archiv für Rechtsfälle Bd. 15. Seite 26.

Einleitung.

§ 3. Siehe Rechtsgrundsätze 672. 675. (A. L. R. II. **11.** §§ 714. 823.)

§ 4. Siehe Rechtsgrundsätze 672. 675. 1057. 1338. (A. L. R. II. **11.** §§ 714. 823; Magdeburger Kirchen-Ordnung vom 9. Mai 1739 Kap. 26. § 1.; Ablösegesetz vom 2. März 1850 § 40.)

§ 6. Siehe Rechtsgr. 1057. (Magdeburger Kirchen-Ordnung vom 9. Mai 1739 Kap. 26. § 1.)

§ 9. Abfassung der Gesetze. — Vergl. A. L. R. II. **13.** § 6: Verordnung vom 25. März 1719.

Rechtsgr. **5.** — II. Senat. 21. December 1854. (XVI. 101.)

Die Gesetzeskraft Königlicher Verordnungen ist da, wo des Königs Majestät verfassungsmäßig der alleinige Gesetzgeber ist, von einer bestimmten Form derselben, insbesondere von deren durch des Königs Majestät eigenhändiger Unterschrift nicht abhängig; es reicht vielmehr jede Form hin, durch welche der Allerhöchste Wille historisches Dasein erhält.

Daher haben auch die während der Regierung des Königs Friedrich des Großen blos von dem Staatsministerium mit dem Beisatze: „Auf Allerhöchsten Spezial-Befehl" vollzogenen Verordnungen Gesetzeskraft.

§ **10.** Publikation der Gesetze. — Vergl. Patent vom 29. Mai 1781. § 14; Publikations-Patent vom 1. April 1803.

Rechtsgr. **6.** — II. Senat. 21. December 1854. (XVI. 101.)

a) Organische Verordnungen über Gegenstände der Staats-Wirthschaft und Finanz-Verwaltung bedürfen zu ihrer verbindlichen Kraft der besonderen Publikation nicht.

b) Die Gültigkeit älterer, vor Publikation des Allg. Landrechts erlassener Gesetze ist durch das Publikations-Patent vom 1. April 1803 von deren Aufnahme in die akademische Edikten-Sammlung und in das neue Archiv nicht abhängig gemacht.

Siehe auch Rechtsgr. 1237. (Kabinetsorder vom 10. December 1839.)

1*

§ 14. Anwendung der Gesetze:

A. Hinsichtlich der Auslegung von Urkunden. — Vergl. A. L. R. I. 4. §§ 65 ff.

Rechtsgr. 7. — I. Senat. 20. April 1855. (XVII. 124.)

Hinsichtlich der Auslegung von Urkunden dienen diejenigen allgemeinen Vorschriften zur Richtschnur, welche zur Zeit des zu fällenden Urtheils maaßgebend sind.

B. Hinsichtlich der Pflicht zur Edition von Urkunden.

Rechtsgr. 8. — I. Senat. 1. Februar 1856. (XX. 105.)

Hinsichtlich der Pflicht zur Edition von Urkunden kommen, — wenn dieselbe nicht aus einem in früherer Zeit vertragsmäßig oder vermöge besonderer Rechtstitel bereits erworbenen Rechte, sondern lediglich aus den früheren thatsächlichen Verhältnissen hergeleitet wird, — nicht die früher geltend gewesenen, sondern die zur Zeit der verlangten Edition geltenden Gesetze, zur Anwendung.

Siehe auch Rechtsgrundsätze 426. 1389. (A. L. R. I. 18. § 815; Hypotheken-Novelle vom 24. Mai 1853. § 49.)

§ 17. Siehe Rechtsgr. 50. (A. L. R. I. 5. § 109.)

§ 22. Siehe Rechtsgr. 727. (Gesetz vom 15. Februar 1850. § 6.)

§§ 23-33. Gebiet für die Geltung der Gesetze des Staats:

A. Einfluß der Ortsgesetze auf die Form der Rechtsgeschäfte überhaupt.

Rechtsgr. 9. — I. Senat. 3. April 1857. (XXIII. 352.)

Es ist nicht anzunehmen, daß das Allg. Landrecht die Regel des Gemeinen Rechts: „die Form eines jeden Rechtsgeschäfts ist nach den Gesetzen des Orts zu beurtheilen, wo es errichtet worden – locus regit actum," durch die Nichtaufstellung einer allgemeinen Regel in demselben Sinne habe aufheben oder ihr Anerkennung habe versagen wollen.

B. Einfluß der Ortsgesetze auf die Form der Testamente. — Vergl. A. L. R. I. 3. § 42, 5. §§ 111 ff., 12. §§ 139. 572. 587 ff.; A. G. O. I. 10. § 115; Code Napoléon art. 1001. 1007.; Gesetz vom 3. April 1823. §. 1.

Rechtsgr. **10**. — I. Senat. 3. April 1857. (XXIII. 352.)

a) Ein im Auslande sich aufhaltender Preußischer Unterthan kann daselbst in derjenigen Form, welche die dortigen Gesetze vorschreiben, gültig testiren.

b) Auch nach den Grundsätzen des altländischen Preußischen Rechts ist ein Testament, welches in dem Bereiche des Französischen Rechts von einer dort wohnenden Person, unter Beobachtung der dort geltenden äußeren Form der Testamente, errichtet worden, im altländischen Gerichtsstande der Erbschaft anzuerkennen.

c) Die formelle Gültigkeit des unter der Herrschaft des Französischen Rechts verfaßten holographischen Testaments geht durch die Verlegung des Wohnsitzes des Testators in den Bezirk des altpreußischen Rechts, unter Mitnahme dieses Testaments dahin, und durch sein Absterben daselbst nicht von selbst verloren; vielmehr bedarf es hierzu derjenigen Formen oder Handlungen, welche die Gesetze seines neuen Wohnsitzes zur Aufhebung eines Testaments erheischen.

C. Einfluß der Ortsgesetze auf die materielle Gültigkeit der Anordnungen in dem Testamente. — Vergl. A. L. R. Publikationspatent vom 5. Februar 1794. § 12, I. **3**. § 42, **12**. § 139; Publikationspatent vom 9. September 1814 § 6, Gesetz vom 3. April 1823 § 1.

Rechtsgr. **11**. — IV. Senat. 6. März 1855. (XVI. 270.)

Nicht blos rücksichtlich der Form, sondern auch rücksichtlich der materiellen Gültigkeit der einzelnen Anordnungen eines Testaments sind die zur Zeit und am Orte der Errichtung des Testaments geltenden Gesetze, nicht aber die Gesetze der Zeit und des Ortes, wo der Erbanfall sich ereignet, maaßgebend. Nur das Vorhandensein von Prohibitivgesetzen zur Zeit oder am Orte des Erbanfalls würde von Einfluß sein.

Rechtsgr. 12. — I. Senat. 3. April 1857. (XXIII. 352.)

Der Inhalt eines Testaments ist nach den Gesetzen des Wohnorts des Erblassers zur Zeit seines Todes zu beurtheilen.

D. Einfluß der Ortsgesetze auf das Rechtsverhältniß eines im Auslande wohnenden Ausländers hinsichtlich der demselben im Inlande angefallenen Erbschaft. — Vergl. A. L. R. I. 9. §§ 367. 368. 383. 385., 17. § 132; A. G. O. I. 2. § 121.

Rechtsgr. 13. — I. Senat. 17. December 1855. (XIX. 186.)

Das Rechtsverhältniß eines im Auslande wohnenden Ausländers hinsichtlich der ihm in Preußen angefallenen Erbschaft, insbesondere in Betreff des Anfalls und der Antretung der Erbschaft mit und ohne Vorbehalt, ist nach den in Preußen geltenden Gesetzen zu beurtheilen.

E. Einfluß der Ortsgesetze auf die Verjährung persönlicher Verbindlichkeiten. — Vergl. A. L. R. I. 9. §§ 516. 518. 568 ff., II. 1. § 1083.

Rechtsgr. 14. — I. Senat. 19. Juli 1854; IV. Senat. 12. April 1855. (XIV. 191; XX. 9.)

a) Das Eintreten der Verjährung einer vertragsmäßigen persönlichen Verbindlichkeit ist als eine Folge der Wirkung des Vertrages nicht anzusehen. Vielmehr muß die Frage: ob eine persönliche Verpflichtung zum Vortheile des Verpflichteten, und ob somit auch das desfallsige Klagerecht des Berechtigten durch Verjährung erloschen sei oder nicht? nach den Gesetzen beurtheilt und beantwortet werden, welche an dem Orte gelten, wo der Verpflichtete zur Zeit der Anstellung der gegen ihn auf Erfüllung gerichteten Klage seinen ordentlichen persönlichen Gerichtsstand hat. Dieser Regel gemäß kommen auch bei Beurtheilung der Frage: ob der vor einem inländischen Gerichte geltend gemachte Anspruch aus einem im Auslande geschlossenen Vertrage durch Verjährung erloschen sei? die inländischen Gesetze zur Anwendung.

b) Die nach vollendeter Verjährung der Klage wegen einer persönlichen Schuld erfolgende Veränderung des Wohnsitzes des Schuldners hat auf den Einwand der Verjährung keinen Einfluß.

F. Einfluß der Ortsgesetze auf die Verjährung einer persönlichen Schuld bei Veränderung des Wohnsitzes des Schuldners während des Laufs der Verjährung. — Vergl. A. L. R. Publikations-Patent vom 5. Februar 1794 § 17., I. 9. § 568; Gesetz vom 31. März 1838. §§ 1 ff.

— Aeltere Ansicht:

Rechtsgr. 15. — IV. Senat. 12. April 1855. (XX. 8.)

Hat Jemand in der Rheinprovinz unter der Herrschaft des Code Napoléon eine Schuld kontrahirt und später seinen Wohnsitz nach einem Orte unter einer anderen inländischen Gerichtsbarkeit verlegt, so kann er sich auf die nach dem Gesetze dieses neuen Wohnsitzes geltende kürzere Verjährung nur insofern stützen, als der volle kürzere Zeitraum derselben von der Begründung des neuen Wohnsitzes bis zur Anstellung der Klage abgelaufen ist.

— Neuere Ansicht:

Rechtsgr. 16. — V. (Rheinischer) Senat. 30. Oktober 1855. (XIX. 60.)

Die Frage nach der Dauer der Klagbarkeit der aus dem Vertrage entstehenden Forderungen ist — unabhängig von dem Wechsel des Wohnsitzes der Parteien — der Gesetzgebung unterworfen, welche hinsichtlich des Vertrages überhaupt zur Anwendung kommt.

§ 28. Siehe Rechtsgr. 21. (§ 82 dieser Einleitung.)

§ 32. Siehe Rechtsgr. 54. (A. L. R. I. 5. § 111.)

§§ 34-42. Herrschaft der Gesetze in Beziehung auf Fremde. — Vergl. A. L. R. I. 3. § 35., 4. §§ 6. 7., 5. § 39.

Rechtsgr. 17. — IV. Senat. 16. October 1855. (XIX. 51.)

Unter den im § 41. der Einleitung zum A. L. R.

gedachten erlaubten Geschäften fremder Unterthanen in hiesigen Landen sind nur nach Preußischen Gesetzen nicht verbotene Geschäfte zu verstehen.

Siehe auch Rechtsgr. 727. (Gesetz vom 15. Februar 1850 § 6.)

§ **46**. Siehe Rechtsgr. 38. 647. 781. (A. L. R. I. **4**. § 92., II. **8**. § 1635; A. D. W. O. Art. 80.)

§§ **54-58**. Begriff eines Privilegiums.

Rechtsgr. **18**. — Plenum. 8. Januar 1855. (XV. 321.)

Die Ueberlassung einer zu den öffentlichen Steuern gehörenden Einnahme an eine Stadtgemeinde enthält kein Privilegium.

§ **56**. Siehe Rechtsgr. 695. (A. L. R. II. **15**. § 51.)

§ **57**. S. Rechtsgrundsätze 695. 1283. (A. L. R. II. **15**. § 51; Allg. Gewerbe-Ordnung vom 17. Januar 1845 § 4. Nr. 1.)

§ **59**. Siehe Rechtsgrundsätze 564. 781. 877. 1323. (A. L. R. II. **1**. § 734; A. D. W. O. Art. 80; A. G. O. I. **10**. § 376; Verfassungs-Urkunde vom 31. Januar 1850 Art. 109.)

§ **60**. Siehe Rechtsgrundsätze 672. 1057. (A. L. R. II. **11**. § 714; Magdeburger Kirchen-Ordnung vom 9. Mai 1739 Kap. 26. § 1.)

§ **61**. Siehe Rechtsgr. 704. (A. L. R. II. **16**. § 138.)

§§ **63** ff. Gemischte Privilegien.

Rechtsgr. **19**. — III. Senat. 28. November 1856. (XXIII. 86.)

Die in einem Privilegium enthaltene erbliche Verleihung deutet zwar auf ein persönliches Privilegium hin; soll aber nach dem ferneren Inhalte des Privilegii dasselbe zugleich mit dem Besitz eines anzulegenden Werkes verbunden sein, so wird das verliehene Recht allen Erben und Rechtsnachfolgern der ursprünglich beliehenen Person zu Theil.

§§ **64**. **65**. Siehe Rechtsgr. 703. (A. L. R. II. **16**. § 124.)

§ **66**. Siehe Rechtsgr. 375. (A. L. R. I. **16**. § 218.)

§§ **70-72**. Siehe Rechtsgr. 1038. (Zeisebrief von 1488.)

§§ **73-75**. Verhältniß des Staats gegen seine Bürger; Aufopferung besonderer Rechte und Vortheile zum Wohle des gemeinen Wesens. — Vergl. A. L. R. I. 8. §§ 29 ff.

Rechtsgr. **20**. — I. Senat. 8. Februar 1856. (XIX. 336.)

Die Vorschrift des § 75. der Einleitung zum A. L. R. beschränkt sich nicht auf Verfügungen, die lediglich das allgemeine Landes-Interesse betreffen, sondern umfaßt auch alle Fälle, wo der Einzelne seitens des Staats oder seiner Behörden genöthigt wird, sein besonderes Recht zum Besten anderer Staatsmitglieder abzugeben oder zu beschränken.

§ **75**. Siehe Rechtsgr. 1242. (Gesetz No. 2273 vom 11. Mai 1842.)
§ **76**. Siehe Rechtsgrundsätze 98. 726. (A. L. R. I. **6**. § 36, II. **18**. §. 1003.
§ **77. 79**. Siehe Rechtsgr. 98. (A. L. R. I. **6**. § 36.)
§§ **82-84**. Quelle des Rechts:

A. Rechtsgebiet für die Klagbarkeit der Ansprüche eines unehelichen Kindes gegen den Erzeuger. — Vergl. A. L. R. Einl. § 28, II. **2**. §§ 612 ff.; Gesetz vom 24. April 1854 §§ 1 ff.

Rechtsgr. **21**. — V. Senat. 23. September 1856. (XXII. 205.)

Die Geltendmachung und Durchführung der einem unehelichen Kinde an dem Orte seiner Geburt auf Grund der dort geltenden Gesetze gegen seinen Erzeuger zustehenden Ansprüche findet an einem anderen Orte nur unter der Voraussetzung statt, daß auch an diesem Orte jene Ansprüche gesetzlich anerkannt sind.

B. Vertrag gegen die guten Sitten. — Vergl. A. L. R. I. **3**. § 35, **4**. §§ 6. 7. 14., **5**. § 68., II. **1** §§ 824-826.

Rechtsgr. **22**. — I. Senat. 13. März 1857. (XXIV. 123.)

Ein Vertrag, durch welchen während des Prozesses der unschuldige Theil auf die Ehescheidungsstrafe verzichtet, falls der Schuldige den Scheidungsgrund zugesteht und sich im voraus verpflichtet, nicht zu appelliren, ist nichtig.

Siehe auch Rechtsgr. 565. (A. L. R. II. **1**. § 824.)

§ **88**. Siehe Rechtsgr. 97. (A. L. R. I. **6**. § 36.)

§ **89**. Ausübung eines Rechts innerhalb der gesetzlichen Frist. — Vergl. A. L. R. I. **20**. § 616.

Rechtsgr. **23**. — IV. Senat. 20. Januar 1857. (XXXIII. 247.)

Wenn in den Gesetzen die Ausübung eines Rechts bei Verlust desselben an einen festbestimmten Zeitraum geknüpft ist, so kann diese Ausübung nicht von einer Voraussetzung abhängig gemacht werden, welche in vielen Fällen die Geltendmachung des Rechts ebenso gut wie unmöglich machen würde.

Siehe auch Rechtsgr. 402-407. 501. 1132. 1263. (A. L. R. I. **17**. § 151., **22**. § 32; Gesetz Nr. 735 vom 4. Juli 1822 § 1; Gesetz vom 28. Februar 1843 § 1.)

§ **91**. Siehe Rechtsgr. 874. 1133. (A. G. O. I. **10**. § 310; Gesetz Nr. 735 vom 4. Juli 1822 § 1.)

§ **92**. Siehe Rechtsgr. 1263 (Gesetz vom 28. Februar 1843 § 1.)

§ **94**. Siehe Rechtsgr. 97. 98. 1089. 1263. (A. L. R. I. **6**. § 36; Buden-Reglement vom 20. Juli 1787; Gesetz vom 28. Februar 1843 § 1.)

§ **99**. Siehe Rechtsgr. 320. 703. 1260. (A. L. R. I. **13**. § 18, II. **16**. § 124; Gesetz vom 28. Februar 1843 § 1.)

§ **101**. Siehe Rechtsgr. 195. 1114. 1187. (A. L. R. I. **10**. § 7; Patent Nr. 298 vom 22. Mai 1815 § 3; Exekutions-Verordnung vom 4. März 1834 § 22.)

§§ **102** ff. Siehe Rechtsgr. 1095. (Forstregulativ vom 15. September 1798.)

§ **104**. Siehe Rechtsgr. 320. (A. L. R. I. **13**. § 18.)

Theil I.

Titel 1. Von Personen und deren Rechten überhaupt.

§ **11**. Siehe Rechtsgr. 594. (A. L. R. II. **2**. Anhang § 95 zu § 615.)

§ **25**. Siehe Rechtsgr. 285. (A. L. R. I. **11**. § 1060.)

§ **29**. Siehe Rechtsgr. 867. (A. G. O. I. **10**. § 126.)

§§ **34**. **38**. Siehe Rechtsgrundsatz 1226. (Deklaration vom 6. April 1839 Art. 3 Nr. 1.)

Titel 2. Von Sachen und deren Rechten überhaupt.

§ **7**. Siehe Rechtsgr. 532. (A. L. R. II. **1**. § 212.)

§ **13**. Effekten.

Rechtsgr. **24**. — IV. Senat. 21. December 1854. (XV. 303.)

Früchte auf dem Halme gehören zu den Effekten im Sinne des § 13. I. 2. des Allgem. Landrechts.

§§ **34**. **35**. **40**. Siehe Rechtsgr. 1095. (Forstregulativ vom 15. September 1798.)

§ **41**. Untheilbare Sache.

Rechtsgr. **25**. — II. Senat. 17. April 1855. (XVI. 339.)

Der an ein Rittergut zu entrichtende Grundzins ist eine untheilbare Sache.*

§§ **42** ff. Siehe Rechtsgr. 512. 1153. 1239. (A. L. R. I. **22**. § 203; Gesetz Nr. 940 vom 21. April 1825 § 23; Schlesisches Städte-Feuer-sozietäts-Reglement vom 6. Mai 1842 § 13.)

§§ **46**. **49**. Siehe Rechtsgr. 206. (A. L. R. I. **11**. § 83.)

§ **60**. Bewegliche Pertinenzstücke eines Landguts. — Vergl. A. L. R. I. **2**. § 108., **20**. §§ 443 ff.

Rechtsgr. **26**. — III. Senat. 12. Mai 1854. (XIII. 96.)

Die §§ 60. und 108. I. 2. des Allgem. Landrechts bestimmen nur, daß die dort bezeichneten Sachen nicht als Pertinenzien des Landgutes, auf welchem sie sich befinden, anzusehen sind, und daß solche bewegliche Sachen, die ihrer Natur nach ein Pertinenzstück sein würden, diese Eigenschaft nicht haben, sobald sie einem Andern, als dem Eigenthümer der Hauptsache gehören; sie bestimmen aber nicht, wie eine Sache aufhört, ein Pertinenzstück zu sein, und durch die Veränderung ihres Eigenthümers aus dem dinglichen Rechte des Hypothekengläubigers ausscheidet.

Siehe auch Rechtsgr. 454. 489. (A. L. R. I. **20**. § 443., **21**. § 395.)

* Der obige Grundsatz scheint mit den Bestimmungen des § 91. II. der Hypothekenordnung und § 7. Nr. 2 des Gesetzes vom 3. Januar 1845, betreffend die Zertheilung von Grundstücken, nicht vereinbarlich zu sein.

§§ **106. 107.** Aufhebung der Verbindung eines Substanztheils oder eines Pertinenzstücks mit dem Stamm- und Hauptgute:

A. Durch mündliche Veräußerung unter hinzugetretener Uebergabe. — Vergl. A. L. R. I. **5.** §§ 158. 163., **7.** §§ 3. 58.

Rechtsgr. **27.** — I. Senat. 14 Mai 1856. (XX. 16.)

Auch durch mündliche Veräußerung und hinzugekommene Uebergabe eines Substanztheils oder unbeweglichen Pertinenzstücks des Grundstücks wird die Verbindung derselben mit dem Stammgute aufgehoben.

B. Hinsichtlich der Weidegerechtigkeit bei Parzellirung des berechtigten Guts. — Vergl. A. L. R. I. **11.** §§ 79. 80. 344., **22.** §§ 80 ff.; A. G. O. I. **52.** Anhang § 407 zu § 60.

Rechtsgr. **28.** — III. Senat. 15. September 1854. (XIV. 251.)

Bei dem Verkauf eines ganzen Guts in einzelnen bestimmten Parzellen ist die dem Gute zugestandene Weidegerechtigkeit für mitverkauft zu erachten.

Siehe auch Rechtsgr. 205. 512. (A. L. R. I. **11.** § 78., **22.** § 203.)

§ **108.** Siehe Rechtsgr. 26. 489. (A. L. R. I. **2.** § 60, **21.** § 395.)

§§ **109. 110.** Nutzen und Nutzung einer Sache:

A. Benutzung eines Grundstücks zum Austorfen. — Vergl. A. L. R. I. **9.** § 220., **21.** §§ 259. 271.

Rechtsgr. **29.** — III. Senat. 3. März 1854. (XIII. 36.)

Der Torf eines Grundstücks gehört nicht zu den Früchten, sondern zu der Substanz desselben.

Siehe auch Rechtsgr. 677. (A. L. R. II. **11.** § 937.)

B. Civile Früchte eines zum Gewerbebetrieb bestimmten Lokals.

Rechtsgr **30.** — III. Senat. 9 Mai 1855. (XVII. 179.)

Der Ertrag des Gewerbebetriebes fällt nicht unter den Begriff der civilen Früchte des Lokals, in dem das Gewerbe ausgeübt wird.

Siehe auch Rechtsgr. 428. (A. L. R. I. **19.** § 1.)

§ **114.** Außerordentlicher Werth des expropriirten Theiles eines Grundstücks. — Vergl. A. L. R. I. **11.** § 9.

Rechtsgr. **31.** — III. Senat. 30. Juni 1854. (XIV. 106.)

Bei theilweiser Expropriation eines Grundstücks gehört zu dem nach § 114. I. 2. und § 9. I. 11. des Allgem. Landrechts dem Grundeigenthümer zu erstattenden außerordentlichen Werth des expropriirten Theiles des Grundstücks auch der Nutzen, welchen derselbe in seiner Verbindung mit dem nicht expropriirten Theile für die Kultur des ganzen Grundstücks gewährte.

Daher kommt insbesondere im Falle der Durchschneidung eines Grundstücks durch eine Eisenbahn bei Berechnung des Erwerbspreises des expropriirten Theils auch der durch die Erschwerung der Kultur der nicht expropriirten Theile des Grundstücks dem Eigenthümer desselben entstehende Nachtheil mit in Anschlag.

§§ **125** ff. Siehe Rechtsgr. 446. (A. L. R. I. **20**. § 415.)

§§ **126** ff. Siehe Rechtsgr. 1201. (General-Konzession vom 23. Juli 1845 § 10.)

§ **137**. Siehe Rechtsgrundsätze 242. 396. (A. L. R. I. **11**. § 602., **16**. § 484.)

Titel 3. Von Handlungen und den daraus entstehenden Rechten.

§ **18**. Siehe Rechtsgrundsatz 687. (A. L. R. II. **14**. § 1.)

§ **23**. Siehe Rechtsgr. 345. (A. L. R. I. **14**. §. 11.)

§ **35**. Siehe Rechtsgrundsätze 17. 22. 1195. 1196. (A. L. R. Einl. §§ 34. 82.; Subh.-Verordnung vom 4. März 1834 § 16.)

§ **42**. Siehe Rechtsgrundsätze 10-12. (A. L. R. Einl. § 23.)

§§ **45**. **47**. Siehe Rechtsgr. 38. (A. L. R. I. **4**. § 92.)

§ **48**. Siehe Rechtsgr. 647. (A. L. R. II. **8**. § 1635.)

§ **49**. Siehe Rechtsgr. 38. (A. L. R. I. **4**. § 92.)

Titel 4. Von Willenserklärungen.

§ **1**. Siehe Rechtsgr. 41. (§ 151 dieses Titels.)

§§ **2** ff. Siehe Rechtsgrundsätze 703. 867. (A. L. R. II. **16**. § 124; A. G. O. I. **10**. § 126.)

§ **6**. Verbotene Handlungen, Ausschließung der Gewerbefreiheit hinsichtlich eines bestimmten Bezirks. — Vergl. Kabinetsorder vom 19. April 1813; Allgem. Gewerbe-Ordnung vom 17. Januar 1845 §§ 1. 11.

Rechtsgr. 32. — II. Senat. 3. Juni 1856. (XXI. 251.)

Die Verabredung, daß der Brennerei-Besitzer den Branntwein an einem gewissen Orte und in einem gewissen Umkreise nicht verkaufen dürfe, läuft gegen die Gewerbefreiheit und ist daher nichtig.

Siehe auch Rechtsgrundsätze 17. 22. (A. L. R. Einl. §§ 34. 82.)

§ 7. Siehe Rechtsgrundsätze 17. 22. 565. (A. L. R. Einl. §§ 34. 82, II. 1. § 824.)

§ 9. Gewissensfreiheit; Abhängigkeit der Lehnssuccessions-Fähigkeit von dem Bekenntniß zu einer bestimmten Konfession. — Vergl. A. L. R. I. 5. §§ 227. 228, 12. § 63, II. 11. §§ 1. 2.

Rechtsgr. 33. — I. Senat. 5. Dezember 1856. (XXIII. 111.)

Die in einem Lehnsbriefe enthaltene Bestimmung, daß die Lehnssuccessions-Fähigkeit an das Bekenntniß zu einer bestimmten Konfession gebunden sein solle, ist nach dem Gemeinen Rechte zulässig und rechtsgültig.

§ 14. Siehe Rechtsgrundsätze 22. 517. (A. L. R. Einleit. § 82, I. 23. § 53.)

§ 19. Siehe Rechtsgr. 439. 936. (A. L. R. I. 20. § 54; A. G. O. I. 31. § 1.)

§ 20. Siehe Rechtsgr. 39. (§ 92. dieses Titels.)

§ 21. Siehe Rechtsgr. 867. (A. G. O. I. 10. § 126.)

§ 22. Persönliche Fähigkeit zu Willenserklärungen; lästige Verträge unmündiger unter väterlicher Gewalt befindlicher Kinder. — Vergl. A. L. R. I. 5. §§ 11-13., II. 18. §§ 238. 239. 597. 598.)

Rechtsgr. 34. — III. Senat. 28. Januar 1856. (XX. 85.)

Unter dem im § 22. I. 4. des Allgem. Landrechts gedachten Vorgesetzten des unter väterlicher Gewalt stehenden Unmündigen ist der gesetzliche Vertreter desselben, nicht das vormundschaftliche Gericht, zu verstehen.

Siehe auch Rechtsgr. 867. (A. G. O. I. 10. § 126.)

§ 23. Siehe Rechtsgrundsätze 39. 867. (§ 92 dieses Titels; A. G. O. I. 10. § 126.)

§§ **24-27.** Siehe Rechtsgr. 867. (A. G. O. I. **10.** § 126.)
§ **28.** Siehe Rechtsgr. 39. (§ 92 dieses Titels.)
§§ **31** ff. Freiheit des Willens; durch Polizeibeamte erzwungene Willenserklärungen.

Rechtsgr. **35.** — IV. Senat. 11. September 1856. (XXII. 169.)

Die §§ 31—44. I. 4. des Allgem. Landrechts unterscheiden nicht zwischen einem Zwange, welcher von einem Privaten, und demjenigen, welcher von einem innerhalb seines Amtes sich bewegenden Beamten ausgeübt wird.

§§ **45. 46.** Siehe Rechtsgr. 39. (§ 92 dieses Titels.)
§ **47.** Siehe Rechtsgr. 844. (A. G. O. I. **5.** § 24.)
§ **52.** Siehe Rechtsgr. 359. (A. L. R. I. **16.** § 11.)
§§ **54. 55.** Siehe Rechtsgr. 463. (A. L. R. I. **20.** § 575.)
§ **57.** Siehe Rechtsgrundsätze 359. 463. (A. L. R. I. **16.** § 11, **20.** § 575.)
§ **58.** Stillschweigende Willenserklärung; Bestätigung eines Vertrages seitens der Königlichen Regierung in ihrer Eigenschaft als Landespolizei- und als Gemeinde-Aufsichts-Behörde.

Rechtsgr. **36.** — III. Senat. 12. Juni 1854. (XIV. 52.)

Ist die Regulirung der Beitragspflicht einer Gemeinde zur Anlegung einer Kunststraße oder anderer öffentlicher und gemeinnütziger Anlagen unter Leitung und ausdrücklicher Genehmigung der Königl. Regierung als Landespolizeibehörde erfolgt, so ist hierin auch deren Genehmigung in ihrer Eigenschaft als Gemeinde-Aufsichts-Behörde enthalten.

Siehe auch Rechtsgrundsätze 175. 337. (A. L. R. I. **9.** § 562, **13.** § 239.)

§ **59.** Siehe Rechtsgrundsätze 175. 337. 478. (A. L. R. I. **9.** § 562, **13.** § 239, **21.** § 298.)
§§ **65** ff. Siehe Rechtsgrundsätze 7. 38. 64. 647. (A. L. R. Einl. § 14, I. **4.** § 92., **5.** § 165., II. **8.** § 1635.)
§ **70.** Siehe Rechtsgrundsätze 46. 204. (A. L. R. I. **5.** § 71, **11.** § 78.)
§§ **73. 74.** Siehe Rechtsgr. 46. (A. L. R. I. **5.** § 71.)

§ **75.** Ungültigkeit einer gerichtlichen Urkunde wegen Irrthums im Wesentlichen des Geschäfts oder in dem Hauptgegenstande der Willenserklärung. — Vergl. A. G. O. I. **10.** §§ 126. 395., **13.** § 20.

Rechtsgr. **37.** — I. Senat. 10. März 1856. (**XX.** 261.)

Der Irrthum des Erklärenden vernichtet eine gerichtliche Urkunde auch dann, wenn die sie aufnehmenden Gerichtspersonen die Worte des Erklärenden richtig gefaßt und protokollirt haben. Der Nachweis, auf welche Weise der Irrthum entstanden sei, ist hierbei nicht unbedingt erforderlich.

Siehe auch Rechtsgrundsätze 204. 384. 785. (A. L. R. I. **11.** § 78, **16.** § 418; A. D. W. O. Art. 82.)

§§ **81. 82.** Siehe Rechtsgrundsätze 81. 82. (A. L. R. I. **5.** §§ 329. 343.)

§ **83.** Siehe Rechtsgr. 204. (A. L. R. I. **11.** § 78.)

§§ **84** ff. Siehe Rechtsgrundsätze 40. 790. (§ 148 dieses Titels; A. D. W. O. Art. 82.)

§ **89.** Siehe Rechtsgr. 785. (A. D. W. O. Art. 82.)

§ **91.** Siehe Rechtsgr. 39. (§ 92. dieses Titels.)

§ **92.** Betrug; Frist von acht Tagen zur Anfechtung einer Willenserklärung wegen Trunkenheit; Grad der Trunkenheit.

A. Berechnung dieser Frist. — Vergl. A. L. R. Einl. § 46, I. **3.** §§ 45. 47. 49, **4.** § 65, **9.** § 550, II. **8.** §§ 855. 1635. 1718, **20** § 608, in Verbindung mit der Kabinetsorder vom 26. November 1832; Allg. Hyp. Ord. II. §§ 176-178 in Verbindung mit A. L. R. I. **11.** §§ 738. 739.

Rechtsgr. **38.** — Plenarbeschluß. 2. Juli 1855. (**XVII.** 362.)

Unter der Frist: „binnen acht Tagen," innerhalb deren nach § 92. I. 4. des Allg. Landrechts behufs Anfechtung der durch Trunk oder erregte heftige Leidenschaften veranlaßten Willens-Erklärung die gerichtliche Anzeige geschehen muß, ist eine Frist von einer Woche, d. h. ein Zeitraum von sieben Tagen, zu verstehen.

B. Grad der Trunkenheit. — Vergl. §§ 20. 23. 28. 45. 46. 91 dieses Titels.

Rechtsgr. **39.** — III. Senat. 14. Juli 1854. (**XIV.** 150.)

Die Vorschrift hinsichtlich der achttägigen Frist zur

gerichtlichen Anzeige der beabsichtigten Anfechtung einer Willenserklärung wegen Trunkenheit gilt nur für den Fall des geringeren Grades der Trunkenheit, bei welchem der Handelnde nur die Folgen seiner Handlung nicht richtig zu beurtheilen vermag. Die Willenserklärung einer durch Trunk ihrer Vernunft ganz beraubten Person ist von Anfang nichtig, und wird diese Nichtigkeit durch jene unterlassene Anzeige nicht geheilt.

§§ **94. 95.** Siehe Rechtsgr. 481. (A. L. R. I. **21.** § 313.)
§ **103.** Siehe Rechtsgr. 722. (A. L. R. II. **18.** § 574.)
§§ **104. 116.** Siehe Rechtsgr. 202. (A. L. R. I. **11.** § 47.)
§§ **146. 147.** Siehe Rechtsgrundsätze 40. 41. 249. (A. L. R. I. **4.** §§ 148. 151, **11.** § 653.)
§ **148.** Bewegungsgrund; Irrthum in einem nicht angeführten Bewegungsgrund. — Vergl. §§ 84. 146. 147. 150 dieses Titels.

Rechtsgr. **40.** — IV. Senat. 10. Juli 1856. (XXII. 107.)

Der § 148. I. 4. des Allgem. Landrechts, – nach welchem, wenn der Erklärende den falschen Bewegungsgrund aus Irrthum für richtig angenommen, derjenige, welcher diesen Irrthum vorsätzlich veranlaßt hat, daraus keinen Vortheil ziehen kann, – setzt einen angeführten Beweggrund voraus, wie dieser denn überhaupt der Regel nach, wenn er rechtliche Folgen haben soll, von dem Erklärenden vor oder bei Abgabe seiner Erklärung ausgesprochen werden muß.

Dieser Beweggrund muß aber die wirkliche causa der Erklärung sein.

§ **150.** Siehe Rechtsgrundsätze 40. 286. (A. L. R. I. **4.** § 148, **11.** § 1090.)
§ **151.** Beschreibung; unrichtige Bezeichnung der im Wege der Exekution mit Arrest belegten und überwiesenen Hypothekenforderung. — Vergl. §§ 1. 146. 147 dieses Titels.

Rechtsgr. **41.** — IV. Senat. 11. December 1855. (XX. 51.)

Die unrichtige Bezeichnung der für den Exekutions=

sucher mit Arrest belegten und hiernächst demselben überwiesenen Hypothekenforderung seines Schuldners hat die Unwirksamkeit des Arrestes und der Ueberweisung nicht zur Folge, insofern nur gegen die Identität der nach der Absicht des Exekutionssuchers mit Arrest zu belegenden und zu überweisenden, sowie der mit Arrest belegten und überwiesenen mit der eingetragenen Post kein Zweifel obwaltet.

§ **154**. Siehe Rechtsgr. 249. (A. L. R. I. **11**. § 653.)

§ **162**. Bedingung und Zweck; Wegfall der von dem Vorbesitzer des Kolonats in dem Uebertrags- und Altentheils-Vertrag den übrigen Kindern gegen den Uebernehmer des Kolonats ausgesetzten Abfindungen durch den Tod des Berechtigten. — Vergl. §§ 163. 165 dieses Titels.

Rechtsgr. **42**. — I. Senat. 30. Juni 1856. (XXII. 66.)

Das von dem Vorbesitzer des Kolonats in dem Uebertrags- und Altentheils-Vertrag den übrigen Kindern gegen den Uebernehmer des Kolonats zugesicherte Recht auf Abfindung an Geld und Naturalien bei deren Verheirathung oder erreichtem 30sten Lebensjahre ist ein höchst persönliches, und geht daher, wenn bis zum Tode des berechtigten Kindes keiner dieser beiden Fälle eingetreten ist, auf dessen Erben nicht über.

Siehe auch Rechtsgr. 1064. (Minden-Ravensberg'sche Eigenthumsordnung vom 26. November 1741 Kap. 1. § 1.)

§§ **163**. **165**. Siehe Rechtsgr. 42. (A. L. R. I. **4**. § 162.)

§ **167**. Zeit-Ablauf der Zeitfrist zu einer Erklärung; Verjährungsfrist. — Vergl. A. L. R. I. **9**. §§ 551., **11**. § 314.

Rechtsgr. **43**. — III. Senat. 12. Januar 1855. (XVI. 155.)

Ein behufs Erlangung seiner Wirksamkeit bis zu einem gewissen Tage auszuübendes Recht erlischt von selbst mit dem Ablauf der bestimmten Frist, und kann daher durch eine Klage nicht erhalten werden, wenn diese erst nach Ablauf der Frist zur Kenntniß des Verpflichteten gebracht wird.

Siehe auch Rechtsgr. 220. (A. L. R. I. 11. § 314.)

Titel 5. Von Verträgen.

§§ 1-4. Wechselseitige Einwilligung; bedingter Verzicht als Verpflichtungsgrund bei Ausstellung eines Schuldscheines. — Vgl. §§ 79. 98. 185.

Rechtsgr. 44. — IV. Senat. 26. Februar 1857. (XXIV. 77.)

Ist in dem Schuldscheine ein bestimmter, von dem Aussteller desselben acceptirter, wenngleich bedingter Verzicht des Gläubigers als Aequivalent angegeben, so kann die Art und Weise der Ausstellung dieses Verzichts nun nicht mehr als ein Moment zur Entbindung des Schuldners von der in dem Schuldscheine übernommenen Verbindlichkeit herangezogen werden.

Siehe auch Rechtsgrundsätze 197. 221. 521. (A. L. R. I. 11. §§ 1. 340., II. 1. § 33.)

§ 7. Siehe Rechtsgr. 47. (§ 71. dieses Titels.)

§ 10. Siehe Rechtsgr. 595. (A. L. R. II. 2. § 622.)

§§ 11-13. Siehe Rechtsgr. 34. (A. L. R. I. 4. § 22.)

§ 24. Siehe Rechtsgr. 729. (A. D. W. O. Art. 1.)

§ 39. Siehe Rechtsgrundsätze 17. 565. (A. L. R. Einl. § 34., II. 1. § 324.)

§§ 52. 67. Siehe Rechtsgr. 517. (A. L. R. I. 23. § 56.)

§ 68. Siehe Rechtsgr. 22. (A. L. R. Einl. § 82.)

§ 71. Unbestimmte Verträge:

A. Festsetzung des Pachtgeldes auf eine bestimmte Summe für jeden Brand von Ziegelsteinen. — Vergl. A. L. R. I. 11. § 47., 21. § 263.

Rechtsgr. 45. — III. Senat. 3. Oktober 1856. (XXII. 229.)

Ein Vertrag, welcher das Pachtgeld auf eine bestimmte Summe für jeden Brand von Ziegelsteinen festsetzt, fällt nicht unter den § 71. I. 5. des Allgem. Landrechts.

B. Uebernahme von Ausgedinge-Leistungen nach künftigem billigen Ermessen des Verkäufers. — Vergl. A. L. R. I. 4. §§ 70. 73. 74.

5. § 125., II. §§ 1. 46 ff. 602. 604; Verordnung Nr. 2599. vom 11. Juli 1845.

Rechtsgr. 46. — III. Senat. 15. Februar 1856. (XX. 173.)

a) Die in dem Kaufvertrage über ein Bauergut enthaltene Einigung, daß der Käufer desselben die nicht näher bestimmten, dem Verkäufer, seiner Ehefrau und seinen Kindern zu gewährenden Ausgedinge-Leistungen nach billigem Ermessen des Verkäufers zu entrichten habe, fällt nicht unter die Bestimmung der §§ 71. und 125. I. 5. des Allgem. Landrechts.

b) Hat der Verkäufer die in dem Kaufvertrage seinem billigen Ermessen überlassene Feststellung der seiner Ehefrau und seinen Kindern zu gewährenden Altentheilsleistungen bei seinen Lebzeiten nicht getroffen, so entscheidet die unter Zuziehung von Sachverständigen zu bewirkende richterliche Feststellung.

C. Versprochene Zuwendung der Hälfte des Nachlasses für den Fall der Heirath mit einer bestimmten Person. — Vergl. A. L. R. I. 5. § 7., II. §§ 1046-1048.

Rechtsgr. 47. — I. Senat. 5. Oktober 1855. (XVIII. 178.)

Das Versprechen, einem Dritten für den Fall, daß er die Pflegetochter des Versprechenden heirathe, die Hälfte des Nachlasses zuzuwenden, stellt nicht eine Schenkung von Todeswegen, sondern einen lästigen Vertrag dar. Derselbe ist aber wegen Unbestimmtheit der versprochenen Zuwendung und der Abhängung von der Willkür des Versprechenden unverbindlich.

§ 74. 75. Verträge über den Vortheil eines Dritten; Klagerecht der bei Gutsüberlassungen nicht zugezogenen Deszendenten. — Vergl. § 78 dieses Titels.

Rechtsgr. 48. — III. Senat. 25. Mai 1857. (XXIV. 339.)

Der Plenarbeschluß vom 25. August 1846, — nach welchem, wenn der Vater in dem mit einem seiner Kinder abgeschlossenen Gutsüberlassungsvertrage seinen andern Kindern Abfindungen ausgesetzt hat, der Gutsannehmer dem die Abfindung einklagenden Kinde nicht entgegen setzen kann, daß es dem Vertrage nicht beigetreten sei, – findet auch dann Anwendung, wenn nicht einem der Kinder, sondern der Ehefrau das Gut überlassen wird.

Siehe auch Rechtsgr. 48 112. (A. L. R. I. 5. § 74 7. § 124.)

§ 78. Siehe Rechtsgrundsätze 48. 60. (§§ 74. 134. dieses Titels.)
§ 79. Siehe Rechtsgrundsätze 44. 56. 60. 230. 270. (A. L. R. I. 5. §§ 1. 111. 134., II. §§ 393. 873.)
§§ 80 ff. Siehe Rechtsgrundsätze 197. 270. (A. L. R. I. 11 §§ 1. 873.)
§ 98. Siehe Rechtsgr. 44. (§ 1. dieses Titels.)
§ 102. Erklärte Annahme einer Vertrags-Offerte. — Vergl. § 185. dieses Titels.

Rechtsgr. 49. — IV. Senat. 14. November 1854. (XV. 220.)

Die von dem Vertrags-Anerbietenden verweigerte Annahme der ihm übersandten schriftlichen Acceptation dieses Anerbietens begründet für sich allein nicht den Einwand des mangelnden schriftlichen Vertrages.

§§ 109 ff. Form der Verträge; Rechtliche Wirkung eines nicht bestätigten schriftlichen Ablösungsvertrages. — Vergl. A. L. R. Einl. § 17., I. 5. § 200; Verordnung Nr. 430. vom 20. Juni 1817. § 170; Ablöseordnung vom 13. Juli 1829. §§ 13 ff.; Verordnung Nr. 1542. vom 30. Juni 1834. §§ 13. 44; Ablöse-Gesetz vom 2. März 1850. § 108.

Rechtsgr. 50. — II. Senat. 12. April 1855. (XVII. 110.)

Aus einem nicht bestätigten außergerichtlichen wenngleich schriftlichen Ablösungsvertrage kann weder auf Erfüllung, noch auf Nachholung der mangelnden Form geklagt werden.

Siehe auch Rechtsgr. 54. (§ 111. dieses Titels.)

§§ 111-115. Nach welchen Gesetzen die Form der Verträge zu beurtheilen:

A. Hinsichtlich unbeweglicher und beweglicher Sachen überhaupt.

Rechtsgr. 51. — IV. Senat. 3. April 1856. (XX. 303.)

Ueber die Form der Verträge entscheiden in Betreff unbeweglicher Sachen die Gesetze des Orts der belegenen Sache, und in Betreff beweglicher Sachen die Gesetze des Orts des Abschlusses des Vertrages.

B. Hinsichtlich des von einem Inländer mit einem Ausländer im Auslande geschlossenen Vertrages.

Rechtsgr. 52. — IV. Senat. 17. Januar 1856. (XIX. 284.)

a) Die Rechte und Pflichten aus dem von einem Inländer im Auslande mit einem Ausländer geschlossenen und dort zu erfüllenden Vertrage sind, auch wenn dieselben im Inlande geltend gemacht werden, lediglich nach den Gesetzen des Auslandes zu beurtheilen.

b) Ist jedoch der Vertrag zwischen dem Inländer und dem Ausländer durch Briefwechsel zu Stande gekommen und im Inlande zu erfüllen, so sind die daraus entstandenen Rechte und Pflichten lediglich nach den inländischen Gesetzen zu beurtheilen.

C. Hinsichtlich des von zwei Inländern an einem Orte des Auslandes über bewegliche körperliche Sachen geschlossenen Vertrages. — Vergl. § 148 dieses Titels.

Rechtsgr. 53. — IV. Senat. 3. April 1856. (XX. 303.)

Die Vorschrift des § 148. I. 5. des Allgem. Landrechts: „Wenn über bewegliche körperliche Sachen außerhalb Landes an einem Orte, wo mündliche Verträge ohne Unterschied gültig sind, dergleichen Verträge geschlossen werden, so kann der Mangel der schriftlichen Abfassung auch in den hiesigen Gerichten nicht vorgeschützt werden", greift auch dann Platz, wenn zwei Inländer an einem Orte des Auslandes in dieser Art kontrahirt haben.

D. Hinsichtlich des von zwei Ausländern im Auslande über ein im Inlande belegenes Grundstück abgeschlossenen gerichtlichen Vertrags. — Vgl. A. L. R. Einl. § 32., 5. § 109. 116. 135., 21. §§ 231-233., A. G. O. II. 1. § 3, 2. §§ 45 ff.; Gesetz vom 23. April 1821.

Rechtsgr. 54. — I. Senat. 4. Juli 1856. (XXI. 336.)

Zur Rechtsgültigkeit ausländischer gerichtlicher Verträge über das Eigenthum eines inländischen Grundstücks ist die Beobachtung der gesetzlichen Form inländischer gerichtlicher Verträge nicht erforderlich. Daher bedarf es der Mitunterschrift des Vertrages seitens der Kontrahenten nicht, wenn dieselbe in den ausländischen Gesetzen nicht vorgeschrieben ist.

E. Hinsichtlich der Form der Eheschließung. — Vergl. A. L. R. II. 1. §§ 38. 136. 137. 170. 173.

Rechtsgr. 55. — I. Senat. 15. Januar 1855. (XIV. 351.)

Die Form der Eingehung der Ehe ist nach den Gesetzen des Orts, an welchem die Ehe geschlossen wird, zu beurtheilen.

F. Hinsichtlich der Entstehung der Forderung bei einem durch Briefwechsel abgeschlossenen Vertrage. — Vergl. § 79. dieses Titels; Ministerial-Erklärung vom 14. Oktober und 11. Dezember 1839.

Rechtsgr. 56. — III. Senat. 6. Februar 1856. (XX. 136.)

Auch nach dem Gemeinen Recht ist bei Abschließung eines Vertrages durch Briefwechsel die Forderung für da entstanden zu erachten, wo derjenige, bei dem die Bestellung gemacht worden, diese empfangen und zustimmend beantwortet hat.

Siehe auch Rechtsgrundsätze 10. 525. (A. L. R. Einleit. § 23., II. 1. § 136.)

§ 116. Siehe Rechtsgrundsätze 54. 70. 72. (§§ 111. 185. dieses Titels.)

§ 125. Siehe Rechtsgrundsätze 46. 834. (§ 71. dieses Titels; A. G. O. I. 2. § 167.)

§§ **127-129.** Mündliche Nebenabreden bei schriftlichen Verträgen, insbesondere bei Kaufverträgen:

A. Hinsichtlich des Surplus bei einem Weiterverkaufe der Sache. — Vergl. A. L. R. I. **5.** § 147., **11.** §§ 1. 46. ff.

Rechtsgr. **57.** — III. Senat. 15. Mai 1857. (XXIV. 304.)

Die Abrede neben dem schriftlichen Kaufvertrage: „Verkäufer erhält die Hälfte des bei einem Weiterverkauf erzielten Surplus", ist keine unverbindliche Nebenabrede, sie enthält vielmehr die Bestimmung des Kaufpreises.

B. Hinsichtlich der Abrede wegen bedingter Erhöhung des Kaufpreises.

Rechtsgr. **58.** — III. Senat. 13. Oktober 1856. (XXIII. 3.)

Der § 128. I. 5. des Allgem. Landrechts ist auf mündliche Verabredungen, welche eine bedingte Erhöhung des Kaufpreises zum Gegenstande haben, nicht zu beziehen.

C. Unrichtige Angabe des mündlich vereinbarten Kaufpreises.

Rechtsgr. **59.** — I. Senat. 23. November 1855. (XIX. 116.)

Ist der Kaufpreis im schriftlichen Vertrage unrichtig angegeben, so folgt daraus nicht, daß der mündlich, also nicht rechtsgültig verabredete Kaufpreis an dessen Stelle tritt. Erbietet sich jedoch der Käufer nicht zur Rückgabe des erkauften Grundstückes und Reszission des Geschäfts, so kann er sich nicht beschweren, wenn der mündlich verabredete Preis als maßgebend erachtet wird.

§ **131.** Siehe Rechtsgrundsätze 176. 222. (A. L. R. I. **9.** § 564, **11.** § 340.)

§ **133.** Siehe Rechtsgrundsätze 104. 528. (A. L. R. I. 7. § 70, II. **1.** § 195.)

§ **134.** Entsagungen und Verzichtleistungen; mündliche Ablehnung des schriftlichen Antrags eines abzuschließenden Vertrages. — Vergleiche A. L. R. I. **5.** §§ 78. ff. 385-387., **16.** § 378.

Rechtsgr. **60.** — III. Senat. 14. April 1856. (XXI. 71.)

Die Ablehnung des Antrags eines abzuschließenden

Vertrages enthält keine Entsagung, denn diese setzt, abgesehen von den damit in einzelnen Lehren verknüpften Begriffen, ein vorhergegangenes obligatorisches Verhältniß voraus, aus welchem Rechte bereits erworben oder künftig noch zu erwerben sind.

Daher findet die Vorschrift des § 134. in Betreff der schriftlichen Form der Entsagungen auf jene Ablehnung keine Anwendung, vielmehr hat auch die blos mündliche Ablehnung des schriftlichen Antrages eines abzuschließenden Vertrages über einen Gegenstand von mehr als 50 Rthlrn. die Entbindung des Anbietenden von weiterer Verhaftung zur Folge.

§ **135**. Siehe Rechtsgrundsätze 54. 63. (§§ 111. 156. dieses Titels.)
§ **146**. Siehe Rechtsgr. 104 (A. L. R. I. **7**. § 70).
§ **147**. Siehe Rechtsgr. 57. (§ 127. dieses Titels.)
§ **148**. Siehe Rechtsgrundsätze 53. 324. (A. L. R. I. **5**. § 111., **13**. § 62.)
§ **153**. Siehe Rechtsgr. 481. (A. L. R. II. **11**. § 313.)
§ **155**. Siehe Rechtsgr. 63. (§ 156. dieses Titels.)
§ **156**. Rechtliche Folgen der unterbliebenen schriftlichen Abfassung des theilweise erfüllten Vertrages:

A. Alternativer Klageantrag.

Rechtsgr. **61**. — III. Senat. 26. Februar 1856. (XX. 205.)

Der auf § 156. I. 5. des A. L. R. gestützte Klage-Antrag braucht nicht alternativ gestellt zu werden.

B. Anwendung des § 156 auf mündliche Nebenabreden bei einem schriftlichen Vertrage.

Rechtsgr. **62**. — III. Senat. 15. Mai 1857. (XXIV. 305.)

Dem § 156. I. 5. des Allgem. Landrechts ist die analoge Anwendung auf schriftliche Verträge nicht zu versagen.

C. Nichterfüllung eines mündlich geschlossenen Dienstumwandlungs-Vertrages. — Vergl. A. L. R. I. **5**. §§ 135. 155. 388., **16**. § 456., II. **7**. §§ 328. 427.

Rechtsgr. **63**. — II. Senat. 24. November 1853. (XIII. 25.)

Der § 156. I. 5. des Allgem. Landrechts, — nach welchem bei blos mündlich geschlossenen, der Schriftform bedürfenden Verträgen derjenige Kontrahent, welcher von dem Anderen die Erfüllung ganz oder zum Theil angenommen hat, entweder ebenfalls erfüllen, oder das Erhaltene zurückgeben resp. vergüten muß, — findet keine Anwendung, wenn nach mündlich geschlossenem Dienstumwandlungs-Vertrage die Natural-Dienste blos nicht gefordert und nicht geleistet worden sind.

Siehe auch Rechtsgr. 324. (A. L. R. I. **13**. § 62.)

§ **157**. Siehe Rechtsgr. 324. (A. L. R. I. **13**. § 62.)
§§ **158**. **163**. Siehe Rechtsgr. 27. (A. L. R. I. **2**. § 106.)
§ **165**. Mündlicher Vertrag über Handlungen; Tantieme von Holzverkaufsgeldern. — Vergl. A. L. R. I. **4**. §§ 65 ff.

Rechtsgr. **64**. — IV. Senat. 24. Januar 1856. (XIX. 306.)

Wenn einem Förster von der Holzeinnahme eine Tantieme zugesichert worden ist, so gebührt ihm dieselbe nicht von denjenigen Geldern, welche zwar aus den während seiner Dienstführung geschlossenen Verträgen herrühren, jedoch erst nach seiner Dienstentlassung fällig geworden, resp. eingegangen sind.

Siehe auch Rechtsgrundsätze 272. 277. (A. L. R. I. **11**. §§ 873. 925.)

§ **167**. Siehe Rechtsgr. 277. (A. L. R. I. **11**. § 925.)
§ **171**. Siehe Rechtsgr. 729. (A. D. W. O. Art. 1.)
§ **172**. Verträge der Schreibens- und Lesens-Unkundigen. — Vergl. A. L. R. I. **5**. § 173-179. und Anh. § 5. zu § 178.; A. G. O. I. **10**. § 19. und Anh. §§ 68. 72. zu § 19., sowie II. **2**. Anhang § 421. zu § 17.

A. Jüdische Analphabeten.

Rechtsgr. **65**. — Plenarbeschluß vom 2. Juli 1855. (XVII. 365.)

Juden, welche in jüdischen Schriftzügen zu schreiben

und zu lesen verstehen, deutsch aber außer ihrem Namen nicht schreiben, noch Geschriebenes lesen können, sind in Bezug auf einen, in Deutscher Sprache abgefaßten, von ihnen unterschriebenen Vertrag als Analphabeten zu betrachten.

B. Unvollständige Schreibenskunde.

Rechtsgr. **66**. — III. Senat. 17. Oktober 1855. (XVII. 365.)

Auch derjenige, welcher außer seinem Namen nur noch ein anderes Wort deutsch schreiben, deutsch Geschriebenes aber nicht lesen kann, ist als Analphabet zu erachten.

Siehe auch Rechtsgrundsätze 67. 1290. (§ 173. dieses Titels; Gesetz Nr. 2598. vom 11. Juli 1845.)

§ **173**. Dorfgerichtliche Verträge gemeiner, der Sprache, in welcher die Urkunde aufgenommen werden soll, nicht mächtiger Landleute. — Vgl. §§ 172. 179-184. dieses Titels; A. G. O. II. **1**. § 10, **2**. § 8.

Rechtsgr. **67**. — III. Senat. 24. Mai 1854. (XIII. 136.)

Verträge gemeiner, der Sprache, in welcher das Instrument abgefaßt werden soll, nicht mächtiger Landleute können von den Dorfgerichten auch unter Zuziehung eines vereideten Gerichtsschreibers rechtsgültig nicht aufgenommen werden.

Siehe auch Rechtsgrundsätze 65. 66. 67. (§ 172. dieses Titels.)

§ **174**. Siehe Rechtsgrundsätze 65. 66. (§ 172. dieses Titels.)

§§ **175** ff. Siehe Rechtsgrundsätze 65. 66. 324. (Allg. L. R. I. **5**. § 172., **13**. § 62.)

§ **178**. und Anhang § 5. zu § 178. Siehe Rechtsgrundsätze 65. 67. 853.; A. G. O. I. **10**. § 19.; §§ 172. 173. dieses Titels.

§ **179** ff. Siehe Rechtsgr. 67. (§ 173. dieses Titels.)

§ **184**. Siehe Rechtsgr. 72. (§ 185. dieses Titels.)

§ **185**. Verstärkung der Verträge durch Anerkenntniß:

A. Begriff dieses Anerkenntnisses. — Vergl. § 190. dieses Titels; A. G. O. I. **10**. § 82.

Rechtsgr. 68. — II. Senat. 13. Juni 1854. (XIII. 172.)

Die §§ 185. 190. I. 5. des Allgem. Landr. sprechen nicht von dem Zugeständniß der in der Klage vorgebrachten Thatsachen und der darauf gegründeten Forderung. Für solche Erklärungen ist der § 82. I. 10. der Allgem. Gerichtsordnung maßgebend.

B. Gegenstand des Anerkenntnisses.

Rechtsgr. 69. — IV. Senat. 3. April 1856. (XXI. 37.)

Der § 185. I. 5. des Allg. Landrechts, — nach welchem derjenige, welcher sich schriftlich oder zum Protokolle zu einem mündlich geschlossenen Vertrage bekannt hat, soweit, als die Verabredungen aus diesem Anerkenntnisse erhellen, den Mangel der schriftlichen Abfassung nicht vorschützen darf, — setzt eine von beiden Theilen vorhergetroffene mündliche Vereinbarung voraus.

C. Einseitige Vollziehung der schriftlichen Urkunde. — Vergl. § 116. dieses Titels.

Rechtsgr. 70. — IV. Senat. 6. April 1854. (XIV. 6.)

Derjenige, welcher die über einen mündlich abgeschlossenen, vermöge des Gesetzes schriftlich zu errichtenden Vertrag abgefaßte schriftliche Urkunde durch seine Unterschrift vollzogen und dem andern Kontrahenten übergeben hat, kann den Mangel der Unterschrift des letztern nicht vorschützen.

D. Schlußscheine über Handelsgeschäfte.

Rechtsgr. 71. — IV. Senat. 18. November 1856. (XXIII. 63.)

Die über Handelsgeschäfte ausgestellten Schlußscheine sind mindestens als schriftliche Anerkenntnisse des mündlich abgeschlossenen Vertrages anzusehen.

E. Wirkung der im mündlichen oder stillschweigenden Auftrage eines Andern erfolgten Unterschrift eines Vertrages mit dessen Namen. — Vergl. A. L. R. I. 5. §§ 116. 184. 186-189., 13. §§ 142-146.

Rechtsgr. 72. — Plenum. 4. Dezember 1854. (XV. 258.)

Ein Vertrag, welcher im mündlichen oder stillschweigenden Auftrage eines Andern mit dessen Namen unterzeichnet worden, hat für denselben die Verpflichtung aus einem schriftlichen Vertrage nicht zur Folge. Es ändert hieran Nichts, wenngleich er jenen Vertrag nachträglich mündlich oder stillschweigend genehmigt.

Siehe auch Rechtsgrundsätze 44. 49. (§§ 1. 102. dieses Titels.)

§§ **186** ff. Siehe Rechtsgrundsätze 72. 545. (A. L. R. I. **5.** § 185., II. **1.** § 379.)

§ **190**. Siehe Rechtsgr. 68. (§ 185 dieses Titels.)

§§ **200**. **201**. Siehe Rechtsgrundsätze 50. 442. (A. L. R. I. 5. § 109., **20.** § 227.)

§§ **202**. **203**. Siehe Rechtsgrundsätze 442. 867. (A. L. R. I. **20.** § 227; A. G. O. I. **10.** § 126.)

§ **204**. Siehe Rechtsgr. 442. (A. L. R. I. **20.** § 227.)

§ **206**. Angeld; Ausstellung eines Wechsels über empfangenes Angeld.

Rechtsgr. 73. — IV. Senat. 29. Juni 1854. (XIII. 243.)

Wenn bei einem zweiseitigen Vertrage, dessen Erfüllung zukünftig ist, ein Angeld gegeben, und über dieses Angeld ein Wechsel ausgestellt worden ist, so enthält dessen Einziehung nicht die Rücknahme des Angeldes als solchen, beziehungsweise nicht die Wiederaufhebung der angefangenen Erfüllung des Kontrakts.

§ **226**. Siehe Rechtsgr. 1064. (Minden-Ravensbergische Eigenthums-Ordnung vom 26. Novbr. 1741. Kap. 9. § 1.)

§ **227**. **228**. Siehe Rechtsgr. 33. (A. L. R. I. **4.** § 9.)

§§ **247**. **248**. Bestimmung des Ortes der Erfüllung:

A. Hinsichtlich eines Gebens. — Vergl. A. L. R. I. **16**. § 28.

Rechtsgr. 74. — III. Senat. 13. Oktober 1854. (XV. 108.)

a) Der Ausdruck „Geben" in dem § 248. I. 5. des Allgem. Landrechts ist auch auf Zahlung zu beziehen.

B. Hinsichtlich der Wohnung. — Vergl. A. L. R. I. **16**. §§ 52. 215-217; Kabinetsorder vom 13. Juni 1840.

Rechtsgr. 75. — III. Senat. 27. Oktober 1854. (XV. 200.)

Der Ausdruck „gewohnt hat" in dem § 248. I. 5. des Allgem. Landrechts ist sowohl auf den Wohnort als auch auf die Wohnung zu beziehen. Hiernach sind also die auf das Geben von Sachen gerichteten lästigen Verträge in dem Wohnorte und zwar in der Wohnung des Berechtigten zur Zeit des geschlossenen Vertrages zu erfüllen.

C. Hinsichtlich der Prästationen eines Altentheils bei Veränderung des Wohnsitzes des Altsitzers. — Vergl. A. L. R. I. **5**. §§ 370. 396., **11**. § 602.

Rechtsgr. 76. — II. Senat. 26. April 1855. (XVI. 344.)

c) Wird die ursprüngliche Erfüllungsart der Gewährung des Altentheils durch Schuld des Verpflichteten unmöglich, so muß er der Regel nach die zu leistende Entschädigung an dem demnächstigen Wohnsitz des ausgetriebenen Altsitzers prästiren.

b) Der vom Hofe ausgetriebene Auszügler ist jedoch dieserhalb nicht befugt, sich seinen künftigen Wohnort nach Belieben zu wählen.

Siehe auch Rechtsgrundsätze 262. 475. (A. L. R. I. **11**. § 769., **21**. § 263.)

§ **253**. Siehe Rechtsgr. 439. (A. L. R. I. **20**. § 54.)

§§ **262** ff. Auslegung der Verträge; Aufhebung des älteren Vertrages durch den jüngeren. — Vergl. § 390 dieses Titels.

Rechtsgr. 77. — II. Senat. 16. Januar 1855. (XVI. 174.)

a) Der ältere Vertrag wird durch den jüngeren insoweit, als der Inhalt des letzteren dem ersteren widerstreitet, aufgehoben.

§§ **266**-**268**. Siehe Rechtsgr. 477. (A. L. R. I. **21**. § 270.)

§ **270**. Siehe Rechtsgrundsätze 84-89. 439. (A. L. R. I. **5**. § 360., **20**. § 54.)

§ **271**. Annahme der Erfüllung eines Vertrages. — Vergl. § 317 dieses Titels.

Rechtsgr. **78**. — IV. Senat. 22. Mai 1856. (XXI. 200.)

Wer die Erfüllung des Vertrages angenommen hat, muß, wenn er den Einwand der nicht gehörigen Erfüllung macht, den Beweis dieses Einwandes führen.

Siehe auch Rechtsgrundsätze 84-89. 326. 960. 1015. (A. L. R. I. **5**. § 360., **13**. § 65.; A. G. O. I **51**. § 85.; Dig. **13**. 5. Lex 1.)

§ **273**. Siehe Rechtsgrundsätze 346. 1184. (A. L. R. I. **14**. § 24; Exekutions-Verordnung vom 4. März 1834 § 9.)

§ **274**. Siehe Rechtsgr. 436. (A. L. R. I. **20**. § 54.)

§ **277**. Siehe Rechtsgr. 347. (A. L. R. I. **14**. § 103.)

§ **285**. Siehe Rechtsgrundsätze 79. 84-89. 326. 346. 687. 1015. 1184. (A. L. R. I. **5**. §§ 292. 360., **13**. § 65., **14**. § 24, II. **14**. § 1.; Dig. **13**. 5. Lex 1.; Exekut.-Verordnung v. 4. März 1834 § 9.)

§ **286**. Siehe Rechtsgr. 1184. (Exekutions-Verordnung vom 4. März 1834 § 9.)

§ **287**. Siehe Rechtsgr. 476. (A. L. R. I. **21**. § 270.)

§ **289**. Siehe Rechtsgr. 346. (A. L. R. I. **14**. § 24.)

§§ **292** ff. Konventionalstrafe; Ausschließung eines sonstigen gesetzlichen Anspruchs durch dieselbe und Wirkung der Annahme der nachträglichen Erfüllung auf jeden sonstigen gesetzlichen Anspruch auf Schadensersatz. — Vergl. A. L. R. I. **5**. §§ 285 ff. 307., **11**. §§ 153 ff. 827.

Rechtsgr. **79**. — IV. Senat. 5. Februar 1856. (XX. 131.)

a) Die Konventionalstrafe schließt jeden anderweitigen gesetzlichen Entschädigungs-Anspruch aus.

b) Durch die ohne Vorbehalt geschehene Annahme der nachträglichen Erfüllung geht mit dem Anspruch auf die Konventionalstrafe auch jeder gesetzliche Anspruch auf Schadensersatz unter.

§ **307**. Siehe Rechtsgr. 79. (§ 292 dieses Titels.)

§ **317**. Siehe Rechtsgr. 78. (§ 271 dieses Titels.)

§§ **325** ff. Siehe Rechtsgrundsätze 82. 213. (A. L. R. I. **5**. § 343., **11**. § 198.)

§ **328**. Gewährleistung wegen fehlender vorbedungener Eigenschaften. — Vergl. §§ 329-331. dieses Titels.

Rechtsgr. 80. — IV. Senat. 19. Mai 1855. (XVII. 201.)

a) Hat der Empfänger der Sache, welcher eine ausdrücklich vorbedungene Eigenschaft fehlt, oder welche einen nicht in die Augen fallenden Mangel einer gewöhnlich vorausgesetzten Eigenschaft hat, dem Geber gegenüber einmal ausdrücklich erklärt, daß er die Sache demselben gegen Rückempfang des Preises nicht zurückgeben wolle, so ist er der Befugniß zum Rücktritt vom Vertrage für immer verlustig.

b) Diese Erklärung des Empfängers bedarf zu ihrer Wirksamkeit keiner besonderen Form.

§§ **329. 330.** Gewährleistung wegen fehlender gewöhnlich vorausgesetzter Eigenschaften; in die Augen fallende Fehler. — Vergl. A. L. R. I. **4.** §§ 81. 82.

Rechtsgr. **81.** — IV. Senat. 17. Februar 1857. (XXIII. 319.)

Ob der Fehler als ein in die Augen fallender zu erachten sei, beruht in jedem einzelnen Fall auf der Würdigung faktischer Verhältnisse. Wird in dem Umstande, daß der Käufer nicht Sachverständiger sei, Veranlassung gefunden, ihm ein Versehen nicht beizumessen, so ist dies nicht zu mißbilligen.

Siehe auch Rechtsgrundsätze 80. 82. (§§ 328. 343. dieses Titels.)

§§ **343** ff. Verjährung der Pflicht zur Gewährsleistung:

A. Ueberhaupt. — Vgl. A. L. R. I. **4.** §§ 81. 82., **5.** §§ 325 ff. 329., **11.** 198.

Rechtsgr. **82.** — IV. Senat. 8. Januar 1857. (XXIII. 210.)

Der Umstand, daß auf Aufhebung eines Kaufvertrages und Erstattung des Geleisteten geklagt worden, kann die kurze Verjährung der §§ 343 ff. I. 5. des Allgem. Landrechts nicht beseitigen.

Siehe auch Rechtsgrundsätze 172. 213. (A. L. R. I. **9.** § 551., **11.** § 198.)

B. Wegen natürlicher die Sache selbst betreffender Fehler.

Rechtsgr. 83. — IV. Senat. 11. Juni 1857. (XXIV. 363.)

Nur auf die Gewährleistung für solche Fehler, welche bereits zur Zeit des Empfanges der Sache vorhanden waren, bezieht sich der § 343. I. 5. des Allgem. Landrechts; er ist daher auf Reparaturen, zu denen sich der Verkäufer für eine bestimmte Zeit kontraktlich verpflichtet hat, unanwendbar.

§§ 360 ff. Aufhebung der Verträge wegen Unmöglichkeit der Erfüllung eines Zeitkaufsvertrages über verbrauchbare marktgängige Waaren. — Vergl. §§ 270 ff. 285 ff. 369 ff. dieses Titels.

A. Beschränkung des Rechts, die Erfüllung durch Lieferung oder Abnahme der Waaren zu verlangen, auf die Ausübung desselben am Erfüllungstage.

Rechtsgr. 84. — IV. Senat. 19. März 1857. (XXIV. 134.)

a) Bei Zeitkäufen über koursirende öffentliche Papiere, die einen Börsenkours haben, namentlich über Eisenbahn-Aktien und Staatspapiere, ist das Recht der Kontrahenten, die Erfüllung aus dem an sich klagbaren Vertrage durch Lieferung und Abnahme der Papiere gegen Zahlung des festgesetzten Preises, oder Erlegung der Differenzsumme zwischen dem letzteren und dem Tageskourse der Papiere zu fordern, in der Ausübung auf den verabredeten Erfüllungstag beschränkt.

b) Wenn an diesem Tage die Erfüllung in der gedachten Art von dem einen oder dem anderen Kontrahenten nicht geleistet, in Folge dessen aber von dem anderen Theile aus der Verweigerung der Erfüllung geklagt wird, so ist nicht mehr der Anspruch auf Lieferung und Abnahme der Papiere gegen Zahlung des bedungenen Preises, sondern vielmehr nur der Anspruch auf Entschädigung aus der Nichterfüllung, bestehend in der Zahlung der Differenzsumme zwischen dem festgesetzten Kaufpreise der Papiere und dem Kourse derselben an dem verabredeten Erfüllungstage, zulässig, wobei jedoch nach Umständen auch der Anspruch auf noch anderweitige Entschädigung nicht ausgeschlossen ist.

B. Begebung des Rechts, die Erfüllung durch Lieferung der Waaren zu verlangen, durch Einklagung und Rückempfang des gezahlten Angeldes.

Rechtsgr. 85. — IV. Senat. 5. Dezember 1854. (XVI. 58.)

Bei Zeitkaufsgeschäften über vertretbare börsen= und marktgängige Waaren kann nach Ablauf des Stichtages, wenn das gezahlte Angeld in Folge Einklagung des dagegen ausgestellten Wechsels zurückgezahlt worden, nicht mehr die Erfüllung des Vertrages, sondern nur das Interesse gefordert werden.

C. Begründung des Anspruchs auf die Preisdifferenzsummen überhaupt. — Vergl. Dig. 13. 3. lex 1.

Rechtsgr. 86. — IV. Senat. 6. Juli 1854. (XIV. 120.)

a) Die Verbindlichkeit zur Zahlung der Preisdifferenzsumme wegen Nichterfüllung eines Zeitkaufsvertrages über verbrauchbare marktgängige Waaren hängt von einer Absicht der Kontrahenten, durch Fallen oder Steigen der Preise einen Gewinn zu erzielen, nicht ab.

b) Zur Begründung des desfallsigen Anspruchs des Verkäufers ist der Nachweis des vergeblich erfolgten Anbietens der zu liefern gewesenen einzelnen Quantitäten Waaren an den bestimmten Lieferungstagen erforderlich.

D. Beiderseitiges Recht auf die Preisdifferenzsumme.

Rechtsgr. 87. — IV. Senat. 29. Juni 1854. (XIII. 243.)

Bei Zeitkaufsgeschäften über vertretbare börsen= und marktgängige Waaren ist jeder Theil bei einem Verzuge des Andern in Erfüllung des Vertrages von demselben zurückzutreten und die Differenz zwischen dem vereinbarten und dem marktgängigen Preise am Lieferungstage zu verlangen berechtigt.

E. Berechnung und Verzinsung der Preisdifferenzsumme. — Vergl. A. L. R. I. **11**. §§ 99. 215. 221., **16**. § 64.

Rechtsgr. **88**. — IV. Senat. 20. März 1855. (XVII. 79.)

a) Die Annahme der nachträglichen Erfüllung eines Lieferungs-Vertrages über verbrauchbare marktgängige Waaren schließt den Anspruch des zur Erfüllung am festgesetzten Lieferungstage bereit Gewesenen gegen den Säumigen auf Zahlung der Differenz-Summe zwischen dem vereinbarten und dem marktgängigen Preise am festgesetzten Lieferungstage nicht aus; auf diese Differenz-Summe ist jedoch die fernere Differenz-Summe zwischen dem vereinbarten und dem marktgängigen Preise am Tage der wirklichen Lieferung in Abrechnung zu bringen.

b) Die Verzinsung der zu zahlenden Differenz-Summe kann erst vom Tage der nachträglich geschehenen Erfüllung gefordert werden.

F. Liquidirung des Interesse bei erfolglos vollstreckter Exekution auf Lieferung der Waaren.

Rechtsgr. **89**. — IV. Senat. 27. November 1855. (XIX. 135.)

Wenn ein auf Lieferung fungibler Sachen, welche einen marktgängigen Preis haben, für einen bestimmten Preis gerichteter Kaufvertrag von dem Verkäufer nicht durch Lieferung zur verabredeten Zeit erfüllt, und der Verkäufer demnächst verurtheilt wird, ohne daß die deshalb wider ihn vollstreckte Exekution Erfolg hat, so kann der Käufer als sein Interesse nur den Preis der zu liefern gewesenen Sachen, welcher zu der im Vertrage bestimmten Lieferungszeit marktgängig war, fordern, — insofern er nicht besondere Umstände nachzuweisen vermag, aus denen sich entnehmen läßt, daß er, wenn ihm die Sachen an dem bedungenen Lieferungstage verabreicht worden wären, einen höheren Gewinn davon hätte ziehen können, oder daß er sie zu einem höheren Preise anderweit hätte anschaffen müssen, oder daß ihm sonst durch die verzögerte Lieferung ein den Betrag des obigen Preises übersteigender Schaden entstanden sei; und er wird durch das wider den Verkäufer erstrittene, diesen letzteren verurtheilende, Judikat allein noch nicht berechtigt, einen nach ergangenem Judikate marktgängig gewesenen Preis als Entschädigung dafür, daß ihm die Sache nicht gewährt worden, zu verlangen.

§ **361**. Siehe Rechtsgr. 360. (A. L. R. I. **16**. § 15.)
§§ **364** ff. Siehe Rechtsgr. 479. (A. L. R. I. **21**. § 299.)
§§ **369** ff. Siehe Rechtsgrundsätze 84-89. (§ 360. dieses Titels.)
§ **370**. Siehe Rechtsgr. 76. (§ 247. dieses Titels.)
§ **378**. Siehe Rechtsgr. 949. (A. G. O. I. **50**. § 39.)
§§ **380**. **381**. Rücktritt vom Vertrage wegen veränderter Umstände.

Rechtsgr. **90**. — IV. Senat. 14. Mai 1857. (XXIV. 302.)

Hat der Verklagte durch seine eigene Handlung den Vertragszweck vereitelt, so ist er ohne gleichzeitige Anerkennung seiner Verbindlichkeit zum Schadensersatz zum Rücktritt nicht berechtigt.

§§ **385** ff. Siehe Rechtsgrundsätze 60. 63. 423. (A. L. R. I. **5**. §§ 134. 156., **18**. § 736.)
§ **390**. Siehe Rechtsgrundsätze 77. 423. (A. L. R. I. **5**. § 262., **18**. § 736.)
§§ **393**. **394**. Siehe Rechtsgrundsätze 219. 486. (A. L. R. I. **11**. § 230., **21**. § 383.)
§§ **396** ff. Siehe Rechtsgrundsätze 76. 91. (§§ 247. 406. dieses Titels.)
§§ **406**. **407**. Rücktritt vom Vertrage auf den Grund des Urtheils erster Instanz. — Vergl. §§ 396 ff. dieses Titels.

Rechtsgr. **91**. — III. Senat. 24. Mai 1854. (XIV. 43.)

Wenn die Weigerung des einen Kontrahenten, den Vertrag seinerseits zu erfüllen, weil der andere Kontrahent nicht gehörig erfüllt habe, resp. den Vertrag nicht erfüllen könne, durch Erkenntniß erster Instanz für begründet erachtet ist, und dieser Kontrahent nach der Insinuation dieses Erkenntnisses erklärt hat, auf Grund desselben von dem Vertrage wieder abgehen zu wollen; so hat es bei dieser Erklärung sein Bewenden, und die Erfüllung des Vertrages kann gegen den davon Zurückgetretenen auch dann nicht verlangt werden, wenn er nicht im Stande ist, die auf Rechnung des Vertrages erhaltene Sache zurückzugeben.

§ 408. Rücktritt von einem Vertrage über Handlungen:

A. Von einem Vertrage über Handlungen und andere Leistungen:

Rechtsgr. 92. — III. Senat. 29. Februar 1856. (XX. 228.)

Der § 408. I. 5. des A. L. R. erfordert nicht, daß Handlungen die alleinige Hauptleistung des Vertrages bilden, er greift vielmehr auch dann Platz, wenn unter mehreren darin vorbedungenen Hauptverbindlichkeiten nur eine auf Handlungen gerichtet ist.

B. Von einem Gutsüberlassungs- und Leibzuchtsvertrage.

Rechtsgr. 93. — I. Senat. 10. Juli 1854. (XIV. 137.)

Ob ein Guts-Ueberlassungs- und Leibzuchts-Vertrag zwischen Eltern und Kindern, nach welchem der Gutsübernehmer unter Anderem auch seine Eltern für deren ganze Lebenszeit bei sich im Hause zu ernähren und zu verpflegen sich verpflichtet hat, für einen Vertrag über Handlungen im Sinne des § 408. I. 5. des A. L. R. zu erachten sei, ist nach den besonderen thatsächlichen Umständen jedes einzelnen Falles zu beurtheilen.

Rechtsgr. 94. — III. Senat. 29. Februar 1856. (XX. 228.)

Auch die vor der Uebergabe des Guts von dem Käufer verübte grobe Verletzung der dem Verkäufer zugesicherten guten Behandlung berechtigt den letztern zum Rücktritt vom Vertrage.

Siehe auch Rechtsgrundsätze 273. 274. 282. 1107. (A. L. R. I.

11. §§ 878. 981.; Gesinde-Ordnung vom 8. November 1810. § 160.)

§§ **424. 425.** Korrealverträge hinsichtlich mehrerer Verpflichteten.

Rechtsgr. **95.** — IV. Senat. 10. Januar 1856. (XIX. 246.)

Die §§ 424. und 425. I. 5. des Allg. L. R. setzen nicht nothwendig einen schriftlichen Vertrag voraus, sie finden vielmehr überhaupt auf jeden Vertrag Anwendung, durch welchen eine gemeinschaftliche Verhaftung mehrerer Verpflichteten erzeugt werden kann.

Siehe auch Rechtsgrundsätze 251. 252. (A. L. R. I. **11.** § 727.)

§ **430.** Siehe Rechtsgr. 659. (A. L. R. II. **10.** § 127.)

§ **450.** Siehe Rechtsgrundsätze 407. 612. 713. (Allg. L. R. I. **17.** § 151., II. **7.** § 46., **16.** § 264.)

§§ **451.** Siehe Rechtsgrundsätze 612. 713. (A. L. R. I. **17.** § 151., II. **16.** § 264.)

Titel 6. Von den Pflichten und Rechten, die aus unerlaubten Handlungen entstehen.

§§ **1** ff. Siehe Rechtsgr. 901. (A. G. O. I. **16.** § 1.)

§ **3.** Siehe Rechtsgr. 656. (A. L. R. II. **10.** § 88.)

§ **5.** Siehe Rechtsgr. 476. (A. L. R. I. **21.** § 270.)

§ **6.** Siehe Rechtsgrundsätze 476. 687. (A. L. R. I. **21.** 270., II. **14.** § 1.)

§ **18.** Siehe Rechtsgrundsätze 657. 996. (A. L. R. II. **10.** § 88.; Code Napoléon art. 1382.)

§§ **19** ff. Siehe Rechtsgrundsätze 657. 687. (A. L. R. II. **10.** § 88., **14.** § 1.)

§ **25.** Rechtliche Vermuthung in Betreff der Urheberschaft des Schadens bei Dienstvergehen.

Rechtsgr. **96.** — I. Senat. 21. November 1853. (XIII. 8.)

Hat ein Postbeamter bei Gelegenheit der Beförderung eines Geldpakets seinen Dienstvorschriften zuwider den Schlüssel zur Briefbeutellade einem Dritten anvertraut, so ist bei eintretendem Verlust des Geldpakets die Vermuthung begründet, daß derselbe durch seine Schuld veranlaßt sei, insofern er nicht die richtige Ankunft des Geldpakets auf der nächsten Poststation nachzuweisen vermag.

Siehe auch Rechtsgrundsätze 882-887. 1245. (A. G. O. I. **13**. § 9.; Gesetz Nr. 2317. vom 31. Dezember 1842. § 8.)

§§ **29**. **30**. Siehe Rechtsgr. 659. (A. L. R. II. **10**. § 127.)

§§ **36**. **37**. Beschädigungen durch Ausübung eines Rechts innerhalb der gehörigen Schranken:

A. Verhaftung des Klägers für das Interesse des Verklagten wegen der gegen denselben vollstreckten Exekution aus einem hiernächst vom Rekursrichter aufgehobenen Erkenntnisse erster Instanz. — Vergl. A. L. R. Einl. §§ 88. 94; A. G. O. I. **14**. §§ 6. 8. u. Anhang § 113. zu § 6., **44**. §§ 14. 63. und Anhang § 304. zu § 63.

Rechtsgr. **97**. — III. Senat. 12. September 1855. (XIX. 37.)

a) Wenn in den Fällen, in welchen die Prozeßgesetze die Nachsuchung der Exekution aus Erkenntnissen gestatten, bevor diese die Rechtskraft beschritten haben, die Exekution vollstreckt wird, so geschieht dies immer auf Gefahr dessen, welcher den Antrag stellt, und kann diesen nicht von der Gefahr entbinden, dem Gegner das Interesse zu vergüten, wenn sich aus den in den ferneren Instanzen ergehenden Entscheidungen ergiebt, daß der Antragsteller zu dem durch Exekution Erzwungenen kein Recht gehabt hat.

b) Der Kläger haftet für das Interesse des Verklagten, wenn er aus einem im Bagatellprozesse gegen denselben ergangenen Erkenntnisse die Exekution hat vollstrecken lassen, dies Erkenntniß aber hinterher auf ein Rekursgesuch des Verklagten zu dessen Gunsten abgeändert worden ist.

B. Verpflichtung der unterliegenden Prozeßpartei zum Schadensersatz. Vergl. A. L. R. Einl. §§ 76 77. 94.; A. G. O. I. Einl. § 1., **1**. § 1.

Rechtsgr. **98**. — IV. Senat. 5. Juni 1855. (XVII. 247.)

Bis zum Beweise des Gegentheils ist anzunehmen, daß die in dem Prozesse unterliegende Partei sich ihrer Befugniß zur prozessualischen Geltendmachung ihrer Rechte innerhalb der gehörigen Schranken bedient habe, und ist dieselbe daher der Gegenpartei für einen hierbei entstandenen Schaden nur nach Maßgabe des ihr zur Last fallenden und besonders zu erweisenden bösen Vorsatzes oder schuldbaren Versehens verhaftet.

§§ **50-53**. Siehe Rechtsgr. 687. (A. L. R. II. **14**. § 1.)

§ **54**. Verjährung der Regreßklagen wegen Versehen der Beamten. — Vergl. A. L. R. I. **9**. §§ 516. 517., II. **10**. § 91.

Rechtsgr. **99**. — I. Senat. 26. November 1855. (XIX. 124.)

Wenn ein Rechtsmittel wegen verspäteter Präsentation der Anmeldung desselben für desert erklärt, dagegen aber behauptet wird, daß das Präsentatum falsch, und die Anmeldung des Rechtsmittels innerhalb der gesetzmäßigen Frist beim Gericht eingereicht worden sei, so wird die Verjährung der Regreßklage gegen den präsentirenden Beamten dadurch nicht gehemmt, daß in einem Nullitätsprozesse die Unrichtigkeit des Präsentatums und die rechtzeitige Einreichung der Anmeldung des Rechtsmittels nachzuweisen gesucht wird.*

§§ **79**. **81**. Siehe Rechtsgr. 1222. (Eisenbahngesetz vom 3. Novbr. 1838. § 14.)

Titel 7. Von Gewahrsam und Besitz.

§§ **1-2**. Siehe Rechtsgrundsätze 112. 116-118. (§§ 124. 146. dieses Titels.)

§§ **3-5**. Siehe Rechtsgrundsätze 27. 112. 116-118. (A. L. R. I. **2**. § 106., **7**. §§ 124. 146.)

§ **7**. Siehe Rechtsgrundsätze 194. 495. (A. L. R. I. **10** § 7., **21**. § 630.)

§ **8**. Siehe Rechtsgr. 194. (A. L. R. I. **10**. § 7.)

§§ **10** ff. Siehe Rechtsgr. 356. (A. L. R. I. **15**. § 19.)

§ **14**. Siehe Rechtsgrundsätze 114. 181. (A. L. R. I. **7**. § 146., **9**. § 611.)

§§ **15** ff. Siehe Rechtsgrundsätze 937. 940. 941. (A. G. O. I. **31**. § 1.)

§ **19**. **23**. Siehe Rechtsgr. 936. (A. G. O. I. **31**. § 1.)

* Vergl. dagegen das Nachwort im Archiv für Rechtsfälle, Bd. 19. S. 130.

§§ **40** ff. Siehe Rechtsgrundsätze 181. 937. (A. L. R. I. **9.** § 611.; A. G. O. I. **31.** § 1.)

§ **45.** Siehe Rechtsgrundsätze 112. 433. (Allg. L. R. I. **7.** § 124., **20.** § 7.)

§ **46.** Siehe Rechtsgr. 193. (A. L. R. I. **9.** § 666.)

§ **48.** Siehe Rechtsgrundsätze 100. 101. 193. 504. (A. L. R. I. **7.** § 58., **9.** § 666., **22.** § 68.)

§§ **58. 59.** Erwerbung des Besitzes durch Uebergabe.

A. Anerkenntniß der geschehenen Uebergabe. — Vgl. §§ 48. 70. 71. dieses Titels.

Rechtsgr. **100.** — III. Senat. 7. März 1856. (XX. 253.)

Die in einem Kauf- oder Tausch-Vertrage enthaltene Erklärung, daß die Uebergabe stattgefunden habe, genügt für sich allein nicht, um die Besitzübertragung für vollzogen zu erachten und den Erwerber zur Possessorien-Klage zu befähigen.

B. Besitzentäußerung und Besitzergreifung. — Vergl. §§ 48. 69. 71. dieses Titels.

Rechtsgr. **101.** — III. Senat. 6. Oktober 1854. (XV. 76.)

Der § 59. I. 7. des Allgem. Landrechts spricht nur von der Entschlagung des Besitzes seitens des früheren Besitzers durch bloße Willenserklärung. Dieselbe reicht daher außer den Fällen der traditio brevi manu und des constitutum possessorium — zur Erlangung des Besitzes nicht hin, vielmehr bedarf es dazu auch noch des Aktes der Besitzergreifung.

Siehe auch Rechtsgrundsätze 27. 230. 433. (A. L. R. I. **2.** § 106., II. § 393., **20.** § 7.)

§ **60.** Siehe Rechtsgr. 433. (A. L. R. I. **20.** § 7.)

§§ **61-65.** Symbolische Uebergabe durch Aushändigung der Konnossemente über auf dem Transporte befindliche Waaren. — Vergleiche A. L. R. II. **8.** §§ 1655. 1656. 1716. und I. **20.** § 367.; Konkurs-Ordnung vom 8. Mai 1855. § 27.

Rechtsgr. **102.** — III. Senat. 25. Januar 1856. (XIX. 310.)

Die Aushändigung der Konnossemente über die auf dem Transport befindlichen Waaren, verbunden mit dem

Giro derselben auf den Empfänger, enthält eine symbolische Uebergabe der Waaren.

Siehe auch Rechtsgrundsätze 104. 433. (Allg. L. R. I. 7. § 70., 20. § 7.)

§§ 66-69. Uebergabe durch Anweisung, insbesondere hinsichtlich eines sequestrirten Guts. — Vergl. A. L. R. I. 14. §§ 105. 109.; Allg. G. O. I. 24. §§ 116. 124. 125.

Rechtsgr. 103. — III. Senat. 24. Mai 1854. (XIV. 43.)

Der Eigenthümer eines unter gerichtlicher Sequestration stehenden Grundstücks kann dasselbe einem neuen Erwerber durch Anweisung an den Sequester übergeben.

Siehe auch Rechtsgrundsätze 101. 112. (§§ 58. 124. dieses Titels.)

§§ 70-73. Uebergabe durch bloße Willenserklärung:

A. Form dieser Willenserklärung bei Kaufverträgen. — Vgl. A. L. R. I. 5. §§ 133. 146., 7. §§ 61 ff.

Rechtsgr. 104. — Plenum. 20. November 1854. (XIV. 329.)

Zur Uebergabe durch die bloße Willenserklärung des Verkäufers, die Sache nunmehr für den Käufer in seiner Gewahrsam zu halten, ist eine Erklärung in der für Verträge vorgeschriebenen rechtsgültigen Form erforderlich. Daher ist bei Gegenständen von einem höheren Werthe, als 50 Rthlr., eine schriftliche Erklärung des Uebergebenden erforderlich.

B. Uebergabe durch Abschluß eines Zeitpachtsvertrages des erblichen Kolonatsbesitzers mit dem ehemaligen Gutsherrn. — Vgl. A. L. R. I. 9. §§ 527. 591. 625.

Rechtsgr. 105. — II. Senat. 3. Juni 1856. (XXI. 262.)

Ein Vertrag, durch welchen der Kolon ein zu seinem Kolonat gehöriges und daher vermöge der neuern gutsherrlich-bäuerlichen Gesetzgebung in sein Eigenthum übergegangenes Grundstück von seinem ehemaligen Gutsherrn in Zeitpacht übernommen hat, begründet vermöge des constituti possessorii den vollständigen, zur erwerbenden Verjährung geeigneten Besitz.

Durch dreißigjährige Fortsetzung dieses Besitzes erlangt daher der Gutsherr das Eigenthum des Grundstücks.

C. Wirkung des von dem früheren erblichen Kolonats-Besitzer und demnächstigen vollen Eigenthümer dem Gutsherrn gegenüber erklärten Verzichts auf das Eigenthum des Kolonats. — Vergl. A. L. R. I. **9**. § 579.

Rechtsgr. **106**. — II. Senat. 14. Februar 1856. (XX. 167.)

Der – nach Erlassung des Bergischen Dekrets vom 13. September 1811 und resp. des Gesetzes vom 21. April 1825 – von dem früheren erblichen Besitzer und demnächstigen vollen Eigenthümer der bäuerlichen Stelle dem Gutsherrn gegenüber erklärte Verzicht auf das Eigenthum derselben enthält keinen Titel zur Vermittelung des Uebergangs des Eigenthums auf den Gutsherrn.

Siehe auch Rechtsgrundsätze 100. 101. 470. 500. (A. L. R. I. 7. § 58, **21**. § 113., **22**. § 14.

§ **77**. Siehe Rechtsgr. 1262. (Gesetz vom 28. Februar 1843 § 1.)

§ **80**. Siehe Rechtsgrundsätze 127. 665. 936. (A. L. R. I. 7. § 146., II. **11**. § 576.; A. G. O. I. **31**. § 1.)

§§ **81**. **82**. Erwerbung des Besitzes von Rechten:

A. Besitzerwerb eines subjektiv-dinglichen Rechts überhaupt und insbesondere einer Wegegerechtigkeit. — Vergl. A. L. R. I. **9**. §§ 589. 625. 666., **22**. § 14.

Rechtsgr. **107**. — II. Senat. 28. Februar 1856. (XX. 218.)

Der Besitz eines subjektiv-dinglichen Rechts, insbesondere einer Wegegerechtigkeit, kann lediglich durch solche Besitzhandlungen, wie sie Jedermann ausgeübt hat, nicht erworben werden, vielmehr ist dazu seitens des Besitzers des berechtigten Grundstücks die Kundgebung der Meinung erforderlich, daß dem Grundstücke das Recht als ein fortdauerndes wirklich zustehe, oder daß das Recht als ein dem Grundstücke zustehendes in Besitz genommen sei.

B. Benutzung eines dem Publikum geöffneten Privatweges — Vergl. A. G. O. I. **31**. §§ 1. 18.

Rechtsgr. **108**. — III. Senat. 28. April 1856. (XX. 355.)

Aus der Benutzung eines dem Publikum überhaupt zum Gebrauche geöffneten Privat-Fußweges ist auf einen dem § 82. I. 7. des Allgem. Landrechts entsprechenden animus sibi habendi nicht zu schließen. Die bisherige Benutzung berechtigt demnach nicht zu dem Anspruche auf Schutz im Possessorien-Prozeß.

C. Begriff der Wegegerechtigkeit als eines negativen Rechts.

Rechtsgr. **109**. — III. Senat. 17. Dezember 1856. (XXIII. 163.)

Das negative Recht einer Wegegerechtsame wird dadurch nicht zu einem affirmativen Recht, daß auf dem Wege sich ein Thorweg befindet, dessen Oeffnung dem Verpflichteten obliegt.

D. Begriff des „fortdauernden Rechts." — Vergl. A. L. R. I. **22** § 14.

Rechtsgr. **110**. — III. Senat. 23. Juni 1857. (XXIII. 268.)

Unter dem „fortdauernden Recht" des § 82. I. 7. des Allg. Landrechts ist nicht ein immerwährendes, sondern ein wirkliches Recht zu verstehen.

Siehe auch Rechtsgrundsätze 111. 119. 127. 139. 184. 466. 500. 670. (A. L. R. I. **7**. §§ 86. 146., **8**. § 102., **9**. § 629, **21**. § 1., **22**. § 14., II. **11**. § 685.)

§§ **86**. **87**. Besitzerwerb eines Untersagungsrechts; Störung im Besitz des Rechts zum Bau nicht regaler Fossilien auf einem fremden Grundstücke. — Vergl. §§ 82 ff. 146. 150.

Rechtsgr. **111**. — III. Senat. 9. November 1855. (XVIII. 303.)

Aus dem blos thatsächlich ausschließlichen Bau nicht regaler Fossilien auf einem fremden Grundstücke ist der Besitz des Rechts, mit Ausschluß des Grundeigenthümers den Bau zu betreiben, nicht zu folgern. Daher ist zum Beweise der Störung des Besitzes des ersteren durch Bergbau-Anlagen des letzteren der Nachweis eines besonders erworbenen Untersagungsrechts oder des unmittelbaren Eingriffes in den Besitz des Berechtigten erforderlich.

§ **99.** Siehe Rechtsgr. 1262. (Gesetz vom 28. Februar 1843 § 1.)

§§ **106. 107.** Siehe Rechtsgr. 1261. (Gesetz vom 28. Februar 1843 § 1.)

§§ **111. 113.** Siehe Rechtsgrundsätze 112. 767. (§ 124. dieses Titels; A. D. W. O. Art. 36.)

§§ **120** ff. Siehe Rechtsgr. 936. (A. G. O. I. **31.** § 1.)

§§ **124** ff. Erhaltung und Fortsetzung des Besitzes des vollständigen Besitzers durch den unvollständigen Besitzer. — Vergl. A. L. R. I. **5.** § 75., **7.** §§ 1. 5. 45. 66 ff. 112. 113. 130. 137., **9.** §§ 597 ff., 627. **13.** § 122., **21.** § 98.

Rechtsgr. **112.** — II. Senat. 5. Juni 1856. (XXII. 17.)

a) Handlungen des Pächters eines Grundstücks, welche sich auf Erhaltung oder Fortsetzung des Besitzes von Rechten dieses Grundstücks beziehen, kommen bei der erwerbenden Verjährung dem Eigenthümer zu statten, ohne daß es dazu eines besonderen Auftrags oder einer speziellen Anweisung desselben bedarf.

b) Ist aber der Pächter des herrschenden zugleich der Eigenthümer des dienenden Grundstücks, so ist nicht ohne Weiteres anzunehmen, daß die von ihm vorgenommenen Handlungen in seiner Eigenschaft als Pächter, also für den Eigenthümer des herrschenden Grundstücks ausgeübt worden sind.

Siehe auch Rechtsgrundsätze 115-118. 182. 936. (A. L. R. I. **7.** § 146., **9.** § 629.; A. G. O. I. **31.** § 1.)

§ **130.** Siehe Rechtsgr. 112. (§ 124. dieses Titels.)

§ **137.** Siehe Rechtsgrundsätze 112. 115-118. (§§ 125. 146. dieses Titels.)

§§ 146 ff. Wiederherstellung des durch Gewalt oder List, heimlich oder bittweise entnommenen oder gestörten Besitzes.

— Aktivlegitimation:

A. Des bloßen Inhabers.

Rechtsgr. **113.** — III. Senat. 5. Juni 1857. (XXIV. 352.)

Auch der bloße Inhaber ist zur Possessorienklage befugt, sobald ein eigenmächtiger unbefugter Eingriff in seine Gewahrsam vorliegt. Auf die Form dieses Eingriffs kommt es nicht wesentlich an, vielmehr ist es in dieser Beziehung gleichgültig, ob gewaltsam, heimlich oder bittweise verfahren worden ist.

B. Des unrechtfertigen Besitzers. — Vergl. § 14. dieses Titels; A. G. O. I. **31.** § 14.

Rechtsgr. **114.** — III. Senat. 9. Januar 1857. (XXIII. 226.)

Die bloße Unrechtfertigkeit des Besitzes schließt das Possessorium nicht aus.

C. Des Verpächters eines nutzbaren Rechts wegen Störung des Besitzes des Pächters. — Vergl. A. L. R. I. 7. §§ 124. 137., **21.** § 434.

Rechtsgr. **115.** — III. Senat. 8. Dezember 1854. (XVI. 84.)

Der Verpächter eines nutzbaren Rechts, z. B. einer Fischereigerechtigkeit, ist zur Possessorienklage befugt, wenn der Pächter in der Benutzung dieses Rechts gestört wird.

D. Des Miethers gegen den Vermiether. — Vergl. A. L. R. I. 7. §§ 1-5. 124. 137., **21.** § 434.; A. G. O. I. **31.** § 1.

Rechtsgr. **116.** — III. Senat. 28. Januar 1856. (XX. 82.)

Der Streit zwischen dem Miether und Vermiether über die Auslegung des Miethsvertrages und über die Rechte, welche aus demselben dem Miether zustehen, kann nicht im Possessorien-, sondern nur im Petitorien-Prozeß erörtert werden.

Rechtsgr. **117.** — III. Senat. 23. Januar 1857. (XXIII. 268.)

Handelt es sich nicht um die bloße Auslegung des

Miethsvertrages, sondern um den Besitz eines Rechts, welches neben demselben von dem Miether frei, öffentlich und ungestört als ein ihm für die Dauer seines Benutzungsrechts gebührendes ausgeübt worden ist, so steht dem Miether gegen den ihn in dem Besitze dieses Rechts störenden Vermiether die Possessorienklage zu.

Rechtsgr. **118.** — III. Senat. 26. November 1855. (XVIII. 323.)

a) Die Verfügung des Eigenthümers über die vermiethete Sache enthält nur dann eine Störung des Besitzes des Miethers, wenn ersterer in Bezug auf die Gebrauchs- und Nutzungsrechte des letzteren unmittelbar in dessen Besitzstand eingegriffen hat.

b) Die Frage: ob der Eigenthümer die dem unvollständigen Besitzer gegenüber ihm verbliebenen Rechte überschritten hat, kann nur im Petitorien-Prozesse entschieden werden. *

— Besitzstörende Handlung:

E. Besitzstörung durch Umwandlung des mit der Hütungsgerechtigkeit belasteten Wildlandes in Ackerland. — Vergl. A. L. R. I. 7. §§ 81-82. 86., **22.** §§ 80-82.; A. G. O. I. **31**. §§ 1 ff.

Rechtsgr. **119.** — III. Senat. 24. Oktober 1856. (XXIII. 31.)

Die Umwandlung des mit der Hütungsgerechtigkeit belasteten Wildlandes in Ackerland seitens dessen Eigenthümers enthält keine unmittelbar in den Besitz des Hütungsberechtigten eingreifende Verfügung und berechtigt daher den letzteren nicht zur Besitzstörungsklage. Hierzu bedarf es des Nachweises eines besonderen Untersuchungsrechts.

F. Besitzstörung unter Zustimmung des Besitzers.

Rechtsgr. **120.** — III. Senat. 8. Juni 1855. (XVIII. 42.)

Die wenngleich nur mündlich erfolgte Zustimmung

* Vergl. dagegen den Aufsatz von Strohn im Archiv für Rechtsfälle Bd. 18. S. 365.

des Besitzers zu der als besitzstörend bezeichneten Handlung schließt die Besitzstörungsklage aus.

G. Besitzstörung des Wegeberechtigten durch Verschließung eines Schlagbaums unter Aushändigung eines Schlüssels zu demselben. — Vergl. A. L. R. I. 22. § 66; A. G. O. I. 31. §§ 1-3.

Rechtsgr. 121. — III. Senat. 23. Januar 1857. (XXIII. 271.)

Die Verschließung eines auf dem, zur Kommunikation mit dem Hofe des Berechtigten dienenden Wege befindlichen, bis dahin nicht verschließbar gewesenen Schlagbaumes seitens des Eigenthümers enthält eine zum Possessorienprozeß berechtigende Störung des Besitzes des ersteren auch dann, wenn demselben ein Schlüssel behufs Oeffnung des Schlagbaums übergeben worden ist.

H. Besitzstörung durch Unterlassung.

Rechtsgr. 122. — III. Senat. 28. September 1855. (XVIII. 164.)

a) Die der Wiederaufhebung der polizeilichen Verfügung auf Untersagung der Benutzung eines Weges ungeachtet von dem Grundbesitzer unterlassene Beseitigung der von ihm vorher geschehenen Sperrung dieses Weges enthält eine Störung des Besitzes des Wegeberechtigten.*

I. Besitzstörung durch Androhung von Mißhandlungen.

Rechtsgr. 123. — III. Senat. 20. Februar 1856. (XX. 189.)

Ein an Ort und Stelle gegen die in der Ausübung des Rechtes befindlichen Personen und unter mündlicher Androhung von Mißhandlungen erfolgtes Verbot ist als Besitzstörung anzusehen.

K. Besitzstörung durch Denunziation.

Rechtsgr. 124. — III. Senat. 16. Februar 1855. (XVII. 23.)

Die Denunziation wegen unbefugten Fischens enthält keine Besitzstörung.

* Vergl. dagegen den Aufsatz von Strohn im Archiv für Rechtsfälle Bd. 18. S. 364.

L. Besitzstörung durch Beeinträchtigung der Nutzungen eines Rechts für die Zukunft. — Vergl. A. G. O. I. **31**. § 1.

Rechtsgr. **125**. — III. Senat. 8. Februar 1856. (XX. 145.)

Auch solche Anlagen, welche erst für eine spätere Zeit die Nutzungen eines Rechts zu beeinträchtigen drohen, sind sofort für Besitzstörungen eben dieses Rechts zu erachten.

M. Besitzstörung des Fensterrechts — Vergl. A. G. O. I. **31**. § 7.

Rechtsgr. **126**. — III. Senat. 1. Mai 1857. (XXIV. 242.)

a) Wird thatsächliche Abwehr, z. B. durch Einrammen von Pfählen, — gegen die Existenz der auf das Gebiet des Nachbars sich öffnenden Fenster von diesem gerichtet, so ist das Possessorium zulässig.

b) Sind jedoch die Fenster eigenmächtig und unter Widerspruch des Nachbars vergrößert worden, so kann Schutz im Besitz dieser vergrößerten Fenster als solcher nicht begehrt werden.

N. Besitzstörung eines theils negativen, theils affirmativen Rechts. — Vergl. §§ 80. 81. dieses Titels; A. G. O. I. **31**. §§ 1 ff.

Rechtsgr. **127**. — III. Senat. 17. Dezember 1856. (XXIII. 163.)

Die Possessorienklage findet wegen Störung des Besitzes eines negativen Rechts auch dann statt, wenn nebenbei der Verpflichtete eine Handlung zu leisten hat.

— Passivlegitimation:

O. bei Entsetzung des Besitzes. — Vergl. A. L. R. I. **13**. § 154.; A. G. O. I. **31**. §§ 1. 3.

Rechtsgr. **128**. — III. Senat. 4. April 1856. (XXI. 50.)

Im Possessorien-Prozeß ist bei geschehener Entsetzung des Besitzes die Klage gegen denjenigen zu richten, welcher sich selbst und für sich in den Besitz der Sache oder des Rechts gesetzt hat und bei Anstellung der Klage sich noch im Besitz befindet.

P. Bei Störung des Besitzes durch den Prekaristen. — Vergleiche A. L. R. I. **21**. §§ 229 ff.; A. G. O. I. **31** §§ 1-3.; Dig. **43**. 26. Lex 2. princ.

Rechtsgr. **129**. — III. Senat. 5. Juni 1857. (XXIV. 351.)

a) Der Prekarist hat an und für sich eine justa possessio; sie wird eine vitiosa, wenn er dem Verleiher gegenüber die Rückgabe der Sache weigert.

b) Die Weigerung der Rückgabe hat dieselbe Wirkung, als die Gewalt bei der violenta possessio.

c) Auch dann haftet der Prekarist, wenn er sich der Sache entäußert hat.

Q. Bei Störung des Besitzes durch einen Bevollmächtigten. — Vergl. A. L. R. I. **13**. §§ 142 ff.; A. G. O. I. **31**. §§ 1 ff.; Dig. **43**. 24. Lex 5. § 12.

Rechtsgr. **130**. — III. Senat. 18. März 1857. (XXIV. 125.)

Enthalten die gegen die Vorschrift des Machtgebers vom Bevollmächtigten vorgenommenen Handlungen eine Besitzstörung, so kann der Machtgeber der desfalls gegen ihn selbst angestellten Klage die Einrede der mangelnden Passiv-Legitimation nicht entgegensetzen.

R. Bei Störung des Besitzes durch die Aufsichtsbehörde. — Vergl. A. L. R. II. **11**. § 577.; Notifikationspatent v. 15. Januar 1742. § 23.

Rechtsgr. **131**. — III. Senat. 18. März 1857. (XXIV. 126.)

Der Umstand, daß der geistliche Obere die als besitzstörend bezeichnete Handlung vermöge seines Oberaufsichtsrechts veranlaßt hat, schließt die richterliche Kompetenz in Betreff der Besitzstörungsklage in dem Falle nicht aus, wenn die Handlung nicht als rechtmäßiger Ausfluß des Oberaufsichtsrechts nachgewiesen wird.

Siehe auch Rechtsgrundsätze 111. 933. 938. 940. 941. 1024. (§ 86. dieses Titels; A. G. O. I. **31**. §§ 1. 4. 14.; Dig. **43**. 24. Lex 5. § 12.)

§ **151**. Strafandrohung des Richters gegen den Besitzstörer. — Vergl. A. G. O. I. **5**. § 17. Nr. 3.

Rechtsgr. **132**. — III. Senat. 28. September 1855. (XVIII. 164.)

Im Possessorien-Urtheil sind dem verurtheilten Verklagten auch ohne Antrag des Klägers Strafen anzudrohen.

§ **154**. Jüngster ruhiger Besitz. — Vergl. A. G. O. I. **31**. § 1.

Rechtsgr. **133**. — III. Senat. 28. Januar 1856. (XX. 82.)

Zum Nachweise des zur Begründung der Besitzstörungsklage erforderlichen jüngsten Besitzes genügt der Nachweis des früher erlangten Besitzes des betreffenden Untersagungsrechts nicht, es ist vielmehr der Nachweis erforderlich, daß der Kläger sich unmittelbar vor der erfolgten Störung im ruhigen Besitz befunden habe.

§ **175**. Siehe Rechtsgr. 720. (A. L. R. II. **18**. § 550.)

§ **176**. Verhältniß zwischen dem vollständigen Besitzer und dem Eigenthümer; Begründung der Aktivlegitimation des letzteren im Negatorienprozesse.

Rechtsgr. **134**. — III. Senat. 27. November 1855. (XVIII. 326.)

Der Negatorienkläger, welchem von dem Servitutberechtigten das Eigenthum bestritten wird, braucht diesem gegenüber nicht den Beweis seines Eigenthums, sondern nur den Beweis zu führen, daß er sich im vollständigen Besitze des angeblich dienenden Grundstücks befinde.

§ **178**. Siehe Rechtsgr. 936. (A. G. O. I. **31**. § 1.)

§§ **179**. **180**. Siehe Rechtsgrundsätze 944. 1142-1145. (A. G. O. I. **32**. § 1; Gesetz Nr. 939 vom 21. April 1825 §§ 15. 22.)

§§ **181**. **182**. Vermuthung für die Freiheit der Person und des Eigenthums; Negatorienklage gegen den Besitzer eines Kirchenstuhls. — Vergl. A. L. R. II. **11**. §§ 170. 681-685; A. G. O. I. **31**. §§ 4. 18.

Rechtsgr. **135**. — I. Senat. 5. Januar 1855. (XVI. 112.)

Zur Begründung der Negatorienklage der Kirchengesellschaft gegen denjenigen, welcher im Besitze eines Kirchenstuhls im Possessorienprozesse geschützt ist, bedarf es des Beweises des besseren Rechts nicht.

Siehe auch Rechtsgrundsätze 430. 431. 1142-1145. (A. L. R. I. **19**. § 14; Gesetz Nr. 939 vom 21. April 1825 §§ 15. 22.)

§§ **188** ff. Räumung des Besitzes; Liquidirung des Interesse wegen Unvollstreckbarkeit des Possessorien-Urtheils.

Rechtsgr. **136.** — IV. Senat. 11. Dezember 1855. (XIX. 178.)

Der Possessorienkläger kann sein Interesse wegen Nichtvollstreckbarkeit des Possessorien-Urtheils in Betreff des ihm entzogenen Besitzes nur in denselben Grenzen, in welchen er aus diesem Urtheile Exekution nachzusuchen befugt war, mithin weder den Werth der Sache selbst, noch die entbehrten Nutzungen derselben, liquidiren.

§ **229.** Verpflichtung des unredlichen Besitzers zur Erstattung der Perzipienden. — Vergl. § 223. dieses Titels.

Rechtsgr. **137.** — III. Senat. 7. Juli 1854. (XIII. 261.)

Die Verpflichtung zur Erstattung der Perzipienden nach § 229. I. 7. des Allgem. Landrechts trifft nur den wirklich unredlichen Besitzer, nicht auch denjenigen, welcher einem unredlichen Besitzer gleich zu achten ist.

Titel 8. Vom Eigenthume.

§§ **2—4.** Siehe Rechtsgr. 688. (A. L. R. II. **14.** § 21.)

§ **24.** Siehe Rechtsgrundsätze 148. 154. (§§ 138. 148. dieses Titels.)

§§ **29** ff. Siehe Rechtsgrundsätze 20. 1089. 1242. (A. L. R. Einleit. § 73.; Berliner Budenreglement vom 20. Juli 1787; Gesetz vom 11. Mai 1842 § 4.

§§ **96** ff. Siehe Rechtsgr. 1112. (Gesetz vom 15. Novbr. 1811 § 10.)

§§ **99. 100.** Einschränkung des Eigenthums bei Gräben und Kanälen zum ordentlichen und gewöhnlichen Ablauf des Wassers.

Rechtsgr. **138.** — III. Senat. 31. Oktober 1856. (XXII. 272.)

Die landrechtliche Bestimmung, daß in der Regel ein Jeder die über sein Eigenthum gehenden Gräben und Kanäle, wodurch das Wasser seinen Ablauf hat, zu unterhalten verbunden ist, findet auf natürliche Privatflüsse keine Anwendung.

Siehe auch Rechtsgrundsätze 1260. 1261. (Gesetz vom 28. Februar 1843 § 1.)

§§ **102** ff. Einschränkungen des Eigenthums zum Besten des Nachbars in Ansehung der Vorfluth. — Vergl. A. L. R. I. 7. §§ 81. 82., 9. § 505.

Rechtsgr. **139.** — III. Senat. 31. Oktober 1856. (XXII. 272.)

a) Ob der Eigenthümer von der ihm nach § 102. I. 8. des Allgem. Landrechts zustehenden Befugniß, seine Grundstücke gegen das außerhalb der ordentlichen Kanäle und Gräben wild ablaufende Wasser zu decken, Gebrauch machen oder den Uebertritt des Wassers geschehen lassen will, ist ein Recht der natürlichen Freiheit (res merae facultatis). — Der Besitzer des oberhalb liegenden Grundstücks kann daher daraus, daß der Besitzer des unterhalb liegenden Grundstücks das überlaufende Wasser bisher nicht abgewehrt hat, keinen Besitz herleiten, solches vielmehr nur durch den Erwerb des Besitzes eines Untersagungsrechts erlangen.

b) Die längs einem Hause auf dessen Hofraume zur Abführung des sich ansammelnden Wassers angelegte Rinne hat nicht die Natur eines Kanals, d. i. eines künstlich angelegten Wassergrabens oder einer förmlich angelegten Röhrenleitung. Daher erlangt der Eigenthümer dieses Grundstücks dadurch allein, daß der Abfluß des aus der Rinne überlaufenden Wassers über das benachbarte Grundstück von dessen Eigenthümer bisher nicht abgewehrt worden ist, gegen denselben keinen Besitz des Abflußrechts, vielmehr bedarf es dazu des Erwerbes des Besitzes eines Untersagungsrechts.

Siehe auch Rechtsgr. 1112. (Gesetz vom 15. Novbr. 1811 § 10.)

§§ **118-119.** Siehe Rechtsgr. 141. (§ 120. dieses Titels.)

§§ **120-121.** Einschränkung des Eigenthums in Ansehung der Winkel und Zwischenräume zwischen den Häusern:

A. Größe dieser Winkel und Zwischenräume.

Rechtsgr. **140.** — II. Senat. 16. Januar 1855. (XVI. 171.)

Die Anwendbarkeit der §§ 120. und 121. I. 8. des

Allgem. Landrechts ist auf Winkel und Zwischenräume von nur drei Fuß oder weniger nicht beschränkt.

B. Natural-Theilung oder öffentlicher Verkauf der Winkel und Zwischenräume. — Vergl. A. L. R. I. 8. §§ 118. 119. 191., 17. § 75.

Rechtsgr. 141. — III. Senat. 14. November 1856. (XXII. 318.)

Der öffentliche Verkauf oder die Naturaltheilung des zwischen zwei Häusern belegenen Zwischenraumes behufs Aufhebung der Gemeinschaft findet auf den einseitigen Antrag eines der Häuser-Eigenthümer nicht statt.

Siehe auch Rechtsgrundsätze 148. 154. (§§ 138. 148. dieses Titels.)

§§ 125-127. Einschränkungen des Eigenthums in Ansehung der, dem Gebäude des Nachbars schädlichen Anlagen. — Vergl. A. L. R. I. 8. §§ 133 ff., 17. §§ 10 ff.

Rechtsgr. 142. — II. Senat. 15. Juli 1856. (XXII. 133.)

a) Unter den in dem § 125. I. 8. des Allg. Landrechts erwähnten schädlichen Anlagen sind nur Gruben und transportable, wenn schon bodenfeste Behältnisse und zwar ohne Rücksicht auf deren Schädlichkeit im konkreten Falle, keineswegs aber eigentliche Gebäude, auch wenn sie nur als Stallungen dienen, zu verstehen.

b) Der § 125. a. a. O. findet keine Anwendung, wo die schädliche und die benachtheiligte Anlage eine gemeinschaftliche Mauer haben; vielmehr sind dabei die speziellen Bestimmungen über den Gebrauch einer solchen, und die allgemeinen Grundsätze über die Rechte und Pflichten am gemeinschaftlichen Eigenthum maßgebend.

Siehe auch Rechtsgr. 977. (Berliner Spezial-Bau-Observanzen, Titel 2. § 5.)

§ 129. Einschränkungen des Eigenthums in Ansehung des Brunnens des Nachbars.

Rechtsgr. 143. — II. Senat. 14. Dezember 1854. (XVI. 96.)

Der § 129. I. 8. des Allgem. Landrechts, — nach

welchem Anlagen, durch welche der schon vorhandene Brunnen des Nachbars verunreinigt oder unbrauchbar gemacht werden würde, unzulässig sind, — findet auf Anlagen, die lediglich eine Verminderung des Wassers in dem Brunnen des Nachbars bewirken, keine Anwendung.

§ **138.** Einschränkungen des Eigenthums zum Besten des Nachbars in Ansehung des Lichts und der Aussicht:

A. Anlegung neuer Oeffnungen in der an des Nachbars „Hof oder Garten“ stoßenden Wand oder Mauer.

Rechtsgr. **144.** — III. Senat. 17. Dezember 1856. (XXIII. 162.)

Unter dem Ausdruck des § 138. I. 8. des Allgem. Landrechts: „Hof oder Garten“, ist jeder zu dem Hause des Nachbars gehörige offene Raum zu verstehen.

Rechtsgr. **145.** — II. Senat. 3. Februar 1857. (XXIV. 32.)

Ein Grundstück, welches durch Anlegung eines Eisenbahn-Schienenweges über dasselbe die Eigenschaft einer öffentlichen Straße erhalten hat, ist als „Hof oder Garten“ im Sinne des § 138. I. 8. des Allgem. Landrechts nicht anzusehen; auch genügt dazu die bloße Umfriedigung des Platzes nicht.

B. Erhöhung der Oeffnungen um sechs Fuß vom Boden des Zimmers oder Behältnisses, „wo es die Umstände gestatten“.

Rechtsgr. **146.** — II. Senat. 11. Dezember 1856. (XXIII. 142.)

Der § 138. a. a. O. findet keine Anwendung, wenn die verlangte Erhöhung des Fensters nur eine unvollständige Beleuchtung herbeiführen würde.

C. Neue Fenster in der „unmittelbar“ an des Nachbars Hof oder Garten stoßenden Wand oder Mauer.

Rechtsgr. **147.** — II. Senat. 11. Dezember 1856. (XXIII. 142.)

Der § 138. I. 8. des Allgem. Landrechts setzt voraus, daß die Wand oder Mauer, in welcher die Fenster angelegt sind, hart an der Grenze des Nachbars stehe.

D. Neue Fenster in dem, beiden Häuser-Nachbarn gemeinschaftlichen Zwischenraum. — Vergl. §§ 24. 120 ff. dieses Titels.

Rechtsgr. **148**. — II. Senat. 25. September 1855. (XVIII. 159.)

Die Vorschrift des § 138. I. 8. des Allgem. Landrechts findet dann keine Anwendung, wenn der Zwischenraum beiden Nachbarn gemeinschaftlich gehört.

§ **139**. Siehe Rechtsgr. 976. (Lübisches Recht, Buch 1. Tit. 8. Art. 2.)

§ **140**. Einschränkung des Eigenthums beim Neubau an der Grenze des Nachbars.

Rechtsgr. **149**. — II. Senat. 6. Januar 1857. (XXIII. 194.)

Die Bestimmung des § 140. I. 8. des Allg. Landrechts in Betreff des Abstandes von 1½ Werkschuhen beim Neubau an der Grenze des Nachbars ist auf die Eigenthumsgrenze zu beziehen.

§§ **142. 143**. Recht auf Licht und Aussicht bei nachbarlichen Gebäuden; Himmelsanblick aus den ungeöffneten Fenstern des untern und des zweiten Stockwerkes.

Rechtsgr. **150**. — II. Senat. 3. April 1856. (XXI. 44.)

Ist das neu errichtete Gebäude zwar so nahe an das Gebäude des Nachbars herangerückt, daß aus dem ungeöffneten, im zweiten Stockwerk seit zehn Jahren oder länger befindlichen Fenster in vertikaler Richtung der Himmel nicht zu erblicken ist, dagegen aber aus dem ungeöffneten Fenster des unteren Stockwerks dieser Himmelsanblick möglich geblieben, und wird dem betreffenden Behältnisse des zweiten Stockwerks noch von einer anderen Seite her Licht zugeführt, so kann das Zurückziehen des neu errichteten Gebäudes auf Grund der §§ 142. und 143. I. 8. des Allgem. Landrechts nicht verlangt werden.

Rechtsgr. **151**. — II. Senat. 9. September 1856. (XXII. 162.)

a) Die Worte des § 142. I. 8. des Allg. Landrechts: „daß der Nachbar noch aus den ungeöffneten Fenstern des unteren Stockwerks den Himmel erblicken könne", — sind dahin zu verstehen, daß der Nachbar in vertikaler — im Gegensatze der schrägen — Richtung, also in irgend einer Stellung mit dem Blicke nach Oben, aus jenen Fenstern den Himmel sehen könne.

b) Der Umstand, daß in Folge des Neubaues aus einem der Fenster des obern Stockwerks der Himmel nicht mehr zu erblicken ist, erscheint nach dem Inhalt des § 142. a. a. O. unerheblich.

§ **148.** Einschränkung des Eigenthums zum Besten des Nachbars in Ansehung der Anlegung neuer, unmittelbar auf dessen Grund und Boden führender Thüren:

A. Begriff der „neuen Thüren".

Rechtsgr. **152.** — II. Senat. 10. Oktober 1854. (XV. 95.)

a) Eine „neue Thür" im Sinne des § 148. I. 8. des Allgem. Landrechts ist nicht vorhanden, wenn das Gebäude an der Stelle eines behufs Wiederaufbaues abgerissenen alten Gebäudes neu errichtet worden, und in der betreffenden Wand des alten Gebäudes bereits eine Thür, wenn auch nicht gerade an der nämlichen Stelle und in den nämlichen Dimensionen, vorhanden war.

b) Der § 148. a. a. O. macht keinen Unterschied, ob die Thür nach Innen oder nach Außen aufgeht.

B. Begriff des „unmittelbar" und des „wider Willen des Nachbars."

Rechtsgr. **153.** — II. Senat. 11. Dezember 1856. (XXIII. 142.)

a) Der § 148. I. 8. des Allg. Landrechts setzt voraus, daß die Wand, in welcher die Thür angelegt ist, hart an der Grenze des Nachbars stehe.

b) Der § 148. a. a. O. erfordert eine positive Thätigkeit — einen erfolgten Widerspruch des Nachbars.

C. Neue Thüren in dem, beiden Häuser-Nachbarn gemeinschaftlichen Zwischenraum. — Vergl. §§ 24. 120 ff. dieses Titels.

Rechtsgr. 154. — II. Senat. 25. September 1855. (XVIII. 159.)

Die Vorschrift des § 148. I. 8. des Allgem. Landrechts findet dann keine Anwendung, wenn der Zwischenraum beiden Nachbarn gemeinschaftlich gehört.

§ 191. Siehe Rechtsgr. 141. (§ 120. dieses Titels.)

Titel 9. Von der Erwerbung des Eigenthums überhaupt und den unmittelbaren Arten derselben insonderheit.

Sechster Abschnitt. Von Erwerbung der An- und Zuwüchse.

§ 220. Siehe Rechtsgrundsätze 29. 428. 490. (A. L. R. I. 2. § 109., 19. § 1, 21. § 451.)

§ 221. Siehe Rechtsgr. 489. (A. L. R. I. 21. § 395.)

§ 224. Siehe Rechtsgr. 490. (A. L. R. I. 21. § 451.)

§ 225. Alluvion; Voraussetzungen der Alluvion; Frisches-Haff-Alluvium. — Vergl. A. L. R. II. 15. §§ 55 ff. 80.

Rechtsgr. 155. — III. Senat. 20. September 1854. (XIII. 289.)

Die Erwerbung des Eigenthums durch Alluvion findet nicht blos bei Flüssen und Strömen, sondern auch da überall statt, wo ein allmäliges Anspülen fremder Erdtheile thatsächlich denkbar und möglich ist. — Daher ist der § 225. I. 9. des A. L. R. auch auf die Ufer der frischen Haffe anwendbar.

§§ 287. 288. 291. 295. Herüberhängende Zweige des Baumes des benachbarten Grundstücks.

Rechtsgr. 156. — II. Senat. 6. Februar 1855. (XVI. 255.)

Der Eigenthümer eines Baumes, dessen Aeste in die Luftschicht des angrenzenden Grundstücks hineinragen, ist zwar berechtigt, auf seinem eigenen Grund und Boden diese Aeste wegzuhauen, es liegt ihm aber eine Verpflichtung dazu gegen den Nachbar nicht ob. Der Letztere ist jedoch befugt, sie abzuhauen, er muß aber das Holz dem Eigenthümer des Baumes ausliefern.

§§ **304. 305.** Siehe Rechtsgr. 277. (A. L. R. I. **11.** § 925.)

§§ **327-333.** Neubau auf fremdem Grund und Boden, insbesondere auf vertragsweise zur Benutzung eingeräumten Grundstücken. — Vgl. A. L. R. I. **21.** §§ 124 ff. 280.

Rechtsgr. **157.** — II. Senat. 15. Februar 1855. (XVII. 19.)

Die Vorschrift der §§ 327. und 332. I. 9. des Allgemeinen Landrechts, — betreffend die Rechte des Grundeigenthümers hinsichtlich des auf seinem Grund und Boden von einem Dritten errichteten Gebäudes, — sind nicht maaßgebend, wenn der Grund und Boden dem Bauenden in Folge eines zwischen demselben und dem Eigenthümer bestandenen Vertrags-Verhältnisses, z. B. auf den Grund eines Pachtvertrages, zur Benutzung übergeben worden ist.

Achter Abschnitt. Von Erwerbung der Erbschaften.

§ **350.** Siehe Rechtsgr. 1095. (Forstregulativ vom 15. September 1798.)

§ **360.** Siehe Rechtsgrundsätze 184. 1095. 1287. 1288. (§ 629. dieses Titels; Forstregulativ vom 15. September 1798.; Gesetz Nr. 2592. vom 11. Juli 1845 § 8. Nr. 2.)

§§ **361** ff. Siehe Rechtsgr. 1095. (Forstregulativ vom 15. September 1798.)

§§ **367** ff. Siehe Rechtsgrundsätze 13. 301. 586. (A. L. R. Einleit. § 23., I. **12.** § 242., II. **2.** 391.)

§ **381.** Siehe Rechtsgr. 403. (A. L. R. I. **21.** § 151.)

§ **383.** Siehe Rechtsgr. 13. (A. L. R. Einl. § 23.)

§ **384.** Siehe Rechtsgr. 724. (A. L. R. II. **18.** § 644.)

§ **385.** Siehe Rechtsgrundsätze 13. 724. (A. L. R. Einleit. § 23., II. **18.** § 644.)

§§ **390. 392.** Siehe Rechtsgr. 724. (A. L. R. II. **18.** § 644.)

§ **410.** Siehe Rechtsgr. 162. (§ 482. dieses Titels.)

§ **414.** Siehe Rechtsgr. 1183. (Exekutions-Verordnung v. 4. März 1834 § 2.)

§§ **417. 418.** Siehe Rechtsgrundsätze 159. 160. (§ 427. dieses Titels.)

§ **421.** Siehe Rechtsgr. 301. (A. L. R. I. **12.** § 242.)

§ **422.** **Antretung der Erbschaft mit Vorbehalt; Verhaftung der Benefizial-Erben hinsichtlich der Ansprüche des Nachlaßgläubigers aus dem mit ihnen fortgesetzten Geschäftsverkehr.**

Rechtsgr. **158.** — IV. Senat. 24. April 1856. (XXI. 132.)

Ist der zwischen dem Gläubiger und dem Erblasser bestandene Geschäftsverkehr von jenem mit den Erben lediglich zum Zwecke der Abwickelung der laufenden Geschäfte fortgesetzt worden, so sind die Erben auch wegen der aus diesem späteren Geschäftsverkehr entstandenen Forderungen des Gläubigers nur als Benefizial-Erben verhaftet.

§ **427.** **Verlust der Rechtswohlthat des Inventars.** — Vergl. §§ 417. 418.

A. Beschränkung dieses Nachtheils auf das Verhältniß der Erben zu dritten Personen.

Rechtsgr. **159.** — I. Senat. 6. Dezember 1854. (XVI. 63.)

Die rechtlichen Folgen der versäumten Inventarlegung treten nur in dem Verhältniß der Erben zu dritten Personen, nicht aber in dem Verhältniß der Miterben gegen einander ein.

B. Nichteintritt dieses Nachtheiles dem Nachlaßgläubiger gegenüber, welcher sich in dem alleinigen Besitz der Materialien zur Anfertigung des Inventars befindet. — Vergl. §§ 434. 439 dieses Titels.

Rechtsgr. **160.** — IV. Senat. 14. November 1854. (XVI. 24.)

Der Nachlaßgläubiger, welcher bis zum Ablauf der dem Erben zur Legung des Inventars gesetzlich zustehenden Frist in dem alleinigen Besitze des Nachlasses sich befunden und dem Erben die zur Anfertigung des Nachlaß-Inventars erforderlichen Materialien nicht an die Hand gegeben hat, kann den letzteren auf den Grund der unterlassenen Legung des Inventars als Erben ohne Vorbehalt nicht in Anspruch nehmen.

§§ **434. 439.** Siehe Rechtsgr. 159. (§ 427. dieses Titels.)

§ **443.** Siehe Rechtsgr. 961. (A. G. O. I. **51.** § 87.)

§ **444.** Siehe Rechtsgrundsätze 952. 961. (A. G. O. I. **50.** § 269., **51.** § 87.)

§ **446.** Siehe Rechtsgr. 961. (A. G. O. I. **51.** § 87.)

§§ **452-455.** Begrenzung des Rechts des Kurators der erbschaftlichen Liquidationsmasse, von dem Benefizial-Erben Rechnungslegung zu verlangen. — Vergl. A. G. O. I. **51.** § 74.

Rechtsgr. **161.** — IV. Senat. 16. September 1856. (XXII. 186.)

Der Kurator der erbschaftlichen Liquidationsmasse ist nicht berechtigt, gegen den Benefizial-Erben, welcher sich der Verwaltung der Erbschaftsmasse begeben hat, die zum angeblichen Nachtheil gesetzlich bevorzugter Nachlaßgläubiger zur Befriedigung anderer Nachlaßgläubiger, resp. zu des Erben eigener Befriedigung verwendeten Nachlaßgelder einzuklagen.

§§ **471** ff. Siehe Rechtsgr. 162. (§ 482. dieses Titels.)

§§ **482** ff. Legitimation des Erben; prozessualisches Verfahren zwischen dem Erbprätendenten und dem Nachlaß-Kurator über das behauptete Verwandtschaftsverhältniß des ersteren. — Vergleiche A. L. R. I. **9.** §§ 410. 471 ff. 476. 477., II. **16.** §§ 16. 17., **18.** §§ 1003. 1004.; A. G. O. I. **46.** §§ 8. 9-25. 30., **51.** §§ 146-153.

Rechtsgr. **162.** — I. Senat. 9. Oktober 1854. und 19. Februar 1855. (XIII. 307. XVII. 32.)

Zwischen dem Erbprätendenten und dem Nachlaßkurator, als Gegenpartei, ist ein prozessualisches Verfahren über das Vorhandensein eines behaupteten Verwandtschafts-Verhältnisses zum Zwecke der Ausantwortung des Nachlasses an den Prätendenten zulässig.

Neunter Abschnitt. Von der Verjährung.

§§ **500. 501.** Siehe Rechtsgrundsätze 164. 166. 189. 190. (§§ 504. 655. dieses Titels.)

§ **502.** Verlust eines Rechts durch Verjährung.

Rechtsgr. **163**. — I. Senat. 27. November 1854. (XV. 252.)

Der § 502. I. 9. des A. L. R. ist nicht auf obligatorische Verhältnisse beschränkt.

Siehe auch Rechtsgrundsätze 165. 166. (§ 504. dieses Titels.)

§§ **504** ff. Gegenstände der Verjährung:

A. Verjährung der Eigenthumsklage. — Vergl. §§ 500. 501. 546. dieses Titels.

Rechtsgr. **164**. — I. Senat. 24. Februar 1857. (XXIV. 71.)

Die Eigenthumsklage unterliegt der erlöschenden Verjährung von 30 Jahren von dem Tage an, an welchem der Besitz des Eigenthümers aufhört.

B. Verjährung des Miteigenthums der Erben an einzelnen Nachlaßsachen durch Nichtgebrauch. — Vergl. §§ 502. 568. 569. dieses Titels.

Rechtsgr. **165**. — I. Senat. 27. November 1854. (XV. 248.)

Der Anspruch eines Erben auf Anerkennung seines Miteigenthums und Einräumung des Mitbesitzes kann auch durch die bloße Verjährung durch Nichtgebrauch, und nicht blos durch die erwerbende Verjährung seitens des Anderen verloren gehen.

C. Verjährung der dem Schlesischen Auenrechte unterliegenden Grundstücke. — Vergl. §§ 500-503. 579 ff. 625. dieses Titels; Gesetz vom 2. März 1850 § 3. Nr. 4.

Rechtsgr. **166**. — II. Senat. 29. Juni 1854. (XIV. 100.)

Die Ersitzung der dem gutsherrlichen Auenrechte in Schlesien unterliegenden Grundstücke ist weder durch Provinzialgesetz, noch durch Gewohnheitsrecht ausgeschlossen.

Siehe auch Rechtsgrundsätze 139. 702. (A. L. R. I. 8. § 102., II. 16. § 117.)

§ **516**. Allgemeine Grundsätze von der Verjährung. Hinderniß des Anfangs der Klageverjährung wegen Latitirens des Schuldners.

Rechtsgr. **167**. — IV. Senat. 4. Januar 1855. (XVI. 110.)

So lange der Schuldner latitirt, beginnt zum Nachtheile des Gläubigers die Verjährung durch Nichtgebrauch nicht, und hat der letztere daher nicht nöthig, zur Erhaltung seines Rechts gegen den ersteren die Klage anzumelden.

Siehe auch Rechtsgrundsätze 14. 99. (A. L. R. Einl. § 23., I. 6 § 54.)

§ **517**. Siehe Rechtsgr. 99. (A. L. R. I. **6**. § 54.)

§ **527**. Siehe Rechtsgr. 105. (A. L. R. I. **7**. § 70.)

§ **531**. Siehe Rechtsgr. 168. (§ 536. dieses Titels.)

§§ **536**. **537**. Wiedereinsetzung eines Minderjährigen in den vorigen Stand gegen die Verjährung durch Nichtgebrauch. — Vergl. A. L. R. I. **9**. §§ 531. 575., II. **18**. § 28.

Rechtsgr. **168**. — I. Senat. 14. Juni 1854. (XIII. 182.)

a) Die Wiedereinsetzung des Minderjährigen in den vorigen Stand gegen die während seiner Minderjährigkeit vollendete Verjährung kann auch im Wege der Einrede oder Replik gefordert werden.

b) Der Grundsatz, – daß den unter der väterlichen Gewalt befindlich gewesenen Personen die Wiedereinsetzung in den vorigen Stand gegen eine abgelaufene Verjährung nicht zusteht, – findet auf Ansprüche der Kinder an den Vater selbst keine Anwendung.

§§ **545**. **546**. Anfang der Verjährung durch Nichtgebrauch in Betreff eines landrechtlichen Kündigungs-Wechsels und einer civilrechtlichen Forderung auf Kündigung. — Vergl. A. L. R. II. **8**. § 903.

Rechtsgr. **169**. — IV. Senat. 17. Juli 1856. (XXII. 146.)

a) Bei den zur Zeit der Gültigkeit der Wechsel-Ordnung des Allgem. Landrechts ausgestellten Kündigungs-Wechseln läuft die Verjährung von dem durch die stattgefundene Kündigung festgestellten wirklichen Verfalltage, nicht von dem, wegen der früheren Möglichkeit der Kündigung schon vorher möglich gewesenen Verfalltage an. Dieser Grundsatz gilt nicht für den Fall, wenn die dem

Wechsel unterliegende civilrechtliche Forderung bereits durch Verjährung erloschen ist.

b) Dagegen ist die auf Kündigung lautende Schuldforderung nicht erst von dem Tage an, wo die Kündigung wirklich erfolgt ist, der Verjährung unterworfen; vielmehr beginnt der Lauf der letzteren mit dem Ablauf der Kündigungsfrist von dem Tage an berechnet, an welchem zuerst die Kündigung möglich war.

Siehe auch Rechtsgr. 164. (§ 504. dieses Titels.)

§ **550**. Siehe Rechtsgr. 38. (A. L. R. I. **4**. § 92.)

§ **551**. Unterbrechung der Verjährung durch Nichtgebrauch der Klage-Anmeldung:

A. Bei mangelnder Aktivlegitimation. — Vergl. A. L. R. § 559. dieses Titels; A. G. O. I. **5**. § 17., **9**. § 20., **10**. 81 a.

Rechtsgr. **170**. — I. Senat. 30. Juni 1856. (XXI. 332.)

Der Legitimations-Mangel des Klägers im Vorprozeß bewirkt, daß die Vorklage auch nicht als Anmeldung des Anspruches erachtet werden darf.

B. Durch Klage-Anmeldung gegen den verstorbenen Schuldner.

Rechtsgr. **171**. — II. Senat. 9. Januar 1855. (XVI. 131.)

Durch die Anmeldung der Klage gegen den verstorbenen Schuldner wird die Verjährung der Klage nicht unterbrochen.

C. Durch Klage-Anmeldung gegen den Verpflichteten als Vertreter des vermeintlichen Schuldners. — Vergl. A. L. R. I. **5**. §§ 343 ff.; A. G. O. I. **4**. § 2.

Rechtsgr. **172**. — IV. Senat. 6. November 1856. (XXII. 296.)

Eine Klage, angestellt gegen den A., vertreten durch seinen General-Bevollmächtigten B., unterbricht die Verjährung gegen den B. nicht.

Siehe auch Rechtsgrundsätze 43. 220. 572. 781. (A. L. R. I. **4**. § 167., **11**. § 314., II. **1**. § 1085.; A. D. W. O. Art. 80.)

§ 552. Unterbrechung der Verjährung durch Nichtgebrauch:

A. Ueberhaupt durch Klage-Anmeldung bei dem inkompetenten Richter:

Rechtsgr. 173. — III. Senat. 23. Januar 1857. (XXIII. 266.)

Nicht blos durch Anstellung der wirklichen Klage, sondern auch schon durch bloße Anmeldung der Klage bei dem inkompetenten Richter wird die Verjährung unterbrochen.

B. Durch Anbringung eines Ablösungsantrags bei der Generalkommission. — Vergl. Gesetz vom 31. März 1838 § 5. Nr. 3.

Rechtsgr. 174. — II. Senat. 29. Januar 1856. (XX. 95.)

Die Verjährung rückständiger Guts-Abgaben ist durch den bei der Generalkommission angebrachten, wenngleich wegen deren Inkompetenz zurückgewiesenen Ablösungsantrag für unterbrochen zu erachten, wenn binnen Jahresfrist die Klage bei dem gehörigen Richter eingereicht wird,

§§ 553 ff. Siehe Rechtsgr. 781. (A. D. W. O. Art. 80.)

§ 559. Siehe Rechtsgr. 170. (§ 551. dieses Titels.)

§§ 562. 570. Unterbrechung der Verjährung durch gegenseitiges Anerkenntniß. — A. L. R. I. 4. §§ 58. 61.

Rechtsgr. 175. — I. Senat. 14. Juni 1854. (XIII. 182.)

Der Lauf der erlöschenden Verjährung eines verzinslichen Kapitals wird durch die vorübergehende Vereinigung der Rechte des Gläubigers und der Verbindlichkeiten des Schuldners in einer Person nicht unterbrochen.

§ 564. Aufhebung der Wirkung der Verjährung des Rechts durch Anerkenntniß. — Vergl. A. L. R. I. 5. § 131.

Rechtsgr. 176. — IV. Senat. 19. September 1854. (XIII. 364.)

Das zur Aufhebung der Wirkung einer bereits vollendeten Verjährung erforderliche Anerkenntniß muß mit den formellen Erfordernissen einer rechtsgültigen Willenserklärung versehen sein.

Siehe auch Rechtsgr. 810. (Strafgesetzbuch Art. 50.)

§§ **568. 569.** Beweis gegen die durch die vollendete Verjährung begründete Vermuthung des erfolgten Untergangs der Verbindlichkeit, insbesondere rücksichtlich eines Zinsenrückstandes. — Vergl. Gesetz vom 31. März 1838 § 2. Nr. 5.

Rechtsgr. **177.** — III. Senat. 4. Mai 1855. (XVII. 164.)

Die Thatsache, daß der Schuldner eine bestimmte Art der Tilgung eines der Zeit nach verjährten Zinsenrückstandes nur in Beziehung auf den älteren Theil dieses Rückstandes, nicht aber eine weitere Tilgung behauptet hat, liefert nicht den Beweis, welchen der § 569. I. 9. des Allgem. Landrechts verlangt.

Siehe auch Rechtsgrundsätze **14.** 15. 165. (A. L. R. Einl. § 23., **I. 9.** § 504.)

§§ **570-571.** Siehe Rechtsgr. 175. (§ 562. dieses Titels.)

§ **573.** Wirkung der Ausübung des Rechts in einem fremden Grundstücke nur auf einem gewissen Theile desselben. — Vergl. § 666. dieses Titels.

Rechtsgr. **178.** — II. Senat. 14. September 1854. (XV. 14.)

Die Vorschrift des § 573. I. 9. des Allg. Landrechts bezieht sich nur auf die erlöschende Verjährung, nicht auf die Ersitzung.

§ **575.** Siehe Rechtsgr. 168. (§ 536. dieses Titels.)

§§ **576. 577.** Siehe Rechtsgr. 192. (§ 655. dieses Titels.)

§ **579.** Siehe Rechtsgr. 106. 166. 184. 469. (A. L. R. I. **7.** § 70., **9.** §§ 504. 629., **21.** § 93.)

§ **580.** Siehe Rechtsgrundsätze 183. 184. 1038. (§ 629. dieses Titels; Zeisebrief von 1488.)

§ **589.** Siehe Rechtsgr. 107. (A. L. R. I. **7.** § 81.)

§ **591.** Siehe Rechtsgrundsätze 105. 181. (A. L. R. I. 7. § 70., 9. § 611.)

§§ **596-600.** Vermuthung für die Ausübung des Rechts in der Zwischenzeit zwischen dem erwiesenen Anfang und Ende des Besitzes.

Rechtsgr. **179.** — II. Senat. 30. September 1856. (XXII. 215.)

Wenn der Anfang und das Ende des Besitzes nachgewiesen sind, so tritt die Vermuthung, daß die Ausübung des besessenen Rechts in der Zwischenzeit fortgesetzt worden, der Regel nach auch dann ein, wenn der Zeitraum zwischen den beiden Besitzhandlungen am Anfang und Ende länger ist, als die zur Vollendung der Verjährung gerade ausreichende Zeit.

Siehe auch Rechtsgrundsätze 187. 188. 193. 504. (A. L. R. I. 9. §§ 649. 666. **22.** § 68.)

§ **597.** Wirkung der Pachtung des herrschenden Grundstücks durch den Eigenthümer des dienenden Grundstücks auf die Ersitzung einer Servitut.

Rechtsgr. **180.** — II. Senat. 5. Juni 1856. (XXII. 18.)

Dadurch, daß der Eigenthümer des dienenden Grundstücks das herrschende Grundstück pachtet, wird die von dem Eigenthümer des letzteren gegen das erstere begonnene Verjährung eines negativen Rechts, z. B. einer Wegegerechtigkeit, nicht unterbrochen, dieselbe ruht vielmehr nur bis nach Beendigung der Pachtzeit.

Siehe auch Rechtsgrundsätze 112. 179. (A. L. R. I. 7. § 124., **9.** § 596.)

§§ **599. 600.** Siehe Rechtsgrundsätze 179. 978. (§ 596. dieses Titels; Berliner Bau-Observanzen Titel 3. § 2.)

§§ **611-618.** Verjährung auf Grund des Erbrechts. — Vergl. A. L. R. I. 7. §§ 14. 40. 41., **9.** § 591.

Rechtsgr. **181.** — I. Senat. 29. Mai 1854. (XIII. 144.)

Das Erbrecht gilt in Ansehung der im ererbten Nachlaß vorgefundenen Sache als rechtmäßiger Titel für die von dem Erben anzufangende neue Verjährung, befreit aber nicht von den Erfordernissen der Redlichkeit des Besitzes.

§ **613.** Siehe Rechtsgr. 1096. (General-Landschulen-Reglement vom 18. Mai 1801 § 12.)

§ **622.** Siehe Rechtsgr. 542. (A. L. R. II. **1.** § 352.)

§ **625.** Siehe Rechtsgr. 105. 107. 166. 184. 978. (A. L. R. I. 7. §§ 70. 81., **9.** §§ 504. 629; Berliner Bau-Observanzen Tit. 3. § 2.)

§ **627.** Ersitzung einer Servitut durch den Pächter. — Vergl. A. L. R. I. 7. § 124.

Rechtsgr. 182. — II. Senat. 17. Februar 1857. (XXIV. 60.)

Der Pächter kann in Ermangelung eines Auftrages seitens des Verpächters für die gepachtete Sache eine Grundgerechtigkeit durch Verjährung nicht erwerben.

Siehe auch Rechtsgr. 112. (A. L. R. I. **7.** § 124.)

§§ **629** ff. Arten der ungewöhnlichen Verjährung durch Nichtgebrauch und Besitz in 44 Jahren:

A. Ersitzung des Rechts auf Erhebung einer jährlichen Rente von dem Fiskus. — Vergl. §§ 580. 641. dieses Titels.

Rechtsgr. 183. — Plenum. 8. Januar 1855. (XV. 321.)

Die 44jährige Ersitzung des Rechts auf Erhebung einer jährlichen Rente von dem Fiskus findet nicht statt, wenn der bekannte Rechtsgrund der Erhebung den Verjährungsbesitz zu begründen nicht geeignet ist.

B. Ersitzung des vererblichen Rechts auf einen Kirchenstuhl. — Vergl. A. L. R. I. **7.** § 82., **9.** §§ 360. 579-581. 625 ff., **21.** § 1., **22.** §§ 12. 14., II. **11.** §§ 681. 682. 685.

Rechtsgr. 184. — I. Senat. 5. Januar 1855; 31. März 1856. (XVI. 112; XX. 291.)

Zur Erwerbung des vererblichen Rechts auf einen Kirchenstuhl reicht zwar ein 44jähriger Zeitraum hin; jedoch ist der Nachweis, daß die Benutzung des Kirchenstuhls als ein Recht in Besitz genommen sei, unentbehrlich.

§§ **641** ff. Verjährung durch Besitz im Normaljahre 1740 gegen den Domänenfiskus. — Vergl. A. L. R. I. **9.** §§ 629 ff., II. **14.** §§ 38. 42.

Rechtsgr. 185. — II. Senat. 20. Juni 1854. (XV. 1.)

Der vollständige ruhige Besitz im Normaljahre 1740. entscheidet nur bei Erwerbung eines ganzen Domänenguts; dagegen können Servituten gegen Domänengrundstücke bei der Berufung auf Verjährung nur durch 44jährigen Besitz erworben werden.

Siehe auch Rechtsgr. 183. (§ 629. dieses Titels.)

§§ 649 ff. **Vierzigjährige Verjährung in Betreff der nicht alljährlich oder gewöhnlich, sondern nur in gewissen Jahren oder bei gewissen Gelegenheiten zu benutzenden Rechte:**

A. Nachweis in Betreff der drei Fälle der Ausübung des Rechts.

Rechtsgr. **186.** — II. Senat. 28. September 1854. (XV. 52.)

Von den nachzuweisenden drei Fällen der Ausübung des Rechts müssen der erste und letzte wenigstens vierzig Jahre auseinander liegen.

B. Ersitzung des Rechts zum Lehmgraben. — Vergl. § 596. dieses Titels.

Rechtsgr. **187.** — II. Senat. 22. Juni 1854. (XIII. 223.)

Das Recht des einen Grundbesitzers, zu den Reparaturen und Bauten seiner Häuser Lehm auf dem Boden des andern zu graben, ist für eine solche servitus discontinua zu erachten, zu deren Ersitzung drei Fälle und 40 Jahre gehören.

C. Ersitzung des Rechts auf Entnahme von Steinen, Sand und anderen Materialien aus einem fremden Grundstücke zur Besserung der Wege und zu Bauten. — Vergl. A. L. R. I. **9.** § 596., **19.** §§ 12. 13. 17., **22.** §§ 26. 28.

Rechtsgr. **188.** — II. Senat. 28. September 1854. (XV. 52.)

Zur Ersitzung des Rechts, Steine, Sand und andere Materialien zur Besserung von Wegen und zu Bauten aus einem fremden Grundstücke zu entnehmen, ist ein Besitz von 40 Jahren erforderlich.

§§ 655 ff. **Fünfzigjährige Präskription:**

A. Rechtsinstitut der unvordenklichen Verjährung des Gemeinen Rechts. — Vergl. A. L. R. Publikations-Patent vom 5. Februar 1794 § 9., I. **9.** §§ 500. 501.)

Rechtsgr. **189.** — II. Senat. 20. Juni 1854. (XV. 1.)

a) Die unvordenkliche Verjährung des Gemeinen Rechts ist das Surrogat der Ersitzung nur bei solchen Rechten, auf welche nach ihrer publizistischen Natur die Ersitzung selbst nicht anwendbar erscheint.

b) Der Beweis der unvordenklichen Verjährung kann sowohl durch Zeugen, als auch durch Urkunden geführt werden. – Zu dem Beweise durch Zeugen wird erfordert, daß dieselben bekunden:

1. aus eigner Erinnerung: daß der gegenwärtige Zustand seit einem Menschenalter, d. h. seit wenigstens 40 Jahren, stets vorhanden gewesen, und
2. daß ihnen von ihren unmittelbaren Vorfahren nicht die Wahrnehmung eines entgegengesetzten Zustandes mitgetheilt worden ist.

Rechtsgr. **190**. – II. Senat. 3. Juli 1856. (XXII. 78.)

Durch die unvordenkliche Verjährung des Gemeinen Rechts können solche Rechte nicht begründet werden, an denen, als persönlichen, ein juristischer Besitz nicht stattfindet.

B. Ersitzung der Freiheit von öffentlichen Lasten und Abgaben.

Rechtsgr. **191**. – II. Senat. 22. September 1854. (XV. 32.)

Unter den öffentlichen Lasten und Abgaben der §§ 655. ff. I. 9. des Allgem. Landrechts sind nur die an den Staat zu entrichtenden zu verstehen.

C. Ersitzung der Freiheit von der Verpflichtung zur Entrichtung des tarifmäßigen Fähr- und Brückengeldes. — Vergl. A. L. R. I. 9. §§ 576. 577., II. **15**. § 101.

Rechtsgr. **192**. – II. Senat. 22. September 1854. (XV. 32.)

Zur Ersitzung der Freiheit von dem tarifmäßigen Fähr- und Brückengelde ist eine Verweigerung des Verpflichteten nach geschehener Aufforderung und die Beruhigung hierbei während der gesetzmäßigen Zeit seitens des Berechtigten erforderlich.

§ **664**. Siehe Rechtsgr. 702. (A. L. R. II. **16**. § 117.)

§ **666** Wirkung der Verjährung durch Besitz; Klage auf Anerkennung eines durch Verjährung erworbenen Viehweges. — Vergl. A. L. R. I. **7**. §§ 46. 48., **9**. § 596., **22**. §§ 68. 69. 75. 79.

Rechtsgr. **193**. — II. Senat. 14. September 1854. (XV. 17.)

Zur Begründung der Klage auf Anerkennung eines durch Verjährung erworbenen Viehweges gehört eines Theils die bestimmte Angabe, in welcher Ausdehnung nach Länge und Breite derselbe von dem Kläger durch rechtsverjährte Zeit benutzt sein soll, und andern Theils die bestimmte Anzeige der Viehzahl, mit welcher der Kläger durch rechtsverjährte Zeit den Viehweg in der behaupteten Ausdehnung benutzt hat.

Siehe auch Rechtsgrundsätze 107. 178. (A. L. R. I. 7. § 81., **9.** § 573.)

Titel 10. Von der mittelbaren Erwerbung des Eigenthums.

§§ **1. 2.** Siehe Rechtsgr. 194. (§ 7. dieses Titels.)

§ **3.** Siehe Rechtsgrundsätze 194. 917. (§ 7. dieses Titels; A. G. O. I. **24.** § 9.)

§§ **7-11.** Verhandlungen des eingetragenen Besitzers mit einem Dritten:

A. Eigenthumsklage des eingetragenen Besitzers gegen den wirklichen Eigenthümer. — Vergl. A. L. R. I. **7.** §§ 7. 8., **10.** §§ 1-3.; Allg. Hyp. Ord. II. §§ 90. 92.

Rechtsgr. **194**. — III. Senat. 8. September 1854. (XIV. 234.)

Der Plenarbeschluß vom 6. März 1854 findet auch in dem Falle Anwendung, wenn der Vindikant seinen Titel von dem wahren Eigenthümer herleitet, und die Vindikation gegen einen Dritten richtet, der das Grundstück gleichfalls von dem wahren Eigenthümer erworben haben will. *

B. Rechtliche Wirkung des von dem eingetragenen Besitzer gewährten Titels zur Erwerbung des Eigenthums. — Vergl. A. L. R. Einl. § 101., **20.** § 410.

Rechtsgr. **195**. — II Senat. 27. Juni 1854. (XIV. 94.)

Ein das Eigenthum übertragender Titel, auch wenn

* Vergl. Rechtsgr. Bd. I. (2. Ausg.) Nr. 227 S. 73.

derselbe von einem eingetragenen Besitzer ausgeht, gewährt nicht mehr Rechte, als der Uebertragende selbst hat.*

Siehe auch Rechtsgrundsätze 445. 453. (A. L. R. I. **20.** § 410.)

§§ **15** ff. Siehe Rechtsgr. 222. (A. L. R. I. **11.** § 340.)

§§ **21-23.** Mittelbare Erwerbung des Eigenthums beweglicher Sachen.

Rechtsgr. **196.** — IV. Senat. 14. Juni 1855. (XVIII. 58.)

Die §§ 21-23. I. 10. des Allgem. Landrechts betreffen den Fall der Kollision mehrerer Eigenthums-Prätendenten in Bezug auf die nämliche bewegliche Sache und finden daher auf den Fall der Kollision mehrerer Hypothekengläubiger keine Anwendung.

§§ **24. 25.** Siehe Rechtsgr. 1133. (Gesetz Nr. 735. vom 4. Juli 1822 § 1.)

Titel 11. Von den Titeln zur Erwerbung des Eigenthums, welche sich in Verträgen unter Lebendigen gründen.

Erster Abschnitt. Von Kaufs- und Verkaufsgeschäften.

§§ **1-2.** Begriff eines Kaufsvertrags, Perfektion desselben in Betreff der Bestellung von Waaren bei einer Fabrik. — Vergl. A. L. R. I. **5.** §§ 1. 4. 80. 81., **11.** § 12.

Rechtsgr. **197.** — IV. Senat. 6. November 1855. (XVIII. 280.)

a) Die bei einer Fabrik erfolgte und angenommene Bestellung von Waaren einer gewissen nach Fabrikpreisen verkäuflichen Sorte enthält einen Kaufvertrag, wenngleich weder diese Waaren zur Zeit der Bestellung auf dem Lager vorräthig und daher noch anzufertigen waren, noch eine besondere Vereinbarung hinsichtlich des Preises stattgehabt hat.

b) Zur Perfektion gelangt dieser Kaufvertrag durch die Ausführung der Bestellung — zumal bei einem schon bestehenden Verkehre der Parteien, ohne daß eine beson-

* Obiger Satz scheint mit der klaren Bestimmung des § 7. a. a. O. unvereinbar zu sein.

dere Erklärung des Fabrikbesitzers über die Annahme der Bestellung vor deren Ausführung erforderlich ist. Daher entscheidet über den Zeitpunkt des Abschlusses des Vertrages weder das Datum noch der Tag des Zugangs des Benachrichtigungs-Schreibens über die Absendung der Waaren.

Siehe auch Rechtsgrundsätze 57. 200. 201. 221. 226. 241. 332. 496. (A. L. R. I. **5.** § 127., **11.** §§ 46. 340. 360. 455 ff., **13.** § 153., **21.** § 637.)

§ **2.** Siehe Rechtsgr. 197. 200. 221. (§§ 1. 46. 340. dieses Titels.)

§§ **3** ff. Siehe Rechtsgr. 1242. (Gesetz vom 11. Mai 1842 § 4.)

§ **8.** Siehe Rechtsgr. 479. (A. L. R. I. **21.** § 299.)

§ **9.** Siehe Rechtsgr. 31. 479. (A. L. R. I. **2.** § 114., **21.** § 299.)

§§ **10. 11.** Siehe Rechtsgr. 479. (A. L. R. I. **21.** § 299.)

§ **12.** Siehe Rechtsgrundsätze 197. 200. 221. 226. 332. (A. L. R. I. **11.** §§ 1. 46. 340. 360., **13.** § 153.)

§ **19.** Erforderniß eines gültigen Kaufs in Ansehung der Person der Kontrahenten.

Rechtsgr. **198.** — II. Senat. 5. Dezember 1854. (XIV. 340.)

Auf den § 19. I. 11. des Allgem. Landrechts, nach welchem zur Schließung eines gültigen Kaufs auch erfordert wird, daß der Verkäufer über das Eigenthum der Sache zu verfügen berechtigt sei, — kann sich der Verkäufer zur Begründung des Einwandes der Rechtsungültigkeit des Kaufs nicht berufen.

Siehe Rechtsgr. 423. (A. L. R. I. **18.** § 736.)

§ **20.** Siehe Rechtsgr. 718. (A. L. R. II. **18.** § 254.)

§§ **21. 23. 24.** Siehe Rechtsgr. 226. (§ 360. dieses Titels.)

§§ **28. 29.** Siehe Rechtsgr. 332. (A. L. R. I. **13.** § 153.)

§ **30.** Erforderniß eines Kaufvertrages in Ansehung des Gegenstandes; bestimmte Bezeichnung desselben.

Rechtsgr. **199.** — IV. Senat. 6. Juli 1854. (XIV. 120.)

Bei Waaren, die in beliebigen Quantitäten nach dem Gewicht verkauft werden, ist die Bezeichnung der zu verkaufenden Quantität nach einem geringsten und höchsten

Gewichte, z. B. 1000—1500 Ctr. Syrup, zur Gültigkeit des Vertrages hinreichend.

Siehe auch Rechtsgrundsätze 201. 221. (§§ 46. 340. dieses Titels.)

§ 46. Erforderniß eines Kaufvertrages in Ansehung des Kaufpreises:

A. Bestimmter Kaufpreis eines Bauerguts bei nicht näherer Bestimmung des dem Verkäufer zu gewährenden Altentheils — Vergl. §§ 1. 12. 602. dieses Titels.

Rechtsgr. **200**. — I. Senat. 26. April 1854. (XIV. 16.)

Der Umstand, daß der Umfang des dem Verkäufer eines Bauerguts, dessen Uebergabe derselbe sich noch vorbehalten hat, zu gewährenden Altentheils in dem Vertrage nicht näher bestimmt ist, hat die Ungültigkeit des Kaufvertrages nicht zur Folge.

B. Bestimmung des Kaufpreises nach dem künftigen Gewichte der verkauften Waare. — Vergl. A. L. R. I. **11**. §§ 1. 30. 48., **16**. §§ 237. 238.; A. G. O. I. **50**. §§ 39. 61.

Rechtsgr. **201**. — IV. Senat. 6. November 1855. (XIX. 72.)

Ist der Preis der verkauften Waare nach Maßgabe des nach ihrer vorgängigen Bearbeitung seitens des Empfängers sich ergebenden Gewichts derselben vereinbart worden, der Empfänger aber vor dieser Bearbeitung in Konkurs gerathen, so fehlt es an einem bestimmten Kaufpreise, und ist daher kein rechtsgültiger Vertrag vorhanden.

Siehe auch Rechtsgrundsätze 46. 57. 202. 241. 333. (A. L. R. I. **5**. §§ 71. 127, **11**. §§ 47. 455., **13**. § 153.)

§ 47. Bestimmung des Kaufpreises mit Rücksicht auf ein künftiges Ereigniß. — Vergl. A. L. R. I. **4**. 104. 116, **11**. 46. 49. 364.; Dig. **18**. 1. Lex 7. § 1., Lex 35. § 5., Lex 37.

Rechtsgr. **202**. — III. Senat. 23. November 1853. (XIII. 14.)

Wenn die Höhe des Kaufpreises von einem künftigen von der Willkür der Kontrahenten unabhängigen Ereignisse abhängig gemacht ist, so wird durch Beihülfe eines der Kontrahenten rücksichtlich des Eintritts dieses Ereignisses das Kaufgeschäft vereitelt.

Siehe auch Rechtsgrundsätze 45. 57. 241. 333. (Allg. L. R. I. 5. §§ 71. 127., 11. § 455., 13. § 153.)

§ 48. Siehe Rechtsgr. 201. (§ 46. dieses Titels.)

§ 49. Siehe Rechtsgr. 202. (§ 47. dieses Titels.)

§§ 70. 71. Siehe Rechtsgr. 463. (A. L. R. I. 20. § 575.)

§ 72. Simulirte Käufe; Bestimmung eines höheren resp. niedrigeren Kaufpreises zum Schein.

Rechtsgr. 203. — III. Senat. 13. Oktober 1856. (XXIII. 4.)

a) Der § 72. I. 11. des A. L. R. ist nicht auf den Fall, daß behufs Täuschung dritter Personen der Kaufpreis höher oder niedriger angegeben worden, zu beschränken; er ist vielmehr in allen Fällen anwendbar, in welchen hinsichtlich der Höhe des Kaufpreises das Geschäft anders niedergeschrieben, als verabredet worden.

b) Der § 72. a. a. O. setzt voraus, daß die Abrede wegen des höheren oder niederen Kaufgeldes mit dem Willen beider Theile nicht in den schriftlich errichteten Vertrag aufgenommen worden ist.

Siehe auch Rechtsgr. 463. (A. L. R. I. 20. § 575.)

§ 75. Siehe Rechtsgr. 222. (§ 340. dieses Titels.)

§§ 76 ff. Siehe Rechtsgr. 333. (A. L. R. I. 13 § 153.)

§§ 78 ff. Verbindlichkeit des Verkäufers in Ansehung der Pertinenzstücke der verkauften Sache:

A. Bezeichnung eines selbstständigen Grundstücks als Pertinenzstück. — Vergl. A. L. R. I. 4. §§ 70. 75. 83.

Rechtsgr. 204. — I. Senat. 17. Dezember 1856. (XXIII. 159.)

Ist bei dem Abschluß des Kaufvertrages über ein Gut „mit allen Pertinenzien" die Absicht der Kontrahenten auch auf den Mitverkauf eines bis dahin selbstständigen, einem besonderen Hypothekenfolium gewidmeten Grundstücks gerichtet gewesen, so ist auch dies Grundstück für rechtsgültig mitverkauft zu erachten.

B. Bereits vorher durch mündlichen Vertrag veräußerte Substanztheile und Pertinenzstücke. — Vergl. A. L. R. I. 2. §§ 106. 107., 11. 83. 340. 341.

Rechtsgr. 205. — I. Senat. 14. Mai 1856. (XX. 17.)

Der Käufer, als solcher, insbesondere auch der Adjudikatar in der nothwendigen Subhastation, ist nicht berechtigt, die vor Abschluß des Kaufgeschäfts seitens des Verkäufers durch mündlichen Vertrag von dem Grundstücke veräußerten Substanztheile oder unbeweglichen Pertinenzstücke zu vindiziren.

§§ 79-80. Siehe Rechtsgr. 28. (A. L. R. I. 2. § 107.)

§§ 83-85. Verbindlichkeit des Verkäufers bei dem Verkauf eines Landguts in Pausch und Bogen hinsichtlich des bereits geschlagenen und anderweitig verkauften Holzes. — Vergl. A. L. R. I. 2. §§ 46-49. 66., 20. §§ 443 ff. 446.

Rechtsgr. 206. — III. Senat. 12. Mai 1854. (XIII. 96.)

Die §§ 83-85. I. 11. des Allgem. Landrechts enthalten singuläre Bestimmungen über die Pertinenzien eines Landguts bei dessen Verkauf in Pausch und Bogen. Daher ist das zur Zeit dieses Verkaufs bereits geschlagene und anderweitig verkaufte Holz von dem Verkaufe des Landguts auch dann für ausgeschlossen zu erachten, wenn der Käufer desselben zu seinem Wirthschaftsbetriebe benöthigt wäre.

Siehe auch Rechtsgr. 205. (§ 78. dieses Titels)

§ 99. Siehe Rechtsgr. 88. (A. L. R. I. 5. § 360.)

§ 109. Nutzung der Sache und des Kaufgeldes; Bedingung der Verbindlichkeit zur Verzinsung des letzteren. — Vergl. § 260. dieses Titels.

Rechtsgr. 207. — III. Senat. 23. April 1856. (XXI 123.)

Eine Verpflichtung des zum Besitze des Grundstücks gelangten Käufers zur Verzinsung des nicht gezahlten Kaufgeldes nach § 109. I. 11. des A. L. R. findet nicht statt, wenn das Grundstück Revenüen-Ueberschüsse nicht gewährt hat.

§§ 128-130. Uebergabe der verkauften Sache unter Abwesenden:

A. Uebergabe der durch einen der Form nach ungültigen Vertrag verkauften Sache.

Rechtsgr. 208. — IV. Senat. 15. Mai 1855. (XVIII. 7.)

Die §§ 128-130. I. 11. des Allg. Landrechts setzen einen rechtsgültig abgeschlossenen Kauf-Vertrag voraus. Daher wird bei einem blos mündlich abgeschlossenen Vertrage, welcher aber nach seinem Gegenstande die schriftliche Form erforderte, dadurch, daß die verkaufte Sache dem Fuhrmann oder Schiffer überliefert worden, die Uebergabe nicht bewirkt, und es geht eben deshalb Eigenthum und Gefahr dadurch nicht auf den Käufer über. Es ist mithin in einem solchen Falle nicht zu behaupten, daß der Käufer die Erfüllung des mündlich abgeschlossenen Vertrages angenommen habe.

B. Uebergabe der Waaren an den Destinaten zu Eigenthum durch deren Ablieferung an den Schiffer.

Rechtsgr. 209. — III. Senat. 26. Mai und 7. Juli 1856. (XXII. 85.)

Die Wirkung der Uebergabe der Waare zu Eigenthum kann dadurch nicht verhindert werden, daß der Absender das dritte, für ihn selbst bestimmte Exemplar des Konossements dem Destinaten nicht nachgesandt hat.

C. Uebergabe der bei einer überseeischen Fabrik bestellten Waaren an den Besteller. — Englisches Recht. — Vergl. John William Smith, Compendium of mercantile law, London 1848, pag. 438.

Rechtsgr. 210. — IV. Senat. 6. November 1855. (XVIII. 281.)

a) Die Uebergabe der bei einer überseeischen Fabrik bestellten Waaren an den Besteller ist durch deren behufs der Verschiffung erfolgte Hingabe zum Landtransport für bewirkt zu erachten, und geht daher mit diesem Zeitpunkt Eigenthum und Gefahr auf den Besteller über. — Der Fabrikbesitzer ist ohne Auftrag die abzusendenden Waaren zu versichern nicht verpflichtet.

b) Nach Englischem Rechte geht bei einer auf Kredit gekauften Waare schon vor der Uebergabe, sobald nur seitens des Verkäufers und zwischen ihm und dem Käufer Nichts zu thun übrig bleibt, Eigenthum und Gefahr der Waaren auf den letzteren über.

§ **135.** Siehe Rechtsgr. 278. (§ 925. dieses Titels.)

§§ **153** ff. Siehe Rechtsgr. 79. (A. L. R. I. **5.** § 292.)

§§ **170-171.** Siehe Rechtsgrundsätze 215. 216. (§§ 210. 222. dieses Titels.)

§ **175.** Siehe Rechtsgr. 970. (Allg. Hyp.-Ordnung I. § 47.)

§ **183.** Gewährleistung des Verkäufers wegen der auf dem Grundstücke haftenden Privatdienstbarkeiten, Lasten und Abgaben, insbesondere wegen eines Altentheils. — Vergl. A. L. R. I. **11.** §§ 342. 602., **19.** §§ 1 ff.; Allg. Hyp.-Ordn. I. §§ 48. 49.

Rechtsgr. **211.** — II. Senat. 5. September 1854. (XIV. 217.)

Der Altentheil mit Einschließung der Natural-Leistungen geht, wenn er im Hypothekenbuche eingetragen ist, als Reallast auch bei freiwilligen Käufen mit dem Grundstücke auf den Käufer über.

Siehe auch Rechtsgrundsätze 223-225. 847. (§ 342. dieses Titels; A. G. O. I. **7.** § 48 c.)

§ **184.** Siehe Rechtsgr. 396. (A. L. R. I. **16.** Anhang § 52. zu § 484.)

§§ **189. 190.** Verbindlichkeit des Verkäufers zur Entschädigung des Käufers wegen einer auf dem Grundstück haftenden Servitut.

Rechtsgr. **212.** — III. Senat. 17. November 1854. (XVI. 27.)

Der Minderwerth des Grundstücks wegen einer auf demselben haftenden, von dem Verkäufer zu vertretenden Servitut besteht, — insofern die Vermuthung, daß der Kaufpreis dem wahren Werthe des Grundstücks entspreche, nicht widerlegt ist, — in dem zwanzigfachen Betrag des jährlichen Mindererertrages des Grundstücks.

§ **198**. Verbindlichkeit des Verkäufers zur Gewährleistung wegen fehlerhafter Beschaffenheit der Sache; Ankauf von Eisenbahnaktien während des Amortisationsverfahrens. — Vergl. A. L. R. I. 5. §§ 325 ff. 343 ff.

Rechtsgr. **213**. — IV. Senat. 8. Januar 1857. (XXIII. 210.)

Der Kaufmann, welcher vor eingetretener Rechtskraft des Amortisations-Urtheils die betreffende Eisenbahn-Aktie kauft, kann von seinem Verkäufer zumal dann nicht Gewähr fordern, wenn er es unterlassen hat, gegen das ergangene Urtheil die zulässigen Rechtsmittel einzulegen.

Siehe auch Rechtsgr. 82. (A. L. R. I. 5. § 343.)

Anhang § **14**. zu § **204**. Klage aus einem, unter der Herrschaft eines fremden Rechtes abgeschlossenen und erfüllten Pferdehandel. — Vergl. Schwedische Hofgerichts-Ordnung von 1672 Th. II. Tit. 30. § 8.

Rechtsgr. **214**. — V. Senat. 17. Oktober 1854. (XV. 123.)

Wenn an einem Orte unter der Herrschaft des Allg. Landrechts ein Pferdehandel abgeschlossen und beiderseits vollzogen ist, so findet auch bei der hiernächst an einem Orte im Gebiete des Gemeinen Rechts angestellten Klage auf Aufhebung dieses Vertrages wegen Dummkollers des Pferdes die gesetzliche Vermuthung des § 14. des Anh. zum A. L. R. Anwendung.

§§ **210-211**. Verbindlichkeit des Verkäufers zur Entschädigung des Käufers wegen fehlender Quantität der Sache. — Vergl. §§ 170. 171. dieses Titels.

Rechtsgr. **215**. — III. Senat. 16. März 1855. (XVI. 298.)

Die für die fehlende Quantität der verkauften Sache dem Käufer zu gewährende Vergütung ist ihrem Betrage nach mit Rücksicht auf die mittlere Güte und Art der wirklich übergebenen Quantität zu bestimmen.

§ **215**. Siehe Rechtsgr. 88. (A. L. R. I. 5. § 360.)

§ **221**. Siehe Rechtsgrundsätze 88. 333. (A. L. R. I. 5. § 360., 13. § 153.)

§ 222. Verbindlichkeit des Käufers zur Bezahlung des Kaufgeldes; Zurückbehaltung eines verhältnißmäßigen Theils desselben wegen Gewährsmängel:

A. Ausmittelung des Werthes des dem Käufer entzogenen Pertinenzstücks. — Vergl. §§ 170-171. dieses Titels.

Rechtsgr. **216**. — III. Senat. 9. u. 13. Oktober 1854. (XV. 98.)

Der Käufer, welcher wegen Gewährsmängel einen verhältnißmäßigen Theil des Kaufgeldes zurückhalten will, braucht nicht, außer dem Nachweise, daß der zurückzubehaltende Theil dem Werthe des entzogenen Pertinenzstücks entspricht, auch noch den Nachweis zu führen, daß er in demselben Verhältniß zum Kaufpreise des Ganzen steht, welches zwischen dem Taxpreise des entzogenen Pertinenzstücks und dem Taxpreise des ganzen Grundstücks stattfindet.

B. Gleichzeitige Deposition des zurückzubehaltenden Theiles des Kaufgeldes. — Vergl. A. L. R. I. **16**. §§ 228. 229.

Rechtsgr. **217**. — Plenum. 3. Juli 1854. (XIV. 112.)

Will der Käufer wegen Gewährsmängel einen verhältnißmäßigen Theil des Kaufgeldes zurückhalten, so kann dies nur unter gleichzeitiger Deposition dieses Theiles des Kaufgeldes geschehen.

Siehe auch Rechtsgr. 333. (A. L. R. I. **13**. § 153.)

§ 224. Kreditirung des Kaufgeldes.

Rechtsgr. **218**. — IV. Senat. 1. November 1855. (XVIII. 260.)

Der § 224. I. 11. des Allgem. Landrechts (betreffend die Kreditirung der Kaufgelder) ist nur für Kauf- nicht für Lieferungsverträge anwendbar.

§ 230. Aufhebung eines Kaufvertrages wegen nicht erfolgter Baarzahlung des Kaufpreises zur Zeit der Uebergabe. — Vergl. A. L. R. I. 5. §§ 393. 394.

Rechtsgr. **219**. — III. Senat. 5. Dezember 1856. (XXIII. 109.)

Der § 230. I. 11. des A. L. R. setzt voraus, daß

nach der vertragsmäßigen Einigung die Baarzahlung des ganzen Kaufgeldes bei der Uebergabe erfolgen soll, und daß das Kaufgeschäft noch von keiner Seite auch nicht theilweise erfüllt worden ist.

§ **260.** Siehe Rechtsgr. 207. (§ 109. dieses Titels.)

§ **296.** Siehe Rechtsgr. 496. (A. L. R. I. **21.** § 637.)

§ **314.** Dauer des Wiederkaufsrechts. — Vgl. A. L. R. I. **4.** § 167., **9.** §§ 551 ff. 565 ff.

Rechtsgr. **220.** — III. Senat. 12. Januar 1855. (XVI. 155.)

Das Wiederkaufsrecht erlischt von selbst mit dem Ablauf der bestimmten Frist und kann daher durch eine zwar vor Ablauf der Frist angebrachte, jedoch erst nach Ablauf der Frist zur Kenntniß des Verpflichteten gelangte Klage nicht erhalten werden.

Siehe auch Rechtsgr. 43. 496. (A. L. R. I. **4.** § 167., **21.** § 637.)

§§ **340. 341.** Gerichtliche Verkäufe, insbesondere nothwendige Subhastation:

A. Gemeinschaftlicher Konsens der Parteien. Irrthum des Meistbietenden in dem Gegenstande der Subhastation. — Vgl. A. L. R. I. **5.** § 1., **11.** §§ 1. 2. 12. 30.

Rechtsgr. **221.** — III. Senat. 30. Juni 1854. (XIV. 103.)

Auch für die im Wege der nothwendigen Subhastation erfolgten Käufe ist der gemeinschaftliche Konsens der Parteien erforderlich.

Daher kann der Adjudikatar wegen Irrthums bei Abgebung seines Meistgebots in dem Gegenstande der Subhastation den Zuschlagsbescheid als nichtig anfechten.

B. Unterschrift des Bietungsprotokolls. — Vergl. A. L. R. I. **5.** § 131., **10.** §§ 15 ff., **11.** § 75; A. G. O. I. Einleit. § 42., **10.** Anh. §§ 68 ff. zu § 19.

Rechtsgr. **222.** — III. Senat. 23. April 1856. (XX. 352.)

Das in nothwendiger Subhastation im Bietungs-

Termine abgegebene Gebot muß, um rechtsverbindlich zu sein, zum Protokoll erklärt und durch Unterschrift des Bieters vollzogen sein.

Siehe auch Rechtsgrundsätze 205. 226. (§§ 78. 226. dieses Titels.)

§ **341**. Siehe Rechtsgrundsätze 205. 222. (§§ 78. 340. dieses Titels.)

§ **342**. Uebergang der Lasten auf den Käufer bei nothwendiger Subhastation. — Vergl. A. L. R. I. **11**. §§ 183. 602., **19**. §§ 1 ff.; Allg. Hyp.-Ordn. I. §§ 48. 50. 55., II. §§ 267. 268.; A. G. O. I. **52**., Anhang § 401. zu § 35.; Subhastations-Verordnung vom 4. März 1834 § 16.

A. In Betreff eines eingetragenen Wohnungsrechts.

Rechtsgr. **223**. — Plenum. 15. Mai 1854. (XIII. 331.)

Die auf dem subhastirten Grundstücke eingetragene Last des Wohnungsrechts muß beim Mangel entgegengesetzter Bestimmungen des Zuschlags-Urtheils der Adjudikatar auch dann neben dem Kaufpreise übernehmen, wenn ihm diese Uebernahme weder bei der Lizitation, noch durch das Zuschlags-Urtheil zur ausdrücklichen Bedingung gemacht ist.

B. In Betreff eines eingetragenen Altentheils.

Rechtsgr. **224**. — II. Senat. 5. September 1854. (XIV. 217.)

Der Altentheil mit Einschließung der Natural-Leistungen geht, wenn er im Hypothekenbuche eingetragen ist, als Reallast mit dem Grundstücke auf den Käufer über.

Rechtsgr. **225**. — Plenum. 8. Januar 1855. (XVI. 120.)

Beim Mangel entgegengesetzter Feststellungen im Zuschlagsbescheide muß der Adjudikatar ein auf dem in nothwendiger Subhastation erstandenen Grundstücke eingetragenes Altentheil nicht blos insofern, als es in Wohnung, sondern auch insoweit, als es in Nießbrauch und wiederkehrenden Geld- oder Natural-Leistungen besteht, auch wenn ihm dessen Uebernahme weder bei der Lizitation, noch durch die Adjudikatoria zur Bedingung gemacht worden, neben dem Kaufgelde übernehmen.

Siehe auch Rechtsgr. 211. (§ 183. dieses Titels.)

§ 344. Siehe Rechtsgr. 28. (A. L. R. I. 2. § 107.)

§ 349 ff. Siehe Rechtsgr. 226. (§ 360. dieses Titels.)

§ 360. Gerichtliche freiwillige Verkäufe; Gewährsanspruch des Käufers einer im Wege der Auktion verkauften Sache an deren bisherigen Eigenthümer. — Vergl. §§ 1. 12. 21. 23. 24. 340 ff. 349. 362. dieses Titels; Auktions-Reglement für Danzig vom 9. Februar 1852.

Rechtsgr. 226. — IV. Senat. 21. Juni 1855. (XVII. 299.)

Der Verkauf im Wege der freiwilligen Auktion schließt ein Kontrakts-Verhältniß zwischen dem Eigenthümer, der die Sache zur Auktion gegeben hat, und dem Ersteher nicht aus; vielmehr unterliegt auch ein solches Kaufgeschäft hinsichtlich ihrer den gewöhnlichen Regeln der Kaufverträge, während das rechtliche Verhältniß des Auktionators nach den Regeln von Vollmachtsverträgen zu beurtheilen ist. — Es ändert hieran Nichts, wenngleich der Auktionator das del credere übernommen hat.

§ 362. Siehe Rechtsgr. 226. (§ 360. dieses Titels.)

§ 364. Siehe Rechtsgr. 202. (§ 74. dieses Titels.)

Dritter Abschnitt. Von Abtretung der Rechte.

§§ 376 ff. Begriff einer Cession:

A. Nothwendigkeit des der Cession vorhergehenden Cessionsvertrages. — Vergl. A. L. R. I. 5. § 165.

Rechtsgr. 227. IV. Senat. 21. September 1854. (XIV. 276.)

Die Cession setzt nach § 376. I. 11. des Allg. Landrechts zwar einen Vertrag, ein pactum de cedendo, als vorangegangen, voraus, ist aber selbst kein Vertrag, sondern die Erfüllung des vorangegangenen Vertrages von Seiten des einen Theiles, die Tradition des Rechts oder die Handlung selbst, wodurch das Eigen=

thum des Rechts dem Anderen übertragen wird. — Diese Handlung ist eine einseitige, unterliegt daher nicht den gesetzlichen Erfordernissen eines Vertrages, und die Gegenwart des Cessionars bei der Aufnahme der Cessions-Urkunde ist dabei etwas durchaus Unerhebliches.

B. Simulation einer Cession.

Rechtsgr. 228. — IV. Senat. 11. September 1855. (XVIII. 127.)

War dem Cedenten und dem Cessionar zur Zeit der Cession bekannt, daß die Forderung gar nicht bestand, so kann der Cedent die Cessions-Valuta auch in dem Falle nicht beanspruchen, wenn ihm der Cessionar die Gewährsleistung ausdrücklich erlassen hat.

Siehe auch Rechtsgr. 353. (A. L. R. I. **14.** § 399.)

§§ **377** ff. Siehe Rechtsgr. 353. (A. L. R. I. **14.** § 399.)
§ **382.** Siehe Rechtsgrundsätze 365. 414. 703. (A. L. R. I. **16.** § 46., **17.** § 217., II. **16.** § 124.)
§ **383.** Siehe Rechtsgr. 917. (A. G. O. I. **24.** § 9.)
§ **390** Cessions-Valuta. — Vergl. § 440. dieses Titels.

Rechtsgr. 229. — IV. Senat. 9. Oktober 1855. (XVIII. 195.)

Enthält die Cessions-Urkunde keine Angabe des Betrages der Valuta, sondern nur die Erklärung des Cedenten, daß er den Preis der Verabredung gemäß baar bezahlt erhalten habe, so muß der Cessionar seine Behauptung, er habe den Nominalwerth der Forderung als Valuta bezahlt, darthun.

§ **393.** Form der Cession. — Vergl. A. L. R. I. **5.** § 79., 7. §§ 58 ff., **11.** § 395.

Rechtsgr. 230. — III. Senat. 21. September 1855. (XIX. 47.)

Die Ausstellung einer notariellen Cessions-Urkunde und die Aushändigung derselben und des cedirten Dokuments seitens des vom Cedenten hierzu nicht beauftragten Notars an den Cessionar enthält keine rechtsgültige Cession.

§ **398**. Zahlung des Schuldners an den Cessionar bei unförmlicher Cession.

Rechtsgr. **231**. — IV. Senat. 16. November 1854. (XIV. 327.)

Unter der im § 398. I. 11. des Allgem. Landrechts erwähnten „wirklich geleisteten Cession" ist auch die ganz formlose mündliche Cession inbegriffen, selbst wenn an sich die Cession schriftlich hätte erfolgen sollen.

Siehe auch Rechtsgr. 318. (A. L. R. I. **13**. § 8.)

§ **399**. Siehe Rechtsgr. 443. (A. L. R. I. **20**. § 281.)

§ **402**. Siehe Rechtsgrundsätze 375. 392. (A. L. R I. **16**. §§ 218. 484.

§ **407**. **408**. Siehe Rechtsgrundsätze 392. 450. 451. (Allg. L. R. I. **16**. § 484., **20**. § 422.)

§ **409**. Siehe Rechtsgr. 375. (A. L. R. I. **16**. § 218.)

§§ **415-416**. Bekanntmachung der Cession an den cedirten Schuldner.

Rechtsgr. **232**. — III. Senat. 7. November 1856. (XXII. 303.)

Hat der Cedent die dem cedirten Schuldner durch den Cessionar ohne Vorzeigung des betreffenden Instruments bekannt gemachte Cession nicht ausdrücklich abgeleugnet, so sind Gegenforderungen des cedirten Schuldners an den Cedenten, welche nach dieser Bekanntmachung entstanden sind, zur Kompensation gegen den Cessionar nicht geeignet.

§§ **420** ff. Verhaftung des Cedenten für die Richtigkeit und Rechtsgültigkeit der cedirten Forderung; Verbindlichkeit des Cedenten eines Pfandbriefes zur Erstattung der Cessionsvaluta.

Rechtsgr. **233**. — IV. Senat. 18. Dezember 1855. (XIX. 197.)

Wer durch eine formelle Cession Pfandbriefe cedirt, muß, eben weil Pfandbriefe nicht Gegenstand der Cession sein können, und somit eine im gesetzlichen Sinne unrichtige Forderung cedirt ist, die Cessions-Valuta erstatten.

§ **427** ff. Verbindlichkeit des Cedenten zur Gewährleistung in Ansehung der Sicherheit der cedirten Hypothekenforderung bei stattgehabter Subhastation des verpfändeten Grundstücks.

Rechtsgr. **234**. — IV. Senat. 13. u. 18. März 1856. (XXI. 26.)

Der Cessionar, welcher nach erfolgter Feststellung der Unzulänglichkeit der Hypothek bei der stattgehabten Subhastation des Grundstücks den Cedenten, der für die Sicherheit dieser Hypothekenforderung die Gewährleistung übernommen hat, in Anspruch nehmen will, — ist nicht verpflichtet, vorher den Adjudikatar auf Nachzahlung zu dem nach dem richterlichen Attest — wenn selbst mit Unrecht — für vollständig berichtigt erachteten Kaufgelde zu belangen.

§ **429**. Wirkung der übernommenen Gewährleistung für die Sicherheit der ganzen Forderung. — Vergl. 440. dieses Titels.

Rechtsgr. **235**. — IV. Senat. 9. Oktober 1855. (XVIII. 195.)

Die Stipulation: „ich leiste Gewähr für die Sicherheit der ganzen Forderung", verpflichtet nur zur Gewähr für den Betrag der wirklich gezahlten Valuta, wogegen der Cessionar die ganze Forderung zurückcediren muß.

§ **431**. Siehe Rechtsgr. 239. (§ 435. dieses Titels.)

§ **432**. Verlust des Regresses des Cessionars durch ein Versehen desselben in Beitreibung der Forderung.

Rechtsgr. **236**. — IV. Senat. 1. Februar 1855. (XVI. 242.)

Es ist nicht für ein den Regreß ausschließendes Versehen im Betriebe der Exekution zu erachten, wenn der Cessionar nur die Subhastation, nicht aber die Sequestration des verpfändeten Grundstücks nachgesucht hat.

§ **434**. Verlust des Regresses des Cessionars durch unterlassene sofortige Beitreibung der, wegen nicht prompter Zinszahlung fällig gewordenen Hypothekenforderung.

Rechtsgr. **237**. — IV. Senat. 1. Februar 1855. (XVI. 242.)

Wenn in einer nach gewissen Jahren zahlbaren hypothekarischen Obligation von der nicht prompten Zinsenzahlung die frühere Fälligkeit des Kapitals abhängig gemacht, demnächst aber die Obligation mit Gewährleistung cedirt worden ist, so muß der Cessionar bei Verlust seines Regresses beim Ausbleiben einer Zinszahlung sogleich zur Ausklagung des Kapitals schreiten.*

§ 435. Verlust des Regresses des Cessionars wegen unterlassener Kündigung der Forderung:

A. Bei bereits seitens des Cedenten geschehener Kündigung.

Rechtsgr. 238. — IV. Senat. 15. April 1856. (XXI. 87.)

Dem Cessionar einer bereits vor der Cession von dem Cedenten selbst gekündigten Forderung kommt die in dem § 435. I. 11. des A. L. R. bestimmte dreimonatliche Frist zur gerichtlichen Aufkündigung nicht zu statten; er muß vielmehr die Forderung nach Ablauf der, durch die bereits früher erfolgte Kündigung bestimmten Verfallzeit sofort einklagen.

B. Bei bereits vor geschehener Cession bestandener Unsicherheit der Hypothekenforderung. — Vergl. §§ 431. 436. dieses Titels.

Rechtsgr. 239. — IV. Senat. 5. Juni 1855. (XVIII 39.)

Der Cessionar wird dadurch, daß er die ihm cedirte Hypothekenforderung nicht binnen drei Monaten aufgekündigt hat, seines Regresses nicht verlustig, wenn die Forderung schon zur Zeit der Cession unsicher war.

§ 436. Sofortige Regreßpflicht des Cedenten wegen Eröffnung des Konkurses oder Zahlungsunfähigkeit des Schuldners zur Zeit der Cession.

Rechtsgr. 240. — IV. Senat. 5. Juni 1855. (XVIII. 39.)

Nicht blos die Konkurs-Eröffnung über das Vermögen des Schuldners zur Zeit der Cession, sondern auch der Nachweis seitens des Cessionars, daß gegen den

* Vergl. dagegen die Bemerkung Bd. 16. S. 246. des Archivs für Rechtsfälle.

Schuldner zur Zeit der Cession bereits in anderen Prozessen die Exekution erfolglos vollstreckt, derselbe mithin als zahlungsunfähig befunden worden, oder daß schon zu jener Zeit in dem Hypothekenbuche des verpfändeten Grundstücks der Subhastations-Vermerk eingetragen gewesen, berechtigt den Cessionar, auch ohne vorherige Aufkündigung auf den Cedenten wegen Gewährleistung zurückzugehen.

Siehe auch Rechtsgr. 239. (§ 435. dieses Titels.)

§ **440.** Siehe Rechtsgrundsätze 229. 235. (§§ 390. 429. dieses Titels.)
§§ **442-444.** Siehe Rechtsgr. 365. (A. L. R. I. **16.** § 46.)

Vierter Abschnitt. Vom Erbschaftskaufe.

§§ **455** ff. Begriff des Erbschaftskaufes; Herausgabe des den Kaufpreis übersteigenden Mehrbetrags der Erbschaft. — Vergl. A. L. R. I. **11.** §§ 1. 46 ff., II. **1.** Anh. § 79. zu 648.; Dig. **18.** 1. Lex 7. § 2., **19.** 1. Lex 13. § 24.

Rechtsgr. **241.** — IV. Senat. 15. Mai 1857. (XXIV. 310.)

Der Nebenvertrag, daß der Erbschaftskäufer dem Verkäufer den, den Kaufpreis übersteigenden Mehrbetrag herausgebe, ist gültig und widerspricht nicht dem Wesen des Erbschaftskaufes.

§§ **527. 528.** Siehe Rechtsgr. 703. (A. L. R. II. **16.** § 124.)

Sechster Abschnitt. Von gewagten Geschäften und ungewissen Erwartungen.

§§ **602.** Persönliche Verpflichtung des Konstituenten des Altentheils. — Vergl. A. L. R. I. **2.** § 137., **19.** § 7.

Rechtsgr. **242.** — II. Senat. 26. April 1855. (XVI. 344.)

a) Der Konstituent eines Altentheils ist zwar dem Altentheilsberechtigten persönlich verpflichtet; diese Verpflichtung ist aber bei der Natur des Altentheils als Reallast keine prinzipale. — Daher ist der Konstituent regelmäßig nur zur Prästation der während seiner Besitzzeit fälligen Abgaben verpflichtet, und er kann deshalb nicht ohne Weiteres auch nach dem Verkauf des Hofes in Anspruch genommen werden.

b) Es ist aber dem Auszügler ein Entschädigungsanspruch an den abgezogenen Hofwirth auch über dessen Besitzzeit dann nicht abgeschnitten, wenn letzterer ihm nach richterlichem Ausspruche durch sein Betragen gerechten Grund zum Verlassen des Hofes und Wahl einer andern Erfüllungsart gegeben hat.

Siehe auch Rechtsgrundsätze 46. 76. 200. 211. 223-225 491. 524. (A. L. R. I. 5. §§ 71. 247., 11. §§ 46. 183. 342., 21. § 451., II. 1. § 114.)

§ 604. Siehe Rechtsgr. 46. (A. L. R. I. 5. § 71.)

§ 606. Begriff eines Leibrentenvertrages. — Vergl. §§ 608-626 ff. dieses Titels; Kabinetsorder v. 10. Juni 1835.

Rechtsgr. 243. — I. Senat. 8. Dezember 1854. (XV. 274.)

Der Begriff eines Leibrenten-Vertrages erfordert nicht nothwendig, daß die dem Käufer der Leibrente auf Lebenszeit zu entrichtende „bestimmte Abgabe" eine Geldleistung sei; es genügt vielmehr, wenn diese Abgabe überhaupt nur eine bestimmte und schätzungsfähige ist.*

§§ 638. 639. Rechte des im Pflichttheil verletzten Notherben auf die Hälfte des Nachlasses des Leibrenten-Käufers.

Rechtsgr. 244. — I. Senat. 8. Dezember 1854. (XV. 274.)

Der im Pflichttheil verletzte Notherbe, welcher den, von dem Erblasser geschlossenen Leibrenten-Vertrag anficht, kann die Hälfte des nach den §§ 638. und 639. I. 11. des A. L. R. zu berechnenden Nachlasses des Leibrenten-Käufers auch dann beanspruchen, wenn sein Pflichttheil gesetzlich nur ein Drittel der Intestat-Erbportion beträgt.

§ 646. und Anh. § 19. zu § 646. Succession in einen Vermögens-Inbegriff auf den Grund eines Vitalizien- und Alimenten-Vertrages:

* Vergl. dagegen Rechtsgrundsätze Pr. 1. (2. Ausgabe) Nr. 293. S. 85.

A. Verhaftung dieses Successors für die Schulden des Vorbesitzers. — Vergl. A. L. R. I. 12. § 656.

Rechtsgr. 245. — II. Senat. 5. Juni 1849 und 24. Januar 1856. (XX. 65.)

a) Die vertragsmäßige Abtretung des ganzen vorhandenen Vermögens des Abtretenden an den Erwerber begründet keine Universal-Succession. — Dieser Grundsatz gilt auch hinsichtlich der Vermögungs-Abtretung durch einen Vitalizien- und Alimentenvertrag.

b) Der auf den Grund eines Vitalizien- oder Alimenten-Vertrages zum Besitze eines ganzen Vermögens-Inbegriffs gelangte Singular-Successor ist zwar den Gläubigern des Uebertragenden unmittelbar verhaftet; er braucht jedoch das blos gegen den letzteren ergangene Judikat nicht ohne Weiteres gegen sich gelten zu lassen, und kann daher aus demselben die Exekution nicht gegen ihn vollstreckt werden, er ist vielmehr zur Vertretung des Uebertragenden in einem besonderen Prozesse anzuhalten.

B. Verhaftung dieses Successors für die Ansprüche der unabgefundenen Kinder des Vorbesitzers auf Nachschichtung. — Vergl. Allg. G. O. I. 22. § 28.

Rechtsgr. 246. — I. Senat. 21. Dezember 1855. (XIX. 209.)

Derjenige, welchem durch einen Alimenten-Vertrag ein ganzer Vermögens-Inbegriff übertragen worden, ist auch die dem Uebertragenden obgelegene Verpflichtung zur Schichtung mit seinen unabgefundenen Kindern zu erfüllen und zu dem Ende das Vermögen zu manifestiren verpflichtet.

Dieser Grundsatz gilt auch, wenn der Uebertragende mit seinen Kindern in der prorogirten Rietbergischen oder Paderbornschen Gütergemeinschaft gelebt und die Gesammt-Vermögensmasse einem Dritten, wenngleich durch einen lästigen Vertrag, zugewendet hat, und ist in diesem Fall der Uebernehmer auch verpflichtet, behufs Ermittelung des den unabgefundenen Kindern zu gewährenden ordnungsmäßigen Abdikats den Vermögensstand durch Inventar und Abschätzung der Vermögens-Gegenstände darzulegen.

Siehe auch Rechtsgr. 391. (A. L. R. I. **16**. § 476.)

§§ **647**. **648**. Verzinsung des zurückzuzahlenden Leibrenten-Kapitals.

Rechtsgr. **247**. — IV. Senat. 13. März 1855. (XIX. 16.)

Wenn der Verkäufer einer Leibrente durch drei hintereinanderfolgende Jahre mit deren Bezahlung im Rückstande geblieben ist, und deshalb das Kapital auf Verlangen des Leibrentenkäufers an denselben zurückzahlen muß, so ist er zur Verzinsung dieses Kapitals nicht erst vom Ablauf der drei Jahre an, sondern von der Zeit an verpflichtet, von welcher ab er die Zahlung der Leibrente einzustellen angefangen hat.

Siebenter Abschnitt. Vom Darlehnsvertrage.

§ **653**. Begriff des Darlehnsvertrages:

A. Absicht der Kontrahenten bei Zuzählung des Geldes. — Vergl. § 661. dieses Titels.

Rechtsgr. **248**. — IV. Senat. 14. Juli 1855. (XVIII. 116.)

Nicht das materielle Zuzählen des Geldes genügt zur Konstatirung des Darlehnsvertrages, hierzu bedarf es vielmehr des Beweises des Zuzählens verbunden mit der Absicht und Vereinbarung, daß der Darlehnsnehmer das Geld zum Verbrauch erhalten und Eigenthümer desselben werden soll.

B. Verwendung des geliehenen Geldes; Vereinbarung der Rückzahlung. — Vergl. A. L. R. I. **4**. §§ 146. 147. 154., **16**. §§ 200. 201.

Rechtsgr. 249. — IV. Senat. 13. Dezember 1855. (XIX. 182.)

a) Für das Wesen des Darlehns ist der Zweck, zu welchem der Borger das geliehene Geld in seinem Interesse verwenden will, unerheblich.

b) In der Behauptung, Jemandem eine Summe Geldes als Darlehn gegeben zu haben, liegt auch die Behauptung der geschehenen Verabredung der künftigen Rückzahlung.

Siehe auch Rechtsgrundsätze 257. 260. (§§ 730. 738. dieses Titels.)

§ **661**. Siehe Rechtsgr. 248. (§ 653. dieses Titels.)

§ **684**. Konfiskation des unkonsentirten Darlehns eines Subaltern-Offiziers. — Vergl. Kabinetsorders vom 25. September 1789 und vom 27. Juli 1825.

Rechtsgr. 250. — IV. Senat. 17. Juli 1856. (XXII. 143.)

Die dem Königlichen Fiskus nach § 684. I. 11. des Allgem. Landrechts zustehende Konfiskation des unkonsentirten Darlehns eines Subaltern-Offiziers kann dem letzteren gegenüber dann nicht mehr ausgeübt werden, wenn derselbe das Darlehn bereits vor Insinuation der Konfiskationsklage zurückgezahlt hat.

Siehe auch Rechtsgr. 352. (A. L. R. I. 14. § 251.)

§§ **707**. **713**. Siehe Rechtsgr. 352. (A. L. R. I. 14. § 251.)

§ **726**. Siehe Rechtsgr. 260. (§ 738. dieses Titels.)

§ **727**. Form des Darlehnsvertrages; Klage auf Rückzahlung des Darlehns:

A. Solidarische Haftbarkeit der verschiedenen Empfänger des Darlehns ohne Ausstellung eines Schuldscheins. — Vergl. A. L. R. I. 5. §§ 424 ff.

Rechtsgr. 251. — IV. Senat. 10. Januar 1856. (XIX. 246.)

Auch bei nicht erfolgter Ausstellung eines Schuldscheins begründet die von verschiedenen Darlehns-Empfängern in einer ungetrennten Summe geschehene Erhebung des Darlehns in Verbindung mit der wenngleich nur mündlich getroffenen Uebereinkunft, daß die gegebene Summe ihnen gemeinschaftlich geliehen sein solle, die solidarische Haftbarkeit der Empfänger.

B. Solidarische Haftbarkeit der verschiedenen Empfänger des Darlehns bei Ausstellung eines Schuldscheins. — Vergl. A. L. R. I. **5.** §§ 424 ff., **11.** § 733.

Rechtsgr. **252.** — IV. Senat. 10. Januar 1856. (XIX. 246.)

Es genügt bei der Existenz eines Schuldscheines zur Begründung der solidarischen Haftbarkeit der verschiedenen Darlehns-Empfänger, wenn sie in demselben nur überhaupt den gemeinsamen Empfang des Darlehns bekannt und sich zur Erstattung desselben gemeinschaftlich verpflichtet haben.

C. Verhaftung der Frau als Darlehnsempfängerin bei von ihr und einem Manne gemeinschaftlich erfolgter Ausstellung eines Schuldscheins. — Vergl. A. L. R. I. **11.** § 732., **14.** §§ 232. 233.

Rechtsgr. **253.** — IV. Senat. 11. November 1856. (XXIII. 49.)

Der Darlehnsgeber kann, wenngleich er den von einer Manns- und Frauensperson gemeinschaftlich ausgestellten und daher die Vermuthung einer bloßen Bürgschaft der Frau begründenden Schuldschein ohne Vorbehalt und Widerspruch angenommen hat, dennoch die letztere als die Darlehnsschuldnerin in Anspruch nehmen, insofern er die wirklich erfolgte Hingabe des Darlehns an dieselbe zu beweisen vermag.

D. Klage auf Rückzahlung eines Darlehns bei vorhandenem Schuldscheine. — Vergl. A. L. R. I. **11.** § 729., **16.** § 125.

Rechtsgr. **254.** — II. Senat. 11. Mai 1854. (XIII. 94.)

Zur Begründung der Klage auf Rückzahlung eines Darlehns ist die Beibringung des Schuldscheins nicht erforderlich.

§§ **729. 730.** Vertragsmäßige Verzinslichkeit des Kapitals. — Vergl. A. G. O. I. **13.** § 28.

A. Eintragung rückständiger Zinsen eines Kapitals.

Rechtsgr. 255. — IV. Senat. 26. Februar 1856. (XXI. 14.)

Aus der Eintragung rückständiger Zinsen eines Kapitals ist die Verbindlichkeit des Schuldners zur Entrichtung vorbedungener Zinsen nicht zu folgern.

B. Zusicherung der Früchte des für das Darlehn verpfändeten Grundstücks. Eintragung des Pfandbesitzes. — Vergl. §§ 803. 810. 824. dieses Titels.

Rechtsgr. 256. — III. Senat. 9. Juli 1856. (XXI. 348.)

Die dem Gläubiger geschehene Zusicherung der Früchte des verpfändeten Grundstücks enthält keine Zinsverpflichtung. — Daher vertritt die hypothekarische Eintragung des Pfandbesitzes nicht die der Zinsverbindlichkeit.

Siehe auch Rechtsgr. 254. (§ 727. dieses Titels.)

§ 730. Erfordernisse des Schuldscheins über ein empfangenes Darlehn. — Vergl. § 653. dieses Titels.

Rechtsgr. 257. — IV. Senat. 3. April 1855. (XIX. 19.)

Zur Gültigkeit des über ein Darlehn ausgestellten Schuldscheins ist die ausdrückliche Angabe, daß die verschriebene Summe als Darlehn gegeben worden, nicht erforderlich, vielmehr reicht das in dem Schuldschein enthaltene Bekenntniß der baar empfangenen Valuta verbunden mit dem Versprechen der Verzinsung des verschriebenen Kapitals zum Beweise des Darlehns hin.*

§ 732. Siehe Rechtsgrundsätze 253. 259. 261. (§§ 727. 738. dieses Titels.)

§ 733. Beweiskraft des Schuldscheins bei unrichtiger Bezeichnung der Art der Berichtigung der Valuta.

Rechtsgr. 258. — III. Senat. 6. Oktober 1854. (XV. 71.)

Wenn in einem Schuldscheine über ein Darlehn die Valuta als in baarem Gelde gegeben bezeichnet, von dem

* Vergl. dagegen Präjudiz Nr. 2006. vom 14. April 1848, Präj.-Samml. I. S. 64. und Entscheidungen Bd. 16, S. 503. 505.

Darlehnsgeber aber in der Wirklichkeit nicht in baarem Gelde, sondern in Eisenbahnaktien gewährt worden ist, so hat der Schuldschein keine Beweiskraft.

Siehe auch Rechtsgr. 252. (§ 727. dieses Titels.)

§ 738. Mangelnde Beweiskraft einer hypothekarischen Schuldverschreibung in Folge Eintragung einer hypothekarischen Protestation wegen nicht gezahlter Darlehnsvaluta:

A. Bedingung der Wirksamkeit dieser Protestation. — Vergl. A. L. R. I. **11**. §§ 732. 739., **20**. §§ 424-426.; Allg. Hyp. Ordnung II. §§ 174-181.

Rechtsgr. **259**. — Plenarbeschluß vom 16. Februar 1857. (XXIV. 160.)

Die Beweiskraft einer hypothekarischen Schuldverschreibung wird in Gemäßheit des § 738. I. 11. des Allgem. Landrechts nur dann aufgehoben, wenn innerhalb 38 Tagen nach erfolgter Eintragung der Schuld die dagegen eingelegte Protestation ebenfalls wirklich in das Hypothekenbuch eingetragen worden ist.

B. Berufung des Gläubigers auf eine anderweitige Forderung an den protestirenden Schuldner. — Vergl. A. L. R. I. **11**. §§ 653. 726., **16**. §§ 300. 301.

Rechtsgr. **260**. — IV. Senat. 8. Februar 1856. (XX. 161.)

Die rechtliche Wirkung der wegen nicht gezahlter Darlehnsvaluta im Hypothekenbuche eingetragenen Protestation kann durch die aus einem anderen Geschäfte dem Gläubiger gegen den protestirenden Darlehnsschuldner zustehende Forderung nicht aufgehoben werden.

C. Wirkung der Löschung der Protestation nach § 49. der Hypotheken-Novelle vom 24. Mai 1853. — Vergl. A. L. R. Einl. § 14., I. **11**. § 732.; Publikationspatent vom 9. September 1814 § 3.; Gesetz vom 24. Mai 1853 § 49.

Rechtsgr. **261**. — III. Senat. 2. Juli 1856. (XXII. 72.)

a) Die vor Geltung der Hypotheken-Novelle vom 24. Mai 1853 im Hypothekenbuche rechtzeitig erfolgte

Eintragung der Protestation wegen nicht gezahlter Valuta sichert dem Protestirenden den Einwand der nicht empfangenen Valuta dergestalt für immer, daß diese Wirkung wider seinen Willen nur durch ein ihn zur Löschung verurtheilendes Judikat beseitigt werden kann.

b) Diese Wirkung wird auch durch die in Folge des § 49. der gedachten Hypotheken-Novelle auf einseitigen Antrag des Gläubigers erfolgte Löschung der Protestation nicht aufgehoben.

Siehe auch Rechtsgr. 38. (A. L. R. I. 4. § 92.)

§ 739. Siehe Rechtsgrundsätze 38. 259. 1135. (A. L. R. I. 4. § 92., 11. § 738.; Gesetz Nr. 735. vom 4. Juli 1822 § 6.)

§§ 740. 741. Siehe Rechtsgr. 1194. (Subhastations-Verordnung vom 4. März 1834 § 16.)

§§ 769 ff. Ort der Rückzahlung eines Darlehns. — Vergl. A. L. R. I. 5. § 248., 16. §§ 52. 215-217.; Kabinetsorder vom 13. Juni 1840.

Rechtsgr. 262. — III. Senat. 27. Oktober 1854. (XV. 200.)

Der Ausdruck im § 769: „an dem Orte, wo der Gläubiger seinen Wohnsitz gehabt hat", ist sowohl auf den Wohnort, als auch auf die Wohnung (die Behausung) des Gläubigers zu beziehen.

Siehe auch Rechtsgrundsätze 769. 770. (A. D. W. O. Art. 39.)

§§ 793. 795. Hypothek für ein Darlehn in Staatsschuldscheinen. — Vergl A. L. R. I. 16. Anh. § 52. zu § 484.; Deklaration vom 4. April 1811.

Rechtsgr. 263. — IV. Senat. 21. Juni 1855. (XVIII. 75.)

Dem von dem Hypothekenschuldner mit dem Hypothekengläubiger getroffenen Abkommen, daß das eingetragene in Staatsschuldscheinen gegebene Darlehn in Kourant nach dem Kourswerthe an dem Tage dieses Abkommens zurückgezahlt werden solle, können die übrigen Hypothekengläubiger nicht widersprechen.

§ 803. Siehe Rechtsgrundsätze 256. 1195. (§ 729. dieses Titels; Subh.-Verordnung vom 4. März 1834 § 16.)

§ 804. Siehe Rechtsgr. 1195. (Subh.-Verordnung vom 4. März 1834 § 16.)

§ 810. Wucherliche Zinsen für die Stundung eines Hypothekenkapitals. — Vergl. A. L. R. II. 20. § 1271.

Rechtsgr. 264. — IV. Senat. 27. November 1855. (XIX. 139.)

Das für die Stundung eines fälligen Hypotheken-Kapitals dem Gläubiger desselben von dem Schuldner Gegebene hat die Natur der Zinsen, und kann daher der bis zur Rückzahlung des Kapitals mit Hinzurechnung der vorbedungenen das Maaß der gesetzlichen Zinsen übersteigende Betrag zurückgefordert werden.

Siehe auch Rechtsgr. 256. (§ 729. dieses Titels.)

§ 821. Zögerungszinsen von judikatmäßigen Zögerungszinsen.

Rechtsgr. 265. — IV. Senat. 17. Oktober 1854. (XV. 119.)

Von rechtskräftig zuerkannten Zögerungs-Zinsen können fernere Zögerungs-Zinsen auch seit dem Tage der Rechtskraft des Erkenntnisses bis zur Zahlung nicht gefordert werden.

§ 824. Anrechnung irrthümlich und ohne Grund gezahlter Darlehnszinsen auf das Kapital. — Vergl. A. L. R. I. 16. §§ 149. 151. 166 ff. 193.

Rechtsgr. 266. — IV. Senat. 20. September 1853. (XIII. 1.)

Der Darlehnsschuldner kann die ohne rechtliche Verpflichtung für das Darlehn gezahlten Zinsen nicht ohne Weiteres auf das Kapital in Anrechnung bringen, sondern nur als eine Nichtschuld zurückfordern, wenn er den Erfordernissen der condictio indebiti genügt.

Siehe auch Rechtsgr. 256. (§ 729. dieses Titels.)

§ 827. Siehe Rechtsgr. 79. (A. L. R. I. 5. § 292.)

§ 843. Begründung der Vermuthung der Zahlung oder des Erlasses der Zinsen durch Quittirung über das Kapital ohne Vorbehalt. — Vergl. A. L. R. I. 16. §§ 105. 140. 153.

Rechtsgr. 267. — Plenum. 4. December 1854. (XV. 261.)

Die aus der Ausstellung einer Quittung ohne Vorbehalt über das Kapital begründete gesetzliche Vermuthung der geschehenen Zahlung oder des Erlasses der vorbedungenen Zinsen kann durch Gegenbeweis, namentlich auch durch den eines mündlichen Vorbehalts, widerlegt werden.

§§ 844 ff. Einklagung von Verzugszinsen nach erfolgter Einklagung des Hauptstuhls.

Rechtsgr. 268. — IV. Senat. 17. Oktober 1854. (XV. 119.)

a) Die vor ergangenem Urtheile erwachsenen, jedoch nicht zugleich mit dem Hauptstuhl eingeklagt und auch nicht von Amtswegen zuerkannt gewesenen Verzugszinsen können in einem späteren Prozesse nicht mehr nachgefordert werden.

Es ändert hieran Nichts, wenngleich der Gläubiger sich diese Verzugszinsen bei Einklagung des Hauptstuhls vorbehalten hat, und in dem Urtheile bestimmt ist, daß es bei diesem Vorbehalte zu belassen sei.

b) Dagegen ist die Einklagung der vom Tage des rechtskräftig ergangenen definitiven Erkenntnisses an laufenden Verzugszinsen so lange gestattet, als noch nicht über das erstrittene Kapital selbst ohne Vorbehalt quittirt ist. — Unter dem Erkenntnisse in den Worten der §§ 844. 845. I. 11. des Allg. Landrechts ist das definitive rechtskräftige Erkenntniß zu verstehen.

§§ 845 ff. Einklagung von Verzugszinsen nach erfolgter Cession des Kapitals.

Rechtsgr. 269. — III. Senat. 18. April 1856. (XXI. 95.)

Verzugszinsen, welche nach der Einklagung des Hauptstuhls im Vorprozesse entstanden, und daher nicht mit eingeklagt gewesen sind, zu deren Zahlung der Schuldner sich aber besonders verpflichtet hat, können auch nach Cession des Hauptstuhls an einen Dritten gleich den vorbedungenen Zinsen so lange eingeklagt werden, als nicht über das Kapital selbst ohne Vorbehalt quittirt ist.

Siehe auch Rechtsgr. 913. (A. G. O. I. 23. § 58.)

§ **866**. Siehe Rechtsgr. 369. (A. L. R. I. **16**. § 113.)

§ **867**. Siehe Rechtsgrundsätze 369. 387. (A. L. R. I. **16**. §§ 113. 452.)

§§ **869** ff. Siehe Rechtsgrundsätze 270. 277. (§§ 873. 925. dieses Titels.)

Achter Abschnitt. Von Verträgen, wodurch Sachen gegen Handlungen, oder Handlungen gegen Handlungen versprochen werden.

§§ **873. 874**. Nicht versprochene Vergütung für geleistete Handlungen:

A. Bedingung eines Anspruchs auf die Vergütung überhaupt, und insbesondere auf ein Honorar für schriftstellerische Beiträge zu einer Zeitung. — Vergl. A. L. R. I. **5**. §§ 79-81., **II**. §§ 689 ff.

Rechtsgr. **270**. — IV. Senat. 27. November 1856 (XXXIII. 83.)

a) Ein Anspruch auf die in den §§ 873. und 874. I. 11. des Allg. Landrechts bestimmte nicht ausdrücklich bedungene Vergütung findet nicht statt, wenn eine vorgängige Aufforderung zu der geleisteten und angenommenen Handlung nicht stattgehabt hat.

b) Dieser Grundsatz findet auch auf den Fall der Lieferung von schriftstellerischen Beiträgen zu einer Zeitung und deren Abdruck in derselben Anwendung.

B. Nichtversprochene Belohnung für geleistete Gesinde-Dienste. — Vergl. A. L. R. I. **11**. §§ 834., II. **5**. § 181.

Rechtsgr. **271**. — IV. Senat. 10. Oktober 1855. (XIX. 58.)

Auch Haus-Offizianten und Dienstboten können eine Belohnung nach dem Maaße, wie Leute dieser Klasse in demselben Orte gewöhnlich erhalten, für ihre geleisteten

Dienste selbst dann fordern, wenn eine Verabredung über die Belohnung nicht getroffen worden ist, die Dienste aber geleistet und angenommen worden sind.

C. Vermittelung eines Kaufs durch Geschäfts-Agenten und Kommissionäre. — Vergl. A. L. R. I. 5. § 165., 13. §§ 5 ff., II. 8. § 131.

Rechtsgr. 272. — IV. Senat. 23. März 1854. (XIV. 214.)

Zur Vermittelung eines Kauf-Geschäfts durch nicht kaufmännische Mäkler genügt das Zuführen eines Kaufs- oder Verkaufslustigen, oder der Nachweis der verkäuflichen Sache.

Siehe auch Rechtsgrundsätze 278. 284. 1216. (§§ 925. 1045. dieses Titels; Gesetz vom 31. März 1838 § 2. Nr. 3.)

§ 878. Verweigerte Erfüllung eines Vertrags über Handlungen. — Vergl. A. L. R. I. 5. § 408-410.

A. Rücktritt von einem Vertrage über Handlungen. — Vergl. A. L. R. I. 11. §§ 925 ff.

Rechtsgr. 273. — IV. Senat. 4. März 1856. (XX. 240.)

Der § 878. I. 11. des Allg. Landrechts, – nach welchem bei Verträgen über Handlungen, wenn der eine Theil die versprochene Erfüllung weigert, der andere Theil zurücktreten kann, – handelt von einem berechtigten Rücktritt, nicht von einem Rücktritt auf eigene Gefahr.

B. Verweigerte Erfüllung des Engagements-Vertrages seitens eines Schauspielers. — Vergl. A. L. R. I. 11. §§ 1000. 1001.; A. G. O. I. 7. § 48 c.

Rechtsgr. 274. — IV. Senat. 16. November 1854. (XV. 225.)

a) Der Engagements-Vertrag der Schauspieler ist ein Vertrag über Handlungen. Dem auf Erfüllung belangten Schauspieler steht daher die Befugniß des Rücktritts noch in zweiter Instanz zu.

b) Zur Rechtfertigung des Rücktritts genügt die bloße

wenngleich unbegründete Behauptung, daß der Andere den Vertrag nicht erfüllt habe oder nicht erfüllen könne oder zu erfüllen verweigere. Auch ist zur Gültigkeit der Erklärung des Rücktritts das Hinzukommen des thatsächlichen Rücktritts nicht erforderlich.

Siehe auch Rechtsgr. 282. (§ 981. dieses Titels.)

§ 884. Siehe Rechtsgr. 271. (§ 873. dieses Titels.)

§§ 920 ff. Siehe Rechtsgr. 276. (§ 925. dieses Titels.)

§§ 925. Verträge über ein verdungenes Werk:

A. Begriff eines verdungenen Werkes.

Rechtsgr. 275. — IV. Senat. 4. März 1856. (XX. 241.)

Der Begriff eines verdungenen Werkes im Sinne der §§ 925 ff. I. 11. des Allgem. Landrechts erfordert die Kombination der Arbeit und verarbeiteter Materialien zu einem neuen Produkte, sowie eine für das fertige Werk als ein Ganzes bedungene Vergütung in Pausch und Bogen.

B. Natur des Vertrages über Herstellung eines Original-Kunstwerks in Erz nach einem von dem bestellenden Künstler angefertigten Modell; Eigenthum des angefertigten Kunstwerks. — Vergl. A. L. R. I. 11. §§ 920 ff., II. 8. § 405.; Inst. II. 1. § 34.; Gesetz vom 11. Juni 1837 §§ 10. 12. 22. 30.; Beschluß der deutschen Bundesversammlung vom 9. November 1837 Art. 1. 4. 5.

Rechtsgr. 276. — III. Senat. 18. Juni 1856. (XXII. 36.)

a) Der Vertrag, nach welchem ein Künstler behufs Darstellung eines Kunstwerks in Erz das zur Anfertigung der Form zum Gusse und zur Ciselirung erforderliche, von ihm aus dem geeigneten bildsamen Stoffe angefertigte Modell einem Erzgießer übergeben und demselben den Guß und die Ciselirung übertragen hat, ist nicht für einen Vertrag über ein verdungenes Werk nach den §§ 925 ff. I. 11. des Allgem. Landrechts, sondern für einen Vertrag über zu leistende Arbeiten zu erachten.

b) Als Erzeuger dieses durch die Thätigkeit Beider hervorgebrachten Kunstwerks ist daher der Urheber des Modells anzusehen.

c) Der Urheber des Modells ist deshalb auch der Eigenthümer des entstandenen, obwohl noch nicht abgelieferten Original-Kunstwerks, und zwar auch dann, wenn der Erzgießer die zum Gusse erforderliche Bronze hergegeben hat.

C. Rechte des Werkmeisters aus dem blos mündlich abgeschlossenen Vertrage über das verdungene Werk. — Vergl. A. L. R. I. 5. §§ 165. 167., 9. §§ 304. 305., 11. §§ 869 ff. 947.

Rechtsgr. 277. — IV. Senat. 29. November 1855. (XVIII. 329.)

a) Der § 165. I. 5. des Allgem. Landrechts, — nach welchem, wenn der mündliche Vertrag Handlungen zum Hauptgegenstande hat, und diese sämmtlich geleistet sind, die Vergütung nach der mündlichen Abrede erfolgen muß, — findet auch auf Verträge über verdungene Werke Anwendung.

b) Daher kann die Abnahme und Bezahlung des verdungenen Werkes, wenngleich der Werth desselben oder der dafür vereinbarte Preis die Summe von 50 Thlr. übersteigt, doch deshalb allein, weil der Vertrag nur mündlich geschlossen worden, nicht verweigert werden.

c) Die Anwendbarkeit des § 165. a. a. O. ist auch nicht dadurch ausgeschlossen, daß nicht die Handlungen, als solche, sondern ihr Erfolg — das verdungene Werk — der Zweck des geschlossenen Vertrages ist.

D. Zuthaten und Arbeiten behufs Aufstellung und Gangbarmachung einer bestellten Maschine. — Vergl §§ 135. 873. 932. 943 ff. 949. dieses Titels.

Rechtsgr. 278. — IV. Senat. 3. Januar 1856. (XIX. 215.)

Der bedungene Preis einer bestellten und gelieferten Maschine umfaßt nicht die Kosten der behufs ihrer Aufstellung und Gangbarmachung nothwendig gewesenen Zuthaten und Arbeiten; die letzteren sind nach dem gewöhnlichen Lohne zu vergüten.

Siehe Rechtsgr. 273. (§ 878. dieses Titels.)

§§ 928 ff. Siehe Rechtsgr. 345. (A. L. R. I. 14. § 11.)
§ 932. Siehe Rechtsgr. 278. (§ 925. dieses Titels.)
§ 938. Rücktritt von dem Vertrage über ein verdungenes Werk. — Vergl. A. L. R. I. 5. § 408.

Rechtsgr. **279.** — IV. Senat. 4. März 1856. (XX. 240.)

Der § 408. I. 5. des Allgem. Landrechts, — nach welchem bei Verträgen über Handlungen jeder Theil auf eigene Gefahr vom Vertrage zurücktreten kann, — findet bei Verträgen über ein verdungenes Werk keine Anwendung.

§ 939. Verhaftung des in der Uebernahme des Werkes säumigen Bestellers für alle Gefahr.

Rechtsgr. **280.** — IV. Senat. 10. Januar 1856. (XIX. 234.)

Aus der Bestimmung des § 939. I. 11. des Allgem. Landrechts, nach welcher der säumige Besteller des Werkes „alle Gefahr" zu tragen hat, läßt sich nicht folgern, daß das Ereigniß, durch welches die bestellte Sache aus dem Besitz des Anfertigers gekommen, durch höhere Gewalt oder Zufall herbeigeführt, resp. ein solches sein müsse, welches durch kein mögliches erlaubtes Mittel hätte abgewendet werden können.

§§ 943 ff. Siehe Rechtsgr. 278. (§ 925. dieses Titels.)
§ 947. Siehe Rechtsgr. 277. (§ 925. dieses Titels.)
§§ 949 ff. Siehe Rechtsgr. 278. (§ 925. dieses Titels.)
§§ 981 ff. Lieferungsverträge:

A. Begriff eines Lieferungsvertrages.

Rechtsgr. **281.** — IV. Senat. 14. Februar 1856. (XX. 163.)

Dem Begriffe des Lieferungsvertrages widerstreitet

der Umstand, daß der Gegenstand des Vertrages sich bereits in dem Besitze des andern Theils vorfindet, an und für sich nicht.

B. Weigerung der Erfüllung; Rücktritt vom Vertrage. — Vergl. A. L. R. I. 5. § 403., **II**. § 878.

Rechtsgr. **282**. — IV. Senat. 1. November 1855. (XVIII. 259.)

a) Bei Lieferungs-Verträgen steht der Weigerung der versprochenen Erfüllung die bisher nicht kontraktmäßig geschehene Leistung gleich.

b) Das Gesetz erfordert nicht eine besondere ausdrückliche Erklärung des Rücktritts vom Vertrage, er kann auch durch Innehaltung der ferneren Lieferungen erklärt werden.

§§ **996** ff. **1014**. **1020**. **1030**. Geistiges Eigenthum des Verfassers einer durch den Druck vervielfältigten Schrift; Posthume Werke. — Vergl. Beschluß der deutschen Bundesversammlung vom 9. November 1837.; Verordnung vom 5. Juli 1844.; Beschluß der deutschen Bundesversammlung vom 19. Juni 1845 §§ 1. 2.

Rechtsgr. **283**. — V. (Rheinischer) Senat. 22. April 1856. (XX. 338.)

Das Allgem. Landrecht, bei Bestimmung der Rechte des Verfassers nicht von den allgemeinen Grundsätzen des Eigenthums ausgehend, weist den Erben des Verfassers nur die in den §§ 1014. 1020. 1030. I. 11. bestimmten Rechte zu. Denselben ist namentlich weder ein unbedingtes Widerspruchsrecht gegen neue Ausgaben gegeben; noch auch in Bezug auf den Abdruck posthumer Werke eine ausschließliche Befugniß eingeräumt.

§§ **1000**. **1001**. Siehe Rechtsgr. 274. (§ 878. dieses Titels.)

§§ **1014**. **1020**. **1030**. Siehe Rechtsgr. 283. (§ 996. dieses Titels.)

Neunter Abschnitt. Von Schenkungen.

§§ **1037**. **1040**. Siehe Rechtsgr. 284. (§. 1045. dieses Titels.)

§§ **1041**. **1042**. Siehe Rechtsgr. 284. 603. (A. L. R. I. **11**. § 1045., **II**. **3**. § 21.)

§ **1043.** Siehe Rechtsgr. 284. (§ 1045. dieses Titels.)

§ **1045.** Vermuthete Schenkung. — Vergl. §§ 874. 1037. 1040 ff. dieses Titels.

Rechtsgr. **284.** — IV. Senat. 2. Oktober 1855. (XVIII. 171.)

a) Zur Anwendung des Rechtsgrundsatzes, daß für das in der Absicht, zu schenken, Gegebene keine Vergütung gefordert werden könne, greift überhaupt Platz, wenn die Absicht, zu schenken, zwar nicht erklärt, aber doch erweislich vorhanden gewesen ist.

b) Der Beweis der thatsächlich vorhanden gewesenen, wenngleich nicht erklärten Absicht des Gebers, zu schenken, kann auch durch Eideszuschiebung geführt werden.

§§ **1046-1048.** Siehe Rechtsgr. 47. (A. L. R. I. 5. § 71.)

§ **1060.** Annahme einer Schenkung des Vaters an sein minderjähriges Kind seitens des Theilungskurators. — Vergl. A. L. R. I. **1.** § 25.

Rechtsgr. **285.** — IV. Senat. 10. Mai 1855. (XVII. 184.)

Die von dem Vater seinem minderjährigen Kinde zwar nach der Theilung des Nachlasses seiner ersten Ehefrau, jedoch mit Rücksicht auf diese Theilung gemachte Schenkung kann auch von dem bestellt gewesenen Theilungskurator angenommen werden.

§§ **1090** ff. Rückforderung der auf den Grund einer versprochenen Schenkung gezahlten Gelder wegen Irrthums im Bewegungsgrunde. — Vergl. A. L. R. I. **4.** § 150., **16.** §§ 166 ff. 178 ff.

Rechtsgr. **286.** — IV. Senat. 24. April 1856. (XXI. 123.)

Wenn die versprochene Schenkung durch Uebergabe der geschenkten Summe vollzogen ist, so unterliegt die Rückforderung dieser Gelder wegen Irrthums in dem ausdrücklich erklärten alleinigen Bewegungsgrunde dieser Schenkung nicht der Bestimmung des § 150. I. 4., sondern den Vorschriften der §§ 166 ff. 178 ff. I. 16. und der §§ 1090 ff. I. 11. des Allgem. Landrechts.

Titel 12. Von den Titeln zur Erwerbung des Eigenthums, welche aus Verordnungen von Todeswegen entstehen.

Erster Abschnitt. Von Testamenten und Kodizillen.

§ 3. Siehe Rechtsgr. 291. (§ 50. dieses Titels.)

§§ 4. 6. Begriff eines Erben und Legatars:

A. Einsetzung der Ehefrau des Testators als Universal-Erbin und der Kinder als Legatare in die Hälfte des Nachlasses bei bestandener landrechtlicher ehelicher Gütergemeinschaft. — Vergl. A. L. R. II. 1. §§ 637. 638.

Rechtsgr. 287. — IV. Senat. 18. September 1855. (XVIII. 137.)

Wenn bei bestandener landrechtlicher ehelicher Gütergemeinschaft in dem Testamente des Ehemannes seine Ehefrau als Universalerbin, seine mit ihr erzeugten Kinder aber als Legatare in die ihnen gesetzlich gebührende Hälfte des Nachlasses eingesetzt sind, so sind die letzteren für seine Erben, und zwar in dessen ganzen Nachlaß, zu erachten, während der Wittwe die Hälfte des gemeinschaftlichen Vermögens als ihr Eigenthum gebührt.

B. Uebertragsvertrag zwischen Eltern und Kindern. — Vgl. §§ 263. 656. dieses Titels.

Rechtsgr. 288. — I. Senat. 6. Dezember 1854. (XVI. 63.)

Wenn in einem zwischen Eltern und Kindern geschlossenen Uebertragungs-Vertrage zugleich über das zukünftige Vermögen der Eltern verordnet ist, so ist der Uebernehmer desselben insoweit als Erbe, und das lediglich mit einer Abfindungssumme bedachte Kind als Legatar zu betrachten.

Das letztere ist im Fall der Anfechtung des Uebertragungs-Vertrages und resp. unterlassener Einreichung des Nachlaß-Inventars nicht als gesetzlicher Erbe ohne Vorbehalt anzusehen.

Siehe auch Rechtsgrundsätze 291. 317. (§§ 50. 656. dieses Titels.)

§§ 21-24. Anfechtung eines gerichtlichen Testaments wegen Blödsinns. — Vergl. A. G. O. I. 10. §§ 126. 131. 359.

Rechtsgr. 289. — I. Senat. 18. Januar 1856 (XX. 61.)

Der Einwand, daß der Testator zur Zeit der Errichtung seines letzten Willens blödsinnig gewesen, findet, wenngleich er nachher wegen Blödsinns unter Vormundschaft gesetzt worden, nicht statt, sobald ein gerichtliches Testament vorliegt, bei dessen Aufnahme der Richter sich überzeugt hat, daß der Testator seines Verstandes mächtig gewesen ist.

Siehe auch Rechtsgr. 867. (A. G. O. I. 10. § 126.)

§ 26. Testamentsfähigkeit und Form der Testamente taubstummer Personen. — Vergl. A. G. O. II. 3. § 7.; Hofreskripte vom 24. Juni 1802 und 10. Mai 1806.

Rechtsgr. 290. — I. Senat. 3. März 1856. (XX. 231.)

a) Unter der im § 26. I. 12. des A. L. R. erwähnten Fähigkeit taubstummer Personen, sich mündlich auszudrücken, ist die Zeichensprache nicht begriffen.

b) Taubstumme Personen sind nur dann testamentsfähig, wenn sie schreiben und Geschriebenes lesen können.

Siehe auch Rechtsgr. 299. (§ 123. dieses Titels.)

§ 50. Erbessubstitution. — Vergl. §§ 3. 4. dieses Titels.

Rechtsgr. 291. — I. Senat. 3. April 1857. (XXIII. 354.)

Die Anordnung des Testators: „daß für den Fall, wenn der eingesetzte Erbe ohne eheliche Descendenz vor ihm versterben möchte, ihm derjenige von seinen Brüdern substituirt sein solle, welcher die meisten Güter des Vaters erbe", — enthält eine rechtsgültige Substitution.

§ 63. Siehe Rechtsgr. 33. (A. L. R. I. 4. § 9.)

§ 94. Siehe Rechtsgr. 292. (§ 99. dieses Titels.)

§ 99. Form magistratualischer Testamente. — Vergl. § 94. dieses Titels; Kabinets-Order vom 21. Januar 1833; Städte-Ordnung vom 19. November 1808 §§ 142. 148.

Rechtsgr. 292. — I. Senat. 27. November 1854. (XV. 245.)

Zur Gültigkeit eines magistratualischen Testaments bedarf es entweder der Mitwirkung von zwei Magistrats-Mitgliedern und des Stadtsekretärs oder eines der in dem § 94. I. 12. des Allg. Landrechts benannten Personen, oder aber einer aus drei Mitgliedern bestehenden Magistrats-Deputation.

§ **102**. Mangelnder Vermerk über die Vernehmung des Testators, ob er den Aufsatz ge- oder unterschrieben habe. — Vergl. § 139. u. Anh. § 33. zu § 139. dieses Titels.

Rechtsgr. 293. — I. Senat. 8. Mai 1854. (XIII. 83.)

Der Mangel des Vermerks in dem gerichtlichen Protokolle über die Erklärung des Testators, daß er den versiegelt übergebenen Aufsatz eigenhändig ge- oder doch unterschrieben habe, hat die Ungültigkeit des Testaments nicht zur Folge.

§ **112**. Zurückgabe eines wechselseitigen Testaments unter Eheleuten an den überlebenden Ehegatten. — Vergl. §§ 139. und 565., sowie Anh. § 33. zu § 139. dieses Titels.

Rechtsgr. 294. — I. Senat. 8. Mai 1854. (XIII. 83.)

Wenn ein wechselseitiges Testament unter Eheleuten nach dem Tode des erstversterbenden aus der gerichtlichen Verwahrung entfernt und dem überlebenden Ehegatten zurückgegeben worden ist, so verliert dasselbe hinsichtlich beider Eheleute seine Gültigkeit, wenngleich es hiernächst von dem überlebenden Ehegatten dem Gerichte wieder übergeben wird.

§§ **115** ff. Form der Testamente schreibensunerfahrener Personen:

A. Unterschriftsbeistand. — Vergl. § 618. dieses Titels; A. G. O. I. **10**. Anh. §§ 68. und 72. zu § 19.; Circular-Verordnung v. 30. Dezember 1798, Abschn. 5.; Reskript vom 27. Mai 1799; Kabinetsorder vom 20. Juni 1816.

Rechtsgr. 295. — I. Senat. 4. Oktober 1854 (XV. 59.)

Die Vorschrift des § 72. des Anhangs zu § 19. I. 10. der Allg. Gerichts-Ordnung, — nach welcher Parteien, die blos ihren Namen schreiben, sonst aber weder schreiben noch lesen können, den Schreibens- und Lesens-unerfahrenen gleich zu achten sind, und daher eines Unterschrifts-Beistandes bedürfen, — ist nur auf prozessualische Verhandlungen zu beziehen. Bei Aufnahme letztwilliger Verordnungen bedarf es daher in einem solchen Falle nur der Unterschrift des Erblassers, nicht aber auch der Zuziehung eines Unterschrifts-Beistandes.

B. Testamentszeugen, deren Namensunterschrift. — Vergl. A. G. O. II. 2. § 46., 4. § 1.

Rechtsgr. 296. — I. Senat. 30. Mai 1856. (XXI. 232.)

Es genügt, daß die bei Aufnahme des Testaments des Schreibens unfähigen Testators zuzuziehenden beiden glaubwürdigen Männer unter die Handzeichen des Testators nur ihre Namensunterschrift setzen; daß sie gleichzeitig bescheinigen, daß die Handzeichen vom Testator statt der Unterschrift beigefügt worden, ist gesetzlich nicht erforderlich.

§§ 117. 118. Eigenschaft der Testamentszeugen als gültige Instrumentszeugen. — Vergl § 139. dieses Titels; A. G. O. I. 10. § 227., II. 2. § 46., 4. § 1., III. 7. § 63.

A. Aeltere Ansicht. Schreibens- und Lesenskunde der Testamentszeugen.

Rechtsgr. 297. — I. Senat. 18. Januar 1856. (XIX. 292.)

Die bei Aufnahme eines Testaments in dem Falle, wenn der Testator das Protokoll nicht unterschreiben kann, zuzuziehenden beiden Männer müssen des Schreibens und Lesens kundig sein.

B. Neuere Ansicht. Beschränkte Schreibenskunde der Testamentszeugen.

Rechtsgr. 298. — I Senat. 30. Mai 1856. (XXI. 232.)

Die bei Aufnahme des Testaments eines des Schreibens unfähigen Testators zuzuziehenden beiden glaubwürdigen Männer müssen zwar ihren Namen schreiben können; daß sie aber noch anderweitig lesen oder mehr schreiben können, ist gesetzlich nicht erforderlich.

§ 123. Form der Testamente taubstummer Personen. — Vergl. §§ 26. 139. dieses Titels; A. G. O. II. 3. § 7., 4. § 1.; Hofreskripte vom 24. Juni 1802 und 10. Mai 1806.

Rechtsgr. 299. — I. Senat. 3. Mai 1856. (XX. 231.)

Zur Gültigkeit des Testaments taubstummer Personen ist erforderlich, daß die an sie zu richtenden Fragen ihnen schriftlich vorgelegt und von ihnen schriftlich beantwortet werden.

§ 139. und Anhang § 33. zu § 139. Siehe Rechtsgrundsätze 10-12. 293. 294. 297-299. (A. L. R. Einl. § 23., I. 12. §§ 102. 112. 117. 123.)

§ 141. Siehe Rechtsgr. 867. (A. G. O. I. 10. § 126.)

Anh. § 35. zu § 163. Aenderung der testamentarischen Erbeseinsetzung in vorbehaltenen Kodizillen.

Rechtsgr. 300. — I. Senat. 22. Mai 1857. (XXIV. 333.)

Die im Testament geschehene Erbeseinsetzung kann in vorbehaltenen Kodizillen nicht geändert werden.

§ 242. Verfügung des Erben über eine Nachlaßforderung vor Publikation des Testaments und Antretung der Erbschaft. — Vgl. A. L. R. I. 9. §§ 367 ff. 421.

Rechtsgr. 301. — IV. Senat. 27. Januar 1855. (XVI. 235.)

Die nach dem Tode des Erblassers, aber bereits vor der Publikation des Testaments und der Antretung der Erbschaft getroffene Verfügung des Erben über eine Nachlaßforderung hat volle rechtliche Wirkung.

§ 248. Siehe Rechtsgr. 1076. (Dorfordnung vom 7. Februar 1755, § 29.)

§§ 256-260. Siehe Rechtsgr. 543. (A. L. R. II. 1. § 363.)
§ 263. Siehe Rechtsgrundsätze 288. 586. 721. (A. L. R. I. 12. § 4., II. 2. § 391., 18. § 574.)
§ 286. Entsagung des Anwachsungsrechts des Erben.

Rechtsgr. 302. — IV. Senat. 20. Juni 1857. (XXXII. 247.)

Der Erbe kann dem Anwachsungsrechte nach Ablauf der Frist zur Entsagung der ihm ursprünglich angefallenen Erbschaftsquote nicht entsagen.

§ 288. Erlangung des Eigenthums an dem Legate seitens des Legatars. — Vergl. §§ 294. 311. 312. dieses Titels; Hypoth.-Ordn. I. §§ 65-67.

Rechtsgr. 303. — I. Senat. 30. Mai 1856. (XXI. 240.)

Die Bestimmung des § 288. I. 12. des A. L. R., — nach welchem das Eigenthum der in einem Testamente Jemandem zum Legate ausgesetzten Sachen und Rechte in der Regel mit dem Todestage des Erblassers auf den Legatar übergeht, — ist nicht wörtlich zu verstehen, vielmehr ist zur Erlangung des vollständigen Eigenthums der legirten Sache die Uebergabe derselben an den Legatar seitens der Erben erforderlich.

Daher steht dem Legatar gegen die Erben im Falle deren Weigerung oder Verzögerung nur ein Forderungsrecht mit einer persönlichen Klage aus dem Testament auf Uebergabe der Sache zu.

Siehe auch Rechtsgr. 721. (A. L. R. II. 18. § 574.)

§ 293. Rechte des Unterlegatars gegen den Erben bei Ungewißheit der Existenz des Hauptlegatars.

Rechtsgr. 304. — I. Senat. 4. Januar 1856. (XIX. 219.)

Wenn die Existenz des Hauptlegatars noch ungewiß ist, so kann der Unterlegatar sich wegen Ausantwortung seines fälligen Unterlegats an den Erben halten.

§ 294. Siehe Rechtsgr. 303. (§ 288. dieses Titels.)
§ 296. Zurückhaltung des Legats seitens des Benefizial-Erben. — Vergl. Exek.-Verordn. vom 4. März 1834 § 2.

Rechtsgr. 305. — I. Senat. 6. Dezember 1854. (XV. 271.)

Die in dem § 296. I. 12. des A. L. R. dem Benefizial-Erben beigelegte Befugniß, das Legat so lange zurückzuhalten, bis rechtlich ausgemittelt worden, ob der Nachlaß zur Tilgung der Schulden und Vermächtnisse hinreiche, ist durch den § 2. der Exekutions-Ordnung v. 4. März 1834 nicht beschränkt worden.

§ 298. Person des Verklagten bei der Klage des Notherben auf Ergänzung des Pflichttheils.

Rechtsgr. 306. — I. Senat. 15. Februar 1856. (XIX. 355.)

Die Klage des Notherben auf Ergänzung des Pflichttheils ist selbst in dem Falle, wenn die Legatarien zum Beitrage verpflichtet sind, nur gegen die Erben zu richten.

§§ 311. 312. Siehe Rechtsgr. 303. (§ 288. dieses Titels.)

§ 334. Bedingte Verpflichtung der Legatarien zur Ergänzung des Pflichttheils der Notherben. — Vergl. A. L. R. II. 2. § 434.

Rechtsgr. 307. — I. Senat. 15. Februar 1856. (XIX. 355.)

Legatarien sind zur Ergänzung des Pflichttheils des Notherben nicht unbedingt, sondern nur in dem Falle der Unzulänglichkeit des dem Erben verbleibenden Nachlasses nach Verhältniß ihrer Legate beizutragen oder Abzug zu erleiden schuldig.

§ 430. Begriff des legatum debiti proprii nach den Grundsätzen des A. L. R. — Vergl. Inst. 2. 20. § 14.

Rechtsgr. 308. — IV. Senat. 6. März 1855. (XVI. 270.)

Die Entscheidung der Frage, ob ein Legat als legatum debiti proprii zu betrachten, richtet sich lediglich nach der Fassung des Legats, d. h. darnach, ob das Legat als eine Schuld vermacht ist, nicht aber darnach, ob die Schuld wirklich existirt.

§ **433**. Wegfall des legatum debiti proprii. — Vergl. A. L. R. I. **16**. § 28.

Rechtsgr. **309**. — IV. Senat. 6. März 1855. (XVI. 271.)

Nach den Grundsätzen des Allg. Landrechts zerfällt — abweichend vom Gemeinen Rechte — das legatum debiti proprii nur, wenn der Erblasser die Schuld nach errichtetem Legat durch Zahlung getilgt hat.

Siehe auch Rechtsgr. 1023. (**Dig. 34.** 3. Lex 13.)

§§ **466. 467.** Wirkung des Eintritts der Bedingung des Erbrechts des substituirten Erben. — Vergl. §§ 482. 483. dieses Titels.

Rechtsgr. **310**. — I. Senat. 17. Oktober 1856. (XXIII. 9.)

Der Eintritt der Bedingung des Erbrechts des substituirten Erben hat keine rückwirkende Kraft; vielmehr kommt dieses Eintritts ungeachtet für die Zeit vor demselben der belastete Erbe als Eigenthümer in Betracht. Daher bleiben die in dieser Zeit von dem belasteten Erben als Eigenthümer vorgenommenen Rechtshandlungen, insbesondere die Veräußerungen, dem im guten Glauben erwerbenden Dritten gegenüber zu Recht bestehen.

Siehe auch Rechtsgr. 543. (A. L. R. II. **1**. § 363.)

§§ **468-471**. Verpflichtung des Fiduziars zur Legung eines Nachlaß-Inventars bei einem Fideikommiß auf den Ueberrest.

Rechtsgr. **311**. — I. Senat. 20. Juni 1856. (XXI. 288.)

Bei einem Fideikommiß auf den Ueberrest ist der Fiduziar zur Legung eines Inventars über den Nachlaß des Testators nach seinen Bestandtheilen bei dem Tode desselben nicht verpflichtet.

§§ **482**. **483**. Siehe Rechtsgr. 310. (§ 466. dieses Titels.)

§ **511**. Siehe Rechtsgr. 1022. (**Dig. 30.** Lex 92. § 1.)

§§ **557. 558**. Befugnisse eines Testaments-Exekutors:

A. In Betreff des demselben von dem Erblasser ertheilten Auftrages zur Leitung der Theilung des Nachlasses.

Rechtsgr. 312. — I. Senat. 23. Januar 1856. (XXI. 291.)

Wenn dem Testaments-Exekutor von dem Erblasser der Auftrag zur Leitung der Theilung des Nachlasses ertheilt ist, so hat derselbe nur die in dem Begriffe der Leitung eines Geschäfts enthaltenen formellen Befugnisse, nicht aber die Machtvollkommenheit, materielle Rechte der Erben festzustellen.

B. In Betreff der Streitigkeiten der Miterben über die Höhe ihrer Erbtheile. — Vergl. A. L. R. II. 18. Anh. § 157. zu § 421.; A. G. O. I. Einl. §§ 65. 66., 16. § 1.

Rechtsgr. 313. — I. Senat. 25. Januar 1856. (XXI. 4.)

Die Streitigkeiten der Miterben unter sich wegen der Höhe ihrer Erbantheile, ihrer Kollations-Verbindlichkeit und Pflichttheilsberechnung können nur unter ihnen selbst entschieden werden. Ein desfallsiges Anerkenntniß seitens des Testaments-Exekutors hat für die Miterben, die ihm dazu keine Vollmacht gegeben haben, keine rechtliche Wirkung.

Rechtsgr. 314. — I. Senat. 23. Januar 1856. (XXI. 291.)

Das zwischen dem Testaments-Exekutor und einem einzelnen Miterben in Betreff der Höhe des Erbtheils des letzteren, sowie dessen Eigenschaft als eines Pflichttheilserben ergangene Judikat steht den bei dem Prozesse nicht zugezogenen übrigen Miterben nicht entgegen.

§ 565. Siehe Rechtsgr. 294. (§ 112. dieses Titels.)
§§ 572. 587. Siehe Rechtsgr. 10. (A. L. R. Einl. § 23.)
§ 611. Verstärkung einer letztwilligen Verordnung durch Anerkenntniß seitens des Erben oder Legatars.

Rechtsgr. 315. — I. Senat. 7. Dezember 1855. (XVIII. 338.)

Das Anerkenntniß einer letztwilligen Verordnung seitens des Erben oder Legatars vernichtet nicht blos die Einwendungen, welche gegen ihren Inhalt, sondern auch die, welche gegen die Form der Verordnung von dem Erben oder Legatar erhoben werden können.

Zweiter Abschnitt. Von Erbverträgen.

§ **618**. Form der Erbverträge; Unterschriftsbeistand. — Vergl. § 115. dieses Titels; A. G. O. I. **10**. Anh. §§ 68. u. 72. zu § 19.; Cirkular-Verordnung vom 30. Dezember 1798, Abschn. 5.; Reskript vom 27. Mai 1799; Kabinetsorder vom 20. Juni 1816.

Rechtsgr. **316**. — I. Senat. 4. Oktober 1854. (XV. 60.)

Auf die Form der Erbverträge findet die Vorschrift des § 72. des Anhanges zu § 19. I. 10. der A. G. O. in Betreff der Unterschriftsbeistände bei prozessualischen Verhandlungen keine Anwendung. Es bedarf daher bei Aufnahme von Erbverträgen der Zuziehung eines Unterschriftsbeistandes auch für die Partei nicht, welche zwar ihren Namen schreiben, im Uebrigen aber weder schreiben noch lesen kann, vielmehr genügt die bloße Unterschrift der Partei.

Siehe auch Rechtsgr. 295. (§ 115. dieses Titels.)

§ **626**. Siehe Rechtsgr. 945. (A. G. O. I. **38**. § 12.)

§ **656**. Rechtliche Natur der s. g. antizipirten Erbfolge bei Gutsüberlassungsverträgen. — Vergl. §§ 4. 6. dieses Titels.

Rechtsgr. **317**. — II. Senat. 5. Juni 1849 und 24. Januar 1856. (XX. 66.)

Die sogen. antizipirte Erbfolge in Gemäßheit der Abtretung eines bäuerlichen Guts seitens der Eltern an eines der Kinder unter Festsetzung der Abfindungen der übrigen Kinder enthält sowohl nach dem Allg. Landrecht als auch nach dem Gemeinen Recht nur eine Singular-Succession.

Siehe auch Rechtsgrundsätze 245. 288. (A. L. R. I. **11**. § 646., **12**. § 4.)

Titel 13. Von Erwerbung des Eigenthums der Sachen und Rechte durch einen Dritten.

Erster Abschnitt. Von Vollmachtsaufträgen.

§ 5. Siehe Rechtsgrundsätze 272. 321. 334. (A. L. R. I. **11**. § 873., **13**. §§ 22. 159.)

§ **8**. Gültigkeit der Zahlung auf Grund einer dem Empfänger von dem Gläubiger unter Aushändigung des Schuldscheins mündlich ertheilten Vollmacht. — Vergl. A. L. R. I. **11**. § 398., **13**. §§ 105. 110. 129. 130.

Rechtsgr. **318**. — IV. Senat. 16. November 1854. (XIV. 324.)

Der Gläubiger, welcher einen Anderen, unter Aushändigung des Schuldscheines, mündlich beauftragt hat, die Valuta dieses Schuldscheins von dem Schuldner zu erheben, kann dem Zahlung leistenden Schuldner hiernächst nicht die Einrede des Mangels einer schriftlichen Vollmacht entgegensetzen.

§§ **9**. **10**. Rechte des Machtgebers gegen den Dritten aus dem von demselben mit dem blos mündlich Bevollmächtigten abgeschlossenen Geschäfte.

Rechtsgr. **319**. — IV. Senat. 26. Oktober 1854. (XV. 102.)

Der Vollmachtgeber ist auch dann, wenn ihm der mündlich Bevollmächtigte die von dem Dritten im eigenen Namen gekaufte Sache zum Eigenthum übergeben hat, ohne Cession der Rechte des Bevollmächtigten nicht berechtigt, gegen den Dritten Ansprüche aus dem Geschäfte, z. B. wegen Gewährsmängel, geltend zu machen.

Siehe auch Rechtsgr. 621. (A. L. R. II. **8**. § 551.)

§ **18**. Vollmacht des Ehemannes zur Ertheilung seines Konsenses zu Erklärungen seiner Ehefrau. — Vergl. A. L. R. Einl. §§ 99. 104., I. **13**. §§ 31. 109., II. **1**. §§ 167. 196.; Code Napoléon art. 217. 223. 1538.

Rechtsgr. **320**. — IV. Senat. 20. November 1855. (XIX. 95.)

Die von dem Ehemanne einem Dritten ertheilte Vollmacht: „in allen Angelegenheiten, in welchen zu Erklärungen der Ehefrau der ehemännliche Konsens erforderlich sei, diesen zu ertheilen", ist eine rechtsgültige.

§ 22. Unverträgliche Aufträge verschiedener Machtgeber an denselben Bevollmächtigten; Bedingung des Anspruchs des letzteren auf die Honorare für gleichzeitige Nachweisung eines Käufers und Verkäufers. — Vergl. §§ 5 ff. dieses Titels.

Rechtsgr. 321. — IV. Senat. 10. Januar 1856. (XIX. 258.)

Der Kommissionär, welcher von dem Eigenthümer der verkäuflichen Sache den Auftrag, einen Käufer, und von einem Andern den Auftrag, eine solche verkäufliche Sache nachzuweisen, unter Zusicherung von durch das Zustandekommen des Kaufgeschäfts bedingten Honoraren angenommen hat, geht seines desfallsigen Anspruches verlustig, wenn er gegen das Interesse des betreffenden Kontrahenten auch auf den Abschluß des Kaufgeschäfts einwirkt.

§ 31. Siehe Rechtsgr. 320. (§ 18. dieses Titels.)

§ 46. Befugniß des Bevollmächtigten, zu substituiren; bedingte Haftbarkeit des Spediteurs für die Versehen der Frachtführer. — Vergleiche A. L. R. II. 8. § 2459.

Rechtsgr. 322. — IV. Senat. 7. Dezember 1854. (XVI. 78.)

Der die Versendung von Waaren gewerbsmäßig übernehmende Spediteur haftet für die von ihm bestellten Frachtführer nicht, wie dieser für seine Leute, unbedingt, sondern nur insoweit, als ihm bei der Auswahl des Frachtführers ein mäßiges Versehen zur Last fällt.

§§ 54. 57. Siehe Rechtsgr. 1105. (Gesinde-Ordnung v. 8. Novbr. 1810 § 86.)

§ 61. Verpflichtung des Bevollmächtigten zur Rechenschaftsablegung. — Vergl. A. L. R. I. 14. §§ 135-139.

Rechtsgr. 323. — IV. Senat. 20. November 1856. (XXIII. 67.)

Der Grundsatz, daß die von dem Verwalter zu legende Rechnung mit Belägen versehen sein müsse, findet auf die von dem Bevollmächtigten zu gebende Rechenschaft keine Anwendung.

Siehe auch Rechtsgr. 379. (A. L. R. I. **16**. § 302 c.)

§§ **62. 63.** Verpflichtung des mündlich Bevollmächtigten zur Herausgabe der erworbenen Sache. — Vergl. A. L. R. I. 5. §§ 156 ff. § 175.

Rechtsgr. **324**. — IV. Senat. 31. Januar 1856. (XX. 100.)

Der Grundsatz: „daß der Bevollmächtigte unter der Vorschützung, daß nur ein mündlicher Auftrag ertheilt worden, der Gegenstand des Auftrags aber einen schriftlichen erfordert, sowie, daß er für sich gehandelt habe, sich seiner Verpflichtung nicht entziehen könne, die in Folge des Auftrags erworbene Sache dem Machtgeber herauszugeben", findet nur dann Anwendung, wenn der Vollmachtgeber entweder selbst direkt oder durch einen gehörig legitimirten Bevollmächtigten den Auftrag mündlich ertheilt hat.

Siehe auch Rechtsgr. 379. (A. L R. I. **16**. § 302.)

§§ **65** ff. Verbindlichkeit des Mandatars gegen den Kommissionär del credere:

A. Hinsichtlich der Zahlung des Kaufgeldes behufs Verschaffung des Besitzes der gekauften Sache. — Vergl. §§ 70. 82. 83. dieses Titels.

Rechtsgr. **325**. — IV. Senat. 16. Januar 1855. (XVI. 179.)

a) Der Kommissionär überkommt durch die Uebernahme des del credere nur die Verpflichtung, dem Kommittenten für die Erfüllung der von dem Dritten, mit dem er in Folge des erhaltenen Auftrags kontrahirt hat, eingegangenen Verbindlichkeiten einzustehen; der Kommittent wird dadurch von der ihm selbst als Machtgeber obliegenden Verbindlichkeit nicht befreit, den Kommissionär in den Stand zu setzen, den mit dem Dritten geschlossenen Vertrag seinerseits zu erfüllen.

b) Daher ist der Kommissionär del credere dem

Kommittenten gegenüber nicht verpflichtet, sich Namens desselben in den Besitz der angekauften Sache zu setzen, und zu dem Ende das Kaufgeld aus eigenen Mitteln zu zahlen.

B. Hinsichtlich der Erstattung der Preisdifferenz wegen nicht erfolgter Lieferung der kommittirten, dem Dritten verkauften, verbrauchbaren und börsengängigen Waaren. — Vergl. A. L. R. I. 5. §§ 271. 285. 360 ff., 13. § 82.

Rechtsgt. 326. — IV. Senat. 13. Oktober 1854. (XV. 111.)

Zur Begründung der Klage des Kommissionärs del credere auf Erstattung der Preisdifferenz am Stichtage wegen Nichtlieferung der kommittirten, dem Dritten verkauften, verbrauchbaren und börsengängigen Waaren ist der Nachweis der Erfüllung des von dem Dritten am Stichtage zur Anschaffung dieser Waaren abgeschlossenen anderweitigen Kaufvertrages nicht erforderlich; vielmehr genügt der Nachweis des Abschlusses des letzteren Geschäfts und der seitens des Kommissionärs erfolgten Zahlung der Preisdifferenz.

§ 70. Siehe Rechtsgr. 325. (§ 65. dieses Titels.)

§§ 71-72. Verzinsung der Vorschüsse des Bevollmächtigten.

Rechtsgr. 327. — IV. Senat. 10. März 1857. (XXIV. 95.)

Vorschüsse, mit welchen der Bevollmächtigte für den Machtgeber zur Ausrichtung des erhaltenen Auftrags erforderliche und anderweitig nicht gedeckte Ausgaben bestreitet, lassen sich nicht aus dem Gesichtspunkte wirklicher Darlehne betrachten. Auch verlieren sie ihre Eigenschaft als bloße Vorschüsse dadurch nicht, daß der Bevollmächtigte von dem ihm gesetzlich beigelegten Rechte auf Verzinsung der hergegebenen Gelder keinen Gebrauch macht.

Siehe auch Rechtsgr. 634. (A. L. R. II. 8. § 695.)

§ 74. Unbedungene Belohnung des Bevollmächtigten.

Rechtsgr. 328. — III. Senat. 23. April 1856. (XXI. 122.)

Der § 74. I. 13. des A. L. R., — nach welchem der Bevollmächtigte eine unbedungene Belohnung fordern kann, wenn die Ausrichtung solcher Geschäfte zu seinem ordentlichen Gewerbe gehört, — setzt voraus, daß der Bevollmächtigte die Ausrichtung solcher Geschäfte für Andere als Gewerbe betreibt.

§§ 80. 81. Siehe Rechtsgr. 1105. (Gesinde=Ordnung v. 8. Novbr. 1810 § 86.)

§ 82. Siehe Rechtsgrundsätze 325. 326. (§§ 65. dieses Titels.)

§ 83. Siehe Rechtsgrnndsätze 325. 379. (A. L. R. I. 13. § 65., 16. § 302.)

§ 105. Siehe Rechtsgr. 318. (§ 8. dieses Titels.)

§ 106. Siehe Rechtsgr. 337. (§ 239. dieses Titels.)

§ 109. Wirksamkeit der Vollmacht des Ehemannes zur Ertheilung des Konsenses zu Erklärungen seiner Ehefrau auf Schenkungen derselben.

Rechtsgr. 329. — IV. Senat. 20. November 1855. (XIX. 95.)

Die von dem Ehemanne ertheilte Vollmacht: „in allen Angelegenheiten, in welchen zu den Erklärungen seiner Ehefrau der ehemännliche Konsens erforderlich sei, diesen zu ertheilen", ermächtigt den Bevollmächtigten auch zu dem Konsense in eine Schenkung der Ehefrau an einen Dritten, und kann die Ehefrau aus den Rechten ihres Ehemannes den Einwand der mangelnden Spezial=Vollmacht gegen die Rechtsbeständigkeit ihrer Schenkung nicht herleiten.

Siehe auch Rechtsgr. 320. (§ 18. dieses Titels.)

§§ 115. 117. und Anh. § 46. zu § 117. Form ausländischer Spezialvollmachten; Legalisirung derselben durch die Preußischen Gesandten der betreffenden auswärtigen Höfe.

Rechtsgr. 330. — III. Senat. 13. Februar 1857. (XXIV. 62.)

a) Der § 115. I. 13. des A. L. R. verlangt für Spezialvollmachten gerichtliche oder notarielle Form; er unterscheidet nicht, ob sie im Inland oder Ausland auf genommen worden sind.

b) Der § 46. des Anhangs zum A. L. R. verlangt entweder notarielle resp. gerichtliche Form oder das gesandtschaftliche Attest, nicht Beides zugleich.

§§ **119. 120.** Siehe Rechtsgr. 612. (A. L. R. II. 7. § 46.)
§ **122.** Siehe Rechtsgr. 112. (A. L. R. I. 7. § 124.)
§§ **129. 130.** Siehe Rechtsgr. 318. (§ 8. dieses Titels.)
§§ **142** ff. Genehmigung der wider die Vorschrift des Machtgebers von dem Bevollmächtigten vollzogenen Handlungen.

Rechtsgr. **331.** — III. Senat. 18. März 1857. (XXIV. 125.)

Hat der Machtgeber weder seine Absicht, die gegen seine Vorschrift von dem Bevollmächtigten vollzogenen Handlungen rückgängig zu machen, zu erkennen gegeben, noch auch dieselben gemißbilligt, so ist anzunehmen, daß er dieselben genehmigt habe.

Siehe auch Rechtsgrundsätze 72. 130. (A. L. R. I. 5. § 185. 7. § 146.)

§§ **153. 154.** Verhaftung des Machtgebers aus den von dem Bevollmächtigten mit dritten Personen geschlossenen Verträgen:

A. Bei Handeln des Bevollmächtigten in eigenem Namen. — Vergl. A. L. R. I. **11.** §§ 1. 12. 28 ff. 46 ff. 76 ff. 221 ff.

Rechtsgr. **332.** — IV. Senat. 26. Februar 1857. (XXIV. 81.)

Der Dritte, welcher mit dem, mit schriftlicher Vollmacht versehenen Bevollmächtigten über einen Gegenstand seines Auftrags kontrahirt hat, kann sich wegen Erfüllung des Vertrages auch dann an den Machtgeber halten, wenn der Bevollmächtigte nicht ausdrücklich im Namen des Machtgebers kontrahirt hat.

B. Bei Abschluß eines Kaufvertrages ohne ausdrückliche Vertretung des Empfängers der gekauften Waaren.

Rechtsgr. **333.** — IV. Senat. 15. Januar 1857. (XXIII. 230.)

Wenn der Empfänger der Waaren dieselben zwar

nicht unmittelbar selbst gekauft, jedoch den durch dritte Personen, sei es mit oder ohne ausdrückliche Vertretung, für ihn geschehenen Ankauf in allen wesentlichen Bestandtheilen eines Kaufvertrages genehmigt, so liegt ein für ihn verbindlicher Kaufvertrag vor, ohne daß der hiernächst gegen ihn klagende Verkäufer jene Personen zu benennen oder zu behaupten braucht, daß dieselben den Kauf ausdrücklich als Bevollmächtigte des Empfängers abgeschlossen hätten.

Siehe auch Rechtsgrundsätze 128. 621. 646. (A. L. R. I. 7. § 146., II. 8. §§ 551. 1525.)

§ **155.** Siehe Rechtsgrundsätze 621. 646. (A. L. R. II. 8. §§ 551. 1525.)

§§ **159. 163.** Widerruf des in einem zweiseitigen lästigen Vertrage ertheilten Auftrages; Anspruch des Bevollmächtigten auf die versprochene Gegenleistung überhaupt, und insbesondere bei einer Verkaufs-Kommission. — Vergl. § 5. dieses Titels.

Rechtsgr. **334**. — IV. Senat. 1. April 1856. (XXI. 31.)

a) Ist in einem zweiseitigen lästigen Vertrage dem einen der Kontrahenten von dem anderen die Ausführung eines Geschäfts oder eines Auftrags für die Dauer des Geschäfts oder für eine bestimmt bezeichnete Zeit übertragen und zugesichert, und dafür eine Gegenleistung versprochen, so kann derjenige, welcher den Auftrag ertheilte, dadurch allein noch nicht von der Gegenleistung frei werden, daß er sich des Beauftragten nicht ferner zu dem Geschäfte bedienen will; vielmehr muß er, insofern nicht andere Gründe der Befreiung eintreten, die seinerseits übernommenen kontraktlichen Pflichten erfüllen, wenngleich er nicht gezwungen werden kann, die Leistungen des andern Kontrahenten anzunehmen.

Dies Prinzip findet überall Anwendung, wo die von dem Machtgeber mit dem Bevollmächtigten getroffene

Uebereinkunft überhaupt die Natur eines zweiseitigen lästigen Vertrages angenommen hat.

b) Daher findet der Grundsatz: „daß ein Vertrag, durch welchen Geschäfts-Agenten und Kommissionäre die Vermittelung oder Zustandebringung eines Kaufvertrags oder die Vorbereitung desselben gegen Vergütung übernehmen, nach den Regeln von Vollmachtsaufträgen zu beurtheilen ist" – keine Anwendung, wenn dem Agenten oder Kommissionär außerdem auch der Betrag des über eine gewisse Summe zu erzielenden Kaufpreises als Gewinn zugesichert worden ist; vielmehr hat auch in diesem Falle der Vertrag die Natur eines zweiseitigen lästigen, der Bestimmung des § 163. I. 13. des A. L. R. nicht unterliegenden Vertrages.

§ **163.** Verpflichtung des Machtgebers zur Vergütung des gehabten Aufwandes bei Widerruf der Vollmacht.

Rechtsgr. **335.** — IV. Senat. 1. April 1856. (XXI. 32.)

Unter dem nach § 163. I. 13. des A. L. R. dem Bevollmächtigten bei erfolgtem Widerruf der Vollmacht zu vergütenden Aufwande ist auch der Müh- und Zeitaufwand desselben mit begriffen.

Siehe auch Rechtsgr. 334. (§ 159. dieses Titels.)

§§ **206. 207.** Siehe Rechtsgr. 363. (A. L. R. I. **16.** § 30.)

§ **210.** Siehe Rechtsgr. 713. (A. L. R. II. **16.** § 264.)

Zweiter Abschnitt. Von Uebernehmung fremder Geschäfte ohne vorherigen Auftrag.

§§ **230-232** Schadloshaltung des Geschäftsführers ohne Auftrag wegen Bereicherung Desjenigen, dessen Geschäfte geführt worden sind. — Vergl. §§ 240. 241. und 262. 268. 272. dieses Titels.

Rechtsgr. **336.** — IV. Senat. 25. November 1856. (XXII. 354.)

Von einer die Verpflichtung zur Schadloshaltung nach sich ziehenden Bereicherung im Sinne des § 230. I. 13. des Allgem. Landrechts kann nur dann die Rede sein, wenn eine wirkliche negotiorum gestio stattgefunden hat, und wenn es sich um einen auf diesem Wege herbeigeführten Vortheil handelt, den derjenige, der ihn erlangt hat, nach seiner Wahl aufgeben oder sich zueignen konnte.

Siehe auch Rechtsgrundsätze 339. 259. (§ 262. dieses Titels; Armenpflegegesetz vom 1. Dezember 1843 § 33.)

§ **239**. Stillschweigende Genehmigung Seitens der Ehefrau in Betreff eines von dem Ehemanne ohne ihre Vollmacht abgeschlossenen Vertrages über den Ankauf eines Grundstücks. — Vergl. A. L. R. I. 4. §§ 58 ff., **13**. § 106.)

Rechtsgr. **337**. — III. Senat. 27. Februar 1854. (XIII. 28.)

Hat die Ehefrau den Wiederverkauf des von ihrem Ehemanne ohne ihre Vollmacht für sie angekauften Grundstücks ausdrücklich genehmigt, so enthält diese Genehmigung zugleich eine rechtsgültige stillschweigende Genehmigung des frühern Kaufvertrags.

§§ **240**. **241**. Siehe Rechtsgr. 336. (§ 230. dieses Titels.)

§ **259**. Siehe Rechtsgr. 511. (A. L. R. I. **22**. § 146.)

Dritter Abschnitt. Von nützlichen Verwendungen.

§ **262**. Allgemeine Grundsätze von der nützlichen Verwendung:

A. Nützliche Verwendung durch Dienste und Handlungen.

Rechtsgr. **338**. — IV. Senat. 16. Oktober 1855. (XIX. 58.)

Die nützliche Verwendung kann auch durch geleistete Dienste und Handlungen bewirkt werden, und hat der, welchem solche geleistet worden sind, dafür Vergütung nach der Art und Beschaffenheit der Dienste zu leisten.

B. Nützliche Verwendung in der Meinung, nur einer eigenen Verpflichtung zu genügen. — Vergl. §§ 230. 277. 280.

Rechtsgr. **339**. — IV. Senat. 14. Juli 1855. (XVIII. 114.)

Der allgemeine Grundsatz, daß sich Niemand mit dem Schaden des Andern bereichern soll, findet auch da seine Anwendung, wo Jemand ohne die Absicht, ein Rückforderungs- oder Vergütungsrecht erwerben zu wollen, und selbst in der Meinung, nur einer eigenen Verpflichtung zu genügen, ohne wirklichen Rechtsgrund und ohne die Absicht der Freigebigkeit Etwas in den Nutzen des Andern verwendet hat.

C. Klageantrag bei Ansprüchen aus der nützlichen Verwendung.

Rechtsgr. **340**. — III. Senat. 26. Februar 1856. (XX. 205.)

Der auf § 262. I. 13. des Allgem. Landrechts gestützte Klageantrag braucht nicht alternativ gestellt zu werden.

S. auch Rechtsgrundsätze 336. 952. (§ 230. dieses Titels; A. G. O. I. **50**. § 269.)

§ **265**. Anspruch aus der nützlichen Verwendung von Waaren.

Rechtsgr. **341**. — IV. Senat. 15. Januar 1857. (XXIII. 231.)

Zur Begründung der Klage aus der nützlichen Verwendung von Waaren genügt die Behauptung des Klägers, daß der Verklagte die Waaren erhalten, und daß sie für denselben und respektive mit seiner Genehmigung für seine Familie und in seine Wirthschaft verwendet worden sind.

§ **267**. Siehe Rechtsgr. 575. (A. L. R. II. **2**. § 129.)

§§ **268-270**. Nützliche Verwendung durch Bestreitung nöthiger oder nützlicher Ausgaben:

A. Anspruch gegen den Verwandten eines verpflegten Armen auf Erstattung der Pflegekosten. — Vergl. A. L. R. II. **3**. § 24., **19**. §§ 52. 54.; Armenpflegegesetz vom 31. Dezember 1842 § 1.; Gesetz vom 21. Mai 1855 Art. 5. 9.

Rechtsgr. **342**. — I. Senat. 24. November 1856. (XXIII. 75.)

a) Zur Begründung der Klage gegen den Verwandten eines verpflegten Armen auf Erstattung der Pflegekosten reicht der Nachweis, daß die Kosten in Beziehung auf den Armen nützlich verwendet seien, nicht hin; es bedarf vielmehr auch des Nachweises, daß der Aufwand zugleich in Beziehung auf den Verwandten ein nöthiger gewesen sei.

b) Ist daher der Verklagte nicht aufgefordert worden, nach seiner Wahl den Verwandten in eigene Pflege zu nehmen, oder die fortdauernde Pflege dem Kläger gegen Ersatz der Kosten zu überlassen, so kann die Klage auf Erstattung der Pflegekosten nur durch den Nachweis begründet werden, daß zur Zeit des Eintritts der Pflege keine andere zahlungsfähige Verwandte, als der später in Anspruch genommene, vorhanden gewesen, und daß eine Aufnahme des Pflegebefohlenen in die Familie, oder eine billigere Verpflegung seitens derselben unmöglich gewesen wäre.

B. Anspruch gegen den Eigenthümer eines nützlichen Thieres auf Erstattung der Kosten deren Erhaltung.

Rechtsgr. **343.** — IV. Senat. 22. April 1856. (XXI. 109.)

Die auf die Erhaltung lebender, zum Nutzen bestimmter Thiere verwendeten Kosten sind, wenn der Eigenthümer die Benutzung der Thiere entbehrt hat, nicht ohne Weiteres als in dessen Nutzen verwendet zu erachten.

Siehe auch Rechtsgrundsätze 336. 575. 599. 952. 1259. (A. L. R. I. **13.** § 230., II. **2.** §§ 129. 628.; A. G. O. I. **5.** § 269.; Armenpflegegesetz vom 31. Dezember 1842 § 33.)

§ **272.** Siehe Rechtsgr. 336. (§ 230. dieses Titels.)

§ **277.** Klagekumulation hinsichtlich des prinzipalen Fundaments des Ankaufs von Waaren durch einen Dritten, und des eventuellen Fundaments der nützlichen Verwendung dieser Waaren.

Rechtsgr **344.** — IV. Senat. 15. Januar 1857. (XXIII. 230.)

Das prinzipale Fundament des Vertrages schließt das eventuelle Fundament der nützlichen Verwendung nicht aus.

Siehe auch Rechtsgr. 339. (§ 262. dieses Titels.)

Titel 14. Von Erhaltung des Eigenthums und der Rechte.

Erster Abschnitt. Vom Verwahrungsvertrage.

§§ **11** ff. Pflichten des Verwahrers bei der Aufbewahrung; Verhaftung des Stallmeisters für die Versehen seiner Dienstleute. — Vergl. A. L. R. I. **3.** § 23., **11.** §§ 928 ff., **14.** §§ 58. 80., **II. 8.** §§ 444 ff.

Rechtsgr. **345.** — IV. Senat. 13. November 1856. (XXII. 308.)

Der Satz: daß der Stallmeister resp. Viehmeister, der zumal gewerbmäßig Vieh zur Verwahrung, Fütterung, Pflege und Stallung übernimmt, die Handlungen seiner Leute vertreten müsse, — ist als richtig nicht anzuerkennen.

Siehe auch Rechtsgr. 346. (§ 24. dieses Titels.)

§§ **24. 25.** Pflichten des Verwahrers hinsichtlich der Rücklieferung eines angeblich demselben abhanden gekommenen Seehandlungs-Prämienscheins. — Vergl. A. L. R. I. **5.** §§ 273. 285. 289., **14.** §§ 11 ff. 40. 41.

Rechtsgr. **346.** — IV. Senat. 16. Oktober 1855. (XIX. 52.)

Der Verwahrer eines noch nicht ausgelooften, ihm durch ein zu vertretendes Versehen abhanden gekommenen Seehandlungs-Prämienscheins ist verpflichtet, dem Eigenthümer entweder dieselbe Nummer zurückzugeben oder das volle Interesse zu vergüten, mithin auch den bei Ziehung auf diese Nummer fallenden Gewinn zu zahlen.

§§ **40. 41.** Siehe Rechtsgr. 346. (§ 24. dieses Titels.)
§ **58.** Siehe Rechtsgr. 345. (§ 11. dieses Titels.)
§§ **76** ff. **92.** Siehe Rechtsgr. 347. (§ 103. dieses Titels.)
§ **80.** Siehe Rechtsgr. 345. (§ 11 dieses Titels.)

§ **103.** Anspruch auf Erstattung der Kosten der Aufbewahrung der Sache bei widerrechtlich verweigerter Uebernahme derselben. — Vergl. A. L. R. I. **5.** § 277., **14.** § 76 ff. 92. 105. 109., **16.** §§ 15 ff. 213. 218. 220. 221.

Rechtsgr. 347 — IV. Senat. 22. April 1856. (XXI. 109)

Derjenige, welchem von dem Andern die Uebernahme der Sache widerrechtlich verweigert wird, kann die auf die Sache verwendeten Unterhaltungskosten nicht schon aus dem Grunde ersetzt verlangen, weil er gleich einem gerichtlichen Sequester für die Sache gesorgt habe; er muß vielmehr seinen desfallsigen Anspruch nach den Grundsätzen von der nützlichen Verwendung begründen.

§ **105**. Siehe Rechtsgrundsätze 103. 347. (A. L. R. I. 7. § 66., **14**. § 103.)

§ **109**. Siehe Rechtsgrundsätze 103. 347. 381. (A. L. R. I. 7. § 66., **14**. § 103., **16**. § 363.)

§§ **118**. **119**. Siehe Rechtsgr. 381. (A. L. R. I. **16**. § 363.)

Zweiter Abschnitt. Von Verwaltung fremder Sachen und Güter.

§§ **127**. **128**. Rechte des Verwalters wegen Kreditnehmens und Kreditgebens; Berechtigung des Verwalters einer Fabrik zu Vorschußzahlungen.

Rechtsgr. 348. — IV. Senat. 11. März 1856. (XX. 268.)

Der Verwalter einer Fabrik ist berechtigt, den angenommenen, und von außerhalb eingetroffenen Fabrikarbeitern behufs Einlösung ihrer von den Fuhrleuten retinirten Sachen die Reisegelder vorzuschießen.

§ **130**. Siehe Rechtsgr. 952. (A. G. O. I. **50**. § 269.)

§§ **133**. **134**. Siehe Rechtsgr. 511. (A. L. R. I. **22**. § 146.)

§§ **135** ff. Siehe Rechtsgr. 323. (A. L. R. I. **13**. § 61.)

§§ **170**. **171**. Siehe Rechtsgr. 687. (A. L. R. II. **14**. § 1.)

Dritter Abschnitt. Von Kautionen und Bürgschaften.

§§ **178**. **186** ff. Siehe Rechtsgrundsätze 433. 462. (A. L. R. I. **20**. §§ 7. 556.)

§§ **232**. **233**. Vermuthung für die Verhaftung einer Frauensperson als Bürgin aus dem von ihr und von einer Mannsperson als Selbst- oder Mitschuldner unterzeichneten Schuldschein:

A. Bedingung der Verhaftung der Frauensperson aus dieser vermutheten Bürgschaft. — Vergl. § 221. dieses Titels.

Rechtsgr. 349. — IV. Senat. 4. Mai 1854. (XIII. 75.)

Auch im Falle der vermutheten Bürgschaft der Frauensperson nach § 232. I. 14. des Allgem. Landrechts haftet dieselbe als Bürgin nur dann, wenn die bei Bürgschaften vorgeschriebene Verwarnung stattgefunden hat.

B. Einfluß der Ungültigkeit der Schuldverbindlichkeit des Mannes wegen dessen persönlicher Unfähigkeit. — Vergl. §§ 233. 240. 254. dieses Titels.

Rechtsgr. 350. — IV. Senat. 4. Mai 1854. (XIII. 74.)

Die Bestimmungen der §§ 232. 233. I. 14. des Allg. Landrechts kommen auch dann zur Anwendung, wenn die Schuldverbindlichkeit der Mannsperson wegen deren persönlicher Unfähigkeit ungültig ist.

C. Wirkung des von einer Manns- und einer Frauensperson unterschriebenen Schuldscheins nach Gemeinem Rechte. — Vergl. Dig. 16. 1. Lex. 17. 27.; Cod. 4. 29. auth. siqua mulier; Nov. 134. Cap. 8.

Rechtsgr. 351. — V. Senat. 9. Oktober 1855. (XVIII. 199.)

Der im § 232. I. 14. des Allgem. Landrechts aufgestellte Rechtsgrundsatz ist dem Gemeinen Rechte fremd.

Siehe auch Rechtsgr. 253. (A. L. R. I. 11. § 727.)

§ 240. Siehe Rechtsgr. 350. (§ 232. dieses Titels.)

§§ 251-254. Bürgschaft für unkonsentirte Darlehnsverträge der Subaltern-Offiziere. — Vergl. A. L. R. I. 11. §§ 684. 707. 713.; Deklaration vom 27. Juli 1825.

Rechtsgr. 352. — Plenarbeschluß vom 18. Februar 1856. (XX. 349.)

Das Dienstverhältniß eines Subaltern-Offiziers, welches die Einwilligung des Chefs oder Kommandeurs zu seinen Darlehnsverträgen erfordert, ist nur für eine persönliche Eigenschaft des Verpflichteten im Sinne des § 254. I. 14. des Allgem. Landrechts anzusehen, wegen deren zwar ohne jene Einwilligung der Hauptvertrag nach § 684. I. 11. ungültig, der Bürge aber nach § 254. I. 14. dem Gläubiger als Hauptschuldner verhaftet ist.

Siehe auch Rechtsgr. 350. (§ 232. dieses Titels.)

§ **284.** Siehe Rechtsgrundsätze 452. 658. (A. L. R. I. **20.** § 435., II., **10.** § 89.)

§ **285.** Siehe Rechtsgr. 658. (A. L. R. II. **10.** § 89.)

§§ **297** ff. Siehe Rechtsgrundsätze 452. 602. (A. L. R. I. **20.** § 435., II. **3.** § 19.)

§§ **310. 330. 337.** Siehe Rechtsgr. 371. (A. L. R. I. **16.** § 150.)

§§ **399. 400.** Expromission:

A. Begriff der Expromission. — Vergl. A. L. R. I. **11.** §§ 376 ff., **14.** 407.; Dig. **16.** 1. Lex. 2. § 1., Lex. 29. § 1.

Rechtsgr. **353.** — IV. Senat. 15. April 1856. (XXI. 90.)

Es enthält keine Expromission, wenn die Ehefrau sich von dem Gläubiger ihres Mannes Forderungen an den letzteren ohne Gewährleistung cediren läßt, zu der Berichtigung der Cessionsvaluta ihr eine längere Frist bewilligt, mittlerweile aber Sicherstellung der Cessionsvaluta bedungen wird.

B. Mangelnde Schriftform der Expromission bei hinzutretender Erfüllung.

Rechtsgr. **354.** — IV. Senat. 23. Mai 1854. (XIV. 41.)

Die mangelnde schriftliche Form der Expromission wird durch die hinzutretende Erfüllung seitens des neuen Schuldners nicht ersetzt.

Siehe auch Rechtsgr. 438. (A. L. R. I. **20.** § 54.)

§ **407.** Siehe Rechtsgrundsätze 353. 728. 928. (§ 399. dieses Titels; A. D. W. O. Art. 728.; A. G. O. I. **27.** § 54.)

Titel 15. Von Verfolgung des Eigenthums.

§§ **1-3.** Zulässigkeit der exceptio doli bei der Vindikation.

Rechtsgr. **355.** — III. Senat. 9. Februar 1855. (XVII. 13.)

Sowohl nach dem Gemeinen Rechte als nach dem

Allgemeinen Landrechte steht dem Vindikanten die exceptio doli entgegen, wenn derselbe ein auf Eigenthumsübertragung gerichtetes Geschäft mit dem Verklagten geschlossen und diesem die Sache zwar nicht übergeben, Verklagter jedoch den Besitz auf andere fehlerfreie Weise erlangt hat.

Siehe auch Rechtsgrundsätze 357. 1132. (§ 34. dieses Titels; Gesetz vom 4. Juli 1822 § 1.)

§ 18. Siehe Rechtsgr. 358. (§ 47. dieses Titels.)

§ 19. Anhang § 49. zu § 19. Verdächtigkeit des Verkäufers eines Pferdes. — Vergl. A. L. R. I. 7. §§ 10-23.

Rechtsgr. 356. — III. Senat. 1. Mai 1857. (XXIV. 248.)

a) Die Bestimmung des § 49. des Anhanges zum § 19. I. 15. des Allgem. Landrechts ist nicht auf entwendete Pferde zu beschränken, sondern auf alle Fälle eines seitens des unberechtigten Nichteigenthümers erfolgten Feilbietens und demnächst stattgefundenen Verkaufs anzuwenden.

b) Für unanwendbar muß diese Bestimmung aber erachtet werden, wenn nach den allgemeinen Vorschriften der §§ 10-23. I. 7. des Allgem. Landrechts von einem dem Verkäufer zur Last zu legenden Versehen unter den obwaltenden Umständen nicht die Rede sein kann.

c) Der Bestimmung des § 49. des Anhangs a. a. O. sind auch Veräußerungen durch Tausch unterworfen.

Siehe auch Rechtsgr. 358. (§ 47. dieses Titels.)

§ 25. Siehe Rechtsgr. 917. (A. G. O. I. 24. § 9.)

§ 33. Siehe Rechtsgrundsätze 1138. 1145. (Gesetz Nr. 939. vom 21. April 1825 §§ 1. 22.)

§ 34. Begründung der Vindikationsklage. — Vergl. § 1. dieses Titels.

Rechtsgr. 357. — III. Senat. 13. November 1854. (XV. 216.)

Zur Begründung der Vindikationsklage gehört nicht, daß der Vindikant angiebt und nachweist, ob und wie die Sache wider seinen Willen aus seiner Gewahrsam oder aus seinem Besitze entkommen ist.

§ 37. Siehe Rechtsgr. 358. (§ 47. dieses Titels.)

§§ 45 ff. Siehe Rechtsgr. 1101. (Ostpreußisches Landschaftsreglement vom 24. December 1808 § 384.)

§ 47. Unvorsichtiger Ankauf von Staatsschuldscheinen und anderen auf jeden Inhaber lautenden Papieren. — Vergl. §§ 18. 19. 37. dieses Titels.

Rechtsgr. 358. — I. Senat. 5. April 1854. (XIII. 51.)

Die Grundsätze über die civilrechtlichen Folgen des unvorsichtigen Ankaufes von Sachen finden auf den Ankauf von auf jeden Inhaber lautenden und nicht außer Kours gesetzten Papieren keine Anwendung. – Der Wechsler, welchem ein Papier dieser Art zum Kaufe präsentirt wird, hat daher nicht nöthig, sich auf eine Prüfung der Rechtmäßigkeit des Besitzes eines solchen Verkäufers einzulassen.

Titel 16. Von den Arten, wie Rechte und Verbindlichkeiten aufhören.

Erster Abschnitt. Von Erfüllung der Verbindlichkeiten überhaupt.

§ 11. Wirkung der in der Klage getroffenen Wahl hinsichtlich der alternativen Verbindlichkeit des Verklagten. — Vergl. A. L. R. I. 4. §§ 52. 57.; A. G. O. I. 5. § 21., 10. § 5 a.

Rechtsgr. 359. — II. Senat. 10. April 1856. (XXI. 55.)

Der wahlberechtigte Gläubiger einer alternativen Verbindlichkeit geht durch die in der Klage getroffene Wahl jedes ferneren Wahlrechts verlustig, namentlich darf er dann von der gewählten Leistung nicht wieder abgehen, wenn erst die Klage dem Gegner zur Beantwortung behändigt, und die Klageeinlassung ohne Widerspruch gegen die geschehene Wahl erfolgt ist.

§§ **15-16.** Zeit der Erfüllung; Zögerung und deren rechtliche Folgen:
A. Abwendung der Folgen des Verzugs des Verpflichteten durch formlose Einwilligung des Berechtigten in die Nichterfüllung. — Vergl. A. L. R. I. 5. § 361., **16.** §§ 24-26.

Rechtsgr. **360.** — III. Senat. 26. Februar 1855. (XVII. 66.)

Die wenngleich formlos erklärte Einwilligung des Berechtigten in die Nichterfüllung der Verbindlichkeit des Verpflichteten zur Zeit der Fälligkeit befreit den letzteren von den rechtlichen Folgen des Verzugs.

Wenn daher die Zahlung der in dem schriftlichen Vertrage vorbedungenen Zinsen eines Kapitals in Folge mündlicher Bewilligung des Gläubigers unterblieben ist, so kann dieser von dem nach dem schriftlichen Vertrage nur für den Fall nicht prompter Zinsenzahlung vorbedungenen Rechte sofortiger Kündigung keinen Gebrauch machen.

B. Verzug vor Feststellung des Betrages der zu zahlenden Summe.

Rechtsgr. **361.** — I. Senat. 7. März 1856. (XX. 257.)

Der Eintritt des Verzugs des Verpflichteten ist von der vorherigen Ermittelung des Betrages des an einem bestimmten Tage zu gewährenden Taxwerthes nicht abhängig.

Siehe auch Rechtsgrundsätze 347. 848. (A. L. R. I. **14.** § 103.; A. G. O. I. 7. 48 d.)

§§ **20. 21.** Eintritt des Verzugs des Verkäufers bei Zeitkaufsverträgen.

Rechtsgr. **362.** — IV. Senat. 2. März 1854. (XIII. 32.)

Wenn in einem Zeitkaufsvertrage bestimmt ist, daß innerhalb eines gewissen Zeitraums Verkäufer die Waare abzuladen und Käufer sie in Empfang zu nehmen habe, so tritt ein Verzug des Verkäufers in Ablieferung der Waare erst mit der Seitens des Käufers ergangenen Aufforderung zu dieser Ablieferung ein.

Siehe auch Rechtsgr. 648. (A. L. R. II. **8.** § 1716.)

§§ **24-26.** Siehe Rechtsgr. 360. (§ 15. dieses Titels.)
§ **27.** Siehe Rechtsgrundsätze 769. 770. (A. D. W. O. Art. 39.)

Zweiter Abschnitt. Von der Zahlung.

§ **28.** Siehe Rechtsgrundsätze 74. 309. 367. 388. 389. 843. (A. L. R. I. **5.** § 248., **12.** § 433., **16.** §§ 86. 452.; A. G. O. I. **5.** § 23.)

§ **30.** Berechtigung zum Empfange der Zahlung; Zahlung an den Ehemann als Vertreter seiner Ehefrau. — Vergl. A. L. R. I. **13.** §§ 206. 207.

Rechtsgr. **363.** — III. Senat. 25. September 1854. (XV. 40.)

Der Ehemann ist nicht berechtigt, eine Zahlung, zu deren Empfang beide Eheleute von einem Dritten beauftragt sind, allein und in Vertretung seiner Ehefrau in Empfang zu nehmen.

Siehe auch Rechtsgr. 1194. (Subhastations-Verordnung vom 4. März 1834 § 16.)

§ **37.** Siehe Rechtsgr. 1194. (Subhastations-Verordnung v. 4. März 1834 § 16.)
§ **43.** Siehe Rechtsgr. 397. (§ 448. dieses Titels.)
§§ **46-48.** Eintritt des Zahlenden in die Rechte des bezahlten Gläubigers:

A. im Liquidationsverfahren über die unzureichenden Kaufgelder eines Grundstücks. — Vergl. A. L. R. I. **20.** §§ 37 ff.; A. G. O. I. **50.** § 161. u. Anh. § 331. zu § 161., **51.** §§ 34-36.; Subhast.-Verordnung v. 4. März 1834 § 22.; Verordn. v. 28. Dezember 1840 § 12.

Rechtsgr. **364.** — IV. Senat. 2. Mai 1854. (XIII. 71.)

Das die Regel des § 46. I. 16. des Allgem. Landrechts beschränkende jus subintrandi nach Maaßgabe der §§ 34-36. I. 51. der Allgem. Gerichts-Ordnung findet nicht blos im Konkurse nach § 161. I. 50. der Allgem. Gerichts-Ordnung und Anhang § 331. zu diesem § 161., sondern auch in dem Liquidationsverfahren über die insuffizienten Kaufgelder eines Grundstücks Anwendung.

B. im Kaufgeldervertheilungsverfahren hinsichtlich des von einem Dritten dem Hypothekengläubiger gezahlten privilegirten Rückstandes an

Hypothekenzinsen. — Vergl. A. L. R. I. 11. §§ 382. 442-444., 20. § 504.; Subhastations-Verordnung vom 4. März 1834 § 18.

Rechtsgr. 365. — IV. Senat. 11. Januar 1855. (XVI. 149.)

Im Kaufgelder-Vertheilungsverfahren kann der Dritte, welcher dem Hypothekengläubiger die privilegirten Rückstände der Zinsen der beiden letzten Jahre gezahlt hat, das jus subintrandi geltend machen.

Siehe auch Rechtsgrundsätze 748. 966. (A. D. W. O. Art. 10.; Konkursordnung § 96.)

§ 52. Siehe Rechtsgrundsätze 75. 262. 769. 770. (A. L. R. I. 5. § 247., II. § 769.; A. D. W. O. Art. 39.)

§ 64. Siehe Rechtsgr. 88. (A. L. R. I. 5. § 360).

§ 66. Anfang der Verpflichtung zur Verzinsung der Entschädigungssumme.

Rechtsgr. 366. — III. Senat. 15. Mai 1857. (XXIV. 307.)

Zur Anwendung des § 66. I. 16. des Allgem. Landrechts ist nothwendig:

1. eine unerlaubte Handlung oder die Uebertretung eines Civilgesetzes, und
2. die Festsetzung des Schadens in Geld.

In dieser Beziehung ist daher nicht schon das Urtheil, durch welches blos die Entschädigungspflicht, sondern erst das Urtheil maaßgebend, durch welches die Entschädigungssumme festgestellt worden ist.

§ 86. Recht, Quittung über Naturalprästationen zu fordern. — Vergl. §§ 28. 91. 92. 133 ff. dieses Titels.

Rechtsgr. 367. — III. Senat. 23. Mai 1855. (XVII. 228.)

Nicht blos über die Entrichtung von Geld und geldgleichen Papieren, sondern auch über die Entrichtung von nicht in baarem Gelde bestehenden Leistungen, z. B. von Natural-Prästationen eines Altentheils, ist der Schuldner Quittung zu verlangen berechtigt.

Siehe auch Rechtsgr. 377. (§ 300. dieses Titels.)

§ **87**. Siehe Rechtsgr. 368. (§ 113. dieses Titels.)
§§ **91**. **92**. Siehe Rechtsgr. 367. (§ 86. dieses Titels.)
§ **105**. Siehe Rechtsgr. 267. (A. L. R. I. **11**. § 843.)
§§ **113**. **114**. Natur einer Quittung bei nicht erfolgter Aufhebung der Verbindlichkeit durch Zahlung:

A. Quittung als Entsagung. — Vergl. § 87. dieses Titels.

Rechtsgr. **368**. — III. Senat. 7. Juli 1854. (XIV. 127.)

Auch eine Quittung, aus welcher nicht hervorgeht, daß die Aufhebung der Verbindlichkeit nicht durch Zahlung erfolgt sei, und bei welcher das derselben zu Grunde liegende nicht zu ermittelnde anderweitige Rechtsgeschäft nach den Regeln von Entsagung der Rechte zu beurtheilen ist, — unterliegt den allgemeinen Vorschriften über Quittungen.

B. Quittung als Erlaß. — Vergl. A. L. R. I. **11**. §§ 866. 867.

Rechtsgr. **369**. — IV. Senat. 7. Februar 1856. (XX. 142.)

Wenn nach Inhalt einer Quittung die darin bescheinigte Aufhebung einer Verbindlichkeit durch baare Zahlung erfolgt sein soll, dagegen keine baare Zahlung geleistet, sondern die Schuld mündlich erlassen ist, so hat die Quittung die Bedeutung einer schriftlichen, den Gläubiger sowie dessen Rechtsnachfolger bindenden Erklärung, welche dem Schuldner gegen jeden weiteren Anspruch wegen derselben Forderung Schutz gewähren soll.

§ **125**. Siehe Rechtsgr. 254. (A. L. R. I. **11**. § 727.)
§§ **133** ff. Siehe Rechtsgr. 367. (§ 86. dieses Titels.)
§ **149**. Siehe Rechtsgr. 266. (A. L. R. I. **11**. § 824.)
§ **150**. Verrechnung der geleisteten Zahlung bei Verhaftung des Zahlenden aus mehreren Forderungen des Empfängers:

A. Beweislast in Betreff des behaupteten Uebereinkommens über die Art dieser Verrechnung.

Rechtsgr. **370**. — IV. Senat. 9. Oktober 1855. (XVIII. 193.)

Die §§ 150 ff. I. 16. des Allgem. Landrechts enthalten über die Beweislast Nichts; es gilt daher die allgemeine Regel, daß derjenige, welcher sich auf eine bestrittene Thatsache stützt, solche beweisen muß. – Wer sich daher auf ein Uebereinkommen über die Art der Anrechnung einer geleisteten Zahlung auf eine von mehreren Forderungen (§ 150.) oder auf eine der speziellen Vorschriften der §§ 151 ff. stützt, muß das Uebereinkommen, resp. die thatsächlichen Bedingungen der §§ 151 ff. beweisen, sei es nun der Zahlende oder der Zahlungsempfänger, jener im Falle des § 151., dieser im Falle des § 152.

B. Uebereinkommen über die Art der Verrechnung der geleisteten Zahlung zwischen dem Gläubiger und Hauptschuldner zum Nachtheile des Bürgen. — Vergl. A. L. R. I. 14. §§ 310. 330. 337., 16. § 155.

Rechtsgr. 371. — IV. Senat. 3. Mai 1855. (XVII. 151.)

a) Zu den Rechten und Einwedungen des Bürgen nach § 310. I. 14. des Allgem. Landrechts gehören auch diejenigen, welche sich auf die Verrechnungsart einer geleisteten Zahlung beziehen.

b) Daher hat ein von dem Gläubiger und dem Hauptschuldner nach vollzogener Bürgschaft getroffenes Uebereinkommen, daß die inzwischen von dem Hauptschuldner geleistete Zahlung nicht auf die zuerst eingeforderte verbürgte, sondern auf eine anderweitige Schuld desselben verrechnet werden solle, dem Bürgen gegenüber keine rechtliche Wirkung. Insbesondere kann der Gläubiger mit dem in Vermögensverfall gerathenen Hauptschuldner bei Leistung der Zahlung nicht ohne Zuziehung des Bürgen vereinbaren, daß diese Zahlung nicht auf die zuerst eingeforderte verbürgte, sondern auf eine andere Schuld verrechnet werden solle.

§ 151. Siehe Rechtsgr. 266. 1132. (A. L. R. I. 11. § 824.; Gesetz v. 4. Juli 1822 § 1.)

§ **155.** Zahlungsaufforderung durch Zustellung der Rechnung bei Uebersendung der verkauften Waaren. — Vergl. A. L. R. II. 8. §§ 684-688.

Rechtsgr. **372.** — IV. Senat. 3. Mai 1855. (XVII. 151.)

Die bei Uebersendung der verkauften Waaren dem Käufer zugestellte Rechnung hat auch dann die Bedeutung einer ersten Zahlungsaufforderung im Sinne des § 155. I. 16. des Allgem. Landrechts, wenn der Kaufpreis erst später gezahlt zu werden braucht.

Siehe auch Rechtsgr. 371. (§ 150. dieses Titels.)

§§ **166** ff. Siehe Rechtsgr. 266. 286. (A. L. R. I. **11.** §§ 824. 1090.)
§ **170.** Siehe Rechtsgr. 843. (A. G. O. I. **5.** § 23.)
§ **178.** Rückforderung einer wegen Rechtsirrthums geleisteten Zahlung.

Rechtsgr. **373.** — II. Senat. 26. Juni 1855. (XX. 31.)

Auch ein Rechtsirrthum des Zahlenden begründet die Rückforderungs-Klage wegen irrthümlich geleisteter Zahlung.

Siehe auch Rechtsgr. 286. (A. L. R. I. **11.** § 1090.)

§ **182.** Rückforderung der auf den Grund eines in der Folge durch Urtheil für ungültig erklärten Vertrages.

Rechtsgr. **374.** — II. Senat. 28. Mai 1857. (XXIV. 344.)

Der Vertrag nach § 182. I. 16. des Allgem. Landrechts wird durch die zur Zahlung anweisende Verfügung des Fiskus nicht ersetzt.

§ **193.** Siehe Rechtsgrundsätze 266. (A. L. R. I. **11.** § 824.)
§§ **200. 201.** Siehe Rechtsgr. 249. (A. L. R. I. **11.** § 653.)
§§ **205** ff. Siehe Rechtsgr. 1196. (Subhastat.-Verordnung v. 4. März 1834 § 16.)

Dritter Abschnitt. Von der Deposition.

§§ **213** ff. Siehe Rechtsgrundsätze 347. 1181. (A. L. R. I. **14.** § 103.; Verordnung vom 14. Dezember 1833 § 10.)
§ **215.** Siehe Rechtsgrundsätze 75. 262. (A. L. R. I. **5.** § 247., **11.** § 769.)

§ **216.** Siehe Rechtsgrundsätze 75. 262. 1194. (A. L. R. I. **5.** § 247.; **II.** § 769.; Subhastations-Verordnung vom 4. März 1834 § 16.

§ **217.** Siehe Rechtsgrundsätze 75. 262. (A. L. R. I. **5.** § 247., **II** § 769.)

§ **218.** Berechtigung des zur Erfüllung Verurtheilten zur Einklagung der Gegenleistung auf den Grund des rechtkräftigen Urtheils und geleisteter Deposition der judikatmäßigen Summe. — Vergl. A. L. R. I. **5.** § 395., **II.** §§ 402. 409.; A. G. O. I. Einl. § 66., **24.** § 5., **28.** § 14.; Dig. **44.** 2. Lex. 16.

Rechtsgr. **375.** — IV. Senat. 15. Juni 1854. (XIII. 191.)

Der zur Erfüllung seiner Verbindlichkeit – gegen die von dem andern Theile zu bewirkende Gegenleistung – rechtskräftig verurtheilte Schuldner ist nach erfolgter gerichtlicher Niederlegung der zu zahlenden Summe oder herauszugebenden Sache auf den Grund jener rechtskräftigen Entscheidung die Gegenleistung einzuklagen berechtigt.

Siehe auch Rechtsgr. 347. (A. L. R. I. **14.** § 103.)

§§ **220. 221.** Siehe Rechtsgr. 347. (A. L. R. I. **14.** § 103.)
§§ **228. 229.** Siehe Rechtsgr. 217. (A. L. R. I. **11.** § 222.)

Vierter Abschnitt. Von der Angabe an Zahlungsstatt.

§§ **237. 238.** Siehe Rechtsgr. 201. (A. L. R. I. **11.** § 46.)

Fünfter Abschnitt. Von Anweisungen.

§§ **251** ff. Siehe Rechtsgrundsätze 1131. 1197. (Gesetz vom 4. Juli 1822 § 1.; Subhastationsverordnung vom 4. März 1834 § 17.)

§§ **262. 264.** Siehe Rechtsgr. 343. (A. G. O. I. **5.** § 23.)

§ **277.** Verlust des Regresses des Assignatars an den Assignanten bei versäumter Einziehung der angewiesenen Forderung. — Vergleiche A. L. R. I. **16.** §§ 283-287., II. **8.** §§ 1261. 1277. 1281.

Rechtsgr. **376.** — IV. Senat. 1. Juli 1854. (XIV. 109.)

Dadurch allein, daß der Assignatar binnen 14 Tagen nach angenommener Anweisung die angewiesene Forderung einzuziehen verabsäumt, verliert derselbe noch nicht seinen Regreß an den Assignanten.

§§ 283 ff. Siehe Rechtsgrundsätze 376. 1132. (§ 277. dieses Titels Gesetz vom 4. Juli 1822 § 1.)

§§ 287. 288. Siehe Rechtsgrundsätze 376. 1131. (§ 277. dieses Titels; Gesetz vom 4. Juli 1822 § 1.)

Sechster Abschnitt. Von der Kompensation.

§§ 300. 301. Begriff und Wirkung der Kompensation:

A. Kompensation und Verrechnung. — Vergl. § 86. dieses Titels.

Rechtsgr. 377. — III. Senat. 14. März 1856. (XX. 278.)

Der Richter hat den an und für sich begründeten Einwand der Kompensation auch dann für durchgreifend zu erachten, wenn nicht dieser, sondern der Einwand der Verrechnung geltend gemacht ist.

B. Zurückerstreckung der Wirkung der Kompensation auf den Zeitpunkt der Entstehung der Forderung.

Rechtsgr. 378. — IV. Senat. 27. Januar 1856. (XIX. 2.)

Die Wirkung der Kompensation wird zwar durch deren Ausübung bedingt, im Falle der Ausübung aber erstreckt sie sich nothwendig auf den Zeitpunkt der Entstehung der Forderung zurück.

Siehe auch Rechtsgrundsätze 260. 379. (A. L. R. I. 11. § 738., 16. § 302.)

§§ 302 ff. Kompensationsbefugnisse des Bevollmächtigten und Pfandgläubigers. — Vergl. A. L. R. I. 13. §§ 61 ff. 83., 16. §§ 300. 301., 20. §§ 171. 172. 219. 220.

Rechtsgr. 379. — IV. Senat. 15. April 1856. (XXI. 79.)

a) Der Bevollmächtigte ist berechtigt, nach ausgeführtem Auftrag auf die vermöge desselben in seine Hände gekommenen Gelder des Machtgebers seine, auch nicht aus dem Auftrage entsprungenen, an sich jedoch zur Kompensation geeigneten Forderungen an den letzteren im Wege der Kompensation in Abrechnung zu bringen.

b) Der Pfandgläubiger, welcher das Pfandstück im Auftrage des Pfandschuldners veräußert hat, ist berechtigt, auf den Ueberschuß des Erlöses seine anderweitigen Forderungen an den Pfandschuldner zur Kompensation zu bringen.

§§ **317**. **321**. Kompensation im Konkurse. — Vergl. A. L. R. I. **21**. § 258. (Konkursordnung vom 8. Mai 1855 §§ 96. 97. Nr. 1.)

Rechtsgr. **380**. — IV. Senat. 9. Januar 1856. (XIX. 232.)

Der Gläubiger des Gemeinschuldners kann die vor der Konkurseröffnung an denselben erlangte Forderung auf den Miethzins, welchen er für die seit der Konkurseröffnung gehabte Benutzung des von dem Gemeinschuldner gemietheten Grundstücks zu entrichten hat, nicht zur Kompensation bringen.

§ **321**. Siehe Rechtsgr. 380. (§ 317. dieses Titels.)

§§ **363**. **364**. Kompensationsrecht des Verwalters. — Vergl. A. L. R. I. **14**. §§ 109. 118. 119.; Inst. **4**. 6. § 30.

Rechtsgr. **381**. — III. Senat. 30. November 1855. (XIX. 144.)

Die Bestimmung des § 363. I. 16. des Allg. Landrechts, — nach welchem derjenige, welchem Etwas in Verwahrung gegeben oder eine nicht verbrauchbare Sache geliehen worden, sich gegen die schuldige Rückgabe mit der Kompensation nicht schützen kann, — findet auf den Verwalter fremder Sachen keine Anwendung.

§§ **368**. **369**. Siehe Rechtsgr. 685. (A. L. R. II. **14**. § 1.)

Siebenter Abschnitt. Von Entsagung der Rechte.

§ **378**. Siehe Rechtsgr. 60. (A. L. R. I. **5**. § 134.)

§ **381**. Siehe Rechtsgrundsätze 438. 1364. (A. L. R. I. **20**. § 54.; Gesetz vom 24. April 1854 § 9. Nr. 1.)

§§ **383**. **384**. Stillschweigende Entsagung der Einwendungen gegen eine an sich gültige Forderung; Einrede der Kompensation gegen die Judikatsklage. — Vergl. A. G. O. I. **9**. §§ 2. 6. 11., **19**. §§ 1., 4. 9 ff.; Exekutionsverordnung vom 4. März 1834 § 6.

Rechtsgr. **382**. — IV. Senat. 13. März 1856. (XX. 272.)

Die Kompensations-Einrede ist gegen die Judikatsklage auch rücksichtlich der schon zur Zeit der Anstellung der Klage im Vorprozesse erwachsenen, aber in demselben nicht geltend gemachten Gegenforderungen zulässig.

Siehe auch Rechtsgrundsätze 948. 1184. (A. G. O. I. 46. § 25.; Exekutionsverordnung vom 4. März 1834 § 9.)

§ 392. Siehe Rechtsgr. 897. (A. G. O. I. 14. § 26.)
§ 400. Siehe Rechtsgr. 565. (A. L. R. II. 1. § 824.)

Achter Abschnitt. Von Vergleichen.

§ 405. Begriff eines Vergleiches.

Rechtsgr. 383. — II. Senat. 23. Januar 1855. (XV. 335.)

Wenn der Streit zweier Personen über das Eigenthum einer Sache praktisch dadurch ausgeglichen wird, daß der eine Prätendent sie von dem andern kauft, so ist das Rechtsgeschäft, obgleich es nicht ausdrücklich Vergleich bezeichnet worden ist, dennoch als ein solcher zu beurtheilen.

§ 413. und Anh. § 51. zu § 413. Siehe Rechtsgr. 594. (A. L. R. II. 2. § 615.)

§ 418. Anfechtung eines bestätigten Auseinandersetzungs-Rezesses wegen Irrthums. — Vergl. A. L. R. I. 4. §§ 75. 78.; Verordnung vom 20. Juni 1817 §§ 116. 170.

Rechtsgr. 384. — III. Senat 9. Mai 1855 (XVII. 175.)

Auch ein bestätigter Rezeß über das Auseinandersetzungs-Verfahren kann wegen Irrthums angefochten werden.

Siehe auch Rechtsgr. 1062. (Minden-Ravensbergsche Eigenthums-Ordnung vom 26. November 1741 Kap. 9. § 1.)

§§ 420. 421. Anfechtung eines Vergleiches wegen neu aufgefundener Urkunden.

Rechtsgr. 385. — II. Senat. 23. Januar 1855. (XV. 335.)

Wegen neu aufgefundener Urkunden kann ein Vergleich nur alsdann angefochten werden, wenn aus denselben für sich allein und ohne Beziehung auf andere

Momente der gänzliche Mangel alles Rechts auf Seiten des Gegentheils klar nachgewiesen werden kann.*

§ 436. Siehe Rechtsgr. 400. (A. L. R. I. 17. § 111.)

Neunter Abschnitt. Von Aufhebung der Rechte und Verbindlichkeiten durch deren Umschaffung.

§ 450. Siehe Rechtsgr. 1291. (General-Konzession vom 23. Juli 1845 § 10.)

§ 451. Siehe Rechtsgr. 1038. (Zeisebrief von 1488.)

§§ 452. 454. Aenderung der schon bestehenden Schuld durch Ausstellung neuer Urkunden:

A. Ueberhaupt. — Vergl. A. D. W. O. Art. 4. 10.

Rechtsgr. 386. — IV. Senat. 22. und 25. November 1856. (XXII. 325.)

Jede Ausstellung eines Wechsels enthält zugleich eine Art der Aufhebung von Rechten und Verbindlichkeiten durch Umschaffung. Es ist deshalb unzulässig, auf das ursprüngliche Geschäft zurückzugehen.**

B. Durch Ausstellung eines trockenen Wechsels. — Vergl. A. L. R. I. 11. § 867., 16. § 455.; A. D. W. O. Art. 23. 82.

Rechtsgr. 387. — IV. Senat. 1. Mai 1855. (XVII. 146.)

Die Ausstellung eines trockenen Wechsels über eine schon bestehende Schuld begründet eine Novation nur dann, wenn dies ausdrücklich verabredet ist. Die ursprüngliche Forderung kann mithin, insofern sie nicht inzwischen getilgt worden ist, nach Rückgabe oder Kassation des über dieselbe ausgestellten Wechsels noch eingeklagt werden.

C. Durch Ausstellung eines Wechsels an eigene Order. — Vergleiche § 28. dieses Titels; A. D. W. O. Art. 23. 82.; A. G. O. I. 27. §§ 54. 55.

Rechtsgr. 388 — III. Senat. 7. Januar 1857. (XXIII. 203.)

a) Die Ausstellung und Annahme eines Wechsels an eigene Order über eine schon bestehende Schuld bewirkt

* Vergl. dagegen Bd. 1. Seite 320 Nr. 978. dieser Rechtsgrundsätze.

** Der obige Grundsatz ist meines Erachtens nicht richtig, auch mit den folgenden Grundsätzen Nr. 387—389. nicht in Einklang zu bringen.

für sich allein noch keine Tilgung oder Novation der Schuld. Es kommt vielmehr darauf an, ob die Absicht der Parteien auf diese Wirkung gerichtet war.

b) Eine solche Absicht ist, wenn der Geber des Wechsels für die schon bestehende Schuld blos als Hypothekenschuldner dinglich verpflichtet war, nicht anzunehmen, wenngleich ihm von dem Gläubiger nach Empfang des Wechsels der Konsens zur Löschung der Hypothek ertheilt, und diese bewirkt worden ist.

Rechtsgr. **389**. — IV. Senat. 29. Juni 1854. (XIII. 237.)

Daraus allein, daß der über den Betrag einer Waarenschuld von dem Gläubiger an eigene Order auf den Schuldner gezogene Wechsel von diesem mit seinem Accept versehen und von jenem angenommen worden, ist eine Tilgung der Waarenschuld durch Novation noch nicht zu entnehmen; es kommt vielmehr auf das besondere desfallsige Abkommen der Parteien, oder in Ermangelung dessen, auf die sonstigen Umstände bei dem Geben und Nehmen des Wechsels und auf die weitere Begebung desselben an.

Siehe auch Rechtsgrundsätze 830. 1038. (A. G. O. I. Einl. § 65.; Zeisebrief von 1488.)

§ **454**. Siehe Rechtsgrundsätze 387. 427. 1038. 1220. 1328. (A. L. R. I. **16**. § 452., **22**. § 1.; Zeisebrief von 1488; Gesetz v. 31. März 1838 § 10.; Ablösegesetz vom 2. März 1850 § 2. Nr. 2.)

§ **455**. Durch Uebernahme einer neuen Verbindlichkeit an die Stelle der alten.

Rechtsgr. **390**. — IV. Senat. 1. Mai 1855. (XVII. 146.)

Der § 455. I. 16. des Allgem. Landrechts setzt zwei ungleichartige Verbindlichkeiten, die neben einander nicht bestehen können, voraus; zu denselben sind zwei Zahlungsverbindlichkeiten nicht zu rechnen.

Siehe auch Rechtsgrundsätze 387. 427. 1220. 1328. (A. L. R. I. **16**. § 452., **22**. § 1.; Gesetz vom 31. März 1838 § 10.; Ablösegesetz vom 2. März 1850 § 2. Nr. 2.)

§ **456.** Siehe Rechtsgrundsätze 63. 1328. (A. L. R. I. 5. § 156.; Ablösegesetz vom 2. März 1850 § 2. Nr. 2.)

Zehnter Abschnitt. Von Aufhebung der Rechte und Verbindlichkeiten durch deren Vereinigung.

§§ **476-481.** Begriff der Konfusion; Rechte des Gläubigers gegen den durch einen Vitalitien-Vertrag zum Besitze des ganzen Vermögens seines Schuldners gelangten Singular-Successor im Falle der Beerbung des Schuldners seitens des Gläubigers. — Vergl. A. L. R. I. **11**. Anh. § 19. zu § 646.

Rechtsgr. **391**. — I. Senat. 14. Juni 1854. (XIII. 182.)

Das Recht des Gläubigers gegen den durch einen Vitalitien- oder Alimentations-Vertrag zum Besitze des ganzen Vermögens seines Schuldners gelangten Singular-Successor geht dadurch, daß der Gläubiger hiernächst Erbe des ursprünglichen Schuldners wird, nicht unter.

Siehe auch Rechtsgr. 175. (A. L. R. I. 9. § 562.)

§ **484.** u. Anh. § 52. zu § 484. Konfusion bei Hypothekenrechten. — Vergl. Deklaration v. 3. April 1824.

A. Erlöschung der persönlichen Verbindlichkeit des Verkäufers durch die von dem Käufer geschehene Zahlung der in Anrechnung auf das Kaufgeld übernommenen Hypothekenschuld. — Vergl. A. L. R. I. **11**. §§ 402. 407., **20**. § 54.

Rechtsgr. **392**. — III. Senat. 1. Oktober 1856. (XXII. 225.)

Durch die von dem Käufer des Grundstücks geschehene Zahlung der in Anrechnung auf das Kaufgeld übernommenen Hypothekenschuld an den Gläubiger erlischt die persönliche Verbindlichkeit des Verkäufers, welche auch durch demnächstige weitere Cession dieser Forderung seitens des Käufers an einen Dritten nicht wieder auflebt.

B. Fortdauer der persönlichen Verbindlichkeit des Besitzers des Grundstücks nach erfolgter Cession der von ihm bezahlten aber nicht zur Löschung gebrachten Hypothekenforderung.

Rechtsgr. **393**. — IV. Senat. 13. Juni 1854. (XIII. 175.)

Auch die eingetragene Forderung selbst, nicht blos das für dieselbe bestellte Hypothekenrecht, geht bei nicht erfolgter Löschung der Hypothek durch bloße Konfusion nicht unter. Wenn daher der Grundeigenthümer eine auf dem Grundstück haftende Forderung, für die er als persönlicher Schuldner verpflichtet ist, durch Cession erwirbt, und ohne sie löschen zu lassen, weiter cedirt, so dauert auch seine persönliche Verbindlichkeit fort.

C. Recht des ehemaligen Besitzers des zur Subhastation gezogenen Grundstücks zur Liquidirung einer von ihm während seiner Besitzzeit berichtigten, ungelöscht gebliebenen Hypothekenforderung.

Rechtsgr. 394. — IV. Senat. 2. December 1854. (XVI. 54.)

Der ehemalige Besitzer des zur Subhastation gezogenen Grundstücks ist berechtigt, die von ihm berichtigte und zur Zeit der Kaufgelder-Belegung noch ungelöschte Hypothekenforderung zu liquidiren, wenngleich er von dem befriedigten Pfandgläubiger weder eine förmliche Cession, noch eine besondere Quittung erhalten hat.

D. Rechte der Gläubiger des in Konkurs verfallenen Besitzers des Grundstücks auf Liquidirung der von demselben bei dem Ankaufe dieses Grundstücks in Anrechnung auf das Kaufgeld übernommenen, hiernächst von ihm gezahlten, aber ungelöscht gebliebenen Hypothekenforderung.

Rechtsgr. 395. — IV. Senat. 13. Juli 1854. (XIV. 142.)

a. Durch die seitens des Besitzers eines Grundstücks geschehene Zahlung einer bei dem Ankauf des Grundstücks in Anrechnung auf das Kaufgeld übernommenen Hypothekenpost geht bei nicht erfolgender Löschung der Hypothek auch die Forderung selbst durch Konfusion nicht unter. Der Besitzer des Grundstücks ist daher über dieselbe zu Gunsten eines Dritten durch Cession zu verfügen berechtigt, und kann, wenn eine solche Verfügung bis zum eröffneten Konkurse über sein Vermögen nicht erfolgt ist, die Forderung für die Gemeinmasse zur dritten Klasse liquidirt werden.

b. Hat bei der nur theilweisen Zahlung einer Hypothekenforderung deren Eigenthümer weder Quittung ertheilt, noch auch die Theilszahlung auf die Schuldurkunde vermerkt, so kann derselbe auch nach Eröffnung des Konkurses über das Vermögen des Schuldners wegen jenes Restes der Hypothekenforderung ein Vorzugsrecht vor der den gezahlten Theil der Forderung liquidirenden Gemeinmasse beanspruchen.

E. Ueberweisung der von dem Vorbesitzer des Grundstücks zwar gezahlten, aber ungelöschten Hypothekenforderung im Wege der Exekution. — Vergl. A. L. R. I. **2**. § 137., **11**. 184., **20**. §§ 422. 423. 522. 523. und Anh. § 53. zu § 511.; Exekutionsverordnung vom 4. März 1834 § 2.

Rechtsgr. **396**, — III. Senat. 27. November 1854 und 10. Januar 1855. (XX. 1.)

Die von dem früheren Besitzer und Verkäufer des verpfändeten Grundstücks zwar gezahlte, jedoch ungelöscht gebliebene, von dem Käufer nicht in Abrechnung auf das Kaufgeld übernommene Hypothekenforderung kann zwar auch nach stattgehabtem Verkaufe mit unveränderter Verhaftung des Grundstücks einem Gläubiger des Verkäufers im Wege der Exekution überwiesen werden; der Klage desselben gegen den Käufer steht aber, wenn die Ueberweisung nicht an Zahlungsstatt, sondern nur in Kraft der Anweisung geschehen ist, der Anspruch des Käufers gegen den Verkäufer auf Liberation und Beseitigung der Hypothek entgegen.

F. Ueberweisung der Hypothek für eine bei Belegung der Kaufgelder des subhastirten Grundstücks bezahlte Forderung. — Vergl. A. L. R. I. **16**. § 43., **20**. §§ 1. 68.; A. G. O. I. **50**. §§ 520 ff.; Subhast.-Verordnung v. 4. März 1834 § 3.

Rechtsgr. **397**. — IV. Senat. 5 Mai 1857. (XXIV. 265.)

a) Der § 52. des Anhangs zum Allgem. Landrecht und die Deklaration vom 3. April 1824 setzen voraus, daß die eingetragene Forderung nicht durch Realisirung aus dem zur Hypothek stehenden Grundstücke selbst, sondern daß sie von dem Eigenthümer oder auch einem Dritten für ihn getilgt ist. Wird dagegen durch den nothwendigen Verkauf die Hypothek aus dem an die Stelle des Grundstücks tretenden Kaufgelde realisirt, dann hört Forderung wie Hypothekenrecht gänzlich auf, und es bleibt Nichts, worüber dem Eigenthümer noch eine Disposition zugeschrieben werden könnte.

b) Daher kann bei einer solchen Realisirung der Hypothek eine Disposition über dieselbe auch nicht mehr rücksichtlich desjenigen von mehreren Grundstücken ausgeübt werden, auf welchem die Post, nachdem sie aus den andern Theilen des hypothekarischen Komplexus realisirt war, noch ungelöscht stehen geblieben ist.

Siehe auch Rechtsgrundsätze 263. 1195. (A. L. R. I. **11**. § 793., Subhastationsverordnung vom 4 März 1834 § 16.)

§§ **486** ff. Siehe Rechtsgr. 961. (A. G. O. I. **51**. § 87.)

Titel 17. Vom gemeinschaftlichen Eigenthum.

Erster Abschnitt. Vom gemeinschaftlichen Eigenthum überhaupt.

§ **4**. Siehe Rechtsgrundsätze 402-407. 713. (A. L. R. I. **17**. § 151., II. **16**. § 264.)

§ **10**. Verfügungsrechte der einzelnen Miteigenthümer über die gemeinschaftliche Sache.

Rechtsgr. **398**. — III. Senat. 23. März 1857. (XXIV. 147.)

Hat ein Theilnehmer über die gemeinschaftliche Sache, deren Besitz oder Benutzung ohne Beistimmung der übrigen Theilnehmer verfügt, so ist das eingegangene Geschäft zwar rücksichtlich des widersprechenden Theilnehmers ungültig; der Verfügende selbst ist aber dasselbe anzufechten nicht befugt.

Daher muß auch der Subhastat, wenn er dazu im Stande ist, das veräußerte Grundstück herausgeben, ohne sich nachträglich damit, daß dasselbe nicht ihm allein gehöre, schützen zu können.

Siehe auch Rechtsgrundsätze 142. 402-407. (A. L. R. I. 8. § 125., 17. § 151.)

§ **16**. Siehe Rechtsgr. 713. (A. L. R. II. **16**. § 264.)

§ **44**. Siehe Rechtsgr. 609. (A. L. R. II. **6**. § 12.)

§ **45**. Rechte des Miteigenthümers in Betreff seiner Verwendungen für die gemeinschaftliche Sache. — Vergl. §§ 219. 225. dieses Titels.

Rechtsgr. **399**. — IV. Senat. 18. Mai 1854. (XIII. 114.)

Der Miteigenthümer, welcher die gemeinschaftliche Sache verwaltet und Verwendungen für die Sache gemacht hat, kann seine Auslagen nur auf den Grund erfolgter Rechnungslegung erstattet verlangen.

Siehe auch Rechtsgr. 609. (A. L. R. II. **6**. § 12.)

§ **52**. Siehe Rechtsgr. 612. (A. L. R. II. **7**. § 46.)

§ **53**. Siehe Rechtsgrundsätze 411. 511. (A. L. R. I. **17**. § 170., **22**. § 146.)

§ **75**. Siehe Rechtsgr. 141. (A. L. R. I. **8**. § 118.)

§§ **83** ff. Siehe Rechtsgr. 948. (A. G. O. I. **46**. § 25.)

§§ **111** ff. Legitimation des nach Aufhebung der Gemeinschaft in dem Besitze der Schuldurkunde sich befindenden Miteigenthümers zur Einziehung dieser Forderung. — Vergl. A. L. R. I. **16**. §§ 436 ff., **17**. § 152.

Rechtsgr. **400**. — I. Senat. 12. Dezember 1856. (XXIII. 147.)

Nach erfolgter Auseinandersetzung der Miteigenthümer kann der Schuldner derselben an den in dem Besitze der Schuldurkunde sich befindenden Miteigenthümer auch dann mit Sicherheit zahlen, wenn von demselben eine Cession oder Ueberweisung seitens der übrigen Miteigenthümer nicht vorgelegt wird.

Zweiter Abschnitt. Vom gemeinschaftlichen Eigenthume der Miterben.

§§ **115** ff. Siehe Rechtsgrundsätze 402-407. 948. (§ 151. dieses Titels; A. G. O. I. **46**. § 25.)

§ **117**. Siehe Rechtsgrundsätze 586. 1204. (A. L. R. II. **2**. § 391.; Gesetz vom 26. April 1835 § 2.)

§§ **127** ff. Siehe Rechtsgrundsätze 552. 609. 1074-1077. 1183. (A. L. R. II. **1**. § 656., **6**. § 12.; Dorfordnung v. 7. Februar 1755 § 29.; Exek.-Verordnung vom 4. März 1834 § 2.

§ **131**. Verhaftung der einzelnen, nach erfolgter Erbschaftstheilung insgesammt in Anspruch genommenen Miterben für eine Geldschuld. — Vergl. A. G. O. I. **10**. §§ 275. 276.

Rechtsgr. **401**. — IV. Senat. 3. Juni 1856. (XXII. 5.)

Dadurch, daß nach erfolgter Erbschaftstheilung die Erben wegen einer theilbaren Geldschuld insgesammt verklagt werden, wird an der Betheiligung jedes Miterben nach Verhältniß seiner Erbschaftsquote Nichts geändert. Dem einzelnen verklagten Miterben stehen in diesem Falle in Beziehung auf seine Erbquote seine eigenen Erklärungen, wie bei anderen Streitgenossen, entgegen und zur Seite.

Siehe auch Rechtsgrundsätze 1074-1077. (Dorfordnung v. 7. Februar 1755. § 29.)

§ **132**. Siehe Rechtsgr. 13. (A. L. R. Einl. § 23.)

§ **151**. Klagerecht einzelner Miterben während bestehender Gemeinschaft wegen Erbschaftssachen und Aktivforderungen. — Vergl. A. L. R. Einl. § 89., **17**. §§ 4. 10. 11. 115 ff.

A. Gegen dritte Besitzer von zur Erbschaft gehörigen Sachen.

Rechtsgr. **402**. — I. Senat. 24. Mai 1854, 13. Februar 1857. (XIII. 131, XXIV. 58.)

Ein einzelner von mehreren Miterben ist auch vor getheilter Erbschaft gegen den dritten Besitzer zur Erbschaft gehöriger Sachen auf deren Herausgabe zur gemeinschaftlichen Erbschafts-Masse an das gerichtliche Depositum zu klagen befugt.

B. Gegen Erbschaftsschuldner.

Rechtsgr. **403**. — IV. Senat. 27. März 1855. — I. Senat. 13. Februar 1857. (XVI. 314, XXIV. 58.)

Vor getheilter Erbschaft ist auch ein Theil der mehreren Miterben befugt, die zum Nachlasse gehörenden Aktiva mit dem Antrag auf Einzahlung derselben zur Nachlaßmasse einzuklagen.

C. Insbesondere gegen Realschuldner auf Anerkennung des Fortbestehens der Forderung behufs Amortisation der verloren gegangenen Schuldurkunde. — Vergl. A. G. O. I. Einl. § 1., 51. Anh. § 384. zu § 115.

Rechtsgr. 404. — III. Senat. 26. März 1855. (XVII. 101.)

Das Recht des Gläubigers, behufs Amortisation der verloren gegangenen Schuldurkunde von dem Realschuldner die Anerkennung des Bestehens der Forderung zu verlangen, steht auch einzelnen Miterben in den Nachlaß des Gläubigers vor getheilter Erbschaft zu.

D. Der Miterben gegen einander.

Rechtsgr. 405. — I. Senat. 29. Mai 1854. (XIII. 144.)

Auch ein einzelner von mehreren Miterben ist gegen einen andern Miterben auf Anerkennung der Kollationspflicht zu klagen berechtigt.

Rechtsgr. 406. — I. Senat. 14. Juni 1854. (XIII. 182.)

Auch vor getheilter Erbschaft ist der eine der beiden Miterben gegen den andern, welcher zugleich Schuldner des Nachlasses ist, die Hälfte dieser Nachlaßforderung einzuklagen berechtigt. *

E. Legitimation eines einzelnen der klagenden Miterben zur Appellation. — Vergl. A. L. R. I. 5. §§ 450. 551.; A. G. O. I. 7. § 48., 14. §§ 13. 14.

Rechtsgr. 407. — I. Senat. 14. Januar 1856. (XIX. 269.)

Wenn die sämmtlichen Miterben vor Theilung der Erbschaft eine Erbschaftsforderung gemeinschaftlich eingeklagt haben, so kann das willkürliche Ausscheiden eines der Miterben den Fortgang des Prozesses nicht hemmen.

§§ 152-154. Rechte und Pflichten der Miterben nach getheilter Erbschaft:

A. Legitimation des nach der Erbschaftstheilung in dem Besitz der Schuldurkunde sich befindenden Miterben zur Einziehung dieser Forderung.

* Vergl. dagegen Rechtsgrundsätze Bd. 1. Seite 156. Nr. 478.

Rechtsgr. 408. — III. Senat. 1. December 1856. (XXIII. 103.)

Der Erbschaftsschuldner kann auch nach getheilter Erbschaft von den im Besitz der Schuldurkunde sich befindenden einzelnen Miterben verlangen, daß er behufs Nachweises seiner Legitimation als nunmehriger alleiniger Gläubiger den Uebergang des Eigenthums an ihn darlege.

B. Verpflichtung der sämmtlichen Miterben zur Ausstellung eines löschungsfähigen Anerkenntnisses der Gültigkeit der an einzelne Miterben geleisteten Zahlungen.

Rechtsgr. 409. — III. Senat. 9. Juli 1856. (XXI. 347.)

Wenn eine Hypothekenforderung durch Erbtheilungen und Cessionen nach einzelnen Beträgen an mehrere Personen gediehen ist, und hiernächst an einzelne Erben Zahlungen erfolgt sind, ohne daß konstirt, wer von denselben zur Zeit derselben sich im Besitze des Hypotheken-Instruments befunden hat, so sind die sämmtlichen Erben verpflichtet, das behufs der Löschung dieser gezahlten Beträge erforderliche Anerkenntniß der Gültigkeit dieser Zahlungen auszustellen.

Siehe auch Rechtsgr. 400. (§ 111. dieses Titels.)

Dritter Abschnitt. Von Gemeinschaften, die durch Vertrag entstehen.

§§ 170. 171. Mündlicher Gesellschaftsvertrag:

A. Erwerbsgesellschaft auf den Grund eines mündlichen Vertrags; Bestimmung der Theilnahmerechte am Gewinne. — Vergl. §§ 251. 273. dieses Titels.

Rechtsgr. 410. — IV. Senat. 10. März 1857. (XXIV. 94.)

Haben die verschiedenen nur durch einen mündlichen Vertrag verbundenen Mitglieder einer bereits wirklich ins Leben getretenen Gesellschaft nicht mit gleichen Kräften zur Erzielung des erlangten Gewinnes hingewirkt, so bildet das Verhältniß, in welchem jeder Einzelne zur Herbeiführung des gewonnenen Resultats beigetragen hat, den sichersten Maaßstab zur Berechnung des ihm für seine Person gebührenden Antheils an jenem Gewinne, wobei auch auf die Bestimmung des § 251. I. 17. des Allgem. Landrechts, — nach welchem der Antheil der Gesellschafter an dem Gewinne und Verluste beim Mangel einer desfallsigen Festsetzung in dem schriftlichen Vertrage nach Verhältniß ihres Beitrages zum gemeinschaftlichen Fonds bestimmt werden muß, — zurückgegangen werden kann.

B. Gemeinschaftlicher Lotterie-Gewinn aus einem mündlichen Spielvertrage. Vergl. § 53. dieses Titels.

Rechtsgr. 411. — IV. Senat. 29. April 1856. (XXI. 151.)

a. Das von einer, wenn auch nur mündlich verabredeten Spielgenossenschaft gemeinschaftlich erworbene, das Anrecht auf die folgenden Klassen in sich schließende erste Loos ist als der gemachte, der Vorschrift des § 171. I. 17. des Allgem. Landrechts unterliegende Erwerb anzusehen.

b. Um für diesen Erwerb die Eigenschaft eines den Spielgenossen gemeinschaftlichen Eigenthums, welches aus einer zufälligen Begebenheit entstanden ist, herzustellen, ist nicht ausschließlich erforderlich, daß die sämmtlichen Spielgenossen dazu thatsächlich Etwas anwenden. — Hat daher der das Loos von der Lotterie-Direktion gegen Erlegung des Einsatzes kaufende Spieler den Mitspielern ihren Antheil kreditirt, und haben diese ihre Antheile angeboten, jener aber sie zur Zeit abgelehnt, so ist in allen solchen und ähnlichen Fällen rechtlich die Lage dieselbe, als wenn die Mitspieler von vorn herein ihren Einsatz-Antheil wirklich gezahlt hätten.

c. Auch das bereits vor der mündlichen Verabredung der Spielgemeinschaft von einem dieser Kontrahenten angekaufte Lotterie-Loos ist in dem Verhältniß der Parteien zu einander als gemeinschaftlicher Erwerb anzusehen.

§§ 189 ff. Rechte und Pflichten der Gesellschafter hinsichtlich der Beiträge und Zuschüsse.

Rechtsgr. 412. — IV. Senat. 10. März 1857. (XXIV. 95.)

Die von dem einen oder andern Gesellschafter geleisteten Zahlungen können nur insofern, als sie in den gemeinschaftlichen Fonds geflossen und ausdrücklich als Beiträge oder Zuschüsse geleistet sind, dafür angesehen werden.

§§ 198. 251. Gemeinschaftlicher Fonds.

Rechtsgr. 413. — IV. Senat. 10. März 1857. (XXIV. 95.)

Der gemeinschaftliche Fonds der Gesellschaft besteht aus den ursprünglichen Einlagen und den spätern Zuschüssen (verstärkten Beiträgen).

§§ 217. 218. Cession des Gewinn-Antheils und der Zinsen des Einlage-Kapitals eines Sozius an einen Nicht-Sozius. — Vergl. A. L. R. I. 11. § 382.

Rechtsgr. 414. — IV. Senat. 18. December 1856. (XXIII. 165.)

a. Die Cession des Gewinn-Antheils und der Zinsen des Einlagekapitals eines Sozius an einen Nicht-Sozius ist zuläßig.

b. Zur Substanziirung der Klage des Cessionars gegen die übrigen Sozien auf Zahlung des jährlichen Gewinn-Antheils und der jährlichen Zinsen ist der Nachweis erforderlich, daß unter den Sozien auf dem durch den Sozietäts-Vertrag angeordneten Wege die Feststellung dieses Gewinn-Antheils und der Zinsen geschehen sei.

c. Die Vorschrift des § 217. I. 17. des Allgem. Landrechts ist nicht so zu verstehen, daß die Edition der Bilanzen als Beweismittel für eine im Uebrigen nicht fundirte Klage verlangt werden könnte.

§ **219.** Siehe Rechtsgr. 399. (§ 45. dieses Titels.)
§ **225.** Natur der Vorschüsse eines Gesellschafters.

Rechtsgr. **415**. — IV. Senat. 10. März 1857. (XXIV. 95.)

Vorschüsse, mit welchen der Gesellschafter für die Gesellschaft zur Erreichung des gemeinschaftlichen Zweckes erforderliche und anderweitig nicht gedeckte Ausgaben bestreitet, lassen sich nicht aus dem Gesichtspunkte wirklicher Darlehen betrachten. Auch verlieren sie ihre Eigenschaft als bloße Vorschüsse dadurch nicht, daß der Gesellschafter von dem ihm gesetzlich beigelegten Rechte auf Verzinsung der hergegebenen Gelder Gebrauch macht.

Siehe auch Rechtsgr. 399. (§ 45. dieses Titels.)

§§ **232** ff. Siehe Rechtsgr. 760. (A. D. W. O. Art. 21.)
§ **251.** Antheile der Gesellschafter an dem erl ngten Gewinnantheile.

Rechtsgr. **416**. — IV. Senat. 10. März 1857. (XXIV. 94.)

Bei der Berechnung der Antheile der Gesellschafter an dem erlangten Gewinne kommen die geleisteten Vorschüsse nicht in Betracht.

Siehe auch Rechtsgrundsätze 410. 413. (§§ 170. 198 dieses Titels.)
§ **270.** Siehe Rechtsgr. 631. (A. L. R. II. 8. § 668.)
§ **273.** Siehe Rechtsgr. 410. (§ 170. dieses Titels.)

Fünfter Abschnitt. Von Grenzscheidungen.

§ **372.** Berechtigung des Servitutberechtigten zur Provokation auf Grenzregulirung. — Vergl. Dig. **10.** 1 Lex 4. §§ 7. 9.

Rechtsgr. **417**. — II. Senat. 29. Mai 1856. (XXI. 225.)

Zu den „benachbarten Besitzern" des § 372 I. 17. des Allgem. Landrechts, welche auf die Wiederherstellung verdunkelter und ungewiß gewordener Grenzen anzutragen befugt sind, sind auch Servitutberechtigte zu rechnen.

§§ **385. 386.** Zuziehung der Feldnachbarn bei der Grenzregulirung. — Vergl. Verordnung vom 20. Juni 1817. §§ 56. 85. 115. 145 ff. 152. 170.

Rechtsgr. 418. — III. Senat. 22. März und 24. Mai 1854. (XIII. 127.)

Bei der Regulirung der Grenzen eines Gutes genügt zur rechtsgültigen Feststellung der Ansprüche der Feldnachbarn, welche einzelne Grundstücke besitzen, die Benachrichtigung der benachbarten Gemeinden nicht; es ist vielmehr die Zuziehung der ersteren nothwendig.

Titel 18. Vom getheilten Eigenthum.

Erster Abschnitt. Vom Lehne.

§§ 300. 577. Beschränkung der Forstwirthschaft seitens eines fremden Besitzers des Lehns durch die Agnaten nach dem A. L. R. und dem Pommerschen Lehnrechte. — Vergl. Hinter-Pommersche Lehnskonstitution vom 8. December 1694.

Rechtsgr. 419. — I. Senat. 10. April 1854. (XIV. 11.)

Auch in dem Falle, wenn ein Fremder sich im Besitze eines Lehngutes befindet, ist sowohl nach dem Allgem. Landrecht, als nach den Vorschriften des Pommerschen Lehnrechts nur der nächste Agnat berechtigt, dem Besitzer des Lehns in der Bewirthschaftung einer dazu gehörenden Forst Schranken zu setzen.

§ 577. Siehe Rechtsgr. 419. (§ 300. dieses Titels.)

§§ 580 ff. Lehnskompetenz der bedürftigen Wittwe nach Kurmärkischem Lehnrechte.

Rechtsgr. 420. — I. Senat. 13. April 1855. (XVI. 337.)

Nach Kurmärkischem Provinzialrecht gebührt der bedürftigen Wittwe keine Lehnskompetenz aus dem Nachlasse des Ehemanns, und besteht auch, wenigstens bei nicht-adlichen Lehnen, namentlich bei den Ambachtslehnen, keine rechtsgültige Landesobservanz, welche eine solche Lehnskompetenz als Rechtsnorm darstellte.

Zweiter Abschnitt. Von Erbzinsgütern.

§§ 680. 681. Eigenthum eines Erbzinsgutes. — Vergl. Ablösegesetz vom 2. März 1850 § 2 Nr. 2.

Rechtsgr. 421. — III. Senat. 9. und 13. Oktober 1854. (XV. 98.)

Die §§ 680. und 681. I. 18. des Allgem. Landrechts, – nach welchen dem Besitzer eines sogenannten Zinsgutes in der Regel das volle, nur mit dem Zinse belastete Eigenthum zusteht, – sind durch § 2. No. 2. des Ablösegesetzes vom 2. März 1850 nicht aufgehoben.

§ 703. Verhaftung des Vorbesitzers eines mit Reallasten behafteten Grundstücks für die Rückstände aus seiner Besitzzeit. — Vergl. A. L. R. I. **18**. § 808., **19**. §§ 1. 8. 30.

Rechtsgr. 422. — II. Senat. 22. April 1856. (XXI. 120.)

Der Besitzer eines mit Reallasten behafteten Grundstücks ist auch nach Veräußerung desselben für die in seine Besitzzeit fallenden Rückstände persönlich verhaftet.*

§ 714. Siehe Rechtsgr. 1342. (Rentenbankgesetz vom 2. März 1850. § 50.)

§ 719. Siehe Rechtsgr. 1337. (Ablösungsgesetz vom 2. März 1850. § 40.)

§§ 720. 731. Siehe Rechtsgr. 1342. (Rentenbankgesetz vom 2. März 1850 § 50.)

§ 736. Laudemialpflicht bei Wiederaufhebung eines bereits erfüllt gewesenen Veräußerungs-Vertrages. — Vergl. A. L. R. I. **5**. §§ 385. 390., **11**. § 19.

Rechtsgr. 423. — II. Senat. 5. December 1854. (XIV. 337.)

Wenn der Verkäufer zur Zeit der Veräußerung nicht Allein-Eigenthümer des verkauften und übergebenen Grundstücks war, demnächst aber dieses Hinderniß des Ueberganges des Eigenthums behoben worden ist, so enthält die später auf Grund wechselseitiger Einwilligung erfolgende Aufhebung des Vertrages einen neuen Veräußerungsvertrag, und der Rückerwerber ist zur Abführung des Laudemii verpflichtet.

§ 808. Siehe Rechtsgr. 422. (§ 703. dieses Titels.)

*) Vergl. dagegen die Abhandlung von Strohn im Archiv für Rechtsfälle Bd. 12. S. 351.

§§ 815. 816. 819. Laudemialpflichtigkeit eines vor Einführung des A. L. R. unter Vorbehalt eines Zinses ursprünglich zum Eigenthum verliehenen Gutes. — Vergl. A. L. R. Publ. Patent vom 5. Februar 1794 §§ 8-11., Einl. §§ 14. 15.

Rechtsgr. **424.** — II. Senat. 13. Juni 1854. (XIV. 55.)

Die §§ 815. und 816. I. 18. des Allgem. Landrechts, — betreffend die Natur des Zinses und die Laudemialpflichkeit eines unter Vorbehalt eines Zinses ursprünglich zum Eigenthum verliehenen Gutes, — enthalten keine Auslegungsregeln für vorlandrechtliche Verträge.

Titel 19. Von dinglichen und persönlichen Rechten auf fremdes Eigenthum überhaupt.

§§ 1 ff. Einschränkungen und Belastungen einer Sache oder eines Rechts

A. Rechtliche Natur einer Reallast. — Vergl. Ablösegesetz vom 2. März 1850 § 6.; Rentenbankgesetz vom 2. März 1850 § 18.

Rechtsgr. **425.** — II. Senat. 3. Juli 1856. (XXII. 78.)

Bei der Reallast stehen zwei Personen gegen einander in einem obligatorischen Verhältnisse, dessen Grund der Besitz eines Grundstücks auf Seiten des Verpflichteten ist.

Rechtsgr. **426.** — II. Senat. 4. September 1856. (XXII. 153.)

Der Rechtsbegriff einer Reallast erfordert, daß dieselbe auf einem Grundstück haftet.

B. Rechtlicher Unterschied zwischen Servitut und Reallast. — Vergl. A. L. R. I. **16.** §§ 454. 455., **22.** §§ 11 ff. 235.

Rechtsgr. **427.** — II. Senat. 20. December 1855. (XX. 55.)

Der Charakter der Servitut besteht in der patientia, jener der Reallast in einer aktiven Verpflichtung.

Wenn daher vertragsmäßig statt der bisher einem Grundstücke zustehenden Holzungsgerechtigkeit und gegen Verzichtleistung auf dieselbe der Eigenthümer des belasteten Grundstücks sich verpflichtet hat, dem Eigenthümer des berechtigten Grundstücks eine bestimmte Quantität Holz alljährlich auf immerwährende Zeiten aus seiner Forst zu verabreichen, so ist die bisherige Holzungsgerechtigkeit (Grundgerechtigkeit) durch Novation in eine Reallast umgewandelt.*

C. Rechtliche Natur des Rechts zur Austorfung eines Wiesengrundstücks. — Vergl. A. L. R. I. 2. § 110., 9. § 220., 21. §§ 259. 276.

Rechtsgr. 428. — III. Senat. 3. März 1854. (XIII. 36.)

Ein Vertrag über die Einräumung des Rechts zur Austorfung eines Wiesengrundstücks gegen Entgelt ist kein Pachtvertrag, derselbe unterliegt vielmehr, wenn die Bedingungen eines Kaufvertrages nicht zutreffen, den allgemeinen Vorschriften der §§ 1 ff. I. 19. des A. L. R.

Siehe auch Rechtsgrundsätze 211. 223-225. 422. 460. (A. L. R. I. 11. §§ 183. 342., 18. § 703., 20. § 527.)

§§ 4-6. Einfluß des früheren Erwerbstitels bei der Kollision mehrerer Gläubiger wegen einer einem Jeden derselben im Wege der Exekution überwiesenen persönlichen Forderung.

Rechtsgr. 429. — IV. Senat. 14. Juni 1855. (XVIII. 58.)

Die §§ 4-6 I. 19. des Allgem. Landrechts, betreffend die Wirkung der Einräumung des Besitzes an Einen unter den mehreren zur Sache persönlich berechtigten Personen, finden keine Anwendung, wenn mehrere Gläubiger sich dieselbe Forderung im Wege der Exekution überweisen lassen, und Einer derselben einen Titel zum Pfandrechte hatte.

§ 5. Siehe Rechtsgrundsätze 429. 1133. 1338. (§ 4. dieses Titels; Gesetz vom 4. Juli 1822 § 1.; Ablösegesetz vom 2. März 1850 § 40.)

§ 7. Siehe Rechtsgrundsätze 242. 1338. (A. L. R. I. 11. § 602.; Ablösungsgesetz vom 2. März 1850 § 410.)

§ 8. Siehe Rechtsgr. 422. (A. L. R. I. 18. § 703.)

§§ 12. 13. Siehe Rechtsgr. 188. (A. L. R. I. 9. § 649.)

* Vergl. die Abhandlung von Strohn im Archiv für Rechtsfälle Bd. 12. S. 347.

§§ 14 ff. Einschränkungen und Belastungen des Eigenthums:

A. Beweislast rücksichtlich der Grenzen und des Umfangs einer in Betreff ihrer Existenz anerkannten Servitut. — Vergl. A. L. R. I. 7. § 181.

Rechtsgr. **430**. — II. Senat. 16. Januar 1855. (XV. 332.)

Wenn der Servitutberechtigte die Servitut in einem größeren Umfange beansprucht, als der Eigenthümer des belasteten Grundstücks dieselbe anerkennt, so hat der erstere jenen größeren Umfang zu beweisen, weil die Vermuthung für die Freiheit des Eigenthumes nur insoweit widerlegt wird, als das Zugeständniß reicht.

B. Nachweide- und Vorweidegerechtigkeit.

Rechtsgr. **431**. — II. Senat. 8. Juli 1856. (XXII. 103.)

Die Gerechtigkeit der Nachweide schließt die Berechtigung des Grundeigenthümers, das Recht zur Vorweide auf einen Dritten zu übertragen, nicht aus.

Siehe auch Rechtsgrundsätze 505. 515. (A. L. R. I. 22. §§ 71. 215.)

§ 17. Siehe Rechtsgr. 188. (A. L. R. I. 9. § 649.)
§ 19. Siehe Rechtsgr. 507. (A. L. R. I. 22. § 89.)
§§ 22. 23. Rechte des Erbpächters eines Theils der Pfarr-Gebäude und -Ländereien hinsichtlich des der Pfarre gegen den Kirchenpatron zustehenden Rechts auf Gewährung von Baumaterialien. — Vergl. Deklaration vom 29. Mai 1816 Art. 96.

Rechtsgr. **432**. — II. Senat. 4. April 1854. (XIV. 3.)

Durch die Vererbpachtung eines Theils der Pfarr-Gebäude und Ländereien geht das der Pfarre gegen den Patron zustehende Recht auf Gewährung von Baumaterialien nicht von selbst für die in Erbpacht genommenen Gebäude auf den Erbpächter über.

Siehe auch Rechtsgrundsätze 512. 513. 666. (A. L. R. I. 22. § 203., II. 11. § 580.)

§ 30. Siehe Rechtsgr. 422. (Allg. L. R. I. 18. § 703.)

Titel 20. Von dem Rechte auf die Substanz einer fremden Sache.

Erster Abschnitt. Vom Rechte des Unterpfandes.

§ **1.** Siehe Rechtsgrundsätze 397. 1239. (A. L. R. I. **16**. § 484.; Schlesisches Provinzial-Städte-Feuersozietäts-Reglement vom 6. Mai 1842 § 13.)

§§ **2** ff. Siehe Rechtsgr. 448. (§ 422 dieses Titels.)

§ **5.** Siehe Rechtsgr. 1187. (Exekutions-Verordnung vom 4. März 1834 § 22.)

§ **7.** Pfandrecht des Wechselgläubigers an der von dem Wechselschuldner deponirten Kaution. — Vergl. A. L. R. I. **7**. §§ 45. 58-60. 62. 63., **14**. §§ 178. 186 ff., **20**. §§ **14**. 104 ff.

Rechtsgr. **433**. — IV. Senat. 15. Juli 1854. (XIV. 173.)

Durch die behufs Sicherstellung des Wechselgläubigers wegen der Wechselvaluta von dem Wechselschuldner geschehene gerichtliche Deposition der Kaution erlangt der erstere an dieser Kaution ein Pfandrecht.

§ **8.** Siehe Rechtsgr. 448. 449. (§ 422. dieses Titels.)

§ **13.** Siehe Rechtsgr. 931. 932. (A. G. O. I. **29**. § 81.)

§ **14.** Siehe Rechtsgr. 433. (§ 7. dieses Titels.)

§ **16.** Siehe Rechtsgr. 444. (§ 404. dieses Titels.)

§§ **22. 23.** Anderweitige Sicherstellung des Hypothekengläubigers seitens des persönlich verpflichteten Schuldners für die bei der nothwendigen Subhastation ausgefallene Hypothekenforderung. — Vergl. §§ 260. 441. 442.

Rechtsgr. **434**. — III. Senat. 18. April 1856. (XXI. 97.)

Für die bei der nothwendigen Subhastation des verpfändeten Grundstücks ausgefallene Hypothekenforderung kann der Gläubiger eine anderweitige Sicherstellung durch Hypothek von dem persönlich verpflichteten Schuldner nicht verlangen.

§§ **29-31.** Außergerichtlicher Verkauf verpfändeter öffentlicher Werthpapiere. Verkaufstaxe.

Rechtsgr. **435**. — IV. Senat. 30. Mai 1857. (XXIV. 347.)

a) Besteht das Pfand in öffentlichen Werthpapieren, hat ferner der Darlehnsgeber und Pfandgläubiger sich nicht zur Rückgewähr bestimmter Nummern, sondern nur überhaupt zur Rückgewähr der Stückzahl verpflichtet, und ist endlich die Cession der Papiere als Form des Pfandvertrages gewählt, so ist der Pfandgläubiger berechtigt, am Verfalltage des Darlehns das Pfand ohne Weiteres außergerichtlich zu veräußern.

b) Bei öffentlichen, dem Börsenkourse unterworfenen Werthpapieren bedarf es der Aufnahme der Taxe nach § 30. I. 20. des Allgem. Landrechts nicht.

§§ **37** ff. Siehe Rechtsgr. 364. (A. L. R. I. **16**. § 46.)

§ **54.** Uebernahme einer Hypothekenschuld in Anrechnung auf das Kaufgeld:

A. Wahlrecht des Käufers in Betreff Zahlung der übernommenen Hypothekenschuld oder Befreiung des Verkäufers von seiner persönlichen Verbindlichkeit. — Vergl. A. L. R. I. **5**. § 274.

Rechtsgr. **436**. — III. Senat. 24. September 1855. (XVIII 152.)

Hinsichtlich der beiden Erfüllungsarten der dem Käufer des Grundstücks gegen den Verkäufer entstandenen persönlichen Verpflichtung, entweder die in Abrechnung auf das Kaufgeld übernommenen hypothekarischen Schulden zu zahlen oder die Befreiung des Verkäufers von seiner persönlichen Verbindlichkeit gegen die betreffenden Hypothekengläubiger zu bewirken, – steht die Wahl nicht dem Verkäufer, sondern dem Käufer zu.

B. Cession des dem Verkäufer auf Zahlung oder Liberirung gegen den Käufer zustehenden Rechts an den Hypothekengläubiger.

Rechtsgr. **437**. — IV. Senat. 15. September 1853. (XIII. 317.)

Der Verkäufer kann das Recht, von dem persönlich verpflichteten Käufer Zahlung der übernommenen Hypothekenpost oder Liberirung zu verlangen, dem Hypothekengläubiger cediren, welcher demnächst berechtigt ist, von dem Käufer sofortige Zahlung der Forderung zu verlangen.

C. Fortdauer des Rechts des Verkäufers gegen den Käufer auf Zahlung oder Liberirung bei Uebergabe des verkauften Grundstücks an den Cessionar des Käufers. — Vergl. A. L. R. I. **14.** §§ 399. 400, **16.** § 381.

Rechtsgr. **438.** — IV. Senat. 15. September 1853. (XIII. 316.)

Der Verkäufer wird blos dadurch, daß er das Grundstück nicht dem Käufer, sondern dessen Cessionar übergiebt, noch nicht seines Rechts verlustig, von dem Käufer Zahlung der von ihm in Abrechnung auf das Kaufgeld übernommenen Hypothekenpost oder Befreiung von seiner desfallsigen persönlichen Verbindlichkeit gegen den Hypothekengläubiger zu verlangen.

D. Mitverhaftung eines andern Grundstücks des Verkäufers für die vom Käufer übernommene Hypothekenschuld. — Vergl. A. L. R. I. 4. § 19., **5.** §§ 253. 270.

Rechtsgr. **439.** — III. Senat. 21. September 1855. (XVIII. 153.)

Der Käufer, welchem bei Abschluß des Kaufvertrages bekannt war, daß die von ihm als Selbstschuldner übernommene Hypothekenschuld auch auf ein anderes Grundstück des Verkäufers eingetragen worden, ist auch die Löschung dieser anderweiten Hypothek zu erwirken verpflichtet, wenngleich letztere von dem Gläubiger noch nicht geltend gemacht worden ist.

Siehe auch Rechtsgr. 392. (A. L. R. I. **16.** § 484.)

§ **68.** Siehe Rechtsgr. 397. (A. L. R. I. **16.** § 484.)

§§ **104** ff. Siehe Rechtsgr. 433. (§ 7. dieses Titels.)

§§ **118. 253.** Fortdauer des Pfandrechts bei Beschlagnahme der verpfändeten Gegenstände im Wege der Exekution für einen Dritten.

Rechtsgr. **440.** — IV. Senat. 22. Juni 1854. (XIII. 219.)

Das Pfandrecht, welches einem Gläubiger von dem Schuldner an Vermögens-Gegenständen desselben bestellt worden, geht durch deren hiernächst auf den Antrag anderer Gläubiger im Wege der Exekution erfolgte Beschlagnahme nicht verloren.

§§ **121-125.** Siehe Rechtsgr. 892. (A. G. O. I. **13.** § 38.)

§§ **139-141.** Vieh- und Wirthschafts-Inventar eines Landguts als fruchttragende Sache. — Rechte des dasselbe zurückbehaltenden Verpächters hinsichtlich der Früchte und Nutzungen.

Rechtsgr. **441.** — III. Senat. 13. Juli 1855. (XVIII. 97.)

a) Das auf einem Landgute befindliche Vieh- und Wirthschafts-Inventarium ist für eine fruchttragende Sache im Sinne der §§ 139. 140. I. 20. des Allgem. Landrechts zu erachten.

b) Der Gutsverpächter ist daher berechtigt, von dem für ihn mit Arrest belegten und nach Exmission des Pächters zurückbehaltenen Vieh- und Wirthschafts-Inventar desselben in Anrechnung auf seine Pfandforderung die Früchte und Nutzungen zu ziehen und dieselben nur soweit, als sie seine Forderung übersteigen, herauszugeben verpflichtet.

§§ **171. 172.** Siehe Rechtsgr. 379. (A. L. R. I. **16.** § 302.)

§§ **188-190. 192. 193.** Siehe Rechtsgr. 892. (A. G. O. I. **13.** § 38.)

§ **211.** Siehe Rechtsgr. 1198. (Exekutions-Verordnung vom 4. März 1834 § 18.)

§§ **219. 220.** Siehe Rechtsgr. 379. (A. L. R. I. **16.** § 302.)

§§ **227. 235.** Form eines antichretischen Pfandvertrages. — Vergl. A. L. R. I. **5.** §§ 200-204.; A. G. O. II. 3. §§ 21-24.; Gesetz vom 23. April 1821 § 4.

Rechtsgr. **442.** — III. Senat. 3. November 1854. (XVI. 13.)

Auch ein gerichtlich aufgenommener und ausgefertigter antichretischer Pfandvertrag bedarf der gerichtlichen Bestätigung.

§ **235.** Siehe Rechtsgr. 442. (§ 227. dieses Titels.)

§ **253.** Siehe Rechtsgr. 440. (§ 118. dieses Titels.)

§ **260.** Siehe Rechtsgr. 434. (§ 22. dieses Titels.)

§§. **281. 285. 511** ff. Verpfändung eines Antheils an einer Hypothekenforderung — Vergl. A. L. R. I. **11.** § 399.; A. G. O. I. **50.** §§ 377. 378.; Gesetz vom 8. Februar 1811.

Rechtsgr. **443.** — IV. Senat. 14. Juni 1855. (XVIII. 57.)

Zur gültigen Bestellung eines Pfandrechts an dem Antheile einer Hypothekenforderung ist die Anfertigung eines Antheils-Dokuments und dessen Uebergabe an den Pfandgläubiger erforderlich.

§ **367.** Siehe Rechtsgr. 102. (A. L. R. I. 7. § 61.)

§§ **399** ff. Siehe Rechtsgr. 448. (§ 422. dieses Titels)

§§ **404** ff. Rangordnung der von dem Vorbesitzer und der von dem Besitznachfolger bestellten, erst bei der Besitztitelberichtigung für den letzteren eingetragenen Hypothekenrechte. — Vergl. §§ 16. 408-412. dieses Titels; A. Hypoth.-Ord. II. §§ 30. 56. 131.

Rechtsgr. **444.** — IV. Senat. 20. Juni 1854. (XIII. 205.)

a) Die Rangordnung eines von dem früheren Eigenthümer bestellten und bei Berichtigung des Besitztitels für den neuen Eigenthümer miteingetragenen dinglichen Rechts vor den von dem neuen Eigenthümer vor der Besitztitel-Berichtigung eingeräumten und vor oder bei der letzteren eingetragenen Hypothekenrechten beschränkt sich auf solche Rechte, die sich der Veräußernde bei der Veräußerung selbst vertragsmäßig vorbehalten hat.

b) Die Rangordnung der vor der Berichtigung des Besitztitels für den neuen Erwerber von demselben bestellten, zur Eintragung angemeldeten und bei der Besitztitelberichtigung gleichzeitig eingetragenen Hypotheken richtet sich nach dem Alter der Anmeldung. — Dieser Grundsatz gilt auch hinsichtlich der auf den Grund rechtskräftiger Erkenntnisse erfolgten Anmeldungen und Eintragungen.

§§ **408. 409.** Siehe Rechtsgr. 444. 448. (§§ 404. 422. dieses Titels.)

§ **410.** Böser Glaube des die Eintragung nachsuchenden Gläubigers. — A. L. R. I. **10.** §§ 7-10.

Rechtsgr. **445.** — III. Senat. 4. Juli 1855. (XVIII. 84.)

Wenn der Gläubiger von dem Hypotheken-Richter

bei der Benachrichtigung von der erfolgten Eintragung der Protestation und bei der Zustellung des Hypotheken-Instruments gleichzeitig davon in Kenntniß gesetzt ist, daß das Grundstück an einen Dritten veräußert sei, die Umschreibung des Besitztitels für denselben aber wegen Hindernisse noch nicht habe erfolgen können, so ist hierdurch dem neuen Eigenthümer gegenüber der böse Glaube jenes Gläubigers für dargethan zu erachten, und daher die Eintragung für ihn ohne Wirkung.

Siehe auch Rechtsgrundsätze 195. 444. 453. (A. L. R. I. **10.** § 7., **20.** §§ 404. 443. dieses Titels.)

§ **415.** Anfechtung des Erbpachtsvertrages seitens des Nachfolgers in dem Besitz des mit dem Erbpachtskanon belasteten Grundstücks. — Vergl. A. L. R. I. **2.** §§ 125 ff.

Rechtsgr. **446.** — II. Senat. 3. Juni 1856. (XXI. 250.)

Der Besitzer des mit einem Erbpachtskanon belasteten Grundstücks ist als solcher berechtigt, die Gültigkeit des von einem Vorbesitzer dieses Grundstücks mit dem Erbverpächter abgeschlossenen Erbpachtsvertrages anzufechten.

§§ **417** ff. Siehe Rechtsgr. 1186. (Exekutionsverordnung vom 4. März 1834 § 22.)

§ **421.** Hypothekenklage aus einer nur protestativischen Eintragung. — Vergl. A. Hypoth.-Ordnung II. § 299.

Rechtsgr. **447.** — III. Senat. 6. Dezember 1854. (XVI. 69.)

Das aus einer, wegen des Widerspruchs des Besitzers, nur protestativisch erfolgten Eintragung erworbene Recht kann nach beseitigtem Hinderniß durch die Hypothekenklage geltend gemacht werden, ohne daß es der vorherigen Umschreibung der Protestation in eine Hypothek bedarf.

§§ **422** ff. Einwendungen gegen eingetragene Forderungen:

A. Berechtigung des Nachfolgers im Besitz des Grundstücks zur Anfechtung der Gültigkeit der gegen den Vorbesitzer im Wege der Exekution eingetragenen Hypothek. — Vergl. §§ 2-8. 399-410. dieses Titels; Exek.-Verord. vom 4. März 1834 § 22.

Rechtsgr. 448. — II. Senat. 24. April 1857. (XXIV. 204.)

Der Nachfolger in dem Besitze des Grundstücks ist aus eigenem Rechte befugt, die Gültigkeit der auf den Antrag eines Gläubigers seines Vorbesitzers im Wege der Exekution eingetragenen Hypothek anzufechten.

B. Einreden des Hypothekenschuldners gegen den dritten Erwerber der Hypothekenforderung.

Rechtsgr. 449. — III. Senat. 6. Februar 1857. (XXIV. 36.)

Ob die Cession innerhalb der vierwöchentlichen Frist stattgefunden, ist unerheblich, vielmehr genügt es, um die Einwendungen des Schuldners gegen den dritten Erwerber der Forderung auszuschließen, daß dieselben weder rechtzeitig im Hypothekenbuche vermerkt, noch dem Erwerber sonst kundgethan sind.

C. Einreden des dinglich und des persönlich verpflichteten Schuldners der Hypothekenforderung. — Vergl. A. L. R. I. 11. §§ 407 ff.

Rechtsgr. 450. — IV. Senat. 30. März 1854. (XIII. 44.)

Der Grundsatz, — daß dem Dritten, welcher eine Hypothekenforderung nach deren Eintragung durch einen lästigen Vertrag erworben hat, solche Einwendungen und Gegenforderungen nicht entgegengesetzt werden dürfen, welche binnen vier Wochen nach Eintragung der Post im Hypothekenbuche nicht vermerkt sind, — findet nur Anwendung, wenn das Hypothekenrecht selbst verfolgt wird. — Macht dagegen der dritte Inhaber das persönliche Forderungsrecht, zu dessen Sicherheit die Hypothek bestellt ist, vor oder nach Löschung der letzteren geltend, so ist das Rechtsverhältniß zwischen dem Schuldner und dem Cessionar lediglich nach den von Cessionen nicht eingetragener Forderungen überhaupt geltenden Grundsätzen zu beurtheilen.

Rechtsgr. 451. — Plenum. 19. März 1855. (XVI. 300.)

Der Grundsatz, — daß dem dritten Inhaber einer Hypothekenforderung Einwendungen, welche nicht binnen vier Wochen nach der Eintragung dieser Forderung in dem Hypothekenbuche vermerkt sind, nicht entgegengesetzt werden können, findet nur auf den Fall der Verfolgung des Hypothekenrechts als solches Anwendung. Nach erfolgter Löschung des Hypothekenrechts oder rücksichtlich des Falls der Verfolgung des demselben unterliegenden persönlichen Forderungsrechts ist dagegen das Rechtsverhältniß des Schuldners zu dem dritten Inhaber lediglich nach den von Cessionen nicht eingetragener Forderungen — §§ 407 ff. I. 11. des Allgem. Landrechts — geltenden Grundsätzen zu beurtheilen.

Siehe auch Rechtsgrundsätze 396. 1131. 1135. 1187. (A. L. R. I. **16**. § 484. Gesetz v. 4. Juli 1822 §§ 1. u. 6.; Exekutionsverordnung vom 4. März 1834 § 22.)

§§ **424-426**. Siehe Rechtsgr. 259. (A. L. R. I. **11**. § 738.)

§ **430**. Siehe Rechtsgr. 996. (Code Napoléon art. 1382.)

§ **435**. Regreßpflicht des Hypothekenrichters wegen versäumter Eintragung der Hypothek. — Vergl. A. L. R. I. **14**. §§ 284. 297 ff. II. **10**. § 91.

Rechtsgr. **452**. — I. Senat. 27. Mai 1857. (XXXIV. 340.)

Der § 435. I. 20. des Allgem. Landrechts ist auf den § 284. I. 14. daselbst nicht, sondern nur auf die in den §§ 297 ff. ebendaselbst gedachten Fälle zu beziehen. Daher ist zur Begründung der von dem Gläubiger direkt gegen den subsidiarisch haftenden Hypothekenrichter wegen seines aus der versäumten Eintragung der Hypothek erlittenen Schadens anzustellenden Regreßklage der Umstand, daß der zunächst für den Schaden Verhaftete schon früher unpfandbar befunden worden, und den Manifestationseid geleistet hat, nicht ausreichend.

§ **436**. Siehe Rechtsgr. 1195. (Subhastations-Verordnung v. 4. März 1834 § 16.)

§§ **441-442**. Siehe Rechtsgr. 434. (§ 22. dieses Titels.)

§§ **443** ff. Gegenstand des dinglichen Rechts des Hypothekengläubigers:

A. Dingliches Recht des Hypothekengläubigers an früher veräußerten Gutsparzellen. — Vergl. A. L. R. I. **10.** § 7., **20.** § 410.

Rechtsgr. **453.** — Plenum 19. März 1855. (XVI. 306.)

Das dingliche Recht des Hypothekengläubigers erstreckt sich auch auf einen in dem Hypothekenbuche nicht besonders aufgeführten Theil der Substanz des verpfändeten Grundstücks, welches schon vor der Eintragung der Hypothek in das Eigenthum eines Dritten übergegangen, aber in diesem Zeitpunkte vom Hauptgute im Hypothekenbuche noch nicht abgeschrieben war.

B. Dingliches Recht des Hypothekengläubigers an dem geschlagenen, an einen Dritten verkauften und übergebenen, aber von dem verpfändeten Grundstücke noch nicht räumlich getrennten Holze. — Vergl. I **2.** §§ 60. 108., **20.** § 446.

Rechtsgr. **454.** — III. Senat. 12. Mai 1854. (XIII. 96.)

Das auf einem Landgute geschlagene, an einen Dritten veräußerte und demselben übergebene Holz bleibt, so lange es von dem Gute nicht räumlich getrennt worden, dem dinglichen Rechte der Hypothekengläubiger unterworfen.

Siehe auch Rechtsgrundsätze 206. 1239. (A. L. R. I. **11** § 83.; Schlesisches Provinzial-Städte-Feuersozietäts-Reglement vom 6. Mai 1824 § 13.)

§ **446.** Siehe Rechtsgr. 206. 454. (A. L. R. I. **11.** § 83., **20.** § 443.)

§ **454.** Siehe Rechtsgr. 206. (A. L. R. I. **11.** § 83.)

§§ **467** ff. Siehe Rechtsgr. 1195. (Subhastationsverordn. vom 4. März 1834 § 16.)

§§ **475. 476.** Siehe Rechtsgr. 1188. (Exekutions-Verordnung vom 4. März 1834 § 25.)

§ **480.** Ausschließung des dinglichen Rechts der Hypothekengläubiger auf die vorausbezahlte Pacht für ein Quartal bei hiernächst erfolgender Beschlagnahme der Früchte und Nutzungen des Grundstücks. — Vergl. A. L. R. I. **21.** §§ 73. 297.; A. G. O. I. **24.** § 130.

Rechtsgr. **455.** — III. Senat. 7. Juli 1851. (XIV. 127.)

Unter dem Quartal, für welches der Pächter die Vorausbezahlung der Pacht bei einer Beschlagnahme der

Früchte und Nutzungen des Grundstücks den Hypothekengläubigern entgegensetzen kann, ist das laufende Quartal, in welchem die Beschlagnahme erfolgt ist, zu verstehen.

§ **482**. Umfang des durch die Hypothek sichergestellten Rechts, insbesondere hinsichtlich der nicht mit eingetragenen verbedungenen Zinsen. — Vergl. A. Hypotheken-Ordnung II. § 156.; Gesetz vom 24. Mai 1853 § 30.

Rechtsgr. **456**. — IV. Senat. 26. Februar 1856. (XXI. 14.)

Das Hypothekenrecht erstreckt sich auch auf die vorbedungenen Zinsen des eingetragenen Kapitals, wenngleich derselben bei der Eintragung des letzteren nicht ausdrücklich Erwähnung geschehen ist.*

Siehe auch Rechtsgr. 1188. (Exekut.-Verordnung v. 4. März 1834 § 25.)

§ **502**. Siehe Rechtsgrundsätze 931. 932. (A. G. O. I. **29**. § 81.)

§ **504**. Vorzugsrecht eines zweijährigen Rückstandes der Gutsliedlöhner im Subhastations-Kaufgeldervertheilungs-Verfahren. — Vergl. Allg. G. O. I. **50**. §§ 356. 370. 376 a. 392. 500., **51**. §§ 34 45. 46.; Subh.-Verordn. v. 4. März 1834 § 18.

Rechtsgr. **457**. — IV. Senat. 20. Juni 1854. (XIII. 213.)

Der bevorzugte zweijährige Rückstand der Gutsliedlöhner ist im Subhastations-Kaufgeldervertheilungs-Verfahren von dem Tage der Einleitung der Subhastation zu berechnen.

Siehe auch Rechtsgrundsätze 365. 1189. (A. L. R. I. **16**. § 46.; Subh.-Verordn. vom 4. März 1834 § 9.)

§ **509**. Siehe Rechtsgr. 1198. (Subhastations-Verordn. vom 4. März 1834 § 18.)

§ **511**. und Anhang § 53. zu § 511. Siehe Rechtsgrundsätze 396. 443. 1135. (A. L. R. I. **16**. Anh. § 52. zu § 484., **20**. § 281.; Gesetz v. 4. Juli 1822 § 6.)

§ **520**. Siehe Rechtsgr. 1131. (Gesetz v. 4. Juli 1822 § 1.)

§§ **522**. **523**. Siehe Rechtsgrundsätze 396. 1135. (A. L. R. I. **16**. Anhang § 52. zu § 484.; Gesetz vom 4. Juli 1822 § 6.)

*) Vergl. über die ältere Ansicht das Urtheil in Simon und v. Strampff, Rechtssprüche Bd. I. S. 87 ff.

§§ 524 ff. Fortdauer des dinglichen Rechts der Hypotheken-Gläubiger des Haupttheils an veräußerten, aber nicht abgeschriebenen Parzellen.

Rechtsgr. 458. — III. Senat. 25. September 1854. (XV. 38.)

Die von einem Gute veräußerten, ohne Abschreibung auf dem Hypothekenfolium des Guts auf ein besonderes Folium schuldenfrei eingetragenen Parzellen bleiben für die auf dem Hauptfolium intabulirten Hypotheken so lange verhaftet, als sie sich noch im Besitze des ersten Erwerbers oder dessen Universal-Successors befinden.

§ 526. Zur Ungebühr erfolgte Löschung einer eingetragenen Post bei Uebertragung eines alten Hypothekenfoliums auf ein neues. — Vergl. A. Hyp.-Ordn. I. § 22.

Rechtsgr. 459. — II. Senat. 18. Januar 1855. (XVI. 183.)

Durch die Uebertragung eines alten Hypotheken-Foliums auf ein neues, namentlich auch in Folge Uebergangs der Real-Jurisdiktion über das Grundstück an ein anderes Gericht, wird das alte Hypotheken-Folium geschlossen und verliert dadurch für die Zukunft seine fernere Wirksamkeit. Daher steht die bei dieser Uebertragung nicht erfolgte Mitübertragung einer auf dem alten Folium eingetragenen noch ungelöschten Post auf das neue Folium deren zur Ungebühr erfolgten Löschung gleich.

§§ 527 ff. Wirkung der zur Ungebühr erfolgten Löschung einer Hypothekenpost. — Vergl. A. L. R. I. 19. §§ 1 ff.; A. Hyp.-Ordnung II. §§ 285-288.

Rechtsgr. 460. — II. Senat. 18. Januar 1855. (XVI. 183.)

Die Vorschriften der §§ 526 ff. I. 20. des Allgem. Landrechts beziehen sich lediglich auf die Rechte eingetragener Gläubiger unter einander, nicht aber auf diejenigen, welche erst nach der Zeit der zur Ungebühr erfolgten Löschung einer Reallast das Grundstück in gutem Glauben erworben und ihren Besitztitel im Hypothekenbuch haben berichtigen lassen.

Zweiter Abschnitt. Vom Zurückbehaltungsrechte.

§§ **537. 539.** Entstehungsgrund des Zurückbehaltungsrechts; Geltendmachung der Ansprüche des Retentionsberechtigten.

Rechtsgr. **461**. — IV. Senat. 17. April 1856. (XX. 334.)

Das Retentionsrecht ist kein Entstehungsgrund von Rechten; Ansprüche des Retentionsberechtigten sind daher mit derjenigen Klage geltend zu machen, welche aus dem Geschäfte entspringt, durch welches der Retinirende die Gewahrsam der Sache überkommen hat.

§ **556.** Beseitigung des Retentionsrechts durch anderweitige Sicherstellung des Retinenten. — Vergl. A. L. R. I. **14.** § 186.

Rechtsgr. **462**. — III. Senat. 17. Dezember 1856. (XXI. 230.)

Durch die seitens des Eigenthümers zur Sicherstellung des streitigen Anspruchs des Retinenten geschehene Deposition wird das Retentionsrecht beseitigt.

§ **562**. Siehe Rechtsgr. 489. (A. L. R. I. **21**. § 395.)

Dritter Abschnitt. Vom Vorkaufs-, Näher- und Wiederkaufsrechte.

§§ **575.** Vorkaufsrecht bei Kaufverträgen in Erfüllung eines Vertrages über geleistete Dienste. — Vergl. A. L. R. I. **4**. §§ 54. 55. 57., **11**. §§ 70 ff.

Rechtsgr. **463**. — III. Senat. 21. Januar 1857. (XXIII. 260.)

Das dingliche Vorkaufsrecht findet nicht statt, wenn zwar die Uebereignung des Grundstücks in der Form eines Kaufvertrages, in der That aber als Erfüllung eines Vertrages über geleistete Dienste geschehen ist.

§ **607.** Vorkaufsrecht des Miteigenthümers bei dem gleichzeitigen Mitverkauf einer mit dem Vorkaufsrechte bis dahin nicht belasteten Sache.

Rechtsgr. **464**. — III. Senat. 17. Dezember 1856. (XXIV. 26.)

a) Der Grundsatz des § 607. I. 20. des A. L. R., — nach welchem, wenn die mit dem Vorkaufsrechte belastete Sache zugleich mit einer anderen für einen und denselben Preis verkauft worden ist, der Berechtigte sich auch diese Bedingung gefallen lassen oder von dem Vorkaufe abstehen muß, — gilt allgemein für beide Fälle, die Uebergabe an den ersten Käufer mag schon geschehen sein, oder nicht.

b) Dem Vorkaufsrechte des Miteigenthümers ist auch die zugleich mit der belasteten Sache für einen unzertrennten Preis mitverkaufte, bis dahin mit dem Vorkaufsrechte nicht belastet gewesene Sache unterworfen.

§ **616.** Siehe Rechtsgrundsätze 23. 724. (A. L. R. Einl. § 89., II. **18.** § 644.)

§ **631.** Dingliches Vorkaufsrecht bei einem simulirten Vertrage.

Rechtsgr. **465.** — III. Senat. 21. Januar 1857. (XXIII. 260.)

Das dingliche Vorkaufsrecht findet bei einem simulirten Kaufvertrage nicht statt.

Titel 21. Von dem Rechte zum Gebrauche oder Nutzung fremden Eigenthums.

§ **1.** Ersitzung einer Personalservitut, insbesondere des Rechts auf einen Kirchenstuhl als eines vererblichen Rechts. — Vergl. A. L. R. I. **7.** § 82., **9.** §§ 360. 579-581. 625 ff., **22.** §§ 12. 14., II. **11.** §§ 681. 682. 685.

Rechtsgr. **466.** — I. Senat. 31. März 1856. (XX. 291.)

Personal-Servituten, insbesondere das Recht auf einen Kirchenstuhl, können als vererbliche Rechte durch Verjährung erworben werden.

Siehe auch Rechtsgr. 184. (A. L. R. I. **9.** § 629.)

Erster Abschnitt. Vom Nießbrauche.

§ **37.** Rechte des Nießbrauchers eines Grundstücks an der dem Grundeigenthümer gebührenden Tradde. — Vergl. A. L. R. II. **16.** § 117.; Kleve-Märkische Berg-Ordnung v. 29. April 1766, Kap. 30. § 3.; Deklaration vom 13. September 1777.; Gutachten der Gesetz-Commission vom 23. Januar 1798; J. M. Reskript v. 5. Februar 1798.

Rechtsgr. 467. — I. Senat 11. Dezember 1854. (XVI. 86.)

Hat der Nießbraucher nach den Grundsätzen des Allg. Landrechts und der Kleve-Märkischen Bergordnung vom 29. April 1766 auf die dem Grundeigenthümer gebührende Tradde selbst rechtlichen Anspruch, oder gebührt ihm nur die Nutzung derselben?

§ **47**. **48**. Siehe Rechtsgr. 471. (§ 119. dieses Titels.)

§ **73**. Siehe Rechtsgrundsätze 455. 468 (A. L. R. I. **20**. §§ 468. 480.)

§§ **75**. Verbindlichkeit des Nießbrauchers zur Berichtigung von Alimenten und anderen periodisch fällig werdenden unverzinslichen Erbschaftsschulden. — Vergl. §§ 70-74. dieses Titels.

Rechtsgr. 468. — I. Senat. 6. Dezember 1854. (XVI. 75.)

Periodisch fällig werdende unverzinsliche Erbschaftsschulden, z. B. Alimente, sind von dem Nießbraucher des Nachlasses aus der Substanz desselben zu berichtigen.

§ **98**. Ersitzung einer Grundgerechtigkeit, z. B. der Weidegerechtigkeit, durch den Nießbraucher. — Vergl. A. L. R. I. **9**. § 579.

Rechtsgr. 469. — II. Senat. 5. Juni 1856. (XXII. 12.)

Der Nießbraucher des herrschenden Grundstücks kann für dasselbe eine Dienstbarkeit, z. B. eine Weidegerechtigkeit, auf ein anderes Grundstück desselben Eigenthümers durch Verjährung nicht erwerben.

Siehe auch Rechtsgrundsätze 112. 495. (A. L. R. I. **7**. § 124., **21**. § 630.)

§ **111**. Siehe Rechtsgrundsätze 471. 529 675. (A. L. R. I. **21**. § 119., II. **1**. § 205, **11**. § 823.)

§ **113**. Verbindlichkeit des Nießbrauchers zur Legung eines Inventars. — Vergl. A. L. R. I. **7**. §§ 71. 72.; A. G. O. I. **22**. § 28.

Rechtsgr. 470. — I. Senat. 3. Juni 1856. (XXII. 1.)

Die unter Vorbehalt des lebenslänglichen Nießbrauchs geschehene Uebertragung des ganzen Vermögens an einen Andern zum Eigenthum begründet nicht die Verbindlichkeit des Uebertragenden zur Legung eines Vermögens-Inventars.

§§ **119-123.** Rückgewähr der Guts-Inventarienstücke bei Beendigung des durch Testament vermachten Nießbrauches des Gutes. — Vergl. §§ 47. 48. 111. dieses Titels.

Rechtsgr. **471.** — I. Senat. 22. September 1854. (XIV. 279.)

Bei einem durch letztwillige Verfügung bestellten Nießbrauche ist der Nießbraucher, der die Sache ohne Inventarium ihres Beilasses angenommen hat, dieselbe, wenn er nicht etwa von der Aufnahme dieses Inventars durch den Erblasser befreit worden, — mit allen, zu ihrer vollständigen Benutzung im Zeitpunkte der Beendigung des Nießbrauchs, erforderlichen Beilaßstücken zurückzugewähren verpflichtet.

§§ **124** ff. Siehe Rechtsgr. 157. (A. L. R. I. **9.** § 327.)
§ **166.** Siehe Rechtsgr. 675. (A. L. R. II. **11.** § 823.)

Zweiter Abschnitt. Von der Erbpacht.

§ **187.** Siehe Rechtsgr. 1283. (Gewerbe-Ordnung vom 17. Januar 1845, § 4. Nr. 1.)
§ **189.** Siehe Rechtsgr. 1329. (Ablöse-Gesetz vom 2. März 1850 § 2. Nr. 2.)
§ **201.** Siehe Rechtsgrundsätze 543. 1283. (A. L. R. II. **1.** § 363.; Gewerbe-Ordnung v. 17. Januar 1845 § 4. Nr. 1.)
§§ **212-215.** Vorrechte des Erbverpächters wegen des Erbpachtskanons. — Vergl. A. G. O. I. **50.** § 382 b.

Rechtsgr. **472.** — IV. Senat. 2. Mai 1854. (XIII. 71.)

Die Vorrechte des Erbverpächters wegen des Erbpachtskanons sind von der hypothekarischen Eintragung nicht abhängig.

Dritter Abschnitt. Von dem eingeschränkten Gebrauchs- und Nutzungsrechte fremder Sachen.

§§ **229** ff. Siehe Rechtsgr. 129. (A. L. R. I. **7.** § 146.)
§ **231.** Siehe Rechtsgr. 54. (A. L. R. I. **5.** § 111.)
§§ **232. 233.** Natur des Prekariums.

Rechtsgr. **473.** — III. Senat. 5. Juni 1857. (XXIV. 351.)

Für das Prekarium ist charakteristisch, daß der Geber sich durch die Hingabe zu verpflichten nicht beabsichtigt.

Siehe auch Rechtsgr. 54. (A. L. R. I. **5.** § 111.)

§ **258**. Siehe Rechtsgr. 380. (A. L. R. I **16**. § 317.)

§ **259**. Siehe Rechtsgrundsätze 29. 428. 494. (A. L. R. I **2**. § 109., **19**. § 1., **21**. § 628.)

§§ **260**. **261**. Natur des Vertrags über die gegen Entgelt erfolgte Einräumung des Rechts zum Betrieb eines Restaurationsgeschäfts in zu öffentlichen Vergnügungen eingerichteten Lokalitäten an Gebäuden und Gärten.

Rechtsgr. **474**. — III. Senat. 9. Mai 1855. (XVII. 42.)

Der Vertrag, nach welchem zu öffentlichen Vergnügungen eingerichtete Lokalitäten an Gebäuden und Gärten zu dem Betriebe eines Restaurationsgeschäfts gegen einen bestimmten Zins überlassen werden, ist als Miethsvertrag zu beurtheilen.

Siehe auch Rechtsgr. 494. (A. L. R. I. **21**. § 628.)

§ **263**. Ort der Zahlung des Pachtgeldes. — Vergl. A. L. R. I. **5**. § 248.

Rechtsgr. **475**. — III. Senat. 13. Oktober 1854. (XV. 108.)

Das Pachtgeld ist gesetzlich in dem Wohnorte des Verpächters zur Zeit des geschlossenen Pachtvertrages zu entrichten.

Siehe auch Rechtsgr. 45. (A. L. R. I. **5**. § 71.)

§ **264**. Siehe Rechtsgr. 494. (§ 628. dieses Titels.)

§§ **270** ff. Rechte des Miethers und Pächters auf den gemeingewöhnlichen Gebrauch oder die gewöhnliche Nutzung der Sache:

A. Beeinträchtigung des Gebrauchs- und Nutzungsrechts des Pächters. — Vergl. A. L. R. I. **5**. § 287., **6**. §§ 5. 6., **21**. §§ 623-625.

Rechtsgr. **476**. — III. Senat. 26. Januar 1855. (XVI. 232.)

Der gemein-gewöhnliche Gebrauch oder Nutzen, den der Verpächter dem Pächter vertragsmäßig zu gewähren hat, ist nicht als Gewinn im Sinne des § 287. I. 5. und der §§ 5. 6. I. 6. des Allgem. Landrechts, und seine Beeinträchtigung ist daher nicht als entzogener Gewinn aufzufassen.

B. Rechte des Miethers zur Tapezierung der Zimmer. — Vergleiche A. L. R. I. 5. §§ 266. 268.

Rechtsgr. 477. — III. Senat. 26. März 1855. (XXI. 1.)

Die Tapezierung eines Zimmers stellt keine dem Miether verbotene Veränderung dar.

Siehe auch Rechtsgrundsätze 428. 490. (A. L. R. I. 19. § 1., 21. § 451.)

§ 271. Siehe Rechtsgr. 29. (A. L. R. I. 2. § 109.)
§§ 273. 274. Siehe Rechtsgr. 486. (§ 383. dieses Titels.)
§ 280. Siehe Rechtsgr. 157. (A. L. R. I. 9. §. 327.)
§ 297. Siehe Rechtsgr. 455. (A. L. R. I. 20. § 480.)
§ 298. Vertragsmäßige Befugniß des Vermiethers zur Aufhebung des Miethsvertrages bei nicht rechtzeitiger Zahlung des Miethzinses; stillschweigende Einwilligung des Vermiethers in Fortsetzung des Miethsverhältnisses. — Vergl. A. L. R. I. 4. § 59., 21. §§ 326. 340. 344.

Rechtsgr. 478. — III. Senat. 30. April 1856. (XXI. 164.)

a) Die Bestimmung eines Miethsvertrages, daß derselbe aufgehoben sein solle, wenn der Miether seiner Verpflichtung zur Zahlung des Miethzinses nicht rechtzeitig nachkomme, ist als eine zum Vortheil des Vermiethers gereichende auflösende Bedingung aufzufassen. Derselbe kann daher in diesem Falle nach seiner Wahl entweder den Vertrag sofort aufheben, oder das Miethsverhältniß fortbestehen lassen.

b) Hat der Vermiether von seiner Befugniß auf Fortsetzung des Miethsverhältnisses einmal Gebrauch gemacht, so kann er sein Recht, die Aufhebung der Miethe zu verlangen, nicht weiter ausüben.

c) Ob eine stillschweigende Willens-Erklärung für Fortsetzung des Miethsvertrages vorliegt, ist nach Analogie des § 326. I. 21. des Allgem. Landrechts zu beurtheilen.

§§ 299 ff. Entschädigung des Pächters bei Abtretung eines Theiles des vermietheten Grundstücks an die Eisenbahngesellschaft behufs Anlegung einer Eisenbahn. — Vergl. A. L. R. I. 5. §§ 354 ff., 11. §§ 8-11.; Eisenbahngesetz vom 3. November 1838 §§ 8. 9. 11.

Rechtsgr. **479**. — III. Senat. 8. September 1854. (XIV. 240.)

a) Die Anwendbarkeit der §§ 299 ff. I. 21. des Allg. Landrechts wird dadurch nicht ausgeschlossen, daß die Feststellung des Preises eines zum Zweck der Anlegung einer Eisenbahn abzutretenden Grundstücks im Wege der freien Uebereinkunft geschieht, vielmehr ist auch dies ein Akt der Expropriation und demgemäß als unabwendbare Gewalt anzusehen.

b) Daher kann der Pächter auch in diesem Falle, obgleich er zu dem Vertrage nicht zugezogen worden, dennoch wegen des seiner Benutzung entzogenen Theils des ihm verpachteten Grundstücks nur eine verhältnißmäßige Entschädigung nach Analogie der §§ 299 ff. I. 21. des Allgem. Landrechts beanspruchen.

§§ **309-312** ff. Aftervermiethung durch Aufnahme eines Fremden für Geld; Frist zur Kündigung der Miethe seitens des Miethers wegen ihm versagter Einwilligung zur Aftervermiethung. — Vergl. § 344. dieses Titels.

Rechtsgr. **480**. — III. Senat. 28. November 1856. (XXIV. 18.)

a) Die Aufnahme eines Fremden in die gemiethete Wohnung für Geld enthält eine Aftervermiethung.

b) Macht der Miether wegen der ihm versagten Einwilligung in die Annahme eines Untermiethers von dem gesetzlichen Kündigungsrechte Gebrauch, so ist derselbe nur an die gesetzliche, nicht an die davon abweichende vertragsmäßige Kündigungsfrist gebunden. Es macht hierin keinen Unterschied, wenngleich dem Miether in dem Vertrage die Aftervermiethung ausdrücklich untersagt war.

Siehe auch Rechtsgr. 481. (§ 313. dieses Titels.)

§§ **313-319**. Form und Wirkung der Einwilligung des Verpächters in die Afterverpachtung. — Vergl. A. L. R. I. **4**. §§ 94. 95., **5**. § 153., **21**. § 309.

Rechtsgr. 481. — III. Senat. 12. Juni 1854. (XIII. 341.)

a) Die schriftliche Form ist zur Rechtsgültigkeit der Einwilligung des Verpächters in die Afterverpachtung, ohne Rücksicht auf den Betrag des Pachtzinses, nicht erforderlich.

b) Durch die bloße Einwilligung des Verpächters in die Afterverpachtung wird weder das zwischen dem Verpächter und dem Pächter bestehende Vertragsverhältniß berührt, noch auch ein besonderes Rechtsverhältniß zwischen dem Verpächter und Unterpächter begründet.

§§ **325** ff. Stillschweigende Verlängerung des auf eine gewisse Zeit geschlossenen Pacht- oder Miethsvertrages nach Ablauf des Endtermins dieser Zeit.

Rechtsgr. 482. — III. Senat. 15. September 1856. (XXII. 182.)

Die §§ 325 ff. I. 21. des Allgem. Landrechts, — betreffend die stillschweigende Verlängerung des auf eine gewisse Zeit geschlossenen Pacht- oder Mieths-Vertrages nach Ablauf des Endtermines dieser Zeit, — setzen voraus, daß kein Theil dem andern seinen entgegengesetzten Willen, die Pacht oder Miethe nicht fortdauern zu lassen, ausdrücklich zu erkennen gegeben hat.

§§ **326. 340.** Siehe Rechtsgr. 478. (§ 298. dieses Titels.)

§ **344.** Siehe Rechtsgrundsätze 478. 480. (§§ 298. und 309. dieses Titels.)

§ **350.** Kündigung der Pacht durch den Subhastationsrichter.

Rechtsgr. 483. — III. Senat. 22. Oktober 1856. (XXII. 257.)

Der § 350. I. 21. des Allgem. Landrechts verlangt nicht, daß der kündigende Subhastationsrichter dem gekündigten Pächter davon Kenntniß gebe, daß die Kündigung auf Antrag der Hypothekengläubiger erfolgt ist.

§ **351.** Berechnung des Wirthschaftsjahrs bei Kündigung der Pacht im Fall der nothwendigen Subhastation.

Rechtsgr. 484. — III. Senat. 22. Oktober 1856. (XXII. 257.)

Das Wirthschaftsjahr des § 351. I. 21. des Allgem.

Landrechts ist dasjenige, welches als solches im Pachtvertrage bestimmt ist.

§ 358. Berechtigung des Käufers des vermietheten Grundstücks zur Räumungsklage gegen den Miether.

Rechtsgr. 485. — III. Senat. 21. Mai 1856. (XXI. 198.)

Der Miether ist nicht berechtigt, dem auf Räumung klagenden Käufer, welcher einen, die Uebergabe begründenden Kaufvertrag in beglaubigter Form beigebracht hat, die Sachlegitimation aus dem Grunde, weil die Uebergabe an ihn nicht erfolgt sei, zu bestreiten.

§ 383. Rücktritt des Miethers von dem Miethsvertrage wegen Gesundheitsgefährlichkeit der gemietheten Wohnung. — Vergl. A. L. R. I. 5. §§ 393. 394. 21. §§ 273. 274.

Rechtsgr. 486. — III. Senat. 4. Mai 1857. (XXIV. 259.)

a) Ist die gemiethete Wohnung gesundheitsgefährlich, so ist der Miether berechtigt, von der Befugniß des § 383. I. 21. des Allgem. Landrechts Gebrauch zu machen.

b) Der Miether ist, wenn die Wohnung untüchtig ist, nicht verpflichtet, die Reparatur der Mängel durch Klage gegen den Vermiether oder auf eigene Kosten selbst zu erwirken.

§ 387. Entsetzung des Pächters wegen Mißbrauch der gepachteten Sache durch den Unterpächter.

Rechtsgr. 487. — III. Senat. 10. September u. 24. Oktober 1856. (XXIII. 28.)

Die Bestimmung des § 387. I. 21. des Allgemeinen Landrechts, – betreffend die Entsetzung des Pächters wegen Mißbrauchs der gepachteten Sache, – findet auch in dem Falle des Mißbrauchs durch den ohne Einwilligung des Verpächters von dem Pächter angenommenen Unterpächter Anwendung.

§ 395. Gesetzliches Pfandrecht des Vermiethers und Verpächters wegen der Zinsen oder anderer Forderungen.

A. Pfandrecht des Vermiethers an den von dem Miether eingebrachten, durch Vertrag vorbehaltenen Mobilien der Ehefrau. — Vergl. A. L. R. II. 1. §§ 247. 250.; Verordnung v. 7. April 1838.; Deklaration v. 21. Juli 1846.

Rechtsgr. 488. — III. Senat. 16. November 1855. (XIX. 93.)

Die Ehefrau des Miethers hat hinsichtlich der zu ihrem durch Vertrag vorbehaltenen Vermögen gehörigen, jenem in die gemiethete Wohnung eingebrachten und von dem Vermiether behufs seiner Befriedigung wegen des Miethszinses in Beschlag genommenen Mobilien nur insoweit ein Rückforderungsrecht, als dasselbe jedem Eigenthümer gegen einen Dritten zusteht.*

B. Pfandrecht des Verpächters eines einzelnen Grundstücks an den auf demselben von dem Pächter gewonnenen Früchten. — Vergleiche A. L. R. I. 2. §§ 60. 108., 9. § 221., 20. § 562.; A. G. O. I. 50. §§ 382 a. und 382 b.; Dig. 50. 16. Lex 198.

Rechtsgr. 489. — IV. Senat. 21. Dezember 1854. (XV. 303.)

a) Auch der Verpächter eines einzelnen Grundstücks hat an den von dem Pächter auf dem erpachteten Grundstücke gewonnenen noch auf dem Halme stehenden oder schon eingeerndteten Früchten ein gesetzliches Pfandrecht.

b) Das gesetzliche Pfandrecht des Verpächters wird durch die in Folge der Sequestration des Grundstücks erfolgte Veräußerung der gewonnenen Früchte nicht aufgehoben.

§ 433. Siehe Rechtsgr. 490. (§ 451. dieses Titels.)

§ 434. Siehe Rechtsgrundsätze 115—118. (A. L. R. I. 7. § 146.)

§ 451. Pflichten des Pächters bei der Düngung:

A. Rechte des Verpächters wegen gesetzwidriger Veräußerung von auf dem Gute erzeugtem Stroh und anderen Düngungs-Materialien seitens des Pächters. — Vergl. A. L. R. I. 9. §§ 220. 224., 21. §§ 270. 433. 603. 614.

* Die Richtigkeit des obigen Grundsatzes ist sehr zu bezweifeln. — vergleiche die Note ** im Archiv für Rechtsfälle Bd. XIX. Seite 94.

Rechtsgr. **490.** — III. Senat. 9. Februar 1855. (XV. 346.)

Die gesetzwidrige Veräußerung oder Wegschaffung von Stroh oder anderen zur Vermehrung des Düngers dienlichen Materialien von Seiten des Pächters berechtigt den Verpächter nicht, den Werth des Strohes oder sonstiger Düngungsmaterialien zu fordern; er ist vielmehr nur befugt, Ersatz des aus der Verschlechterung des Kultur- und Düngungszustandes des Gutes ihm erwachsenen Schadens in Anspruch zu nehmen.*

B. Verkauf von Stroh und andern Düngmitteln seitens des Altentheilsberechtigten. — Vergl. A. L. R. I. **11.** § 602.

Rechtsgr. **491.** — III. Senat. 27. November 1854. (XVI. 40.)

Die Bestimmung des § 451. I. 21. des Allg. Landrechts, nach welchem dem Pächter die Wegführung und der Verkauf von Stroh und andern Dungmitteln untersagt ist, findet auf den Altentheilsberechtigten keine Anwendung.

§§ **603. 614.** Siehe Rechtsgr. 490. (§ 451. dieses Titels.)

§ **619.** Kompensationsanspruch des Verpächters an den Pächter wegen von demselben unterlassener Düngung des zurückgewährten Grundstücks.

Rechtsgr. **492.** — III. Senat. 26. Mai 1856. (XXI. 219.)

Auch der als Einrede geltend gemachte Kompensations-Anspruch des Verpächters an den Pächter wegen von demselben unterlassener Düngung des zurückgewährten Grundstücks ist den Bedingungen des § 619. I. 21. des A. L. R. unterworfen und daher unzuläsig, wenn nicht s o f o r t auf gerichtliche Untersuchung des Bestellungszustandes angetragen worden ist.

§§ **623-625.** Geltendmachung des Gewährsmängel-Anspruchs des Pächters vor der Rückgewähr des Gutes.

Rechtsgr. **493.** — III. Senat. 26. Januar 1855. (XVI. 232.)

Die Gewährsansprüche des Pächters an seinen Ver-

* Vergl. d a g e g e n das Nachwort Bd. XV. S. 349. des Archivs f. Rechtsfälle.

pächter gehen blos deshalb, weil derselbe deren rechtzeitige Anzeige nach den §§ 623 ff. I. 21. des A. L. R. unterlassen hat, nicht verloren; hat er aber mit dieser Anzeige bis zu dem Zeitpunkte der Rückgewähr gezögert, so kann er bei dieser damit nicht weiter gehört werden.

Siehe auch Rechtsgr. 476. (§ 270. dieses Titels.)

Vierter Abschnitt. Von den zur Kultur ausgesetzten Gütern und Grundstücken.

§§ **628-630.** Rechtsverhältniß des Besitzers eines unter der Herrschaft des A. L. R. zur Kultur ausgesetzten Grundstücks. — Vergl. §§ 259. 262. 264. dieses Titels; Kultur-Edikt v. 14. September 1811 § 7.; Ablösegesetz v. 2. März 1850 § 37.

Rechtsgr. **494.** — II. Senat. 10. März 1857. (XXIV. 111.)

a) Die dem Besitzer eines unter der Herrschaft des Allgem. Landrechts zur Kultur ausgesetzten Grundstücks ertheilte Erlaubniß, auf dem Grundstücke ein Haus zu erbauen, so wie die ihm auferlegte Verpflichtung zur Entrichtung von Grundzins und Robothdiensten sind für sich allein keine Merkmale eines verliehenen erblichen Besitzrechtes.

b) Daher kann die Leistung des übernommenen wöchentlichen Dienstes während der Dauer des Vertrages nicht verweigert werden.

§ **630.** Ersitzung einer Grundgerechtigkeit durch den erblichen Lassiten. — Vergl. A. L. R. I. **7.** § 7., **21.** § 98.

Rechtsgr. **495.** — II. Senat. 9. November 1854. (XV. 213.)

Der erbliche Lassit kann ohne Auftrag und Genehmigung des Eigenthümers für das lassitische Grundstück eine Grundgerechtigkeit in Besitz nehmen und durch Verjährung erwerben.

§§ **637. 638.** Wiederkäufliche Gutsüberlassung und bäuerliche Interims-Wirthschaft. — Vergl. A. L. R. I. **11.** §§ 1. 296. 314.

Rechtsgr. **496.** — I. Senat. 8. Dezember 1856. (XXIII. 124.)

a) Ist nach dem Tode des Bauergutsbesitzers das Gut der Wittwe für einen bestimmten Kaufpreis auf gewisse Jahre übertragen, das Wiederkaufsrecht aber einem der miterbenden Kinder für denselben Preis vorbehalten, und das Bauergut für die Erbtheile der Kinder verpfändet worden, so liegt ein Kauf unter Vorbehalt des Wiederkaufs, nicht aber ein Vertrag über eine bäuerliche Interimswirthschaft vor.

b) Der Interimswirth hat bis zur Volljährigkeit des Anerben den Nießbrauch, die temporäre Ausübung des Kolonatsrechts.

c) Das von dem Interimswirth in das Gut inferirte Vermögen kann von demselben nach Ablauf der Jahre der Interimswirthschaft nicht zurückgefordert werden.

Titel 22. Von Gerechtigkeiten der Grundstücke gegen einander.

§§ **3-7.** Klage auf Einräumung einer nothwendigen Servitut.

Rechtsgr. **497.** — II. Senat. 6. März 1855. (XV. 356.)

Zur Begründung des Antrages auf Gewährung einer nothwendigen Servitut bedarf es weder des sofortigen Anbietens eines bestimmten Betrages der dem Eigenthümer des zu belastenden Grundstückes zu gewährenden Entschädigung, noch auch des gleichzeitigen Antrages auf Ermittelung und Festsetzung der demselben zu gewährenden billigen Vergütung; vielmehr reicht die Erklärung der Bereitwilligkeit zur Uebernahme dieser im besonderen Verfahren zu ermittelnden Vergütung hin.

§ **8.** Siehe Rechtsgr. 505. (§ 71. dieses Titels.)

§§ **11. 12.** Erforderniß der nachbarlichen Lage des dienenden u. herrschenden Grundstücks bei Grundgerechtigkeiten. — Vergl. §§ 22. 25. 26. dieses Titels; Dig. **8.** 2. Lex. 38., **8.** 4. Lex. 6., **8.** 5. Lex. 5.

Rechtsgr. **498**. — II. Senat. 30. September 1856. (**XXII**. 215.)

Auch nach dem A. L. R. ist bei Grundgerechtigkeiten Vizinität des herrschenden und dienenden Grundstückes erforderlich, d. h. ein solches örtliches Verhältniß derselben zu einander, welches die Gewährung des Vortheils von dem einen an das andere möglich macht.

Siehe auch Rechtsgrundsätze 184. 427. 466. (A. L. R. I **9**. § 629., **19**. § 1., **21**. § 1.)

§ **13**. Begründung einer Grundgerechtigkeit durch Willenserklärung in dem Vertrage über die Veräußerung des herrschenden Theiles des Grundstückes. — Vergl. Spezial-Bau-Observanzen der Stadt Berlin, Tit. 3. § 8. und Tit. 4. § 6.; Bau-Ordnung für die Stadt Berlin vom 30. November 1641 § 20.; Bau-Polizei-Ordnung für die Stadt Berlin vom 21. April 1853 § 31.

Rechtsgr. **499**. — II. Senat. 21. Oktober 1856. (**XXIII**. 23.)

a) Nur dann kann aus dem Vertrage, mittelst dessen der Eigenthümer eines Grundstücks einen Theil desselben veräußert, der Erwerber dieses Theils zu dessen Gunsten eine Grundgerechtigkeit auf das dem Veräußerer verbliebene Grundstück, oder der Veräußerer für das nicht veräußerte Grundstück eine Grundgerechtigkeit auf das veräußerte herleiten, wenn diese Grundgerechtigkeit im Vertrage ausdrücklich vorbedungen ist; es reicht daher zur Begründung der Grundgerechtigkeit nicht aus, wenn eine auf beabsichtigte Einräumung derselben deutende Anlage vorhanden und deren Fortnahme nicht ausdrücklich stipulirt ist.

b) Der vorstehende Grundsatz kommt insoweit, als es sich um die Begründung eines Traufanspruchs für das veräußerte Grundstück handelt, auch in der Stadt Berlin zur Anwendung.

§ **14**. Erwerb einer Grundgerechtigkeit durch Verjährung. — Vergleiche A. L. R. I. **7**. §§ 72. 81.

Rechtsgr. **500**. — II. Senat. 30. September 1856. (XXII. 215.)

Bei der Erwerbung einer Grundgerechtigkeit durch Verjährung genügt zum Nachweise der Besitznahme der streitigen Befugniß als eines wirklichen Rechts, daß der Verjährende dieselbe ohne Widerspruch des Andern ausgeübt und diese Ausübung binnen der Verjährungsfrist fortgesetzt habe.

Siehe auch Rechtsgrundsätze 107. 110. 184. 466. 503. 978. (A. L. R. I. **7**. § 81., **9**. § 629., **21** § 1., **22**. § 61.; Berliner Bau-Observanzen Tit. 3. § 2.)

§§ **22**. **25**. Siehe Rechtsgr. 498. (§ 11. dieses Titels.)

§ **26**. Siehe Rechtsgrundsätze 188. 498. 505. (A. L. R. I. **9**. § 649., **22**. §§ 11. 71. dieses Titels.)

§ **28**. Siehe Rechtsgrundsätze 188. 506. (A. L. R. I. **9**. § 649., **22**. § 78.)

§ **32**. Pflichten des Besitzers des belasteten Grundstücks zur Gestattung der Vornahme der zur Ausübung der Grundgerechtigkeit nöthigen Anstalten, insbesondere zur Anlegung einer Brücke seitens des Wegeberechtigten. — Vergl. A. L. R. Einl. § 89., I. **22**. § 71.

Rechtsgr. **501**. — II. Senat. 1. November 1855. (XVIII. 264.)

Dem Wegeberechtigten kann im Falle des Bedürfnisses die Anlegung einer Brücke auf dem belasteten Grundstücke nicht versagt werden.

§ **43**. Erlöschung der Grundgerechtigkeiten überhaupt und insbesondere einer Wegegerechtigkeit durch stillschweigende Einwilligung zu neuen Anstalten und Einrichtungen.

Rechtsgr. **502**. — II. Senat. 26. Juni 1856. (XXI. 320.)

Der § 43. I. 22. des Allgem. Landrechts setzt neue Anlagen, also positive, die Ausübung des Rechts verdrängende Einrichtungen voraus. — Als eine solche Anlage ist daher hinsichtlich einer Wegegerechtigkeit die Herstellung einer andern Wegeslinie niemals, und die Kassirung des alten Wegekörpers nur dann anzusehen, wenn diese Kassirung nicht in einer bloßen Wegschaffung der das Dasein der Grundgerechtigkeit bezeichnenden Anlage besteht, sondern auf eine, deren Ausübung unmöglich machende Art ausgeführt ist.

§ **61.** Fortsetzung des Besitzes des Traufrechts beim Bauen des Nachbars auf dem belasteten Grundstücke. — Vergleiche A. L. R. I. **9.** §§ 599. 600. 625., **22.** § 14.

Rechtsgr. **503.** — II. Senat. 7. Dezember 1854. (XVI. 81.)

Der Bau unter der Traufe des Nachbars hebt den Besitz des Traufrechts desselben nicht auf, da der Bauende die Traufe auf sein Dach nehmen muß; das Wort „unter" im § 61. dieses Titels ist ein Druckfehler und muß „auf" heißen. *)

Siehe auch Rechtsgr. 978. (Berliner Bauobservanzen Tit. 3. § 2.)

§ **66.** Siehe Rechtsgr. 121. (A. L. R. I. **7.** § 146.)

§§ **68. 69. 72** ff. Ersitzung der Viehtriebsgerechtigkeit. — Vergleiche A. L. R. I. **7.** § 48., **9.** §§ 596. 666.

Rechtsgr. **504.** — II. Senat. 12. Juli 1855. (XVIII. 94.)

Die Viehtriebs-Gerechtigkeit ist auf einen bestimmten Wegeszug beschränkt, und wird daher durch den Wechsel im Orte der Handlungen der Besitz dieser Gerechtigkeit nicht fortgesetzt, mithin ihre Ersitzung ausgeschlossen.

Siehe auch Rechtsgr. 193. (A. L. R. I. **9.** § 666.)

§ **71.** Umfang der Wegeberechtigung in Betreff des bei einer Weideseparation ausgewiesenen Kulturweges. — Vergl. A. L. R. I. **19.** §§ 14 ff., **22.** §§ 8. 26.; Gemeinheitstheilungsordnung vom 7. Juni 1821 §§ 1. 56. 57. 95. 141.

Rechtsgr. **505.** — II. Senat. 11. Mai 1854. (XIV. 23.)

Die Bestimmung des § 71. I. 22. des Allgem. Landrechts, — nach welcher der Wegeservitut-Berechtigte sich des Weges zu ganz neuen Anlagen nicht bedienen darf, — findet auch auf die bei einer Weideseparation ausgewiesenen Wege Anwendung. Daher darf der ausgewie-

*) Koch, Allgem. Landrecht (2. Ausgabe) Band 2. S. 1046. Note 41., erkennt diesen Druckfehler nicht an.

jene Kulturweg nicht zum Zweck eines auf dem bisher als Acker oder Wiese benutzten Abfindungs-Grundstücke eingerichteten Lagerplatzes benutzt werden.

Siehe auch Rechtsgr. 501. (§ 32 dieses Titels)

§§ **72** ff. Siehe Rechtsgr. 504. (§ 68. dieses Titels.)

§§ **78-79**. Umfang der durch Verjährung erworbenen Wegegerechtigkeit. — Vergl. § 28. dieses Titels.

Rechtsgr. **506**. — II. Senat. 12. Juli 1855. (XVIII. 95.)

Bei einer durch Verjährung erworbenen Wegegerechtigkeit ist der Berechtigte auf die in den §§ 78. 79. I. 22. des Allgem. Landrechts vorgeschriebene Breite des Weges nur insoweit Anspruch zu machen berechtigt, als der Weg diese Breite während der Verjährungsperiode gehabt hat.*)

Siehe auch Rechtsgr. 193. (A. L. R. I. **9**. § 666.)

§§ **80-82**. Siehe Rechtsgrundsätze 28. 119. (A. L. R. I. **2**. § 106., **7**. § 146.)

§ **89**. Berechtigung des Eigenthümers des mit einer Hütungsgerechtigkeit belasteten Grundstücks zur Ausübung der Mithut und anderweitigen Bestellung eines Hütungsrechts. — Vergl. A. L. R. I. **19**. § 19.; Dig. **8**. 4. Lex. 13. § 1. in fine; Cod. **3**. 34. Lex. 3.

Rechtsgr. **507**. — II. Senat. 17. April 1855. (XVII. 115.)

Der Eigenthümer des mit einer Hütungsgerechtigkeit belasteten Grundstücks ist nicht nur sein eigenes Vieh mit aufzuhüten, sondern auch dritten Personen die Mitaufhütung ihres Viehes zu gestatten berechtigt, insofern der zuerst Berechtigte weder ein entgegenstehendes Untersagungsrecht besonders erworben hat, noch auch durch die anderweitige Mitbehütung Nachtheil erleidet.

§ **105**. Abfindung des Weideberechtigten bei Theilung von Viehweiden. — Vergl. Gemeinheitstheilungs-Ordnung v. 7. Juni 1821 § 51.

Rechtsgr. **508**. — II. Senat. 5. Februar 1856. (XX. 123.)

Bei Theilung von Viehweiden muß der Eigenthümer

*) Vergl. Rechtsgrundsätze Bd. 1. Seite 73. Nr. 225.

dem Servitutberechtigten, welchem eine bestimmte Viehzahl zugesichert worden ist, im Falle der Unzulänglichkeit der Weide den vollen Weidebedarf gewähren.

§§ **135-137**. Koppelhütung als wechselseitige Grundgerechtigkeit.

Rechtsgr. **509**. — II. Senat. 8. Juli 1854. (XIII. 266.)

Die Koppelhütung im engeren Sinne ist der Rechtsvermuthung zufolge bis zum Beweise des Gegentheils für eine wechselseitige Grundgerechtigkeit zu erachten.

§ **146**. Schäfereigerechtigkeit:

A. Gutsherrliche Rechte des Berechtigten in der betreffenden Gemeinde als Bedingung der Schäfereigerechtigkeit in der Feldmark.

Rechtsgr. **510**. — II. Senat. 8. Juli 1856. (XXII. 103.)

Der § 146. I. 22. des Allgem. Landrechts, — nach welchem die Schäfereigerechtigkeit oder die Befugniß, Schafe auf der ganzen Feldmark zu hüten, in der Regel ein Vorrecht der Gutsherrschaft ist, — setzt voraus, daß der Gutsherrschaft in der Gemeinde, zu welcher die Feldmark gehört, gutsherrliche Rechte zustehen.

B. Rechtsverhältniß des s. g. Menge- oder Antheils-Schäfers. — Vergl. A. L. R. I. **13**. § 259., **14**. §§ 133. 134., **17**. § 53.; Edikte v. 3. Februar 1800 § 12 und v. 16. Januar 1802 § 12.

Rechtsgr. **511**. — IV. Senat. 7. Juni 1855. (XVII. 258.)

Der s. g. Menge- oder Antheils-Schäfer ist weder Miteigenthümer noch Verwalter der Heerde, und braucht keine Rechnung zu legen.

§ **197**. Siehe Rechtsgrundsätze 512. 513. (§ 203. dieses Titels.)

§§ **203** ff. **208** ff. Brenn- und Bauholzgerechtigkeit bei Parzellirung des berechtigten Grundstücks. — Vergl. A. L. R. I. **2**. §§ 42 ff. 107., **19**. §§ 22. 24. 25., **22**. § 197.; Deklaration vom 29. Mai 1816 Art. 96.

Rechtsgr. **512**. — II Senat. 1. Juni 1854. (XIII. 149.)

Die einem Gute zustehende Brenn- und Bauholzgerechtigkeit ist zwar nicht lediglich eine Pertinenz der auf dem Gute befindlichen Gebäude, sondern des gesammten Gutskomplexes; bei Parzellar-Veräußerungen erhält jedoch in Ermangelung einer ausdrücklichen, entgegenstehenden Verabredung lediglich der Erwerber der auf dem Gute befindlichen Gebäude die Brenn- und Bauholzgerechtigkeit.

Rechtsgr. **513**. — II. Senat. 9. Mai 1854. (XIII. 86.)

Die einem Grundstücke verliehene unbestimmte Brennholz-Gerechtigkeit verbleibt bei einer Theilung des Grundstücks dem alten Hause, und haben die Besitzer der anderen zur Zeit der Verleihung dieser Gerechtigkeit mit Gebäuden nicht versehen gewesenen Theile des Grundstücks an derselben keinen Theil.

§§ **208-210**. Ausübung der Bauholzgerechtigkeit für das gegen Feuersgefahr versichert gewesene niedergebrannte Gebäude. — Vergl. A. L. R. II. 8. §§ 1934 ff.

Rechtsgr. **514**. — II. Senat. 4. Dezember 1855. (XIX. 148.)

Der Bauholzberechtigte wird dadurch, daß er das Gebäude gegen Feuersgefahr versichert und die Versicherungssumme erhalten hat, seines Rechts, von dem Verpflichteten die Verabfolgung des zu dem Neubau herkömmlich ihm zustehende Bauholz zu fordern, nicht verlustig.

§ **213**. Siehe Rechtsgr. 1098. (Forst- und Jagdordnung v. 8. Oktober 1805 Tit. 2. § 1.)

§§ **215** ff. Ausübung der Raff- und Leseholzgerechtigkeit:

A. Forstreviere, Holztage, Wintermonate, Fahr- und Kommunikationswege; Ausübung dieser Gerechtigkeit durch Andere. — Vergleiche A. L. R. I. **19**. §§ 14 ff.; Landes-Kultur-Edikt vom 14. Septbr. 1811 § 26.; Gesetz vom 11. Mai 1850; Forstpolizei-Ordnung der Regierung zu Potsdam vom 5. Mai 1851 §§ 1. 8. 35.

Rechtsgr. **515**. — II. Senat. 24. November 1853. (XIII. 16.)

a) Der Besitzer des mit einer Raff- und Leseholzgerechtigkeit belasteten Forstes ist befugt, dem Berechtigten die zur Ausübung seiner Gerechtsame geeigneten und seinen Bedarf gewährenden Reviere anzuweisen, ihn auf bestimmte wöchentliche Holztage und in dieser Beziehung auch auf die Wintermonate von Michaelis bis Marien zu beschränken.

b) Der Raff- und Leseholz-Berechtigte ist nicht befugt, mit dem zum Heimbringen des gesammelten Holzes etwa zu benutzenden Karren und Wagen außerhalb der offenen Fahr- und Kommunikations-Wege und namentlich in den Forstschlägen resp. auf den Aushauen, Gestellen und Triften zu fahren.

c) Derselbe braucht das Sammeln und Fortschaffen des Raff- und Leseholzes nicht selbst zu besorgen, er kann dasselbe auch durch die Mitglieder seiner Familie und die in seinem Dienste befindlichen Leute bewirken lassen.

B. Gebrauch eiserner Haken zum Herunterbrechen der trockenen Aeste. — Vergl. A. L. R. I. **9**. § 664.; Sächsisches Waldnebennutzungs-Mandat vom 30. Juli 1813 § 27.

Rechtsgr. **516**. — II. Senat. 19. Oktober 1854. (XV. 145.)

Der Raff- und Leseholz-Berechtigte darf sich bei dem Herunterbrechen trockener Aeste von stehenden Bäumen der eisernen Haken auch dann nicht bedienen, wenn er in Bezug auf andere Forstgerechtsame, z. B. des Kiehnrodens, zum Gebrauche scharfer Instrumente berechtigt ist.

§ **235**. Siehe Rechtsgrundsätze 427. 1127. (A. L. R. I. **19**. § 1.; Gemeinheitstheilungs-Ordnung vom 7. Juni 1821 § 166.)

§ **236**. Siehe Rechtsgr. 1127. (Gemeinheitstheilungs-Ordnung vom 7. Juni 1821 § 166.)

Titel 23. Von Zwangs- und Banngerechtigkeiten.

§§ **2**. **14**. Siehe Rechtsgr. 1283. (Gewerbe-Ordnung v. 17. Januar 1845 § 4. No. 1.)

§§ **53** ff. **90** ff. Unveräußerlichkeit der Brau-, Brenn- und Krugsverlags-Berechtigung. — Vergl. A. L. R. I. **4**. § 14., **5**. §§ 52. 67.; Gewerbepolizei-Edikt vom 7. September 1811 § 52.

Rechtsgr. 517. — II. Senat. 3. Juni 1856. (XXI. 251.)

Die mit einem Grundstücke verbundene Brau-, Brenn- und Krugverlags-Berechtigung kann durch Privatwillkür nicht auf ein anderes Grundstück übertragen werden.

Theil II.

Titel 1. Von der Ehe.

Erster Abschnitt. Von den Erfordernissen einer gültigen Ehe.

§§ 30-33. Eheverbot wegen Ungleichheit des Standes. — Vergleiche A. L. R. II. 1. §§ 940. 952., 9. §§ 8. 34 ff.; Edikt vom 8. Mai 1739; Patent v. 5. Dezember 1848 Nr. 9.; Verfassungs-Urkunden vom 5. Dezember 1848 Art. 4. und 31. Januar 1850 Art. 4. 109.

Rechtsgr. 518. — I. Senat. 24. November 1856. (XXII. 331.)

Die Bestimmungen der §§ 30-33 II. 1. des Allgem. Landrechts, — betreffend die Nichtigkeit einer Ehe zwischen einer Mannsperson von Adel und einer Frauensperson aus dem Bauer- oder geringen Bürgerstande, — sind durch die Verfassungs-Urkunden vom 5. Dezember 1848 und 31. Januar 1850 nicht aufgehoben.

§ 36. Erfordernisse einer gültigen Ehe in Ansehung der Religion:

A. Ehe zwischen Christen und Nichtchristen. — Vergl. A. L. R. II. 1. § 939., 2. § 76.; Deklaration vom 21. November 1803; Verfassungs-Urkunde vom 31. Januar 1850 Art. 12.

Rechtsgr. 519. — I. Senat. 18. Dezember 1854. (XV. 292.)

Die Ehe eines Christen mit solchen Personen, welche nach den objektiven Grundsätzen ihrer Religion gehindert sind, sich den christlichen Ehegesetzen zu unterwerfen, ist verboten; die subjektive Anschauung des nichtchristlichen Verlobten, und seine persönliche Willfährigkeit, den christlichen Ehegesetzen sich zu unterwerfen, kann für sich allein das Ehehinderniß nicht beseitigen.

B. Ehe zwischen einem Christen und einer aus der jüdischen Gemeinschaft ausgetretenen, jedoch noch nicht getauften Jüdin. — Vergl. §§ 941. 942. dieses Titels.

Rechtsgr. 520. — I. Senat. 18. Dezember 1854. (XV. 293.)

Eine Jüdin, welche aus der jüdischen Gemeinschaft, wenngleich ohne Beobachtung irgend einer Form, ausgetreten ist und ihren Zutritt zu einer christkatholischen freien Gemeinde erklärt hat, kann, auch wenn sie nicht getauft worden ist, mit einem Christen eine gültige Ehe eingehen, indem die Gültigkeit der Ehe nicht durch die Taufe bedingt ist. – Die Nichtigkeit der Ehe zwischen einem Christen und einer Nichtchristin ist für behoben zu erachten, wenn die Taufe des nichtchristlichen Ehegatten noch vor Anstellung der Klage auf Nichtigkeitserklärung der Ehe nachgeholt ist.

§ 38. Gültigkeit einer im Auslande (zu Gretna-Hall in Schottland) zur Umgehung der diesseitigen Gesetze ohne priesterliche Trauung geschlossenen Ehe. — Vergl. A. L. R. I. 5. § 1.

Rechtsgr. 521. — I. Senat. 15. Januar 1855. (XIV. 351.)

Nach Schottischem Rechte ist keine Form für die Eingehung der Ehe, insbesondere keine priesterliche Trauung vorgeschrieben; es genügt die vor Zeugen abgegebene wechselseitige Erklärung der Brautleute, sich zu ehelichen, vorausgesetzt, daß die Ernstlichkeit dieser Erklärung aus den Umständen zu entnehmen ist.

Siehe auch Rechtsgr. 55. (A. L. R. I. 5. § 111.)

§ 40. Siehe Rechtsgr. 567. (§ 952. dieses Titels.)

§ 45. Siehe Rechtsgr. 568. (§. 994. dieses Titels.)

§ 60. Mangelndes nöthiges Auskommen der künftigen Eheleute als Grund zur Verweigerung der väterlichen Einwilligung zur Eingehung der Ehe.

Rechtsgr. 522. — I. Senat. 6. Juli 1855. (XVII. 338.)

Unter dem „nöthigen Auskommen" der künftigen Eheleute, dessen Mangel ein gesetzlicher Grund zur Verweigerung der väterlichen Einwilligung zur Eingehung der Ehe ist, sind nicht lediglich die Mittel zum nothdürftigen Unterhalt der künftigen Eheleute, sondern auch die Mittel zur Bestreitung der während der Ehe nach dem natürlichen Laufe der Dinge zu erwartenden oder vorauszusehenden sonstigen Ausgaben zu verstehen.

§ **66**. Beleidigung des Vaters als Grund zur Verweigerung der Einwilligung desselben zur Eingehung der Ehe. — Vergl. A. L. R. II. **1**. §§ 111., **2**. § 413.; Verordnung vom 1. Juni 1833 § 42.

Rechtsgr. **523**. — I. Senat. 24. September 1855. (XVIII. 157.)

Der auf Ertheilung des Konsenses zur Verheirathung seines Kindes belangte Vater ist berechtigt, eine ihm nach Einreichung des Appellations=Berichtes von dem Kläger zugefügte Beleidigung noch im Audienztermine geltend zu machen.

Zweiter Abschnitt. Von Ehegelöbnissen.

§§ **93**. **94**. Siehe Rechtsgr. 573. (§ 1089. dieses Titels.)

§ **111**. Siehe Rechtsgr. 523. (§ 66. dieses Titels.)

§ **114**. Gegenvermächtniß bei Ehegelöbnissen. — Vergl. A. L. R. I. **11**. § 602., II. **1**. §§ 456-458.

Rechtsgr. **524**. — I. Senat. 24. März 1854. (XIV. 1.)

Unter dem Gegenvermächtniß nach § 114. II. 1. des Allgem. Landrechts ist nicht blos das Gegenvermächtniß im engern Sinne oder das Eigenthum, sondern auch der Nießbrauch und die Rente, z. B. ein der Braut zugesicherter Altentheil, zu verstehen.

Dritter Abschnitt. Von Vollziehung einer gültigen Ehe.

§ **136**. Beurtheilung der Form der Eheschließung nach den Gesetzen des Orts der geschlossenen Ehe. — Vergl. A. L. R. I. **5**. § 111., II. **1**. §§ 137. 170. 173.

Rechtsgr. **525**. — I. Senat. 15. Januar 1855. (XIV. 351.)

Die für die Form der Verträge geltende Regel locus

regit actum gilt auch für die Beurtheilung der Form der Eheschließung.

Siehe auch Rechtsgr. 55. 526. (A. L. R. I. 5. § 111., II. 1. § 170.)

§ 137. Siehe Rechtsgr. 55. (A. L. R. I. 5. § 111.)

§ 167. Siehe Rechtsgr. 320. (A. L. R. I. 13. § 18.)

§ 170. Trauung diesseitiger Unterthanen in fremden Landen zur Umgehung der preußischen Gesetze. — Vergl. §§ 136 ff. 1008 ff. dieses Titels.

Rechtsgr **526**. — I. Senat. 15. Januar 1855. (XIV. 351.)

a) Unter den „Gesetzen des Landes" im § 170. II. 1. des Allgem. Landrechts sind nur die im zehnten Abschnitt dieses Titels gegebenen „Ehegesetze" (§§ 1008 ff.), mithin die Vorschriften über die Ehehindernisse, nicht auch die Bestimmungen über die Form der Eheschließung (§§ 136 ff.) zu verstehen.

b) Wenn nach den diesseitigen Gesetzen ein Ehehinderniß vorhanden war, so ist deshalb die im Auslande geschlossene Ehe nicht ohne Weiteres nichtig oder ungültig; es kommt vielmehr darauf an, ob die materiellen Erfordernisse der Ehe vorhanden waren, und ob diejenige Person, welche allein die Ungültigkeit der Ehe zu rügen befugt ist, rechtzeitig von dieser Befugniß Gebrauch gemacht hat.

Siehe auch Rechtsgr. 55. 525. (A. L. R. I. 11. § 111., II. 1. § 136.)

Vierter Abschnitt. Von den Rechten und Pflichten der Eheleute in Beziehung auf ihre Personen.

§ 173. Siehe Rechtsgrundsätze 55. 525. (A. L. R. I. 5. § 111, II. 1. § 136.)

§ 174. Siehe Rechtsgr. 601. (A. L. R. II. 3. § 15.)

§§ 175. 184. Siehe Rechtsgr. 540. (§ 350. dieses Titels.)

§ 185. Siehe Rechtsgr. 559. (§ 712. dieses Titels.)

§ 191. Verhaftung des Ehemannes für die Untersuchungskosten wegen eines ihn zur Ehescheidungsklage berechtigenden Verbrechens der Ehefrau. — Vergl. Kriminal-Ordnung § 611.)

Rechtsgr. 527. — IV. Senat. 13. Juli 1854. (XIV. 145.)

Der Ehemann ist für die Kosten der gegen seine Ehefrau wegen eines ihn zur Ehescheidungsklage berechtigenden Verbrechens geführten Kriminaluntersuchung nicht verhaftet, auch wenn er die Ehescheidungsklage nicht angestellt hat.

§ 193. Siehe Rechtsgr. 540. (§ 350. dieses Titels.)

§ 195. Genehmigung des Ehemannes zu dem Betriebe eines besonderen Gewerbes seitens der Ehefrau. — Vergl. A. L. R. I. 5. § 133.

Rechtsgr. 528. — IV. Senat. 31. Oktober 1854. (XV. 207.)

Die zum Betriebe eines besonderen Gewerbes der Ehefrau von dem Ehemann zu ertheilende Genehmigung erfordert zu ihrer Gültigkeit weder eine schriftliche, noch auch eine ausdrückliche Erklärung.

§ 196. Siehe Rechtsgr. 320. (A. L. R. I. 13. § 18.)

Fünfter Abschnitt. Von den Rechten und Pflichten der Eheleute in Beziehung auf ihr Vermögen.

§ 205. Vermuthung gegen den Ehemann hinsichtlich der Uebernahme des eingebrachten Vermögens der Ehefrau zum Nießbrauch und zur Verwaltung. — Vergl. A. L. R. I. 21. § 111., II. 1. §§ 210. 212. 231. 548 ff.

Rechtsgr. 529. — I. Senat. 12. Juni 1854. (XIII. 154.)

Daß der Ehemann das eingebrachte Vermögen seiner Ehefrau zur Verwaltung und zum Nießbrauche übernommen habe, ist bis zum Beweise des Gegentheils zu vermuthen.

Siehe auch Rechtsgrundsätze 540. 581. (A. L. R. II. 1. § 350., 2. § 228.)

§ 208. Siehe Rechtsgr. 954. (A. G. O. I. 50. § 406.)

§ 210. Siehe Rechtsgrundsätze 529. 601. 954. (A. L. R. II. 1. § 205., 3. § 15.; A. G. O. I. 50. § 406.)

§ 211. Eingebrachtes Vermögen der Ehefrau:

A. Erwerb der Ehefrau durch ein von ihr betriebenes Gewerbe. — Vergl. §§ 219. 220. dieses Titels.

Rechtsgr. **530**. — IV. Senat. 10. Oktober 1854. (XV. 91.)

Dasjenige, was die Ehefrau durch ein von ihr selbstständig und für eigene Rechnung betriebenes Gewerbe erwirbt, erwirbt sie für sich selbst und nicht dem Ehemanne. *

B. Substanz des zum Gewerbebetriebe der Ehefrau angelegten Vermögens. — Vergl. A. L. R. I. **11**. § 1041., II. **1**. §§ 212. 219. 310. 335-337.

Rechtsgr. **531**. — III. Senat. 12. März 1855. (XV. 373.)

Die Substanz des zum eignen Gewerbebetriebe einer Ehefrau angelegten Vermögens gehört dem Ehemanne, insofern nicht feststeht, daß dazu eigenthümliches (eingebrachtes oder vorbehaltenes) Vermögen der Ehefrau verwendet worden ist.

Siehe auch Rechtsgr. 601. (A. L. R. II. **3**. § 15.)

§ **212**. Erwerb der Ehefrau durch Glückszufälle während der Ehe; Lotteriegewinn. — Vergl. A. L. R. I. **2**. § 7., II. **1**. §§ 231. 233. 245.; A. G. O. I. **1**. §§ 19. 22.

Rechtsgr. **532**. — IV. Senat. 26. Februar 1857. (XXIV. 74.)

Der während der Ehe der Ehefrau angefallene Lotteriegewinn gehört zu ihrem eingebrachten, der einseitigen Verfügung des Ehemannes unterworfenen Kapitalvermögen.

Siehe auch Rechtsgrundsätze 529. 531. 601. 951. (A. L. R. II. **1**. §§ 205. 211., **3**. § 15.; A. G. O. I. **50**. § 406.)

§§ **217**. **218**. **221**. Ersparnisse von dem vorbehaltenen Vermögen der Ehefrau.

Rechtsgr. **533**. — V. Senat. 17. April 1857. (XXIV. 199.)

a) Die §§ 217. u. 218. II. 1. des Allg. Landrechts gehen von der Unterstellung aus, daß die Einkünfte bereits wirklich eingegangen sind.

b) Daß die Ehefrau, welche ihrem Ehemann ein zum vorbehaltenen Vermögen gehöriges verzinsliches Kapital

* Vergl. über die ältere Ansicht das Präjudiz Nr. 702. v. 17. Juni 1839. (Präj. Samml. I. S. 139.), und die Note Bd. 15. S. 94. des Archivs für Rechtsfälle.

geliehen, diesem die Zinsen erlassen habe, ist gesetzlich nicht zu vermuthen.

§ **219**. Siehe Rechtsgrundsätze 530. 531. (§ 211. dieses Titels.)
§ **220**. Siehe Rechtsgr. 530. (§ 211. dieses Titels.)
§ **221**. Siehe Rechtsgr. 532. (§ 212. dieses Titels.)
§ **225**. Siehe Rechtsgr. 945. (A. G. O. I. **32**. § 12.)
§ **230**. Siehe Rechtsgr. 581. (A. L. R. II. **2**. §§ 228.)
§ **231**. Siehe Rechtsgrundsätze 529. 532. 601. 1079. (A. L. R. II. **1**. §§ 205. 212., **3**. § 15.; Erbschafts-Edikt vom 30. April 1765, Abtheilung 2. § 4.)
§ **232**. Klage gegen die Ehefrau auf Leistung der auf ihrem Grundstücke haftenden Reallasten. — Vergl. A. L. R. II. 7. § 50.

Rechtsgr. **534**. — II. Senat. 23. Mai 1854. (XIV. 38.)

Ist eine Ehefrau, welche mit ihrem Manne in getrennten Gütern lebt, die Besitzerin eines mit einer Reallast behafteten Grundstücks, so ist die Klage wegen des Umfanges dieser Reallast und der mit derselben verbundenen Berechtigungen gegen die erstere als Eigenthümerin des Guts, nicht gegen deren Ehemann als Nießbraucher desselben zu richten.

Siehe auch Rechtsgrundsätze 601. 1079. (A. L. R. II. **3**. § 15.; Erbschafts-Edikt vom 30. April 1765 Abtheilung 2. § 4.)

§ **233**. Siehe Rechtsgr. 532. (§ 212. dieses Titels.)
§ **241**. Rechte der Ehefrau in Betreff des von ihr aus ihrem eingebrachten Vermögen einem Dritten gegebenen Darlehns.

Rechtsgr. **535**. — IV. Senat. 10. Januar 1856. (XIX. 246.)

Die Vorschrift des § 241. II. 1. des A. L. R., — nach welcher die Ehefrau wegen der von ihrem Ehemann von ihrem eingebrachten Vermögen ausgethahenen, nicht auf ihren Namen geschriebenen Kapitalien nur Gläubigerin ihres Mannes wird, — findet keine Anwendung, wenn sie selbst aus ihrem eingebrachten Vermögen ein Darlehn hergegeben hat.

§ **245**. Siehe Rechtsgr 532. (§ 212 dieses Titels.)

§§ **247. 250.** Siehe Rechtsgr. 488. (A. L. R. I. **21.** § 395.)

§§ **256** ff. Verlust des Verwaltungs- und Nießbrauchsrechts des in Konkurs gerathenen Ehemannes an dem eingebrachten Vermögen der Ehefrau.

Rechtsgr. **536.** — I. Senat. 13. Juli 1855. (XVIII. 104.)

Die über das Vermögen des Mannes, wenngleich auf Antrag anderer Gläubiger, erfolgte Eröffnung des Konkurses ersetzt den sonst zur Begründung der Klage auf Rückforderung ihres Eingebrachten von der Frau zu führenden Nachweis, daß der Mann ihr den nach Verhältniß ihres Standes nothwendigen Unterhalt zu gewähren nicht mehr im Stande sei. Erst wenn der Mann seinerseits sodann darthut, daß er wieder zu besseren Vermögensumständen gelangt ist, kann er fordern, daß ihm die Verwaltung und der Nießbrauch des Eingebrachten zurückgegeben werden.

Siehe auch Rechtsgr. 559. (§ 712. dieses Titels.)

§§ **261** ff. Rechte der Ehefrau hinsichtlich eines nach Eröffnung des Konkurses von ihr erworbenen Grundstücks.

Rechtsgr. **537.** — I. Senat. 13. Juli 1855. (XVIII. 104.)

Die Bestimmung des § 261. II. 1. des Allgemeinen Landrechts, — nach welcher die Verwaltung und Nutzung des aus dem Konkurse geretteten Eingebrachten an die Frau zurückfällt, — findet auch auf ein von der Frau nach Eröffnung des Konkurses erworbenes, die rechtliche Natur des Eingebrachten annehmendes Grundstück Anwendung.

§ **264.** Siehe Rechtsgr. 576. (A. L. R. II. **2.** § 206.)

§§ **266. 267.** Siehe Rechtsgr. 955. (A. G. O. I. **50.** § 407.)

§ **310.** Siehe Rechtsgr. 531. (§ 211. dieses Titels.)

§ **320.** Siehe Rechtsgr. 1079. (Erbschafts-Edikt vom 30. April 1765 Abtheilung 2. § 4.)

§ **329.** Verhaftung des Ehemannes für konsentirte Schulden der Ehefrau nach Kurmärkischem Provinzialrecht.

Rechtsgr. 538. — IV. Senat. 6. Mai 1856. (XXI. 168.)

Nach Kurmärkischem Provinzialrecht wird das Vermögen und die Person des Ehemannes durch die von demselben, wenngleich ausdrücklich erklärte bloße Einwilligung in die Schuld der Ehefrau deren Gläubigern nicht verhaftet.*

§§ 335-337. Siehe Rechtsgr. 531. (§ 211. dieses Titels.)

§ 343. und Anh. § 75. zu § 343. Interzession der Ehefrau für ihren Ehemann.

Rechtsgr. 539. — IV. Senat. 17. Juni 1851. (XIV. 61.)

Hat der bei der Interzession einer Ehefrau für ihren Ehemann der ersteren beigeordnete rechtskundige Beistand als Vertreter des Ehemannes oder dritter Personen ein mit dem Interesse der Ehefrau unvereinbares Interesse, so ist die Interzession nichtig.

Siehe auch Rechtsgr. 542. (§ 352. dieses Titels.)

Sechster Abschnitt. Von der Gemeinschaft der Güter unter Eheleuten.

§ 345. Siehe Rechtsgr. 955. (A. G. O. I. 50. § 407.)

§§ 346 ff. Siehe Rechtsgrundsätze 540. 955. (§ 350. dieses Titels; A. G. O. I. 50. § 407.)

§ 350. Begründung der provinziellen und statutarischen ehelichen Gütergemeinschaft durch den ersten Wohnsitz der Eheleute; rechtliche Wirkung eines anderen Aufenthaltsorts der Ehefrau. — Vergl. §§ 175. 184. 193. 205. 346-349. 353. 361. 679. dieses Titels; A. G. O. I. 2. § 87.

Rechtsgr. 540. — I. Senat. 4. Mai 1857. (XXIV. 256.)

Wenngleich die Ehefrau nach vollzogener Ehe faktisch ihr früheres Domizil nicht verlassen hat, so ist dennoch für die ehelichen Güterverhältnisse das Domizil des Ehemannes entscheidend.

§§ 351-353. Einfluß der Verlegung des Wohnsitzes der Eheleute auf deren Güterverhältnisse. — Vergl. Lübisches Recht Buch 2. Titel 2.

* Vergl. dagegen Rechtsgrundsätze Bd. I. S. 201. Nr. 614. 615.

Art. 10.; Patent vom 12. November 1804 §§ 3. 4.; Verordnung v. 8. Oktober 1810 § 13.

Rechtsgr. **541**. — V. Senat. 19. Februar 1856. (XX. 182.)

Nach Gemeinem Rechte ist der Umstand, daß die Eheleute ihr ursprüngliches Domizil, an welchem Gütergemeinschaft gegolten, nach einem Orte verlegen, wo Dotalrecht gilt, für die Güter-Verhältnisse der Eheleute ohne Einfluß. – Dieser Grundsatz gilt auch für Neuvorpommern und Rügen.

§ **352**. Bekanntmachung der Ausschließung der ehelichen Gütergemeinschaft. — Vergl. A. L. R. I. **9**. § 622., II. **1**. §§ 416. 422. 425. 426. und Anh. § 75. zu § 343.; Gesetz Nr. 1792. vom 20. März 1837 § 4.; Danziger Willkür Theil I. Kap. 6. Art. 7.

Rechtsgr. **542**. — III. Senat. 16. März 1855. (XVI. 291.)

Die lediglich am Orte der Vollziehung der Ehe, nicht aber an dem Orte des ersten Wohnsitzes der Eheleute, an welchem allgemeine eheliche Gütergemeinschaft gilt, geschehene Bekanntmachung des Vertrages wegen Ausschließung der Gütergemeinschaft hat in Bezug auf dritte Personen keine rechtliche Wirkung. Daher bedarf es bei späterer Verlegung des Wohnsitzes der Eheleute an den Ort der vollzogenen Ehe der Wiederholung jener Bekanntmachung.

§ **353**. Siehe Rechtsgr. 540. (§ 350. dieses Titels.)

§ **360**. Siehe Rechtsgr. 975. (Lübisches Recht Buch I. Tit. 5. Art. 7.)

§ **361**. Siehe Rechtsgr. 540. (§ 350. dieses Titels.)

§ **363**. Rechte bei der Gemeinschaft aller Güter. — Vergl. A. L. R. I. **12**. §§ 256-266. 466., **21**. § 201.

Rechtsgr. **543**. — I Senat. 24. Mai 1854. (XIII. 131.)

Ist durch Ehepakten die Gütergemeinschaft unter Eheleuten eingeführt, und zugleich bestimmt, daß die von dem einen Ehegatten in die Ehe gebrachte Erbpachts-Kolonie dem letztlebenden Ehegatten auf Lebenszeit verbleiben soll, nach Absterben beider Eheleute aber einem der von ihnen zu erzeugenden Kindern überlassen werden müsse, so ist das Recht des überlebenden an dieser Kolonie nicht für ein bloßes Nießbrauchs-, sondern für ein beschränktes Eigenthumsrecht zu erachten, und fällt demselben daher bei dem kinderlosen Absterben des anderen Ehegatten das unbeschränkte Recht an dieser Erbpachts-Kolonie zu.

§ 377. Vertragsmäßige Beschränkung der Dispositionsrechte des in der allgemeinen, insbesondere in der Minden-Ravensbergischen, ehelichen Gütergemeinschaft lebenden Ehemannes während bestehender Ehe. — Vergl. § 413. dieses Titels.

Rechtsgr. **544**. — I. Senat. 26. Februar 1855. (XVII. 58.)

Auch nach der allgemeinen, insbesondere auch nach der Minden-Ravensbergischen, ehelichen Gütergemeinschaft kann der Ehemann seiner Ehefrau gegenüber durch Vertrag sich gültig verpflichten, dieselbe bei Verfügungen über die Gegenstände des Gesammtgutes zuzuziehen.

§ 379. Cession gemeinschaftlicher Kapitalien beider Eheleute durch den Ehemann. — Vergl. A. L. R. I. 5. §§ 186-188.

Rechtsgr. **545**. — IV. Senat. 26. Februar 1856. (XX. 209.)

Die von der in gütergemeinschaftlicher Ehe lebenden Ehefrau noch nicht erfolgte Genehmigung der von ihrem Ehemanne geschehenen Cession einer gemeinschaftlichen Forderung berechtigt weder den Cessionar zum Rücktritt von dem Vertrage, noch auch einen Gläubiger des Ehemannes zur Anfechtung der Gültigkeit der Cession.

§§ 380. 386. Siehe Rechtsgr. 975. (Lübisches Recht Buch I. Tit. 5. Art. 7.)

§ 391. Siehe Rechtsgr. 782. (A. D. W. O. Art. 81.)

§§ 392. 393. Verhaftung der Ehegatten für voreheliche Schulden nach erfolgter Absonderung des Vermögens.

Rechtsgr. **546**. — IV. Senat. 1. Mai 1855. (XVII. 146.)

Der eine Ehegatte ist für die Valuta des von dem

anderen Ehegatten über eine voreheliche Schuld während der Ehe ausgestellten Wechsels mit seinem hiernächst nach gesetzlicher Vorschrift abgesonderten Vermögen nicht verhaftet.

§ **396.** Begriff der ehelichen Errungenschaft (gesammten Erwerbes). — Vergl. 402. 403. dieses Titels.

Rechtsgr. 547. — III. Senat. 18. Januar 1856. (XIX. 289.)

a) Zur ehelichen Errungenschaft gehört Alles, was die Eheleute außer den dem Einen oder dem Anderen derselben zugefallenen Erbschaften, Vermächtnissen und auf bloßer Freigebigkeit beruhenden Geschenken erworben haben.

b) Hinsichtlich dieser Errungenschaft ist es gleichgültig, ob das betreffende Vermögensstück von beiden Eheleuten gemeinschaftlich, oder allein von dem Ehemanne oder der Ehefrau erworben ist.

§§ **402. 403.** Siehe Rechtsgr. 547. (§ 396. dieses Titels.)
§ **413.** Siehe Rechtsgr. 544. (§ 377. dieses Titels.)
§§ **416. 422. 425. 426.** Siehe Rechtsgr. 542. (§ 352. dieses Titels.)

Siebenter Abschnitt. Von der Trennung der Ehe durch den Tod.

§§ **456. 458.** Siehe Rechtsgr 524. (§ 114. dieses Titels.)
§§ **492. 493.** Erbfolge der Eheleute aus letztwilligen Verordnungen; Rechte der in dem wechselseitigen Testamente derselben eingesetzten Verwandten des erstverstorbenen Ehegatten. — Vergl. A. L. R. Publik.-Patent vom 5. Februar 1794 § 7.

Rechtsgr. 548. — IV. Senat. 15. Mai 1857. (XXIV. 310.)

a) Wo die faktischen Voraussetzungen dieser Paragraphen vorliegen, ist dem Verwandten des erstverstorbenen Ehegatten mit dem Antritt der Erbschaft seitens des überlebenden Ehegatten der gesammte Nachlaß beider Ehegatten dergestalt deferirt, daß er ihn verkaufen kann.

b) Die §§ 492. 493. II. 1. des A. L. R. sind in der Mark Brandenburg nicht suspendirt.

§§ **495-499.** Erbfolge des überlebenden Ehegatten aus Provinzial-Gesetzen oder Statuten. — Vergl. § 500. dieses Titels.

Rechtsgr. **549.** — I. Senat. 26. Juni 1854. (XIII. 346.)

Die Rechte des überlebenden Ehegatten auf den Nachlaß des verstorbenen sind in Ermangelung deren Begründung durch Verträge oder letztwillige Verordnung zunächst nach den Statuten des letzten persönlichen Gerichtsstandes des Verstorbenen zu beurtheilen, und steht demselben daher ein Wahlrecht zwischen diesen Statuten und den Vorschriften des A. L. R. nicht zu.

Siehe auch Rechtsgrundsätze 721. 1039. 1040. 1049. 1051. 1287—1289. (A. L. R. II. **2.** Anh. § 164. zu 574.; Constitutio Joachimica von 1527; Hennebergsche Landes-Ordnung v. 1. Januar 1539, Buch 3. Tit. 2. Kap. 3. § 1.; Hamm'er Morgensprache vom 12. Mai 1643 § 5.; Danziger Privilegium von 1660; Verordnung Nr. 2592. vom 11. Juli 1845 § 8. Nr. 2.

§ **500.** Siehe Rechtsgr. 549. (§ 495. dieses Titels.)

§§ **548** ff. Siehe Rechtsgrundsätze 529. 954. (§ 205. dieses Titels; A. G. O. I. **50.** § 406.)

§§ **570** ff. Uebernahme gemeinschaftlicher Grundstücke für die Taxe seitens des überlebenden Ehegatten. — Vergl. §§ 646. 648. dieses Titels.

Rechtsgr. **550.** — I. Senat. 14. März 1856. (XX. 275.)

Der Grundsatz: daß das Recht der Miterben, dem überlebenden Ehegatten bei Uebernahme der gütergemeinschaftlichen Grundstücke die Taxe zu bestimmen, nicht von einem Einzelnen, sondern nur von der Gesammtheit oder der Mehrzahl der Miterben ausgeübt werden könne, — findet auch auf den Fall nicht bestandener ehelicher Gütergemeinschaft Anwendung.

§§ **621** ff. Siehe Rechtsgr. 1289. (Gesetz Nr. 2592. vom 11. Juli 1845 § 8. Nr. 2.)

§ 634. Siehe Rechtsgr. 1115. 1116. (Verordnung vom 8. Januar 1816 § 1.)

§ 637. Erbfolge der Ehegatten bei bestandener Gemeinschaft der Güter.

Rechtsgr. 551. — I. Senat. 9. Februar 1855. (XVII. 10.)

Die Eingehung einer provinzialrechtlich die Gütergemeinschaft begründenden Ehe enthält eine Verfügung der Eheleute unter Lebendigen über ihr freies Vermögen.

Siehe auch Rechtsgr. 287. (A. L. R. I. 12. § 4.)

§§ 638. 642. Siehe Rechtsgr. 287. 1115. 1116. (A. L. R. I. 12. § 4.; Verordnung vom 8. Januar 1816 § 1.)

§§ 646-648. Siehe Rechtsgr. 550. (§ 570. dieses Titels.)

Anhang § 79. zu § 648. Siehe Rechtsgr. 241. (A. L. R. I. 11. § 455.)

§ 656. Passivlegitimation bei Klagen der Nachlaßgläubiger bei einer durch den Tod des Mannes getrennten gütergemeinschaftlichen Ehe. — Vergl. A. L. R. I. 17. § 127, II. 1. § 661.

Rechtsgr. 552. — IV. Senat. 18. September 1855. (XVIII. 137.)

Bei einer durch den Tod des Mannes getrennten gütergemeinschaftlichen Ehe können bis zur Auseinandersetzung der Wittwe und Kinder die Nachlaßschulden nur gegen jene und diese gemeinschaftlich eingeklagt werden, wenngleich die Wittwe bis dahin allein den Besitz und die Verwaltung des gemeinschaftlichen Vermögens hat.

§§ 661. Siehe Rechtsgrundsätze 552. 1074 - 1077. (§ 656. dieses Titels; Dorfordnung vom 7. Februar 1755 § 29.)

§ 664. Siehe Rechtsgrundsätze 1074-1077. (Dorfordnung v. 7. Februar 1755 § 29.)

Achter Abschnitt. Von Trennung der Ehe durch richterlichen Ausspruch.

§§ 668 ff. Siehe Rechtsgr. 567. (§ 952. dieses Titels.)

§ 673. Unerlaubter Umgang als Ehescheidungsgrund.

Rechtsgr. 553. — I. Senat. 7. Mai 1856. (XXI. 173.)

Der nach § 673. II. 1. des A. L. R. eine dringende Vermuthung der verletzten ehelichen Treue begründende unerlaubte Umgang setzt eine Gegenseitigkeit des Verhältnisses voraus, und liegt deshalb nicht vor, wenn die von dem Verklagten gegen die Person, mit welcher der unerlaubte Umgang stattgehabt haben soll, gerichteten Angriffe erweislich erfolglos geblieben sind.

§ **679**. Siehe Rechtsgr. 540. (§ 350. dieses Titels.)

§ **699**. Siehe Rechtsgr. 1277. (Verordnung vom 28. Juni 1844, § 39.)

§ **701**. Beleidigungen und Thätlichkeiten unter Eheleuten gemeinen Standes als Ehescheidungsgrund. — Vergl. Verfassungs-Urkunde vom 31. Januar 1850 Art 4.

Rechtsgr. **554**. — I. Senat. 16. Juli 1855. (XVII. 351.)

Die Bestimmung des § 701. II. 1. des A. L. R., – nach welcher Eheleute gemeinen Standes wegen blos mündlicher Beleidigungen oder Drohungen, ingleichen wegen geringer Thätlichkeiten nicht geschieden werden sollen, – ist durch die Verfassungs-Urkunde v. 31. Januar 1850 nicht aufgehoben.

Siehe auch Rechtsgr. 1277. (Verordnung v. 28. Juni 1844 § 39.)

§ **704**. Verbüßung harter und schmählicher Freiheitsstrafen wegen grober Verbrechen als Ehescheidungsgrund.

Rechtsgr. **555**. — I. Senat. 20. September 1854. (XIII. 367.)

Die Verurtheilung des einen Ehegatten zu einer Gefängnißstrafe und mehrjährigem Verlust der bürgerlichen Ehrenrechte wegen Unterschlagung berechtigt den andern Ehegatten zur Ehescheidungsklage.

Siehe auch Rechtsgr. 563. (§ 721. dieses Titels.)

§ **711**. Mangel am Unterhalt der Ehefrau als Ehescheidungsgrund:

A. Bei noch vorhandener Rüstigkeit und Arbeitsfähigkeit des Ehemannes.

Rechtsgr. **556**. — I. Senat. 19. Mai 1854. (XIV. 31.)

Die Anwendbarkeit des § 711. II. 1. des A. L. R., – nach welchem das durch Verbrechen, Ausschweifungen oder unordentliche Wirthschaft entstandene Unvermögen des Ehemannes zur Ernährung der Ehefrau die letztere zur Ehescheidungsklage berechtigt, – ist durch die noch bestehende Rüstigkeit und Arbeitsfähigkeit des Ehemannes nicht ausgeschlossen.

B. Bei anderweit erfolgter Vorbeugung des Mangels am Unterhalte der Ehefrau.

Rechtsgr. 557. — I. Senat. 19. Mai 1854. (XIV. 32.)

Die behufs der Unterhaltung der Ehefrau und der mit ihrem Ehemanne erzeugten Kinder durch rechtskräftiges Urtheil dem Ehemanne geschehene Entziehung des Nießbrauchs des eingebrachten Vermögens der Ehefrau, so wie die durch die Eltern der Ehefrau bewirkte Verpflegung derselben und dadurch zur Zeit bewirkte Vorbeugung ihres Mangels am Unterhalte steht der Anwendbarkeit des § 711. II. 1. des Allgem. Landrechts nicht entgegen.

C. Unmöglichkeit der Ernährung der Ehefrau während der Verbüßung einer Freiheitsstrafe.

Rechtsgr. 558. — I. Senat. 20. September 1854. (XIII. 367.)

Ist der Ehemann während der Verbüßung der ihm eines begangenen Verbrechens wegen zuerkannten Freiheitsstrafe außer Stande gesetzt, seine Ehefrau zu ernähren, so ist die letztere auf Ehescheidung zu klagen berechtigt.

Siehe auch Rechtsgr. 1279. (Gesetz v. 28. Juni 1844 § 39.)

§ 712. Versagung des Unterhalts der Ehefrau als Ehescheidungsgrund. — Vergl. §§ 185. 256. 258. dieses Titels.

Rechtsgr. 559. — I. Senat. 19. Mai 1854. (XIV. 32.)

Der § 712. II. 1. des Allgem. Landrechts, – nach welchem der Richter, wenn der Mann der Frau den Unterhalt versagt, die Verpflegung der letzteren nach den

Umständen bestimmen und den Mann dazu durch Zwangsmittel anhalten muß, — setzt bei dem Mann den Besitz der zum Unterhalte der Frau erforderlichen Geldmittel voraus.

§ 718. Unüberwindliche Abneigung als Ehescheidungsgrund.

Rechtsgr. 560. — I. Senat. 23. Mai 1856. (XXI. 214.)

Aus Selbstmordversuchen des einen Ehegatten kann auf unüberwindliche Abneigung des andern nicht geschlossen werden.

§ 719. Kompensation bei Ehescheidungsklagen.

Rechtsgr. 561. — I. Senat. 2. Februar 1855. (XVI. 219.)

Der Umstand, daß die Frau den Mann böslich verlassen hat, steht der Scheidungsklage der Frau wegen späterer ehelicher Untreue des Mannes nicht entgegen.

Siehe auch Rechtsgr. 910. (A. G. O. I. 19. § 1.)

§ 721. Verzeihung der Ehevergehen durch Fortsetzung der Ehe während eines Jahres:

A. Verlautbarung des Entschlusses auf Anstellung der Scheidungsklage und desfallsiger Antrag eines Sühneversuches bei dem kompetenten Pfarrer. — Vergl. Verordnung vom 28. Juni 1844.

Rechtsgr. 562. — I. Senat. 2. Juni 1856. (XXI. 245.)

Eine Verzeihung des nachher geltend gemachten Scheidungsgrundes ist in den nach der Verordnung v. 28. Juni 1844 zu behandelnden Ehescheidungs-Sachen dann nicht anzunehmen, wenn der beleidigte Ehegatte innerhalb eines Jahres nach erlittener Beleidigung den Entschluß, die Scheidungsklage anzustellen, bei dem kompetenten Geistlichen verlautbart, und den Sühneversuch beantragt.

B. Zulässigkeit der Scheidungsklage während der ganzen Strafzeit und eines Jahres nach Ablauf derselben. — Vergl. § 704. dieses Titels.

Rechtsgr. 563. — I. Senat. 2. Juni 1856. (XXI. 246.)

Obwohl der unschuldige Ehegatte im Falle des § 704.

II. 1. des Allgem. Landrechts gleich, nachdem der Schuldige die Strafe angetreten hat, die Ehescheidungsklage anstellen kann, so findet doch auf das Unterlassen der Ausübung des Klagerechts der § 721. a. a. O. erst dann Anwendung, wenn die ganze Strafzeit vorübergegangen ist, und der unschuldige Ehegatte auch dann binnen einem Jahre auf Scheidung nicht geklagt hat.

§§ **731. 732.** Siehe Rechtsgr. 946. (A. G. O. I. **40.** § 53.)

§ **734.** Bürgerliche Wirkung der Scheidung eines katholischen Ehepaars von Tisch und Bett durch ein nicht mehr kompetentes geistliches Gericht. — Vergl. A. L. R. Einl. § 59., II. **1.** §§ 936. 942. 944.; A. G. O. I. **16.** § 7. Nr. 3.; Verordnung vom 2. Januar 1849 §§ 1. 40.

Rechtsgr. **564.** — I. Senat. 20. September 1854. (XIV. 273.)

Das von einem katholischen geistlichen Gerichte auch nach eingetretener Wirksamkeit der Verordnung vom 2. Januar 1849 rechtskräftig ergangene Urtheil auf beständige Scheidung eines Ehepaares von Tisch und Bett hat die bürgerlichen Wirkungen einer vollständigen Trennung der Ehe.

§§ **824-826.** Verabredungen im Ehegelöbnisse und Erbvertrage über die Abfindung des unschuldigen Theils bei einer etwaigen künftigen Ehescheidung. — Vergl. A. L. R. Einl. § 82., I. **4.** § 7., **5.** § 39., **16.** § 400.

Rechtsgr. **565.** — I. Senat. 13. Dezember 1854. (XIV. 341.)

Verabredungen im Heirathsvertrage, durch welche für den Fall einer künftigen Ehescheidung Bestimmungen über die Abfindung des unschuldigen Theiles getroffen werden, beleidigen die Ehrbarkeit und sind deshalb unverbindlich. Es treten in einem solchen Falle die gesetzlichen Bestimmungen ein.

Siehe auch Rechtsgr. 22. (A. L. R. Einl. § 82.)

Zehnter Abschnitt. Von den rechtlichen Folgen gesetzwidrig geschlossener Ehen.

§§ **936** ff. Siehe Rechtsgr. 564. (§ 734. dieses Titels.)

§ **939.** Siehe Rechtsgr. 519. (§ 36. dieses Titels.)

§ **940.** Siehe Rechtsgr. 518. (§ 30. dieses Titels.)

§§ **941. 942.** Siehe Rechtsgr. 520. 564. (§§ 39. 734. dieses Titels.)

§ **944.** Siehe Rechtsgr. 564. (§ 734. dieses Titels.)

§§ **950. 951.** Anfechtung einer wegen Ungleichheit des Standes nichtigen Ehe. — Vergl. §§ 30-33. dieses Titels; Verordnung v. 28. Juni 1844 § 4.

Rechtsgr. **566.** — I. Senat. 24. November 1856. (XXII. 332.)

Das Recht, wegen Ungleichheit des Standes nichtige Ehen als solche anzufechten, steht lediglich der Staatsanwaltschaft zu, ein desfallsiger Antrag seitens der Verwandten der Verbundenen oder einer andern Privatperson findet nicht statt.

§§ **952. 974. 975.** Begründung einer Klage auf Trennung der Ehe (Ehescheidung) und auf Nichtigkeits- und Ungültigkeits-Erklärung derselben. — Vergl. §§ 40. 668 ff. dieses Titels.

Rechtsgr. **567.** — I. Senat. 15. September 1854. (XV. 15.)

Der Klageantrag auf Trennung der Ehe kann durch Gründe für die Ungültigkeit der Ehe nicht gerechtfertigt werden.

Siehe auch Rechtsgr. 518. (§ 30. dieses Titels.)

§§ **972. 976.** Siehe Rechtsgr. 568. (§ 994. dieses Titels.)

§§ **994. 995.** Frist von sechs Monaten zur Rüge der Ungültigkeit einer Ehe wegen mangelnder väterlicher Einwilligung. — Vergl. §§ 45. 972. 976. dieses Titels.

Rechtsgr. **568.** — I. Senat. 15. Januar 1855. (XIV. 352.)

Die dem Vater gestattete sechsmonatliche Frist zur Rüge der Ungültigkeit einer ohne seine Einwilligung geschlossenen Ehe beginnt mit dem Zeitpunkt der erhaltenen Nachricht von der Vollziehung dieser Ehe; jedoch bedarf es des gleichzeitigen Beweises der Wahrheit dieser Nachricht nicht.

§§ **997. 998.** Siehe Rechtsgr. 581. (A. L. R. II. 2. § 228.)

Eilfter Abschnitt. Von den rechtlichen Folgen des unehelichen Beischlafs.

Anh. § 83. zu § 1015. Festsetzung des Betrages der von einem höheren Offizier zu zahlenden Alimente seines unehelichen Kindes.

Rechtsgr. **569**. — I. Senat. 25. Januar 1856. (XIX. 308.)

Wenn gegen einen höhern Offizier als Vater eines unehelichen Kindes nur auf den niedrigsten Satz der in dem § 83. des Anhangs zum Allgem. Landrecht bestimmten Alimente erkannt worden ist, so ist dies eine thatsächliche, mittelst der Nichtigkeitsbeschwerde rechtsgrundsätzlich nicht zu beseitigende Festsetzung.

§§ **1020** ff. Siehe Rechtsgr. 1371. (Gesetz v. 24. April 1854 § 23.)

§ **1035**. Klage auf Ehelichung aus dem Eheversprechen unter der Bedingung der aus dem verstatteten Beischlaf erfolgenden Schwangerschaft.

Rechtsgr. **570**. — I. Senat. 8. September 1854. (XIII. 283.)

Auch wenn das Eheversprechen nur unter der Bedingung der etwa erfolgenden Schwangerschaft gemacht worden ist, steht der wirklich schwanger Gewordenen die Klage auf Ehelichung beziehungsweise auf Zuerkennung der Rechte einer unschuldig geschiedenen Ehefrau zu.

§ **1083**. Erlöschung der Schwängerungsklage in der Mark Brandenburg. — Vergl. Gesetz vom 24. April 1854 § 10.

Rechtsgr. **571**. — I. Senat. 19. Juli 1854. (XIV. 192.)

In der Mark Brandenburg gehörte der § 1083. II. 1. des Allgem. Landrechts, betreffend die Verjährung der Schwängerungsklage binnen zwei Jahren, bis zur Bekanntmachung des Gesetzes vom 24. April 1854 zu den suspendirten Vorschriften der ersten drei Titel des zweiten Theils des Allgem. Landrechts, und galt daselbst die dreißigjährige Verjährung dieser Klage.

Siehe auch Rechtsgr. 14. (A. L. R. Einl. § 23.)

§§ **1085-1087**. Verjährung der Schwängerungsklage bei Aenderung des Wohnsitzes des Schwängerers. — Vergl. A. L. R. I. **9**. § 551.; Kabinetsorder v. 30. Septbr. 1835; Gesetz v. 24. April 1854 § 11.

Rechtsgr. **572**. — I. Senat. 2. März 1857. (XXIV. 84.)

Durch den § 1087. II. 1. des Allgem. Landrechts, — nach welchem die Geschwächte ihre Klage gegen den Schwängerer, der seinen Wohnsitz geändert hat, auch in dessen vorigem Gerichtsstande anzustellen befugt ist, — hat der Geschwächten nur ein neues Recht gegeben, nicht aber die Wohlthat der §§ 1085. und 1086. a. a. O. wieder genommen werden sollen. — Daher kommt der Geschwächten die Unbekanntschaft mit dem neuen Aufenthaltsorte des Schwängerers zur Abwendung der zweijährigen Verjährung auch dann zu statten, wenn der Schwängerer seinen Wohnsitz an einen andern in den Preußischen Landen belegenen Ort verlegt hat.*

§ **1089**. Rechte der geschwängerten verlobten Braut gegen die Erben des Schwängerers. — Vergl. A. L. R. I. **9**. § 360., II. **1**. §§ 93. 94.

Rechtsgr. **573**. — I. Senat. 1. Juni 1855. (XVII. 241.)

Auch die förmlich verlobte Braut kann gegen die Erben des Schwängerers nicht die Rechte einer geschiedenen Ehefrau beanspruchen.

§ **1093**. Beweis des der Schwängerung vorangegangenen Eheversprechens durch einen zugeschobenen Eid. — Vergl. A. G. O. I. **10**. § 280.

Rechtsgr. **574**. — I. Senat. 2. November 1855. (XVIII. 266.)

Die Vorschrift, — daß in Schwängerungs-Sachen ein zugeschobener Eid nur in solchen Fällen stattfindet, wo auch keine Vermuthungen, welche den Richter zu einem nothwendigen Eide bestimmen könnten, vorhanden sind, — dient zugleich als Beweisregel bei einem der Schwängerung vorangegangenen Eheversprechen.

* Vergl. dagegen über die ältere Ansicht das Präjudiz desselben Senats Nr. 2164. vom 28. Dezember 1849. Entscheidungen Bd. XIX. S. 240.

Titel 2. Von den wechselseitigen Rechten und Pflichten der Eltern und Kinder.

Erster Abschnitt. Von ehelichen Kindern.

§§ **1. 2. 13.** Siehe Rechtsgr. 1365. (Gesetz v. 24. April 1854 § 9.)
§§ **16** ff. Siehe Rechtsgr. 870. (A. G. O. I. **10.** § 275.)

Zweiter Abschnitt. Von den Rechten und Pflichten der Eltern und der aus einer Ehe zur rechten Hand erzeugten Kinder, so lange die letzteren unter väterlicher Gewalt stehen.

§§ **64** ff. Siehe Rechtsgrundsätze 576. 1254. 1255. (§ 206. dieses Titels; Armenpflegegesetz v. 31. Dezember 1843 § 20.)
§ **76.** Siehe Rechtsgr. 519. (A. L. R. II. **1.** § 36.)
§§ **92. 103.** Siehe Rechtsgrundsätze 1254. 1255. (Armenpflegegesetz v. 31. Dezember 1843 § 20.)
§ **129.** Verpflichtung des Vaters zur Tilgung der von dem Sohne behufs Beschaffung der nothwendigsten und dringendsten Lebensbedürfnisse kontrahirten Schulden, insbesondere der Studentenschulden. — Vergl. A. L. R. I. **13.** §§ 267. 269., II. **12.** Anh. § 141. zu § 103. Hofreskript vom 10. März 1806.

Rechtsgr. **575.** — IV. Senat. 12. März 1857. (**XXIV.** 119.)

a) Die Vorschrift des § 129. II. 2. des Allg. Landrechts hat ihren Grund in der Theorie von der nützlichen Verwendung.

Daher ist der Vater für Dasjenige, was dem außerhalb des väterlichen Hauses lebenden Kinde überhaupt an Gegenständen, die zu den nothwendigsten und dringendsten Lebensbedürfnissen gehören oder zu deren Beschaffung auf Kredit gegeben worden, nur dann verhaftet, wenn die bei dieser Hingabe obwaltenden Umstände das Kreditiren behufs Beschaffung eines solchen Lebensbedürfnisses nöthig machten.

b) Auch hinsichtlich der Verpflichtung der Väter zur Tilgung des von ihren auf der Universität studirenden Söhnen kontrahirten Schulden entscheidet lediglich der

§ 129. II. 2. des Allgem. Landrechts: der § 141. des Anhangs zum § 103. II. 12. des Allgem. Landrechts hat hierin Nichts geändert.

Dritter Abschnitt. Von dem eigenthümlichen Vermögen der Kinder.

§ **171**. Siehe Rechtsgr. 580. (§ 226. dieses Titels.)

§§ **204**. **205**. Siehe Rechtsgr. 576. (§ 206. dieses Titels.)

§§ **206** ff. Verlust des väterlichen Nießbrauchs an dem nicht freien Vermögen der Kinder durch Eröffnung des Konkurses. — Vergl. A. L. R. II. **1**. § 264., **2**. §§ 64. 65. 74 ff. 204. 205. 210 ff. 255 ff., **18**. §§ 695 ff. 982.

Rechtsgr. **576**. — I. Senat. 2. März 1857. (XXIII. 328.)

Wenn der Vater in Konkurs verfallen ist, so verliert er den Nießbrauch an dem nicht freien Vermögen der Kinder für immer. Die spätere Aufhebung des Konkurses in Folge eines mit den Gläubigern getroffenen Akkords ändert hierin Nichts.

Vierter Abschnitt. Von Aufhebung der väterlichen Gewalt.

§ **212** a. Aufhebung der väterlichen Gewalt bei einem großjährigen Sohne:

A. Durch Widmung zu einem bestimmten Gewerbe.

Rechtsgr. **577**. — IV. Senat. 4. November 1856. (XXIII. 37.)

Durch die nach bestandener Staatsprüfung erhaltene bloße licentia practicandi wird die väterliche Gewalt nicht ohne Weiteres aufgehoben.

B. Durch Anstellung des ein eigenes Gewerbe begründenden Vertrags. — Vergl. § 213. dieses Titels.

Rechtsgr. **578**. — IV. Senat. 19. Oktober 1854. (XV. 139.)

a) Die Anstellung des großjährigen Haussohnes bei einer Privatgesellschaft gegen ein festes, die ausreichenden Mittel zu seinem Lebensunterhalte gewährendes, Gehalt begründet ein eigenes die väterliche Gewalt aufhebendes Gewerbe.

b) Nicht blos der wirkliche Betrieb eines eigenen Gewerbes, sondern auch schon der von dem Vater – wenngleich nur stillschweigend – genehmigte Abschluß eines den eigenen Gewerbebetrieb begründenden Vertrages des großjährigen Haussohnes bewirkt die Erlöschung der väterlichen Gewalt.

Siehe auch Rechtsgr. 579. (§ 218. dieses Titels.)

§§ **218. 224.** Erlöschung der väterlichen Gewalt bei einem minderjährigen Sohne durch den Betrieb eines kaufmännischen Gewerbes. — Vergl. A. L. R. II. 2. §§ 212 a., 8. §§ 477. 478.

Rechtsgr. **579.** — IV. Senat. 10. Juni 1856. (XXI. 268.)

a) Der § 477. II. 8. des Allgem. Landrechts, — betreffend das Verbot der Zulassung Minderjähriger zur Betreibung kaufmännischer Geschäfte vor erlangter Großjährigkeitserklärung, ist nur auf die unter Vormundschaft stehenden Minderjährigen zu beziehen, und der § 478. daselbst, — betreffend das Aufhören der väterlichen Gewalt über einen Großjährigen durch den von demselben mit Vorwissen und ohne ausdrücklich erklärten Widerspruch des Vaters angefangenen Betrieb kaufmännischer Geschäfte — enthält nur eine Anwendung des § 212 a. II. 2. auf kaufmännische Geschäfte der Großjährigen. Im Kaufmannsrechte fehlt es daher gänzlich an einer Festsetzung über die Folgen des Betriebs kaufmännischer Geschäfte durch einen minderjährigen unter väterlicher Gewalt stehenden Sohn.

b) Es kommen deshalb die §§ 218. und 224. II. 2. a. a. O. auch bei Uebernehmung kaufmännischer Geschäfte zur Anwendung, weshalb durch ihren Betrieb der Minderjährige nicht nur aus der väterlichen Gewalt scheidet, sondern in Folge dessen auch als ein Großjähriger zu behandeln ist.

§ 226. Belastung des Grundstücks mit einer Grundgerechtigkeit und Reallast seitens eines der väterlichen Gewalt entlassenen minderjährigen Sohnes. — Vergl. § 171. dieses Titels.

Rechtsgr. 580. — III. Senat. 14. Januar 1856. (XX. 59.)

Ein der väterlichen Gewalt entlassener minderjähriger Sohn kann seine Grundstücke mit Grundgerechtigkeiten und Reallasten ohne Beitritt seines Vaters belasten.*

§ 228. Erlöschung der väterlichen Gewalt durch Heirath der großjährigen Tochter. — Vergl. A. L. R. II. 1. §§ 205. 230. 997. 998.

Rechtsgr. 581. — I. Senat. 13. Dezember 1854. (XV. 280.)

Die von einer großjährigen Tochter gegen den Willen ihres Vaters und ohne richterliche Ergänzung der väterlichen Einwilligung geschlossene, wenngleich von dem Vater innerhalb der gesetzlichen Frist als ungültig nicht angefochtene Ehe hebt die väterliche Gewalt nicht auf.

§ 229. Siehe Rechtsgr. 1236. (Deklaration v. 6. April 1839 Art. 13.)

§ 234. Anspruch der Kinder auf Ausstattung nach Aufhebung der väterlichen Gewalt; nachträgliche Abrechnung der den Kindern gegebenen Ausstattung auf deren inzwischen erlangtes eignes Vermögen.

Rechtsgr. 582. — I. Senat. 14. April 1856. (XXI. 74.)

Der § 234. II. 2. des Allgem. Landrechts, — nach welchem die Kosten der Ausstattungen der Kinder aus der Substanz deren eigenen Vermögens entnommen werden können, — setzt voraus, daß die Kinder bereits zur Zeit ihrer Ausstattung eigenes Vermögen besitzen. Die bloße Aussicht auf die künftige Erlangung eigenen Vermögens kommt hierbei nicht in Betracht.

§ 251. Wechselseitige Unterstützung der Eltern und Kinder nach aufgehobener väterlicher Gewalt; Alimentation der Schwiegertochter. — Vergl. A. L. R. II. 3. § 14.; Deklaration vom 21. Juli 1843.

Rechtsgr. 583. — I. Senat. 15. Januar 1853. (XIV. 352.)

Schwiegereltern sind zur Alimentation der Schwiegertochter gesetzlich nicht verpflichtet.

§§ 255 ff. Siehe Rechtsgr. 576. (§ 206. dieses Titels.)

* Vergl. dagegen Koch, Privatrecht Bd. 2. S. 576.

Fünfter Abschnitt. Von der Erbfolge der Kinder und anderer Verwandten in absteigender Linie.

§§ **271** ff. Siehe Rechtsgr. 1051. (Danziger Privilegium von 1660.)
§§ **378. 384-388.** Siehe Rechtsgr. 584. (§ 390. dieses Titels.)
§ **390.** Kollation unter den Deszendenten bei der testamentarischen Erbfolge. — Vergl. §§ 378. 384-388. dieses Titels.

Rechtsgr. **584.** — I. Senat. 11. Juni 1855. (XVII. 270.)

Auch bei der testamentarischen Erbfolge ist die Kollation unter Deszendenten nicht ausgeschlossen.

§§ **391-398.** Vom Pflichttheile:

A. Ermittelung des Pflichttheils mit Rücksicht auf die Kollation von Ausstattungen und Geschenken.

Rechtsgr. **585.** — I. Senat. 4. April 1855. (XVI. 316.)

Behufs Ermitteluug des Betrages des Pflichttheils eines Kindes sind, ohne Unterschied, ob nur ein Kind oder mehrere Kinder vorhanden sind, im Falle, daß der Nachlaß zur vollständigen Ausgleichung der Ausstattungen ausreicht, sämmtliche kollationsfähige Gegenstände als noch im Nachlaß vorhanden anzusehen, und auf dem hiernach ermittelten Betrag sind die dem Pflichttheilsprätendenten gegebene Ausstattung und die im § 328. II. 2. des A. L. R. beschriebenen Geschenke in Anrechnung zu bringen.

B. Verzinsung des Pflichttheils. — Vergl. A. L. R. I. **9.** §§ 367. 368., **12.** § 263., **17.** § 117.

Rechtsgr. **586.** — I. Senat. 4. April 1855. (XVI. 317.)

Der Notherbe ist nicht berechtigt, von seinem Erbtheile Verzugszinsen zu fordern; es kommt ihm aber ein verhältnißmäßiger Theil von den der ganzen Nachlaßmasse zugewachsenen Zinsen zu Gute.

Siehe auch Rechtsgr. 587. (§ 432. dieses Titels.)

§§ **398. 399. 409.** Siehe Rechtsgr. 587. (§ 432. dieses Titels.)
§ **413.** Siehe Rechtsgr. 523. (A. L. R. II. **1.** § 66.)

§ **418**. Siehe Rechtsgr. 1076. (Dorf-Ordnung vom 7. Februar 1755 § 29.)

§§ **432. 433**. Widergesetzliche Enterbung; Beweislast hinsichtlich der Enterbungsursachen bei der Enterbung aus guter Absicht. — Vergl. §§ 391. 398. 399. 409. dieses Titels; Dig. **27**. 10. Lex 16. § 2., **38**. 2. Lex 12. § 2.; Nov. 115. Cap. 3. 4.

Rechtsgr. **587**. — I. Senat. 27. Juni 1856. (XXI 328.)

Bei der Enterbung aus guter Absicht hat nicht, wie bei der gänzlichen Enterbung, der instituirte Erbe die Wahrheit, sondern der Enterbte die Unwahrheit der angeführten Enterbungs-Ursachen nachzuweisen.

Siehe auch Rechtsgr. 588. 721-723. 1076. (A. L. R. II. **2**. §§ 436., **18**. § 574.; Dorfordnung v. 7. Februar 1755 § 29.)

§ **434**. Siehe Rechtsgr. 307. 721-723. (A. L. R. I. **12**. § 334., II. **18**. § 574.)

§ **436**. Begriff der Enterbung. — Vergl. § 432. dieses Titels.

Rechtsgr. **588**. — I. Senat. 23. Juni 1856. (XXI. 292.)

Unter dem in dem § 436. II. 2. des A. L. R. gebrauchten Ausdruck „Enterbung" ist nicht blos die völlige Entziehung jedes Erbtheils, sondern es sind darunter auch die übrigen in dem § 432. a. a. O. gedachten Verkürzungen und Belastungen zu verstehen.

Sechster Abschnitt. Von der Erbfolge der Eltern und anderer Verwandten in aufsteigender Linie.

§§ **489-491**. Siehe Rechtsgr. 1116. (Verordnung vom 8. Januar 1816 § 1.)

Neunter Abschnitt. Von den aus unehelichem Beischlafe erzeugten Kindern.

§ **592**. Legitimation unehelicher Kinder durch richterlichen Ausspruch:

A. Anwendbarkeit des § 592. II. 2. des A. L. R. in der Mark Brandenburg. — Vergl. A. L. R. Publ.-Patent vom 5. Februar 1794 § 7.; Kurmärkisches Provinzialrecht, Motive S. 60-62.

Rechtsgr. **589**. — I. Senat. 1. Juni 1855. (XVII. 242.)

Der § 592. II. 2. des A. L. R. ist in der Mark Brandenburg nicht suspendirt.

B. Erbrecht unehelicher Kinder, deren Mutter durch richterlichen Ausspruch die Rechte einer wirklichen Ehefrau beigelegt sind. — Vgl. §§ 651. 654. dieses Titels; Gesetz v. 24. April 1854 § 22.

Rechtsgr. **590**. — I. Senat. 9. Januar 1857. (XXIII. 222.)

a) Uneheliche Kinder, die in Folge der durch richterlichen Ausspruch ihrer Mutter zuerkannten Rechte einer wirklichen Ehefrau nach § 592. II. 2. des A. L. R. die Rechte der aus einer vollgültigen Ehe erzeugten Kinder erhalten haben, beerben ihren natürlichen Vater gleich ehelichen Kindern.

Auf sie finden diejenigen Bestimmungen keine Anwendung, welche die §§ 651. 654. a. a. O. über das Erbrecht unehelicher Kinder, d. h. solcher unehelich geborner Kinder enthalten, welche weder durch eine nachfolgende Verheirathung der Eltern, noch durch richterlichen Ausspruch, noch durch Legitimation die Rechte ehelicher Kinder erhalten haben.

b) Ist der außereheliche Schwängerer nach der Schwängerung mit einer andern, als der Geschwächten, eine gütergemeinschaftliche Ehe eingegangen, und hat er bei seinem Tode aus dieser Ehe neben der Wittwe noch Deszendenten hinterlassen, so gelangt das gesetzliche Erbrecht des legitimirten Kindes in die Nachlassenschaft des natürlichen Vaters in dem Augenblick des Todes desselben zur wirklichen Ausübung und haftet als eine besondere Schuld auf der gütergemeinschaftlichen Vermögensmasse, welche aus dieser von der hinterbliebenen Wittwe dem legitimirten Kinde vorweg zu gewähren ist, ohne daß sie sich diesem gegenüber auf die Rechte aus der Gütergemeinschaft berufen kann.

C. Rechte der Brautkinder gegen die Erben des Schwängerers nach dem Gemeinen Recht und dem Allgemeinen Landrecht. — Vergl. A. L. R. II. 1. § 1089.

Rechtsgr. 591. — I. Senat. 1. Juni 1855. (XVII. 242.)

a) Es existirt keine die Rechte des sogenannten Brautkindes klar feststellende Vorschrift des Gemeinen Rechts.

b) Nach dem A. L. R. kann das s. g. Brautkind gegen die Erben des Schwängerers der Mutter die Rechte eines ehelichen Kindes nicht in Anspruch nehmen.

§ **596.** Legitimation unehelicher Kinder durch Heirath mit der Mutter.

Rechtsgr. 592. — I. Senat. 2. November 1855. (XVIII. 268.)

a) Behufs des zur Legitimation durch nachfolgende Ehe erforderlichen Beweises der Vaterschaft genügt auch deren erst nach geschlossener Ehe seitens des Ehemannes erfolgtes Anerkenntniß.

b) Das Anerkenntniß oder die Zustimmung des unehelichen Kindes beziehungsweise seiner Vormundschaft ist zu der Legitimation durch nachfolgende Ehe nicht erforderlich.

§ **602.** Legitimation unehelicher Kinder durch obrigkeitliche Deklaration.

Rechtsgr. 593. — I. Senat. 2. November 1855. (XVIII. 268.)

Zu der von dem Vater des unehelichen Kindes nachgesuchten Legitimation desselben durch obrigkeitliche Deklaration ist die Zustimmung des Kindes nicht erforderlich.

§§ **612** ff. Siehe Rechtsgrundsätze 21. 1365. (A. L. R. Einl. § 82.; Gesetz vom 24. April 1854 § 9.)

§ **615.** und Anh. § 95. zu § 615. Rechtsgültigkeit des von dem Vater der außerehelich Geschwächten mit dem Schwängerer über die künftige Alimentation des Kindes abgeschlossenen Vergleichs. — Vgl. A. L. R. I. **1.** § 11., **16.** § 413. u. Anh. § 51. zu § 413., II. **2.** §§ 614. 644., **18.** § 521.; Gesetz vom 11. Juli 1845.

Rechtsgr. 594. — Plenum. 6. November 1854. (XIV. 308.)

Zur Rechtsgültigkeit des von dem Vater der in seiner väterlichen Gewalt befindlichen Geschwächten mit dem Schwängerer über die künftige Alimentation des Kindes gerichtlich abgeschlossenen Vergleichs ist die obervormundschaftliche Bestätigung nicht erforderlich.

§§ 622-624 Rechte unehelicher Kinder auf Verpflegung und Erziehung; Abforderung des unehelichen Kindes zur Verpflegung seitens des minderjährigen natürlichen Vaters durch dessen Vormund. — Vergleiche A. L. R. I. 5. § 10., II. 18. §§ 3. 235. 247. 250 ff.; A. G. O. I. 1. § 4.

Rechtsgr. 595. — I. Senat. 27. September 1854. (XV. 43.)

Wenn der noch minderjährige natürliche Vater eines unehelichen Kindes dasselbe nach dessen zurückgelegtem vierten Jahre in eigene Pflege nehmen will, und dessen Verabfolgung von der Mutter durch seinen Vormund fordert, so darf dem letzteren die Herausgabe des Kindes unter dem Vorwande, daß er dazu von seinem Pflegebefohlenen nicht schriftlich bevollmächtigt sei, nicht verweigert werden; diese Verweigerung hat die Befreiung des natürlichen Vaters von der Zahlung der Alimente zur rechtlichen Folge.

§§ 626-627. Höhe der Alimente eines unehelichen Kindes. — Vergl. A. G. O. I. 2. § 13.; Kabinetsorder vom 4. Juli 1832.

Rechtsgr. 596. — I. Senat. 22. Juni 1855. (XVII. 304.)

Wenn die Geschwächte unter väterlicher Gewalt steht, so ist dennoch bei Abmessung der Höhe der Alimente nicht auf die Verhältnisse des Ortes, wo der Vater der Geschwächten wohnt, sondern auf die Verhältnisse des Ortes Rücksicht zu nehmen, wo die Geschwächte selbst zur Zeit der Anstellung der Klage sich aufgehalten hat.

§ 628. Subsidiarische Verpflichtung der Großeltern väterlicher Seits zur Alimentation eines unehelichen Kindes ihres unvermögenden Sohnes:

A. Bedingung dieser Verpflichtung hinsichtlich der Aufführung der Mutter des unehelichen Kindes.

Rechtsgr. 597. — I. Senat. 13. Juli 1855. (XVIII. 99.)

Der § 628. II. 2. des A. L. R., betreffend die Verpflichtung der Großeltern väterlicher Seite zur Unterhaltung und Erziehung des unehelichen Kindes ihres unvermögenden Sohnes, findet keine Anwendung, wenn die Mutter während der Konzeptionszeit mit mehreren Mannspersonen sich eingelassen hat.

B. Tag des Eintritts dieser Verpflichtung. — Vergleiche Gesetz vom 26. April 1835 §§ 1-3.

Rechtsgr. **598**. — IV. Senat. 24. Juni 1854. (XIV. 65.)

Die subsidiäre Verpflichtung der Großeltern zur Alimentation eines unehelichen Enkels tritt erst mit dem Tage des die Großeltern zur Alimentation verurtheilenden Erkenntnisses ein. – Daher kann ein vor diesem Tage von den Großeltern mit dritten Personen abgeschlossener Kaufvertrag auf den Grund der §§ 1. und 2. des Gesetzes vom 26. April 1835. nicht angefochten werden.

C. Verpflichtung der Großeltern zur Erstattung der von der Mutter des unehelichen Kindes hergegebenen Alimente. — Vgl. A. L. R. I. **13**. §§ 268. 269., II. **2**. § 630.

Rechtsgr. **599**. — I. Senat. 17. September 1856. (XXII. 189.)

Die wegen Alimentation des unehelichen Kindes subsidiarisch verhafteten Großeltern väterlicher Seits müssen, wenn der Fall des § 630. II. 8. des A. L. R. nicht vorhanden ist, auch die von der Mutter hergegebene Alimente erstatten.

§ **630**. Begriff der in dem § 630. II. 2. des A. L. R. gedachten Vermögens-Einkünfte der Mutter des unehelichen Kindes.

Rechtsgr. **600**. — I. Senat. 17. September 1856. (XXII. 188.)

Zu den im § 630. II. 2. des A. L. R. erwähnten Einkünften des eigenthümlichen Vermögens der Mutter ist der durch ihre Arbeitskräfte zu beschaffende Verdienst nicht zu rechnen.

Siehe auch Rechtsgr. 599. (§ 628. dieses Titels.)

§ **644**. Siehe Rechtsgr. 594. (§ 615. dieses Titels.)

§§ **651**. **654**. Siehe Rechtsgr. 590. (§ 592. dieses Titels.)

Titel 3. Von den Rechten und Pflichten der übrigen Mitglieder einer Familie.

§ **14.** Siehe Rechtsgrundsätze 583. 602-603. (A. L. R. II. 2. § 251., 3. §§ 19. 21.)

§§ **15. 16. 19.** Gegenseitige Verpflichtung der Geschwister zur Verabreichung des nothdürftigen Unterhalts. — Vergl. A. L. R. II. 1. §§ 174. 210 ff. 231.

Rechtsgr. **601.** — I. Senat. 15. Februar 1854. (XIV. 201.)

a) Ein Kapitalvermögen der Ehefrau, dessen sie voraussichtlich behufs ihres die ganze Dauer der Ehe hindurch dem Manne zu leistenden Beistandes selbst bedarf, kann für die ihr gesetzlich obliegende Verpflegung ihrer verarmten Geschwister nicht in Anspruch genommen werden.

b) Die Rechte des Ehemannes auf den Nießbrauch an dem Eingebrachten der Ehefrau können durch die Verpflegungs-Ansprüche verarmter Geschwister derselben nicht geschmälert werden.

Siehe auch Rechtsgrundsätze 602. 603. (§§ 19. 21. dieses Titels.)

§ **19.** Beweis des Unvermögens des zur Alimentirung hülfloser Familienglieder zunächst Verpflichteten. — Vergl. A. L. R. I. **14.** § 298., II. **3.** §§ 14 ff., **18.** § 310.

Rechtsgr. **602.** — I. Senat. 30. November 1855. (XIX. 141.)

Dem zu Alimentirenden gegenüber ist der in das Ausland verzogene, zur Alimentirung zunächst Verpflichtete für unvermögend zu erachten, wenn er die erforderliche Unterstützung nicht leistet, und weder sein Vermögen noch seine Kräfte zur Verpflegung des ersteren nach den vorwaltenden Verhältnissen mit Erfolg in Anspruch genommen werden können.

Siehe auch Rechtsgr. 601. (§ 15. dieses Titels.)

§ **21.** Anspruch der Geschwister auf Erstattung des zum Unterhalt einander Gegebenen. — Vergl. A. L. R. I. **11**. §§ 1041. 1042., II. **3**. §§ 14. 15.

Rechtsgr. **603**. — I. Senat. 14. September 1855. (XVIII. 132.)

Das Zurückforderungsrecht der Geschwister nach § 21. II. 3. des A. L. R. ist auf dasjenige zu beschränken, was sie ihren unvermögenden Geschwistern zum nothdürftigen Unterhalte gegeben haben.

§ **24**. Siehe Rechtsgr. 342. (A. L. R. I. **13**. § 268.)

Titel 4. Von gemeinschaftlichen Familienrechten.

Dritter Abschnitt. Von beständigen Familien-Fideikommissen.

§ **23**. Siehe Rechtsgrundsätze 604-606. (§§ 62. 72. dieses Titels.)

§ **34**. Siehe Rechtsgr. 606. (§ 72. dieses Titels.)

§ **48**. Siehe Rechtsgr. 604. (§ 62. dieses Titels.)

§ **62**. Errichtung eines Familien-Fideikommisses. — Vergl. A. L. R. I. **12**. § 532., II. **4**. § 23.

A. Erfordernisse dieser Errichtung. — Vergl. A. L. R. II. **4**. §§ 48. 72 ff.

Rechtsgr. **604**. — I. Senat. 4. Oktober 1854. (XV. 65.)

Zur Errichtung eines eigentlichen Familien-Fideikommisses im engeren Sinne ist erforderlich, daß das Eigenthum des Gutes der Familie als solcher übertragen, bestimmten Familien-Mitgliedern ein unbedingtes Recht auf die Succession, und dem Besitzer nur die Rechte eines nutzbaren Eigenthümers eingeräumt werden.

B. Gemeinrechtliches Familien-Fideikommiß.

Rechtsgr. **605**. — I. Senat. 4. Oktober 1854. (XV. 60.)

Nach Gemeinem Deutschem Rechte genügt zur Anordnung eines Familien-Fideikommisses die Erklärung des Testators, daß gewisse Güter beständig bei seiner Familie bleiben sollen.

Siehe auch Rechtsgr. 606. (§ 72. dieses Titels.)

§ 72. Veräußerlichkeit des zum Familien-Fideikommiß bestimmten Gutes. — Vergl. §§ 23. 34. 62. dieses Titels.

Rechtsgr. 606. — I. Senat. 4. Oktober 1854. (XV. 65.)

Die Anordnung des Testators, daß einer seiner Söhne das Gut ausschließlich für einen gewissen zur Nachlaßmasse einzuwerfenden Preis eigenthümlich übernehmen, daß dasselbe sodann bei seinen Kindern und seiner Familie bleiben solle, und daher nicht an einen Fremden überlassen, vielmehr nur an einen der Geschwister des Uebernehmers für denselben Preis wieder abgetreten werden könne, enthält keine Familien-Fideikommiß-Stiftung.

Vierter Abschnitt. Von der Successions-Ordnung in Familien-Fideikommisse.

§§ 139. 149. 189-198. Succession in bürgerliche Familien-Fideikommisse nach Gemeinem Deutschen Rechte.

Rechtsgr. 607. — I. Senat. 28. Juni 1854. (XIV. 67.)

Nach dem Gemeinen Deutschen Rechte streitet hinsichtlich der Succession in bürgerliche Familien-Fideikommisse die Vermuthung gegen die Ausschließnng des Weiberstammes durch den Mannsstamm.

Titel 5. Von den Rechten und Pflichten der Herrschaften und des Gesindes.

§ 162. Siehe Rechtsgr. 1107. (Gesinde-Ordnung vom 8. November 1810 § 160.)

§§ 177. 186. Kündigung des Dienstvertrages eines auf Lebenszeit angestellten Privatförsters. — Vergl. Gesinde-Ordnung vom 8. Novbr. 1810 § 101.; Gesetz Nr. 653. vom 7. Juni 1821 § 20.; Gesetz v. 2. Juni 1852 § 35.

Rechtsgr. 608. — IV. Senat. 6. Dezember 1856. (XXIII. 120.)

Die auf Lebenszeit angestellten und auf das Holzdiebstahlsgesetz vereidigten Privatförster sind als Haus-Offizianten anzusehen. Dieselben können jedoch — außer den beiden Fällen des § 35. des Gesetzes vom 2. Juni 1852 — weder von dem ursprünglichen Dienstherrn, noch von dessen Erben ihres Dienstes entlassen, respektive kann der Dienstvertrag durch einseitige Kündigung nicht aufgehoben werden.

§ **181.** Siehe Rechtsgrundsätze 271. 1215. 1216. (A. L. R. I. **11.** § 873.; Gesetz v. 31. März 1838 § 2. Nr. 3.)

§ **186.** Siehe Rechtsgr. 608. (§ 177. dieses Titels.)

§ **187.** Siehe Rechtsgrundsätze 1215. 1216. (Gesetz vom 31. März 1838 § 2. Nr. 3.)

Titel 6. Von Gesellschaften überhaupt, und von Korporationen und Gemeinen insonderheit.

§ **12.** Verhaftung der einzelnen Mitglieder einer jüdischen Gemeinde aus den von der letzteren gegen Dritte übernommenen Verpflichtungen. — Vergl. A. L. R. I. **17.** §§ 44. 45. 127. 128.

Rechtsgr. **609.** — I. Senat. 6. Oktober 1854. (XIII. 300.)

Die einzelnen Mitglieder einer jüdischen Gemeinde haften dem Dritten, welchem sie sich verpflichtet hat, pro rata, wenngleich sie unter sich nach Verhältniß ihrer Verpflichtung zu den Gemeindebedürfnissen beizutragen haben.

§ **22.** Siehe Rechtsgr. 1235. (Deklaration v. 6. April 1839 Art. 13.)

§ **25.** Siehe Rechtsgrundsätze 679. 820. 1235. (A. L. R. II. **11.** § 1218.; A. G. O. I. Einl. § 65.; Deklaration vom 6. April 1839 Artikel 13.)

§§ **52-56.** Gültigkeit des in einer außerordentlichen Versammlung ohne vorherige Einladung sämmtlicher Mitglieder der Gemeinde gefaßten Gemeindebeschlusses.

Rechtsgr. **610.** — II. Senat. 23. November 1854. (XVI. 36.)

Zur Gültigkeit des in einer außerordentlichen Versammlung der Gemeinde gefaßten Gemeindebeschlusses ist die vorherige Einladung sämmtlicher Mitglieder der Gemeinde nicht unbedingt erforderlich, vielmehr wird durch die wirkliche Anwesenheit aller Mitglieder der Mangel der Einladung in allen Fällen beseitigt, in welchen als wesentlicher Zweck der Einladung nicht die Nothwendigkeit der besonderen Vorbereitung seitens der Mitglieder für die Berathung anzunehmen ist.

§§ **114** ff. **135**. Siehe Rechtsgr. 660. (A. L. R. II. **11**. § 159.)

§ **170**. Vermuthung für die Anstellung der Unterbeamten der Korporationen auf Lebenslang. — Vergl. A. L. R. II. **6**. §§ 147. 167., **10**. §§ 68. 69.

Rechtsgr. **611**. — I. Senat. 28. Februar 1854. (**XIV**. 204.)

Auch die Unterbeamten der Korporationen sind im Zweifel für lebenslänglich angestellt zu erachten.

§§ **193**. **194**. Siehe Rechtsgr. 1022. (Dig. **28**. 7. Lex 92. § 1.)

Titel 7. Vom Bauerstande.

Erster Abschnitt. Vom Bauerstande überhaupt.

§ **13**. Siehe Rechtsgr. 1338. (Ablösegesetz v. 2. März 1850 § 40.)

Zweiter Abschnitt. Von Dorfgemeinden.

§ **18**. Siehe Rechtsgr. 832. (A. G. O. I. **2**. § 111.)

§ **31**. Siehe Rechtsgr. 672. (A. L. R. II. **11**. § 714.)

§ **37**. Siehe Rechtsgr. 1291. (General-Konzession vom 23. Juli 1845 § 10.)

§ **41**. Siehe Rechtsgr. 672. (A. L. R. II. **11**. § 714.)

§ **46**. Kündigung des Miethskontrakts des Dorfschmidts durch den Dorfschulzen. — Vergl. A. L. R. I. **5**. § 450., **13**. §§ 119. 120. **17**. § 52.

Rechtsfr. **612**. — **III**. Senat. 4. Mai 1855. (**XIX**. 24.)

Ist der Dorfschulze berechtigt, einen von ihm und den übrigen Hofbesitzern des Dorfes mit einem Schmidt über die Dorfschmiede abgeschlossenen Miethskontrakt allein aufzukündigen?

§§ **48-50**. Rechtsweg wegen der Beitragspflicht eines mit der Verpflichtung zur Verwaltung des Schulzenamtes belasteten Gutes zu den Reallasten. — Vergl. A. G. O. I. Einl. § 1.

Rechtsgr. 613. — II. Senat. 23. Mai 1854 (XIV. 37.)

In Betreff der dem Besitzer eines Schulzenguts bestrittenen, mit der auf diesem Gute ruhenden Reallast der Verwaltung des Schulzen-Amtes verbundenen Befreiung des Guts von Beiträgen zu den Gemeindelasten ist der Rechtsweg gestattet.

§ **50**. Siehe Rechtsgr. 534. (A. L. R. II. **1**. § 232.)

Dritter Abschnitt. Von unterthänigen Landbewohnern und ihrem Verhältnisse gegen ihre Herrschaften.

§§ **137**. **141**. Rechtliche Wirkung Schlesischer interimistischer Urbarien, insbesondere hinsichtlich der Verpflichtungen einzelner Gemeinden. — Vergl. A. G. O. I. **2**. §§ 50 ff., **10**. § 59.; Publikandum vom 12. Dez. 1784; Instruktion v. 20. Januar 1785, §§ 40. 43. 44.

Rechtsgr. 614. — IV. Senat. 11. April 1854. (XIII. 59.)

a) Die von der Haupt-Urbarien-Kommission in Schlesien bestätigten interimistischen Urbarien haben mit den von Landes-Kollegien bestätigten Urbarien dieselbe Wirkung.

b) Zur Gültigkeit dieser Urbarien ist deren Unterschrift Seitens der Interessenten nicht erforderlich.

c) Sie sind auch hinsichtlich der Verpflichtungen einzelner Gemeinden als solcher beweisend.

Sechster Abschnitt. Von den Diensten der Unterthanen.

§§ **328**. **427**. Siehe Rechtsgr. 63. (A. L. R. I. **5**. § 156.)

Siebenter Abschnitt. Von den Zinsen und Abgaben der Unterthanen.

§ **493**. Siehe Rechtsgr. 953. (A. G. O. I. **50**. § 357.)

Titel 8. Vom Bürgerstande.

Zweiter Abschnitt. Von Städten und Stadtgemeinden.

§ **131**. Siehe Rechtsgr. 272. (A. L. R. I. **11**. § 869.)

Dritter Abschnitt. Von Handwerkern und Zünften.

§§ **193-195.** Begriff der Zünfte.

Rechtsgr. **615.** — II. Senat. 23. November 1854. (XVI. 37.)

Die Vorschriften der §§ 193-195. II. 8. des Allgem. Landrechts sind nur auf Handwerkerzünfte, mithin nicht auf Ackergilden zu beziehen.

Vierter Abschnitt. Von Künstlern und Fabrikanten.

§ **405.** Siehe Rechtsgr. 276. (A. L. R. I. **11.** § 925.)

Fünfter Abschnitt. Von Brauern, Gastwirthen, Garköchen und Andern, welche mit dem Verkaufe zubereiteter Speisen oder Getränke ein Gewerbe treiben.

§ **444.** Klage des Reisenden gegen den Gastwirth wegen weggekommener Sachen und Gelder. — Vergl. Dig. **4.** 9. Lex 3. § 1.

Rechtsgr. **616.** — IV. Senat. 24. Juni 1856. (XXI. 309.)

a) Zur Begründung der Klage des Reisenden gegen den Gastwirth wegen weggekommener Sachen und Gelder bedarf es nur des Nachweises der Illation derselben und ihres Verlustes aus der Gewahrsam des Gasthofs, nicht aber auch des Nachweises einer stattgehabten Entwendung.

b) Dem Reisenden steht diese Klage gegen den Gastwirth auch dann zu, wenn er nicht Eigenthümer der weggekommenen Sachen und Gelder gewesen ist.

§§ **444** ff. Siehe Rechtsgr. 345. (A. L. R. I. **14.** § 11.)

§ **451.** Unvorsichtigkeit des Reisenden in Aufbewahrung des Stubenschlüssels.

Rechtsgr. **617.** — IV. Senat. 24. Juni 1856. (XXI. 309.)

Der Umstand, daß der Reisende den Stubenschlüssel nicht bei sich behalten, sondern an das dazu bestimmte Schlüsselbrett angehängt hat, begründet nicht den Vorwurf der eignen unvorsichtigen Aufbewahrung desselben.

§ **452.** Verschlossene Behältnisse, in welchen die Sachen des Reisende enthalten sind.

Rechtsgr. 618. — IV. Senat. 24. Juni 1856. (XXI. 309.)

Der § 452. II. 8. des Allg. Landrechts ist nur von solchen Verschlüssen zu verstehen, die der Reisende selbst mit sich führt.

Rechtsgr. 619. — IV. Senat. 24. Juni 1856. (XXI. 309.)

Hat der Reisende es wahrscheinlich gemacht, daß er am Tage der Einkehr in den Gasthof sich in dem Besitz der ihm angeblich hiernächst aus der Gewahrsam desselben weggekommenen Geldsummen befunden habe, so ist er über die Illation und das Wegkommen derselben zum Eide zu verstatten.

Siebenter Abschnitt. Von Kaufleuten.

§ **475**. Kaufmann mit kaufmännischen Rechten. — Vergl. Gewerbesteuer Gesetz vom 30. Mai 1820 § 3.

Rechtsgr. 620. — IV. Senat. 31. Oktober 1854. (XV. 207.)

Ob ein Handeltreibender als Kaufmann mit kaufmännischen Rechten anzusehen sei, hängt von der Entrichtung der Gewerbesteuer nach dem Steuersatze A. nicht ab; vielmehr entscheiden in dieser Beziehung die obwaltenden thatsächlichen Gesammtverhältnisse jedes einzelnen Falles.

§§ **477**. **478**. Siehe Rechtsgr. 579. (A. L. R. II. 2. § 218.)
§ **497**. Siehe Rechtsgr. 646. (§ 1525. dieses Titels.)
§§ **523**. **543**. Siehe Rechtsgr. 621. (§ 551. dieses Titels.)
§ **541**. Siehe Rechtsgr. 646. (§ 1525. dieses Titels.)
§ **551**. Rechte des Eigenthümers der Handlung aus den von seinem Reisenden im eigenen Namen mit Dritten geschlossenen Verträgen. — Vergl. A. L. R. I. **13**. §§ 10. 153. 155, II. **8**. §§ 523. 543.

Rechtsgr. 621. — IV. Senat. 14. November 1854. (XV. 220.)

Wenn dem Dritten, welcher mit dem Handlungsreisenden eines bestimmten Kaufmanns ein kaufmännisches Geschäft abgeschlossen hat, dies Verhältniß des Reisenden bekannt war, so wird derselbe dem Prinzipal auch dann verhaftet, wenn der Reisende im eignen Namen kontrahirt hat.

§§ **562** ff. Beweiskraft der Handlungsbücher eines Kaufmanns für einen Nichtkaufmann.

Rechtsgr. **622**. — IV. Senat. 19. Mai 1857. (XXIV. 322.)

a) Beruft sich der Nichtkaufmann auf die Handelsbücher des Kaufmannes, um aus diesen den Beweis der Zahlung zu führen, so sind sie ein zulässiges Beweismittel gegen den Kaufmann.

b) Diese Berufung hat mit der in den §§ 562 ff. II. 8. des A. L. R. abgehandelten Beweiskraft der Handlungsbücher für den Kaufmann Nichts zu thun.

§§ **569** ff. Beweiskraft kaufmännischer Handlungsbücher unter Kaufleuten.

Rechtsgr. **623**. — III. Senat. 25. Januar 1856. (XIX. 310.)

Auch durch die Eintragung eines unter Kaufleuten geschlossenen Handelsgeschäfts in die Handlungsbücher nur eines der Kontrahenten wird dasselbe vollständig bewiesen.

§§ **572. 573. 597.** Wirkung des zwischen einem Kaufmann und Nichtkaufmann blos mündlich geschlossenen, jedoch in die Handlungsbücher des ersteren eingetragenen Kaufvertrages.

Rechtsgr. **624**. — IV. Senat. 22. November 1855. (XIX. 114.)

Wenn ein zwischen einem Kaufmann, als Verkäufer, und einem Nichtkaufmann, als Käufer, mündlich abgeschlossener Kaufkontrakt über Waaren zum Preise von über 50 Rthlr. in die Handlungsbücher des erstern ordnungsmäßig eingetragen ist, so genügt zur Begründung des seitens des letzteren erhobenen Einwandes des nur mündlich abgeschlossenen Vertrages der Umstand nicht, daß die Annahme der Waaren von ihm verweigert worden sei.

§§ **592.** Beweiskraft des Gegenbuchs für und gegen beide Theile.

Rechtsgr. 625. — IV. Senat. 30. September 1856. (XXII. 212.)

a) Das Gegenbuch nach den §§ 592 ff. II. 8. des Allg. Landrechts beweist nicht blos für den Lieferanten dem Abnehmer gegenüber die Lieferung der Waaren, sondern auch für den letztern dem erstern gegenüber, daß er nicht mehr als eingetragen an Waaren erhalten hat.

b) Der von dem Lieferanten in das Gegenbuch eingetragene Vermerk erfolgter Zahlung hat die Wirkung einer Quittung.

§ 597. Siehe Rechtsgr. 624. (§ 572. dieses Titels.)

§§ 614. 651 ff. Errichtung einer Kommanditen-Gesellschaft (société en commandite). — Vergl. Gesetz v. 9. Novbr. 1843 § 1.

Rechtsgr. 626. — IV. Senat. 4. April 1857. (XXIV. 166.)

Eine durch schriftlichen Vertrag errichtete und mit einem Geschäfts-Inhaber versehene Handelsgesellschaft hat deshalb, weil ihre Geschäftsfonds durch Geschäftsantheile zu einem bestimmten Betrage, welche die Rechte stiller Gesellschafter geben, herbeigeschafft ist, nicht den Charakter einer Aktien-Gesellschaft; sie ist vielmehr eine dem A. L. R. dem Namen nach zwar unbekannte, jedoch erlaubte Kommanditen-Gesellschaft (société en commandite), deren rechtliche Existenz von der Gesetzlichkeit ihrer Gesellschafts-Firma abhängt.

§ 617. Verpflichtung der Theilnehmer einer unförmlich errichteten Handlungsgesellschaft aus den unter ihrem angenommenen Namen eingegangenen Verbindlichkeiten. — Vergl. § 629. dieses Titels.

Rechtsgr. 627. — IV. Senat. 25. November 1856. (XXIII. 79.)

a) Der Grundsatz: daß die Theilnehmer einer unförmlich eingegangenen, jedoch durch den Geschäftsbetrieb wirklich ins Leben getretenen Handels-Gesellschaft durch die, unter dem angenommenen und geführten Geschäftsnamen von ihnen eingegangenen Verbindlichkeiten sich verpflichten, — ist auf den Fall der Existenz eines schriftlichen

Sozietäts=Vertrages nicht beschränkt, und auch aus dem von einem der Gesellschafter für die Gesellschaft unter dem gemeinschaftlich geführten Gesellschafts=Namen eingegangenen Geschäfte werden die übrigen Gesellschafter dem Dritten verhaftet, wenn von ihnen in Bezug auf diesen Theilnehmer Erklärungen abgegeben waren, oder Handlungen stattgefunden hatten, die eine Ermächtigung des einen Gesellschafters zur Geschäftsführung für die Sozietät als eines Faktors derselben aussprechen und in sich schließen.

b) Eine solche konkludente Handlung enthält die Angabe der angenommenen Handlungsfirma auf dem Aushängeschild, oder an dem Geschäftslokale, oder bei der Korrespondenz und der Eingehung von Handlungs=Geschäften mit anderen Personen.

§§ **620-622. 652. 679.** Erforderniß einer Handlungsfirma.

Rechtsgr. **628.** — IV. Senat. 4. April 1857. (XXIV. 166.)

Die §§ 620-622. 652. 679 ff. II. 8. des A. L. R. bestimmen nicht, daß keine Firma anders, als auf einen Personen=Namen, angenommen werden darf.

§ **629.** Siehe Rechtsgr. 627. (§ 617. dieses Titels.)

§ **633.** Besorgung gemeinschaftlicher Angelegenheiten durch Ausstellung und Acceptation eines Wechsels seitens eines Sozius.

Rechtsgr. **629.** — IV. Senat. 20. Dezember 1856. (XXIII. 170.)

Die Ausstellung und Acceptation eines Wechsels von Seiten des einen Sozius, um dadurch zu dem Besitze einer von dem andern Sozius beizutreibenden Geldsumme zu gelangen, läßt sich als Besorgung der gemeinschaftlichen Gesellschafts=Angelegenheiten nicht ansehen.

Siehe auch Rechtsgrundsätze 630. 640. (§§ 651. 974. dieses Titels.)

§§ **647. 648.** Siehe Rechtsgrundsätze 640. 760. (§ 974. dieses Titels; A. D. W. O. Art. 21.)

§§ **651. 652.** Rechte eines stillen Gesellschafters. — Vergl. §§ 614. 633. dieses Titels.

Rechtsgr. **630.** — IV. Senat. 31. Januar 1856. (XX. 101.)

Der stille Gesellschafter ist als solcher kein Theilnehmer der Handlung und hat daher auch nicht die Rechte eines Faktors.

§ **652.** Siehe Rechtsgr. 628. 630. (§§ 620. 651. dieses Titels.)

§§ **668. 669.** Austritt einzelner Mitglieder aus der Sozietät. — Vergl. A. L. R. I. **17.** § 270.

Rechtsgr. **631.** — IV. Senat. 20. Dezember 1856. (XXIII. 170.)

Die §§ 668. 669. II. 8. des Allgem. Landrechts sind nicht anwendbar, wenn der Sozietäts-Vertrag auf gewisse Jahre errichtet worden ist, vielmehr muß alsdann der Ablauf der Frist abgewartet werden.

§ **679.** Siehe Rechtsgr. 628. (§ 620. dieses Titels.)

§ **684.** Siehe Rechtsgr. 372. (A. L. R. I. **16.** § 155.)

§ **685.** Anspruch des Kaufmanns auf kaufmännische Zinsen bei geschehener Kreditirung der Waaren.

Rechtsgr. **632.** — IV. Senat. 2. Februar 1856. (XX. 120.)

Die Zusendung von Rechnungen hat, wenn die Parteien im fortlaufenden Verkehr stehen, nicht die Kraft einer Mahnung.

Siehe auch Rechtsgr. 372. (A. L. R. I. **16.** § 155.)

§ **692.** Verzinsung des einem Kaufmann gegebenen Gelddarlehns.

Rechtsgr. **633.** — IV. Senat. 28. Februar 1856. (XX. 223.)

Der § 692. II. 8. des Allgem. Landrechts hat nur den Zinssatz zum Gegenstande und setzt daher eine anderweit begründete Verpflichtung zur Entrichtung von Zinsen voraus.

§ **695.** Anspruch des Kaufmanns auf Verzinsung des von ihm bei Gelegenheit eines Auftrags geleisteten Vorschusses. — Vergl. A. L. R. I. **13.** §§ 71. 72.

Rechtsgr. **634.** — IV. Senat. 2. Februar 1856. (XX. 120.)

Unter den Vorschüssen nach § 695. II. 8. des Allg.

Landrechts sind nicht lediglich im Voraus auf eine erst künftig fällig werdende Schuld des Vorschußgebers geleistete Zahlungen oder gewährte Leistungen, sondern überhaupt alle für Rechnung des Machtgebers gemachte, als Kapitalszahlungen zu betrachtende Ausgaben zu verstehen.

§ **696**. Anspruch der Kaufleute unter einander auf Verzinsung geleisteter Vorschüsse.

Rechtsgr. **635**. — IV. Senat. 28. Februar 1856. (XX. 223.)

Der § 696. II. 8. des Allgem. Landrechts hat nur den Zinssatz zum Gegenstande und setzt daher eine anderweit begründete Verpflichtung zur Entrichtung von Zinsen voraus.

§ **697**. Anspruch der Kaufleute unter einander auf Verzinsung der Rechnungssaldos.

Rechtsgr. **636**. — IV. Senat. 2. Februar 1856. (XX. 120.)

Der § 697. II. 8. des A. L. R. setzt voraus, daß ein Auftrag ertheilt worden, und daß beide Theile Kaufleute sind.

Rechtsgr. **637**. — IV. Senat. 28. Februar 1856. (XX. 223.)

Der § 697. daselbst, – betreffend die Verzinsung des unter Kaufleuten nach gegenseitiger Berechnung wegen ihrer Forderungen an Kapital und Zinsen für den einen Theil sich ergebenden Ueberschusses, – setzt eine gegenseitige Berechnung voraus.

Achter Abschnitt. Von Wechseln.

§ **713**. Siehe Rechtsgr. 957. (A. G. O. I. **50**. § 471.)
§ **740**. Siehe Rechtsgr. 728. (A. D. W. O. Art. 1.)
§ **777**. Siehe Rechtsgr. 760. (A. D. W. O. Art. 21.)
§ **784**. Siehe Rechtsgr. 789. (A. D. W. O. Art 82.)
§§ **826**. **827**. Siehe Rechtsgr. 747. (A. D. W. O. Art. 7.)
§ **855**. Siehe Rechtsgr. 38. (A. L. R. I. **4**. § 92).

§§ **873. 890.** Anspruch auf Verzugszinsen wegen am Verfalltage vom Acceptanten nicht geleisteter Zahlung oder Deposition der Wechselsumme. — Vergl. §§ 1098. 1197. dieses Titels.)

Rechtsgr. **638.** — IV. Senat. 28. Februar 1856. (XX. 222.)

Der Schuldner, welcher zwar am Verfalltage der von dem Gläubiger zur Tilgung der Schuld auf ihn gezogenen und von ihm acceptirten Wechsel weder Zahlung geleistet, noch auch die Wechselsumme gerichtlich deponirt hat, ist gleichwohl Verzugszinsen zu entrichten nicht schuldig, wenn der Wechsel ihm zur Zahlung nicht präsentirt, und er zur Zahlung nicht aufgefordert worden ist.

§ **903.** Siehe Rechtsgr. 169. (A. L. R. I. 9. § 545.)

§ **908.** und Anh. § 115. zu § 908. Siehe Rechtsgrundsätze 957. 968. (A. G. O. I. 50. § 471.; Konkurs-Ordnung vom 8. Mai 1855 § 280.)

§§ **930. 959.** Siehe Rechtsgr. 957. (A. G. O. I. 50. § 471.)

§§ **973. 974.** Rechte des einlösenden Ausstellers eines gezogenen und acceptirten, hiernächst aber präjudizirten Wechsels. — Vergleiche §§ 1021. 1063.

Rechtsgr. **639.** — IV. Senat. 14. Dezember 1854. (XVI. 93.)

Der Wechselaussteller, welcher einen gezogenen und acceptirten, wegen der von einem Indossatar versäumten rechtzeitigen Aufnahme und Versendung des Protestes Mangels Zahlung präjudizirten Wechsel einlöst, kann, wenn er von dem Acceptanten keine Befriedigung zu erlangen vermag, von jenem Indossatar die Wechselsumme nicht erstattet verlangen.

§§ **974 ff. 1054.** Bereicherungsklage des den protestirten Wechsel einlösenden Indossatars gegen eine Handelsgesellschaft als Remittentin des Wechsels. — Vergl. §§ 633. 647. dieses Titels.

Rechtsgr. **640.** — III. Senat. 23. Mai 1854. (XIII. 121.)

Zur Begründung der Bereicherungs-Klage auf den Grund der §§ 974 ff. 1054. II. 8. des Allgem. Landrechts ist der besondere Nachweis der zum Vortheil der

Handelsgesellschaft geschehenen Verwendung des an den mitkontrahirenden Gesellschafter gezahlten Geldes nicht erforderlich, insofern jener Gesellschafter überhaupt Namens der Sozietät zu kontrahiren befugt war.

§ **1021**. Siehe Rechtsgr. 639. (§ 973. dieses Titels.)
§ **1054**. Siehe Rechtsgr. 640. (§ 974. dieses Titels.)
§ **1063**. Siehe Rechtsgr. 639. (§ 973. dieses Titels.)
§ **1098**. Siehe Rechtsgr. 638. (§ 873. dieses Titels.)
§§ **1104**. **1135**. Siehe Rechtsgr. 957. (A. G. O. I. **50**. § 471.)
§ **1153**. Siehe Rechtsgr. 766. (A. D. W. O. Art. 36.)
§ **1162**. Siehe Rechtsgr. 957. (A. G. O. I. **50**. § 471.)
§ **1197**. Siehe Rechtsgr. 638. (§ 873. dieses Titels.)

Neunter Abschnitt. Von Handelsbillets und Assignationen.

§ **1257**. Siehe Rechtsgr. 957. (A. G. O. I. **50**. § 471.)
§§ **1261**. **1277**. **1281**. Siehe Rechtsgr. 376. (A. L. R. I. **16**. § 277.)
§§ **1286**. **1289**. Siehe Rechtsgr. 957. (A. G. O. I. **50**. § 471.)

Zehnter Abschnitt. Von Mäklern.

§§ **1359** ff. Aufzeichnung des von einem Mäkler vermittelten kaufmännischen Geschäfts in dessen Taschen- oder Handbuch; Erforderniß hinsichtlich des Zeitpunkts der Eintragung und der Gegenwart der Parteien. — Aeltere Ansicht:

A. Allgemeine Regel.

Rechtsgr. **641**. — IV. Senat. 7. November 1854. (XIV. 316.)

Die genaue Befolgung der in dem § 1359. II. 8. des Allgem. Landrechts enthaltenen Vorschrift ist dergestalt unerläßlich, daß ein ohne ihre strenge Beobachtung lediglich durch einen Mäkler geschlossenes Geschäft nicht klagbar ist.

B. Zeitpunkt der Eintragung und Gegenwart der Parteien.

Rechtsgr. **642**. — IV. Senat. 7. November 1854. (XIV. 317.)

a) Die Eintragung des Geschäfts in das Taschenbuch

des Mäklers kann in gleichzeitiger oder in successiver Gegenwart der Parteien erfolgen, – jedoch setzt der § 1359. a. a. O. für beide Fälle voraus, daß das Geschäft bereits vermittelt ist.

b) Im Fall der Eintragung des Geschäfts in successiver Gegenwart der Parteien kann die Eintragung nicht in der Art erfolgen, daß zuerst die Willensäußerung des Offerenten als eine noch der Annahme bedürfende Offerte, und demnächst deren Acceptation eingetragen wird.

c) Von der Vorschrift des § 1359. II. 8. des Allg. Landrechts darf nicht in der Art abgewichen werden, daß das Geschäft im Ganzen nur unter den Augen des einen Theils eingeschrieben, und demnächst dem andern Theile nur der in seiner Abwesenheit eingetragene Vermerk mitgetheilt oder vorgelesen wird.

— Neuere Ansicht:

Rechtsgr. **643**. — IV. Senat. 22. April 1856. (**XXI**. 117.)

Zur rechtlichen Gültigkeit der Aufzeichnung des vor einem Mäkler geschlossenen Geschäfts in dessen Taschen- oder Handbuch ist nicht erforderlich, daß die Eintragung der Willenserklärung beider Theile erst nach geschehener Vermittelung des Geschäfts erfolge; es genügt vielmehr die successive Aufzeichnung zunächst der Vertragsofferte vor deren Acceptation in Gegenwart des Anbietenden, und demnächst deren Acceptation in Gegenwart des Annehmenden.

§§ 1380. 1383. Betrag des Mäklerlohns für die Vermittelung eines Güterkaufs. — Vergl. A. L. R. I. **13**. §§. 75. 76.

Rechtsgr. **644**. — IV. Senat. 10. Oktober 1854. (**XV**. 89.)

a) Der § 1380. II. 8. des Allgem. Landrechts findet auf die Vermittelung eines Güterkaufs keine Anwendung;

für die Höhe des dafür zu zahlenden Mäklerlohns besteht überhaupt kein gesetzlicher Maaßstab.

b) Es findet deshalb auch der § 1383. auf ein solches Geschäft keine Anwendung, vielmehr kann der Vermittler desselben das volle Mäklerlohn auch dann beanspruchen, wenn sich der gegenüberstehende Kontrahent eines besondern Vermittlers bedient hat.

Eilfter Abschnitt. Von Rhedern, Schiffern und Befrachtern.

§§ **1475** ff. Siehe Rechtsgr. 651. (§ 1734. dieses Titels.)

§§ **1499** ff. **1525** ff. Wechselmäßige Verhaftung des Rheders aus einem während der Reise von dem Schiffer ausgestellten trockenen Wechsel. — Vergl. Preußisches Seerecht vom 1. Dezember 1727 Art. 26.

Rechtsgr. **645**. — IV. Senat. 26. Oktober 1854. (XV. 182.)

Der Rheder wird aus dem von seinem Schiffer während der Reise behufs Verschaffung der zur Fortsetzung derselben beziehungsweise wegen des ihm untergebenen Schiffes nothwendigen Gelder ausgestellten trockenen Wechsel persönlich und wechselmäßig verhaftet.

§§ **1525**. **1527**. Verpflichtungen des Rheders aus Handlungen des Schiffers. — Vergl. A. L. R. I. **13**. §§ 154. 155., II. **8**. §§ 497. 541.

Rechtsgr. **646**. — IV. Senat. 30. April 1857. (XXIV. 240.)

Die Verpflichtung des Rheders aus den Handlungen des Schiffers ist nicht von der Eigenschaft, in welcher der Schiffer kontrahirt, sondern davon abhängig, ob die Verbindlichkeit wegen des „untergebenen Schiffes" eingegangen ist. Der Rheder ist also selbst dann verpflichtet, wenn der Schiffer als Eigenthümer des Schiffes kontrahirt hat.

Siehe auch Rechtsgr. 645. (§ 1499. dieses Titels.)

§ **1634**. Siehe Rechtsgr. 651. (§ 1734 dieses Titels.)

§§ **1635**. **1718**. Berechnung der Frist zum Einladen und Loosen des Schiffes. — Vergl. A. L. R. Einl. § 46., I. **3**. § 48., **4**. § 65.

Rechtsgr. **647**. — IV. Senat. 24. Oktober 1854. (XIV. 303.)

a. Unter der „achttägigen" Frist zum Einladen und Loosen eines Schiffes von 50 Lasten und darunter ist eine einwöchentliche, aus sieben Tagen bestehende, Frist zu verstehen.

b. Bei Berechnung dieser achttägigen Frist, sowie bei Berechnung der „vierzehntägigen" Frist zur vollständigen Befrachtung und Entlastung eines Schiffes von 50 bis 100 Lasten sind die in dieselbe fallenden Sonn- und Feiertage auch dann mitzuzählen, wenn der Anfang oder das Ende dieser Fristen auf einen Sonn- oder Feiertag fällt.

Siehe auch Rechtsgr. 38. (A. L. R. I. 4. § 92.)

§§ **1639. 1640.** Siehe Rechtsgr. 649. (§ 1719. dieses Titels.)

§§ **1655. 1656.** Siehe Rechtsgr. 102. (A. L. R. I. 7. § 61.)

§ **1709.** Siehe Rechtsgr. 651. (§ 1734 dieses Titels.)

§ **1716.** Verpflichtung des Destinatars zur Abnahme der Waaren durch Aushang des auf Order lautenden Konossements an der Börse. — Vergl. A. L. R. I. **16.** §§ 20. 21.

Rechtsgr. **648**. — IV. Senat. 17. März 1857. (XXIII. 349.)

Wenn das Konossement auf Order lautet, so verpflichtet der Schiffer den Destinatar schon von da ab zur Abnahme der Waaren, wo er seine Ankunft durch Aushang an der Börse bekannt macht.

Siehe auch Rechtsgr. 102. (A. L. R. I. 7. § 61.)

§ **1718.** Siehe Rechtsgr. 38. 647. (A. L. R. I. **4.** § 92., II. **8.** § 1635.)

§§ **1719** ff. Anspruch des Schiffers auf Liegegelder an den Destinatar. — Vergl. §§ 1639. 1640. dieses Titels.

Rechtsgr. **649**. — IV. Senat. 17. März 1857. (XXIII. 348.)

Auch in Betreff der Liegegelder steht dem Schiffer eine direkte Klage gegen den Destinatar zu.

§ **1727.** Verhaftung des Empfängers der Schiffsladung für den Frachtlohn bei Untergang der Ladung.

Rechtsgr. **650**. — IV. Senat. 28. September 1854. (XIV. 294.)

Der als Empfänger der Schiffsladung Bezeichnete ist bei deren Untergang während der Reise oder vor der Ablieferung, außer dem Falle der durch große Haverei erlangten Vergütung des Werthes der Ladung, wegen des Frachtlohns für den zurückgelegten Theil der Reise nicht verhaftet, wenngleich er auf anderem Wege, z. B. durch Versicherung, für die verlorenen Güter Entschädigung erhalten hat.

§§ **1729** ff. Siehe Rechtsgr. 651. (§ 134 dieses Titels.)

§§ **1734** ff. Verhaftung des Schiffers für die an den Fässern entstandene Leckage. — Vergl. §§ 1475-1480. 1634. 1709. 1729 ff. dieses Titels.

Rechtsgr. **651**. — IV. Senat. 3. Juli 1855. (XIX. 29.)

Der Schiffer muß für den an einem verschlossenen Fasse entstandenen Schaden aufkommen, wenn er nicht nachweisen kann, daß derselbe durch äußeren Zufall entstanden ist, dessen Abwendung er nicht in seiner Gewalt gehabt hat.

Dreizehnter Abschnitt. Von Versicherungen.

§§ **1934**. **1935**. Versicherung gegen die Gefahr eines Prozesses.

Rechtsgr. **652**. — IV. Senat. 4. Januar 1855. (XV. 313.)

Macht Jemand sich anheischig, einem Andern diejenige Summe zu ersetzen, zu deren Bezahlung dieser Andere in einem von einem Dritten wider ihn angestrengten Prozesse verurtheilt werden möchte, so liegt ein Versicherungsvertrag vor, welcher, wenn keine Prämie bedungen war, zu seiner Gültigkeit der gerichtlichen Form bedarf.

Siehe auch Rechtsgr. 514. (A. L. R. I. **22**. § 208.)

§§ **2002**. **2003**. Siehe Rechtsgr. 1209. (Westphälisches Provinzial-Feuersozietäts-Reglement vom 5. Januar 1836 § 11.)

Fünfzehnter Abschnitt. Von Fuhrleuten.

§§ **2452**. **2453**. Privilegium der sogenannten Landkutschen. — Vergl. Postgesetz vom 5. Juni 1852 § 4.

Rechtsgr. **653**. — IV. Senat. 26. Juni 1855. (XVII. 307.)

Das Privilegium der sogenannten Landkutschen ist auch nach dem Postgesetz vom 5. Juni 1852 rechtlich statthaft.

§ **2459**. Siehe Rechtsgr. 322. (A. L. R. I. **13**. § 46.)

Titel 9. Von den Pflichten und Rechten des Adelstandes.

§§ **8**. **34** ff. Siehe Rechtsgr. 518. (A. L. R. II. **1**. § 30.)

Titel 10. Von den Rechten und Pflichten der Diener des Staats.

§§ **68** ff. Rechtliche Stellung eines Rabbiners. — Vergl. General-Judenprivilegium vom 17. April 1750 § 31; Verordnung der Potsdamer Regierung vom 10. Juli 1827.

Rechtsgr. **654**. — I. Senat. 6. Oktober 1851. (XIII. 300.)

Auf das Verhältniß eines Rabbiners finden die Vorschriften hinsichtlich der Verträge über Handlungen nicht unbedingt Anwendung. Derselbe steht vielmehr einem Beamten gleich und kann deshalb auch Vorauszahlung seines Gehaltes verlangen. Seine Entlassung findet ohne Mitwirkung der Regierung nicht statt.

Siehe auch Rechtsgr. 611. 664. 680. (A. L. R. II. **6**. § 170., **11**. §§ 283. 1219.)

§ **75**. Siehe Rechtsgr. 687. (A. L. R. II. **14**. § 1.)

§§ **88**. **89**. Verhaftung der Civilbeamten für die bei ihrer Amtsführung begangenen Versehen:

A. Grad des Versehens.

Rechtsgr. **655**. — I. Senat. 22. Februar 1856. (XX. 195.)

Beamte haften wegen des durch Verabsäumung ihrer

Amtspflicht entstandenen Schadens nur aus einem groben oder mäßigen Versehen.

B. Regreßklage gegen den richterlichen Kommissar wegen des bei Aufnahme des Kaufvertrages über ein Grundstück begangenen Versehens. — Vergl. A. L. R. I. 6. § 3.; A. G. O. II. 3. § 11.; A. Hyp.-Ordn. I. § 72., II. §§ 302 ff.

Rechtsgr. 656. — I. Senat. 23. Februar 1855. (XVII. 51.)

Der zur Aufnahme eines Kaufvertrages ernannte richterliche Kommissar ist zwar nicht verpflichtet, sich aus den Grundakten des zu verkaufenden Grundstücks auch über diejenigen Forderungen zu informiren, deren Eintragung blos erst nachgesucht, aber noch nicht erfolgt ist. Hat er jedoch der Partei ihrem Wunsche gemäß aus den Grundakten über das zu verkaufende Grundstück Auskunft ertheilt, so sind seine desfallsigen Rechte und Pflichten nach den besonderen Vorschriften über die Vertretungs-Verbindlichkeit der Beamten abzumessen.

Derselbe ist daher den der Partei aus seinem mäßigen Versehen verursachten mittelbaren Schaden zu ersetzen nicht verpflichtet.

C. Regreßklage gegen den Notar wegen des bei Aufnahme des Wechselprotestes begangenen Versehens. — Vergl. A. L. R. I. 6. §§ 18-21.; Code Napoléon Art. 1382.

Rechtsgr. 657. — I. Senat. 3. November 1856. (XXIII. 35.)

Der Mandant hat keine Veranlassung geschweige Verpflichtung, den Wechselprotest durchzulesen und zu prüfen. Er muß und kann voraussetzen, daß der Notar bei Aufnahme des Protestes gesetzmäßig verfahren ist.*

Siehe auch Rechtsgr. 996 (Code Napoléon Art. 1382.)

§§ 89-91. Regreßklage gegen den vorgesetzten Beamten wegen vernachlässigter Aufsicht des Schaden verursachenden Untergebenen. — Vergl. A. L. R. I. 14. §§ 284. 285.

* Der obige Grundsatz dürfte als allgemeine Regel nicht anzuerkennen sein.

Rechtsgr. **658.** — I. Senat. 10. Oktober 1856. (XXIII. 1.)

Eine analoge Anwendung der §§ 284. u. 285. I. 14. des Allgem. Landrechts in Betreff des Verhältnisses eines Gläubigers zu seinem Schuldner und Bürgen findet auf die Regreßklage gegen den Vorgesetzten des betreffenden Beamten, welcher den Schaden verursacht hat, nicht statt.

Siehe auch Rechtsgrundsätze 99. 452. 687. (A. L. R. I. **6.** § 54., **20.** § 435., II. **14.** § 1.)

§ **112.** Siehe Rechtsgr. 664. (A. L. R. II. **11.** § 283.)

§§ **127** ff. Vertretungsverbindlichkeit aller Mitglieder eines Kollegii in Betreff der Versehen einzelner Mitglieder. — Vergl. A. L. R. I. **5.** § 430., **6.** §§ 29. 30.

Rechtsgr. **659.** — I. Senat. 22. Februar 1856. (XX. 195.)

Ist der Schaden aus einem groben Versehen entstanden, so kann der Beschädigte auch einen einzelnen oder einige der an dem schädlich gewordenen Beschlusse des Kollegiums betheiligten Mitglieder allein auf das Ganze in Anspruch nehmen.

Titel 11. Von den Rechten und Pflichten der Kirchen und geistlichen Gesellschaften.

§§ **1. 2.** Siehe Rechtsgr. 33. (A. L. R. I. **4.** § 9.)

Erster Abschnitt. Von Kirchengesellschaften überhaupt.

§ **41.** Siehe Rechtsgr. 1071. 1072. (General-Juden-Privilegium vom 17. April 1750 § 31.)

Dritter Abschnitt. Von den Obern und Vorgesetzten der Kirchengesellschaften.

§ **157.** Siehe Rechtsgr. 668. 669. (§ 650. dieses Titels.)

§ **159.** Bevollmächtigte oder Repräsentanten einer Kirchengesellschaft. — Vergl. A. L. R. II. **6.** §§ 114 ff. 135.

Rechtsgr. **660.** — I. Senat. 20. Juni 1856. (XXII. 50.)

Die im § 159. II. 11. des Allgem. Landrechts erwähnten, für außerordentliche Fälle und Angelegenheiten von der Gemeinde gewählten Repräsentanten von Kirchengesellschaften sind nicht gleichbedeutend mit den in den §§ 14 ff. II. 6. erwähnten Repräsentanten von Korporationen, sie sind vielmehr lediglich Bevollmächtigte und daher an den Inhalt der ihnen zu ertheilenden Instruktion gebunden.

Vierter Abschnitt. Von den Gütern und dem Vermögen der Kirchengesellschaften.

§ **170**. Siehe Rechtsgr. 135. (A. L. R. I. 7. § 181.)
§ **176**. Siehe Rechtsgr. 663. (§ 238. dieses Titels.)
§§ **228-232**. Siehe Rechtsgr. 953. (A. G. O. I. **50**. § 357.)

Fünfter Abschnitt. Von Parochien.

§§ **238** ff. Errichtung und Grenzen einer Parochie:

A. Begriff einer Kirchengemeinde als juristischer Person und Rechtssubjekts. — Vergl. Cap. 4. X. 3. 29.

Rechtsgr. **661**. — I. Senat. 29. Oktober 1855. (XVIII. 244.)

Der Begriff einer Kirchengemeinde als juristischer Person und Rechtssubjekts erfordert weder bestimmte Parochialgrenzen, noch eine kirchenordnungsmäßige Organisation.

B. Begriff einer Kirchen- oder Pfarrgemeinde als Mitglieder derselben resp. als Eingepfarrte. — Vergl. §§ 723. 731. 734. 791. 793. dieses Titels.

Rechtsgr. **662**. — I. Senat. 24. September 1856. (XXII. 208.)

Der Ausdruck: „Kirchen- oder Pfarrgemeinde" ist nicht selten, und zwar namentlich dann gleichbedeutend mit dem Worte: „Mitglieder der Kirchen- oder Pfarrgemeinde resp. Eingepfarrte," wenn von Beiträgen der Kirchengemeinde, d. h. der Eingepfarrten, im Gegensatze zu dem Kirchenvermögen und beziehungsweise dem Patron die Rede ist.

Daher ist bei der gegen eine Pfarrgemeinde, vertreten durch ihre erwählten Repräsentanten, auf Entrichtung von Pfarrbaukosten, welche nicht aus dem Korporations-vermögen, sondern lediglich durch Beiträge der Eingepfarrten aufgebracht werden sollen, gerichteten Klage nicht die moralische Person der Kirchengemeinde, sondern es sind die unter dem Kollektiv-Namen „Pfarrgemeinde" begriffenen Eingepfarrten als Beklagte anzusehen.

C. Errichtung einer Kirche und Pfarre. — Vergl. § 176 dieses Titels; Cod. **1**. 3. Lex 28.; Clem. **3**. 11. Cap. 2 § 1.

Rechtsgr. **663**. — I. Senat. 29. Oktober 1855. (XVIII. 244.)

Durch das thatsächliche Bestehen des von dem Stifter mit gewissen Gütern und Einkünften verbundenen Kirchenamts sind diese Güter und Einkünfte für aus dem Vermögen des Stifters gegangen und selbst als Träger einer juristischen Persönlichkeit zu erachten.

§ **261**. Siehe Rechtsgr. 669. 676. 1078. (§§ 650. 857 dieses Titels; Kabinets-Order vom 3. März 1758.)

§ **283**. Befreiung der Königlichen Civilbeamten und Titular-Räthe von dem Pfarrzwange. — Vergl. A. L. R. II. **10**. §§ 68. 112; Westphälischer Frieden vom 24. Oktober 1648 Art. 7 § 1.; Reskript vom 21. August 1696; Allg. Stolae-Tax-Ordnung für Schlesien vom 8. August 1750; Edikt vom 25. November 1754; Verordnung vom 7. Februar 1817 §§ 1-5.

Rechtsgr. **664**. — I. Senat. 6. April 1857. (XXIV. 189.)

Der § 283. II. 11. des Allgem. Landrechts bezieht sich nicht auf alle zum Civilstande gehörige Bediente, sondern nur auf Königliche Civilbediente und Titular-Räthe.

Sechster Abschnitt. Von dem Pfarrer und dessen Rechten.

§ **327**. Siehe Rechtsgr. 681. (A. L. R. II. **12**. § 34.)

Achter Abschnitt. Von Kirchenpatronen.

§ 576. Possessorischer Schutz des Patronatsrechts. — Vergl. A. L. R. I. 7. § 80., II. 11. §§ 585 ff.; cap. 15. X. 2. 1.

Rechtsgr. 665. — III. Senat. 18. März 1857. (XXIV. 126.)

Dem Patronatsrecht gebührt der possessorische Schutz, wenngleich einzelne Befugnisse des Patronats sich als affirmative Rechte darstellen.

§ 577. Siehe Rechtsgr. 131. (A. L. R. I. 7. § 146.)

§§ 580. 583. 603. 610. Patronat eines Inbegriffs von Gütern. — Vergl. A. L. R. I. 19. §§ 22. 23.

Rechtsgr. 666. — I. Senat. 14. Juli 1856. (XXII. 129.)

Der Besitzer eines Inbegriffs von Gütern ist ohne ausdrückliche Einwilligung der Kirchengemeinde und ohne Genehmigung der geistlichen Obern nicht berechtigt, das zu demselben gehörige Patronatrecht einem einzelnen Gute ausschließlich zuzuwenden und sich in Betreff der übrigen Güter des Patronatsrechts mit den damit verbundenen Obliegenheiten zu begeben.

§ 585 ff. Siehe Rechtsgr. 665. (§ 576. dieses Titels.)

§ 607. Direktorium in der Geschäftsführung unter mehreren Kirchen-Patronen.

Rechtsgr. 667. — I. Senat. 30. März 1855. (XVII. 105.)

Die Bestimmung des § 607. II. 11. des A. L. R. — nach welcher derjenige von mehreren Patronen, in dessen Gute die Kirche liegt, in gemeinschaftlichen Geschäften das Direktorium verlangen kann, — bezieht sich auf den Fall, wo von Hause aus die Besitzer verschiedener Güter ein selbstständiges Patronatsrecht über die Kirche haben, nicht aber auf den Fall, wenn der Güterkomplex des ursprünglich allein berechtigten Guts getrennt, und dem Besitzer der abgetrennten Güter ein Mitpatronatrecht übertragen ist.

Neunter Abschnitt. Von der Verwaltung der Güter und des Vermögens der Pfarrkirchen.

§ **650**. Vertretung der Kirchengemeinden in Prozessen:

A. Berechtigung der Kirchenvorsteher zur Vertretung der Eingepfarrten gegen Dritte. — Vergl. § 157. dieses Titels.

Rechtsgr. **668**. — I. Senat. 19. Juli 1854. (XIV. 187.)

Die Kirchenvorsteher sind zur Vertretung der auf Erstattung der von einem Dritten vorgeschossenen Kosten von Kirchen- und Pfarrbauten in Anspruch genommenen Eingepfarrten nicht berechtigt.

B. Berechtigung der Vorsteher einer evangelischen Kirchengemeinde zur Vertretung der letzteren in Prozessen gegen die aus derselben ausgeschiedenen und zu den Altlutheranern übergegangenen bisherigen Mitglieder. — Vergl. §§ 157. 261. 745 ff. dieses Titels; Generalkonzession vom 23. Juli 1845 § 10.

Rechtsgr. **669**. — I. Senat. 28. Januar 1856. (XX. 92.)

Der Vorstand einer Kirchengemeinde ist in Betreff der gegen die letztere seitens der aus der evangelischen Landeskirche ausgeschiedenen und zu den Altlutheranern übergetretenen bisherigen Mitglieder auf Befreiung von Leistungen zu den Pfarrbauten erhobenen Klage zur Vertretung der beklagten Kirchengemeinde legitimirt.

§§ **8 61** ff. Siehe Rechtsgrundsätze 135. 184. 466. 987. (A. L. R. I **7**. § 184., **9**. § 629., **21**. § 1.; Code Napoléon Art. 691.)

§ **685**. Ersitzung eines Kirchenstuhls. — Vergl. A. L. R. I. **7**. §§ 81. 82., **9**. §§ 579. 580. 625. 629., **22**. §§ 12. 14.

Rechtsgr. **670**. — I. Senat. 5. Januar 1855 (XVI. 112.) und 31. März 1856. (XX. 291.)

Zur Ersitzung eines Kirchenstuhls ist ein Besitz von 44 Jahren erforderlich.

§§ **710**. **711**. Observanz hinsichtlich der Aufbringung der Kosten zum Bau und zur Unterhaltung der Kirchengebäude. — Vergl. A. L. R. II. **11**. § 789., **12**. § 37.; Gesetz Nr. 2742. v. 21. Juli 1846 § 22.

Rechtsgr. 671. — I. Senat. 22. September 1854. (XV. 21.)

Die Vorschriften der §§ 710. und 711. II. 11. des Allgemeinen Landrechts hinsichtlich der Gültigkeit der Observanzen in Betreff der Verpflichtung zur Aufbringung der Kosten zum Bau und zur Unterhaltung der Kirchengebäude gelten auch in Ansehung der Pfarr- und Schulgebäude.

Siehe auch Rechtsgrundsätze 2. 3. 672. 673. 1057. 1058. 1237. (A. L. R. I. Publ.-Patent vom 5. Februar 1794 § 7., II. **11.** §§ 714. 729; Kirchen-Ordnung v. 9. Mai 1739 Kap. 26. § 2.; Kab.-Order vom 10. Dezember 1839.)

§§ **714. 715.** Observanz in Ansehung der Leistung der Hand- und Spanndienste zum Bau und zur Unterhaltung der Kirchen-, Pfarr- und Schulgebäude bei einer Landkirche. — Vergl. A. L. R. Einleit. §§ 3. 4. 60., II. **7.** §§ 31. 41., **11.** §§ 710. 711.

Rechtsgr. 672. — I. Senat. 22. September 1854. (XV. 21.)

Bei Landkirchen kommen in Ansehung der Leistung der Hand- und Spanndienste der Eingepfarrten zum Bau und zur Unterhaltung der Gebäude die Vorschriften der §§ 714. und 715. II. 11. des Allgem. Landrechts bei dem Nachweis einer entgegengesetzten Observanz nicht zur Anwendung.

§§ **720** ff. Siehe Rechtsgr. 1058. (Kirchen-Ordnung vom 9. Mai 1739 Kap. 26. § 3.)

§ **723.** Siehe Rechtsgr. 662. (§ 283. dieses Titels.)

§ **725.** Siehe Rechtsgr. 674. (§ 790. dieses Titels.)

§§ **729** ff. Passivlegitimation der Kirchengemeinde in Betreff der Klage des Patrons auf Erstattung von Kirchenbaukosten. — Vergl. §§ 793. 795.; Reskript v. 12. August und 30. September 1799.

Rechtsgr. 673. — I. Senat. 22. Mai 1857. (XXIV. 325.)

Die Klage des Kirchenpatrons auf Erstattung von Kirchenbaukosten ist gegen die Kirchengemeinde selbst zu richten, welcher es überlassen bleibt, die Vertheilung der Beiträge unter ihren Mitgliedern behufs Befriedigung des Kirchenpatrons zu veranlassen.

§§ **731. 734**. Siehe Rechtsgr. 662. 673. (§§ 283. 729. dieses Titels.)
§§ **745** ff. Siehe Rechtsgr. 669. (§ 650. dieses Titels.)

Zehnter Abschnitt. Von Pfarrgütern und Einkünften.

§ **789**. Siehe Rechtsgrundsätze 671. 681. 1058. (A. L. R. II. **11**. § 710., **12**. § 34.; Kirchen-Ordn. v. 9. Mai 1739 Kap. 26. § 2.)

§§ **790-792**. Verpflichtung zu den Baukosten des Pfarrhauses bei Vereinigung mehrerer Kirchengemeinden unter einem gemeinschaftlichen Pfarrer. — Vergl. § 725. dieses Titels.

Rechtsgr. **674**. — I. Senat. 30. April 1853. (XVI. 357.)

Sind mehrere Kirchen-Gemeinden unter einem gemeinschaftlichen Pfarrer vereinigt, welcher in einer derselben sein Pfarrhaus, in der anderen aber kein solches hat, so fallen die Baukosten dieses Hauses allein derjenigen Gemeinde, in welcher das Pfarrhaus gelegen ist, zur Last.

Siehe auch Rechtsgrundsätze 662. 671. 681. 1057. (A. L. R. II. **11**. §§ 283. 710., **12**. § 34.; Kirchen-Ordnung vom 9. Mai 1739 Kap. 26. § 2.)

§ **793**. Siehe Rechtsgrundsätze 662. 673. (§§ 283. 729. dieses Titels.)

§ **795**. Siehe Rechtsgr. 673. (§ 729. dieses Titels.)

§ **823**. Observanz in Betreff der Auseinandersetzung eines abgehenden Pfarrers resp. dessen Erben mit der Kirche und dem antretenden Pfarrer. — Vergl. A. L. R. Publik.-Patent v. 5. Februar 1794 § 7., Einl §§ 3. 4., I **21**. §§ 111. 166.

Rechtsgr. **675**. — IV. Senat. 6. Februar 1855. (XVII. 7.)

In Betreff der Auseinandersetzung eines abgehenden Pfarrers resp. dessen Erben mit der Kirche und dem antretenden Pfarrer wegen der Substanz und der Nutzungen des Pfarr-Vermögens kommen lediglich die Bestimmungen des Allgemeinen Landrechts über den Nießbrauch mit Ausschluß früher bestandener Observanzen zur Anwendung.*

* Vergl. dagegen die Note im Archiv für Rechtsfälle Bd. XVII. S. 7.

Eilfter Abschnitt. Von Zehnten und anderen Pfarr-Abgaben.

§§ **857. 858.** Natur der Abgaben von Roggen und Garben. — Vgl. §§ 261. 922. dieses Titels.

Rechtsgr. **676.** — IV. Senat. 28. Januar 1856. (XX. 75.)

Die an den Pfarrer und Küster zu entrichtenden Abgaben von Roggen und Garben, auch wenn sie nicht unter dem Namen „Meßkorn" oder einem andern besondern Namen entrichtet werden, haben die Natur eines Zehnten im Sinne der §§ 857. 858. und 922. II. 11. des A. L. R.

§§ **875. 915.** Siehe Rechtsgr. 677. (§ 973. dieses Titels.)

§ **937.** Natur der Abgaben von Meßgeld und Eiern. — Vgl. A. L. R. I. 2. §§ 126. 136., II. **11.** §§ 875. 915.

A. Natur der Abgaben von Offertorien, Pröven und anderen dergleichen Abgaben an den Pfarrer und Küster.

Rechtsgr. **677.** — IV. Senat. 28. Januar 1856. (XX. 75.)

Die an den Pfarrer und Küster zu entrichtenden Abgaben von Meßgeld und Eiern sind weder dinglicher Natur, noch auch haben sie die Natur eines Zehnten, sie gehören vielmehr zu den im § 937. II. 11. des A. L. R. gedachten Abgaben.

B. Natur der Abgaben an Wettergarben u. Läutebroden in Schlesien.

Rechtsgr. **678.** — I. Senat. 8. November 1851. (XVI. 15.)

In Schlesien gehören die Abgaben an Wettergarben und Läutebroden zu den Parochiallasten.

Zwölfter Abschnitt. Von geistlichen Gesellschaften überhaupt.

§§ **939. 940.** Siehe Rechtsgr. 679. (§ 1218. dieses Titels.)

Zwanzigster Abschnitt. Von protestantischen Stiften, Klöstern, Ritterorden und deren Mitgliedern.

§§ **1218. 1219.** Eigenschaft des protestantischen Domkapitels in Brandenburg als privilegirte Korporation. — Vgl. A. L. R. II. **6**. § 25., **11**. §§ 939. 940.; Säkularisations-Edikt v. 30. Oktober 1810.

Rechtsgr. **679**. — I. Senat. 28. Februar 1854. (XIV. 204.)

Das protestantische Domkapitel in Brandenburg ist eine privilegirte Korporation im Sinne des § 25. II. 6. des A. L. R.

§§ **1219**. **1220**. **1229**. Vermuthung für die Anstellung der Unterbeamten der protestantischen Domstifte auf Lebenslang. — Vergleiche A. L. R. II. **6**. §§ 147. 167. 170., **10**. §§ 68. 69.

Rechtsgr. **680**. — I. Senat. 28. Februar 1854. (XIV. 204.)

Auch die Unterbeamten der noch bestehenden protestantischen Domstifte sind im Zweifel für lebenslänglich angestellt zu erachten.

Titel 12. Von niederen und höheren Schulen.

§§ **22** ff. Siehe Rechtsgr. 681. (§ 34. dieses Titels.)

§ **29**. Siehe Rechtsgr. 1292. (Schul-Ordnung vom 11. Dezember 1845 § 38.).

§§ **34** ff. Unterhaltung der Schulgebäude und Schulmeisterwohnung:

A. Berechtigung zur Bestellung des Schullehrers und Verpflichtung zum Bau und zur Unterhaltung der Schulgebäude und Schulmeisterwohnung. — Vergleiche A. L. R. II. **11**. §§ 327. 789., **12**. §§ 22 ff.; cap. 25. X. **3**. 38.

Rechtsgr. **681**. — I. Senat. 6. Oktober 1854. (XV. 79.)

Ein dem Kirchenpatronat analoges Schulpatronat ist nicht anzunehmen. Daher ist aus der Berechtigung zur Bestellung des Schullehrers nicht die Verpflichtung zum Bau und zur Unterhaltung der Schulgebäude und der Schulmeisterwohnung zu folgern.

B. Begriff des in dem § 34. II. 12. des A. L. R. gebrauchten Ausdrucks „Gemeine Last".

Rechtsgr. **682**. — I. Senat. 29. November 1854. (XVI. 41.)

Unter dem Ausdruck: „gemeine Last" in dem § 34. II. 12. des A. L. R. ist nicht eine aus dem Gemeinde-

Verbande hervorgehende, sondern nur eine allen einzelnen Verpflichteten gemeinschaftlich obliegende Last zu verstehen.

§ **37.** Verpflichtung zu den Kosten der Unterhaltung des zugleich zur Küsterwohnung dienenden Schulhauses, insbesondere nach dem Märkischen Provinzialrecht. — Vergl. Gesetz Nr. 2724. v. 21. Juli 1846 § 3.

Rechtsgr. **683**. — I. Senat. 20. November 1854. (XVI. 41.)

Dient das Küsterhaus zugleich zum Schullokal, so treten hinsichtlich der Kosten zu Bauten und Reparaturen desselben die bei Pfarrgebäuden geltenden Vorschriften ein, auch wenn der Bau lediglich zu Schulzwecken vorgenommen wird.

Das Märkische Provinzialrecht enthält keine von dem vorstehenden Grundsatze abweichende Bestimmung.

Siehe auch Rechtsgr. 671. 1073. (A. L. R. II. **11**. § 710.; Schulreglement v. 8. August 1750 Nr. 11.)

Anhang § 141. zu § 103. Siehe Rechtsgr. 575. (A. L. R. II. **2**. § 129.)

Titel 13. Von den Rechten und Pflichten des Staats überhaupt.

§ **6**. Siehe Rechtsgr. 5. 1237. (A. L. R. Einl. § 9.; Kabinets-Order vom 10. Dezember 1839.)

§§ **14. 15.** Steuerartige Natur einer Abgabe.

Rechtsgr. **684**. — Plenum. 8. Januar 1855. (XV. 321.)

Die steuerartige Natur einer Abgabe wird durch die angeordnete Verwendung eines Theiles derselben zu anderen, als Staatsbedürfnissen, nicht verändert.

Titel 14. Von den Staatseinkünften und fiskalischen Rechten.

§ **1**. Begriff des Fiskus:

A. Grenze der Einheit der juristischen Persönlichkeit der verschiedenen fiskalischen Stationen. — Vergl. A. L. R. I. **16**. §§ 368. 369.; Cod. **4**. 31. Lex 1., **8**. 43. Lex 1., **10**. 15. Lex 1.

Rechtsgr. 685. — III. Senat. 14. März 1856. (XX. 280.)

Der Fiskus hat zwar mit seinen verschiedenen Stationen nur Eine juristische Persönlichkeit; die von einer Station für den Fiskus in einer bestimmt angegebenen rechtlichen Beziehung desselben und in Beziehung auf ein bestimmt bezeichnetes Geschäft abgegebenen Erklärungen stehen indeß dem Fiskus rücksichtlich anderer ganz außerhalb jener rechtlichen Beziehung desselben und jenes Geschäfts liegenden Verhältnisse nicht entgegen.

B. Rechtliche Natur des Dispositionsfonds Seiner Majestät des Königs. — Vergl. §§ 11. 14. 16. 21. 66. dieses Titels; A. G. O. I. **50**. § 395.

Rechtsgr. 686. — IV. Senat. 14. Juni 1855. (XVIII. 58.)

Der Dispositionsfond Seiner Majestät des Königs ist ein Theil des Staatsvermögens, und genießt daher fiskalische Vorrechte.

C. Verhaftung des Fiskus wegen verzögerter Erfüllung eines Vertrages. — Vergl. A. L. R. I. **3**. § 18., **5**. §§ 285-287., **6**. §§ 6. 19. 50-53., **14**. §§ 170. 171., II. **10**. §§ 75. 89., **15**. §§ 11. 12.

Rechtsgr. 687. — I. Senat. 30. April 1855. (XX. 13.)

Fiskus ist wegen verzögerter Erfüllung eines Vertrages nach den allgemeinen hierüber sprechenden gesetzlichen Vorschriften zu beurtheilen, und daher nicht berechtigt, wegen der von ihm seitens des Mitkontrahenten geforderten Entschädigung den letzteren an den betreffenden Beamten, durch dessen Versehen die Erfüllung verzögert worden, zu verweisen.

§ 21. Eigenthum des Staats an Land- und Heerstraßen:

A. Eigenthum eines öffentlichen Kommunikationsweges. — Vergleiche A. L. R. I. **8**. §§ 2-4.

Rechtsgr. 688. — I. Senat. 7. Juli 1854. (XIV. 132.)

Der auf dem Gebiete einer Stadt und mit deren

Mitteln angelegte Kommunikationsweg ist für Eigenthum der Stadt zu erachten.

B. Privatwegegerechtigkeit und Kommunikationsweg.

Rechtsgr. **689.** – V. Senat. 19. Juni 1855. (XVII. 293.)

Die Existenz eines Kommunikationsweges schließt die Existenz einer Privatwegegerechtigkeit aus.

Siehe auch Rechtsgrundsätze 686. 694. 1310. (A. L. R. II. **14.** § 1., **15.** § 38.; Gesetz vom 31. Oktober 1848 § 1.)

§§ **23** ff. Siehe Rechtsgrundsätze 691. 717. 1118. (A. L. R. II. **15.** § 8., **17.** § 174.; Verordnung vom 21. Juni 1816 § 1.)

§ **29** ff. Siehe Rechtsgr. 695. (A. L. R. II. **15.** § 51.)

§ **35.** Siehe Rechtsgr. 691. (A. L. R. II. **15.** § 8.)

§§ **38. 42.** Siehe Rechtsgr. 185. (A. L. R. I. **9.** § 641.)

§ **66.** Siehe Rechtsgr. 686. (§ 1. dieses Titels.)

§§ **78. 79.** Siehe Rechtsgr. 818. (A. G. O. I. Einl. § 1.)

Titel 15. Von den Rechten und Regalien des Staats in Ansehung der Landstraßen, Ströme, Hafen und Meeresufer.

Erster Abschnitt. Von Land- und Heerstraßen.

§§ **5. 6. 71.** Entschädigung der Grundeigenthümer bei Verlegung einer Straße.

Rechtsgr. **690.** – I. Senat. 7. Juli 1854. (XIV. 132.)

Unter der im § 5. II. 15. des Allgem. Landrechts gedachten „verlegte Straße" ist die neuerbaute Straße zu verstehen.

§§ **8-10.** Regalität der Nutzungen der Land- und Heerstraßen; Ersitzung des Nutzungsrechts an Chausseegräben. – Vergl. A. L. R. II. **14.** §§ 24-26. 35., **15.** § 2.

Rechtsgr. **691.** – II. Senat. 3. Juni 1855. (XVIII. 81.)

Die Ersitzung des Rechts zur Nutzung der Bäume in und an den Chausseegräben und zur Grasnutzung an den Böschungen und Gräben der Chaussee ist gesetzlich nicht ausgeschlossen.

§ 11. Siehe Rechtsgrundsätze 687. 1056. (A. L. R. II. 14. § 1.; Wegebesserungs-Edikt vom 10. Septbr. 1735.)

§ 12. Anspruch der Reisenden wegen des aus der unterlassenen gehörigen Unterhaltung einer Landstraße erwachsenen Schadens.

Rechtsgr. 692. — I. Senat. 30. April 1855. (XX. 16.)

Der durch die unterlassene gehörige Unterhaltung einer Landstraße einem Reisenden erwachsene Schaden kann nur gegen den nachlässigen Beamten, nicht gegen den Staat, verfolgt werden.

Siehe auch Rechtsgr. 687. (A. L. R. II. 14. § 1.)

§ 15. Fortdauernde Gültigkeit der Fürstlich Münsterschen Wegebauedikte. — Vergl. Publ.-Patente vom 5. April 1803 § 2. und 9. September 1814 § 2.

Rechtsgr. 693. — III. Senat. 16. Juli 1855. (XVIII. 119.)

Die vor Einführung der Französischen Gesetzgebung in dem zum ehemaligen Lippe-Departement gehörig gewesenen Theile der Provinz Westphalen in Betreff der Wegebaulast bestandenen Provinzialgesetze sind, — insofern während der Fremdherrschaft hinsichtlich einzelner Straßen eine besondere Regulirung der Wegebaupflicht zwischen dem Staate und seinen Unterthanen nicht stattgehabt hat, — für nicht aufgehoben zu erachten.

Siehe auch Rechtsgrundsätze 1056. 1092. (Wegebesserungs-Edikt v. 10. Septbr. 1735; Wegebesserungs-Reglement v. 4. Mai 1796 § 5.)

Zweiter Abschnitt. Von Strömen, Hafen und Meeresufern.

§ 38. Jagdrecht einer Privatperson auf einem öffentlichen Flusse. — Vergl. A. L. R. II. 14. § 21., 16. § 39.

Rechtsgr. 694. — II. Senat. 6. März 1855. (XV. 360.)

Die von Natur schiffbaren Ströme sind dem Privatverkehr entzogen, und kann deshalb eine Privatperson aus seinem vermeintlichen Eigenthume kein Jagdrecht auf dieselben geltend machen.*

* Vergl. dagegen die Bemerkungen im Archiv Bd. XV. S. 363.

§§ **51. 52.** Fähr- und Brückengerechtigkeit. — Vergl. A. L. R. Einl. §§ 56. 57., II. **14.** §§ 29-31., **15.** § 94.

Rechtsgr. **695.** — II. Senat. 25. September 1856. (XXIV. 1.)

a) In der Fährgerechtigkeit ist die gleichzeitige Befugniß zur Ueberbrückung des Flusses und Eröffnung der Brückenpassage gegen Entgeld nicht enthalten.

b) Daher kann der Fährberechtigte den Verleiher nicht unbedingt hindern, selbst eine Brücke anzulegen, oder deren Anlegung einem andern zu gestatten. Vielmehr kann jedes dieser Rechte für sich ausgeübt und nutzbar gemacht werden.

§§ **55** ff. Siehe Rechtsgr. 155. (A. L. R. I. 9. § 225.)

§ **63.** Verpflichtung des Ufereigenthümers zur Unterhaltung der ordinären Befestigungen des Uferbollwerks. — Vergl. Gesetz vom 28. Jan. 1848 § 28.

Rechtsgr. **696.** — II. Senat. 22. Mai 1856. (XXI. 207.)

Die Bestimmung des § 63 II. 15. des Allg. Landrechts in Betreff der Verpflichtung der Ufereigenthümer zur Unterhaltung der ordinären Befestigungen der Ufer ist durch den § 28. des Gesetzes vom 28. Januar 1848 nicht aufgehoben.

§ **71.** Siehe Rechtsgr. 690. (§ 5. dieses Titels.)

Dritter Abschnitt. Von der Zollgerechtigkeit.

§ **94.** Siehe Rechtsgr. 695. (§ 51. dieses Titels.)

§ **101.** Begründung von Zollbefreiungen.

Rechtsgr. **697.** Plenarbeschluß. 26. Oktober 1856. (XXIV. 47.)

Unter den Zollbefreiungen, welche nach § 101. II. 15. des Allgem. Landrechts nur durch ausdrückliche Provinzialgesetze oder durch besondere Privilegien oder Verträge begründet werden können, sind nur Befreiungen von einem eigentlichen Zoll von Waaren und Sachen (§ 89.), nicht aber auch von Wege-, Fähr- und Brückengeld zu verstehen.

Siehe auch Rechtsgr. 192. (A. L. R. I. 9. § 655.)

Vierter Abschnitt. Vom Postregal.

§ 142. Siehe Rechtsgr. 1225. (Eisenbahn-Gesetz vom 3. November 1838 § 36.)

Fünfter Abschnitt. Von der Mühlengerechtigkeit.

§§ 238. 239. Siehe Rechtsgr. 1111. (Vorfluth-Edikt vom 15. November 1811 § 1.)

§ 246. **Polizeigesetze in Mühlensachen; Entziehung des zum Mühlenbetrieb erforderlichen Wassers durch den Nachbar.**

Rechtsgr. **698**. — IV. Senat. 11. Januar 1856. (XIX. 264.)

Die Vorschrift des § 246. II. 15. des A. L. R., — nach welcher einer schon vorhandenen Mühle ein Nachbar, durch dessen Grundstücke das zu ihrem Betriebe nöthige Wasser fließt, dasselbe nicht entziehen darf, — ist polizeilicher Natur, und ist daher ihre Anwendbarkeit nicht durch den vorhergegangenen Beweis des Rechts auf die Nutzung des Wassers bedingt. – Auch die indirekte Entziehung dieses Wassers fällt unter das Verbot des § 246. a. a. O.

Titel 16. Von den Rechten des Staats auf herrenlose Güter und Sachen.

Zweiter Abschnitt. Von den Rechten des Staats auf erbliche Verlassenschaften.

§§ 16. 17. Siehe Rechtsgr. 162. (A. L. R. I. 9. § 482.)

Dritter Abschnitt. Vom Jagdregal.

§ 39. Siehe Rechtsgr. 694. (A. L. R. II. 15. § 38.)

Vierter Abschnitt. Vom Bergwerksregal.

§ 69. Siehe Rechtsgr. 1037. (Goldene Bulle von 1356, Kap. 9. § 1.)

§§ 106 ff. **Erwerb des Bergwerkregals.**

Rechtsgr. **699**. — III. Senat. 1. Juni 1855. (XVIII. 35.)

Durch den seitens des Landesherrn an eine Privatperson geschehenen Verkauf eines Territoriums, z. B. eines Amtes oder Klosters, unter der Klausel: „mit allen

Nutzungen, wie Käufer dieselben in, unter und auf dem Erdreich suchen kann und mag", ist das dem Landesherrn zustehende Bergwerksregal nicht für mitverkauft zu erachten.

§ **109.** Siehe Rechtsgr. 700. (§ 112. dieses Titels.)

§§ **112-114.** Entschädigungsforderung des Grundeigenthümers wegen des ihm entzogenen Grund und Bodens. — Vergl. §§ 109. 292. 343. dieses Titels; Schlesische Berg-Ordnung vom 5. Juni 1769, Kapitel 73. § 2.

Rechtsgr. **700.** — III. Senat. 3. Mai 1854. (XIII. 328.)

Die Entschädigungsforderung des Grundeigenthümers wegen des ihm zum Zwecke des Bergbaues entzogenen Grund und Bodens gehört nicht zu den Grubenschulden im Sinne des § 292. II. 16. des A. L. R.*

§§ **117** ff. Rechtliche Natur des Erbkures. — Vergl. §§ 133. 134. 253. 260. 264 ff. 277. dieses Titels; Schlesische Berg-Ordnung v. 5. Juni 1769 Kap. 30. § 1., Kap. 31. § 2.; Gesetz Nr. 3391. v. 12. Mai 1851 §§ 1. 5.

Rechtsgr. **701.** — III. Senat. 5. Juni 1857. (XXVI. 354.)

Der Erbkuxberechtigte ist Miteigenthümer des Bergwerkes.

Siehe auch Rechtsgr. 467. (A. L. R. I. **21.** § 37.)

§§ **118.** Unverjährbarkeit des Erbkures. — Vergl. A. L. R. I. **9.** §§ 504. 664.

Rechtsgr. **702.** — III. Senat. 5. Juni 1857. (XXVI. 354.)

Der Erbkux ist unverjährbar.

§§ **124** ff. Untrennbarkeit des Mitbaurechts zur Hälfte von dem Grundeigenthume. — Vergl. A. L. R. Einl. §§ 64. 65. 99., I. **4.** § 2., **II.** §§ 382. 527. 528.; Schlesische Berg-Ordnung v. 5. Juni 1769 Kap. 1. §§ 1-3.; Deklaration v. 1. Februar 1790.

* Vergl. dagegen den Aufsatz von Strohn über das Bergschuldenwesen im Archiv für Rechtsfälle Band XXI. S. 358 ff.

Rechtsgr. 703. — III. Senat. 14. Oktober 1853. (XIII. 4.)

Das Mitbaurecht zur Hälfte kann auch im Wege der Erbtheilung von dem Grund und Boden nicht getrennt werden.

§§ **128. 131.** Siehe Rechtsgr. 715. (§ 292. dieses Titels.)
§§ **133. 134.** Siehe Rechtsgr. 701. (§ 117. dieses Titels.)
§§ **138. 139.** Erwerb des Bergwerks-Eigenthums seitens der Berg-Beamten, deren Ehefrauen und Kinder. — Vergl. A. L. R. Publ.-Patent vom 5. Februar 1794 §§ 1-3., Einl. § 61.; Kleve-Märkische Berg-Ordnung vom 29. April 1766 Kap. 31.; Kabinets-Orders vom 20. Januar 1806 und 2. November 1808.

Rechtsgr. 704. — III. Senat. 9. November 1855. (XVIII. 306.)

Bergbeamten, deren Ehefrauen und unter ihrer väterlichen Gewalt befindlichen Kindern ist die Erwerbung von Bergwerks-Eigenthum und Antheilen an Muthungen untersagt; die entgegengesetzte Bestimmung der Kleve-Märkischen Verordnung vom 29. April 1766 Kap. 34. hat keine Gültigkeit mehr.

§§ **154** ff. Erfordernisse einer Muthung:

A. Bezeichnung des Fundortes in dem Muthzettel. — Vgl. §§ 162. 168. 177. 182. 188.; Revidirte Magdeburg-Halberstädter Berg-Ordnung vom 7. Dezember 1772 Kap. 3. § 2.

Rechtsgr. 705. — III. Senat. 6. Juni 1856. (XXII. 24.)

Ob in dem Muthzettel der Fundort genügend bezeichnet sei, ist dem verständigen Ermessen der Behörden und des Gerichts überlassen.

B. Blinde Muthung.

Rechtsgr. 706. — III. Senat. 19. September 1855. (XVIII. 149.)

Die Muthung ist nur dann eine blinde, wenn der Ort des Fundes und das gefundene Material gar nicht angegeben sind.

Siehe auch Rechtsgr. 1081. 1085. 1097. (Kleve-Märkische Bergordnung vom 29. April 1766 Kap. 2 § 1.; Bergordnung vom 7. Dezember 1772 Kap. 3. § 2.; Publ.-Patent vom 5. April 1803 § 4.)

§§ **156. 157. 161.** Aenderung der ursprünglichen Feldesprojektion. — Vergl. Gesetz vom 1. Juli 1821 § 2.

Rechtsgr. **707.** — III. Senat. 22. September 1854. (XV. 27.)

Eine Aenderung des ursprünglich gemutheten Feldes ist nur soweit zulässig, als das durch diese Aenderung überdeckte Feld noch ein freies ist.

Siehe auch Rechtsgr. 1129. (Gesetz vom 1. Juli 1821 § 2.)

§§ **158** ff. Siehe Rechtsgr. 1085. (Bergordnung vom 7. Dezember 1772 Kap. 3. § 2.)

§§ **159-161.** Kollision der Rechte des zufälligen Finders und des mit einem Schürfscheine versehenen Finders.

Rechtsgr. **708.** — V. Senat. 20. Juni 1854. (XIII. 202.)

Auch nach Gemeinem Rechte stehen dem zufälligen Finder, wenn er mit dem mit einem Schürfscheine versehenen Finder kollidirt, die Rechte eines ersten Finders nicht zu.

Siehe auch Rechtsgr. 707. 1097. (§ 156. dieses Titels; Publ.-Patent vom 5. April 1803 § 4.)

§ **168.** Siehe Rechtsgr. 705. 1085. (§ 154. dieses Titels; Bergordnung vom 7. Dezember 1772 Kap. 3. § 2.)

§ **169.** Siehe Rechtsgr. 1097. (Publ.-Patent vom 5. April 1803 § 4.)

§ **170.** Beschränkung der Regel der Ausschließlichkeit des Rechts des Bergbauenden auf edle regale Metalle.

Rechtsgr. **709.** — III. Senat. 9. November 1855. (XVIII. 303.)

Der § 170. II. 16. des Allgem. Landrechts über die Beleihung des Finders oder Muthers beim Bergbau bezieht sich lediglich auf edle regale Fossilien, und findet auch eine analoge Anwendung desselben auf nicht regale Fossilien und deren Förderung, z. B. auf Eisenstein in Schlesien, nicht statt.

§§ **177. 182.** Siehe Rechtsgr. 705. 1085. (§ 154 dieses Titels; Bergordnung vom 7. Dezember 1772 Kap. 3. § 2.)

§§ **223. 224.** Ansteigen des Erbstollens. — Vergl. §§ 423. 424.

dieses Titels; Nassau-Katzenellenbogensche Bergordnung vom 1. September 1559 Art. 29.

Rechtsgr. 710. — III. Senat. 12. Dezember 1856. (XXIII. 149.)

Ist bei der Errichtung des Erbstollens das Ansteigen desselben unter Aufsicht und Genehmigung der Bergbehörde resp. des Bergmeisters geschehen, so kann ein vermeintliches übermäßiges Ansteigen nicht als ein Verstoß gegen den § 223. II. 16. des Allgem. Landrechts und den Art. 29. der Nassau-Katzenellenbogen'schen Bergordnung gerügt werden.

§ 234. Vom Rechte des Erbstöllners:

A. Ueberhaupt.

Rechtsgr. 711. — III. Senat. 5. Oktober 1855. (XVIII. 186.)

Das Vorrecht des Erbstöllners auf die überfahrenen Gänge und Flötze tritt nur dann ein, wenn kein Anderer ein besseres Recht auf die Beleihung erlangt hat.

B. Gegenüber den mit eigenen Grubenstollen versehenen Gruben.

Rechtsgr. 712. — III. Senat. 12. Dezember 1856. (XXIII. 149.)

Dem Rechte des Erbstöllners sind auch solche Gruben unterworfen, welche bereits einen eigenen Grubenstollen besaßen, als der Erbstöllner seinen im Uebrigen mit den gesetzlichen Erfordernissen versehenen Stollen in ihr Feld trieb.

§§ 253. 260. Siehe Rechtsgr. 701. (§ 117 dieses Titels.)

§§ 264-268. Antrag eines einzelnen Gewerken auf Zusammenberufung einer Gewerkenversammlung, insbesondere behufs Wahl eines andern Repräsentanten. — Vergl. A. L. R. I. 5. §§ 450-453., 13. § 210., 17. §§ 4. 16 ff.; Gesetz Nr. 3391. vom 12. Mai 1851 §§ 2 ff. 16 ff. 24.

Rechtsgr. 713. — III. Senat. 1 Dezember 1856. (XXIII. 96.)

a. Jeder Gewerke ist befugt, die Zusammenberufung einer Gewerken-Versammlung zu verlangen, um in derselben Verfügungen über gemeinschaftliche Angelegenheiten, welche die dem Repräsentanten ertheilten Befugnisse überschreiten, resp. außerhalb derselben liegen, in Anregung zu bringen und die Beistimmung der übrigen Theilnehmer in Form eines Alle bindenden Beschlusses herbeizuführen.

b. Daher ist der Repräsentant verpflichtet, auf den Antrag auch nur eines der Gewerken eine Gewerken-Versammlung zum Zwecke der Berathung über die Wahl eines andern Repräsentanten zusammen zu berufen.

Siehe auch Rechtsgr. 701. (§ 117 dieses Titels.)

§§ **274** ff. **296**. Begriff der Zubuße.

Rechtsgr. **714**. — IV. Senat. 6. Januar 1857. (XXIII. 196.)

Werden die Bergprodukte einer Grube nicht gewerkschaftlich verwerthet, sondern unter die einzelnen Gewerken in Natur getheilt, so haben die von den Gewerken besonders aufzubringenden Beiträge zu den Betriebsgeldern nicht die Natur einer Zubuße im gesetzlichen Sinne.

§§ **292-294**. Persönliche Verhaftung der Gewerken für die Grubenschulden nach geschehener Veräußerung des Bergwerks-Eigenthums. — — Vergl. §§ 128. 131. dieses Titels; Schlesische Bergordnung vom 5. Juni 1769 Kap. 83. §§ 4. 6.; Baiersche Bergordnung vom 6. März 1784 Art. 106.

Rechtsgr. **715**. — IV. Senat. 28. September 1854. (XV. 48.)

Die Gewerken sind für die Grubenschulden auch persönlich verantwortlich und bleiben dies auch nach Veräußerung ihres Bergwerks-Eigenthums; der § 292. II. 16. des Allgem. Landrechts bezieht sich nur auf solche Gewerke, deren Bergwerkseigenthum kaduzirt ist.*

Siehe auch Rechtsgr. 700. (§ 112 dieses Titels.)

§ **296**. Siehe Rechtsgr. 714. (§ 274 dieses Titels.)

§§ **335. 338. 343**. Begriff einer Grubenschuld.

* Vergl. die Abhandlung von Strohn im Archiv für Rechtsfälle Bd. XXI. S. 365.

Rechtsgr. **716**. — IV. Senat. 23. September 1854. (XV. 48.)

Zum Begriff einer Grubenschuld genügt nicht, daß der Gewerke Sachen bestellt hat, die ihrer Beschaffenheit nach zum Gebrauche für die Grube dienen sollten und konnten; sie muß vielmehr unter eine der Kategorien passen, welche der § 343. II. 16. des Allgem. Landrechts in Betreff der Bergglänbiger aufstellt.

§ **343**. Siehe Rechtsgr. 700. 716. (§§ 112. 335. dieses Titels.)
§ **362**. Siehe Rechtsgr. 1097. (Publ.-Patent vom 5. April 1803 § 4.)
§§ **423**. **424**. Siehe Rechtsgr. 710. (§ 223. dieses Titels.)

Titel 17. Von den Rechten und Pflichten des Staats zum besondern Schutze seiner Unterthanen.

§ **98**. Siehe Rechtsgr. 965. (A. G. O. III. **8**. § 14.)
§ **174**. Aufhebung des Privat-Abzugsgeldes. — Vergl. A. L. R. II. **14**. §§ 23. 24.; Verordnung vom 21. Juni 1816. § 1.

Rechtsgr. **717**. — II. Senat. 20. März 1855. (XV. 376.)

Auch das auf einem Vertrage beruhende Privat-Abzugsgeld ist aufgehoben.

Siehe auch Rechtsgr. 1118. (Verordnung vom 21. Juni 1816. § 1.)

Titel 18. Von Vormundschaften und Kuratelen.

§ **3**. Siehe Rechtsgr. 595. (A. L. R. II. **2**. §. 622.)

Erster Abschnitt. Von den Personen, welchen Vormünder oder Kuratoren bestellt werden müssen.

§ **28**. Siehe Rechtsgr. 168. (A. L. R. I. **9**. § 536.)

Fünfter Abschnitt. Von den Rechten und Pflichten der Vormünder überhaupt.

§§ **235** ff. Siehe Rechtsgrundsätze 595. 724. (A. L. R. II. **2**. § 622., **18**. § 644.)
§§ **238**. **239**. Siehe Rechtsgr. 34. (A. L. R. I. **4**. § 22.)
§§ **247**. **250** ff. Siehe Rechtsgr. 595. (A. L. R. II. **2**. § **622**.)

§ **254.** Einwilligung eines Mitvormundes in den Zuschlag des subhastirten Grundstücks des Minderjährigen an den zweiten Vormund. — Vergl. A. L. R. I. **11**. § 20.

Rechtsgr. **718**. — III. Senat. 20. Juni 1856. (XXI. 289.)

Wenn bei der Subhastation des Grundstücks eines bevormundeten Minderjährigen der eine der Vormünder in den Zuschlag des Grundstücks an den andern willigt, so muß, falls der Subhastations-Richter auch der Vormundschafts-Richter ist, angenommen werden, daß ersterer mit Bewilligung des Gerichts gethan, was sonst dem zu ernennenden Spezial-Kurator obgelegen hätte.

Sechster Abschnitt. Von der Sorge für den Unterhalt und die Erziehung der Pflegebefohlenen.

§ **310**. Siehe Rechtsgr. 602. (A. L. R. II. **3**. § 19.)

Siebenter Abschnitt. Von der Vorsorge für das Vermögen der Pflegebefohlenen.

§ **421**. und Anh. § 157 zu § 421. Siehe Rechtsgr. 313. (A. L. R. I. **12**. § 557.)

§§ **499**. **500**. Siehe Rechtsgr. 1194. (Subhast.-Verordnung vom 4. März 1834 § 16.)

§ **504**. Anerkenntniß einer eingeklagten ungültigen Schuld des Pflegebefohlenen seitens des Vormundes. — Vergl. §§ 525. 526. dieses Titels; A. G. O. I. **8**. § 14.

Rechtsgr. **719**. — IV. Senat. 12. März 1857. (XXIV. 116.)

Das von dem Vormunde des Pflegebefohlenen erfolgte Anerkenntniß einer eingeklagten ungültigen Schuld des letzteren hat keine Wirkung.

§ **521**. Siehe Rechtsgr. 594. (A. L. R. II. **2**. § 615.)

§§ **525**. **526**. Siehe Rechtsgr. 719. (§ 504. dieses Titels.)

§ **550**. Wirkung der ohne vormundschaftliche Genehmigung geschehenen Veräußerung des Grundstücks eines Pflegebefohlenen seitens des Vormundes. -- Vergl. A. L. R. I. **7**. §§ 175 ff.

Rechtsgr. **720**. — III. Senat. 14. Dezember 1855. (XIX. 183.)

Aus dem Mangel der von dem Vormunde in dem

Kaufvertrage über das Grundstück des Pflegebefohlenen vorbehaltenen Genehmigung der vormundschaftlichen Behörde kann ein Mangel der Legitimation des Käufers zur Vertheidigung seines Besitzthums gegen die Vindikations-Ansprüche seitens eines dritten Eigenthumsprätendenten nicht entnommen werden.

§§ 569 ff. Siehe Rechtsgr. 772. (§ 574. dieses Titels.)

§ 574. und Anh. § 164 zu § 574. Berechtigung des Pflichttheilserben zu dem Antrage auf Subhastation der Nachlaßgrundstücke. — Vergl. A. L. R. II. **2.** §§ 432-436.; Reskript vom 13. Oktober 1794.

A. Hinsichtlich des auf eine bestimmte Summe eingesetzten Pflichttheilserben. — Vergl. A. L. R. I. **12.** §§ 263. 268., II. **1.** §§ 497. 498., **2.** §§ 432. 433.; Const. Joachimica von 1527 § 2.

Rechtsgr. **721.** — I. Senat. 9. Oktober 1854. (XV. 82.)

Der auf eine bestimmte Summe im Testament eingesetzte Pflichttheilsberechtigte kann behufs Ermittelung des Betrages seines Pflichttheils nur die Abschätzung, nicht aber die Subhastation der Nachlaßgrundstücke verlangen, dieselben mögen einzelnen Erben oder Legatarien besonders angewiesen sein, oder nicht. — Das Märkische Provinzialrecht enthält keine hiervon abweichende Bestimmungen.

B. Hinsichtlich des ohne Bestimmung einer gewissen Summe auf den Pflichttheil eingesetzten großjährigen Pflichttheilserben und bei erfolgter Verfügung über das Grundstück zu Gunsten eines Miterben unter einer Suspensivbedingung. — Vergl. A. L. R. I. **4.** § 103., II. **18.** §§ 569 ff.

Rechtsgr. **722.** — I. Senat. 23. Juni 1856. (XXI. 291.)

Die Vorschrift des § 164. des Anhangs zum § 574. II. 18. des Allgem. Landrechts, – nach welcher der ohne Bestimmung einer gewissen Summe auf den Pflichttheil eingesetzte Erbe berechtigt ist, behufs Theilung die Subhastation der Nachlaßgrundstücke zu verlangen, – ist nicht auf den Fall zu beziehen, wenn der Erblasser über die

Nachlaßgrundstücke besondere Bestimmungen getroffen, z. B. über dieselben zu Gunsten eines andern Miterben verfügt hat. – Dieser Grundsatz gilt auch hinsichtlich großjähriger Pflichttheilserben und kommt auch dann, wenn der Erblasser der über die Grundstücke zu Gunsten der Miterben getroffenen Verfügung eine Suspensiv-Bedingung hinzugefügt hat, bis zum Eintritt dieser Bedingung zur Anwendung.

C. Hinsichtlich des ohne Bestimmung einer gewissen Summe auf den Pflichttheil eingesetzten Notherben bei der dem Haupterben eingeräumten uneingeschränkten Disposition über den Nachlaß und mit Rücksicht auf die Veränderung des Zustandes des Nachlaßgrundstücks. — Vgl. Erbschafts-Edikt vom 30. April 1765 Abth. 2. § 4.

Rechtsgr. 723. — I. Senat. 8. Mai 1854. (XIII. 77.)

a. Dadurch allein, daß dem Haupterben die alleinige und uneingeschränkte Disposition über den Nachlaß eingeräumt ist, wird das Recht des auf den Pflichttheil ohne Bestimmung einer gewissen Summe eingesetzten Notherben, behufs Ermittelung der Höhe des Betrages des Pflichttheils die Subhastation des Nachlaßgrundstückes zu verlangen, nicht ausgeschlossen.

b. Kann jedoch das Nachlaßgrundstück seiner wesentlichen Beschaffenheit nach nicht mehr in dem Zustande am Todestage des Erblassers zur Subhastation gestellt werden, so muß der Pflichttheilserbe sich mit der Feststellung des Werthes dieses Grundstücks an jenem Todestage durch eine gerichtliche Taxe begnügen.

§§. 597. 598. Siehe Rechtsgr. 34. (A. L. R. I. 4. § 22.)

§ 644. Erbschaftsentsagungen für bevormundete Minderjährige ohne obervormundschaftliche Genehmigung. — Vergl. A. L. R. I. 9. §§ 384. 385. 390. 392., 20. § 616., II. 18. §§ 235 ff.

Rechtsgr. 724. — IV. Senat. 20. Januar 1857. (XXIII. 247.)

Die seitens des Vormundes rechtzeitig geschehene Entsagung einer dem Pflegebefohlenen angefallenen Erbschaft ist nicht schon deshalb ohne Wirkung, weil die obervormundschaftliche Genehmigung bis zum Ablauf der für die Erbschaftsentsagung vorgeschriebenen Frist nicht erfolgt ist; die erst später erfolgende Genehmigung ist vielmehr auf den Zeitpunkt der Erbschaftsentsagung zurückzubeziehen.

Achter Abschnitt. Von Aufhebung der Vormundschaften.

§§ **695** ff. Siehe Rechtsgr. 576. (A. L. R. II. 2. § 206.)

Neunter Abschnitt. Von den Rechten und Pflichten der Kuratoren.

§§ **953. 956.** Siehe Rechtsgr. 726. (§§ 1003. dieses Titels.)

§§ **970-974.** Rechte des Theilungskurators eines minderjährigen, unter väterlicher Gewalt befindlichen Kindes. — Vergl. Subh.-Verordnung vom 4. März 1834 § 9.

Rechtsgr. **725.** – III. Senat. 7. Januar 1857. (XXIII. 208.)

Der einem minderjährigen Kinde zur Auseinandersetzung mit dem Vater bestellt gewesene Theilungskurator ist als solcher auch dann, wenn ihm in seinem Kuratorium zur Pflicht gemacht ist, erforderlichen Falls sich auch der Verwaltung des Vermögens des Kindes zu unterziehen und für dessen Sicherheit zu sorgen, nicht berechtigt, das Kind bei der Subhastation des väterlichen Grundstücks, auf welchem ein zu seinem nicht freien Vermögen gehörendes Kapital eingetragen steht, zu vertreten; vielmehr ist auch in diesem Falle dem Kinde ein besonderer Kurator zu bestellen, und derselbe zuzuziehen.

§ **982.** Siehe Rechtsgr. 576. (A. L. R. II. 2. § 206.)

§§ **1003. 1004.** Grenze der Rechte und Pflichten des Kurators unbekannter Interessenten. — Vergl. A. L. R. Einleitung § 76., II. 18. §§ 953. 956.

Rechtsgr. **726.** — I. Senat. 21. November 1855. (XIX. 100.)

Die Rechte und Pflichten des Kurators unbekannter

Interessenten sind auf die Ermittelung dieser Interessenten und auf die Erhaltung des Standes der betreffenden Spezialmasse beschränkt.

Siehe auch Rechtsgr. 162. (A. L. R. I. 9 § 482.)

Titel 19. Von Armenanstalten und andern milden Stiftungen.

§ 9. Siehe Rechtsgr. 1259. (Armenpflegegesetz vom 31. Dezember 1842 § 33.)

§§ 52. 54. Siehe Rechtsgr. 342. (A. L. R. I. 13. § 268.)

Titel 20. Von den Verbrechen und deren Strafen.

§ 608. Siehe Rechtsgr. 38. (A. L. R. I. 4. § 92.)

§ 1271. Siehe Rechtsgr. 264. (A. L. R. I. 11. § 810.)

§ 1272. Siehe Rechtsgr. 1196. (Subhast.-Verordnung vom 4. März 1834 § 16.)

Entwurf einer Wechsel-Ordnung für die Preußischen Staaten von 1847.

§ 36. Siehe Rechtsgr. 766. (A. D. W. O. Art. 36.)

Gesetz wegen Einführung der Allgem. Deutschen Wechsel-Ordnung in Preußen vom 15. Februar 1850.

(G. S. S. 53.)

§ 6. Anstellung der Wechselklagen bei dem Gerichte des Zahlungsortes oder des persönlichen Gerichtsstandes des Beklagten oder Eines der Beklagten. — Vergl. A. L. R. Einl. §§ 22. 34.; Verordnung vom 7. Juli 1819.

Rechtsgr. 727. — IV. Senat. 26. April 1855. (XVII. 144.)

Der § 6. des Einführungsgesetzes vom 15. Februar 1850 verbindet nur die diesseitigen Unterthanen, nicht aber die einem deutschen Bundesstaate angehörigen, in Preußen sich nicht aufhaltenden Ausländer.

Siehe auch Rechtsgr. 786. (A. D. W. O. Art. 82.)

§ 7. Siehe Rechtsgr. 926. (A. G. O. I. 27. § 26.)

Allgemeine Deutsche Wechsel-Ordnung.

Erster Abschnitt. Von der Wechselfähigkeit.

Art. 1. Wechselfähigkeit:

A. In Betreff der Ehefrauen; Rechtswohlthaten derselben. — Vergl. A. L. R. I. **14.** § 407.; II. **8.** § 740.; A. D. W. O. Art. 82.

Rechtsgr. 728. — IV. Senat. 22. u. 25. Nov 1856. (XXII. 324.)

Stellen Frauenzimmer Wechsel aus, so können sie gegen ihre desfallsige Verpflichtung aus dem § 407. I. 14. des Allgem. Landrechts Einreden nicht entnehmen.

B. In Betreff der Taubstummen. — Vergl. A. L. R. I. **5.** §§ 24. 171., A. G. O. II. **3.** §§ 4 ff.

Rechtsgr. 729. — IV. Senat. 13. März 1856. (XX. 269.)

Ein Taubstummer, welcher auf Grund der Fähigkeit, seinen Angelegenheiten vorzustehen, aus der Vormundschaft entlassen ist, wird aus einem blos schriftlichen Wechselaccept dennoch nicht verpflichtet.*

Siehe auch Rechtsgr. 784. (Art. 81. dieser Wechselordnung.)

Art. 2. Siehe Rechtsgrundsätze 782. 957. (Art. 81. dieser Wechselordnung; A. G. O. I. **50.** § 471.)

Zweiter Abschnitt. Von gezogenen Wechseln.

Art. 4. Wesentliche Erfordernisse eines gezogenen Wechsels:

— Ueberhaupt:

A. Gewißheit der Natur des Wechsels als eigenen oder gezogenen. — Vergl. Art. 4. No. 7., Art. 6. 7. 96. 98. dieser Wechsel-Ordnung.

* Vergl. dagegen die Note im Archiv für Rechtsfälle, Bd. XX. S. 271.

Rechtsgr. 730. — IV. Senat. 20. Februar 1855. (XVII. 18.)

Wenn der Kontext der Wechsel-Urkunde es zweifelhaft läßt, ob die Ausstellung eines trockenen oder eines gezogenen Wechsels beabsichtigt worden, so ist kein gültiger Wechsel vorhanden.

Rechtsgr. 731. — IV. Senat. 14. Juni 1856. (XXII. 32.)

Ein seinem Inhalte nach eigener Wechsel mit dem auf demselben befindlichen Vermerk: „angenommen" ist kein gültiger Wechsel.

B. Unzulässigkeit von Einschaltungen zwischen den Zeilen. — Vergl. Art. 4. No. 1-8., Art. 6. 7. 96. 98. dieser Wechsel-Ordnung.

Rechtsgr. 732. — IV. Senat. 14. Juni 1856. (XXII. 32.)

Ein Wechsel mit Einschaltungen wesentlicher Bestimmungen zwischen den Zeilen desselben ist kein gültiger Wechsel.

Siehe auch Rechtsgrundsätze 386. 787. (A. L. R. I. 16. § 452; Art. 82. dieser Wechselordnung.)

— Insbesondere:

— No. 3. 5. 7. 8., Art. 21. 88. No. 2., Art. 96 No. 3. 5. Name der Person oder Firma; Erforderniß einer Firmen-Unterschrift. — Vergl. A. L. R. II. 8. § 777.

Rechtsgr. 733. — IV. Senat. 25. November 1858. (XXIII. 80.)

Die Allgem. Deutsche Wechsel-Ordnung hat für die Ausstellung einer Wechsel-Erklärung unter Firmen-Unterschrift nicht, wie die landrechtliche Wechsel-Ordnung, das Erforderniß, daß die Firma eine bekanntgemachte sei.

— No. 4. Zahlungszeit. — Vergl. Art. 96. No. 4. dieser Wechsel-Ordnung.

A. Tagwechsel:

Rechtsgr. 734. — IV. Senat. 22. November 1856. (XXII. 329.)

Nur solche allgemeine Bezeichnungen, wie Ostern, Pfingsten u. s. w., werden durch den Art. 4. No. 4. der Allgem. Deutschen Wechsel-Ordnung getroffen, aber nicht solche Bezeichnungen des Zahlungstages, deren Bestimmtheit sich aus dem übrigen Inhalt des Wechsels ergiebt.

Rechtsgr. 735. — IV. Senat. 30. Oktober 1855. (XVII. 369.)

Eine als Wechsel bezeichnete schriftliche Urkunde, in welcher die Zahlungszeit bis zu einem bestimmten Tage, z. B. „bis zum 1. August 1855", angegeben ist, entbehrt der Wechselkraft.

Rechtsgr. 736. — IV. Senat. 15. Juli 1854. (XIII. 273.)

Zur Bestimmung der Zahlungszeit eines Tagwechsels genügt deren Bezeichnung mit Ende eines bestimmten Monats, z. B. „Ende März 1854".

Rechtsgr. 737. — IV. Senat. 20. März 1855. (XVI. 312.)

Bei einem Tagwechsel bedarf es stets der Hinzufügung des Zahlungs-Jahres, wenn dasselbe aus dem übrigen Inhalte des Wechsels nicht mit Gewißheit hervorgeht.

Rechtsgr. 738. — IV. Senat. 18. September 1855. (XVII. 361.)

Die auf „Anfang Januar nächsthin" gestellte Zahlungszeit eines Wechsels entspricht nicht dem wesentlichen Erfordernisse einer bestimmten Verfallzeit.

B. Sichtwechsel:

Rechtsgr. 739. — Plenarbeschluß. 5. November 1855. (XIX. 205.)

Ein Wechsel, welcher „nach Sicht" ohne weitere Zeitangabe ausgestellt worden, ist für einen rücksichtlich der Zeitbestimmung gültigen Wechsel zu achten. *

Rechtsgr. 740. — IV. Senat. 22. September und 20. Dezember 1855. (XIX. 205.)

Die Zahlungszeit eines trockenen Wechsels kann durch die Worte „nach Wiedersicht" gültig bezeichnet werden. Der betreffende Wechsel ist zahlbar auf oder bei der ersten Vorzeigung.

C. Dato-Wechsel:

Rechtsgr. 741. — IV. Senat. 18. Dezember 1855. (XVIII. 341.)

Durch die Worte „zwei Monat dato" wird die Zahlungszeit in einem Wechsel genügend festgesetzt.

* Vergl. dagegen den älteren Grundsatz Nr. 848. Bd. I. (zweite Ausgabe) S. 281. dieser Rechtsgrundsätze.

D. Meßwechsel. — Vergl. Art. 18. 38. 41. dieser Wechsel-Ordnung.

Rechtsgr. 742. — IV. Senat. 22. Februar 1855. (XIX. 11.)

a) In Meßwechseln kann die Zahlungszeit nur schlechthin auf eine bestimmte Messe gesetzt werden.

b) Ist in einem Wechsel die Zahlungszeit nicht blos auf eine bestimmte Messe, sondern auch auf einen bestimmten Monatstag gesetzt, so gilt derselbe als Tagwechsel.

Siehe auch Rechtsgr. 732. (Art. 4. dieser Wechselordnung.)

— No. 5. Unterschrift des Ausstellers. — Vergl. Art. 12. dieser Wechsel-Ordnung.

Rechtsgr. 743. — V. Senat. 16. Dezember 1854. (XV. 286.)

Wenn der bei der Wechsel-Unterschrift vor dem Familiennamen hinzugefügte Anfangsbuchstabe einen von dem des Schreibenden verschiedenen Vornamen erkennbar macht, so fehlt es an einer die wechselmäßige Verhaftung begründenden Unterschrift.

Siehe auch Rechtsgrundsätze 733. 752. 788. (Art. 4. No. 3., Art. 14. 82. dieser Wechselordnung.)

— No. 7. Siehe Rechtsgrundsätze 730-733. 762. (Art. 4., Art. 4. No. 3., Art. 24. dieser Wechselordnung.)

— No. 8. Zahlungsort; Domizilwechsel:

A. Angabe des Zahlungsortes überhaupt.

Rechtsgr. 744. — IV. Senat. 10. Mai 1855. (XVII. 195.)

Die in dem Wechsel, resp. bei dem Namen des Bezogenen, fehlende Bezeichnung des Zahlungs-Ortes kann durch die dem Datum des Accepts hinzugefügte Ortsangabe nicht ersetzt werden.

B. Bezeichnung des Zahlungsorts in Domizil-Wechseln. — Vergl. Art. 24. dieser Wechsel-Ordnung.

Rechtsgr. 745. — IV. Senat. 5. Juni 1856. (XXI. 266.)

Die klare und unzweideutige Angabe des von dem Wohnort des Bezogenen verschiedenen Zahlungsortes ist ein wesentliches Erforderniß des gezogenen Domizil-Wechsels.

Daher entspricht die Wechsel-Addresse:

Herrn Eigenthümer Wilhelm S.
in Nemitz, bei Stettin,
zahlbar Mönchenstrasse 609 bei Beyer.
den Erfordernissen eines Domizil-Wechsels nicht.

Rechtsgr. 746. — IV. Senat. 19. Februar 1856. (XXI. 8.)

Es liegt kein Domizil-Wechsel vor, wenn nicht der Aussteller, sondern der Acceptant den von dem Wohnorte des Bezogenen verschiedenen Zahlungsort beigefügt hat.

Siehe auch Rechtsgr. 733. (Art. 4. No. 3 dieser Wechselordnung.)

Art. 6. Siehe Rechtsgrundsätze 730-732. 752. (Art. 4. 14. dieser Wechselordnung.)

Art. 7. 83. Civilrechtliche Folgen des wechselrechtlich unwirksamen Indossaments eines ungültigen Wechsels. — Vergl. A. L. R. II. 8. §§ 826. 827.

Rechtsgr. 747. — IV. Senat. 10. Mai 1855. (XVII. 188.)

Das wechselrechtlich unwirksame Indossament eines unter der Herrschaft der A. D. W. O. gezogenen, wegen Mangels eines wesentlichen Erfordernisses ungültigen Wechsels ist in Betreff seiner civilrechtlichen Folgen nach den Grundsätzen der Cession, wenn deren Erfordernisse vorliegen, zu beurtheilen.

Siehe auch Rechtsgrundsätze 730-732. (Art. 4. dieser Wechsel-Ordnung.)

Art. 8. Siehe Rechtsgrundsätze 752. 1007. (Art. 14. dieser Wechsel-Ordnung; Code de comm. Art. 437.)

Art. 9. Siehe Rechtsgr. 786. (Art. 82. dieser Wechsel-Ordnung.)

Art. 10. Untergang der Forderung des Wechselinhabers an den Acceptanten durch Indossirung des Wechsels. — Vergl. A. L. R. I. 16. § 46.

Rechtsgr. 748. — IV. Senat. 21. Februar 1857. (XXIII. 321.)

a) Sobald der Inhaber den Wechsel indossirt hat, steht ihm keine weitere Forderung an den Acceptanten zu.

b) Auch erwacht dieselbe Forderung an den Acceptanten, deren sich der Wechselinhaber durch das einem Dritten ertheilte Giro einmal wirklich begeben hat, nicht wieder, wenn anstatt des Acceptanten er einen seiner Hintermänner befriedigt, und dadurch den von ihm indossirten Wechsel einlöst.

Siehe auch Rechtsgrundsätze 386. 772. 773. 786. 966. (A. L. R. I. 16. § 452; A. D. W. O. Art. 43. 82.; Konkurs-Ordnung vom 8. Mai 1855. Art. 96.)

Art. **12**. **36**. **81**. Erfordernisse eines Blanko-Indossaments; Wirkung einer Blanko-Unterschrift auf der Vorderseite des Wechsels.

Rechtsgr. **749**. — IV. Senat. 23. Mai 1854. (XIII. 124.)

Namens-Unterschriften in Blanko auf der Vorderseite des Wechsels sind keine gültige Blanko-Indossamente und daher nicht geeignet, die Legitimation des durch ein darauf folgendes ausgefülltes Giro in den Wechselverband eingetretenen Wechsel-Inhabers zur Wechselklage gegen den Aussteller in der Reihe der Indossamente zu vermitteln.

Siehe auch Rechtsgrundsätze 743. 765. 767. 789. (Art. 4. No. 5., Art. 36. 82. dieser Wechsel-Ordnung.)

Art. **13**. Natur und Ausfüllung des Blanko-Indossaments:

A. Rechtliche Natur des Blanko-Indossaments.

Rechtsgr. **750**. — IV. Senat. 16. September 1854. (XIV. 258.)

Das Wesen und die besondere Natur des Blanko-Indossaments besteht darin, daß es den Wechsel so lange, als nicht ein ausgefülltes vollständiges Giro vorliegt oder hinzutritt, zu einem Papiere auf jeden Inhaber macht.

B. Grenzen der Befugniß des Wechselinhabers hinsichtlich der Ausfüllung des Blanko-Indossaments; Giro ohne Protest. — Vergl. Art. 42. dieser Wechsel-Ordnung.

Rechtsgr. **751**. — IV. Senat. 10. September 1856. (XXII. 167.)

Die gesetzliche Befugniß des Wechselinhabers zur Ausfüllung des Blanko-Indossaments erstreckt sich nur auf die Ausfüllung mit denjenigen Momenten, welche unmittelbar gesetzlich und nothwendig in dem Wesen des Indossaments liegen.

Daher hat die bei dieser Ausfüllung hinzugefügte Klausel „ohne Protest" keine Wirkung.

Siehe auch Rechtsgrundsätze 766. 767. 771. 789. (Art. 36. 42. 82. dieser Wechsel-Ordnung.)

Art. 14. Ausschließung der Verhaftung des Indossanten bei einem Indossament ohne Gewährleistung oder „ohne Obligo." — Vergl. Art. 4. No. 5., Art. 6. 8. 81. dieser Wechsel-Ordnung.

Rechtsgr. 752. — IV. Senat. 13. Januar 1855. (XVI. 161.)

Die dem ersten Giro des Ausstellers eines an eigene Order gezogenen Wechsels beigefügte Bemerkung „ohne Gewährleistung" oder „ohne Obligo" oder dergleichen Vorbehalt befreit denselben nicht blos von der Verbindlichkeit aus diesem seinem ersten Giro, sondern dem ersten Indossatar gegenüber auch von seiner Regreß-Verbindlichkeit aus dem Wechsel selbst.

Siehe auch Rechtsgr. 1007. (Code de comm. Art. 437.)

Art. 16. Wechsel-Indossament nach Verfall:

A. Wechselrechtliche Uebertragsformen bei verfallenen Wechseln; Wirkungen derselben.

Rechtsgr. 753. — IV. Senat. 10. Januar 1856., 26. Februar 1856. (XIX. 243. 368.)

Die wechselrechtlichen Uebertragungs-Formen sind auch bei verfallenen Wechseln zulässig und wirksam; ihre Wirkungen sind jedoch verschieden, jenachdem der Wechsel protestirt worden ist oder nicht.

Rechtsgr. 754. — IV. Senat. 26. Februar 1856. (XIX. 369.)

Die im Vorgange und unter dem Schutze eines vorhandenen Blanko-Indossaments vorgenommene einfache Begebung durch bloße Uebergabe des Wechsels nebst Protest stellt eine gesetzlich zulässige Form der Uebertragung der Rechte aus dem Wechsel an einen Dritten dar.

B. Wirkungen des Wechsel-Indossaments nach Verfall überhaupt.

Rechtsgr. 255. — IV. Senat. 10. Januar 1856. (XIX. 243.)

In dem Falle des vor dem Giro nach Verfall erhobenen Protestes steht der Indossatar in dem Verhältnisse eines Cessionars; in dem Falle des bei unterbliebenem Proteste erfolgten Giro nach Verfall erlangt der Indossatar, wie bei jedem Indossamente vor Verfall, selbstständige Rechte in den von dem Gesetze gestellten Grenzen.

C. Wechselklage des durch Rückgiro wieder zum Besitze des nach Verfall gegen den Acceptanten ausgeklagt gewesenen Wechsels gelangten Indossanten. — Vergl. A. G. O. I. Einl. §§ 64. 66. 67., **16.** § 1., **24.** § 3.

Rechtsgr. 256. — IV. Senat. 25. April 1857. (XXIV. 210.)

Der Umstand, daß der Acceptant auf die nach Verfall erhobene Klage des Wechsel-Inhabers bereits rechtskräftig verurtheilt worden ist, reicht für sich allein nicht aus, der, nach erfolgtem Rückgiro des Wechsels seitens des letztern an den früheren Indossanten, nunmehr von diesem angestellten Wechselklage die Einrede der rechtskräftigen Entscheidung entgegenzusetzen.

D. Wechselklage des Ausstellers eines an eigne Ordre gezogenen, indossirten und durch Giro zurückerworbenen Wechsels gegen den Aussteller. — Vergl. Art. 55. 82. dieser Wechsel-Ordnung.

Rechtsgr. 257. — IV. Senat. 27. März 1855. (XVII. 103.)

Der von dem Aussteller eines an eigene Order gezogenen und indossirten, jedoch nach erhobenem Proteste Mangels Zahlung durch Giro zurückerworbenen Wechsels gegen den Acceptanten angestellten Wechselklage steht der gegen seinen Indossatar begründete Einwand der rechtskräftig entschiedenen Sache entgegen.

E. Wechselklage auf Grund des nach Verfall und nach erhobenem Proteste erhaltenen Blankogiro des Wechsels.

Rechtsgr. 758. — IV. Senat. 22. Mai 1855. (XVII. 204.)

Im Falle der Begebung des Wechsels nach erhobenem Proteste greift seitens des belangten Wechselschuldners gegen den letzten, durch Blanko-Indossament zum Besitze des Wechsels gelangten Indossatar der Einwand der rechtskräftigen Entscheidung gegen einen früheren, durch Blanko-Indossament vor Verfall legitimirten Wechsel-Inhaber durch, mag dieser Einwand dem Wechselschuldner gegen den unmittelbaren, oder gegen den ersten Indossanten nach aufgenommenem Proteste erwachsen sein. Es ändert hieran Nichts, daß der Indossatar, gegen welchen das rechtskräftige Urtheil erwirkt worden, nur durch Blanko-Giro den Besitz des Wechsels erlangt hatte, und sein Name sich nicht auf dem Wechsel befindet.

F. Wechselmäßiger Regreßanspruch des Nach-Indossatars nach Verfall des Wechsels. — Vergl. Art. 41. dieser Wechsel-Ordnung.

Rechtsgr. 759. — IV. Senat. 22. November 1855. (XIX. 105.)

Auch der wechselmäßige Regreßanspruch des Nach-Indossatars eines nach dem Verfalltage weiter begebenen Wechsels gegen den Nach-Indossanten ist durch die Präsentation und Protesterhebung vor eingetretener Verjährung des Wechsels bedingt.

Siehe auch Rechtsgr. 765. (Art. 36. dieser Wechsel-Ordnung.)

Art. **17**. Siehe Rechtsgr. 1130. (Gesetz vom 7. März 1822. § 20.)

Art. **18**. Siehe Rechtsgr. 742. (Art. 4. No. 4. dieser Wechsel-Ordnung.)

Art. **21**. Annahme des Wechsels; Verhaftung aller Handlungsgesellschafter aus dem von einem derselben unter Unterzeichnung der Handlungsfirma ertheilten Wechselaccept. — Vergl. A. L. R. I. **17**. §§ 232-238., II. **8**. §§ 649. 777.

Rechtsgr. 760. — IV. Senat. 11. September 1854. (XIV. 248.)

Durch das von einem der Handlungsgesellschafter unter der Kollektiv-Unterschrift ertheilte Wechsel-Accept werden die andern Handlungsgesellschafter nur dann mit verpflichtet, wenn diese Kollektiv-Unterschrift die von den

Gesellschaftern angenommene Handlungsfirma unverändert und ohne Abweichung enthält.

Siehe auch Rechtsgrundsätze 733. 788. (Art. 4. No. 3., Art. 82. dieser Wechsel-Ordnung.)

Art. **23.** Siehe Rechtsgrundsätze 387-389. 788. 1007. (A. L. R. I. **16.** § 452.; A. D. W. O. Art. 82.; Code de comm. Art. 437.)

Art. **24.** Bezeichnung des Zahlung Leistenden in dem Domizilwechsel:

A. Befugniß zu dieser Bezeichnung.

Rechtsgr. **761.** — IV. Senat. 19. Februar 1856. (XXI. 8.)

Auf dem Domizilwechsel kann der Name dessen, der an dem andern Orte für den Acceptanten Zahlung leisten soll, sowohl von dem Acceptanten, als von dem Aussteller bezeichnet werden.

B. Formel des Domizilirungsvermerks. — Vergl. Art. 4. No. 7. dieser Wechsel-Ordnung.)

Rechtsgr. **762.** — IV. Senat. 19. Februar 1856. (XXI. 8.)

Die Formel des Domizilirungsvermerks: „zahlbar bei" ist mit der Formel: „zahlbar durch" gleichbedeutend.

Siehe auch Rechtsgrundsätze 745. 746. 772. (Art. 4. No. 8., Art. 43. dieser Wechsel-Ordnung.)

Art. **25. 26.** Regreßklage des Wechselinhabers auf Sicherstellung gegen einen Vormann:

A. Augenblick der Entstehung und der Realisirung des Rechts auf Sicherstellung.

Rechtsgr. **763.** — IV. Senat. 30. September 1854. (XV. 58.)

Das Recht auf Sicherstellung ist mit dem durch den gehörig aufgenommenen Protest konstatirten Momente der Nichtannahme des Wechsels seitens des Bezogenen begründet und existent; realisirt wird dasselbe durch reale Leistung der Sicherheit gegen Aushändigung des Protestes Zug um Zug.

B. Begründung der Regreßklage auf Sicherstellung.

Rechtsgr. **764.** — IV. Senat. 30. September 1854. (XV. 55.)

Zur Begründung der Klage des Wechselinhabers gegen einen Vormann auf Sicherstellung wegen verweigerter Annahme des Wechsels seitens des Bezogenen ist nicht erforderlich, daß jener dem Beklagten den Wechselprotest ausgehändigt habe, es genügt vielmehr der Nachweis, daß der Verklagte zur Sicherstellung vergeblich aufgefordert worden ist.

Siehe auch Rechtsgr. 996. (Code Napoléon Art. 1382.)

Art. 26. Siehe Rechtsgrundsätze 764. 996. (Art. 25. dieser Wechsel-Ordnung; Code Napoléon Art. 1382.)

Art. 31. Siehe Rechtsgr. 1130. (Gesetz vom 7. März 1822. § 20.)

Art. 36. Legitimation des Inhabers eines indossirten Wechsels als Eigenthümers desselben:

A. Bei undurchstrichenen Blankogiros eines rückläufigen Wechsels. — Vergl. Art. 12. 16. 48. 55. dieser Wechsel-Ordnung.

Rechtsgr. **765**. — IV. Senat. 26. Februar 1856. (XIX. 364.)

Dem Inhaber eines im Regreßwege zurückgegangenen Wechsels, welcher diesen Wechsel durch einfache Uebergabe von dem einlösenden Blanko-Indossanten einerseits, unter Durchstreichung dessen Blanko-Indossaments, und andrerseits ohne Durchstreichung des Blanko-Indossaments des Vormannes und der Nachmänner dieses Indossanten erworben hat, — kann von dem Acceptanten der Einwand der mangelnden Legitimation mit Erfolg nicht entgegengesetzt werden.

B. Einrede des unächten Blanko-Indossaments Seitens des verklagten Ausstellers gegen die Regreßklage des Wechsel-Inhabers. — Vergl. A. L. R. II. 8. § 1153.; Preußischer Entwurf einer Wechsel-Ordnung von 1847. § 36.; Art. 13. 74. dieser Wechsel-Ordnung.

Rechtsgr. **766**. — IV. Senat. 16. September 1854. (XIV. 254.)

Die Legitimation des gegen den Wechselaussteller im Regreßwege klagenden Wechselinhabers wird durch den Einwand allein, daß das Blanko-Indossament unächt sei, noch nicht widerlegt; zur Substanziirung dieser Einrede gehört vielmehr auch die nach Vorschrift des Gesetzes liquide zu stellende Behauptung einer stattgefundenen Fälschung dieses Indossaments, sowie der dem Kläger zur Last fallenden Wissenschaft von dieser Fälschung und des bösen Glaubens oder einer groben Nachlässigkeit desselben bei dem Erwerbe des Wechsels.

Daher hat nicht der klagende Wechsel-Inhaber die Richtigkeit und Aechtheit des Blanko-Indossaments und den redlichen Erwerb des Wechsels, sondern der Verklagte hat die von ihm behauptete Fälschung und die Verschuldung des Klägers bei dem Erwerbe des Wechsels zu erweisen.

C. Begründung der Legitimation zur Wechselklage durch den Besitz des Wechsels. — Vergl. A. L. R. I. 7. §§ 111. 112.; Art. 12. 13. 74. dieser W. O.

Rechtsgr. 767. — IV. Senat. 31. Mai 1856. (XX. 357.)

Zur Legitimation des Klägers zur Wechselklage ist zwar in der Regel der faktische Besitz des Wechsels erforderlich. Diese Regel findet jedoch keine Anwendung, wenn der mit Blanko-Indossament versehene Wechsel nur zu amtlichen Zwecken und unbeschadet der Rechte des Inhabers von dem Untersuchungsrichter in Beschlag genommen ist und detinirt wird. Der Inhaber hat dann zwar die Gewahrsam, nicht aber den Besitz des Wechsels verloren.

Siehe auch Rechtsgrundsätze 749. 769. 770. 786. 790. 966. (Art. 12. 39. 82. dieser Wechsel-Ordnung; Konkursordnung vom 8. Mai 1855. Art. 96.)

Art. **38. 39. 50.** Verpflichtung des Wechsel-Inhabers zur Annahme einer Theilzahlung.

Rechtsgr. 768. — IV. Senat. 4. April 1857. (XXIV. 166.)

Der Art. 38. der Deutschen Wechsel-Ordnung findet nach Verfall des Wechsels und erhobenem Protest keine Anwendung.

Siehe Rechtsgr. 742. (Art. 4. Nr. 4. dieser W. O.)

Art. 39-41. 45. 91. Verpflichtung des Acceptanten zur Entrichtung von Verzugszinsen bei am Verfalltage nicht geleisteter Zahlung oder Deposition. — Vergl. A. L. R. I. **11.** § 769., **16**. §§ 27. 52.; Art. 36. dieser W. O.

A. Verzugszinsen nach Präsentation des Wechsels zur Zahlung.

Rechtsgr. **769.** — IV. Senat. 18. Mai 1854. (XIII. 109.)

Der Acceptant eines gezogenen, und der Aussteller eines trockenen nicht domizilirten Wechsels kommen erst dann mit der Zahlung in Verzug, wenn ihnen der Wechsel am Verfalltage in ihren Geschäfts-Lokalen oder in Ermangelung eines solchen in ihren Wohnungen präsentirt worden ist.*

B. Verzugszinsen ohne Präsentation des Wechsels zur Zahlung.

Rechtsgr. **770.** — IV. Senat. 29. April 1856. (XXI. 159.)

Die am Verfalltage nicht erfolgte Präsentation des Wechsels befreit den Acceptanten in dem Falle nicht von der Verpflichtung zur Zahlung von Verzugszinsen, wenn derselbe an diesem Tage zur Zahlung der Wechselsumme nicht bereit gewesen ist, sondern es auf den Prozeß hat ankommen lassen.

Art. **40.** Siehe Rechtsgr. 769. 770. (Art. 39. dieser W. O.)

Art. **41**. Siehe Rechtsgrundsätze 742. 759. 769. 771. 774. 775. 802. 1007. (Art. 4. Nr. 4. Art. 16. 39. 42. 45. 91. dieser W. O.; Code de Comm. Art. 437.)

Art. **42.** Regreß Mangels Zahlung; Ausfüllung eines Blanko Giro mit Hinzufügung der Worte: „ohne Protest" nach Ablauf der Protestfrist. — Vergl. Art. 13. 41. dieser W. O.

Rechtsgr. **771.** — IV. Senat. 22. November 1855. (XIX. 105.)

Die wechselmäßige Regreßpflicht des Indossanten eines nicht protestirten Wechsels gegen seinen Indossatar wird dadurch nicht ausgeschlossen, daß letzterer den während des Laufs der Protestfrist, wenngleich nur mündlich ertheilten Erlaß der Protesterhebung erst nach Ablauf der Protestfrist bei Ausfüllung des Blanko-Giros durch die Worte „ohne Protest" hinzugefügt hat.

Siehe Rechtsgr. 751. (Art. 13. dieser W. O.)

* Vergl. dagegen Rechtsgrundsätze Bd. I. (2 Ausg.) S. 285. Nr. 865.

Art. 43. Regreß Mangels Zahlung bei domizilirten Wechseln. — Vergl. Art. 10. 24. dieser W. O.

A. Bemängelung des Domizilirungsvermerks seitens des Wechselinhabers.

Rechtsgr. 772. — IV. Senat. 19. Februar 1856. (XXI. 8.)

Der Wechselinhaber kann den schon vor dem ihm ertheilten Giro auf dem Wechsel befindlich gewesenen Domizilirungsvermerk nicht aus dem Grunde bemängeln, daß derselbe von dem Trassanten erst nach dem Accept ohne Wissen und Willen des Acceptanten aufgeschrieben worden sei; und wird derselbe daher hierdurch dem Acceptanten gegenüber von der Nothwendigkeit der Protestaufnahme nicht befreit.

B. Wegfall der Nothwendigkeit der Protesterhebung.

Rechtsgr. 773. — IV. Senat. 9. Mai 1857. (XXIV. 299.)

Bei gezogenen domizilirten Wechseln bedarf es dem Aussteller gegenüber in dem Falle, wenn der Domiziliat zugleich der Aussteller ist, der Protesterhebung nicht.

Art. 45. 91. Begründung der Wechselregreßklage gegen den Vormann. — Vergl. Art. 41. dieser W. O.

A. Benachrichtigung des Vormannes von der Nichtzahlung des Wechsels.

Rechtsgr. 774. — IV. Senat. 16. September 1854. (XIV. 263.)

Hat der Wechsel-Inhaber den im Regreßwege belangten unmittelbaren Vormann von der Nichtzahlung des Wechsels nicht vorschriftsmäßig benachrichtigt, so kann er Verzugszinsen auch vom Tage der Klagebehändigung nicht beanspruchen.

B. Vorlegung des Wechsels.

Rechtsgr. 775. — IV. Senat. 13. Juni 1854. (XIII. 164.)

Zur Begründung der Wechselregreßklage als actio nata gegen den Vormann ist die vorherige Vorlegung des Wechsels an diesen Vormann nicht erforderlich.

Siehe auch Rechtsgr. 769. 770. 802. (Art. 39. 91. dieser W. O.)

Art. **48**. Siehe Rechtsgrundsätze 765. 996. (Art. 36. dieser W. O. Code Napoléon art. 1382.)

Art. **49**. Siehe Rechtsgr. 996. (Code Napol. art. 1382.)

Art. **50**. Siehe Rechtsgrundsätze 768. 784. (Art. 38. 81. dieser W. O.)

Art. **51**. Siehe Rechtsgr. 784. (Art. 81. dieser W. O.)

Art. **54**. Siehe Rechtsgr. 996. (Code Napol. art. 1382.)

Art. **55**. Siehe Rechtsgrundsätze 757. 765. (Art. 16. 36. dieser W. O.)

Art. **58**. Siehe Rechtsgr. 996. (Code Napol. art. 1382.)

Art. **62**. Nothwendigkeit des Wechselprotestes gegen die Nothadresse einer im Auslande befindlichen Handlung.

Rechtsgr. **776**. — IV. Senat. 9 Mai 1857. (XXIV. 289.)

Ueber die Nothwendigkeit eines Protestes gegen die Nothadressen entscheiden zwischen den inländischen Parteien – z. B. dem klagenden Indossatar und dem verklagten Indossanten – die inländischen Gesetze.

Art. **67**. Wechselduplikate; Zusammengehörigkeit des Prima- und Sekunda-Wechsels.

Rechtsgr. **777**. — IV. Senat. 20. September 1855. (XIX. 43.)

Die Zusammengehörigkeit des Prima- und Sekunda-Wechsels ist nicht in dem räumlichen Sinne der Theile und des Ganzen eines Wechselpapiers aufzufassen; ihr liegt vielmehr nur die Bedeutung unter, daß, ungeachtet der mehrfachen Ausfertigung der Wechsel-Urkunde, die Wechsel-Obligation nur einmal vorhanden ist.

Art. **69-72**. Unterschied zwischen Wechsel-Duplikaten und Wechselkopien; Aussteller und Unterschrift, Vorlegung zum Accept und zur Zahlung.

Rechtsgr. **778**. — IV. Senat. 23. Oktober 1855. (XVIII. 227.)

a) Wechsel-Duplikate werden nur von dem Wechsel-Aussteller, und zwar unter seiner Original-Unterschrift, gegeben; Wechsel-Kopieen kann jeder Inhaber des Wechsels anfertigen, und enthalten sie daher nicht die Original-Unterschrift des Ausstellers, sondern nur eine Abschrift seines Namens.

b) Wechsel-Duplikate sind zum Accept und zur Annahme geeignet, Wechselkopien nicht. Der Inhaber der Wechselkopie braucht deshalb nicht den Versuch zu machen, von dem Bezogenen Annahme oder Zahlung auf die Kopie zu erwirken und im Falle der Nichtannahme oder Nichtzahlung derselben Protest zu erheben.

c) Daher bedarf es im Falle der Wechselkopie zur Begründung des Regresses aus einem Original-Indossamente des Protestes gegen den Bezogenen Mangels Annahme oder Mangels Zahlung der Wechselkopie nicht.

Art. 74. Siehe Rechtsgrundsätze 766. 767. (Art. 36. dieser W. O.)

Art. 75. 76. 81. 98. Beweislast in Betreff der Korrekturen in wesentlichen Theilen des Wechselkontextes. — Vergl. A. G. O. I. **10.** § 118.

Rechtsgr. **779.** — IV. Senat. 20. Februar 1855. (XVII. 48.)

Korrekturen in wesentlichen Theilen des Wechselkontextes unterliegen nicht den Vorschriften der Artikel 75. und 76. der Wechselordnung über falsche oder gefälschte Unterschriften des Ausstellers und falsche oder gefälschte Indossamente; sie sind vielmehr nach allgemeinen Vorschriften zu beurtheilen. – Daher befreit die Anerkennung der Aechtheit der Unterschrift des Wechsels seitens des Wechselschuldners den Wechselgläubiger nicht von der Last des Beweises, daß die in wesentlichen Theilen des Kontextes des Wechsels enthaltenen Korrekturen schon vor oder bei der Ausstellung desselben vorhanden gewesen sind.

Art. 76. Falsche oder gefälschte Wechsel-Unterschriften.

Rechtsgr. **780.** — IV. Senat. 16. September 1854. (XIV. 258.)

Gegen Diejenigen, deren Unterschriften auf dem Wechsel falsch oder gefälscht sind, findet weder ein Anspruch, noch ein Rückgriff statt.

Siehe auch Rechtsgr. 779. (Art. 75. dieser W. O.)

Art. 77. Siehe Rechtsgrundsätze 792. 957. (Art. 83. dieser W. O. A. G. O. I. **50.** § 471.)

Art. 78. Siehe Rechtsgrundsätze 792. 1007. (Art. 83. dieser W. O. Code de comm. art. 437.)

Art. 80. Unterbrechung der Wechselverjährung; Wirkung der Anmeldung der Wechselklage. — Vergl. A. L. R. Einl. §§ 46. 59., I. 9. §§ 551 - 557.; A. D. W. O. Art. 79.

Rechtsgr. 781. — IV. Senat. 30. Januar 1855. (XIV. 372.)

a) Die civilrechtliche Verjährung durch Nichtgebrauch und die Wechselverjährung sind in ihren Grundlagen und Wirkungen durchaus verschieden, weshalb die besonderen Vorschriften der Deutschen W. O. über die Wechselverjährung ein Zurückgehen auf die allgemeinen Gesetze über die civilrechtliche Verjährung ausschließen.

b) Daher unterbricht auch die Anmeldung der Wechselklage, wenngleich sie abschriftlich dem Verklagten mitgetheilt ist, die Wechselverjährung nicht.

Siehe auch Rechtsgr. 957. 968. (A. G. O. I. 50. § 471.; Konkurs-Ordnung v. 8. Mai 1855 § 280.)

Art. 81. Klagerecht des Wechselgläubigers:

A. Einklagung vorehelicher Wechselschulden des einen Ehegatten gegen den andern bei obwaltender ehelicher Gütergemeinschaft. — Vergl. A. L. R. II. 1. § 391.; A. D. W. O. Art. 2.

Rechtsgr. 782. — IV. Senat. 6. Dezember 1856. (XXIII. 118.)

Die Rechte des Gläubigers aus einer von dem einen Ehegatten vor Eingehung der gütergemeinschaftlichen Ehe kontrahirten Wechselschuld können gegen den andern Ehegatten, welcher den Wechsel nicht mit unterzeichnet hat, im Wechselprozeß nicht geltend gemacht werden.

B. Mitunterzeichnung eines Wechsels, Wechselaccepts oder anderer Wechselerklärung; Zusammengehörigkeit des Prima- und Sekunda-Wechsels.

Rechtsgr. 783. — IV. Senat. 20. September 1855. (XIX. 43.)

a) Die Mitunterzeichnung eines Wechsels, einer Wechselkopie, eines Accepts oder Indossaments, begründet nur dann eine bestimmte wechselmäßige Verpflichtung, wenn sie sich auf dem Wechselpapier örtlich so darstellt, daß sie in unzweifelhafter unmittelbarer Beziehung zu der von einem Andern durch seine Unterschrift dokumentirten Wechselerklärung steht, und aus dieser räumlichen Beziehung mit Zuverlässigkeit hervortritt, daß der Mitunterzeichnende gerade die Folgen dieser bestimmten von dem Dritten unterzeichneten Wechselerklärung durch seine Mitunterschrift habe übernehmen wollen.

b) Daher kann die Namensunterschrift quer durch den Kontext des mit einem Accept nicht versehenen Wechsels nicht als Mitunterzeichnung eines Accepts angesehen werden. – Es ändert hieran Nichts, wenngleich jene Unterschrift sich in der bezeichneten Art auf einem mit keinem Accept versehenen Sekundawechsel befindet, und die Prima ein Accept enthält.

C. Unwirksamkeit der Einrede der zu früh angestellten Wechselklage bei während des Prozesses eingetretener Fälligkeit der eingeklagten Forderung; Verpflichtung des Acceptanten zur Zahlung von sechs Prozent Verzugszinsen. — Vergl. Art. 1. 50. 51. dieser W. O.; A. G. O. I. 5. § 12.; Inst. 4. 6. § 33., 13. § 10.; Dig. 5. 3. Lex 16.; Cod. 3. 10. Lex 1. 2.; cap. un. X. 2. 11.

Rechtsgr. 784. — IV. Senat. 13. November 1856. (XXII. 314.)

a) Der rechtsgültige Gerichtsgebrauch, — nach welchem die Einrede der verfrühten Klage dann nicht zu beachten ist, wenn zwischen der Klageanstellung und dem Urtheil die Fälligkeit der eingeklagten Forderung eingetreten, Zahlung derselben aber nicht erfolgt ist, — gilt auch in Wechselsachen.

b) Auch der Acceptant muß bei verzögerter Zahlung sechs Prozent Verzugszinsen entrichten.

Siehe auch Rechtsgrundsätze 749. 752. 779. 928. 1007. (Art. 12. 14. 75. dieser W. O.; A. G. O. I. 27. § 54.; Code de commerce art. 437.)

Art. 82. Einreden des Wechselschuldners:

A Einrede des Dolus. — Vergl. A. L. R. I. 4. §§ 75. 89.

Rechtsgr. 785. — IV. Senat. 13. Januar 1855. (XVI. 160.)
6. Januar 1857. (XXIII. 193.)

Die Einrede des Dolus ist im Wechselprozesse zulässig, wenn sie dem Verklagten unmittelbar gegen den Kläger zusteht.

B. Einrede der Simulation, insbesondere eines Indossaments. — Vgl. Einführungsgesetz vom 15. Februar 1850 § 6.; Art. 9. 10. 36. dieser W. O.

Rechtsgr. 786. — IV. Senat. 29. April 1856. (XXI. 159.)

Die Einrede der Simulation, insbesondere auch der Simulation eines Indossaments, ist im Wechsel-Prozesse unzulässig.

C. Einrede der nicht erhaltenen Valuta. — Vergl. Art. 4. 96. dieser W. O.

Rechtsgr. 787. -- IV. Senat. 13. Januar 1855. (XVI. 158.)

Die Einrede der nicht erhaltenen Valuta seitens des Ausstellers eines trocknen Wechsels ist dem Wechselnehmer gegenüber im Wechselprozesse zulässig.

D. Einrede der Acceptation eines unausgefüllten und nicht unterzeichnet gewesenen Wechsel-Formulars. — Vergl. Art. 4. Nr. 5., Artikel 21. 23. dieser W. O.

Rechtsgr. 788. — IV. Senat. 7. September 1854. (XIII. 278.)

Abgesehen von dem Fall des Dolus ist auch dem Aussteller gegenüber die Einrede unzulässig, daß das Accept auf das Wechselformular gesetzt worden, bevor es ausgefüllt und vom Aussteller unterschrieben war.*

E. Einrede der Unkunde der Sprache der Wechselerklärung. — Vergl. A. L. R. II. 8. § 784.; Art 12. 13. dieser W. O.

Rechtsgr. 789. — IV. Senat. 21. Oktober 1856. (XXII. 253.)

Die Einrede der Unkunde der Sprache, in welcher

* Vergl. dagegen Archiv für Deutsches Wechselrecht Bd. II. S. 424.

eine Wechselerklärung abgefaßt ist, ist im Wechselprozeß schlechthin unzulässig.

F. Einrede der Natur des Wechsels als bloßen Depotwechsels. — Vergl. A. L. R. I. 4. §§ 84 ff.; Art. 36. dieser W. O.

Rechtsgr. 790. — IV. Senat. 24. Januar 1857. (XXIII. 279.)

Der Satz:

Dem Inhaber eines Depotwechsels, welcher denselben als solcher erhalten hat, kann eine aus dieser Natur des Wechsels entnommene Einrede von jedem Wechselschuldner entgegengestellt werden,

ist als richtig nicht anzuerkennen.

Siehe Rechtsgrundsätze 387-389. 728. 757. (A. L. R. I. 16. § 452.; A. D. W. O. Art. 1. 16.)

Art. 83. Bereicherungsklage aus verjährten oder präjudizirten Wechseln gegen den Aussteller oder Acceptanten:

A. Voraussetzung eines mit den gesetzlichen Erfordernissen versehenen Wechsels.

Rechtsgr. 791. — IV. Senat. 10. Mai 1855. (XVII. 188.)

a) Ein Wechsel, welchem ein wesentliches Requisit fehlt, braucht nicht protestirt zu werden und wird somit durch Unterlassung des Protestes nicht zu einem präjudizirten Wechsel.

b) Die Bereicherungsklage nach Art. 83. der Deutschen W. O. setzt einen mit den gesetzlichen Erfordernissen versehenen Wechsel voraus.

B. Wirkung des in Form eines trockenen Wechsels ausgestellten Schuldscheins nach eingetretener Verjährung desselben als Wechsel. — Vergl. Art. 77. 78. 98. Nr. 10., Art. 100. dieser W. O.

Rechtsgr. 792. — IV. Senat. 31. Oktober 1851. (XIV. 301.)

Auch nach eingetretener Verjährung oder Präjudizirung eines trockenen Wechsels kann, wenn derselbe zugleich den gesetzlichen Erfordernissen eines Schuldscheins entspricht, bei erfolgender Geltendmachung des civilrechtlichen Anspruchs aus dieser Urkunde auf deren Inhalt zurückgegangen werden.

Siehe auch Rechtsgrundsätze 747. 1007. (Art. 7. dieser W. O.; Code de commerce art. 437.)

Art. 85. Erfordernisse eines im Auslande ausgestellten Wechsels; Russische, des Stempelpapiers entbehrende Wechsel.

Rechtsgr. 793. — IV. Senat. 13. Juni 1857. (XXIV. 370.)

Bei Prüfung der Gültigkeit eines in Rußland ausgestellten, jedoch auf einen Preußischen Ort domizilirten, des gesetzlichen Stempelpapiers entbehrenden Wechsels tritt auch für den Preußischen Richter freies Ermessen ein, wenn die Russischen Gerichte in ihrem Ermessen an keine bestimmten Normen gebunden sind.

Art. 85. Siehe Rechtsgr. 794-795. (Art. 86. dieser W. O.)

Art. 86. Form der zur Ausübung und Erhaltung des Wechselrechts an einem ausländischen Platze vorzunehmenden Handlungen:

A. Umfang der Anwendung der Gesetze des Auslandes. — Vergl. Art. 85. dieser W. O.

Rechtsgr. 794. — IV. Senat. 9. Juni 1855, 23. Oktober 1855. (XVII. 263., XVIII. 227.)

Nicht blos die äußere Form, sondern auch die Nothwendigkeit, Zeit und Art der nach Art. 86. der Deutschen W. O. im Auslande vorzunehmenden Handlungen sind nach den Gesetzen des Auslandes zu beurtheilen.

Rechtsgr. 795. — IV. Senat. 9. Mai 1857. (XXIV. 288.)

Die Zeit, wann der Protest zu erheben, richtet sich nach den Gesetzen des Ortes, wo der Protest zu erheben ist; die Frage dagegen:

welche Folgen hat die unterlassene Benachrichtigung von der durch den Bezogenen und die Nothadressen verweigerten Zahlung?

ist nach den Gesetzen des Ortes zu entscheiden, an welchem das Indossament des Verklagten zu Stande gekommen ist.

B. Zurückgehen auf die inländischen Wechselgesetze.

Rechtsgr. **796**. — IV. Senat. 23. Oktober 1855. (XVIII. 226.)

Der Art. 86. der D. W. O. ist dergestalt kategorisch, daß er ein Zurückgehen auf die inländischen Wechselgesetze ausschließt.

Siehe auch Rechtsgr. 921. (A. G. O. I. 27. § 3.)

Art. 88. Erfordernisse eines Wechselprotestes:

— **Nr. 1.** Beifügung einer Abschrift des Wechsels und der darauf befindlichen Indossamente und Bemerkungen:

A. Nach Englischem Recht. — Vergl. Story § 276.

Rechtsgr. **797**. — IV. Senat. 9. Mai 1857. (XXIV. 288.)

Nach Englischem Recht ist zur Gültigkeit des Wechselprotestes die Beifügung einer Abschrift des protestirten Wechsels nicht wesentlich erforderlich.

B. Ungültigkeit der Wechsel-Protest-Urkunde wegen Fortlassung des Acceptations-Vermerks in der Wechselabschrift.

Rechtsgr. **798**. — IV. Senat. 18. Januar 1855. (XIX. 1.)

Die Fortlassung des auf der Urschrift des Wechsels befindlichen Acceptations-Vermerks in der Wechselabschrift der Protest-Urkunde entzieht der letzteren ihre Gültigkeit.

C. Vermerk wegen durchstrichener Zeilen des Wechsels im Wechsel-Protest.

Rechtsgr. **799**. — IV. Senat. 13. Januar 1855. (XIV. 350.)

Wenn sich auf dem Wechsel Zeilen ausgestrichen finden, so brauchen sie, selbst wenn sie noch leserlich sind, in der dem Proteste beizufügenden beglaubigten Abschrift des Wechsels nicht wiedergegeben zu werden, vielmehr genügt an ihrer Stelle der Vermerk: „So und so viel Zeilen durchgestrichen."

— **Nr. 2.** Siehe Rechtsgr. 733. (Art. 4. Nr. 3. dieser W. O.)

— No. 3. Vermerk über die Erklärungen resp. Abwesenheit der Person. — Vergl. über das Englische Recht: Story, §§ 350. 351.

Rechtsgr. 800. — IV. Senat. 9. Mai 1857. (XXIV. 288.)

Weder nach Englischem noch nach Preußischem Recht braucht der Notar, welcher den Wechselprotest in Abwesenheit des Protestaten erhebt, dieser Abwesenheit zu gedenken und ausdrücklich zu bemerken, ob und wie der Vertreter des Abwesenden dem Notar seine Ermächtigung zu der von ihm abgegebenen Erklärung nachgewiesen hat.

Art. 91. Ort und Zeit für die Präsentation und andere im Wechselverkehr vorkommenden Handlungen:

A. Protest bei einem Platzwechsel.

Rechtsgr. 801. — IV. Senat. 21. Oktober 1856. (XXII. 253.)

Wenn auf dem Wechsel unter der Adresse des Bezogenen der Vermerk: „Zahlbar bei S. in B." sich befindet, und dieser Wohnort zugleich der Wohnort des Acceptanten ist, so braucht der Wechsel nur allein in der Wohnung des S. dem Acceptanten zur Zahlung vorgelegt und protestirt zu werden.

B. Ort der Bezahlung des Wechsels. — Vergl. A. L. R. I. 11. §§ 769 ff., 16. § 27.; Art. 36. 39-41. dieser Wechsel-Ordnung.

Rechtsgr. 802. — IV. Senat. 13. Juni 1854. (XIII. 164.)

Der Wechselschuldner ist nur verbunden, in seinem Geschäftslokale, oder, in Ermangelung eines solchen, in seiner Wohnung Zahlung zu leisten, nicht aber das Geld dem Wechselgläubiger zu überbringen.

Siehe auch Rechtsgrundsätze 769. 770. (Art. 39. dieser Wechsel-Ordnung.)

Dritter Abschnitt. Von eigenen Wechseln.

Art. 96. Siehe Rechtsgrundsätze 730-732. 787. (Art. 14. 82. dieser Wechsel-Ordnung.)

Art. 96. No. 1. Siehe Rechtsgr. 732. (Art. 4. dieser Wechsel-Ordn.)

Art. 96. No. 3. Siehe Rechtsgr. 733. (Art. 4. No. 3. dieser Wechsel-Ordnung.)

Art. 96. No. 4. Siehe Rechtsgrundsätze 734-742. (Art. 4. No. 4. dieser Wechsel-Ordnung.)

Art. 96. No. 5. Siehe Rechtsgr. 733. (Art. 4. No. 3. dieser Wechsel-Ordnung.)

Art. 98. Siehe Rechtsgrundsätze 730-732. 779. 1007. (Art. 14. 75. dieser Wechsel-Ordnung; Code de comm. Art. 437.)

Art. 98. No. 2. Siehe Rechtsgr. 732. (Art. 4. dieser W. O.)

Art. 98. No. 10. Siehe Rechtsgr. 792. (Art. 83. dieser Wechsel-Ordnung.)

Art. 100. Siehe Rechtsgr. 792. (Art. 83. dieser Wechsel-Ordnung.)

1851. 14. April. Gesetz über die Einführung des Strafgesetzbuches für die Preußischen Staaten.

(G. S. S. 93.)

Art. 16. 17. Siehe Rechtsgr. 812. 813. (Strafgesetzbuch § 50.)

Art. 18. Attest des Schiedsmannes über die von dem Beleidigten fruchtlos nachgesuchte Vermittelung:

A. Beobachtung dieser Vorschrift von Amts wegen.

Rechtsgr. 803. — Senat für Strafs. Abth. I. 17. Februar 1855. (XV. 354.)

Die Bestimmung des Artikels 18. dieses Gesetzes gehört der öffentlichen Ordnung an. Daher wird der Mangel eines diesem Artikel entsprechenden Attestes durch das Stillschweigen des Verklagten nicht gedeckt, vielmehr muß der Richter in jeder Lage der Sache, selbst noch in zweiter Instanz, von Amtswegen prüfen, ob der Vorschrift des Artikels 18. genügt ist, und im Verneinungsfalle die Klage selbst dann noch zurückweisen, wenn der Verklagte diesen Mangel nicht gerügt hat.

B. Wegfall der Nothwendigkeit der versuchten schiedsmännischen Vermittelung im Falle der in den Bezirken verschiedener Gerichtskommissionen befindlichen Wohnung der Parteien.

Rechtsgr. 804. — Senat für Strafs. Abth. I. 27. October 1854. (XV. 199.)

Die Vermittelung des Schiedsmannes vor Anstellung der Injurienklage ist nicht erforderlich, wenn die Parteien zwar in dem Bezirke desselben Kreisgerichts, aber doch in den Bezirken verschiedener Gerichtskommissionen, vor welchen die Ehrverletzungen und leichten Mißhandlungen im Wege des Civilprozesses zu verfolgen sind, wohnen.

C. Zuziehung eines Minderjährigen oder eines Kindes unter väterlicher Gewalt zum Vermittelungs-Termine. — Vergl. Strafgesetzbuch §§ 54. 162.

Rechtsgr. 805. — Senat. für Stafs. Abth. I. 22. Februar 1856. (XX. 201.)

Minorenne und Kinder unter väterlicher Gewalt können in ihren Injuriensachen selbstständig die Sühne bei dem Schiedsmanne nachsuchen.

Art. 18. Schlußalinea. Unterbrechung der Verjährung durch Anbringung des Gesuchs bei dem Schiedsmann.

Rechtsgr. 806. -- Senat für Strafs. Abth. I. 24. Oktober 1855. (XVIII. 236.)

Die Anbringung des Sühneversuchs wegen leichter Mißhandlungen bei einem inkompetenten Schiedsmanne unterbricht den Lauf der Verjährung nicht.

Siehe auch Rechtsgrundsätze 808. 809. (Strafgesetzbuch § 48.)

Strafgesetzbuch für die Preußischen Staaten vom 14. April 1851.

§ 3. Siehe Rechtsgr. 969. (Kriminal-Ordnung § 252.)

§ 6. Siehe Rechtsgrundsätze 815. 882-887. 906. (A. G. O. I. Einl. § 1., 13. § 9., 16. § 24.)

§ 25. Siehe Rechtsgr. 1357. (Gesetz vom 21. Juli 1852. § 14.)

§ 34. No. 2. Strafbare Betheiligung eines Nichtbeamten an dem Dienstvergehen des Beamten.

Rechtsgr. 807. — I. Senat. 21. November 1853. (XIII. 8.)

Zu einer strafbaren Betheiligung eines Nichtbeamten an dem Dienstvergehen eines Beamten ist seine bereits zur Zeit jener Betheiligung erlangte Wissenschaft von dem dienstwidrigen Handeln des Beamten erforderlich.

§ **46**. Siehe Rechtsgr. 812. 813. (§ 50. dieses Strafgesetzbuchs.)

§§ **48**. **50**. **160**. **189**. Unterbrechung der Verjährung der Privatklage wegen leichter Körperverletzung und Mißhandlung durch den Antrag bei der Staatsanwaltschaft auf Erhebung der Anklage. — Vergl. Einführungsgesetz vom 14. April 1851. Art. 18.

Rechtsgr. 808. — Senat für Strafsachen. Abth. I. 1. November 1854. (XVI. 1.)

a) Der Antrag bei der Staatsanwaltschaft auf Erhebung der Anklage wegen erlittener leichter Körperverletzung oder Mißhandlung unterbricht die Verjährung der Privatklage.

b) Erklärt die Staatsanwaltschaft, die Mißhandlung nicht rügen zu wollen, so beginnt eine neue Verjährung.

Rechtsgr. 809. — Senat für Strafsachen. I. Abth. 1. November 1854. (XVI. 4.)

Die innerhalb drei Monaten gerichtlich angestellte Privatklage auf Bestrafung des Verklagten wegen zugefügter leichter Körperverletzung oder Mißhandlung unterbricht die Verjährung auch dann, wenn bei dem Schiedsmann die Anstellung des Sühneversuchs innerhalb der dreimonatlichen Frist nicht beantragt ist.

§§ **50** ff. Verjährung der auf Antrag strafbaren Verbrechen und Vergehen:

A. Verträge über die Verjährung in Strafsachen. — Vergl. A. L. R. I. **9**. §§ 564 ff.

Rechtsgr. 810. — Senat für Strafsachen. I. Abth. 24. Oktober 1855. (XVIII. 236.)

Die §§ 564. ff. I. 9. des Allgem. Landrechts hinsichtlich der Verträge über die Verjährung finden auf die Verjährung in Strafsachen auch dann keine Anwendung, wenn es sich um die strafrechtliche Verfolgung in den Formen des Civilprozesses handelt.

B. Verjährung des Strafantrags wegen Verläumdung. — Vergl. §§ 156. 160. dieses Strafgesetzbuches.

Rechtsgr. 811. — Senat für Strafsachen. I. Abth. 14. November 1856. (XXIII. 53.)

a) Auch die Bestrafung der Verläumdung findet nur auf den Antrag des Beleidigten statt, und unterliegt der desfallsige Strafantrag der dreimonatlichen Verjährung.

b) Hat der in zweiter Instanz wegen einfacher Beleidigung zu einer Strafe verurtheilte Verklagte dies Urtheil rechtskräftig werden lassen, so kann der von ihm in Folge der Appellation des Klägers erst in zweiter Instanz erhobene Präjudizial-Einwand der Verjährung zwar nicht mehr die gänzliche Abweisung des Klägers herbeiführen, wohl aber die Strafverschärfung verhindern.

C. Verjährung der Privatklage wegen leichter Körperverletzung und leichter Mißhandlung. — Vergl. Einführungs-Gesetz vom 14. April 1851. Art. 16. 17.; §§ 46. 160. 187. 189. dieses Str. G. B.

— Aeltere Ansicht:

Rechtsgr. 812. — Senat für Strafsachen. I. Abth. 1. November 1854. (XVI. 1. u. 4.)

Die Privatklage auf Bestrafung wegen leichter Körperverletzung oder leichter Mißhandlung verjährt in drei Monaten.

— Neuere Ansicht:

Rechtsgr. 813. — Senat für Strafsachen. I. Abth. 14. Dezember 1854. (XVI. 99.)

Die Privatklage auf Bestrafung wegen leichter Körperverletzung oder leichter Mißhandlung verjährt in fünf Jahren.

Siehe auch Rechtsgrundsätze 808. 809. (§ 48. dieses Strafgesetzbuchs.)

§ 54. Siehe Rechtsgr. 805. (Einführungsgesetz vom 14. April 1851. Art. 18.)

§§ **133. 154.** Siehe Rechtsgr. 814. (§ 156. dieses Strafgesetzbuchs.)

§ **156.** Verläumdung durch ein dienstliches Schreiben an die vorgesetzte Behörde. — Vergl. Strafgesetzbuch §§ 133. 154.; Verordnung vom 30. Juni 1849. § 25.

Rechtsgr. **814.** — Senat für Strafsachen. II. Abth. 10. April 1856. (XXI. 64.)

Der Umstand, daß die ehrverletzenden Behauptungen in einem an die vorgesetzte Behörde gerichteten dienstlichen Schreiben enthalten sind, schließt den Thatbestand der Verläumdung alsdann nicht aus, wenn die Thatsachen unwahr und wissentlich wider besseres Wissen vorgebracht sind.

Siehe auch Rechtsgr. 811. (§ 50. dieses Strafgesetzbuchs.)

§ **160.** Siehe Rechtsgrundsätze 808. 809. 811-813. (§§ 48. 50. dieses Strafgesetzbuchs.)

§ **162.** Siehe Rechtsgr. 805. (Einführungs-Gesetz vom 14. April 1851. Art. 18.)

§ **187.** Siehe Rechtsgrundsätze 812. 813. (§ 50. dieses Strafgesetzbuchs.)

§ **189.** Siehe Rechtsgrundsätze 808. 809. 812. 813. (§§ 48. 50. dieses Strafgesetzbuchs.)

Allgemeine Gerichts-Ordnung.

Theil I. Prozeß-Ordnung.

Einleitung.

§ **1.** Entscheidung durch richterlichen Ausspruch in Betreff der Streitigkeiten über Sachen und Rechte des Privateigenthums:

A. Entscheidung über die Entschädigung aus einem verübten Verbrechen. — Vergl. Strafgesetzbuch vom 14. April 1851. § 6.; A. G. O. I. **13.** § 9.

Rechtsgr. **815.** — I. Senat. 21. Mai 1855. (XVIII. 9.)

Der Civilrichter hat in Betreff der geltend gemachten Entschädigungsforderung aus einem verübten Verbrechen das Klage-Fundament selbstständig zu prüfen und festzustellen, ohne erst die Entscheidung des Kriminal-Richters abwarten zu dürfen.

B. Entscheidung über den Anspruch auf Rückgabe des den gesetzlichen Antrag übersteigenden Theils einer Amtskaution. — Vergl. Kabinetsorders vom 11. Februar 1832. No. 7. und 15. April 1837. No. 1. litt. a.

Rechtsgr. **816**. — I. Senat. 10. April 1854. (XIV. 14.)

Wegen des Anspruchs auf Rückgabe des den gesetzlichen Betrag übersteigenden Theils der bestellten Amtskaution ist der Rechtsweg zulässig.

C. Entscheidung über die streitigen bisherigen Grenzen eines gutsherrlichen oder bäuerlichen Armen- resp. Gemeinde-Bezirks. — Vergl. Regierungs-Instruktion vom 23. Oktober 1817. § 2.; Armenpflege-Gesetz vom 31. December 1842. §§ 8. 34.

Rechtsgr. **817**. — I. Senat. 9. März 1855. (XVII. 72.)

Ueber die Frage: ob ein bestimmtes Grundstück, z. B. ein Schulhaus, bis dahin zu dem gutsherrlichen oder zu dem bäuerlichen Armen- resp. Gemeinde-Bezirke gehört hat? ist der Rechtsweg gestattet.

D. Entscheidung über die streitigen bisherigen Grenzen eines Stadtbezirks mit Rücksicht auf die Verpflichtung zu Kommunallasten. — Vergl. A. L. R. II. **14.** §§ 78. 79.; Verordnung vom 16. Juni 1838. § 11.; Gesetz vom 11. Mai 1842. § 1.

Rechtsgr. **818**. — II. Senat. 5. Juli 1855. (XVIII. 90.)

Der Rechtsweg ist zulässig, wenn der als Besitzer eines Grundstücks zur Leistung städtischer Gemeindedienste Herangezogene seine Befreiung darauf stützt, daß das Grundstück nicht zum Stadtbezirke gehöre.

Siehe auch Rechtsgrundsätze 98. 404. 613. 882-887. 963. 1112. 1309. (A. L. R. I. **6.** § 36., **17.** § 151., II. **7.** § 48.; A. G. O. I. **13.** § 9., **51.** Anh. § 384. zu § 115.; Vorfluthsedikt vom 15. November 1811. § 11.; Gesetz vom 28. Januar 1848. § 17.)

§ **18.** Siehe Rechtsgr. 1319. (Verordnung No. 3153. vom 21. Juli 1849. § 47.)

§ **42.** Siehe Rechtsgr. 222. (A. L. R. I. **11.** § 340.)
§ **64.** Siehe Rechtsgrundsätze 756. 918. 929. (A. D. W. O. Art. 16.; A. G. O. I. **24.** § 30., **28.** § 4.)
§§ **65. 66.** Wirksamkeit einer rechtskräftigen richterlichen Entscheidung. — Vergl. A. G. O. I. **16.** § 1.

A. Erfordernisse der Einrede der rechtskräftig entschiedenen Sache überhaupt. — Vergl. A. G. O. I. **13.** § 38.

Rechtsgr. **819.** — III. Senat. 8. Juni 1855. (XVIII. 44.)

Der Einwand der rechtskräftigen Entscheidung wird durch die Identität der Personen, des Gegenstandes und der Rechtsfrage bedingt.

B. Erforderniß hinsichtlich der Identität der Personen:
— in Betreff einer Gemeinde und der einzelnen Gemeinde-Mitglieder. — Vergl. A. L. R. II. **6.** § 25.

Rechtsgr. **820.** — II. Senat. 14. September 1854. (XV. 14.)

Die rechtskräftig erfolgte Abweisung der Klage einer Gemeinde steht der Zulässigkeit der Klage wegen desselben Anspruchs seitens einzelner Gemeinde-Mitglieder als physischer Personen nicht entgegen.

— in Betreff des Konkurskurators und des Gemeinschuldners. — Vergl. A. G. O. I **50.** Anhang § 318. zu § 27.

Rechtsgr. **821.** — IV. Senat. 29. April 1856. (XXI. 156.)

Das gegen den Konkurs-Kurator ergangene Judikat hat nach aufgehobenem Konkurse gegen den vormaligen Kridar in Bezug auf sein Vermögen nicht dieselbe Wirksamkeit, als wenn es gegen ihn selbst ergangen wäre.

— in Betreff des Verklagten und seiner Litiskonsorten. — Vergl. A. G. O. I. **5.** § 4. No. 8.

Rechtsgr. **822.** — III. Senat. 22. Oktober 1856. (XXII. 257.)

Das gegen den einen Litiskonsorten ergangene Erkenntniß hat gegen den andern Litiskonsorten keine verpflichtende Kraft.

C. Erforderniß hinsichtlich der Identität des Gegenstandes:

— Bezeichnung, Umfang und Betrag, sowie Wesen und Entstehungsgrund des Gegenstandes.

Rechtsgr. 823. — IV. Senat. 17. Januar 1856. (XIX. 277.)

Der Einwand der rechtskräftigen Entscheidung erfordert in Betreff des Gegenstandes des Prozesses, daß derselbe nicht blos äußerlich, — der Bezeichnung, dem Umfange und Betrage nach, — sondern auch innerlich, d. h. seinem Wesen und Entstehungsgrunde nach, mit dem Gegenstande der Erörterung und Entscheidung des Vorprozesses ein und derselbe sei.

— Negatorien- und Konfessorien-Klage. — Vergl. A. G. O. I. 13. § 38.

Rechtsgr. 824. — I. Senat. 26. Februar 1855. (XVII. 62.)

Die rechtskräftig erfolgte Abweisung des Verpflichteten mit der gegen den Berechtigten auf Aberkennung dessen Rechts auf Erhebung einer jährlichen Grundabgabe gerichteten Negatorienklage hat rücksichtlich der demnächstigen Klage des Berechtigten auf Entrichtung einzelner Jahres-Rückstände die Wirkung eines rechtskräftigen Urtheils.

D. Erforderniß hinsichtlich der Identität der Rechtsfrage:

— Anspruch aus ungültigen mündlichen und resp. schriftlichen Verträgen.

Rechtsgr. 825. — III. Senat. 11. April 1856. (XXI. 67.)

Die Einrede der rechtskräftigen Entscheidung ist nicht begründet, wenn der Eigenthümer, nach rechtskräftiger Abweisung der Klage auf Rückgewähr des Grundstücks auf den Grund eines mündlichen Pachtvertrages, hiernächst die Rückgewähr dieses Grundstücks wegen formeller Mängel der Ueberlassungsurkunde fordert. Es ändert hierin Nichts, wenngleich in beiden Klagen der Antrag auf Anerkennung des Eigenthums gerichtet, und der Kläger mit diesem Antrage in dem Vorprozesse rechtskräftig abgewiesen ist.

— Appellation des Klägers bei Abweisung angebrachtermaaßen. — Vergl. Verordnung vom 14. Dezember 1833. § 5. No. 10. litt. d.

Rechtsgr. **826**. — IV. Senat. 20. November 1856. (XXII. 322.)

Hat der erste Richter die Klage angebrachtermaaßen abgewiesen, der zweite Richter aber auf die vom Kläger eingelegte Berufung erkannt, daß Verklagter einen Eid zu leisten, und Kläger im Schwörungsfall mit seiner Klage gänzlich abzuweisen, so ist hierdurch gegen rechtskräftige Entscheidung verstoßen.

— Anspruch auf Quittungsleistung und Einrede der Zahlung.

Rechtsgr. **827**. — III. Senat. 8. Juni 1855. (XVIII. 44.)

Die Identität der Rechtsfrage und des Gegenstandes ist auch dann vorhanden, wenn der Schuldner, nachdem er in dem Vorprozesse mit der gegen den Gläubiger angestellten, auf die Behauptung der Zahlung der Forderung gegründeten, Klage auf Quittungsleistung abgewiesen worden ist, gegen die hiernächst von dem Gläubiger wider ihn erhobene Klage auf Zahlung dieser Forderung die Einrede der geleisteten Zahlung erhebt.

E. Uebereinstimmung des Klageantrages.

Rechtsgr. **828**. — III. Senat. 27. November 1854., 8. Juni 1855. (XV. 255., XVIII. 44.)

Die Uebereinstimmung des Klageantrages gehört nicht zu den nothwendigen Voraussetzungen der Einrede der rechtskräftig entschiedenen Sache.

F. Rechtskraft des auf den Antrag der einen Partei vernichteten Erkenntnisses. — Vergl. Instruktion vom 7. April 1839. No. 36.

Rechtsgr. **829**. — IV. Senat. 11. September 1855. (XVIII. 128.)

Die auf den Antrag des einen Theils erfolgte Vernichtung des Vor-Urtheils hebt die gegen den andern Theil eingetretene Rechtskraft desselben nicht auf.

G. Wirkung der späteren Anerkennung der Schuld auf die Einrede der rechtskräftig entschiedenen Sache. — Vergl. A. L. R. I. **16**. § 452.

Rechtsgr. **830**. — IV. Senat. 27. April 1854. (XIV. 21.)

Der Schuldner, welcher, nachdem der Gläubiger mit

seiner Forderung rechtskräftig abgewiesen ist, in einer den Verpflichtungsgrund enthaltenden Urkunde die Schuld anerkannt hat, ist nicht befugt, dem auf Grund dieser Urkunde von Neuem klagenden Gläubiger die Einrede der rechtskräftig entschiedenen Sache entgegen zu setzen.

Siehe auch Rechtsgrundsätze 313. 314. 375. 756. 890. 891. 946. 1110. 1170. (A. L. R. I. **12**. § 557, **16**. § 218.; A. D. W. O. Art. 16.; A. G. O. I. **13**. § 38., **40**. § 53.; Regulirungs-Edikt vom 14. September 1811. § 1.; Verordnung vom 14. Dezember 1833. § 4.)

Titel 1. Von den Personen, welche vor Gericht klagen oder belangt werden können.

§ **1**. Befugniß der in der Gütergemeinschaft lebenden Ehefrau zur Vertheidigung ihrer eingebrachten Grundstücke in Prozessen. — Vergl. § 23. dieses Titels.

Rechtsgr. **831**. — III. Senat. 21. Dezember 1855. (XIX. 207.)

Die in der Gütergemeinschaft lebende Ehefrau ist berechtigt, in Prozessen ihren in dieselbe gebrachten Grundbesitz auch ohne Beitritt ihres Ehemanns gegen Ansprüche dritter Personen zu vertheidigen.

Siehe auch Rechtsgrundsätze 98. 903. (A. L. R. I. **6**. § 36.; Allg. G. O. I. **16**. § 2.)

§ **4**. Siehe Rechtsgr. 595. (A. L. R. II. **2**. § 622.)

§§ **13-15**. Siehe Rechtsgr. 1077. (Dorf-Ordnung vom 7. Februar 1755. § 29.)

§§ **19**. **22**. Siehe Rechtsgr. 532. (A. L. R. II. **1**. § 212.)

§ **23**. Siehe Rechtsgr. 831. (§ 1. dieses Titels.)

Titel 2. Von dem Gerichtsstande.

§ **7**. Siehe Rechtsgr. 982. (Code Nap. Art. 111.)

§ **13**. Siehe Rechtsgr. 596. (A. L. R. II. **2**. § 626.)

§ **50**. Siehe Rechtsgr. 614. (A. L. R. II. **7**. § 137.)

§ **87**. Siehe Rechtsgr. 540. (A. L. R. II. **1**. § 350.)

§ **111**. Dinglicher Gerichtsstand wegen der von einer Dorfgemeinde gegen den Fiskus angestellten Negatorienklage auf Befreiung von der Wegebaulast. — Vergl. A. L. R. II. 7. § 18.

Rechtsgr. **832**. — III. Senat. 21. November 1856. (XXIII. 70.)

Die Negatorienklage des Grundbesitzers auf Befreiung von der ihm angesonnenen Belastung seines Grundstücks, z. B. von der Wegebaulast, kann in dem dinglichen Gerichtsstand des Grundstücks angestellt werden. Es ändert hieran Nichts, wenngleich eine Dorfgemeinde zum Zwecke der Befreiung der Gemeindeglieder von der Belastung deren Grundstücke die Klägerin ist.

Siehe auch Rechtsgr. 1351. (Gesetz vom 26. April 1851. Art. 2. No. 1.)

§ **114**. und Anh. § 34. zu § 114. Siehe Rechtsgr. 930. (A. G. O. I. 29. § 31.)

§ **119**. Siehe Rechtsgrundsätze 930. 1041. (A. G. O. I. 29. § 31.; Reichsabschied von 1570. § 84.)

§ **121**. Siehe Rechtsgr. 13. (A. L. R. Einl. § 22.)

§§ **126-130**. Siehe Rechtsgr. 1352. (Gesetz vom 26. April 1851. Zusatz-Artikel II. No. 1.)

§§ **150**. **158**. Siehe Rechtsgr. 982. (Code Napoléon Art. 111.)

§§ **160**. **161**. Freiwillige Prorogation; Einwand der Inkompetenz von Amts wegen. — Vergl. Verordnung vom 14. December 1833. § 5. No. 8. Abs. 2.; Deklaration vom 6. April 1839. Art. 3. No. 1.

Rechtsgr. **833**. — IV. Senat. 12. Dezember 1854. (XVI. 90.)

Die Einrede der Inkompetenz des ordentlichen Gerichts kann, insofern der Fall des § 161. I. 2. der Allg. Gerichts-Ordnung nicht vorliegt, nicht von Amts wegen erhoben werden.

Siehe auch Rechtsgrundsätze 982. 1177. (Code Napoléon Art. 111.; Verordnung vom 14. Dezember 1833. § 5. No. 8.)

§§ **167** ff. Schiedsrichter:

A. Freie Wahl derselben durch die Parteien. — Vergl. A. L. R. I. 5. § 125.; Code de procédure Art. 1006.

Rechtsgr. **834**. — IV. Senat. 23. November 1854. (XVI. 33.)

Ein gerichtlicher Zwang zur Wahl der Schiedsrichter

findet auf den Grund eines Vertrages, nach welchem die Parteien der Entscheidung von beiderseits zu wählenden Sachverständigen sich unterwerfen zu wollen sich verpflichtet haben, nicht statt.

B. Einwand der Ungültigkeit des Kompromisses. — Vergl. §§ 171. 176. dieses Titels.

Rechtsgr. **835**. — IV. Senat. 17. Juni 1856. (XXI. 282.)

Der Schiedsrichter ist nicht kompetent, über die Einrede der Ungültigkeit des Kompromisses selbst zu erkennen, vielmehr gebührt diese Entscheidung ausschließlich dem ordentlichen Richter.

§§ 173. 174. Rechtsmittel gegen den Schiedsrichterspruch bei einem Vertrage auf unbedingte Unterwerfung der Parteien unter denselben. — Vergl. Verordnung vom 14. Dezember 1833. § 5. No. 8.

Rechtsgr. **836**. — IV. Senat. 5. März 1857. (XXIII. 340.)

a) Gegen den Schiedsrichterspruch, welchem sich unbedingt unterwerfen zu wollen die Parteien im Voraus vereinbart haben, findet nur die Nichtigkeitsklage statt.

b) Daher läßt die in einem solchen Falle von dem Kreisgericht als ordentlichem Richter erster Instanz erfolgte Zurückweisung der gegen den Schiedsrichterspruch erhobenen Nichtigkeitsklage keinen Raum übrig, um nun in der Hauptsache selbst eine Entscheidung erster oder zweiter Instanz zu treffen. Hat das Kreisgericht gleichwohl zugleich in der Hauptsache in „zweiter" Instanz entschieden, so hat dies die Inkompetenz des Appellations-Gerichts zur anderweitigen Entscheidung in zweiter Instanz nicht zur Folge.

§ 175. Grenzen der Kompetenz des ordentlichen Richters erster Instanz in Betreff der Entscheidung auf die Nichtigkeitsklage gegen den Schiedsrichterspruch:

A. Bei Zurückweisung der Nichtigkeitsklage überhaupt.

Rechtsgr. 837. — IV. Senat. 27. November 1856. (XXIV. 12.)

Erachtet der ordentliche Richter erster Instanz auf die gegen den Schiedsrichterspruch angestellte Nichtigkeitsklage jenen nicht für nichtig, und erkennt er daher auf Abweisung der Nichtigkeitsklage, so ist er auch in der Hauptsache zu erkennen nicht berechtigt.

B. Bei erhobenem Einwand der Ungültigkeit des Kompromisses insbesondere.

Rechtsgr. 838. — IV. Senat. 17. Juni 1856. (XXI. 282.)

Der ordentliche Richter kann auf die gegen den Schiedsspruch, durch welchen der Präjudizial-Einwand der Ungültigkeit des Kompromißvertrages verworfen worden ist, angestellte Nichtigkeitsklage lediglich über die Nichtigkeit des Schiedsspruchs entscheiden; die Verhandlung und Entscheidung über die Präjudizialfrage selbst gehört zum ordentlichen Prozeßwege.

§ 176. Siehe Rechtsgr. 835. (§ 167. dieses Titels.)

Titel 3. Von der Pflicht der Parteien, die Instruktion ihrer Prozesse persönlich abzuwarten, und inwiefern sie sich dabei rechtlicher Beistände oder Bevollmächtigter bedienen können.

§ 22. Siehe Rechtsgr. 1301. (Verordnung vom 21. Juli 1846. § 17.)

§§ 30. 54. Prozeßvollmachts-Blanket.

Rechtsgr. 839. — I. Senat. 1. Februar 1855. (XVI. 238.)

Der Mangel der in dem Prozeßvollmachts-Blanket fehlenden Bezeichnung des Namens des Bevollmächtigten ist für beseitigt zu erachten, wenn der Rechtsanwalt in der Eingabe, mit welcher er das Blanket dem Gerichte überreicht, sich als Bevollmächtigten dieser Partei, und das Blanket als Vollmacht bezeichnet.

Titel 4. Von der Anmeldung der Klage, und was dabei zu beobachten sei.

§ 2. Siehe Rechtsgr. 172. (A. L. R. I. 9. § 551.)

Titel 5. Von Aufnehmung und Instruktion der Klage selbst, und was dabei zu beobachten.

§ 4. Einziehung der Information über die aufzunehmende Klage:

— Nr. 2. Rechtshängigkeit.

Rechtsgr. 840. — IV. Senat. 2. November 1854. (XVI. 10.)

Der Fall der Rechtshängigkeit liegt nicht vor, wenn die Klage des Verpflichteten, seine Verbindlichkeit für aufgehoben zu erklären, und die demnächst angestellte Klage des Berechtigten auf fernere Erfüllung auf verschiedenen Fundamenten beruhen.

— Nr. 5. Klageantrag; Bestimmung des allgemein gefaßten Klageantrages nach dem deutlichen Inhalte der Klage und der Prozeßverhandlungen.

Rechtsgr. 841. — II. Senat. 4. Dezember 1855. (XIX. 147.)

Wenn aus dem Inhalte der Klage das von dem Kläger dem Verklagten gegenüber verfolgte Recht mit Bestimmtheit zu entnehmen ist, und dadurch die allgemeine Fassung des Klageantrages in Bezug auf das Streitobjekt und die konkreten Streitpunkte dergestalt ihre genügende Bestimmtheit erhält, daß auch Verklagter nach Inhalt der Prozeß-Verhandlungen jenes von dem Kläger verfolgte Recht unzweideutig erkannt hat; so ist auch für den Richter keine Veranlassung, die vollständig vorbereitete definitive Entscheidung der unter den Parteien zureichend konstatirten Streitfrage abzulehnen.

— Nr. 8. Siehe Rechtsgr.. 923. (A. G. O. I. 27. § 21.)

§ 12. Siehe Rechtsgrundsätze 784. 1241. (A. D. W. O. Art. 81.; Gesetz vom 11. Mai 1842 § 1.)

§§ 17-21. Inhalt der Klage.

Rechtsgr. 842. — I. Senat. 22. Februar 1856. (XX. 195.)

Zur Begründung der Klage ist nicht erforderlich, daß der im Petitum enthaltene Anspruch gerade auf die von dem Kläger behauptete Weise aus den vorgetragenen Thatsachen, es genügt vielmehr, daß dieser Anspruch überhaupt aus denselben rechtlich abzuleiten ist.

Siehe auch Rechtsgr. 132. 170. 359. (A. L. R. I. 7. § 151., 9. § 551., 16. § 11.)

§ 23. Aenderung des Klagegrundes. — Vergl. A. L. R. I. 16. §§ 28. 170. 262. 264.; A. G. O. I. 10. § 5a.

Rechtsgr. 843. — IV. Senat. 27. Juni 1854. (XIV. 78.)

Es ist keine Veränderung des Klagefundaments, wenn der Kondizent in erster Instanz die Tilgung einer vermeintlichen Verbindlichkeit durch Zahlung, und in zweiter Instanz durch Delegation einer Forderung behauptet.

§ 24. Kumulation der Klagen. — Vergl. A. L. R. I. 4. § 47.

Rechtsgr. 844. — IV. Senat. 11. September 1856. (XXII. 169.)

Die Kumulation der beiden Anträge auf Annullirung der durch Zwang erpreßten Willenserklärung und auf Herausgabe der Sache ist zulässig.

Titel 7. Von Abfassung und Insinuation gerichtlicher Verordnungen.

§ 20. Insinuation von Vorladungen in den gewöhnlichen Behausungen der Adressaten. — Vergl. A. G. O. I. 16. § 2. Nr. 6.

Rechtsgr. 845. — IV. Senat. 27. Mai 1856. (XXI. 222.)

Der § 20. I. 7. der Allgem. Gerichts-Ordnung erfordert zur Rechtsgültigkeit der Insinuation nicht, daß dieselbe in dem Domizil, sondern nur, daß sie in der gewöhnlichen Behausung geschehe.

§ 48. Wirkungen einer gehörig insinuirten Vorladung: — Litt. b. Rechtshängigkeit, Umfang derselben.

Rechtsgr. 846. — I. Senat. 21. April 1856. (XXI. 106.)

Lassen sich aus einer und derselben Thatsache mehrere Ansprüche herleiten, so werden durch die Einklagung eines derselben die übrigen nicht rechtshängig. Die Rechtshängigkeit kann sich vielmehr immer nur auf den Gegenstand der erhobenen Klage beziehen und wird daher durch den Klageantrag bestimmt und begrenzt.

— Litt. c. Litigiösität; Wirkung der nach Eintragung des Subhastations-Vermerks zum Vortheil des Exequendus eingetragenen Reallast. — Vergl. A. L. R. I. **11**. § 183.; Subhastations-Verordnung vom 4. März 1834 § 3.

Rechtsgr. 847. — III. Senat. 22. September 1856. (XXII. 200.)

Das für den Exequendus während des Exekutionsverfahrens nach Eintragung des Subhastations-Vermerks und nach Einleitung der Subhastation seines Grundstücks von dem Käufer desselben bestellte Realrecht, z. B. das Recht auf ein Altentheil, hat für die Subhastations-Interessenten keine bindende Kraft. Haben dieselben daher das Realrecht ganz unberücksichtigt gelassen und ohne dasselbe das Grundstück ausgeboten, so geht dieses ohne die Reallast auf den Adjudikatar über.

— Litt. d. Zögerung; Eintritt deren Folgen gegen den, dem Liquidat eines Mitinteressenten widersprechenden Subhastations-Interessenten. — Vergl. A. L. R. I. **16**. §§ 15. 16.

Rechtsgr. 848. — IV. Senat. 5. Juni 1855. (XVII. 247.)

Dadurch, daß der im Subhastations-Kaufgelder-Vertheilungs-Termin das Liquidat eines Mitinteressenten bestreitende Subhastations-Interessent in dem dadurch veranlaßten Spezialprozeß die Stelle eines Verklagten überkommt, wird derselbe noch nicht in den Fall der Zögerung (mora) versetzt.

Siehe auch Rechtsgrundsätze 274. 407. 1370. 1371. (A. L. R. I. **11**. § 378., **17**. § 151.; Gesetz vom 24. April 1854 § 23.)

Titel 8. Von Anberaumung und Verlegung der Termine, und von den rechtlichen Folgen des ungehorsamen Ausbleibens.

§ **14**. Einräumung der Klage. — Vergl. Verordnung vom 14. Dezember 1833 § 5.

Rechtsgr. **849**. — II. Senat. 13. Juni 1854. (XIII. 172.)

Der § 14. I. 8. der Allgem. Gerichtsordnung enthält keine wesentliche Prozeßvorschrift im Sinne der Verordnung vom 14. Dezember 1833.

Siehe auch Rechtsgr. 719. (A. L. R. II. **18**. § 504.)

Titel 9. Von Aufnehmung der Antwort auf die Klage, und was darauf zu verfügen.

§§ **2**. **6**. Siehe Rechtsgr. 382. (A. L. R. I. **16**. § 383.)

§§ **11**. Rechtseinwendungen des Verklagten; Aufstellung eines Rechtseinwandes von Amtswegen. — Vergl. Verordnungen vom 1. Juni 1833 und 14. Dezember 1833 § 5. Nr. 1.; Deklaration vom 6. April 1839 Art. 3. Nr. 1.; Verordnung vom 21. Juli 1846 §§ 1 ff.

Rechtsgr. **850**. — II. Senat. 3. Juni 1856. (XXI. 250.)

Rechtseinwendungen von Amtswegen aufzustellen und zu berücksichtigen ist dem Richter nach den Grundsätzen der Verhanglungs-Maxime der Verordnungen vom 1. Juni 1833 und 21. Juli 1846 nicht gestattet.

Rechtsgr. **851**. — II. Senat. 3. Juni 1856. (XXI. 250.)

Der Richter darf den von den Prozeß-Parteien nicht vorgebrachten Einwand der Verjährung durch Nichtgebrauch nach den Grundsätzen der Verhandlungs-Maxime der Verordnungen vom 1. Juni 1833 und 21. Juli 1846 nicht berücksichtigen.

Siehe auch Rechtsgr. 382. (A. L. R. I. **16**. § 383.)

§ **20**. Siehe Rechtsgr. 170. (A. L. R. I. **9**. § 551.)

§ **44**. Siehe Rechtsgr. 1319. (Verordnung vom 21. Juli 1849 § 16.)

Titel 10. Von der Instruktion der Sache zum Definitiv-Erkenntnisse.

§ 5a. Unzulässigkeit der Veränderung des Klagefundaments. — Vergl. Verordnung vom 14. Dezember 1833 § 4. Nr. 1.; Instruktion vom 7. April 1839 Nr. 9.

— **Neuere Ansicht:**

Rechtsgr. **852**. — II. Senat. 10. Juli 1855. (XVII. 343.)

Die Vorschrift des § 5a. I. 10. der Allgem. Gerichtsordnung in Betreff der Unzulässigkeit der Veränderung des Klagefundaments im nämlichen Prozesse enthält einen **Rechtsgrundsatz** im Sinne des § 4. Nr. 1. der Verordnung vom 14. Dezember 1833. *

Siehe auch Rechtsgr. 359. 843. (A. L. R. I. **16**. § 11.; A. G. O. I. **5**. § 23.)

§ **19**. und Anh. §§ **66** ff. Unterschriftsbeistand bei gerichtlichen Verhandlungen der Analphabeten. — Vergl. A. L. R. I. **5**. § 178. und Anh. § 5.; A. G. O. I. **25**. §§ 63. 66., II. **2**. § 46. und Anhang § 421. zu § 17.; Verordnung vom 30. Dezember 1798 Abschn. 5.

Rechtsgr. **853**. — Plenum. 7. Mai 1855. (XVII. 168.)

Der Unterschriftsbeistand bei einer von dem Richter ohne Zuziehung eines Protokollführers mit einem Schreibens-Unerfahrenen aufgenommenen Verhandlung braucht den Namen des Schreibens-Unerfahrenen oder irgend einen Theils desjenigen Vermerks, der die Handzeichen des Schreibens-Unerfahrenen betrifft, nicht selbst zu schreiben, es genügt vielmehr die bloße Namensunterschrift des Beistandes.

Siehe auch Rechtsgr. 65. 66. 222. 295. 316. 1298. (A. L. R. I. **5**. § 172., **11**. § 340., **12**. §§ 115. 618.; Verordnung vom 21. Juli 1846 § 16.)

* Nach der älteren und meines Erachtens richtigen Ansicht des Ober-Tribunals, die auch in neueren Entscheidungen wieder festgehalten ist, enthält der § 5a. nur eine unwesentliche Prozeßvorschrift im Sinne des § 4. Nr. 2 und des § 5. der Verordnung vom 14. Dezember 1833 und des Art. 3. Nr. 1. der Deklaration vom 6. April 1839. Vergl. Rechtsgrundsätze Bd. I. S. 302. Nr. 924.

§ 27 c. Siehe Rechtsgr. 859. 860. (§ 82 dieses Titels.)

§ 53. Anwendung fremder Gesetze:

A. Abänderung des im Auslande geltenden Gemeinen Rechts durch Spezial- und Partikular-Gesetzgebung. — Vergl. A. G. O. I. 13. §§ 27. 28.

Rechtsgr. 854. — III. Senat. 6. Februar 1856. (XX. 135.)

Kommt bei Beurtheilung eines Rechtsstreits das im Auslande geltende Gemeine Recht zur Anwendung, so ist bis zum Nachweise des Gegentheils anzunehmen, daß dasselbe durch Spezial- und Partikular-Gesetzgebung nicht abgeändert worden sei.

B. Erforderung der Erklärung der Parteien über den Inhalt des ausländischen Rechts von Amtswegen.

Rechtsgr 855. — IV. Senat. 17. Januar 1856. (XIX. 284.)

Der erkennende Richter muß, wenn nicht die Vorschriften des Allgem. Landrechts, sondern fremde Landesgesetze zur Anwendung kommen, von Amtswegen die Parteien über den Inhalt der betreffenden Vorschriften dieser fremden Landesgesetze hören, und eventuell über dieselben Beweis erheben.

C. Uebernahme der Beweislast in Betreff der Erfordernisse eines ausländischen Wechselprotestes.

Rechtsgr. 856. — IV. Senat. 23. Oktober 1855. (XVIII. 227.)

Der Verklagte, welcher behauptet, daß die fremdländischen Proteste formell oder materiell dem fremden Rechte nicht genügen, hat die Beweislast zu übernehmen.

§ 56. Begriff der Notorietät. — Vergl. Deklaration vom 6. April 1839 Art. 3. Nr. 1.

Rechtsgr. 857. — IV. Senat. 3. März 1857. (XXIV. 92.)

Der Begriff der Notorietät gehört zu den nicht wesentlichen Prozeßvorschriften.

§ 59. Siehe Rechtsgr. 614. (A. L. R. II. 7. § 137.)

§ 81 a. Siehe Rechtsgr. 170. (A. L. R. I. 9. § 551.)

§ 82. Beweis durch Zugeständniß:

A. Begriff; — Vergl. Verordnung vom 14. Dezember 1833 § 5. Nr. 10b.)

Rechtsgr. 858. — III. Senat. 19. November 1856. (XXIII. 65.)

Unter Zugeständniß ist in gesetzlicher Bedeutung des Wortes das Einräumen eines dem erklärenden nachtheiligen Thatumstandes zu verstehen. — Die Erklärung: „Gegen die Höhe der eingeklagten Forderung wird Nichts erinnert", enthält weder ein Anerkenntniß, noch ein Zugeständniß. Die Annahme des Gegentheils verstößt gegen eine wesentliche Prozeßvorschrift nach § 5. No. 10b. der Verordnung vom 14. Dezember 1833.

B. Bedingte und beschränkte Zugeständnisse. — Vergl. A. G. O. I. 10. § 27c., 13. § 23.; Verordnung vom 14. Dezember 1833 § 4. Nr. 1.

— Aeltere Ansicht:

Rechtsgr. 859. — IV. Senat. 26. September 1854. (XIV. 292.)

Die dem Zugeständnisse der Ertheilung eines von der Gegenpartei behaupteten Auftrags hinzugefügte Beschränkung, den Auftrag nicht im eigenen, sondern im Namen eines Dritten ertheilt zu haben, muß von dem Zugestehenden bewiesen werden.

— Neuere Ansicht:

Rechtsgr. 860. — II. Senat. 4. Dezember 1855. (XIX. 155.)

Es ist unzulässig, die einem Geständnisse ausdrücklich beigefügte Beschränkung zu beseitigen und demnächst demselben die rechtliche Wirkung eines unbedingten und unbeschränkten beizulegen, — ein qualifizirtes Zugeständniß kann nicht getheilt werden. — Dieser Satz bildet einen Rechtsgrundsatz im Sinne des § 4. Nr. 1. des Gesetzes vom 14. Dezember 1833.

Siehe auch Rechtsgr. 68. 1157. (A. L. R. I. 5. § 185.; Verordnung Nr. 1426. vom 1. Juni 1833 § 14.)

§ 85. Zugeständnisse eines Minderjährigen. — Vergl. §§ 262. 263. d. T.

Rechtsgr. 861. — I. Senat. 2. Februar 1857. (XXIV. 30.)

Zugeständnisse eines Minderjährigen sind nicht ohne alle Beweiskraft.

§ 89. Siehe Rechtsgr. 1176. (V. vom 14. Dez. 1833 § 5. Nr. 1.)

§ 91. Antrag einer Prozeßpartei auf Einforderung von Urkunden aus den Akten der Königlichen Regierungen.

Rechtsgr. 862. — II. Senat. 28. Oktober 1856. (XXII. 270.)

Der Prozeßrichter hat dem Antrage einer Prozeßpartei, von der Königlichen Regierung die Vorlegung der zu ihren Akten gehörenden Originalien von Urkunden, auf welche das von jener Partei geltend gemachte Recht sich gründet, zu erfordern, stattzugeben.

§ 92 b. Begründung des Editionsgesuches. — Vergl. Dig. 2. 13. Lex. 4., 10. 4. Lex. 3. § 14., 50. 16. Lex. 181.

Rechtsgr. 863. — I. Senat. 1. Februar 1856. (XX. 105.)

Die Pflicht zur Edition prozessualischer Beweis-Urkunden setzt einen durch eine geprüfte und zugelassene Klage verfolgten Anspruch voraus; eine Vorschrift über die Edition von Urkunden außerhalb der prozessualischen Verfolgung eines dadurch zu begründenden Anspruchs und blos zur Information über den etwa klagbar zu machenden Anspruch ist der Preußischen Gesetzgebung fremd.

§ 93. Begründung der Editionsklage.

Rechtsgr. 864. — I. Senat. 1. Februar 1856. (XX. 105.)

Die Klage auf Herausgabe oder Vorlegung von Urkunden nach § 93. I. 10. der A. G. O. erfordert den Nachweis eines besonderen Rechtstitels auf dieselbe.

§§ 109. 110. Siehe Rechtsgr. 1176. (Verordnung vom 14. Dezember 1833 § 5. Nr. 1.)

§ 114. Bewirkung der Uebersetzung von Urkunden in fremden Sprachen von Amtswegen.

Rechtsgr. 865. — IV. Senat. 23. Oktober 1855. (XVIII. 226.)

Der § 114. I. 10. der Allgem. Gerichtsordnung besteht noch in Kraft und gilt auch im Wechselprozesse.

§ **115**. Diplomatische Beglaubigung ausländischer Urkunden. — Vergl. Instruktion vom 22. März 1833; Reskript vom 6. September 1839.

Rechtsgr. **866**. — IV. Senat. 23. Oktober 1855. (XVIII. 226.)

Die diplomatische Beglaubigung ausländischer Urkunden ist an sich nicht wesentlich erforderlich; ob es derselben zur Herstellung der richterlichen Ueberzeugung von der Aechtheit der unter einer ausländischen Urkunde befindlichen amtlichen Unterschrift nebst öffentlichem Siegel bedarf, ist nach der besonderen Beschaffenheit jedes einzelnen Falles zu beurtheilen. Wo insbesondere in Folge der Vermuthung, welche im Allgemeinen für die Aechtheit eines öffentlichen Siegels und jeder amtlichen Unterschrift streitet, die Ueberzeugung von der Aechtheit einer Urkunde schon ohne ein besonderes Beglaubigungsverfahren dem Richter auf Grund der obwaltenden Umstände beiwohnt, und keine besondere Veranlassung zu einem Verdacht in dieser Beziehung vorhanden ist, da erscheint ein anderweites Beglaubigungsverfahren nicht erforderlich.

Siehe auch Rechtsgr. 10. (A. L. R. Einl. § 23.)

§ **118**. Siehe Rechtsgr. 779. (A. D. W. O. Art. 75.)

§ **126**. Anfechtung der Gültigkeit eines gerichtlichen Vertrages wegen Blödsinnes eines der Kontrahenten. — Vergl. A. L. R. I. **1**. § 29., **4**. §§ 2-4. 21-24. 27., **5**. §§ 202. 203., **12**. §§ 21. 22. 141.; A. G. O. II. **2**. §§ 25. 27., **3**. § 9.

Rechtsgr. **867**. — IV. Senat. 7. Mai 1857. (XXIV. 280.)

Gegen einen gerichtlichen Vertrag ist der Einwand der Ungültigkeit desselben wegen stattgehabten Blödsinns eines nicht bevormundet gewesenen und von dem Gerichts-Deputirten für dispositionsfähig erachteten Kontrahenten zulässig.

Siehe auch Rechtsgr. 37. 289. 1176. (A. L. R. I. **4**. § 75., **12**. § 21.; Verordnung vom 14. Dezember 1833 § 5. Nr. 1.)

§ **131**. Siehe Rechtsgr. 289. (A. L. R. I. **21**. § 21.)

§ 135. Siehe Rechtsgr. 927. (A. G. O. I. 27. § 54.)

§ 227. Siehe Rechtsgr. 297. 298. (A. L. R. I. 12. § 117.)

§ 252. Zulässigkeit und Wirkung der eventuellen Eides-Delation. — Vergl. A. G. O. I. **10**. § 297., **13**. § 10. Nr. 8.; Corpus juris Fridericianum I. **4**. 6. § 109.; Cap. 2. X. **2**. 19.; Prozeß-Verordnung vom 1. Juni 1833 § 27.; Verordnung vom 14. Dezember 1833 § 5. Nr. 10b.; Deklaration vom 6. April 1839 Art. 3. Nr. 5.

Rechtsgr. **868**. — IV. Senat. 30. Oktober 1855. (XVIII. 255.)

a. Die Erklärung des Delaten, über den ihm eventuell deferirten Eid erst nach erfolgter definitiver Zuschiebung sich erklären zu wollen, hat für sich allein nicht die Wirkung, daß derselbe für nicht schwören könnend oder wollend zu erachten wäre.

b. Die von dem Delaten über die Annahme des ihm nur eventuell deferirten Eides erst nach bewirkter Aufnahme des prinzipaliter angetretenen anderweitigen Beweises erfolgte Erklärung ist weder nach Gemeinem, noch nach Preußischem Prozeßrechte für verspätet zu erachten.

c. Die auch nach bewirkter Aufnahme des prinzipaliter angetretenen Beweises nicht erfolgte Erklärung des Delaten über die Annahme des ihm nur eventuell deferirten Eides berechtigt nur dann zu der Annahme, daß er den Eid nicht schwören könne oder wolle, wenn der Ausspruch des Richters, daß jene Beweis-Aufnahme kein genügendes Resultat gehabt, oder die Aufforderung desselben an den Delaten zur Erklärung über den Eid vorhergegangen war.

Siehe auch Rechtsgr. 1031. 1233. (cap. 2. X. **2**. 19.; Deklaration vom 6. April 1839 Art. 3. Nr. 5.)

§§ 262-263. Siehe Rechtsgr. 861. (§ 85. dieses Titels.)

§ 268. Eid de ignorantia seitens der fiskalischen Bedienten. — Vergl. Verordnung vom 14. Dezember 1833 § 5.

Rechtsgr. **869**. — III. Senat. 12. Juni 1854. (XIII. 340.)

Der § 268. I. 10. der Allgem. Gerichtsordnung enthält eine nicht wesentliche Prozeßvorschrift.

§§ 275. 276. 293. Wirkung der von einigen Litiskonsorten verweigerten Leistung eines allen auferlegten Eides, insbesondere rücksichtlich der Feststellung der ehelichen Kindschaft. — Vergl. A. L. R. II. 2. §§ 16-18.

Rechtsgr. **870**. — I. Senat. 9. November 1855. (XIX. 80.)

a. In dem Falle der rechtlich wesentlich verschiedenen Begründung der Ansprüche und der Verfolgung ganz verschiedener Zwecke gereicht der Umstand, daß der durch Erkenntniß sämmtlichen Litiskonsorten auferlegte Eid nur von einigen geleistet, von den übrigen aber verweigert worden ist, den ersteren nicht zum Nachtheile.

b. Diese Regel gilt auch in dem Falle, wenn durch den Eid die eheliche Kindschaft festgestellt werden sollte, und daher das Kind nunmehr in Beziehung auf die Schwörenden für ein eheliches, in Beziehung auf die Nichtschwörenden aber für ein uneheliches zu erachten ist.

Siehe auch Rechtsgr. 401. (A. L. R. I. **17**. § 131.)

§ 280. Siehe Rechtsgr. 574. (A. L. R. II. **1**. § 1093.)

§§ 291. 295-297. Erklärung über einen wiederholt zugeschobenen Eid.

Rechtsgr. **871**. — IV. Senat. 20. Dezember 1856. (XXIII. 170.)

Hat der Delat bereits in erster Instanz den deferirten Eid acceptirt, so ist es gleichgültig, wenn er in zweiter Instanz auf diesen nochmals zugeschobenen Eid sich nicht erklärt.

Siehe auch Rechtsgr. 1001. (Code Napoléon art. 2272.)

§ 292. Privilegien des Fiskus hinsichtlich der Zurückschiebung deferirter Eide. — Vergl. Verordnung vom 14. Dezember 1833 § 5.

Rechtsgr. **872**. — III. Senat. 12. Juni 1854. (XIII. 340.)

Der § 292. I. 10. der Allgem. Gerichts-Ordnung enthält unwesentliche Prozeßvorschriften.

Siehe auch Rechtsgr. 1001. (Code Napoléon art. 2272.)

§ 293. Siehe Rechtsgr. 870. (§ 275. dieses Titels.)

§§ 295 ff. Siehe Rechtsgr. 871. (§ 291. dieses Titels.)

§§ 297. 298-300. 375. Abnahme eines rechtskräftig zuerkannten Eides bei sich ergebendem Zweifel über die Richtigkeit der zu beschwörenden Thatsache. — Vergl. Verordn. vom 14. Dezember 1833 § 5. Nr. 2.

Rechtsgr. 873. — II. Senat. 3. April 1856. (XX. 309.)

Ist rechtskräftig auf einen Eid erkannt, und die Partei denselben zu leisten bereit, so darf sie nicht darum von der Eidesleistung ausgeschlossen werden, weil aus ihrer Erklärung sich Zweifel gegen die Richtigkeit der zu beschwörenden Thatsache ergeben.

Die mit Verletzung dieses Grundsatzes abgefaßte Purifikatoria unterliegt der Nichtigkeit nach § 5. Nr. 2 der Verordnung vom 14. Dezember 1833.

Siehe auch Rechtsgr. 868. (§ 252. dieses Titels.)

§§ 298. 300. Siehe Rechtsgr. 873. (§ 297. dieses Titels.)

§§ 310. 311 a. 311 b. Beschwörung eines niederen resp. höheren, statt des in der erkannten Eidesnorm ausgedrückten höheren oder niederen Quantums — Vergl. A. L. R. Einl. § 91.; A. G. O. I. 22. § 45.

Rechtsgr. 874. — IV. Senat. 4. März 1856. (XX. 245.)

a. Die Vorschrift der §§ 310. 311a. u. 311 b. I. 10. der Allgem. Gerichts-Ordnung, — nach welcher demjenigen, welcher ein gewisses Quantum zu fordern zu haben eidlich erhärten, oder ein gewisses Quantum zu verschulden eidlich ablehnen soll, freisteht, im Schwörungs-Termin selbst den Eid auf eine niedere Summe der Forderung resp. auf den Mehrbetrag als den hiernächst anerkannten Betrag der Schuld zu richten, — findet auch bei Ableistung nothwendiger Eide Anwendung.

b. Betrifft der zu schwörende Eid mehrere nach Gegenstand und Betrag von einander zu sondernde Forderungen, so ist der Schwörende befugt, die Eidesleistung rücksichtlich solcher Thatsachen, mit deren Feststellung resp. Widerlegung nur einzelne Forderungen stehen oder fallen, zu verweigern, und sich in Betreff derselben der Folge zu unterwerfen, daß die von der nichtbeschworenen Thatsache abhängige Forderung für fortfallend resp. erwiesen erachtet werde, dagegen den von den nicht beschworenen Thatsachen unabhängigen Theil des Eides zu leisten.

§§ **312. 313.** Ignoranzeide. — Vergl. Verordnung v. 14. Dezember 1833 § 4. Nr. 1.; Deklaration v. 6. April 1839 Art. 3.

A. Bedingung zur Normirung eines Eides de ignorantia.

Rechtsgr. **875.** — II. Senat. 10. Juni 1856. (XXII. 30.)

Die Vorschrift des § 312. I. 10. der Allg. Gerichtsordnung über den Fall eines Ignoranzeides enthält keinen Grundsatz des materiellen Rechts, sondern eine unwesentliche Prozeßvorschrift.

B. Gegenbeweis gegen einen Ignoranzeid. — Vergl. A. G. O. I. **16.** § 24.

Rechtsgr. **876.** — IV. Senat. 10. April 1856. (XXI. 60.)

Die Frage: ob gegen einen Ignoranzeid der Gegenbeweis zulässig ist, betrifft keinen Grundsatz des materiellen Rechts, sondern nur eine nicht wesentliche Prozeßvorschrift.

§ **359.** Siehe Rechtsgr. 289. (A. L. R. I. **17.** § 21.)
§ **375.** Siehe Rechtsgr. 873. (§ 297. dieses Titels.)
§ **376.** Restitution wegen versäumten Termins zur Eidesleistung:

A. Restitution und Appellation. — Vergl. A. L. R. Einl. § 59.; A. G. O. I. **14.** §§ 2. 3. 73. u. Anh. § 125 zu § 77.; Verordnungen v. 28. März 1840 § 2. u. 21. Juli 1846 § 31.

Rechtsgr. **877.** — III. Senat. 7. März u. 4. April 1856. (XX. 313.)

Das Rechtsmittel der Restitution schließt dem Prinzipe nach das Rechtsmittel der Appellation nicht aus: die Vorschrift des § 376. I. 10. der A. G. O. ist weder durch die nur das Rechtsmittel der Restitution gegen Purifikations-Resolutionen betreffende Verordnung vom 28. März 1840 modifizirt, noch durch die Verordnung vom 21. Juli 1846 § 31. Alinea 3. beseitigt worden.

B. Kosten der Appellations-Instanz.

Rechtsgr. 878. — III. Senat. 7. März u. 4. April 1856. (XX. 313.)

Unter den „mehrere Kosten" des § 376. I. 10. der Allgem. Gerichts-Ordnung sind die Kosten der zweiten Instanz zu verstehen.

§ 377. Festsetzung der Norm und der Wirkung des Eides in dem Erkenntnisse. — Vergl. A. G. O. I. 15. § 25., 16. § 1.

A. Bestimmung der Norm des Eides als Veritäts- oder als Ignoranzeid.

Rechtsgr. 879. — III. Senat. 23. November 1855. (XIX. 119.)

Der Purifikationsrichter, welcher statt des in dem Judikate einer Partei auferlegten Eides de veritate von dem hiernächst derselben bestellten Abwesenheits-Kurator einen Eid de ignorantia abnimmt und demgemäß purifizirt, verkennt seine Befugnisse und verletzt die Rechtsgrundsätze von der rechtskräftigen Entscheidung.

Rechtsgr. 880. — II. Senat. 17. Apri 1855. (XVI. 338.)

Wenn in einem Erkenntnisse die Eidesformel nicht bestimmt worden, so ist darüber, ob der Eid de veritate oder ignorantia zu leisten sei, noch keine Entscheidung getroffen.

B. Grenzen der Kompetenz des Purifikationsrichters zur Bestimmung der Folgen der Ableistung des mehreren Streitgenossen auferlegten nothwendigen Eides.

Rechtsgr. 881. — I. Senat. 22. Mai 1854. (XIII. 118.)

Hat ein Streitgenosse den in einem Haupterkenntnisse mehreren Litiskonsorten aufgelegten nothwendigen Eid geleistet, oder sich zu dessen Ableistung bereit erklärt, die andern Streitgenossen aber die Ableistung verweigert, und ist über solchen Fall und seine Folgen in dem Haupterkenntnisse Nichts bestimmt, so kann dasselbe noch nicht purifizirt, es muß vielmehr mit den Parteien über die Folgen der theilweisen Leistung und Nichtleistung des

Eides weiter verhandelt und mit Vorbehalt der ordentlichen Rechtsmittel erkannt werden.

§ 395. Siehe Rechtsgr. 37. (A. L. R. I. 4. § 75.)

Titel 11. Vom Versuch der Sühne, und wie dabei zu verfahren.

§ 3. Siehe Rechtsgr. 1119. (Verordnung v. 20. Juni 1817 § 169.)

Titel 13. Von Abfassung und Publikation der Erkenntnisse.

§§ 9 ff. Einfluß der Entscheidung des Strafrichters auf das Urtheil des Civilrichters in Betreff des Entschädigungsanspruchs. — Vergleiche A. L. R. I. 6. §§ 25 ff.; Strafgesetzb. § 6.; A. G. O. I. Einl. § 1., 16. § 24., 35. § 73.; Kriminalordnung § 392.; Verordnung vom 3. Jan. 1849 § 22.; Gesetz v. 3. Mai 1852 Art. 95.

— Neuere Ansicht:*

A. in Betreff des objektiven Thatbestandes.

Rechtsgr. 882. — I. Senat 5. April 1854. (XIII. 51.)

Durch die in dem Kriminalprozeß geschehene Verurtheilung des Angeklagten ist auch für den Civilprozeß in Betreff der aus dem Verbrechen gegen den Angeklagten hergeleiteten civilrechtlichen Folgen der objektive Thatbestand für festgestellt zu erachten.

Rechtsgr. 883. — I. Senat. 7. Mai 1856. (XXI. 175.)

Das Kriminalurtheil ist für den Civilrichter hinsichtlich der Frage nach dem objektiven Thatbestande bindend.

B. in Betreff des subjektiven Thatbestandes.

Rechtsgr. 884. — I. Senat. 5. April 1854. (XIII. 51.)

Durch die in dem Kriminalprozeß geschehene Verurtheilung des Angeklagten ist für den Civilprozeß in Betreff der aus dem Verbrechen gegen den Angeklagten her-

* Nach der älteren Ansicht ist die Verurtheilung des Angeklagten im Kriminalprozeß auch hinsichtlich des Civil-Entschädigungs-Anspruchs maaßgebend. Vergl. S. 293. Nr. 892. Bd. I. dieser Rechtsgrundsätze.

geleiteten civilrechtlichen Folgen die Thäterschaft nicht dergestalt für festgestellt zu erachten, daß selbst ein nach den Regeln des Civilprozesses vollständiger Gegenbeweis nicht zulässig wäre.

Rechtsgr. 885. — I. Senat. 7. Mai 1856. (XXI. 175.)

Das Kriminal-Urtheil ist für den Civilrichter hinsichtlich der Frage nach dem subjektiven Thatbestande und nach der Vertretbarkeit der That nicht bindend. — Neueste Ansicht:

Rechtsgr. 886. — V. Senat. 27. Februar 1854., I. Senat. 21. Mai 1855. (XVI. 261., XVIII. 9.)

Der Civilrichter hat in Betreff der geltend gemachten Entschädigungsforderung aus einem verübten Verbrechen das Klagefundament selbstständig zu prüfen und festzustellen, ohne an die Entscheidung des Kriminalrichters gebunden zu sein.

Rechtsgr. 887. — Plenarbeschluß vom 15. Dezember 1856. (XXIII. 302.)

Nach Preußischem Rechte ist die Entscheidung des Strafrichters über eine zur Untersuchung gekommene strafbare Handlung für den Civilrichter, welcher über einen Entschädigungs-Anspruch zu entscheiden hat, in seiner Beurtheilung der Beweisfrage hinsichtlich der zur Begründung dieses Anspruchs dienenden Thatsachen insoweit nicht maaßgebend, als besondere gesetzliche Bestimmungen nicht das Gegentheil rechtfertigen.

§ **10.** Nr. 7. Benennung neuer Sachverständiger im Prozeß.

Rechtsgr. 888 a. — I. Senat. 3. April 1857. (XXIII. 354.)

Sind die Gründe des Gutachtens eines auf den Antrag der einen Partei vernommenen Sachverständigen nicht angegriffen, so ist die Vernehmung des hiernächst von der andern Partei benannten Sachverständigen nicht zulässig.

§ **10.** Nr. 8. Siehe Rechtsgr. 863. (A. G. O. I. **10.** § 252.)

§ **20.** Siehe Rechtsgr. 37. (A. L. R. I. **4.** § 75.)

§ **27.** Siehe Rechtsgr. 854. (A. G. O. I. **10.** § 53.)

§ **28.** Siehe Rechtsgrundsätze 255. 256. 854. 859. 860. 936. (A. L. R. I. **11.** § 729.; A. G. O. I. **10.** §§ 53. 82., **31.** § 1.)

§ **38.** Auslegung eines Urtheils-Tenors nach den Urtheilsgründen. — Vergl. A. G. O. I. **16.** § 1.

A. bei Uebergehung eines Präjudizial-Einwandes im Urtheils-Tenor.

Rechtsgr. **888** b. — I. Senat. 7. April 1856. (XXI. 52.)

Ist der von dem Verklagten erhobene Präjudizial-Einwand zwar in den Gründen, nicht aber in dem Tenor des gegen ihn rechtskräftig gewordenen Erkenntnisses, verworfen, über den Klagegrund selbst aber auf einen Eid erkannt worden, so hat dies Urtheil, wenn der Kläger dagegen appellirt, hinsichtlich jenes Präjudizial-Einwandes nicht die Wirkung der rechtskräftigen Entscheidung.

B. bei einem an sich deutlichen Urtheils-Tenor.

Rechtsgr. **889**. — IV. Senat. 14. Juni 1855. (XVIII. 58.)

Ist der Urtheils-Tenor deutlich, so bedarf es behufs dessen Auslegung des Zurückgehens auf die Entscheidungsgründe nicht.

C. bei Nichterwähnung des Rechtsgrundes des Klage-Anspruchs im Urtheils-Tenor. — Vergl. A. G. O. I. Einl. §§ 65. 66.

Rechtsgr. **890**. — II. Senat. 4. September 1856. (XXII. 153.)

Die nach dem Tenor des Judikats unbedingt erfolgte Abweisung des Klägers mit dem Antrage auf Befreiung von einer bestimmten Abgabe ist auf das nach den Urtheilsgründen geltend gemachte Klagefundament zu beschränken.

Rechtsgr. **891**. — II. Senat. 11. September 1856. (XXII. 173.)

Behufs Bestimmung der wahren Bedeutung der getroffenen Entscheidung ist ein Rückgehen auf die Gründe des Judikats dann jedenfalls zulässig, wenn der Rechtsgrund, auf welchen die Klage gestützt worden, aus dem Urtheils-Tenor sich nicht ersehen läßt.

D. Begründung des Anspruchs des Verklagten auf Schadensersatz auf Grund der Entscheidungsgründe bei eintretender Unmöglichkeit der dem Kläger gegen den Empfang der Zahlung auferlegten Gegenleistung. — Vergl. A. L. R. I. 20. §§ 121-125. 188-190. 192. 193.

Rechtsgr. 892. — IV. Senat. 19. Juni 1855. (XVII. 284.)

Die Wirkung der rechtskräftigen Entscheidung hinsichtlich der Verurtheilung des Verklagten zur Zahlung einer bestimmten Geldsumme nur gegen Rückgabe bestimmter Aktien seitens des Klägers besteht, wenn letzterer nach den Entscheidungsgründen die Aktien als Pfandstücke besaß, nicht darin, daß die Unmöglichkeit der Rückgabe der Aktien die Befreiung des Verklagten von der Verpflichtung zur Zahlung zur Folge hätte; vielmehr ist jene Gegenleistung des Klägers nach dem Wesen des Pfandrechts zu beurtheilen, und bleibt daher in diesem Falle dem Verklagten nur überlassen, Schadensersatz zu fordern.

Siehe auch Rechtsgrundsätze 819. 824. 827. 1110. (A. G. O. I. Einl. § 65.; Regulirungs-Edikt v. 14. Septbr. 1811 § 6.)

Titel 14. Von Appellationen, und wie mit der Instruktion derselben zu verfahren.

§ 1. Frist zur Anbringung eines Deklarationsgesuchs. — Vergl. A. G. O. I. 15. § 26.

Rechtsgr. 893. — III. Senat. 11. September 1854. (XIII. 287.)

Deklarations-Gesuche gegen Erkenntnisse erster und zweiter Instanz sind an keine Frist gebunden.

Siehe auch Rechtsgr. 1221. (Verordnung vom 5. Mai 1838 § 5.)

§ 2. Appellation:

A. gegen ein nach dem Antrage ergangenes Urtheil. — Vergleiche A. G. O. I. 15. § 1.; Verordnung vom 14. Dezember 1833 § 5. Nr. 10. Litt. d.

Rechtsgr. 894. — I. Senat. 13. Dezember 1854. (XIV. 341.)

Gegen ein, dem ausdrücklichen Antrage der Partei gemäß ergangene Entscheidung kann dieselbe ein Rechtsmittel unter dem Vorwande nicht einlegen, daß diese Entscheidung sie dennoch beschwere.

B. wegen der Schuldfrage im Ehescheidungsprozesse. — Vergleiche A. G. O. I. **40.** § 51.; Instruktion v. 7. April 1839 Nr. 3.

Rechtsgr. **895.** — I. Senat. 27. Oktober 1856. (XXII. 266.)

Hat der Verklagte zwar dem Antrage der Klägerin auf Trennung der Ehe, nicht aber deren Antrage, keinem Theil ein Uebergewicht der Schuld beizumessen, widersprochen, auch weder eine Widerklage erhoben, noch auch in Betreff der Schuldfrage besondere Anträge gestellt; so ist die von dem Verklagten gegen das Urtheil erster Instanz nicht in Betreff der ausgesprochenen Ehetrennung, sondern lediglich in Betreff des Ausspruchs, daß keinem Theil ein Uebergewicht der Schuld beizumessen, auf den Grund eines von der Klägerin angeblich verübten Ehebruchs eingelegte Appellation unzulässig.

Siehe auch Rechtsgr. 877. (A. G. O. I. **10.** § 376.)

§ **6.** Siehe Rechtsgrundsätze 97. 914. (A. L. R. I. **6.** § 36.; A. G. O. I. **24.** § 4.)

§ **8.** Siehe Rechtsgr. 97. (A. L. R. I. **6.** § 36.)

§§ **11. 12.** Siehe Rechtsgr. 910. (A. G. O. I. **19.** § 1.)

§ **14** a. Nachträglicher Beitritt des einen Litiskonsorten zu der von dem andern Litiskonsorten rechtzeitig angemeldeten Revision.

Rechtsgr. **896.** — I. Senat. 9. November 1855. (XIX. 80.)

Der nachträgliche Beitritt zu dem von dem einen Litiskonsorten rechtzeitig angemeldeten Rechtsmittel der Revision ist nach Ablauf der Revisions-Anmeldungsfrist dem andern Litiskonsorten nur alsdann gestattet, wenn das Litiskonsortium auf Gleichheit der beiderseitigen Interessen beruht, und daher nicht ein rein äußerliches ist.

Siehe auch Rechtsgrundsätze 407. 923. (A. L. R. I. **17.** § 151.; A. G. O. I. **27.** § 21.)

§§ **16** ff. Siehe Rechtsgr. 1319. (Verordnung v. 21. Juli 1849 § 47.)

§§ **21** ff. Siehe Rechtsgr. 1316. (Verordnung v. 21. Juli 1849 § 46.)

§ **26.** Verzicht auf das gegen ein Civilerkenntniß zuständige Rechtsmittel. — Vergl. A. L. R. I. **16.** § 392.; A. G. O. I. **16.** § 1., **23.** § 20.

Rechtsgr. 897. — Plenarbeschluß. 18. Februar 1856. (XXI. 6.)

Die ausdrückliche Erklärung einer Partei, sich bei einem im Civilprozesse ergangenen Erkenntnisse, gegen welches ein, an eine Prozeßfrist gebundenes Rechtsmittel zuständig ist, beruhigen zu wollen, kann auch innerhalb des Laufes dieser Frist nicht mehr zurückgenommen werden, sobald dieselbe einmal beim Gerichte abgegeben worden ist; das Urtheil beschreitet vielmehr in Folge dieser Erklärung die Rechtskraft.

§ 70. Siehe Rechtsgrundsätze 1231. 1306. (Deklaration vom 6. April 1839 Art. 3. Nr. 2.; Verordnung vom 21. Juli 1846 § 31.)

§ 73. und Anh. § 125. zu § 77. Siehe Rechtsgr. 877. (A. G. O. I. 10. § 376.)

Titel 15. Von Revisionen, und wie dabei zu verfahren.

§ 1. Siehe Rechtsgr. 894. (A. G. O. I. 14. § 2.)

§ 2. Siehe Rechtsgr. 1167. (Verordnung v. 14. Dezmbr. 1833 § 2.)

§§ 10. 11. Vorbringung neuer Thatsachen in der Revisionsinstanz eines Ehescheidungsprozesses behufs Beurtheilung der Schuldfrage.

Rechtsgr. 898. — I. Senat. 1. Oktober 1855. (XVIII. 169.)

Im Ehescheidungsprozesse müssen Thatsachen, welche auf die Beurtheilung der Verschuldung der Parteien an sich von Einfluß sind, berücksichtigt werden, selbst wenn sie erst in der Revisionsinstanz vorgebracht worden sind.

Siehe auch Rechtsgr. 899. (§ 18. dieses Titels.)

§ 18. Vorbringung neuer Einreden in der Revisionsinstanz:

A. der Einrede der mangelnden Aktivlegitimation. — Vergl. §§ 10. 11. dieses Titels.

Rechtsgr. 899. — III. Senat. 28. November 1856. (XXIII. 94.)

Der Einwand der mangelnden Aktivlegitimation ist zwar in der Revisionsinstanz zulässig; er findet jedoch nur insofern Berücksichtigung, als er bereits in den früheren Instanzen seine genügende Substanziirung erhalten hat.

B. der Einrede der Verjährung durch Nichtgebrauch.

Rechtsgr. **900**. — II. Senat. 3. Juni 1856. (XXI. 250.)

Der erst in der Revisionsinstanz erhobene Einwand der Verjährung kann nicht berücksichtigt werden.

§ **25**. Siehe Rechtsgr. 879. 880. (A. G. O. I. **10**. § 377.)
§ **26**. Siehe Rechtsgr. 893. (A. G. O. I. **14**. § 1.)

Titel 16. Von den Wirkungen eines rechtskräftigen Urtheils (Nullitäts- und Restitutionsklage).

§ **1**. Wirkungen eines Judikats auf Verurtheilung des Verklagten zum Schadenersatz. — Vergl. A. L. R. I. **6**. §§ 1 ff.

Rechtsgr. **901**. — III. Senat. 15. Mai 1857. (XXIV. 306.)

Ein Judikat, das zum Schadensersatz verurtheilt, ohne den Begriff des Schadens im konkreten Falle zu bestimmen, verhindert demnächst den Richter nicht, nur den wirklichen Schaden und nicht den entgangenen Gewinn zuzusprechen.

Siehe auch Rechtsgrundsätze 313. 314. 756. 819-830. 879. 880. 888b.-892. 909. 933. 1110. 1184. (A. L. R. I. **12**. § 557.; A. D. W. O. Art. 16.; A. G. O. I. Einl. § 65., **10**. § 377., **13**. § 38., **14**. § 26., **17**. § 24., **31**. § 1.; Regulirungs-Edikt v. 14. September 1811 § 6.; Exekutions-Verordnung v. 4. März 1834 § 9.)

§ **2**. Nullität eines Urtheils:

— Nr. **3**. wegen überschrittener Kompetenz des Einzelrichters. — Vgl. Verordnung vom 14. Dezember 1833 § 5. Nr. 4. und § 6.; Instruktion vom 7. April 1839 § 20.

Rechtsgr. **902**. — II. Senat. 30. Dezember 1856. (XXIII. 187.)

Das von dem nichtkompetenten Einzelrichter erlassene, jedoch von dem allein kompetent gewesenen Kollegium zu erlassen gewesene Erkenntniß unterliegt nicht der Aufhebung wegen Inkompetenz, wenn dasselbe aus diesem Grunde nicht in der nächsten Prozeßverhandlung angefochten worden ist.

— Nr. 4. wegen nicht geschehener Zuziehung des Vaters des zwar großjährigen, jedoch noch unter väterlicher Gewalt befindlichen Sohnes. — Vergl. A. G. O. I. 1. §§ 1 ff.

Rechtsgr. 903. — IV. Senat. 26. Juni 1856. (XXI. 323.)

Das gegen einen großjährigen, noch unter väterlicher Gewalt befindlichen Sohn ohne Zuziehung des Vaters bei dem Prozesse ergangene Urtheil unterliegt der Nullität.

— Nr. 6. Siehe Rechtsgr. 845. (A. G. O. I. 7. § 20.)

§ 7. Nr. 3. Siehe Rechtsgr. 564. (A. L. R. II. 1. § 734.)

§§ 13. 15. Kompetenz zur Erörterung und Entscheidung auf die Restitutionsklage wegen Minderjährigkeit. — Vergl. Verordnung vom 14. Dezember 1833 § 4.

Rechtsgr. 904. — IV. Senat. 3. Juni 1856. (XXII. 5.)

a) Die Erörterung und Entscheidung auf die Restitutionsklage wegen Minderjährigkeit steht demselben Richter zu, welcher das nachtheilige Erkenntniß erlassen, und muß in derselben Instanz erfolgen, in welcher die Läsion stattgefunden hat.

b) Ist demgemäß die Restitutionsklage gegen das Appellationsurtheil bei dem Richter zweiter Instanz angebracht, so ist gegen das demnächst ergehende Restitutionsurtheil, und zwar auch bei einem Werthe des Streitgegenstandes von mehr als 500 Thalern, nur die Nichtigkeitsbeschwerde zulässig.

§ 17. Nr. 4. Begründung der Restitutionsklage wegen neu aufgefundener Urkunden. — Vergl. Verordnung vom 14. Dezember 1833 § 4. Nr. 1., § 5.

Rechtsgr. 905. — IV. Senat. 15. Januar 1857. (XXIII. 238.)

Die Bestimmung des § 17. Nr. 4. I. 16. der Allg. Gerichtsordnung enthält keinen Grundsatz des materiellen Rechts, sondern nur eine unwesentliche Prozeßvorschrift.

§ **24**. Rechtsmittel gegen ein im Civilprozeß auf den Grund eines verübten Meineides ergangenes Judikat. — Vergl. Strafgesetzbuch § 6.; A. G. O. I. **16**. §§ 9 ff.; Verordnung vom 3. Januar 1849 § 22.

Rechtsgr. **906**. — IV. Senat. 29. Januar 1857. (XXIII. 302.)

Gegen ein im Civilprozeß auf Grund eines verübten Meineides ergangenes Judikat finden die Rechtsmittel der Nullitäts- und Restitutionsklage nicht statt. Die Ueberführung des Meineides kann vielmehr nur im Wege des Kriminalprozesses durch den Kriminalrichter erfolgen, und dessen Feststellung in dem desfallsigen Kriminalurtheil ist in dem demnächst angestellten Civilentschädigungsprozesse für den Civilrichter maaßgebend.

Der Civilrichter hat, wenn die im Kriminalverfahren des Meineides überführte Partei von dem verletzten Theile bei ihm wegen Schadensersatzes in Anspruch genommen wird, sich darauf zu beschränken, die Verurtheilung der ersteren zu der geforderten Entschädigung auszusprechen, ohne daß er die Aufhebung der den verletzten Theil auf Grund des geleisteten Meineids zu einer Zahlung verurtheilenden Erkenntnisse auszusprechen berechtigt erscheint, und ohne daß es überhaupt einer solchen ausdrücklichen Aufhebung bedarf; das frühere Civilerkenntniß verliert schon durch das Kriminalurtheil von selbst seine Kraft.

Siehe auch Rechtsgr. 876. 882-887. (A. G. O. I. **10**. § 312., **13**. § 9.)

Titel 17. Von der Litisdenunziation, Adzitation und Nomination.

§ **1-13**. Natur der Vorschriften dieser §§ über Litisdenunziation. — Vergl. Verordnung v. 14. Dezember 1833 § 4 Nr. 1.

Rechtsgr. **907**. — IV. Senat. 9. Oktober 1856. (XXII. 231.)

Die §§ 1-13. I. 17. der A. G. O. über die Litisdenunziationen enthalten nicht wesentliche Prozeßvorschriften im Sinne der Verordnung v. 14. Dezember 1833. Siehe auch Rechtsgr. 911. (A. G. O. I. **23**. § 17.)

§§ **24. 25. 29-31**. Rechtsmittel bei Litisdenunziationen. — Vergl. Verordnung vom 14. Dezember 1833 § 4.

A. Benachrichtigung des Litisdenunziaten des Verklagten von der blos gegen den letzteren eingelegten Nichtigkeitsbeschwerde. — Vergl. Verordnung vom 14. Dezember 1833 § 3.

Rechtsgr. **908**. — IV. Senat. 17. April 1856. (XXI. 93.)

Der Litisdenunziat des Verklagten, gegen welchen der Kläger und Implorant die Nichtigkeitsbeschwerde nicht eingelegt hat, ist, wenn er dem Verklagten und Imploraten assistirt hat, von der Nichtigkeitsbeschwerde dennoch in Kenntniß zu setzen, zur Beantwortung der Beschwerdeschrift aufzufordern und zum Audienztermin zu laden.

B. Einlegung der Nichtigkeitsbeschwerde blos gegen den Litisdenunziaten des Verklagten. — Vergl. A. G. O. I. **16**. § 1.

Rechtsgr. **909**. — IV. Senat. 23. Oktober 1856. (XXII. 261.)

Hat nur der Litisdenunziat des Verklagten dem Kläger gegenüber die Berufung eingelegt und ein günstiges Urtheil erstritten, so ist hiernächst die Nichtigkeitsbeschwerde von dem Kläger nur gegen ihn, nicht auch gegen den Verklagten zu richten.

Titel 19. Von der Rekonvention oder Widerklage.

§ **1**. Geltendmachung des Vergehens der böslichen Verlassung der Ehefrau in der Revisionsinstanz seitens des wegen späteren Ehebruchs auf Ehescheidung verklagten Ehemannes. — Vergl. A. L. R. II. **1**. §§ 719. 748.; A. G. O. I. **14**. §§ 11. 12.

Rechtsgr. **910**. — I. Senat. 2. Februar 1855. (XVI. 249.)

Die Gleichheit der Verschuldung der Ehefrau wegen böslicher Verlassung kann der wegen späteren Ehebruchs verklagte Ehemann in der Revisions-Instanz nicht mehr geltend machen, wenn in den ersten Instanzen aus der böslichen Verlassung kein Antrag oder Einwand hergeleitet war.

Siehe auch Rechtsgr. 382. (A. L. R. I. **16.** § 383.)

§§ **4. 9** ff. Siehe Rechtsgr. 382. (A. L. R. I. **16.** § 383.)
§ **27.** Siehe Rechtsgr. 1307. (Gesetz vom 21. Juli 1846 § 31.)

Titel 22. Von den in einem Prozesse vorkommenden nothwendigen Eiden.

§ **28.** Siehe Rechtsgrundsätze 246. 470. 947. (A. L. R. I. **11.** § 646., **21.** § 113.; A. G. O. I. **46.** § 7.)
§ **45.** Siehe Rechtsgr. 874. (A. G. O. I. **10.** § 310.)

Titel 23. Von Kosten, Strafen, Schäden, Zinsen, Früchten und Abnutzungen.

§ **17.** Kosten der Litisdenunziation. — Vergl. A. G. O. I. **17.** §§ 1 ff.; Verordnung vom 14. Dezember 1833 § 4. Nr. 1. § 5.

Rechtsgr. **911.** — IV. Senat. 9. Oktober 1856. (XXII. 231.)

a. Der § 17. I. 23. der Allgem. Gerichtsordnung über die Kosten der Litisdenunziation enthält einen Rechtsgrundsatz.

b. Unter den Kosten der Litisdenunziation des § 17. a. a. O. sind auch die Kosten der Assistenzleistung zu verstehen.

c. Die Kosten hat der Litisdenunziant dem den Regreß nicht anerkennenden Litisdenunziaten vor der Hand zu ersetzen; siegt er im Hauptprozeß ob, so muß sie ihm der Gegentheil erstatten.

§ **20.** Siehe Rechtsgr. 897. (A. G. O. I. **14.** § 26.)
§ **23.** Nr. **4.** Kosten der Abhörung von mehr als drei Zeugen in Injuriensachen. — Vergl. Gesetz Nr. 3245 vom 11. März 1850 § 9.

Rechtsgr. **912.** — Senat für Straff. Abth. I. 12. September 1856. (XXII. 177.)

In Betreff der Kosten in Injuriensachen hat der § 23. Nr. 4. I. 23. der Allgem. Gerichts-Ordnung, — nach welchem die Kosten der Abhörung von mehr als drei

Zeugen über die nämliche Thatsache von dem Produzenten zu tragen sind, — durch den § 9. des Gesetzes vom 11. März 1850 seine Anwendbarkeit verloren.

§ 58. Zuerkennung gesetzlicher Zinsen von Amtswegen. — Vergl. A. L. R. I. 11. §§ 845-848.; Instruktion vom 24. Juli 1833 § 29; Verordnung vom 14. Dez. 1833 § 4. Nr. 1; Gesetz vom 21. Juli 1846 §§ 7. 8.

Rechtsgr. 913. — I. Senat. 8. Februar 1856. (XX. 147.)

Die Vorschrift des § 58. I. 23. der Allgem. Gerichts-Ordnung, nach welcher der Richter da, wo nach den Gesetzen ein Grund zur Zinsenforderung obwaltet, von Amtswegen auf dieselben zu erkennen hat, ist durch den § 29. der Instruktion vom 24. Juli 1833, betreffend die Begrenzung des Rechtsstreites durch die Klage und Klagebeantwortung, nicht aufgehoben, besteht vielmehr noch jetzt in Kraft und enthält einen Rechtsgrundsatz.

§ 59. Siehe Rechtsgr. 1268. (Verordnung vom 21. Juli 1843 § 1.)

Titel 24. Von der Vollstreckung der rechtskräftigen Urtel.

§ 3. und Anh. § 148. zu § 3. Siehe Rechtsgr. 756. 933. 957. (A. D. W. O. Art. 16.; A. G. O. I. 31. § 1., 50. § 471.)

§ 4. Gerichtlicher Vergleich als Exekutionstitel. — Vergl. A. G. O. I. 14. § 6., II. 2. §§ 42 ff.

Rechtsgr. 914. — IV. Senat. 4. September 1855. (XVII. 354.)

Nur derjenige Vergleich ist ein gerichtlich geschlossener und gewährt einen Exekutionstitel, über welchen eine von beiden Theilen vollzogene gerichtliche Verhandlung aufgenommen ist.

Siehe auch Rechtsgr. 1119. (Verordnung vom 20. Juni 1817 § 160.)

§ 5. Siehe Rechtsgr. 375. (A. L. R. I. 16. § 218.)

§§ 7. 9. Vollstreckung der Exekution gegen den Singular-Successor.

Rechtsgr. 915. — III. Senat. 4. April 1855. (XVI. 326.)

Der Singular-Successor muß nur das, was auf die vor der Veräußerung seinem Autor insinuirte Klage erkannt ist, gegen sich gelten lassen.

§ 9. Vollstreckung des gegen den Vorbesitzer ergangenen Judikats gegen den dritten Erwerber dieser streitigen Sache:

A. Erwerbung während der Rechtshängigkeit.

Rechtsgr. 916. — II. Senat. 10. Juli 1855. (XVII. 343.)

Der § 9. I. 24. der A. G. O., betreffend die Wirkung eines Judikats gegen den dritten Erwerber der streitigen Sache, setzt den Erwerb während der Rechtshängigkeit voraus.

B. Herausgabe der Sache von dem redlichen dritten Erwerber. — Vgl. A. L. R. I. 10. § 3., 11. § 383., 15. §§ 25. 26.; A. G. O. I. 29. § 83.; Corp. jur. Frid. I. 4. 10. § 6.

Rechtsgr. 917. — III. Senat. 4. April 1855. (XVI. 326.)

Der dritte redliche Erwerber einer rechtshängigen Sache ist zu deren unentgeltlichen Herausgabe an den wahren Eigenthümer nicht verpflichtet. Die Unredlichkeit seines Besitzes wird aber schon durch seine Wissenschaft von der Rechtshängigkeit zur Zeit des Erwerbes begründet.

§ 19. Siehe Rechtsgr. 1183. (Exekutions-Verordnung vom 4. März 1834 § 2.)

§ 30. Vollstreckung der Exekution aus einem Rheinpreußischen Erkenntnisse in altländischen Provinzen. — Vergl. A. G. O. I. Einl. § 64., 28. § 14.; Gesetz v. 2. Mai 1853.

Rechtsgr. 918. — IV. Senat. 5. Mai 1857. (XXIV. 261.)

Aus dem Erkenntnisse eines Rheinpreußischen Gerichts, insbesondere auch eines Rheinpreußischen Handelsgerichts, findet in allen Gebieten des Preußischen Staats die Exekution statt.

Siehe auch Rechtsgr. 929. (A. G. O. I. 28. § 14.)

§§ **36-41.** Einwendungen in der Exekutions-Instanz. — Vergl. Exek.-Verordnung vom 4. März 1834 § 6.

Rechtsgr. **919.** — IV. Senat. 4. September 1855. (XVII. 354.)

Die §§ 36 ff. I. 24. der Allgem. Gerichtsordnung und der § 6. der Exekutions-Verordnung vom 4. März 1834 setzen die Existenz eines gültigen Exekutionstitels voraus.

§ **47.** Siehe Rechtsgr. 1134. 1184. (Gesetz v. 4. Juli 1822 § 6.; Exekutions-Verordnung vom 4. März 1834 § 9.)

§ **56.** Unvollstreckbarkeit der Exekution auf Herausgabe einer beweglichen Sache.

Rechtsgr. **920.** — IV. Senat. 27. November 1855. (XIX. 135.)

Der § 56. I. 24. der Allgem. Gerichts-Ordnung bezieht sich sowohl auf fungible als auf nicht fungible bewegliche Sachen.

Siehe auch Rechtsgr. 1184. (Exekutions-Verordnung vom 4. März 1834 § 9.)

§ **101.** Siehe Rechtsgr. 1134. (Gesetz vom 4. Juli 1822 § 6.)
§§ **116. 124. 125.** Siehe Rechtsgr. 103. (A. L. R. I. 7. § 66.)
§ **130.** Siehe Rechtsgr. 455. (A. L. R. I. **20.** § 480.)

Titel 25. Vom Verfahren bei Untergerichten.

§§ **25** ff. Siehe Rechtsgr 1301. (Verordnung vom 21. Juli 1846 § 17)

§ **28.** Siehe Rechtsgr. 1164. (Verordnung Nr. 1426. vom 1. Juni 1833 § 52.)

§§ **63. 66.** Siehe Rechtsgr. 853. (A. G. O. I. **10.** § 19.)

Titel 27. Vom Wechselprozesse.

§§ **3. 4.** Begründung der Klage in Betreff der behaupteten vorschriftsmäßigen und rechtzeitigen Erhebung des ausländischen Wechselprotestes. — Vergl. A. D. W. O. Art. 86.; Verordnungen v. 1. Juni 1833 § 49. und v. 21. Juli 1846 § 22.

Rechtsgr. 921. — IV. Senat. 9. Mai 1857. (XXIV. 289.)

Der Beweis, daß ein ausländischer Protest vorschriftsmäßig und rechtzeitig erhoben worden, braucht nicht sofort mit der Klage angetreten zu werden; vielmehr ist der Appellations-Richter berechtigt, zur Führung dieses Beweises dem Wechselkläger Frist zu bewilligen.

§ 16. Siehe Rechtsgr. 927. (§ 54. dieses Titels.)

§§ 21 ff. Diffessionseid im Wechselprozesse:

A. Anberaumung des Termins zur Leistung des Diffessionseides. — Vergl. Verordnungen v. 1. Juni 1833 §§ 31. 76. u. v. 21. Juli 1846 §§ 13. 27.

Rechtsgr. 922. — IV. Senat. 20. Dezember 1856. (XXIII. 176.)

a) Auf die im Wechselprozesse zu leistenden Diffessionseide finden die Vorschriften des § 31. der Verordnung vom 1. Juni 1833 und des § 12. der Verordnung vom 21. Juli 1846 hinsichtlich der Anberaumung eines besonderen Temins zur Abnahme der zu leistenden Eide keine Anwendung; vielmehr sind die Vorschriften der §§ 21-24. I. 27. der A. G. O. auch noch jetzt maaßgebend.

b) Ist daher im Klagebeantwortungs-Termine der Wechselbeklagte, in dessen Namen ein Bevollmächtigter die Diffession anbietet, ohne alle scheinbare Ursache ausgeblieben, so ist die angebotene Diffession unberücksichtigt zu lassen, und der Wechsel in Kontumaziam für anerkannt zu erachten.

c) Hat aber der Richter gleichwohl einen neuen Termin anberaumt, so wird durch das persönliche Erscheinen des Verklagten und dessen Bereiterklärung zur Eidesleistung die Kontumazial-Verschuldung beseitigt.

B. Verstattung einzelner zur Diffession sich erbietender Miterben zur Eidesleistung. — Vergl. A. G. O. I. 5. § 4. Nr. 8., 14. § 14 a.

Rechtsgr. 923. — IV. Senat. 20. Dezember 1856. (XXIII. 171.)

Die vor erfolgter Theilung des Nachlasses des Wechselschuldners gegen dessen Erben insgesammt eingeklagte Wechselforderung ist nicht als eine untheilbare Sache im Sinne des § 4. Nr. 8. I. 5. der Allgem. Gerichtsordnung anzusehen, weshalb auch einzelne zur Diffession des Wechsels sich erbietende Miterben zur Eides-Leistung zu verstatten sind.

Siehe auch Rechtsgr. 927. (§ 54. dieses Titels.)

§§ 24. 28. Natur der Vorschrift der §§ 24. u. 28. dieses Titels. — Vergl. Verordnungen vom 1. Juni 1833 §§ 31. 32., vom 14. Dezember 1833 § 5., und vom 21. Juli 1846 §§ 1. 12.

Rechtsgr. 924. — IV. Senat. 3. Juli 1855.; 13. Juni 1857. (XIX. 32; XXIV. 370.)

Die §§ 24. und 28. dieses Titels stellen Prozeßvorschriften auf, welche nach der Verordnung vom 14. Dezember 1833 als wesentliche nicht charakterisirt sind.

§ 26. Beweis der Einreden im Wechselprozeß:

A. Nothwendiger Eid über die nicht vollständig bewiesenen Behauptungen der Wechselklage. — Vergl. Einführungsgesetz v. 15. Februar 1850 § 7.

Rechtsgr. 925. — IV. Senat. 20. September 1855. (XIX. 41.)

Auch im Wechselprozesse kann in Betreff der nicht vollständig erwiesenen Behauptungen der Klage, z. B. der Aechtheit der Wechselunterschrift, auf einen nothwendigen Eid erkannt werden.

B. Nothwendiger Eid über die nicht vollständig bewiesenen Einreden des Verklagten. — Vergl. Verordnung vom 14. Dezember 1833 § 4. Nr. 2. § 5.; Deklaration vom 6. April 1839, Art. 3.; Gesetz vom 15. Februar 1850 § 7.

Rechtsgr. 926. — IV. Senat. 26. April 1856. (XXI. 143.)

Die Frage: „Ob im Wechselprozeß ein Erfüllungseid für den Verklagten zulässig ist, betrifft keinen Grundsatz des materiellen Rechts, sondern nur eine nicht wesentliche Prozeßvorschrift.

§§ **32. 53.** Siehe Rechtsgr. 927. (§ 54. dieses Titels.)

§ **54.** Begründung der Klage des früheren Wechselbeklagten im Wechsel-Separatprozeß:

A. Behauptung der Fälschung des Accepts; Diffessionseid. — Vergl. A. G. O. I. **10.** § 135., **27.** §§ 16. 21-23. 26. 32. 53.

Rechtsgr. **927.** — IV. Senat. 27. November 1856. (XXII. 361.)

Auch dann, wenn im Wechselprozeß das Accept gegen den Bezogenen für rekognoszirt erachtet worden, weil derselbe zur Diffession sich zwar erboten, im Termine zur Leistung des Diffessionseides aber ausgeblieben ist, steht ihm hiernächst im Separatprozeß der Beweis der Fälschung resp. die Diffession des Accepts und demgemäß die Rückforderung der in Gemäßheit des Wechsel-Judikats gezahlten Summe frei.

B. Berufung auf die Rechtswohlthaten der Weiber. — Vergl. A. L. R. I. **14.** § 407.; A. D. W. O. Art. 81.

Rechtsgr. **928.** — IV. Senat. 22. und 25. November 1856. (XXII. 325.)

Die aus den Rechtswohlthaten der Weiber zu entnehmenden Einreden sind auch in dem Wechsel-Separatum nicht zulässig. Zu den Einreden des § 54. I. 27. der A. G. O. gehören nur solche, welche gegen Wechsel-Ansprüche an sich zulässig sind.

Siehe auch Rechtsgr. 388. 389. (A. L. R. I. **16.** § 452.)

Titel 28. Von exekutivischen Prozessen und von der Klage aus einem Judikat.

§ **14.** Judikatsklagen aus Rheinpreußischen Erkenntnissen in altländischen Provinzen. — Vgl. A. G. O. I. Einl. § 64., **24.** § 30.; Gesetz v. 2. Mai 1853.

Rechtsgr. **929**. — IV. Senat. 5. Mai 1857. (**XXIV. 261.**)

Aus dem Erkenntnisse eines Rheinpreußischen Gerichts, insbesondere eines Rheinpreußischen Handelsgerichts, findet in allen Gebieten des Preußischen Staats nach abgelaufener Exekutionsfrist die Judikatsklage statt.

Siehe auch Rechtsgrundsätze 375. 918. 933. 957. (A. L. R. I. **16**. § 218.; A. G. O. I. **24**. § 1., **31**. § 1., **50**. § 471.

Titel 29. Von Arresten, und wie dabei zu verfahren.

§ **1**. Siehe Rechtsgr. 930. (§ 31. Nr. 2. dieses Titels.)

Erster Abschnitt. Von Arresten in schleunigen und dringenden Fällen.

§ **30**. Siehe Rechtsgr. 931. 932. (§ 81. dieses Titels.)

§ **31**. Nr. 2. Dringende Gefahr im Verzuge bei dem schleunigen Arrest gegen einen Ausländer. — Vergl. A. G. O. I. **2**. Anh. § 34. zu § 114. § 119., **29** §§ 1. 88-90. und Anh. § 198. zu § 43., Anh. §§ 201-212. zu § 90.

Rechtsgr. **930**. — IV. Senat. 25. April 1857. (**XXIV. 216.**)

Die bloße Eigenschaft des Schuldners als eines Ausländers ist im Prinzip hinreichend, den einen schleunigen Arrest nachsuchenden Gläubiger in Betreff des Daseins der Gefahr jedes weiteren Beweises des Requisits des § 31. Nr. 2. I. 29. der Allgem. Gerichts-Ordnung zu überheben.

§ **42**. Siehe Rechtsgr, 1041. (Reichsabschied von 1570 § 34.)

§ **43**. u. Anh, § 198. zu § 43. Siehe Rechtsgr. 930. (§ 31. Nr. 2. dieses Titels.)

Zweiter Abschnitt. Vom Verfahren bei ordentlichen und gewöhnlichen Arresten.

§§ **81**. **83**. **87**. Wirkung einer im Wege des Arrestes erfolgten protestativischen Eintragung. — Vergl. A. L. R. I. **20**. §§ 13. 502.; A. G. O. I. **29**. § 30.; Hypotheken-Ordnung II. § 290.; Exekut.-Verordnung v. 4. März 1834 § 22.

A. Prioritätsstreitigkeiten über einen im Kaufgelder-Vertheilungsverfahren zum Spezial-Depositum genommenen Theil der Kaufgelder. — Vergl. Verordnung vom 28. Dezember 1840 § 12.

Rechtsgr. 931. — IV. Senat. 23. März 1854. (XIII. 39.)

a) Prioritäts-Streitigkeiten über einen in dem Kaufgelder-Vertheilungs-Verfahren zum Spezial-Depositum genommenen Theil der Kaufgelder können nur nach denjenigen Anrechten entschieden werden, welche die betreffenden Forderungen durch ihre rechtlichen Beziehungen zu dem Grundstücke erhalten haben, und bleiben daher die Vorschriften der Konkurs-Ordnung über die Rechte der Gläubiger der Kommunmasse außer Anwendung.

b) Der vorstehende Grundsatz kommt auch bei dem Streit über die Priorität einer im Wege des Sicherheits-Arrestes vor eröffnetem Konkurse nur protestativisch, nach eröffnetem Konkurse aber definitiv eingetragenen persönlichen Forderung und einer zwar nach Eintragung jener Protestation, jedoch vor eröffnetem Konkurse eingetragenen förmlichen Hypothek zur Anwendung.

B. Vorzugsrecht aus der protestativischen Eintragung.

Rechtsgr. 932. — IV. Senat. 5. Oktober 1854. (XIII. 380.)

Die im Wege des Arrestes erfolgte protestativische Eintragung giebt bei später erfolgender Feststellung der Richtigkeit dieser Forderung ein Recht auf vorzugsweise Befriedigung vor den inzwischen obgleich definitiv eingetragenen anderweitigen Hypotheken.*

§ **83**. Siehe Rechtsgrundsätze 917. 931. 932. (A. G. O. I. **24**. § 9., **29**. § 81.)

§ **87**. Siehe Rechtsgrundsätze 931. 932. (§ 81. dieses Titels.)

§§ **88-90**. Siehe Rechtsgr. 930. (§ 31. Nr. 2. dieses Titels.)

Anh. §§ **201-212**. zu § 90. Siehe Rechtsgr. 930. (§ 31. Nr. 2. dieses Titels.)

* Vergl. dagegen die Note im Archiv für Rechtsfälle Bd. XIII. S. 360.

Titel 31. Vom Verfahren in Possessorio summariissimo und in Spoliensachen.

§§ 1-3. Begründung der Besitzstörungsklage:

A. Anstellung der Judikatsklage aus einem Possessorien-Urtheile. — Vergl. A. L. R. I. 7. §§ 146. 148.; A. G. O. I. 16. § 1., 24. § 3., 28. § 14., 31. § 18.; Verordnung v. 1. Juni 1833 § 1. Nr. 3.

Rechtsgr. 933. — III. Senat. 10. November 1854. (XVI. 22.)

Aus einem im Possessorienprozesse ergangenen Judikate kann nach Ablauf der für die Zulässigkeit der Exekution festgesetzten Frist mit der Judikatsklage im Possessorienprozesse geklagt werden, und bedarf es zur Begründung dieser Klage des Nachweises des jüngsten Besitzes nicht.

B. Begriff der „neuerlichen" Besitzstörung oder Entsetzung:

— bei erfolgter Abwartung eines Ereignisses.

Rechtsgr. 934. — III. Senat. 25. April 1856. (XX. 49.)

Die Besitzstörung kann als eine „neuerliche" noch betrachtet werden, wenn der Gestörte Grund hatte, vor Anstellung der Besitzstörungsklage den Eintritt eines Ereignisses abzuwarten. Insbesondere ist der Nachweis nicht erforderlich, daß der Gestörte während der Zwischenzeit in der Unmöglichkeit sich befand, die Besitzstörungsklage anzustellen.

— bei stattgehabter Pfändung.

Rechtsgr. 935. — III. Senat. 12. November 1855. (XX. 47.)

Ist die Besitzstörung durch Pfändung erfolgt, und hat ein Strafverfahren gegen den Gepfändeten stattgefunden, so kann die Besitzstörung als eine neuerliche noch betrachtet werden, wenngleich der Gepfändete den Ausgang des Strafverfahrens abgewartet hat, und hierüber ein längerer Zeitraum seit der Besitzstörung verflossen ist.

C. Vermuthung für die Fortdauer des einmal erlangten Besitzes. — Vgl. A. L. R. I. 4. § 19., 7. §§ 19. 23-87. 120-128. 178.; A. G. O. I. 13. § 28.

Rechtsgr. 236. — III. Senat. 21. Januar 1857. (XXIII. 257.)

a) Die Vermuthung für die Fortdauer des einmal erlangten Besitzes findet auch bei Possessorienklagen zum Schutze des Besitzes an Rechten als eine gesetzliche nicht, sondern nur als eine thatsächliche, der freien Würdigung des Richters nach den Umständen des Falles unterliegende statt.

Von dieser Regel tritt bei Untersagungsrechten keine unbedingte Ausnahme ein.

b) Aus dem Umstande, daß das Recht des Klägers in dem Hypothekenbuche eingetragen ist, lassen sich die Erfordernisse eines zum possessorischen Schutze geeigneten Besitzes nicht entnehmen.

D. Redlichkeit und Fehlerfreiheit des Besitzes des Klägers. — Vergl. A. L. R. I. 7. §§ 18. 40. §§ 14. 17. dieses Titels.

Rechtsgr. 237. — III. Senat. 14. Juli 1854. (XIV. 158.)

Zur Begründung der Besitzstörungsklage bedarf es nicht des Nachweises von Umständen, aus welchen sich die Redlichkeit und Fehlerfreiheit des erlangten Besitzes des Klägers ergiebt; vielmehr hat der Verklagte, wenn er behauptet, daß der Kläger den neuesten Besitz auf eine offenbar unredliche oder sonst fehlerhafte Weise erlangt habe, diesen Einwand zu beweisen.

Siehe auch Rechtsgrundsätze 108. 109. 116-119. 121. 125. 127. 130. (A. L. R. I. 7. §§ 18. 146.)

§ 4. Erörterung des Rechts zur Vornahme der als besitzstörend bezeichneten Handlung. — Vergl. A. L. R. I. 7. §§ 146. 150.; A. G. O. I. 31. § 14.

Rechtsgr. 938. — III. Senat. 29. Juni 1855. (XVII. 313.)

Im Possessorienstreite ist das Recht zur Vornahme der als besitzstörend bezeichneten Handlung der Beurtheilung zu unterziehen, insofern die gegen die Besitzstörung aufgestellte Behauptung, daß die Handlung als Ausfluß eines Rechts sich darstellt, aus dem Rechte des Besitzes, nicht aus dem Rechte zum Besitze genommen ist.*

Siehe auch Rechtsgr. 135. (A. L. R. I. 7. § 181.)

§ 7. Siehe Rechtsgr. 126. (A. L. R. I. 7. § 146.)

§ 11. Kontumazialfolge wegen Nichterscheinens des Beklagten im Klagebeantwortungs- und weiteren Verhandlungstermin. — Vergl. Ministerial-Instruktion vom 24. Juli 1833 §§ 2. 23. 52.; Gesetz vom 21. Juli 1846 § 13.

Rechtsgr. 939. — III. Senat. 10. September 1856. (XXII. 165.)

In Possessoriensachen tritt das Kontumazial-Verfahren gegen den im Termine zur Klagebeantwortung und weiteren mündlichen Verhandlung nicht erschienenen Verklagten ein, wenngleich derselbe vor dem Termine eine schriftliche Klagebeantwortung eingereicht und sein Ausbleiben im Termine durch ein ärztliches Attest entschuldigt hat.

§ 14. Einrede des vom Kläger auf „offenbar" unredliche oder sonst fehlerhafte Weise erlangten Besitzes. — Vergl. A. L. R. I. 7. §§ 15 ff. 146 ff.

Rechtsgr. 940. — III. Senat. 29. Juni 1855. (XVII. 312.)

Die „offenbar" unredliche oder sonst fehlerhafte Weise der Erlangung des Besitzes kann nur darin bestehen, daß entweder eine mit Merkmalen fremden Eigenthums versehene Sache in Besitz genommen, oder daß der Besitz dem bisherigen Besitzer mit Gewalt, heimlich oder mit List entrissen, resp. daß derselbe solchergestalt in seinem Besitz zur Ungebühr gestört worden ist.

* Vergleiche die Abhandlung von Strohn im Archiv für Rechtsfälle Bd. XVIII. Seite 343—368.

Rechtsgr. 941. — III. Senat. 11. Juli 1854. (XIV. 153.)

Die „offenbar" unredliche oder fehlerhafte Weise des von dem Kläger erlangten Besitzes wird dadurch allein, daß ein zwischen den Parteien in früherer Zeit geschlossener Vertrag die Gültigkeit des Besitztitels des Klägers zweifelhaft erscheinen läßt, nicht dargethan.

Siehe auch Rechtsgr. 114. 937. 938. (A. L. R. I. 7. § 146.; A. G. O. I. 31. §§ 1. 4.)

§ 17. Siehe Rechtsgr. 937. (§ 1. dieses Titels.)

§ 18. Wirkung eines rechtskräftigen Possessorien-Urtheils:

A. Wirksamkeit dieses Urtheils bis zur Entscheidung im Petitorien-Prozesse.

Rechtsgr. 942. — III. Senat. 28. April 1854. (XIII. 69.)

Auch im Possessorien-Prozesse äußert der Grundsatz der rechtskräftigen Entscheidung bis dahin, daß im Petitorien-Prozesse das erste Erkenntniß ergeht, seine Wirksamkeit.

B. Zulässige Rechtsmittel gegen das Urtheil auf die Judikatsklage aus einem Possessorien-Urtheil. — Vergl. Verordnung vom 1. Juni 1833 § 1. Nr. 3.

Rechtsgr. 943. — III. Senat. 10. November 1854. (XVI. 22.)

Gegen die Judikatsklage aus einem Possessorien-Urtheil sind nur die im Possessorien-Prozeß überhaupt Platz greifenden Rechtsmittel zulässig. — Daher ist in diesem Falle auch die Nichtigkeitsbeschwerde nur in so fern zulässig, als dieselbe überhaupt Platz greifen kann.

Siehe auch Rechtsgr. 108. 135. 933. (A. L. R. I. 7. § 81. 181.; A. G. O. I. 31. § 1.)

Titel 32. Von Diffamations- und Provokations-Prozessen.

§ 1. Nr. 1. §§ 2 ff. 14. 18. 30. Natur der Diffamations-Klage. — Vergl. A. L. R. I. 7. §§ 179. 180.

Rechtsgr. **944**. — III. Senat. 15. Januar 1855. (XV. 328.)

a) Die Diffamationsklage ist kein subsidiäres Rechtsmittel, vielmehr kann der Diffamirte nach seiner Wahl die Diffamations- oder die Negatorien-Klage anstellen.

b) Die Diffamationsklage konkurrirt nicht mit der Vindikation und findet nicht gegen den Besitzer statt.

Titel 35. Von fiskalischen Prozessen und Untersuchungen.

§ **73**. Siehe Rechtsgrundsätze 882-887. (A. G. O. I. **13**. § 9.)

Titel 38. Von dem Verfahren bei der Erklärung eines Menschen für einen Blödsinnigen oder Verschwender.

§ **12**. Legitimation der Ehefrau zu dem Antrage auf Prodigalitäts-Erklärung des Ehemannes. — Vergl. A. L. R. I. **12**. § 626., II. **1**. § 225.

Rechtsgr. **945**. — V. Senat. 29. Januar 1856. (XIX. 323.)

Die Ehefrau ist zu dem Antrage auf Prodigalitäts-Erklärung ihres Ehemannes legitimirt.

Titel 40. Von dem Verfahren in Sponsalien- und Ehesachen.

§ **51**. Siehe Rechtsgr. 895. (A. G. O. I. **14**. § 2.)

§ **53** ff. Dauer der Wirksamkeit des Interimistikums im Ehescheidungs-Prozesse. — Vergl. A. L. R. II. **1**. §§ 731. 732.; A. G. O. I. Einl. § 66.; Verordnung vom 28. Juni 1844. §§ 55-60.

Rechtsgr. **946**. — I. Senat. 3. November 1856. (XXII. 276.)

Das im Ehescheidungs-Prozeß das Interimistikum regulirende Resolut verliert durch das rechtskräftige Scheidungsurtheil von selbst seine Wirksamkeit.

Titel 44. Vom Verfahren in Pacht- und Miethsachen.

§§ **14. 63.** und Anh. § **304.** zu § **63.** Siehe Rechtsgr. 97. (A. L. R. I. **6.** § 36.)

Titel 46. Von Erbsonderungen und Auseinandersetzungen.

§ **7.** Verpflichtung zur Legung eines Nachlaß-Inventars. — Vergl. A. G. O. I. **22.** § 28.; Patent No. 949. vom 21. Juni 1825. § 4.

Rechtsgr. **947.** — I. Senat. 17. December 1855. (XIX. 189.)

a) Die Vorschriften des § 28. I. 22. und des § 7. I. 46. der Allgem. Gerichts-Ordnung, betreffend die Verpflichtung des Erben zur Legung eines Nachlaß-Inventars, kommen auch in dem Herzogthum Westphalen zur Anwendung.

b) Der Erbe und Besitzer des Nachlasses ist verpflichtet, dem auf bestimmte Summen und Gegenstände eingesetzten und auf Ergänzung des Pflichttheils klagenden Notherben ein vollständiges Nachlaß-Inventar zu errichten.

§§ **8. 9-24.** Siehe Rechtsgr. 162. (A. L. R. I. **9.** § 482.)

§ **25.** Klage auf Vollziehung des Erbrezesses. — Vergl. A. L. R. I. **16.** § 383., **17.** §§ 83 ff. 115.

Rechtsgr. **948.** — I. Senat. 12. November 1855. (XX. 44.)

Zur Vollziehung des im gerichtlichen Erbregulirungsverfahren entworfenen Erbrezesses kann kein Miterbe durch richterliche Hülfe vermocht werden, bevor die Sache nicht durch Anerkenntniß des Theilungsplanes oder Präklusion zur Reife gediehen ist.

§ **30.** Siehe Rechtsgr. 162. (A. L. R. I. **6.** § 482.)

Titel 50. Von Konkursen, und wie dabei zu verfahren.

§ **27.** und Anh. §§ **318. 319.** zu § **27.** Siehe Rechtsgr. 821. 968. (A. G. O. I. Einl. § 65.; Konkurs-Ordnung § 113.)

§ **39.** Aufhebung der mit dem Gemeinschuldner vor eröffnetem Konkurse geschlossenen noch unerfüllten Kaufverträge. — Vergl. A. L. R. I. **5.** § 378.; A. G. O. I. **50.** § 306.

Rechtsgr. **949.** — IV. Senat. 11. Mai 1854. (XIII. 89.)

Mit dem Gemeinschuldner geschlossene Kaufverträge, deren Erfüllung erst in die Zeit nach eröffnetem Konkurse fällt, können von der Konkursmasse aufgehoben werden.

Ob der Verkäufer, wenn die Konkursmasse Lieferung der Sachen gegen baare Zahlung verlangt, auch seinerseits die gänzliche Aufhebung des Vertrages beanspruchen darf, ist nach der Individualität des einzelnen Falles zu beurtheilen.

Siehe auch Rechtsgr. 201. (A. L. R. I. **11.** § 46.)

§ **40.** Siehe Rechtsgr. 959. (A. G. O. I. **51.** § 74.)

§ **60.** Siehe Rechtsgr. 1185. (Exekutions-Verordnung vom 4. März 1834. § 22.)

§ **61.** Siehe Rechtsgr. 201. (A. L. R. I. **11.** § 46.)

Erster Abschnitt. Von den zur Bearbeitung eines Konkursprozesses gehörenden Personen, besonders aber von dem Kurator und Kontradiktor, dessen Bestallung und Obliegenheiten.

§§ **75** ff. Siehe Rechtsgr. 959. (A. G. O. I. **51.** § 74.)

Zweiter Abschnitt. Von Vorladung der Gläubiger und Konstituirung der Passivmasse.

§§ **121. 148. 149. 176.** Regulirung der Priorität der angemeldeten Forderungen von Amts wegen. — Vergl. Konkurs-Ordnung vom 8. Mai 1855. § 174.

Rechtsgr. **950.** — IV. Senat. 4. Oktober 1855. (XVIII. 173.)

a) In dem Konkursverfahren nach der Allg. Gerichts-

Ordnung gilt, im Gegensatze zu der Konkurs-Ordnung vom 8. Mai 1855, das gemeinrechtliche Prinzip, daß der Richter von Amtswegen die Priorität zu reguliren hat. Derselbe kann daher — ungeachtet der von dem Liquidanten gestellten Forderung einer niedrigeren Klasse — das Liquidat in die ihm gebührende höhere Klasse zum Ansatz bringen.

b) Dem Liquidanten ist noch in zweiter Instanz ein anderweitiges Vorzugsrecht für seine Forderung zu beanspruchen gestattet.

§ **161**. Voraussetzung des jus subintrandi.

Rechtsgr. **951**. — IV. Senat. 18. Mai 1854. (XIII. 114.)

Das jus subintrandi setzt voraus, daß ein Anderer, als der Gemeinschuldner, dem Konkurs-Gläubiger Zahlung geleistet hat.

Siehe auch Rechtsgrundsätze 364. 961. (A. L. R. I. **16**. § 46.; A. G. O. I. **51**. § 87.)

Anhang § **331**. zu § **161**. Siehe Rechtsgr. 364. (A. L. R. I. **16**. § 46.)

Dritter Abschnitt. Von Ausmittelung und Konstituirung der Aktivmasse.

§§ **233** ff. Siehe Rechtsgr. 959. (A. G. O. I. **51**. § 74.)

Vierter Abschnitt. Von der Ordnung, in welcher die Gläubiger aus der Aktivmasse zu befriedigen sind.

§ **269**. Befreiung der zwar nach dem Tode des Erblassers, jedoch vor Eröffnung des erbschaftlichen Liquidations-Prozesses kreditirenden Gläubiger von der Einlassung in den erbschaftlichen Liquidations-Prozeß. — Vergl. A. L. R. I. **9**. § 444., **13**. §§ 262. 268., **14**. § 130.; A. G. O. I. **51**. §§ 64. 65. 74.

Rechtsgr. **952**. — Plenarbeschluß vom 19. Mai 1856. (XXI. 194.)

Der § 269. I. 50. der Allg. Gerichts-Ordnung findet im erbschaftlichen Liquidations-Prozesse auf alle diejenigen Anwendung, welche nach dem Tode des Erblassers, wenn auch vor Eröffnung des erbschaftlichen Liquidations-Prozesses, zu dem in dem gedachten Gesetze bezeichneten Zwecke Kredit gegeben haben.

§ 306. Siehe Rechtsgr. 949. (§ 39. dieses Titels.)
§ 356. Siehe Rechtsgr. 457. (A. L. R. I. **20.** § 504.)
§§ 357. 358. 430. Vorrecht der zweiten Klasse in Betreff der beständig fortlaufenden Lasten und Pflichten (onera publica et communia); nicht eingetragene Reallasten in Schlesien. — Vergl. Allg. L. R. II. **7.** § 493., **11.** §§ 228. 232.; A. G. O. I. **51.** § 12.; Allgem. Hyp.-Ordn. I. § 49.; Schlesische Hyp.-Ordn. vom 4. August 1750. §§ 21-23.

Rechtsgr. **953.** — IV. Senat. 6. Februar 1855. (XVI. 251.)

Beständige Lasten, durch einzelne Verträge auf ein Grundstück gelegt, haben, wenn nicht eingetragen, auch in Schlesien nicht das Vorrecht der zweiten Klasse.

Siehe auch Rechtsgr. 970. (Allgem. Hyp.-Ordn. I. § 47.)

§ 370. Siehe Rechtsgrundsätze 457. 1189. (A. L. R. I. **20.** § 504.; Subhast.-Verordnung vom 4. März 1834. § 9.)
§ 376 a. Siehe Rechtsgr. 457. (A. L. R. I. **20.** § 504.)
§§ 377. 378. Siehe Rechtsgr. 443. (A. L. R. I. **20.** § 281.)
§ 382 a. Siehe Rechtsgr. 489. (A. L. R. I. **21.** § 395.)
§ 382 b. Siehe Rechtsgr. 472. 489. (A. L. R. I. **21.** §§ 212. 395.)
§ 392. Siehe Rechtsgr. 457. (A. L. R. I. **20.** § 504.)
§ 393. No. **5.** Siehe Rechtsgr. 1189. (Subhast.-Verordnung vom 4. März 1834. § 9.)
§ 395. Siehe Rechtsgr. 686. (A. L. R. II. **14.** § 1.)
§ 406. Vorrecht der vierten Klasse in Betreff des Eingebrachten der Ehefrau. — Vergl. A. L. R. II. **1.** §§ 208. 210. 212. 548 ff.

Rechtsgr. **954.** — IV. Senat. 8. Mai 1855. (XVI. 372.)

Durch den in stehender Ehe auf die Ehefrau des Schuldners geschehenen Uebergang einer an sich nicht bevorzugten Darlehnsforderung eines Dritten an denselben erlangt diese Forderung nicht das Vorrecht der vierten Klasse in dem hiernächst über das Vermögen des Mannes eröffneten Konkurse.

§ **407**. Kaution der Ehefrau für die von ihr aus dem Konkurse ihres Ehemannes zurückgeforderten Illaten. — Vergl. A. L. R. II. 1. §§ 266. 267. 345 ff.

Rechtsgr. **955**. — IV. Senat. 15. Januar 1857. (XXIII. 234.)

Der § 407. I. 50. der Allg. Gerichts-Ordnung legt der Ehefrau des Gemeinschuldners, welche die Herausgabe der Illaten aus dem Konkurse fordert, die Kautionsleistung oder Zurücklassung nur insofern, als sie Etwas zu erheben hat, was dem künftigen Erbrecht des Mannes unterliegt, nicht aber auch insofern auf, als die Erhebung die von diesem Erbtheil nicht getroffene Quote betrifft.

§§ **424**. **425**. **429**. **525**. Vorrecht der vierten Klasse in Betreff der Baugläubiger.

Rechtsgr. **956**. — IV. Senat. 12. September 1854. (XIV. 241.)

Die Forderungen der Baugläubiger sind im Konkurse zu ihren vollen Beträgen in der vierten Klasse anzusetzen, wenn nur zur Zeit der Konkurseröffnung die Gebäude, in Betreff deren jene Forderungen entstanden sind, zur Konkursmasse gehörten, obschon ein nach Befriedigung der Realgläubiger der Grundstücke verbleibender Ueberschuß der Kaufgelder sich nicht herausstellt.

§ **430**. Siehe Rechtsgr. 953. (§ 357. dieses Titels.)

§§ **447**. **448**. Siehe Rechtsgrundsätze 1133. 1134. (Gesetz vom 4. Juli 1822. §§ 1. 6.)

§ **471**. und Anh. § **365**. zu § 471. Vorrecht der sechsten Klasse in Betreff judikatmäßiger Wechselforderungen. — Vergl. A. L. R. II. 8. §§ 713. 908. 930. 959. 1104. 1135. 1162. 1257. 1286. 1289.; A. D. W. O. Art. 2. 77. 80; A. G. O. I. **24**. § 3. und Anh. § 148. zu § 3., **28**. § 14., **50**. § 488.

Rechtsgr. **957**. — IV. Senat. 23. November 1854. (XV. 239.)

Auf den Grund eines rechtkräftigen Wechsel-Erkenntnisses kann auch ohne Beibringung des Wechsels für die zuerkannte Wechselforderung die sechste Klasse im Konkurse über das Vermögen des Wechselschuldners beanspricht werden, wenn zur Zeit der Anmeldung dieser Forderung die Wechsel-Exekution aus jenem Erkenntnisse noch zulässig war.

§ 488. Siehe Rechtsgrundsätze 957. 961. (A. G. O. I 50. § 471., 51. § 87.)

Fünfter Abschnitt. Von der Vertheilung der Masse.

§ 492. Siehe Rechtsgr. 1189. (Subh.-Verordnung vom 4. März 1834. § 9.)

§ 496c. Siehe Rechtsgr. 961. (A. G. O. I. 51. § 87.)

§ 500. Siehe Rechtsgr. 457. (A. L. R. I. 20. § 504.)

§ 501. Siehe Rechtsgr. 1188. (Exek.-Verordn. vom 4. März 1834. § 25.)

§ 511. Siehe Rechtsgrundsätze 961. 1198. (A. G. O. I. 51. § 87.; Subh.-Verordnung vom 4. März 1834. § 18.)

§§ 512. 517. Siehe Rechtsgr. 1188. (Exekutions-Verordnung vom 4. März 1834. § 25.)

§§ 520 ff. Siehe Rechtsgr. 397. (A. L. R. I. 16. § 484.)

§ 525. Siehe Rechtsgr. 956. (§ 424. dieses Titels.)

Titel 51. Von Liquidationsprozessen und Aufbietungen.

Erster Abschnitt. Vom eigentlichen Liquidationsprozesse über Grundstücke, oder deren Kaufgelder.

§ 12. Siehe Rechtsgr. 953. (A. G. O. I. 50. § 357.)

§§ 34-36. Siehe Rechtsgrundsätze 364. 457. (A. L. R. I. 16. § 46., 20. § 504.)

§§ 45. 46. Siehe Rechtsgr. 457. (A. L. R. I. 20. § 504.)

§ 51. und Anh. § 380. zu § 51. Gläubiger in dem Prioritätsverfahren über bewegliche Sachen.

Rechtsgr. 958. — IV. Senat. 22. Juni 1854. (XIII. 218.)

Zu dem im § 51. I. 51. der Allg. Gerichts-Ordnung angeordneten Verfahren über die Priorität bei einem einzelnen Exekutions-Objekt sind alle Gläubiger zuzulassen, deren Forderungen bis zur wirklichen Vertheilung exekutionsfähig sind, auch wenn sie prinzipaliter nur ein Zudikat auf Sicherheitsbestellung und nur eventuell auf Zahlung haben.

Siehe auch Rechtsgr. 1185. (Exek.-Verordn. v. 4. März 1834 § 22.)

Zweiter Abschnitt. Vom erbschaftlichen Liquidationsprozesse.

§§ **64. 65.** Siehe Rechtsgr. 952. (A. G. O. I. **50.** § 269.)

§§ **74. 75.** Berechtigung des Kurators der erbschaftlichen Liquidationsmasse zur Einziehung der den Nachlaßgläubigern überwiesenen Kaufgelderforderung dieser Masse. — Vergl. A. G. O. I. **50.** §§ 40. 75 ff. 233 ff.; Verordnung vom 4. Juli 1822 §§ 1-4.; Exek.-Verordnung vom 4. März 1834 § 15.

Rechtsgr. **959.** — III. Senat. 25. Januar 1856. (XX. 71.)

Der Kurator im erbschaftlichen Liquidationsprozesse ist berechtigt, die vor Eröffnung dieses Prozesses verschiedenen Gläubigern des Nachlasses in Kraft der Assignation überwiesene Kaufgelder-Forderung ohne Zuziehung dieser Gläubiger einzuklagen.

Siehe auch Rechtsgr. 161. 952. (A. L. R. I. **9.** § 452.; A. G. O. I. **50.** § 269.)

§ **85.** Wirkung der Präklusion der Gläubiger. — Vergl. A. L. R. I. **5.** § 271.

Rechtsgr. **960.** — III. Senat. 25. Januar 1856. (XX. 71.)

Die im erbschaftlichen Liquidations-Prozesse erfolgte Präklusion des Gläubigers mit seinem Anspruche auf Befreiung des ihm verkauften Grundstücks von den nicht übernommenen Hypotheken ist nicht auf den dem Anspruche der Masse auf Zahlung der Kaufgelder entgegen zu setzenden Einwand des nicht erfüllten Vertrages zu beziehen.

§§ **87. 89.** Nr. **4.** Vorzugsrecht der Verwaltungs-Vorschüsse des Benefizialerben. — Vergl. A. L. R. I. **9.** §§ 444. 446., **16.** §§ 486 ff.; A. G. O. I. **50.** §§ 161. 488. 496. litt. c. § 511.; Cod. **6.** 30. Lex. 22. § 9.; Subhast.-Verordn. vom 4. März 1834 § 16.

Rechtsgr. **961.** — IV. Senat. 21. November 1854. (XVI. 29.)

Der Benefizial-Erbe ist berechtigt, die wirthschaftlich verwendeten Verwaltungs-Vorschüsse, sie mögen vor oder nach Eröffnung des erbschaftlichen Liquidations-Prozesses entstanden sein, bei der Revenüen- und Haupt-Immobiliar-Masse vorweg in Abzug zu bringen.*

Dritter Abschnitt. Von Aufgeboten liegender Gründe oder einzelner darauf eingetragener Forderungen.

§§ **110** ff. und Anh. § 383. zu § 110. Aufgebot einer Hypothekenpost, deren Inhaber unbekannt sind, insbesondere bei erfolgter Entsagung der Hypothek und Fortdauer der persönlichen Verbindlichkeit. — Vergl. Hypotheken-Novelle vom 24. Mai 1853 § 42.

Rechtsgr. **962.** — III. Senat. 8. Februar 1856. (XX. 155.)

Das Aufgebot einer Hypothekenpost ist auch in dem Falle zulässig, wenn der eingetragene Gläubiger dem Hypothekenrechte entsagt und ohne erfolgte Löschung der Hypothek den persönlichen Anspruch unter Ausantwortung des Hypotheken-Dokuments weiter cedirt hat.

§ **115.** und Anhang § 384. zu § 115. Klage auf Anerkennung des Fortbestehens einer Forderung behufs Amortisation der verloren gegangenen Schuldurkunde; Berechtigung einzelner Miterben zu dieser Klage. — Vergl. A. G. O. I. Einl. § 1.

Rechtsgr. **963.** — III. Senat. 26. März 1855. (XVII. 100.)

Der Gläubiger ist berechtigt, behufs Amortisation der verloren gegangenen Schuldurkunde von dem Real-Schuldner die Anerkennung des Bestehens der Forderung zu verlangen.

Siehe auch Rechtsgr. 404. (A. L. R. I. **17.** § 151.)

§§ **146-153**. Siehe Rechtsgr. 162. (A. L. R. I. **9.** § 482.)

* Vergl. dagegen die Note im Archiv für Rechtsfälle Bd. XVI. S. 29.

Titel 52. Vom Subhastationsprozesse.

Erster Abschnitt. Von der nothwendigen Subhastation.

§ **35.** u. Anh. § 401. zu § 35. Siehe Rechtsgr. 223-225. (A. L. R. I. **11.** § 342.)

§§ **41. 58.** Siehe Rechtsgr. 1192. (Siehe Subh.-Verordn. v. 4. März 1834 § 12.)

§ **60.** und Anh. § 407. zu § 60. Siehe Rechtsgr. 28. (A. L. R. I. **2.** § 106.)

§ **64.** und Anh. § 408. zu § 64. Siehe Rechtsgr. 1191. (Subhast.-Verordn. vom 4. März 1834 § 11.)

Theil II. Verfahren in nicht streitigen Angelegenheiten.

Titel 1. Von Handlungen der freiwilligen Gerichtsbarkeit überhaupt, und was dazu gehöre.

§ **3.** Siehe Rechtsgr. 54. (A. L. R. I. **5.** 111.)

§ **10.** Siehe Rechtsgr. 67. (A. L. R. I. **5.** § 173.)

Titel 2. Von dem Verfahren bei den Handlungen der freiwilligen Gerichtsbarkeit überhaupt.

§ **8.** Siehe Rechtsgr. 67. (A. L. R. I. **5.** § 173.)

§ **17.** und Anh § 421. zu § 17. Siehe Rechtsgr. 65. 66. 853. (A. L. R. I. **5.** § 172.; A. G. O. I **10.** § 19.)

§§ **25. 27.** Siehe Rechtsgr. 867. (A. G. O. I. **10.** § 126.)

§§ **42** ff. Siehe Rechtsgr. 914. (A. G. O. I. **24.** § 4.)

§ **45.** Siehe Rechtsgr. 54. (A. L. R. I. **5.** § 111.)

§ **46.** Siehe Rechtsgr. 54. 296-298. 853. (A. L. R. I. **5** § 111., **12.** §§ 115. 117.; A. G. O. I. **10.** § 19.)

Titel 3. Von dem Verfahren bei Aufnehmung und Bestätigung der Verträge und anderen Verhandlungen unter Lebendigen.

§§ **4** ff. Siehe Rechtsgr. 729. (A. D. W. O. Art. 1.)

§ 7. Siehe Rechtsgr. 299. (A. L. R. I. **12.** § 123.)

§ 9. Siehe Rechtsgr. 867. (A. G. O. I. **10.** § 126.)

§ 11. Pflichten des richterlichen Kommissarius zur Aufnahme eines Kaufvertrages. — Vergl. A. Hypoth.-Ordn. I. § 72., II. §§ 302 ff.

Rechtsgr. **964.** — I. Senat. 23. Februar 1855. (XVII. 51.)

Der zur Aufnahme eines Kaufvertrages über ein Grundstück kommittirte Richter ist nicht verpflichtet, sich aus den Grundakten des zu verkaufenden Grundstücks auch über diejenigen Forderungen Auskunft zu verschaffen, deren Eintragung zwar bereits nachgesucht, jedoch noch nicht erfolgt ist.

Siehe auch Rechtsgr. 656. (A. L. R. II. **10.** § 38.)

§§ **21-24.** Siehe Rechtsgr. 442. (A. L. R. I. **20.** § 227.)

Titel 4. Von dem Verfahren bei Aufnehmung der Testamente und anderer letztwilliger Verordnungen.

§ 1. Siehe Rechtsgr. 296-299. (A. L. R. I. **12.** §§ 115. 117. 123.)

Theil III. Von den Pflichten der bei der Justiz angestellten Personen.

Titel 7. Von dem Amte der Justizkommissarien und Notarien.

Zweiter Abschnitt. Von den Verrichtungen der Justizkommissarien und ihren Pflichten.

§ 7. Siehe Rechtsgr. 1301. (Verordnung vom 21. Juli 1846 § 17.)

§ 63. Siehe Rechtsgr. 297. 298. (A. L. R. I. **12.** § 117.)

Titel 8. Von den Justizbedienten bei den Untergerichten und deren Pflichten.

§ 14. Vertretung des beauftragten Gerichts erster Instanz durch das Appellationsgericht in Prozessen gegen den Justizfiskus. — Vergl. A. L. R. II. **17.** § 98.; Verordnung vom 2. Januar 1849 § 3.

Rechtsgr. **965.** — I. Senat. 22. Februar 1856. (XX. 190.)

Ist bei Umwandlung eines nicht Königlichen Gerichts

in ein Königliches dem Besitzer des ersteren durch das im Auftrage des Appellations-Gerichts handelnde Gericht erster Instanz das Gerichts-Inventar entzogen worden, so ist das Appellationsgericht, auch wenn es das Inventar nicht hinter sich bekommen hat, dennoch den Justizfiskus in dem gegen denselben erhobenen Prozesse auf eidliche Manifestation und Herausgabe des Inventars resp. Ersatz dessen Werthes zu vertreten legitimirt.

Konkurs-Ordnung vom 8. Mai 1855.

Titel 1. Von den Rechtsverhältnissen im Konkurse.

§ **27.** Siehe Rechtsgr. 102. (A. L. R. I. 7. § 61.)

Zehnter Abschnitt. Kompensation.

§§ **96. 97.** Kompensation im Konkurse seitens des den Wechsel nach Eröffnung des Konkurses einlösenden Indossanten. — Vergl. A. L. R. I. **16.** § 46.; A. D. W. O. Art. 10. 36.

Rechtsgr. **966.** — IV. Senat. 21. Februar 1857. (XXII. 321.)

Der Indossatar erwirbt durch die erst nach Eröffnung des Konkurses über das Vermögen des Acceptanten erfolgende Einlösung des Wechsels nicht das Recht zur Kompensation dieses Anspruchs mit einer schon vorher von dem Gemeinschuldner gegen ihn erworbenen Forderung.
Siehe auch Rechtsgr. 380. (A. L. R. I. **16.** § 317.)

Elfter Abschnitt. Befugniß der Gläubiger zur Anfechtung der vor der Konkurs-Eröffnung vorgefallenen Rechtshandlungen.

§ **100.** Siehe Rechtsgr. 1007. (Code de commerce art. 437.)

Titel 2. Von dem Verfahren im kaufmännischen Konkurse.

Erster Abschnitt. Einleitende Bestimmungen.

§ **113**. Begriff der „Zahlungsunfähigkeit." — Vergl. §§ 124. 322. 330. dieser Konkursordnung.

Rechtsgr. **967**. — IV. Senat. 31. Mai 1856. (XX. 361.)

Zahlungsunfähigkeit ist bei dem kaufmännischen Konkurse nicht identisch mit: „Vermögens-Unzulänglichkeit," sie ist vielmehr schon vorhanden bei der Unfähigkeit, die in dem Geschäft erforderlichen Zahlungen zu leisten.

§ **124**. Siehe Rechtsgr. 967. (§ 113. dieser Konkurs-Ordnung.)
§ **147**. Siehe Rechtsgr. 950. (A. G. O. I. **50**. § 174.)

Vierzehnter Abschnitt. Von der Beendigung des Konkurses.

§ **280**. Wechselklagen gegen den Gemeinschuldner während der Dauer des Konkurses. — Vergl. A. L. R. II. **8**. Anh. § 115 zu § 908.; A. G. O. I. **50**. Anh. § 319. zu § 27.; A. D. W. O. Art. 80.

Rechtsgr. **968**. — IV. Senat. 5. Juli 1856. (XXI. 341.)

a) Die während der Dauer des Konkurses gegen den Kridar mit dem Antrage angestellte Klage aus einem Wechsel, ihn zur Zahlung nach beendigtem Konkurse zu verurtheilen, ist unzulässig.

b) Die während des Konkurses unterlassene Verfolgung des Rechts des Wechselgläubigers gegen den Gemeinschuldner selbst giebt dem letztern nach beendigtem Konkurse kein Fundament zu der Einrede der Verjährung, wenn die Liquidation der Forderung im Konkurse rechtzeitig erfolgt ist.

Siehe auch Rechtsgr. 1085. (Schwedische Hof-Gerichtsordnung von 1672. III. **6**. § 3.)

Titel 3. Von dem Verfahren im gemeinen Konkurse.

Erster Abschnitt. Von der Eröffnung des Konkurses.

§§ **322**. **330**. Siehe Rechtsgr. 967. (§ 113. dieser Konkursordnung.)

Kriminal-Ordnung vom 11. Dezember 1805.

Titel 2. Von der Untersuchung.

Dritter Abschnitt. Von Eröffnung der Untersuchung gegen den Angeschuldigten und von seiner Verhaftung.

§ 252. Strafgerichtsbarkeit der Konsuln fremder Mächte und der Dienerschaft auswärtiger Gesandten. — Vergl. Strafgesetzbuch § 3.

Rechtsgr. **969**. — Senat für Strafsachen. Abth. II. 13. Septbr. 1855. (XVII. 357.)

a) Nach § 252 der Kriminal-Ordnung sind nur die in persönlichen Diensten fremder Gesandten und Geschäftsträger stehenden, nicht aber solche Personen, die nur in *geschäftlicher* Beziehung zu denselben stehen, von der inländischen Kriminal-Gerichtsbarkeit befreit.

b) Konsuln fremder Mächte sind im Allgemeinen nach den Grundsätzen des Völkerrechts der Straf-Gerichtsbarkeit des Staates, bei welchem sie akkreditirt sind, nicht entzogen. Der Einwand eines Konsuls, bei Verübung der That nur Namens und in Ausführung der Befehle seiner Regierung gehandelt zu haben, kann zwar als Vertheidigungsmittel zur Sache selbst geltend gemacht werden, nicht aber die Kompetenz des inländischen Gerichts beseitigen.

Sechster Abschnitt. Von den Wirkungen der Beweise und Vermuthungen in peinlichen Sachen.

§ 392. Siehe Rechtsgrundsätze 882-887. (A. G. O. I. **13**. § 9.)

Titel 9. Von den Kosten in Kriminalsachen.

§ 611. Siehe Rechtsgr. 527. (A. L. R. II. **1**. § 191.)

Allgemeine Hypotheken-Ordnung.

Titel 1. Von der Form und Einrichtung der Hypothekenbücher überhaupt.

§ 22. Siehe Rechtsgr. 459. (A. L. R. I. 20. §. 526.)

§§ 47-49. Begriff der keiner Eintragung bedürfenden „beständigen Lasten und Abgaben" und „gemeinen Lasten und Pflichten"; Laudemien. — Vergl. A. L. R. I. 11. § 175.; A. G. O. I. 50. §§ 357. 358.; Reskript vom 27. April 1841 und 21. März 1842.

Rechtsgr. 970. — II. Senat. 28. September 1854. (XIV. 296.)

a) Unter den nach § 48. I. der Allgem. Hypotheken-Ordnung keiner Eintragung bedürfenden „beständigen Lasten und Abgaben" sind nur solche zu verstehen, welche in periodischen Zeitabschnitten regelmäßig wiederkehren, und deren Entrichtung nicht blos von dem Eintritte gewisser Begebenheiten oder Handlungen abhängig ist.

b) Der Ausdruck und der Begriff: „gemeine Lasten und Pflichten" reicht weiter und umfaßt mehr, als die „beständigen Lasten und Abgaben" oder die „beständig fortlaufenden Lasten und Pflichten".

c) Die Kennzeichen der nach § 48. I. der Allgem. Hypotheken-Ordnung keiner Eintragung bedürfenden Realverbindlichkeiten sind:

1. daß dieselben auf der Verfassung des Orts, des Kreises oder der Provinz beruhen, nicht aber auf einen speziellen Titel gegründet sind;
2. daß ihre Oeffentlichkeit durch die Eigenschaft des Berechtigten als Landesherr, Obrigkeit, Kirche oder Geistlichkeit bedingt ist;
3. daß sie auf allen Grundstücken derselben Art, im

Bereiche der Verfassung, aus welcher sie stammen, lasten;

4. daß sie nicht in etwas Ungewöhnlichem und Außerordentlichem bestehen.

d) Auch Laudemien gehören, wenn die unter c. gedachten Merkmale zusammen treffen, zu den keiner Eintragung bedürfenden gemeinen Lasten und Pflichten.

Siehe auch Rechtsgrundsätze 211. 223-225. 953. 1189. 1338. (A. L. R. I. **11**. §§ 183. 342.; A. G. O. I. **50**. § 357.; Subhastations-Verordnung v. 4. März 1834 § 9.; Gesetz v. 2. März 1850 § 40.)

§§ **50-55**. Siehe Rechtsgrundsätze 223-225. (A. L. R. I. **11**. § 342.)
§ **65-67**. Siehe Rechtsgr. 303. (A. L. R. I. **12**. § 288.)
§ **72** Siehe Rechtsgrundsätze 656. 964. (A. L. R. II. **10**. § 88.; A. G. O. II. **3**. § 11.)

Titel 2. Von Verwaltung des Hypothekenwesens und Führung der Bücher bei den Oberkollegiis.

§ **18**. Siehe Rechtsgr. 1186. (Exekutions-Verordnung vom 4. März 1834 § 22.)
§§ **30. 56**. Siehe Rechtsgr. 444. (A. L. R. I. **20**. § 404.)
§ **57**. Siehe Rechtsgr. 1186. (Exekutions-Verordnung vom 4. März 1834 § 22.)
§ **90**. Siehe Rechtsgr. 194. (A. L. R. I. **10**. § 7.)
§§ **92**. Siehe Rechtsgrundsätze 194. 1186. (A. L. R. I. **10**. § 7.; Exekut.-Verordnung vom 4. März 1834 § 22.)
§ **131**. Siehe Rechtsgr. 444. (A. L. R. I. **20**. § 404.)
§ **153**. Siehe Rechtsgr. 1186. (Exekutions-Verordnung vom 4. März 1834 § 22.)
§ **156**. Siehe Rechtsgr. 456. (A. L. R. I. **20**. § 482.)
§§ **176-178**. Siehe Rechtsgrundsätze 38. 259. (A. L. R. I. **4**. § 92., **11**. § 738.)
§§ **233-234**. Siehe Rechtsgr. 1133. (Gesetz v. 4. Juli 1822 § 1.)
§§ **267. 268**. Siehe Rechtsgrundsätze 223-225. (A. L. R. I. **11**. § 342.)
§§ **285-288**. Siehe Rechtsgr. 460. (A. L. R. I. **20**. § 527.)

§§ **289** ff. Siehe Rechtsgrundsätze 931. 932. 1186. (A. G. O. I. **29**. § 81.; Exekutions-Verordnung vom **4**. März 1834 § 22.)

§ **299**. Siehe Rechtsgr. **447**. (A. L. R. I. **20**. § 421.)

§§ **302** ff. Siehe Rechtsgrundsätze 656. 946. (A. L. R. II. **10**. § 88.; A. G. O. II. **3**. § 11.)

Corpus juris Fridericianum.

(Berlin, 1781.)

Buch **1**. Theil **4**. Tit. **6**. § **109**. Siehe Rechtsgrundsätze 868. 1233. (A. G. O. I. **10**. § 252.; Deklaration vom 6. April 1839 Art. 3. Nr. 5.)

Buch **1**. Theil **4**. Tit. **10**. § **6**. Siehe Rechtsgr. 917. (A. G. O. I. **24**. § 9.)

Sachsenspiegel.

Erster Theil: Landrecht. (Ausgabe von Dr. v. Daniels, Berlin 1858; Ausgabe von Homeyer, zweite Ausgabe, Berlin 1835.)

Buch **1**. Art. **6**. § **2**. Siehe Rechtsgr. 972. (Kulmisches Recht Buch 3. Tit. 10. Kap. 2.)

Buch **1**. Art. **31**. §§ **1**. **2**., Art. **45**. § **2**. Siehe Rechtsgr. 1079. (Erbschaftsedikt v. 30. April 1765 Abth. 2. §§ 4. 7.)

Buch **2**. Art. **52**. § **2**. Siehe Rechtsgr. 1025. (Dig. **43**. 27. Lex. 1. § 7.)

Zweiter Theil: Weichbildrecht. (Ausg. von v. Daniels, Berlin 1858.)

Art. **125**. Siehe Rechtsgr. 1025. (Dig. **43**. 27. Lex. 1. §. 7.)

Ostpreußisches Provinzialrecht.

(Berlin, 1801.)

Zusatz 221. zu §§ 34-38. II. 12. des A. L. R. Siehe Rechtsgr. 1292. (Schulordnung vom 11. Dezember 1845 § 38.)

Westpreußisches Provinzialrecht.

(Vom 19. April 1844.)

— § 68. Siehe Rechtsgr. 1092. (Wege-Reglement vom 4. Mai 1796 §. 5.)

Neu revidirte Willkür der Stadt Danzig.

(Danzig, 1761.)

— Theil 1. Kap. 6. Art. 7. Siehe Rechtsgr. 542. (A. L. R. II. 1. § 352.)

— Theil 2. Kap. 6. Art. 7. Siehe Rechtsgr. 1051. (Priv. v. 1600.)

Provinzialrecht des Herzogthums Neuvorpommern und des Fürstenthums Rügen.

(Greifswald, 1836.)

— Theil 1. Abth. 1. § 4. Seite 2. und Theil 2. zu § 4. Seite 65 ff. Gerichtsgebrauch hinsichtlich der Erfordernisse der Ersitzung einer diskontinuirlichen Servitut. — Vergl. Dig. 8. 5. Lex. 10.; Cod. 3. 34. Lex. 2., 7. 33. Lex. 12.

Rechtsgr. 971. — V. Senat. 19. Juni 1855. (XVII. 293.)

Der für Neu-Vorpommern und Rügen bestehende Gerichtsgebrauch, nach welchem servitutes discontinuae nur durch Immemorial-Verjährung zu ersitzen sind, hat für die Gerichte verbindende Kraft.

Siehe auch Rechtsgr. 1021. (Dig. 25. 3. Lex. 5.)

Statutarrecht der Städte des Herzogthums Alt-Vor- und Hinterpommern.

(Stettin, 1836.)

— Seite 112. Siehe Rechtsgr. 974. (Lübisches Recht.)

Kulmisches Recht: jus culmense ex ultima revisione.

(Danzig, 1767.)

Buch 3. Tit. 8. Kap. 21. Siehe Rechtsgr. 1051. (Priv. v. 1660.)

Buch 3. Tit. 10. Kap. 2. und Anm. 4., Kap. 4. 6. 10. Erbschafts-Erwerb. — Vergl. Sachsenspiegel I. 1. Art. 6. § 2.; Inst. 2. 19. § 7.

Rechtsgr. 973. — III. Senat. 9. April 1856. (XX. 328.)

Das Kulmische Recht erfordert zur Erwerbung der Erbschaft eine positive Thätigkeit seitens des zu derselben Berufenen, aus welcher seine Absicht, Erbe sein zu wollen, hervorgeht; er braucht daher bis dahin für die Schuld des Erblassers nicht aufzukommen.

Buch 3. Tit. 10. Kap. 11., Buch 4. Tit. 14. Kap. 14. Siehe Rechtsgr. 1051. (Priv. v. 1660.)

Lübisches Recht:

Altes, von 1188. 1263. 1294. (Ausgabe von Hach Lübeck 1839.)

Lateinischer Koder I. Art. 15. und deutscher Koder II. Art. 11. 18. Siehe Rechtsgr. 976. (Revidirtes Lübisches Recht Buch 1. Tit. 5. Art. 7.)

Revidirtes. (Ausgabe von Kollius, Hamburg 1586.)

A. Anwendung des Lübischen Rechts überhaupt.

Rechtsgr. **973**. — II. Senat. 3. Mai 1855. (XVII. 158.)

Da, wo die Einführung des Lübischen Rechts feststeht, ist dasselbe in seinem ganzen Umfange für eingeführt zu erachten, wenn nicht nachgewiesen wird, daß und welche einzelne Theile desselben bei der Einführung ausgeschlossen worden, oder deren Anwendbarkeit später ihre Endschaft erreicht haben.

B. Einführung des Lübischen Rechts in der Stadt Stolp. — Vergl. Entwurf des Pommerschen Statutarrechts von 1836 S. 112.; Privilegium der Markgrafen Waldemar u. Johann von Brandenburg von 1310 und 1313; Stadtgebothe oder Willkür vom Jahr 1588 § 5.

Rechtsgr. **974**. — II. Senat. 3. Mai 1855. (XVII. 160.)

Das Lübische Recht ist in der Stadt Stolp für eingeführt zu erachten.

Buch 1. Tit. 5. Art. 7-9. 11., Buch 2. Tit. 2. Art. 26. 28., Buch 3. Titel 1. Artikel 10. (Altes Lübisches Recht, lateinischer Koder I. Art. 15., Deutscher Koder II. Art. 11. 18.) — Verhaftung des zugebrachten Vermögens der Ehefrau für die Schulden des Ehemannes. — Vergl. A. L. R. II. 1. §§ 360. 380. 386.; Gesetz v. 26. April 1835 §§ 1 ff.

Rechtsgr. **975**. — IV. Senat. 29. Juni 1854. (XIII. 351.)

Das zugebrachte Vermögen der in der ehelichen Gütergemeinschaft nach Lübischem Rechte lebenden Ehefrau ist bei beerbter Ehe für die während der Ehe gemachten Schulden des Ehemannes mit verhaftet. — Ein Vertrag, durch welchen dieselbe ihr dem Manne zugebrachtes Grundstück an einen Dritten veräußert hat, unterliegt daher dem Anfechtungsrecht der Gläubiger des Ehemannes nach dem Gesetz vom 26. April 1835.

Buch **1**. Tit. **8**. Art. **2**. — **Verjährung des Widerspruchsrechts gegen die Anlegung eines Gebäudes des Nachbars.** — Vergl. A. L. R. I. 8. §§ 139 ff.

Rechtsgr. **976**. — II. Senat. 3. Mai 1855. (XVII. 158.)

Die Vorschrift des Lübischen Rechts Buch I. Tit. 8. Art. 2.: „Wenn über Jahr und Tag ein Gebäude unangesprochen gestanden, das kann nach Jahr und Tag nicht mehr angefochten werden", findet in der Stadt Stolpe Anwendung.

Buch **2**. Tit. **2**. Art. **10**. Siehe Rechtsgr. 541. (A. L. R. II. 1. § 351.)

Entwurf des Neumärkischen Provinzialrechts.

Motive, Theil 2. Seite 100-104. Siehe Rechtsgr. 1079. (Erbschafts-Edikt vom 30. April 1765 Abth. 2. §§ 4. 7.)

Kurmärkisches Provinzialrecht.

(Dr. v. Scholtz u. Hermensdorff. II. Ausgabe. Berlin 1854.)

Motive Theil II. Seite **20-28**. Siehe Rechtsgr. 1079. (Erbschafts-Edikt vom 30. April 1765. Abth. 2. §§ 4. 7.)

Spezial-Bau-Observanzen der Stadt Berlin.

(Mathis, Bd. 2. S. 357.; Grein, die Rechtsverhältnisse der Nachbarn in Bau-Angelegenheiten, Berlin 1842. Seite 131 ff.)

Titel 2. Von Erhöhung und Erniedrigung eines Fundi, ingleichen von Bestimmung der Grenzen eines Grundstücks.

§ 5. Anlegung der Privéte in der Stadt Berlin. — Vergl. A. L. R. I. 8. §§ 125 ff.

Rechtsgr. 977. — II. Senat. 2. April 1857. (XXIV. 163.)

Der § 5. Tit. 2. der Spezial-Bau-Observanzen für Berlin bezieht sich nur auf solche Privéte, bei welchen die Exkremente in eine Grube abgeführt werden.

Titel 3. Von der Trauf- und Wasserleitungsgerechtigkeit.

§ 2. Ersitzung des Traufrechts. — Vergl A. L. R. I. 9. §§ 599. 600. 625., 22. §§ 14. 61.

Rechtsgr. 978. — II. Senat. 7. Dezember 1854. (XVI. 81.)

Der Bau unter der Traufe des Nachbars hebt den Besitz des Traufrechts desselben nicht auf.

§ 8., Tit. 4. § 6. Siehe Rechtsgr. 499. (A. L. R. I. 22. § 13.)

Revidirter Entwurf des Provinzialrechts des Herzogthums Magdeburg und der Grafschaft Mansfeld, Altpreußischen Antheils. (Berlin, 1841.)

— §§ 291. 292. Motive Seite 215 ff. Siehe Rechtsgr. 1058. (Kirchen-Ordnung vom 9. Mai 1739 Kap. 26. § 1.)

Rüthener Statutarrecht.

(Seibertz, Statutar- und Gewohnheitsrechte des Herzogthums Westphalen, §§ 49-55. u. Motive dazu. Arnsberg 1839.)

Art. 41. Dispositionsrechte des überlebenden Ehegatten.

Rechtsgr. **979**. — I. Senat. 6. Dezember 1854. (XVI. 60.)

Nach dem Rüthener Statutarrecht gilt zwar bei dem Tode des einen Ehegatten die fortgesetzte Gütergemeinschaft des überlebenden Ehegatten mit den Kindern auf Gedeih und Verderb, in deren Folge dem überlebenden Ehegatten die ausschließliche Verwaltung des gemeinschaftlichen Vermögens und die unbeschränkte Dispositionsbefugniß unter Lebendigen über dasselbe zusteht; derselbe ist jedoch nicht berechtigt, den ganzen Inbegriff dieses Vermögens als solchen, insbesondere auch nicht durch einen Uebertragsvertrag zu veräußern.

Revidirter Entwurf des Provinzial-, Kirchen- u. Schulrechts des Herzogthums Kleve ostseits Rheins. (Berlin, 1841.)

— § 33. Verlust des väterlichen Nießbrauchsrechts nach dem Duisburger Statutarrecht. — Vergl. Duisburger alte Stadtkör von den Töchtern. (Sammlung der bürgerlichen Rechte und Statuten der Stadt Duisburg, v. Jahre 1662 S. 31).

Rechtsgr. **980**. — I. Senat. 11. Juni 1855. (XVIII. 48.)

Die nach dem Duisburger Statutarrecht an den Vater wegen schlechter Verwaltung des seinem Nießbrauche unterworfenen Vermögens seiner Kinder zu erlassende Aufforderung kann im Falle der Mitbetheiligung minderjähriger Kinder gültiger Weise auch vom Vormundschafts-Gericht ausgehen.

Revidirter Entwurf des Provinzialrechts der Grafschaft Mark 2c. (Berlin, 1836.)

— § 12-15. Verbindlichkeit der Ehefrau und ihres nachherigen zweiten Ehemannes zur Anerkennung der von dem ersten Ehemann geschehenen

Disposition über eine vermeintlich zur Güter-Gemeinschaft gehörige Sache.

Rechtsgr. **981**. — III. Senat. 23. März 1857. (XXIV. 147.)

Die in der Kleve-Märkischen Güter-Gemeinschaft lebende Ehefrau, sowie der später mit ihr in dieselbe Gütergemeinschaft getretene zweite Ehemann muß die Dispositionen des ersten Ehemannes über eine vermeintlich zur Gütergemeinschaft gehörige Sache, insofern die Ehefrau derselben nicht rechtzeitig und in provinzialrechtlich vorgeschriebener Weise widersprochen hat, anerkennen, wenngleich zur Zeit der Disposition nur ein Theil dieser Sache der Ehefrau gehörte, und der übrige Theil von ihr später erworben ist.

— § **31**. Siehe Rechtsgr. 1049. (Morgensprache vom 12. Mai 1634 § 5.)

Recht des Hofes zu Loen.

(Ausgabe von Niesert, Koesfeld, 1818.)

Art. **32**. **49**. **64**. **88**. **89**. Siehe Rechtsgr. 1152. (Gesetz Nr. 940 vom 21. April 1825 § 21.)

Duisburger alte Stadtkör.

(Sammlung der bürgerlichen Rechte und Statuten der Stadt Duisburg, aus alten Signaten, Gerichts- und Kör-Büchern gezeichnet 1662, Seite 31.)

— Von den Töchtern. Siehe Rechtsgr. 980. (Revidirter Entwurf des Provinzialrechts des Herzogthums Kleve ostseits Rheins § 33.)

Code Napoléon.

Art. 6. Siehe Rechtsgr. 1006. (Code de comm. art. 98.)

Art. 111. Unterwerfung eines Altländers unter die Rheinpreußischen Gesetze durch Domizilwahl. — Vergl. A. G. O. I. 2. §§ 7. 150. 158. 161.

Rechtsgr. 982. — V. Senat. 28. April 1857. (XXIV. 224.)

Ein Altländer ist durch kein Gesetz verhindert, sich durch Domizilwahl den Rheinpreußischen Gesetzen und Rheinpreußischen Gerichten zu unterwerfen. Geschieht dies in einer Handelssache, so ist das betreffende Handelsgericht kompetent.

Art. 197. Anfechtung der Legitimität eines Kindes mit Rücksicht auf eine produzirte Trauungsurkunde.

Rechtsgr. 983. — V. Senat. 8. Juli 1856. (XXII. 89.)

a) Wenn nur sonst die vier Bedingungen des Artikels 197. des Bürgerlichen Gesetzbuches vorliegen, so kann die Produktion einer Trauungs-Urkunde, deren Echtheit bestritten wird, das Kind in keine schlimmere Lage versetzen, als wenn es gar keine Trauungs-Urkunde produzirt hätte.

b) Das Gesetz hat an die Produktion einer unechten Trauungs-Urkunde das Präjudiz für das Kind, daß dann die Präsumtion seiner Legitimität cessiren soll, nicht geknüpft.

Art. 217. 223. Siehe Rechtsgr. 320. (A. L. R. I. 13. § 18.)

Art. 335. 339. 742. 762. 908. Beweis gegen die eheliche Kindschaft durch Anerkenntniß seitens der Eltern.

Rechtsgr. 984. — V. Senat. 5. Februar 1855. (XIX. 331.)

Die Eigenschaft eines Kindes, als im Ehebruche erzeugt, kann durch Anerkenntniß der Eltern nicht festgestellt werden. Jeder, der ein rechtliches Interesse daran hat, ist befugt, die Unstatthaftigkeit des Anerkenntnisses darzuthun.

Art. 529. Siehe Rechtsgr. 997. (Art. 1433. dieses Code.)

Art. 538. Siehe Rechtsgr. 1056. (Wegebesserungs-Edikt v. 10. September 1735.)

Art. 600-603. Rückgewähr der Guts-Inventarienstücke bei Beendigung des durch Testament vermachten Nießbrauches des Gutes. — Vergl. Dig. 7. 9. Lex 6.

Rechtsgr. 985. — I. Senat. 22. September 1854. (XIV. 280.)

Auch nach dem Französischen Rechte tritt gegen den Nießbraucher, welcher die Sache ohne Anfertigung eines Inventars über die Beilaßstücke und ohne Kautionsbestellung übernommen hat, bei der Rückgewähr der Sache die Vermuthung ein, daß er dieselbe mit allen zur vollständigen Benutzung derselben in ihrem Zustande zur Zeit der Beendigung des Nießbrauchs erforderlichen Beilaßstücken erhalten habe.

Art. 650. Siehe Rechtsgr. 1056. (Wegebesserungs-Edikt v. 10. September 1735.)

Art. 672. Siehe Rechtsgr. 1025. (Dig. 43. 27. Lex 1. § 7.)

Art. 688. 691. Ersitzung des Rechts zur Ableitung des Wassers behufs des Betriebs einer Mühle.

Rechtsgr. 986. — III. Senat. 20. Oktober 1854. (XV. 171.)

Nach Französischem Rechte kann das Recht, mittelst eines beweglichen Schutzes das zum Betrieb der Mühle erforderliche Wasser aus dem Teich des Nachbars abzuleiten, als eine diskontinuirliche Servitut durch Verjährung nicht erworben werden.

Art. 691. 2281. Ersitzung eines Kirchenstuhls. — Vergl. A. L. R. II. 11 § 685.; Publ.-Patent vom 12. November 1809 Art. 3.; Dekret vom 30. Dezember 1809 Art. 64-71.

Rechtsgr. 987. — I. Senat. 5. Januar 1855. (XVI. 112.)

Durch die Einführung des Code Napoléon in das ehemalige Großherzogthum Berg ist die vor dieser Einführung begonnene Ersitzung eines Kirchenstuhls nicht unterbrochen worden.

Art. 742. 762. Siehe Rechtsgr. 984. (Art. 335. dieses Code.)

Art. 791. 1130. 1600. Verträge über die Erbschaft eines Lebenden.

Rechtsgr. 988. — I. Senat. 6. September 1854. (XIV. 230.)

Die Art. 791. 1130. und 1600. des Code Napoléon verbieten zwar Verträge über die Erbschaft eines Lebenden und namentlich Entsagungen und Veräußerungen derselben; es werden dadurch jedoch nur solche Verträge betroffen, welche das Erbrecht ganz oder theilweise, nicht aber solche, welche einzelne Vermögensstücke zum Gegenstande haben, obgleich diese dadurch der künftigen Erbschaft entzogen werden.

Art. 867. Siehe Rechtsgr. 992. (Art. 1183. dieses Code.)

Art. 868. 869. Siehe Rechtsgr. 998. (Art. 1468. dieses Code.)

Art. 967 ff. Causa bei letztwilligen Zuwendungen.

Rechtsgr. 989. — V. Senat. 5. Februar 1856. (XIX. 331.)

Letztwillige Zuwendungen bedürfen keiner besonderen Causa.

Art. 1001. 1007. Eröffnung und Vorlegung eines holographischen Privattestaments.

Rechtsgr. 990. — I. Senat. 3. April 1857. (XXIII. 353.)

Nach Rheinischem Recht kann ein eigenhändiges Privattestament nicht deshalb als ungültig angefochten werden, weil es nach dem Tode des Testators ohne Beobachtung der Förmlichkeiten des Artikel 1007. des Code Napoléon eröffnet und vorgelegt worden ist.

Siehe auch Rechtsgr. 10. (A. L. R. Einl. § 23.)

Art. 1116. Siehe Rechtsgr. 1008. (Code de comm. art. 524.)

Art. **1130**. Siehe Rechtsgr. 988. (Art. 791. dieses Code.)

Art. **1131. 1133**. Verpflichtungsgrund bei Verträgen.

Rechtsgr. **991**. — V. Senat. 5. Februar 1856. (XIX. 331.)

Die Art. 1131. und 1133. des Bürgerlichen Gesetzbuches beziehen sich nur auf Verträge.

Siehe auch Rechtsgrundsätze 1006. 1008. (Code de commerce articles 98. 524.)

Art. **1183. 1184. 867. 1654. 1673. 1885. 1948. 1991. 2082.** Retentionsrecht wegen Gegenforderungen des restitutionspflichtigen Besitzers. — Vergl. Ordonnance civile v. April 1667 tit. 27. art. 9.

Rechtsgr. **992**. — V. Senat. 21. November 1854. (XV. 332.)

Das Hervorheben spezieller Fälle, in welchen nach dem Code Napoléon einem restitutionspflichtigen Besitzer ein Retentionsrecht wegen Gegenforderungen ausdrücklich beigelegt wird, erscheint unvereinbar mit der Ansicht, daß solches bei konnexen Forderungen überhaupt stattfinden soll.

Art. **1184. 1998** ff. Weigerung des Kommissionärs del credere, den Namen der dritten Käufer zu nennen.

Rechtsgr. **993**. — V. Senat. 28. April 1857. (XXIV. 224.)

Die bloße Thatsache, daß der Kommissionär del credere sich weigert, dem Kommittenten die Namen der dritten Käufer anzugeben, entbindet den Kommittenten noch nicht von seinen kontraktlichen Verpflichtungen. Dazu gehört vielmehr, daß er sich erbietet, den Kommissionär gegen die in Ausführung des Mandats übernommenen Verpflichtungen zu vertreten, und daß er, hierzu durch den Kommissionär außer Stand gesetzt, nachweist: daß er den von jenem erlittenen Schaden gar nicht, oder nicht in dem liquidirten Umfang erlitten haben würde.

Siehe auch Rechtsgr. 992. (Art. 1183. dieses Code.)

Art. **1238**. Siehe Rechtsgr. 1007. (Code de commerce art. 437.)

Art. **1304**. Frist zur Anfechtung der Gültigkeit eines Vertrages.

Rechtsgr. **994.** — V. Senat. 8. Juli 1856. (XXII. 89.)

Der Artikel 1304. des Bürgerlichen Gesetzbuchs sieht nur den Fall vor, wenn die Kontrahenten selbst oder deren Rechtsfolger über die Gültigkeit eines unter ihnen abgeschlossenen Vertrages streiten.

Art. 1315. Siehe Rechtsgr. 1150. 1151. (Gesetz Nr. 939. vom 21. April 1825 § 59.)

Art. 1351. 1352. Einfluß der Entscheidungsgründe auf die Rechtskraft des Urtheils.

Rechtsgr. **995.** — V. Senat. 7. Februar 1854. (XIII. 319.)

Die Entscheidungsgründe sind nur in so fern von Einfluß auf die Frage nach der Rechtskraft eines Urtheils, als sie zum Verständniß des eigentlichen decisum dienen.

Art. 1382. 1383. 1992. Regreßklage des Wechselverpflichteten gegen den instrumentirenden Beamten wegen Nichtigkeit des Wechselprotestes. — Vergl. A. L. R. I. **6.** §§ 18-21., **20.** § 430., II. **10.** §§ 88. 89.; A. D. W. O. Art. 25. 26. 48 ff. 54. 58. 62. 63.

Rechtsgr. **996.** — V. Senat. 27. Januar 1857. (XXIII. 283.)

a) Es ist Sache des Wechselverpflichteten, vor der Zahlung die Vollständigkeit des Protestes zu prüfen, da im Allgemeinen Jeder über sein Interesse zu wachen hat, und kein Gesetz bestimmt, daß, weil der Protest von einem Beamten aufgenommen werden muß, sich jeder Wechselinteressent unbedingt und auf die Gefahr dieses Beamten auf die Gültigkeit des Protestes verlassen darf.

b) Der instrumentirende Beamte ist nicht Mandatar der sämmtlichen Indossanten, sondern nur Mandatar seines direkten Auftraggebers. Er ist daher nur diesem für die Ausführung des Mandats verantwortlich.

Siehe auch Rechtsgr. 657. (A. L. R. II. **10.** § 88.)

Art. 1433. 1434. Auseinandersetzung der Mobiliar- und Immobiliar-

Erben des Ehemannes bei bestandener Gütergemeinschaft. — Vergl. Art. 529. dieses Code.

Rechtsgr. 997. — V. Senat. 22. Mai 1855. (XVII. 213.)

a) Hat der Ehemann während des Bestehens der Gütergemeinschaft ihm zugehörige Sondergüter verkauft und den Kaufpreis eingezogen, ohne daß in dieser Beziehung ein Remploi im Sinne der Art. 1433. u. 1434. des Bürgerlichen Gesetzbuchs stattgefunden hat, so steht ihm resp. seinen Erben eine Forderung in Höhe des Kaufpreises gegen die Gemeinschaftsmasse zu, auch wenn die nützliche Verwendung in die Gemeinschaftsmasse nicht nachgewiesen ist.

b) Diese Forderung ist aber eine Mobiliarforderung und kann daher nur von den Mobiliar-Erben des Mannes geltend gemacht werden.

Art. **1437**. Siehe Rechtsgr. 998. (Art. 1468. dieses Code.)

Art. **1468. 1469. 868. 869. 1437**. Ersatzansprüche der Gemeinschaftsmasse gegen die Erben des verstorbenen Ehegatten.

Rechtsgr. 998. — V. Senat. 22. Mai 1855. (XVII. 213.)

Die Ersatz-Ansprüche, welche der Gemeinschaftsmasse gegen die Erben des verstorbenen Ehegatten zustehen, sind nach Rheinischem Recht als eine persönliche Schuld des Verstorbenen zu betrachten. Die Vorschriften über den Rapport geben nur einen Modus der Berichtigung dieser Schuld an, entscheiden aber nicht über deren Natur.

Art. **1538**. Siehe Rechtsgr. 320. (A. L. R. I. **13**. § 18.)

Art. **1600**. Siehe Rechtsgr. 988. (Art. 791. dieses Code.)

Art. **1654. 1673**. Siehe Rechtsgr. 992. (Art. 1183. dieses Code.)

Art. **1689-1691**. Zahlung an den Cedenten nach erhaltener Wissenschaft von der Cession.

Rechtsgr. 999. — III. Senat. 9. Juli 1856. (XXI. 348.)

Nach dem Prinzip des Art. 1689. des Code Napoléon ist die von dem Schuldner dem Cedenten vor gehörig geschehener, nicht durch einen Notar, sondern durch den Huissier zu bewirkenden Signifikation geleistete Zahlung gültig, es mag diese Zahlung baar oder durch Kompensation erfolgt sein. Die bloße Wissenschaft des Schuldners von der geschehenen Cession ist völlig einflußlos, ausgenommen in den Fällen eines Streits zwischen mehreren Cessionarien, des Betruges, oder des ausdrücklichen oder stillschweigenden Anerkenntnisses des Cessionars durch den Schuldner.

Art. **1784.** Siehe Rechtsgr. 1006. (Code de comm. art. 98.)

Art. **1792. 1793.** Haftbarkeit der Bauunternehmer.

Rechtsgr. **1000.** — V. Senat. 9. Januar 1855. (XVI. 133.)

a) Die Architekten und Bauunternehmer haben nach Art. 1792. des Bürgerlichen Gesetzbuches die Einwirkung äußerer während des Baues eintretender Ereignisse zu vertreten, wenn sie dieselben abwenden konnten.

b) Der bezogene Artikel umfaßt alle Fälle der Gefährdung der Solidität des Baues.

c) Unter dem Worte dieses Artikels „construction" ist die ganze Leitung des Baues zu verstehen. Es fallen darunter alle Maßregeln, welche durch das Hinzutreten äußerer Ereignisse rathsam werden.

d) Jeder, welcher die Ausführung eines Baues unternimmt, ist als Sachverständiger zu behandeln.

e) Der Art. 1793. a. a. O. untersagt dem Unternehmer keineswegs jegliche Mehrforderung über den ursprünglich verabredeten Preis.

Art. **1885. 1948. 1991.** Siehe Rechtsgr. 992. (Art. 1183. dieses Code.)

Art. **1998** ff. Siehe Rechtsgr. 993. (Art. 1184. dieses Code.)

Art. **2045.** Siehe Rechtsgr. 1123. (Ressort-Reglement v. 20. Juli 1818 § 5.)

Art. **2082.** Siehe Rechtsgr. 992. (Art. 1183. dieses Code.)

Art. 2272. 2275. Gegenbeweis gegen die Verjährung. — Vergleiche A. G. O. I. 10. §§ 291 ff.

Rechtsgr. 1001. — IV. Senat. 12. April 1855. (XX. 8.)

Die Artikel 2272. und 2275. des Code Napoléon ergänzen sich gegenseitig, und kann daher die in ersterem bestimmte einjährige Verjährungsfrist von dem Schuldner nicht geltend gemacht werden, ohne zugleich auf Grund des letzteren dem Gläubiger den Beweis offen zu lassen, daß des Ablaufs der Frist ungeachtet die Schuld noch wachend sei.

Art. 2281. Siehe Rechtsgr. 987. (Art. 691. dieses Code.)

Code de procédure civile.

Art. 158. 159. Opposition gegen ein Kontumazial-Urtheil bei Zahlung eines Theiles der Prozeßkosten.

Rechtsgr. 1002. — V. Senat. 1. Februar 1853. (XIV. 196.)

Die Bestimmung des Art. 159. der Bürgerlichen Prozeß-Ordnung, daß das Urtheil für vollstreckt erachtet werden soll, wenn die Kosten bezahlt seien, ist nicht auf den Fall auszudehnen, wenn die Kosten nur theilweise, sondern auf den Fall zu beschränken, wenn sie vollständig bezahlt sind.

Art. 193. Beweiskraft einer produzirten Urkunde.

Rechtsgr. 1003 a. — V. Senat. 8. Juli 1856. (XXII. 189.)

Ein von dem einen Theile produzirtes Dokument wird, wenn es der andere Theil nicht anerkennt, kein documentum commune.

Art. 257. 457. Unterbrechung der Beweisfrist durch Appellation. — Vergl. ordonnance civil du mois d'Avril 1667. Tit. 22. Art. 2.

Rechtsgr. 1003 b. — V. Senat. 5. Dezember 1854. (XV. 265.)

a) Die im Art. 257. der Bürgerlichen Prozeß-Ordnung zum Anfange des Zeugenverhörs bewilligte Frist besteht aus zusammenhängenden Tagen.

b) Wird daher der Fortlauf der Frist durch Appellation gehemmt, so muß nach Verwerfung der Appellation der Lauf der zu gewährenden Frist von Neuem beginnen.

Art. 1006. Siehe Rechtsgr. 834. (A. G. O. I. 2. § 167.)

Code d'instruction criminelle.

Art. 135. 526. 527. 539. Berufung des Angeschuldigten gegen den Beschluß der Rathskammer auf Verwerfung der Einrede der Inkompetenz.

Rechtsgr. 1004. — Senat für Strafsachen Abth. II. 13. September 1856. (XVII. 357.)

Auch der Beschuldigte hat nach den Rheinischen Gesetzen das Rechtsmittel der Berufung resp. Opposition gegen einen Beschluß der Rathskammer, durch welchen die von ihm vorgeschützte Einrede der Inkompetenz verworfen wird.

Code de commerce.

Art. 96. 103. 632. Natur des Dampfschleppschiffsvertrages.

Rechtsgr. 1005. — V. Senat. 28. April 1857. (XXIV. 238.)

Der Schleppvertrag stellt nicht einen Vertrag über Handlungen, sondern ein Transport-Unternehmen dar.

Art. 98. 103. Ausschließung der Verhaftung des Frachtführers für Verlust und Schaden an den zu transportirenden Sachen. — Vergl. Code Napoléon art. 6. 1133. 1784.

Rechtsgr. **1006**. — V. Senat. 6. Februar 1855. 6. Februar 1857. (XV. 340., XXIV. 39.)

Nach dem Rheinischen Rechte kann die gesetzliche Verantwortlichkeit des Frachtführers, für die ohne höhere Gewalt oder ohne eigene Fehler der Transportgegenstände an diesen entstandenen Beschädigungen und Verlusten einzustehen, durch Vertrag nicht ausgeschlossen werden.

Art. 103. Siehe Rechtsgrundsätze 1005. 1006. (Art. 96. 98. dieses Code.)

Art. 173. Siehe Rechtsgr. 1009. (Holländisches Gesetzbuch Art. 181.)

Art. 437. 441 ff. Zurückzahlung der seitens des Wechselinhabers von dem späteren Falliten erhobenen Wechselbeträge. — Vergl. A. D. W. O. Art. 8. 14. 23. 41. 48. 49. 58. 78. 81. 83. 98.; Code Napoléon art. 1238.

Rechtsgr. **1007**. — V. Senat. 18. September 1855. (XVIII. 139.)

a) Der Wechselinhaber muß diejenigen Wechselbeträge, welche von dem späteren Falliten in der Zeit zwischen dem das Falliment aussprechenden Urtheil und dem durch dieses Urtheil bestimmten Datum des materiellen Falliments gezahlt sind, nach Rheinischem Rechte zur Fallimentsmasse zurückzahlen.

b) Die Deutsche Wechselordnung hat hieran Nichts geändert. *

Art. 524. Betrug behufs Erlangung eines Konkordats. — Vergl. Code Napoléon art. 1116. 1131. 1133.

Rechtsgr. **1008**. — V. Senat. 6. März 1855. (XVI. 281.)

a) Der Fallit, welcher, um die zum Abschluß eines Konkordats erforderliche Majorität zu erlangen, die Zustimmung eines Gläubigers hinter dem Rücken der anderen durch Zusicherung besonderer Geldvortheile zu gewinnen sucht, macht sich einer betrüglichen Handlung schuldig, und sind daher die hintergangenen Gläubiger berechtigt, die Vernichtung des Konkordats zu erwirken.

* Vergl. dagegen § 100. der Konkurs-Ordnung vom 8. Mai 1855.

b) Es kommt hierbei nicht in Betracht, ob der zwischen dem Falliten und dem einzelnen Gläubiger heimlich geschlossene Nebenvertrag zu Recht besteht, oder nicht.

Art. **632**. Siehe Rechtsgr. 1005. (art. 96. dieses Code.)

Holländisches Handelsgesetzbuch.

Art. **181**. Protest gegen die Nothadresse eines vom Bezogenen nicht gezahlten Wechsels. — Vergl. Code de commerce art. 173.

Rechtsgr. **1009**. — IV. Senat. 9. Juni 1855. (XVII. 263.)

Nach dem Holländischen Wechselrecht ist im Falle der Nichtzahlung seitens des Bezogenen nur gegen diejenige Nothadresse bei Vermeidung eines Präjudizes Protest aufzunehmen, welche von dem Zieher herrührt, nicht aber gegen diejenige, deren Urheber einer der Indossanten ist.

Englisches Recht.

Siehe Rechtsgrundsätze 210. 797. 800. (A. L. R. I. **11**. § 128.; A. D. W. O. Art. 88. Nr. 1. und Nr. 3.

Corpus juris civilis.

1. Institutiones.

Lib. **2**. Tit. **1**. de rerum divisione et qualitate:

— § **34**. Siehe Rechtsgr. 276. (A. L. R. I. **11**. §. 925.)

Lib. **2**. Tit. **19**. de heredum qualitate et differentia:

— § **7**. Siehe Rechtsgr. 972. (Kulmisches Recht Buch 3. Tit. 10. Kap. 2.)

Lib. **2**. Tit. **20**. de legatis:

— § **14**. Siehe Rechtsgr. 303. (A. L. R. I. **12**. § 430.)

Lib. **3**. Tit. **19**. de inutilibus stipulationibus:

— §§ **19**. **20**. Siehe Rechtsgr. 1282. (Gewerbe-Ordnung vom 17. Januar 1845 § 4.)

Lib. **4**. Tit. **6**. de actionibus:

— § **30**. Siehe Rechtsgr. 381. (A. L. R. I. **16**. § 363.)

— § **33**. Gerichtsgebrauch in Betreff der Kündigung durch Klage auf Zahlung. — Vergl. Inst. **4**. 13. § 10.; Dig. **5**. 3. Lex. 16.; Cod. **3**. 10. Lex. 1. 2.; cap. un. X. **2**. 11.

Rechtsgr. **1010**. — V. Senat. 20. November 1855. (XVIII. 315.)

Nach dem Gerichtsgebrauch gilt die Klageanstellung als Kündigung. Die Einrede der verfrühten Klage ist daher dann nicht zu beachten, wenn zwischen der Klageanstellung und dem Urtheil die Kündigungsfrist abgelaufen ist.

Siehe auch Rechtsgr. 784. (A. D. W. O. Art. 81.)

Lib. **4**. Tit. **13**. de exceptionibus:

— § **10**. Siehe Rechtsgr. 1010. (Inst. **4**. 6. § 33.)

2. Digesta.

Lib. **1**. Tit. **3**. de legibus:

— Lex. **32**. § **1**. Siehe Rechtsgr. 1057. (Kirchenordnung vom 9. Mai 1739.)

— Lex. **39**. Siehe Rechtsgr. 1028. (Codex 7. 45. Lex. 13.)

Lib. **2**. Tit. **13**. de edendo:

— Lex. **4**. Siehe Rechtsgr. 863. (A. G. O. I. **10**. § 92 b.)

Lib. **3**. Tit. **3**. de procuratoribus et defensoribus:

— Lex. **60**. **63**. Befugniß eines General-Bevollmächtigten.

Rechtsgr. **1011**. — V. Senat. 17. Oktober 1854. (XV. 115.)

Aus dem bloßen Namen „Generalvollmacht" folgt gemeinrechtlich nicht, daß der Bevollmächtigte zu dem Abschluß eines jeden Vertrages befugt ist.

Lib. **4**. Tit. **4**. de minoribus:

— Lex. **37**. § **1**. Siehe Rechtsgr. 1055. (Schwedische Hofgerichts-Ordnung von 1672 Theil 3. Tit. 6. § 3.)

Lib. 4. Tit. 9. de recepto:
– Lex. 3. § 1. Siehe Rechtsgr. 616. (A. L. R. II. 8. § 444.)
Lib. 5. Tit. 3. de hereditatis petitione:
– Lex. 10. princ. Siehe Rechtsgr. 971. (Neuvorpommersches Provinzialrecht I. 1. § 4.)
– Lex. 16. Siehe Rechtsgr. 784. 1010. (A. D. W. O. Art. 81.; Inst. 4. 6. § 33.)
Lib. 7. Tit. 9. usufructu, quemadmodum caveat:
– Lex. 6. Siehe Rechtsgr. 985. (Code Nap. art. 600.)
Lib. 8. Tit. 2. de servitutibus praediorum urbanorum:
– Lex. 38. Erforderniß der nachbarlichen Lage des dienenden und herrschenden Grundstücks bei Prädial-Servituten. — Vergl. Dig. 8. 4. Lex. 6., 8. 5. Lex. 5.

Rechtsgr. 1012. — II. Senat. 30. September 1856. (XXII. 215.)

Unter der nach dem Römischen Recht bei Prädial-Servituten erforderlichen Vizinität des herrschenden und dienenden Grundstücks ist nur ein örtliches Verhältniß der beiden Grundstücke zu einander zu verstehen, welches die Gewährung des Vortheils von dem einen an das andere möglich macht.

Siehe auch Rechtsgr. 498. (A. L. R. I. 22. § 11.)

Lib. 8. Tit. 4. Communia praediorum tam urbanorum quam rusticorum:
– Lex. 6. Siehe Rechtsgrundsätze 498. 1012. (A. L. R. I. 22. § 11.; Dig. 8. 2. Lex. 38.)
– Lex. 13. § 1. Berechtigung zum Bergbau in den neu erworbenen Landestheilen aus zur Zeit noch nicht bestandener Bergwerksregalität und vor Einführung der Preußischen Gesetze stattgehabten Bewilligungen. — Vergl. Cod. 11. 6. Lex. 3.

Rechtsgr. 1013. — III. Senat. 16. Mai 1856. (XXI. 183.)

Die bei bestehender Bergwerksregalität geltenden Regeln über Erlangung des Bergwerks-Eigenthums durch Muthung 2c. sind auf die in den neuerworbenen Landestheilen der Monarchie, in welchen die Bergwerksregalität nicht bestand, vor der Preußischen Besitznahme stattgehabten Bewilligung des Grund-Eigenthümers zum Bergbau nicht anzuwenden; diese unterliegen vielmehr den allgemeinen Grundsätzen wegen Einräumung von Rechten auf fremdes Eigenthum.

Siehe auch Rechtsgr. 507. (A. L. R. I. 22. § 39.)'

Lib. 8. Tit. 5. si servitus vindicetur:
— Lex. 5. Siehe Rechtsgrundsätze 498. 1012. (A. L. R. I. 22. § 11.; Dig. 8. 2. Lex. 38.)
— Lex. 10. princ. Siehe Rechtsgr. 971. (Neuvorpommersches Provinzialrecht Theil 1. Abth. 1. § 4.)
Lib. 9. Tit. 2. ad Legem Aquiliam:
— Lex. 2., Lex. 21. § 2., Lex. 27. § 5. — Anspruch der Hinterbliebenen eines getödteten freien Menschen auf Schadensersatz. — Vergl. Dig. 9. 3. Lex. ult.

Rechtsgr. 1014. — V. Senat. 27. Februar 1854. (XVI. 263.)

Nach Gemeinem Rechte ist es statthaft, daß die Hinterbliebenen eines getödteten freien Menschen Schadensersatz beanspruchen.

Lib. 9. Tit. 3. de his qui effuderint vel dejecerint:
— Lex. ult. Siehe Rechtsgr. 1014. (Dig. 9. 2. Lex. 2.)
Lib. 10. Tit. 1. finium regundorum:
— Lex. 4. §§ 7. 9. Siehe Rechtsgr. 417. (A. L. R. I. 17. § 372.)
Lib. 10. Tit. 4. ad exhibendum:
— Lex. 3. § 14. Siehe Rechtsgr. 863. (A. G. O. I. 10. § 92 b.)
Lib. 13. Tit. 3. de condictione triticiaria:
— Lex. 1. Klage auf Erfüllung eines über börsen- und marktgängige Waaren geschlossenen Kaufvertrages nach Ablauf des Erfüllungstermins. — Vergl. A. L. R. I. 5. §§ 271. 285 ff. 360 ff.

Rechtsgr. 1015. — IV. Senat. 23. Januar 1855. (XVI. 205.)

Auch nach dem Gemeinen Rechte findet bei Zeitkaufsverträgen über börsen- und marktgängige Waaren nach Ablauf des Erfüllungstermines eine purgatio morae nicht statt, jedoch ist seitens des in der Erfüllung nicht Säumigen gegen den Säumigen die Klage auf Erfüllung nicht für unbedingt unzulässig zu erachten.

Lib. 13. Tit. 5. de pecunia constituta:
— Lex 1. princ. und §§ 5. 8., Lex 3. § 2., Lex 4., Lex 5. pr. Rechtliche Natur des constituti debiti alieni.

Rechtsgr. 1016. — III. Senat. 6. Dezember 1854. (XVI. 69.)

Zur Gültigkeit des constitutum debiti alieni des Gemeinen Rechts genügt der Nachweis, daß zur Zeit dessen Konstituirung das debitum alienum bestand, ohne daß es des Nachweises des ursprünglichen Grundes desselben und dessen Rechtsgültigkeit bedarf.

Lib. 13. Tit. 7. de pignoratitia actione, vel contra:
— Lex 26. Entstehung des richterlichen Pfandrechts.

Rechtsgr. 1017. — V. Senat. 16. Mai 1854. (XIV. 26.)

Die Entstehung des richterlichen Pfandrechts setzt voraus, daß die abgepfändeten Mobilien dem Schuldner weggenommen, so wie, daß aus den zu pfändenden Immobilien der Schuldner ausgewiesen und der Gläubiger in den Besitz eingewiesen worden ist.

Lib. 16. Tit. 1. ad S. C. Vellejanum:
— Lex 2. § 1. Lex 29. § 1. Siehe Rechtsgr. 353. (A. L. R. I. 14. § 399.)
— Lex 17. Lex 27. Siehe Rechtsgr. 351. (A. L. R. I. 14. § 232.)

Lib. 17. Tit. 2. pro socio:
— Lex 63. § 7. Siehe Rechtsgr. 1055. (Schwedische Hofgerichts-Ordnung von 1672. III. 6. § 3.)

Lib. 18. Tit. 1. de contrahenda emtione:
— Lex 7. § 2. Siehe Rechtsgr. 241. (A. L. R. I. 11. § 455.)
— Lex 7. § 5., Lex 37. Siehe Rechtsgr. 202. (A. L. R. I. 11. § 47.)

Lib. 19. Tit. 1. de actionibus emti et venditi:
— Lex 4. § 1., Lex 6. § 4., Lex 42. Wirkung der gegen die Klage des Vermiethers auf Räumung und Zahlung des Miethezinses vom Miether vorgebrachten exceptio non rite impleti contractus. — Vergl. Dig. 22. 2. Lex 1. § 1., Lex 69. § 6.

Rechtsgr. 1018. — V. Senat. 2. Januar 1855. (XV. 310.)

Nach Gemeinem Rechte beseitigt die von dem Miether vorgeschützte exceptio non rite impleti contractus die auf Räumung und Zahlung des Miethszinses angestellte Klage nicht, sondern berechtigt nur, Herabsetzung des Miethszinses oder Entschädigung zu verlangen.

— Lex 13. § 24. Siehe Rechtsgr. 241. (A. L. R. I. 11. § 455.)
— Lex 42. Siehe Rechtsgr. 1018. (Lex 4. § 1. dieses Titels.)

Lib. 19. Tit. 2. Locati, conducti:

— Lex 11. § 2., Lex 25. § 6. Verpflichtung zur Räumung der Gräben eines verpachteten Grundstücks. — Vergl. Lex 15. § 2. dieses Titels.

Rechtsgr. 1019. — III. Senat. 18. Oktober 1854. (XV. 137.)

Gemeinrechtlich liegt die Verpflichtung zur Räumung der auf dem verpachteten Grundstücke befindlichen Gräben dem Pächter ob.

Lib. 22. Tit. 2. de evictionibus:

— Lex 1. § 1., Lex 69. § 6. Siehe Rechtsgr. 1018. (Dig. 19. 1. Lex 4. § 1.)

Lib. 23. Tit. 1. de sponsalibus:

— Lex ult. Form des Ehegelöbnisses. — Vergl. cap. 7. 23. 25., X. 4. 1., cap. ult. in VI. 1. 19.

Rechtsgr. 1020. — I. Senat. 8. Februar 1856. (XX. 151.)

Nach dem Gemeinen Recht ist das Ehegelöbniß an keine Form gebunden, kann vielmehr sowohl ausdrücklich als auch stillschweigend (durch konkludente Handlungen), sowohl mündlich als schriftlich geschlossen werden.

Lib. 25. Tit. 3. de agnoscendis et alendis liberis, vel parentibus, vel patronis, vel libertis:

— Lex 5. Subsidiäre Alimentationspflicht des Großvaters eines unehelichen Kindes väterlicher Seits. — Vergl. Provinzialrecht für Neuvorpommern und Rügen, Theil 1. Abth. 1. § 4. und Theil 2. zu § 4. S. 65 ff.; Cod. 7. 45. Lex 18., 8. 53. Lex 2.; cap. 5. X. 4. 7.

Rechtsgr. 1021. — V. Senat. 19. Juni 1855. (XVIII. 71.)

Die Frage: Ob der Großvater des unehelichen Kindes väterlicher Seits zur Alimentation desselben subsidiarisch verpflichtet sei, ist in den Römischen Gesetzen nicht klar und bestimmt verneint, nach dem Gemeinen Rechte streitig* und nach dem rechtsverbindlichen Gerichts=Gebrauche in Neuvorpommern und Rügen zu bejahen.

Lib. **27.** Tit. **10.** de curatoribus furioso et aliis extra minores dandis:
— Lex **16.** § **2.** Siehe Rechtsgr. 587. (A. L. R. II. **2.** § 432.)
Lib. **28.** Tit. **2.** de liberis et posthumis heredibus instituendis vel exheredandis:
— Lex **11.** Siehe Rechtsgr. 1029. (Novella 115. cap. 3.)
Lib. **28.** Tit. **7.** de conditionibus institutionum:
— Lex **8.** § **7.** Siehe Rechtsgr. 1022. (Dig. **30.** Lex 92. § 1.)
Lib. **30.** de legatis et fideicommissis (I):
— Lex **92.** § **1.** Unmöglichkeit der Erfüllung des modus bei Legaten. — Vergl. A. L. R. I. **12.** § 511., II. **6.** §§ 193. 194.; Dig. **28.** 7. Lex 8. § 7., **33.** 2. Lex 16., **35.** 1. Lex 6 pr. Lex 27.; Cod. **6.** 45. Lex 1.

Rechtsgr. **1022.** — I. Senat. 9. Februar 1857. (XXIV. 42.)

Nach dem Gemeinen Recht fällt, wenn dem Legatar die Erfüllung des modus durch einen Zufall unmöglich wird, die Verpflichtung zu derselben hinweg, ohne daß das Legat selbst, woran er geknüpft war, darunter leidet.

Lib. **33.** Tit. **2.** de usu et usufructu:
— Lex **16.** Siehe Rechtsgr. 1022. (Dig. **30.** 29. Lex 29. § 1.)
Lib. **34.** Tit. **3.** de liberatione legata:
— Lex **13.** Tilgung der Schuld nach Errichtung des legatum debiti proprii. — Vergl. A. L. R. I. **12.** § 433.

Rechtsgr. **1023.** — IV. Senat. 6. März 1855. (XVI. 270.)

Nach Gemeinem Recht bleibt — abweichend vom Allgem. Landrecht — das legatum debiti proprii bestehen, selbst wenn die Tilgung der Schuld nach Errichtung des Legates stattgefunden hat.

Lib. **35.** Tit. **1.** de conditionibus:
— Lex 6. pr., Lex **27.** Siehe Rechtsgr. 1022. (Dig. **30.** Lex 29. § 1.)
Lib. **38.** Tit. **2.** de bonis libertorum:
— Lex **12.** § **2.** Siehe Rechtsgr. 587. (A. L. R. II. **2.** § 432.)

* Vergl. dagegen Entscheidungen Bd. XX. S. 301 ff.

Lib. **42**. Tit. **1**. de re judicata, et de effectu sententiarum, et de interlocutionibus:

— Lex **22**. § **1**., Lex **51**. pr. Siehe Rechtsgr. 1055. (Hofgerichts-Ordnung für das Herzogthum Vorpommern und das Fürstenthum Rügen vom Jahre 1672, Theil III. Tit. 6. § 3.)

Lib. **43**. Tit. **24**. quod vi aut clam:

— Lex **5**. § **12**. Passivlegitimation des Pächters im Possessorienprozesse. — Vergl. A. L. R. I. 7. §§ 146 ff.

Rechtsgr. **1024**. — V. Senat. 1. April 1856. (XX. 297.)

Der im Possessorienprozesse belangte Pächter kann durch die Einrede, daß er im Auftrage und auf Geheiß des Verpächters die störende Handlung bewirkt habe, nach Gemeinem Recht seine Passivlegitimation nicht beseitigen.

Siehe auch Rechtsgr. 130. (A. L. R. I. 7. § 146.)

Lib. **43**. Tit. **26**. de precario:

— Lex **2**. princ. Siehe Rechtsgr. 129. (A. L. R. I. 7. § 146.)

Lib. **43**. Tit. **27**. de arboribus caedendis:

— Lex **1** §§ **7**. **8**. Rechte des Grundnachbars hinsichtlich der von des Nachbars Bäumen herüberhangenden Zweige und herüberfallenden Früchte. — Vergl. Sachsenspiegel: Landrecht Buch **2**. Art. 52. § 2.; Weichbildrecht Art. 125.; Code Napoléon Art. 672.

Rechtsgr. **1025**. — II. Senat. 6. Februar 1855. (XVI. 255.)

Nach dem Gemeinen Rechte ist derjenige, in dessen Grundstück die Zweige von den Bäumen des Nachbars herüberhangen, berechtigt, dieselben abzuhauen und sich zuzueignen. Es steht ihm auch alsdann, wenn er von dieser Befugniß keinen Gebrauch macht, die Befugniß, die überhangenden und überfallenden Früchte sich zuzueignen, nicht aber das Recht zu, den Nachbar zu zwingen, den Ueberhang selbst wegzunehmen, weil derselbe als in seiner Gewere befindlich sein Eigenthum geworden war.

Lib. **44**. Tit. **2**. de exceptione rei judicatae:

— Lex **16**. Siehe Rechtsgr. 375. (A. L. R. I. **16**. § 218.)

Lib. **45**. Tit. **1**. de verborum obligatione:

— Lex **38**. § **20**. Siehe Rechtsgr. 1282. (Gewerbe-Ordnung vom 17. Januar 1845. § 4.)

Lib. **50**. Tit. **16**. de verborum significatione:
— Lex **181**. Siehe Rechtsgr. 863. (A. G. O. I. **10**. § 92b.)
— Lex **198**. Siehe Rechtsgr. 489. (A. L. R. I. **21**. § 395.)
Lib. **50**. Tit. **17**. de diversis regulis juris:
— Lex **62**. Siehe Rechtsgr. 1029. (Nov. 115. cap. 3.)

3. Codex.

Lib. **1**. Tit. **3**. de episcopis et clericis:
— Lex **28**. Siehe Rechtsgr. 663. (A. L. R. II. **11**. § 238.)
Lib. **1**. Tit. **51**. de assessoribus, et domesticis, et cancellariis judicum:
— Lex **11**. Steuerfreiheit der Beamten. — Vergl. Cod. **12**. 16. Lex 3., **12**. 47. Lex 1.; Hauptkommissionsrezeß vom 5. September 1663.

Rechtsgr. **1026**. — V. Senat. 3. Juni 1856. (XXII. 10.)

a) Nach Gemeinem Rechte haben nicht blos die im aktiven Dienst befindlichen, sondern auch die in Ruhestand versetzten Beamten das Privilegium der Steuerfreiheit.

b) Für Neuvorpommern ist dies Privilegium auf die im wirklichen Dienste befindlichen Beamten beschränkt.

Lib. **3**. Tit. **10**. de plus petitione:
— Lex **1**. **2**. Siehe Rechtsgr. 1010. (Inst. **4**. 6. § 33.)
Lib. **3**. Tit. **34**. de servitutibus et aqua:
— Lex **2**. Siehe Rechtsgr. 971. (Neuvorpommersches Provinzialrecht Thl. 1. Abth. 1. § 4.)
— Lex **3**. Siehe Rechtsgr. 507. (A. L. R. I. **22**. § 89.)
Lib. **4**. Tit. **29**. ad S. C. Vellejanum:
— Lex **22**. auth. si qua mulier. Siehe Rechtsgr. 351. (A. L. R. I. **14**. § 232.)
Lib. **4**. Tit. **30**. de non numerata pecunia:
— Lex **8**. **13**. **14**. Siehe Rechtsgr. 1027. (Codex **4**. 35. Lex 22.)
Lib. **4**. Tit. **31**. de compensationibus:
— Lex **1**. Siehe Rechtsgr. 685. (A. L. R. II. **14**. § 1.)
Lib. **4**. Tit. **35**. Mandati:
— Lex **22**. **23**. Bestimmungen der Lex Anastasiana. — Vergl. Cod. **4**. 30. Lex 8. 13. 14.

Rechtsgr. **1027**. — V. Senat. 5. Januar 1857. (XXIII. 191.)

a) Durch die Lex Anastasiana hat nur bestimmt

werden sollen, daß nicht zur Belästigung der Schuldner durch Einmischung dritter Personen mit Schuldforderungen ein Handelsverkehr getrieben werde.

b) Daher ist dem Schuldner nicht untersagt, sich gegen Zusicherung des Nominalbetrages der Forderung die Befreiung von derselben versprechen zu lassen.

Lib. **6**. Tit. **30**. de jure deliberandi:
— Lex **22**. § **9**. Siehe Rechtsgr. 961. (A. G. O. I. **51**. § 87.).
Lib. **6**. Tit. **45**. de his, quibus sub modo legata vel fideicommissa relinquuntur:
— Lex **1**. Siehe Rechtsgr. 1022. (Dig. **30**. Lex 92. § 1.)
Lib. **7**. Tit. **33**. de praescriptione longi temporis:
— Lex **12**. Siehe Rechtsgr. 971. (Neuvorpommersches Provinzialrecht Thl. 1. Abth. 1. § 4.)
Lib. **7**. Tit. **45**. de sententiis et interlocutionibus omnium judicum:
— Lex **13**. Bildung eines Gerichtsgebrauchs auf den Grund unrichtiger, gegen klare Gesetze verstoßender Entscheidungen. — Vergl. Dig. **1**. 3. Lex 39.

Rechtsgr. **1028**. — V. Senat. 16. Mai 1854. (XIV. 26.)

Unrichtige, gegen klare Gesetze verstoßende Entscheidungen sind auch nach dem Gemeinen Rechte zumal dann nicht geeignet, einen bindenden Gerichtsgebrauch zu bilden, wenn nicht feststeht, daß diese Entscheidungen in letzter Instanz bestätigt worden sind.

Siehe auch Rechtsgr. 1021. (Dig. **25**. 3. Lex 5.)

Lib. **8**. Tit. **43**. de solutionibus et liberationibus:
— Lex **2**. Siehe Rechtsgr. 685. (A. L. R. II. **14**. § 1.)
Lib. **8**. Tit. **53**. quae sit longa consuetudo:
— Lex **2**. Siehe Rechtsgrundsätze 1021. 1057. (Dig. **25**. 3. Lex 5.; Magdeburger Kirchenordnung vom 9. Mai 1739. Kap. 26. § 1.)
Lib. **8**. Tit. **55**. de donationibus quae sub modo:
— Lex **3**. Siehe Rechtsgr. 1282. (Gewerbe-Ordnung vom 17. Januar 1845. § 4.)
Lib. **10**. Tit. **15**. Ne fiscus rem, quam vendidit, evincat:
— Lex **1**. Siehe Rechtsgr. 685. (A. L. R. II. **14**. § 1.)

Lib. **11**. Tit. **6**. de metallariis et metallis:
— Lex **3**. Siehe Rechtsgr. 1013. (Dig. **8**. 4. Lex 13. § 1.)
Lib. **12**. Tit. **16**. de silentiariis:
— Lex **3**. Siehe Rechtsgr. 1026. (Codex **1**. 51. Lex 11.)
Lib. **12**. Tit. **47**. de veteranis:
— Lex **1**. Siehe Rechtsgr. 1026. (Codex **1**. 51. Lex 11.)

4. Novellae.

Nov. **18**. ut legitima portio liberorum, si quatuor sunt liberi:
— Cap. **5**. Siehe Rechtsgr. 1046. (Landesordnung von 1616. Thl. 4. Kap. 2. § 1.)
Nov. **89**. de naturalibus liberis:
— Cap. **12**. § **4**. Siehe Rechtsgr. 1046. (Landesordnung von 1616. Thl. 4. Kap. 2. § 1.)
Nov. **115**. ut, cum de appellatione cognoscitur, secundum illas leges debeat judicari, quae tempore datae sententiae obtenebant:
— Cap. **3**. und **5**. Ermittelung des Pflichttheils. — Vergl. Dig. **28**. 2. Lex 11., **50**. 17. Lex 62.

Rechtsgr. **1029**. — I. Senat. 17. Dezember 1855. (**XIX**. 189.)

Nach Gemeinem Rechte sind die auf die volle Pflichttheilssumme eingesetzten Notherben nicht Miteigenthümer des Nachlasses und daher nicht befugt, die Auktion und Subhastation der Nachlaßgegenstände zu verlangen.

Siehe auch Rechtsgr. 587. (A. L. R. II. **2**. § 432.)

Nov. **134**. de vicariis, et feminis adulteris, aliisque capitibus:
— Cap. **8**. Siehe Rechtsgr. 351. (A. L. R. I. **14**. § 232.)

5. Feudorum Libri.

Lib. **2**. Tit. **45**. ut agnatus vel filius defuncti possit retinere feudum repudiata hereditate:
— si contigerit. Siehe Rechtsgr. 1103. (Schwedische Allodifikations- und Assekuranz-Urkunde vom 11. Oktober 1810. Einl. § 1.)

Corpus juris canonici.

1. Libri V. extra Decretum Gratiani (Decretales Gregorii IX.)

Lib. 2. Tit. 1. de judiciis:
— Cap. 5. Siehe Rechtsgr. 665. (A. L. R. II. 11. § 576.)
Lib. 2. Tit. 10. de ordine cognitionum:
— Cap. 2. und 4. Eigenschaften der exceptio spolii als einer verzögerlichen Einrede.

Rechtsgr. **1030**. — V. Senat. 1. Mai 1855. (XVI. 361.)

a) Die exceptio spolii hat die Eigenschaft einer gemeinen verzögerlichen Einrede nicht verloren, sie bewirkt vielmehr nach dem Grundsatze „spoliatus ante omnia restituendus est“ die Abweisung der Klage als zur Zeit unstatthaft.

b) Der dilatorischen Wirkung dieser Einrede geschieht dadurch, daß mit ihr eine auf die Restitution des spolii gerichtete Widerklage verbunden wird, nicht Abbruch.

Lib. 2. Tit. 11. de plus petitionibus:
— Cap. unicum. Siehe Rechtsgr. 784. 1010. (A. D. W. O. Art. 81.; Inst. 4. 6. § 33.)
Lib. 2. Tit. 19. de probationibus:
— Cap. 2. Berücksichtigung der eventuellen Eidesdelation. — Vergl. A. G. O. I. 10. § 252.

Rechtsgr. **1031**. — IV. Senat. 18. November 1856. (XXIII. 60.)

Nach den Grundsätzen des Gemeinen Prozesses muß der Richter, wenn das prinzipaliter angetretene Beweismittel keinen Beweis erbracht hat, auf die eventuelle Eidesdelation zurückgehen, wenngleich der Deferent nach Aufnahme des prinzipalen Beweismittels auf die Eidesdelation nicht definitiv zurückgekommen ist.

Siehe auch Rechtsgr. 868. (A. G. O. I. 10. § 252.)

Lib. 3. Tit. 5. de praebendis et dignitatibus:
— Cap. 12. 30. 33. Verhaftung des Vermögens des einer Pfarrei inkorporirten Stifts für die Bedürfnisse der Seelsorge in dem Pfarrbezirke; Säkularisation. — Vergl. in VI. 3. 4. cap. 1., 3. 13. cap. 2. § 2.; Clem. 3. 12. cap. 1.

Rechtsgr. **1032**. — I. Senat. 20. Juni 1856. (XXII. 50.)

Der Grundsatz: daß Stifte, welchen Pfarreien inkorporirt worden sind, für die Bedürfnisse der Seelsorge im Pfarrbezirke aufkommen müssen, — findet auch auf neufundirte und dabei gleichzeitig mit einer geistlichen Korporation verbundene Parochien Anwendung.

Lib. 3. Tit. 29. de parochiis et alienis parochianis:
— Cap. 4. Siehe Rechtsgr. 661. (A. L. R. II. 11. § 238.)
Lib. 3. Tit. 38. de jure patronatus:
— Cap. 25. Siehe Rechtsgr. 681. 1060. (A. L. R. II. 12. § 34.; Magdeburger Kirchenordnung vom 9. Mai 1739. Kap. 26. § 1.)
Lib. 3. Tit. 48. de ecclesiis aedificandis vel reparandis:
— Cap. 3. Vorbehaltene Ehrenrechte der alten Kirche mit Rücksicht auf die Eigenschaft der bei der Theilung derselben neugestifteten Kirche als Tochterkirche. — Vergl. Conc. Trid. sess. 21. cap. 4.

Rechtsgr. **1033**. — I. Senat. 20. Juni 1856. (XXII. 50.)

Der Umstand, daß bei der Theilung einer Kirche derselben gewisse Ehrenrechte, namentlich das Recht, Kranken die letzte Oelung, und Gestorbenen auf Verlangen der Angehörigen Begräbniß zu ertheilen, vorbehalten worden, beweist Nichts dagegen, daß die neugestifteten Kirchen der alten gegenüber die Stellung von Tochterkirchen eingenommen haben.

Lib. 4. Tit. 1. de sponsalibus et matrimoniis:
— Cap. 7. 23. 25. Siehe Rechtsgr. 1020. (Dig. 23. 1. Lex ult.)
Lib. 4. Tit. 7. de eo, qui duxit in matrimonium quam polluit per adulterium:
— Cap. 5. Siehe Rechtsgr. 1021. (Dig. 25. 3. Lex 5.)
Lib. 4. Tit. 20. de donationibus inter virum et uxorem, et de dote post divortium restituenda:
— Cap. 4. Ehescheidungsstrafe wegen Verdachts des Ehebruchs.

Rechtsgr. **1034.** — V. Senat. 15. Januar 1856. (XIX. 272.)

a) Auch da, wo nur wegen Verdachts des Ehebruches die Scheidung erfolgt, tritt nach Gemeinem Rechte die Ehescheidungsstrafe ein.

b) Den Erben des während der dritten Instanz gestorbenen unschuldigen Ehegatten steht das Recht auf diese Strafe zu.

Lib. 5. Tit. 16. de adulteriis et stupro:
— **Cap. 1. 2.** Pflichten des Schwängerers einer unbescholtenen ledigen Frauensperson.

Rechtsgr. **1035.** — I. Senat. 8. Februar 1856. (XX. 151.)

Nach der gemeinrechtlichen Praxis ist der Schwängerer einer unbescholtenen ledigen Frauensperson dieselbe zu ehelichen oder angemessen auszustatten verpflichtet.

2. Liber VI. Decretalium.

Lib. 1. Tit. 19. de procuratoribus:
— Cap. ult. Siehe Rechtsgr. 1020. (Dig. **23.** 1. Lex ult.)
Lib. 2. Tit. 5. de restitutione spoliatorum:
— **Cap. 1.** Beweisfrist in Betreff des spolii. — Vergl. Verordnung vom 21. Juli 1849. § 29.

Rechtsgr. **1036.** — V. Senat. 1. Mai 1855. (XVI. 361.)

Das Cap. I. in VI. de restitutione spoliatorum ist nur dahin aufzufassen, daß der Beweis des spolii fünfzehn Tage nach der Rechtskraft der Beweisauflage anzutreten ist, jedenfalls aber ist dasselbe durch den § 29. der Verordnung vom 21. Juli 1849 abgeändert.

Lib. 3. Tit. 4. de praebendis et dignitatibus:
— **Cap. 1. 3.** Siehe Rechtsgr. 1032. (cap. 12. Extra **3.** 5.)
Lib. 3. Tit. 13. de decimis primitiis et obligationibus:
— **Cap. 2.** § **2.** Siehe Rechtsgr. 1032. (cap. 12. Extra **3.** 5.)

3. Clementinae.

Lib. 3. Tit. 11. de religiosis domibus, ut episcopo sint subjectae:
— **Cap. 2.** § **1.** Siehe Rechtsgr. 663. (A. L. R. II. **11.** § 238.)

Lib. 3. Tit. 12. de jure patronatus:
– Cap. 1. Siehe Rechtsgr. 1032. (cap. 12. Extra 3. 5.)

Concilium Tridentinum von 1563.

(Emminghaus, Corp. jur. germ., 2. Aufl. Jena 1844., Thl. 1. S. 325.)

Sessio 21. de reformatione:
— Cap. 4. Siehe Rechtsgr. 1033. (cap. 3. Extra 3. 48.)

Einzelne Gesetze und Verordnungen.

1310. und **1313.** Privilegium der Markgrafen Waldemar und Johann von Brandenburg wegen Beleihung der Stadt Stolpe mit dem Lübischen Rechte. (Gerken, Fragm. march. T. II. S. 31.)

— Siehe Rechtsgr. 974. (Revidirtes Lübisches Recht.)

1356. Dezember. Goldene Bulle Kaiser Karl IV. (Emminghaus, Corp. jur. germ. Theil 1. Seite 61.; Schmausz, Corp. jur. publ. Seite 12.)

— Kap. 9. § 1. Umfang des Bergregals nach Gem. deutschen Rechte. — Vergl. A. L. R. II. 16. § 69.

Rechtsgr. **1037**. — III. Senat. 28. November 1856. (XXIII. 87.)

Nach Gemeinem deutschen Rechte findet hinsichtlich aller Metalle und des Steinsalzes die Vermuthung für die Regalität statt.

1413. Statut des Grafen Adolph zur Mark für die Stadt Hamm. (v. Rönne, Gütergemeinschaft in Cleve-Mark S. 136.)

— § 5. Siehe Rechtsgr. 1049. (Morgensprache vom 12. Mai 1643 § 5.)

1488. Am Tage der heiligen Jungfrauen Apollonien. Brieff des Kurfürsten Johann von Brandenburg vonn Zusagunge des ersten Zeyse-Geldes auff dem Land und in den Städten, auff Sieben Jahr, und wer davon frey seyn soll. (Mylius, Corp. Const. March. Theil 4. Abth. 4. Nr. 1.)

— Bierziese-Rente der Städte in der Mark Brandenburg. — Vergl. A. L. R. Einl. §§ 70-72., I. 9. § 580., 16. §§ 451-454., II. 13. § 15.; Zeysebrief vom Sonntag nach Felizis 1513; Deklarations-Patent vom 14. April 1766.

Rechtsgr. 1038. — Plenum. 8. Januar 1855. (XV. 320.)

Den Städten in der Mark Brandenburg steht lediglich auf den Grund der denselben in den Zeysebriefen von 1488 und 1513 erfolgten Verleihung eines bestimmten Antheils an dem Ertrage der Bierziese, sowie auf den Grund der in Folge des Deklarations-Patents vom 14. April 1766 erfolgten Fixirung dieses Antheils auf eine Durchschnittssumme und deren Erhebung bis in die neuere Zeit, ein rechtlicher Anspruch gegen den Fiskus auf Fortentrichtung dieser Summe auch nach erfolgter gesetzlicher Aufhebung der Bierziese nicht zu.

1513. Vom Sonntag nach Felizis. Zeyse-Brieff des Kurfürsten Joachim I. und seines Bruders, Markgraff Albrechts, daß das Bier-Geld, so lange diese Markgraffen und ihre Leibeserben leben, in Städten soll gegeben werden. (Mylius, C. C. March. Theil 1. Abth. 4. Nr. 2.)

— Siehe Rechtsgr. 1038. (Zeyse-Brief vom Tag nach Appollonien 1488.)

1527. Mittwoch nach Franzisci. Konstitution, Willkür und Ordnung der Erbfälle und andern Sachen, wie damit durch die ganze Mark Brandenburg und zugehörenden Landten hinfüro soll gehalten werden. (Mylius, C. C. March. Thl. 2. Abth. 1. No. 3. Kol. 19.; Rabe, Samml. Bd. I. Abth. 1. S. 2.)

— „Erbfälle zwischen Eheleuten.“ Verpflichtung des Kur- und Neumärkischen überlebenden Ehegatten seinen eigenen Gläubigern gegenüber. — Vergl. A. L. R. II. 1. § 495.; Kammergerichts-Ordnung vom 11. Dezbr. 1700.; Märkisches Erbschafts-Edikt vom 30. April 1765 Abth. 2. § 8.

Rechtsgr. 1039. — III. Senat. 7. Juli 1854. (XIV. 125.)

Nach dem Märkischen Provinzialrechte liegt dem überlebenden Ehegatten, welcher Erbe des verstorbenen geworden ist, die Pflicht zur Einwerfung seines Vermögens in die Nachlaßmasse lediglich im Verhältnisse zu seinen Miterben ob, und wird daher durch dieselbe in den von ihm hinsichtlich seines eigenen Vermögens gegen dritte Personen eingegangenen Verpflichtungen Nichts geändert.

Siehe auch Rechtsgr. 721. (A. L. R. II. **18**. § 574.)

1534. April 1. Bergwerksvertrag Königs Ferdinand I. mit den böhmischen Ständen. (Schmidt, Chronol. Samml. Abth. 1. Bd. 1. S. 168.)

— XII. Siehe Rechtsgr. 1084. (Schlesische Bergordnung vom 5. Juni 1769 Kap. 1. § 2.)

1534. Kirchen-Ordnung im Lande zu Pommern.

— Tit. 6. Siehe Rechtsgr. 1291. (General-Konzession vom 23. Juli 1845 § 10.)

1539. Januar 1. Landes-Ordnung der Grafschaft Henneberg.

— Buch 3. Tit. 2. Kap. 3. §§ 1. 7., Tit. 3. Kap. 11. §§ 1. 2., Kap. 13. §§ 1-3., Tit. 4. Kap. 12. § 1. Güterrecht und Erbrecht der Eheleute nach dem Provinzialrecht der Grafschaft Henneberg. — Vergl. A. L. R. II. **1**. § 495; Verordn. vom 12. Juni 1704.

Rechtsgr. **1040**. — I. Senat. 1. Juni 1855. (XVIII. 20.)

a. Nach dem Hennebergischen Provinzialrecht besteht unter Eheleuten eine Gütergemeinschaft weder im Allgemeinen noch in Beziehung auf den Erwerb während der Ehe.

b. Nach demselben beerben Eheleute einander nicht, vielmehr vererben sämmtliche Güter des verstorbenen Ehegatten mit dessen Tode auf seine nächsten Blutsverwandten.

c. Wenn Kinder vorhanden sind, so behält der Ueberlebende an den Gütern des Verstorbenen den Nießbrauch bis zu seiner Wiederverheirathung.

d. Wenn keine Kinder vorhanden sind, so hat der Ueberlebende die Güter des Verstorbenen den Erben binnen Jahresfrist auszuantworten, es sei denn, daß die Eheleute kein Vermögen zu einander gebracht, dasselbe vielmehr erst während der Ehe errungen hatten, in welchem Falle dem Ueberlebenden bis zu seiner Wiederverheirathung oder seinem Tode Besitz und Genuß der ganzen Errungenschaft verbleibt.

1559. Septbr. 1. Bergordnung für Nassau-Katzenellenbogen. (Wagner, Corp. jur. metall. S. 767.)

— Art. **29**. Siehe. Rechtsgr. 710. (A. L. R. II. **16**. § 223.)

1570. Reichsabschied. (Emminghaus, Corp. jur. Germ. Theil 1. S. 367.)

— § **84**. Begründung des Gerichtsstandes für die Hauptsache durch die Anlegung des Arrestes gegen Ausländer nach Gemeinem Rechte und dem Trierschen Landrechte. — Vergl. A. G. O. I. **2**. § 119, **29**. § 42.; Reichsabschied von 1594 § 81.; Triersches Landrecht von 1713 Tit. 17. § 4., Tit. 18. § 16.

Rechtsgr. **1041**. — V. Senat. 21. Oktober 1856. (XXII. 244.)

a. Durch die Anlegung des Arrestes wird der Gerichtsstand für die Hauptsache nach Gemeinem Recht und dem Trierschen Landrecht Ausländern gegenüber nicht begründet.

Rechtsgr. **1042**. — V. Senat. 21. Oktober 1856. (XXII. 244.)

b. Sind die mit Arrest belegten Gegenstände erweislich von einem geringeren Werthe als die Forderung, so ist die Kaution nur nach diesem geringeren Werthe zu bemessen.

1575. Septbr. 18. Maximilianischer Bergwerksvergleich. (Schmidt, Chronol. Samml. Abth. 1. Bd. 3. S. 293 ff.)

Siehe Rechtsgr. 1083. 1084. (Schlesische Bergordnung vom 5. Juni 1769 Kap. 1. § 2.)

1577. Februar 5. Bergwerksordnung Kaiser Rudolph II. vor das Herzogthum Schlesien. (Brachvogel, Bd. 3. S. 709.)

Siehe Rechtsgr. 1083. 1084. (Schlesische Bergordnung vom 5. Juni 1769 Kap. 1. § 2.)

1588, 18. Juni. Stadtgebothe oder Willkür der Stadt Stolpe. (von Kamptz, Provinzial- und Statutarrechte Thl. 2. S. 114.)

— **§ 5.** Siehe Rechtsgr. 974. (Revidirtes Lübisches Recht.)

1592. Januar 18. Polizei-Ordn. der Haupt- und Residenzstadt Münster. (Schlüter, Provinzialrecht der Prov. Westphalen Bd. 1. S. 117 ff.)

— **Kap. 5.** Siehe Rechtsgr. 1044. 1045. (Adjektum 2. v. Dezbr. 1607.)

— **Kap. 6.** Siehe Rechtsgr. 1043. (Adjektum vom 20. Dezbr. 1601.)

1594. Reichsabschied. (Emminghaus, Corp. jur. Germ. Theil 1. S. 410.)

— **§ 81**. Siehe Rechtsgr. 1041. (Reichsabschied von 1570 § 84.)

1601. 20. Dezember. Adjektum zu Kap. 6. der Münsterischen Polizei-Ordnung vom 18. Januar 1592. (Schlüter, Provinzialrecht der Provinz Westphalen Bd. 1. S. 123.)

— **Unbeschränkte Testirfreiheit des in unbeerbter Ehe lebenden Ehegatten nach der Münsterischen ehelichen Gütergemeinschaft. — Vergl. Münsterische Polizei-Ordnung vom 18. Januar 1592 Kap. 6.**

Rechtsgr. **1043**. — I. Senat. 8. Juni 1857. (XXIV. 358.)

Die Bestimmungen des Adjekti vom 20. Dezember 1601 zur Münsterschen Polizei-Ordnung vom 18. Januar 1592, nach welcher kinderlose, in Münsterischer Gütergemeinschaft lebende Eheleute sich mit Ausschließung ihrer Eltern zu Erben einsetzen können, ist als noch geltende, das gütergemeinschaftliche Successionsrecht betreffende provinzielle Rechtsnorm zu betrachten.

1607. in Decembri. Adjektum 2. zu Kap. 5. der Münsterischen Polizei-Ordnung vom 18. Januar 1592. (Schlüter, Provinzialrecht der Provinz Westphalen Bd. 1. S. 121. 122.)

— **Voreheliche Schulden:**

A. **Mitverhaftung des Münsterischen Ehegatten für voreheliche Schulden des andern Ehegatten.**

Rechtsgr. **1044**. — III. Senat. 1. Dezember 1854., IV. Senat. 20. März 1855. (XVI. 46., XVII. 84.)

Nach der Münsterischen ehelichen Gütergemeinschaft ist der eine Ehegatte die vorehelichen Schulden des andern Ehegatten zu tragen nicht verpflichtet; er ist vielmehr, ohne den Nachweis förmlicher Güter-Separation führen zu brauchen, berechtigt, sein eingebrachtes Gut und die Hälfte der ehelichen Errungenschaft für sich zu behalten, und nur verbunden, das Uebrige, nämlich das Eingebrachte des verschuldeten Ehegatten und die andere Hälfte der Errungenschaft, den Gläubigern desselben zu überlassen, ohne in dieser Beziehung an bestimmte Fristen gebunden zu sein.

B. Neue Schulden behufs Bezahlung vorehelicher Schulden.

Rechtsgr. **1045.** — IV. Senat. 20. März 1855. (XVII. 84.)

Die während bestehender Ehe behufs Bezahlung vorehelicher Schulden gemachten neuen Schulden haben — außer dem Falle des bösen Glaubens des Gläubigers — nicht das Privilegium der vorehelichen Schulden.

1616. Nassau-Katzenellenbogische Landesordn. (2. Aufl., Frankf. 1711.) — Theil 4. Kap. 2. § 1. Erbrecht unehelicher Kinder in den Nachlaß des Vaters. — Vergl. Nov. 18. Cap. 5., Nov. 89. Cap. 12. § 4.

Rechtsgr. **1046.** — V. Senat. 13. Februar 1855. (XV. 350.)

Das Erbrecht des unehelichen Kindes auf den sechsten Theil des Nachlasses des Vaters wird nach der Nassau-Katzenellenboger Landesordnung, – abweichend von dem Römischen Rechte – durch das Vorhandensein einer Ehefrau des Erblassers nicht ausgeschlossen.

1639. 31. Oktober. Landrechten ende ordonnantien van Lingen. (Schlüter, Provinzialrecht der Provinz Westphalen Bd. 2. S. 62 ff.) — Kap. 3. §§ 1-5. 9. Erbfolge in ehemals eigenbehörige Kolonate mit Rücksicht auf die Lingensche eheliche Gütergemeinschaft. — Vergl. Minden-Ravensbergsche Eigenthums-Ordnung vom 26. Novbr. 1741 Kap. 11. § 3.; Bergisches Dekret vom 12. Dezbr. 1808 Art. 1 ff.

Rechtsgr. **1047.** -- I. Senat. 30. Januar 1857. (XXIII. 312.)

a. Nach der Lingenschen ehelichen Gütergemeinschaft ist das von beiden Eheleuten als Wehrfestern besessene ehemals eigenbehörige Kolonat nach Aufhebung der Leibeigenschaft durch das Bergische Dekret vom 12. Dezember

1808 in die allgemeine Gütergemeinschaft gefallen und den damit verknüpften bürgerlichen Vererbungsgrundsätzen unterworfen worden.

b. Ist daher der Ehemann vor dem Gesetze vom 21. April 1825 gestorben, so kann die Wittwe nicht über das ganze Kolonat zum Vortheil eines der Kinder verfügen.

1641. 30. November. Bau=Ordnung für die Stadt Berlin. (Rabe, Samml. Bd. 1. Abth. 1. S. 29.; Grein, die Rechtsverhältnisse der Nachbarn S. 120.)

— § **20**. Siehe Rechtsgr. 499. (A. L. R. I. **22**. § 13.)

1643. 12. Mai. Morgensprache zwischen Rath und Bürgerschaft der Stadt Hamm.

— § **5**. **Eheliche Gütergemeinschaft und Erbfolge der Eheleute:**

A. Begründung der ehelichen Gütergemeinschaft in der Stadt Hamm. — Vergl. A. L. R. II. 1. §§ 345. 346. 350.

Rechtsgr. **1048**. — I. Senat. 16. Januar 1857. (XXIII. 239.)

Auch nach dem Statutarrecht der Stadt Hamm gilt der Grundsatz, daß die eheliche Gütergemeinschaft dadurch begründet wird, daß die Eheleute ohne Ausschließung derselben an dem Orte, wo dieselbe gilt, ihren ersten Wohnsitz nehmen, und daß deren Anwendbarkeit durch die gesetzliche Regel beschränkt wird, daß die bloße statutarische Gütergemeinschaft sich nicht auf Eheleute erstreckt, die vermöge ihres Standes von der Gerichtsbarkeit der ordentlichen Obrigkeit des Orts, wo sie leben, ausgenommen sind.

B. Statutarisches Erbrecht des überlebenden Ehegatten in der Stadt Hamm. — Vgl. A. L. R. II. 1. § 495.; Revidirter Entwurf des Provinzialrechts der Grafschaft Mark von 1836 § 31.; Statut vom Jahre 1413 § 5.; Edikt v. 4. Novbr. 1686; Gutachten der Gesetz=Kommission vom 23. August 1785; Verordnung v. 2. Januar 1849 § 15.; Gesetz vom 26. April 1851.

Rechtsgr. 1049. — I. Senat. 16. Januar 1857. (XXXIII. 239.)

Nach dem Statutarrechte der Stadt Hamm ist, bei nicht ausgeschlossener Gütergemeinschaft und in Ermangelung abweichender Verträge oder letztwilliger Verordnungen, der überlebende Ehegatte des kinderlos verstorbenen Ehegatten alleiniger Erbe.

1648. 24. Oktober. Westphälischer (Osnabrücker) Friedensschluß. (Emminghaus, Corpus juris germ. Thl. 1. S. 445.; Schmausz, Corp. jur. publ. S. 741.)

— Art. 5. §§ 2. 14. Verpflichtung des Fiskus als Besitzer des Vermögens säkularisirter Stifte. — Vergl. A. L. R. II. 11. §§ 238 ff.; Reichsdeputations-Hauptschluß vom 25. Februar 1803 §§ 35. 63.

Rechtsgr. 1050. — I. Senat. 20. Juni 1856. (XXII. 51.)

Wenn vor dem 1. Januar 1624 bei der Theilung einer katholischen Kirche mehrere neue katholische Pfarrkirchen als Tochterkirchen errichtet worden, und aus diesen wiederum neue protestantische Gemeinden entstanden, während einige Mitglieder jener neuen Kirchen katholisch und unter der Seelsorge der Mutterkirche geblieben sind, so sind sowohl jene protestantischen Gemeinden, als auch die katholisch gebliebene Gemeinde der Mutterkirche, als Rechtsnachfolger der neu errichtet gewesenen früheren katholischen Pfarrgemeinden zu betrachten. Daher haben jene und diese auf den Grund des Westphälischen Friedensschlusses einen gleichen Anspruch auf künftigen ungestörten Besitz ihrer Rechte auf Bestreitung ihrer kirchlichen Bedürfnisse aus den der Mutterkirche verbliebenen inkorporirten Kirchengütern.

— Art. 7. § 1. Siehe Rechtsgr. 664. (A. L. R. II. 11. § 283.)

1651. 2. Dezember. Sächsische Landesordnung. (Cod. Aug. Tom. III. Lib. 2. pag. 452.)

— Tit. 2. §§ 12-14. Siehe Rechtsgr. 1053. (Sächsische Landesordn. vom 28. Januar 1669.)

1654. Jüngster Reichsabschied. (**Emminghaus**, Corp. jur. germ. Thl. 1. S. 477.; **Schmausz**, Corp. jur. publ. Nr. 73. S. 1132.)

— **§ 105.** Siehe Rechtsgr. 4. (A. L. R. Publ.-Pat. vom 5. Februar 1794 § 7.)

1657. Schwedische Tribunalsordn. (Wismar 1657 und Stralsund 1779.)

— **Thl. 2. Tit. 29. § 1.** Siehe Rechtsgr. 1054. (Schwedische Hofgerichtsordnung von 1672, II. **30.** § 8.)

1660. Privilegium des Königs Kasimir von Polen wegen Verleihung des Kaduzitätsrechts an die Stadt Danzig.

— Ausschließung des Erbrechts der Ehegatten nach dem Statutarrecht der Stadt Danzig. — Vergl. A. L. R. II. **1.** § 495., **2.** §§ 271 ff.; Danziger Willkür Theil 2. Kap. 6. Art. 7.; Kulmisches Recht, Buch 3. Tit. 8. Kap. 21. und Tit. 10. Kap. 11., Buch 4. Tit. 14. Kap. 14.; Patent vom 2. Juni 1793 § 9.; Instruktion vom 6. Aug. 1796 § 1.

Rechtsgr. **1051**. — I. Senat. 26. Juni 1854. (XIII. 346.)

a. Nach der im Danziger Gebiete unter Eheleuten bestehenden allgemeinen statutarischen Gütergemeinschaft hat der überlebende Ehegatte auf den aus der Hälfte des gemeinschaftlichen Vermögens bestehenden Nachlaß des Erstverstorbenen kein Erbrecht, vielmehr fällt dasselbe in Ermangelung von zur Erbfolge berufenen Blutsverwandten des Erblassers an die Kämmereikasse der Stadt Danzig.

b. Haben daher Brautleute im alten Danziger Gebiete durch einen Ehevertrag die Gemeinschaft aller Güter und des Erwerbes ausgeschlossen, ohne weitere Verabredungen wegen ihrer Vermögensverhältnisse zu treffen, so hat nach durch den Tod getrennter Ehe der überlebende Ehegatte auf die Erbfolge in den Nachlaß des Erstverstorbenen keinen gesetzlichen Anspruch.

1663. 16. März. Kurköllnische Rechtsordnung. (**Schlüter**, Provinzialrecht der Grafschaft Recklinghausen S. 149 ff.)

— Wirksamkeit des Schuldscheins einer Ehefrau nach dem Provinzialrecht der Grafschaft Recklinghausen.

Rechtsgr. 1052. — IV. Senat. 25. Januar 1855. (XVI. 230.)

Nach dem Provinzialrechte der Grafschaft Recklinghausen hat der von einer Ehefrau ohne Zustimmung ihres Ehemannes über voreheliche Schulden ausgestellte Schuldschein keine Gültigkeit.

1663. 5. Septbr. Hauptkommissionsrezeß. (Dähnert, Landesurkunden I. 390 ff.)

— Siehe Rechtsgr. 1026. (Codex 1. 51. Lex 11.)

1667. April. Ordonnance civil. (v. Daniels, Hdb. Bd. 1. S. 6.; Graeff, Chronol. Samml. S. 1.)

— Tit. **22.** Art. **2.** Siehe Rechtsgr. 1003b. (code de procedure civile art. 257.)

— Tit. **27.** Art. **9.** Siehe Rechtsgr. 992. (Code Nap. art. 1183.)

1669. 28. Januar. Niederlausitzsche revidirte Landesordnung. (Cod. Aug. Tom. III. Lib. 2. pag. 452.)

— Tit. **2.** §§ **15-17.** Wegfall der Verpflichtung des Gutsherrn zum Abgaben-Erlaß bei Brandschäden in der Niederlausitz. — Vgl. Sächsische Landesordnung vom 2. Dez. 1651 Tit. 2. §§ 12-14.; Verfassungsurkunde vom 31. Jan. 1850 Art. 42.; Gesetze Nr. 3233. vom 2. März 1850 § 1. Nr. 8. §§ 2. 3. 82. Lit. b. und Nr. 3256. vom 11. März 1850 §§ 1 ff.; Bekanntmachung v. 22. April 1851 u. Ges. v. 26. April 1851.

Rechtsgr. 1053. — II. Senat. 19. Oktober 1854. (XV. 151.)

a. Die gesetzliche Gültigkeit der Niederlausitz'schen Landesordnungen vom 2. Dezember 1651 und 28. Januar 1669 ist für Lindow und das Amt Friedland nicht zu bestreiten.

b. Die Landesordnung vom 28. Januar 1669 ist als Provinzial-Gesetz noch jetzt in Kraft.

c. Der Grund der in den §§ 15-17. Tit. 2. dieser Landesordnung der Gutsherrschaft auferlegten Verpflichtung, ihre verunglückten Unterthanen zu unterstützen, resp. ihnen die Abgaben zu erlassen, ist das gutsherrliche Verhältniß.

d. Diese Verpflichtung beruht nicht auf Observanz, sondern auf dieser gesetzlichen Vorschrift.

e. Das gutsherrliche Verhältniß ist aufgehoben, und damit jene Verpflichtung fortgefallen.

1671. Reichsabschieds-Anfang. (Samml. der R. A. Thl. 4. S. 78.)

— Nr. **10.** Siehe Rechtsgr. 1055. (Schwedische Hofgerichtsordnung vom 1672 Thl. III. Tit. 6. § 3.)

1672. Schwedische Hofgerichtsordnung für das Herzogthum Vorpommern und das Fürstenthum Rügen. (Ausgabe von 1774.)

— II. **30.** § **8.** Siehe Rechtsgr. 214. (A. L. R. I. **11.** Anh. § 14. zu § 204.)

— II. **31.** § **3.** Kompensation der Prozeßkosten. — Vergl. Schwedische Tribunalsordnung von 1657, II. **29.** § 1.; Verordnung vom 14. Dez. 1833 § 4. Nr. 1.

Rechtsgr. **1054.** — V. Senat. 16. Mai 1854. (XIII. 100.)

Ob temeritas oder justa causa litigandi oder factum intricatum vorliegt, und sonach Kompensation der Kosten eintritt oder nicht, ist eine thatsächliche Frage.

— III. **6.** § **3.** ibique recessus. Verhaftung des Gemeinschuldners nach beendigtem Konkurse nach Neu-Vorpommerschem Provinzialrechte. — Vergl. Konkursordnung vom 8. Mai 1855 § 280.; Dig. **4. 4.** Lex. 37. § 1., **17.** 2. Lex. 63. § 7., **42.** 1. Lex. 22. § 1., Lex. 51. princ.; Reichsabschied von 1671 Nr. 10.

Rechtsgr. **1055.** — V. Senat. 16. Dezember 1856. (XXIII. 155.)

Nach Neuvorpommerschem Provinzialrecht kann nur derjenige Kridar, welcher bonis cedirt und dabei den gesetzlichen Erfordernissen ein Genüge geleistet hat, verlangen, daß seine im Konkurse nicht befriedigten Gläubiger ihn wegen ihrer ausgefallenen Forderungen nicht eher wieder in Anspruch nehmen, als bis er zu besserem Vermögen gelangt ist.

1685. 13. Nov. Kirchenordnung für das Herzogthum Magdeburg. (**Mylius**, Corp. const. Magd. Theil 1. Nr. 1. Seite 3 ff.)

— Kap. **24.** § **3.** Siehe Rechtsgr. 1059. (Magdeburger Kirchenordn. vom 9. Mai 1739. Kap. 26. § 3.)

1686, 4. November. Edikt, die eheliche Gütergemeinschaft im Herzogthum Kleve und der Grafschaft Mark betreffend. (Scotti, Samml. der Kleve-Märkischen Prov.-Gesetze Thl. 1. S. 592.)

— Siehe Rechtsgr. 1049. (Morgensprache v. 12. Mai 1643 § 5.)

1688, 3. Januar. Kurfürstlich-Brandenburgische im Herzogthum Magdeburg und der Grafschaft Mansfeld publizirte Polizei-Ordnung. (Mylius, C. C. Magdeb. Thl. 3. Nr. 1.)

— **Kap. 3.** § **2.**, **Kap. 9. Abschn. 1.** § **4.** Siehe Rechtsgr. 1069. (Wegebesserungs-Edikt v. 14. Juli 1742.)

1694, 8. Dezember. Lehnskonstitution für Hinterpommern. (Lünig, Corp. jur. feud. Thl. 2. S. 1113.)

— Siehe Rechtsgr. 419. (A. L. R. I. **18.** § 300.)

1696, 21. August. Reskript Kurfürst Friedrichs III, betreffend die Befreiung Kurfürstlicher Beamten vom Pfarrzwange. (Just. Henning Böhmer, Jus parochiale Sect. IV. cap. 1. § 13. S. 193.)

— Siehe Rechtsgr. 664. (A. L. R. II. **11.** § 283.)

1699, 11. und 21. September. Wegebau-Mandat. (Mylius, Corp. Const. Magdeb. nov. Thl. 3. S. 488.)

— Siehe Rechtsgr. 1069. (Wegebau-Edikt v. 14. Juli 1742.)

1700, 11. Dezember. Neumärkische verbesserte Kammergerichts-Ordnung. (Mylius, C. C. March. Thl. 2. Abth. 1. Nr. 94.)

— Siehe Rechtsgr. 1039. (Constitutio Joachimica von 1527.)

1701, 17. August. Wegebau-Mandat. (Mylius, C. C. Magdeb. nov. S. 516.)

— Siehe Rechtsgr. 1069. (Wegebesserungs-Edikt v. 14. Juli 1742.)

1704, 12. Juni. Verordnung Herzogs Moritz von Sachsen, betreffend die Verhältnisse des überlebenden Ehegatten in der Grafschaft Henneberg.

— Siehe Rechtsgr. 1040. (Hennebergsche Landesordnung v. 1. Januar 1539 Buch III. Tit. 2. Kap. 3. § 1.)

1713, 22. April. Erneuerte und verbesserte Landes-Ordnung für das gesammte Erzstift Trier. (Maurenbrecher, Rheinpreußische Landrechte Bd. 2. S. 47.)

— Tit. **17.** § **4.**, Tit. **18.** § **16.** Siehe Rechtsgrundsätze 1041. 1042. (Reichsabschied von 1570 § 84.)

1719, 25. März. Verordnung, betreffend die Königliche Approbation und Unterschrift aller zu erlassenden Gesetze. (Mylius, C. C. March. Thl. 2. Abthl. 1. Nr. 184.; Rabe, Sammlung, Bd. 1. Abth. 1. Seite 523.)

— Siehe Rechtsgr. 5. (A. L. R. Einl. § 9.)

1720, 20. Mai. Renovirte und verbesserte Holz-, Mast- und Jagd-Ordnung für die Mittel-, Alt-, Neu- und Uckermark. (Mylius, C. C. March. Thl. 4 Abth. 1. Nr. 104. S. 683.; Rabe, Sammlung, Bd. 1. Abth. 1. S. 531.)

— Tit. **4.** § **3.** Siehe Rechtsgr. 1099 (Deklaration v. 18. August 1806 § 2.)

1727, 1. Dezember. Königlich Preußisches Seerecht. (Königsberg 1728.)

— Art. **26.** Siehe Rechtsgr. 645. (A. L. R. II. **8.** § 1499.)

1735, 10. September. Edikt über den Bau der Straßen und Brücken in dem Fürstenthum Minden und den Grafschaften Ravensberg, Tecklenburg und Lingen. (Schlüter, Provinzialrecht der Provinz Westphalen, Bd. 2. S. 117.

— Verpflichtung zum Bau der Landstraßen und Brücken in dem Fürstenthum Minden. — Vergl. A. L. R. II. **15.** §§ 11. 15.; Code Napoléon art. 538. 650.; Dorfordnung v. 7. Februar 1755 §§ 6. 34.; Französisches Gesetz vom 1. Dezember 1798; Kaiserlich Französisches Dekret vom 16. Dezember 1811; Publikations-Patent vom 9. September 1814 § 2.

Rechtsgr. **1056.** — III. Senat. 2. Februar 1855. (**XX.** 6.)

Die provinzialrechtliche Verpflichtung der früher zum Ober-Ems-Departement des Französischen Kaiserreichs gehörig gewesenen Dorfschaften des Fürstenthums Minden zum Bau der Landstraßen und Brücken ist durch die fremdherrliche Gesetzgebung nicht aufgehoben.

1739, 8. Mai. Edikt wider die allzu ungleichen und zum Theil schändlichen Heirathen derer vom Adel in den Königlichen Landen. (Mylius, C. C. March. cont. I. Nr. 18. S. 251; Rabe, Samml., Bd. 1. Abth. 2. S. 129.)

— Siehe Rechtsgr. 518. (A. L. R. II. 1. § 30.)

1739, 9. Mai. Revidirte Kirchen-Ordnung im Herzogthum Magdeburg, wie auch in der Grafschaft Mansfeld Magdeburgischer Hoheit. (Rabe, Samml., Bd. 1. Abth. 7. S. 158.)

— Kap. 26. §§ 1-3. 6.:

A. Fortdauernde Gültigkeit dieser Kirchen-Ordnung. — Vgl. A. L. R. Einl. §§ 4. 6. 60., II. 11. §§ 710. 711.; Dig. 1. 3. Lex 32. § 1.; Cod. 8. 53. Lex 2.; Patent v. 9. Sept. 1814 § 2.

Rechtsgr. 1057. — I. Senat. 26. November 1855. (XVIII. 317.)

a) Die Gültigkeit der Magdeburger Kirchen-Ordnung vom 9. Mai 1739 dauert noch gegenwärtig fort.

b) Gegen dieselbe hat sich kein Gewohnheitsrecht ausbilden können.

B. Beitragspflicht des Kirchenpatrons zu den Kosten der Kirchen- und Pfarrbauten nach Magdeburgischem Provinzialrecht. — Vergleiche A. L. R. II. 11. §§ 710. 720 ff. 789.; Revid. Entwurf des Provinzialrechts des Herzogthums Magdeburg §§ 291. 292. u. Motive S. 215 ff.

Rechtsgr. 1058. — I. Senat. 19. Juli 1854. (XIV. 186.)

Ist nach dem Provinzial-Rechte des Herzogthums Magdeburg und der Grafschaft Mansfeld der Kirchenpatron zu den Kirchen- und Pfarrbauten bei Unzulänglichkeit des Kirchenvermögens sämmtliche Materialien, oder nur die Haupt-Materialien, Holz, Kalk und Steine, zu liefern verpflichtet?*

C. Observanz in Betreff der Beitragspflicht der Filialkirchen zu den Baukosten der Pfarr- und Schulmeisterwohnungen. — Vergleiche Kirchen-Ordnung vom 13. November 1685 Kap. 24. § 3.)

Rechtsgr. 1059. — I. Senat. 26. November 1855. (XVIII. 317.)

Die Bestimmung des § 3. Kap. 26., wonach die

*) Die Verpflichtung erstreckt sich auf sämmtliche, auch die Nebenmaterialien. Vergl. das Präjudiz Nr. 722. vom 24. August 1839 (Präj.-Samml. I. S. 291.).

Filialkirchen nur „etwa" den dritten Theil zu den Pfarr- und Schulmeisterwohnungen beizutragen haben, schließt die Bildung einer anderweitigen Observanz nicht aus.

D. Verpflichtung zum Bau der Schulmeisterwohnung. — Vergleiche A. L. R. II. **11.** §§ 327. 789., **12.** §§ 22 ff. 34 ff.; Extra Decr. **3.** 38. cap. 25.

Rechtsgr. **1060.** — I. Senat. 6. Oktober 1854. (XV. 79.)

Auch im Magdeburgischen besteht kein dem Kirchenpatronat analoges Schulpatronat, und kann daher aus der Berechtigung zur Anstellung des Schullehrers auf dem Lande für sich allein die Verpflichtung zum Bau der Schulmeisterwohnung nicht gefolgert werden.

1741, 26. November. Königlich Preußische Eigenthums-Ordnung des Fürstenthums Minden und der Grafschaft Ravensberg. (Wigand, Provinzialrecht des Fürstenthums Minden Bd. 2. S. 382 ff.; Stengel, Beiträge Bd. 14. S. 12 ff.; Schlüter, Provinzialrecht der Grafschaft Tecklenburg und der Obergrafschaft Lingen Seite 121 ff.; Rabe, Samml. Bd. 1. Abth. 2. S. 154.)

— Kap. **3.** § **2.**, Kap. **12.** § **9.** Pekulium des mahljährigen Besitzers eines ehemals eigenbehörigen Kolonats. — Vgl. Westphälisches Dekret vom 23. Januar 1808; Bergisches Dekret vom 12. Dezember 1808.

Rechtsgr. **1061.** — I. Senat. 22. September 1856. (XXII. 195.)

a) Der mahljährige Besitzer eines in dem Fürstenthum Minden oder in der Grafschaft Ravensberg belegenen Kolonats, er mag schon zur Zeit der Aufhebung der Leibeigenschaft durch das Bergische Dekret vom 12. Dezember 1808 resp. das Westphälische Dekret vom 23. Januar 1808 sich im Kolonatbesitze befunden, oder diesen Besitz erst später erlangt haben, ist gesetzlich nicht verpflichtet, das beim Ablaufe der Mahljahre vorhandene, aus den Mitteln der Stätte erworbene Pekulium dem Anerben zurückzulassen.

b) Der vorstehende Grundsatz findet auch auf den eingebrachten Brautschatz des Mahlzählers oder der Mahlzählerin Anwendung.

— Kap. 11. §§ 1-3. 10. 11. 13. Anerbenrecht:

A. Erlöschung des Anerbenrechts durch Uebernahme des zum gütergemeinschaftlichen Vermögen gehörigen ehemals eigenbehörigen Kolonats seitens des Vaters in dem Schicht- und Theilungsvertrage; Anfechtung dieses Vertrages wegen Irrthums. — Vergl. A. L. R. I. 16. § 418., 17. § 111.; Gesetz Nr. 940. v. 21. April 1825 § 23.; Kabinetsorder v. 24. November 1833.

Rechtsgr. 1062. — I. Senat. 14. Mai 1855. (XVIII. 1.)

a) Nach dem Institut der Minden-Ravensbergischen und Paderborner Gütergemeinschaft erhält das von dem Schichtgeber besessene ehemals eigenbehörige, dem Heimfall noch unterworfen gewesene Kolonat dadurch, daß er es bei der Auseinandersetzung mit den Kindern erster Ehe mit zur Theilung gebracht und denselben die Hälfte des Werthes zugetheilt hat, die Natur eines in die neue gütergemeinschaftliche Ehe übergegangenen, dem Anerben resp. dem Erbrechte des abgeschichteten Sohnes nicht weiter unterworfenen Vermögens-Bestandtheils des Schichtgebers.

b) Ein solcher Schicht- und Theilungs-Vertrag kann auch nach dem Tode des Schichtgebers von dem zur dereinstigen Nachfolge in das Kolonat gesetzlich berechtigt gewesenen Anerben erster Ehe mit der Behauptung, daß die Kontrahenten das Anerbenrecht irrthümlich für gesetzlich aufgehoben erachtet hätten, nicht angefochten werden.

B. Erlöschung des gesetzlichen Anerbenrechts durch das Gesetz vom 18. Dezember 1848. — Vergl. Gesetz Nr. 938. vom 21. April 1825 § 37.; Deklaration vom 24. November 1833; Gesetz vom 18. Dezember 1848 § 4.

Rechtsgr. 1063. — I. Senat. 16. Februar 1855. (XVII. 25.)

Durch das Gesetz vom 18. Dezember 1848 ist das

Recht des gesetzlichen Anerben eines Minden-Ravensbergischen ehemals eigenbehörigen Kolonats dergestalt für erloschen zu erachten, daß bei dem hiernächst erfolgenden Tode des überlebenden der Eltern desselben die bürgerliche Intestat-Erbfolge nach den Grundsätzen der ehelichen Gütergemeinschaft eintritt.

C. Vertragsmäßiges Anerbenrecht. — Vergl. A. L. R. I. 4. § 162., 5. § 226.

Rechtsgr. **1064**. — I. Senat. 28. Januar 1856. (XIX. 317.)

Auch das vertragsmäßige Anerbenrecht ist, — wenn die Kontrahenten bei Abschluß des Vertrages die desfallsigen Bestimmungen der Eigenthums-Ordnung vor Augen gehabt haben, — an die Erledigung der Stelle seitens des bisherigen Besitzers geknüpft und geht daher auf die Erben nicht über.

D. Verwirklichung des Erbfolgerechts des gesetzlichen Anerben. — Vgl. Gesetz Nr. 938. vom 21. April 1825 § 23.

Rechtsgr. **1065**. — I. Senat. 21. Dezember 1855; 28. April 1856. (XIX. 210. u. 304.; XXI. 145.)

Das den Kindern resp. Verwandten der Kolonen vermöge der Geburt zustehende Anerbenrecht hatte nur die Natur eines künftigen bedingten Rechts, eines Erbrechts, das erst dann für den Anerben als ein gegenwärtiges, unbedingtes, vollständig erworbenes Recht auf die Stätte zur Wirklichkeit gelangte, wenn das Kolonat nach dem Absterben beider Eltern resp. Kolonen, oder auf Grund der Abtretung der Stätte von Seiten der letzteren zur Wiederbesetzung eröffnet wurde.

E. Verfügungsbefugnisse des überlebenden Ehegatten über das dem Heimfalle noch unterworfene ehemals eigenbehörige Kolonat. — Vergl. Gesetz Nr. 938. v. 21. April 1825 §§ 15. 23. 24. 37.; Deklaration v. 24. November 1833.

Rechtsgr. 1066. — I. Senat. 23. Januar 1856, 28. April 1856. (XIX. 302.; XXI. 145.)

Der überlebende Ehegatte und Wehrfester eines dem Heimfall noch unterworfenen Kolonats ist durch das gesetzliche Anerbenrecht in seinen Verfügungen über das Kolonat nicht beschränkt.

Rechtsgr. 1067. — I. Senat. 28. April 1856. (XXI. 145.)

Auch nach seiner Wiederverheirathung wird der überlebende Ehegatte und Wehrfester eines dem Heimfalle noch unterworfenen Kolonats durch das gesetzliche Anerbenrecht in der freien Dispositionsbefugniß über dasselbe nicht beschränkt.

Rechtsgr. 1068. — I. Senat. 21. Dezember 1855. (XIX. 210.)

War der Fall der Auseinandersetzung des Anerben mit dem Ueberlebenden der Eltern, als bisherigen Wehrfester, vor der Verordnung v. 18. Dezember 1848 nicht eingetreten, so ist das Kolonat im Fall der stattfindenden prorogirten Gütergemeinschaft ein Bestandtheil derselben geworden.

Siehe auch Rechtsgrundsätze 1047. 1116. (Lingensches Landrecht v. 31. Oktober 1639 Kap. 3. § 3.; Verordn. v. 8. Januar 1816.)

1742, 15. Januar. Notifikations-Patent, betreffend die Einrichtung bei dem weltlichen und geistlichen Justizwesen in dem Herzogthum Nieder-Schlesien. (Korn'sche Edikten-Samml. Bd. 1. S. 16; Suarez, Sammlung alter und neuer Schlesischer Provinzialgesetze Theil 2. Abth. 1. S. 10. 11.)

— § 23. Siehe Rechtsgr. 131. (A. L. R. I. 7. § 146.)

1742, 14. Juli. Edikt, wie es künftig wegen Verrichtung der Fuhren und Handdienste bei Reparirung der Wege in den Land- und Poststraßen zu halten.

— Verpflichtung zur Wegebesserung in dem Herzogthum Magdeburg und der Grafschaft Mansfeld. — Vergl. Magdeburger Polizei-Ordnung v. 3. Januar 1688 Kap. 3. § 2., Kap. 9. Abschn. 1. § 4.; Wegebau-Mandate vom 11. und 21. September 1699 und v. 17. August

1701; Verordnung vom 26. Dezember 1808 §§ 3. 38. 39.; Regierungs-Instruktion vom 23. Oktober 1817 § 11.

Rechtsgr. 1069. — III. Senat. 19. Januar 1855. (XVI. 194.)

a) In dem Herzogthum Magdeburg und der Grafschaft Mansfeld, Magdeburger Hoheit, ist die Landespolizeibehörde befugt, zur Besserung der Land-, Heer- und Poststraßen einstweilen provisionaliter — mit Vorbehalt ihres Regresses an den eigentlich Verpflichteten — die Obrigkeiten, in deren Gerichten die Wege belegen sind, anzuhalten; sie kann jedoch die Wegebesserung auch von dem ihres Erachtens wirklich dazu Verpflichteten direkt verlangen, ohne daß derselbe von der nur provisionaliter verpflichteten Obrigkeit die Bewirkung der Wegebesserung an seiner statt oder die Erstattung der von ihm exekutivisch beigetriebenen Kosten der Wegebesserung zu beanspruchen berechtigt ist.

b) Die Unterhaltung der innerhalb der Grenzen der Königlichen Domänen-Aemter daselbst belegenen Landstraßen mit Einschluß des durch die Dörfer führenden Theiles derselben liegt dem Königlichen Domänenfiskus, als Grundherrn, ob.

1749, 2. Oktober. Gerichts-Ordnung der Stadt Garz. (Dähnert, Sammlung Pommerscher und Rügenscher Landes-Urkunden. Suppl.-Bd. 3. S. 528.)

— Von Urtheln. § 2. Güterverhältniß unter Eheleuten in der Stadt Garz.

Rechtsgr. 1070. — V. Senat. 19. Februar 1856. (XX. 183.)

In der Stadt Garz findet unter Eheleuten gesetzlich die Gütergemeinschaft nicht statt.

1750, 17. April. Revidirtes General-Privilegium und Reglement vor die Judenschaft im Königreich Preußen. (Nov. Corp. Const. Bd. 1. S. 917 Nr. 2., Bd. 2. S. 115 Nr. 65.; Rabe, Samml. Bd. 1. Abth. 2. S. 265.)

— § 31. Austritt aus der jüdischen Gemeinde. — Vergl. A. L. R. II. 11. § 41.; Verordnung vom 30. März 1847 § 17.; Zusammenstellung der in dem A. L. R. enthaltenen Bestimmungen über Glaubens- und Religionsfreiheit vom 30. März 1847 Nr. 2.

Rechtsgr. **1071**. — I. Senat. 6. Oktober 1854. (XIII. 299.)

Keinem Mitgliede einer jüdischen Gemeinde kann der willkürliche Austritt aus der Gemeinde, so lange er Jude und im Orte wohnhaft ist, gestattet werden.

Rechtsgr. **1072**. — I. Senat. 15. Januar 1855. (XVI. 166.)

Zur Wirksamkeit des beabsichtigten Austritts aus dem Judenthume ist außer der von dem Austretenden abzugebenden desfallsigen gerichtlichen Erklärung der Beitritt zu einer anderen Religionspartei erforderlich.

Siehe auch Rechtsgr. 654. (A. L. R. II. **10**. § 68.)

1750, 4. August. Allgemeine Ordnung vor das souveraine Herzogthum Schlesien, wornach die Land- und Hypothekenbücher über unbewegliche Güther zur Sicherheit der Eigenthümer und creditorum einzurichten. (Korn'sche Edikten-Samml. Bd. 5. S. 348.)

— §§ **21-23**. Siehe Rechtsgr. 953. (A. G. O. I. **50**. § 357.)

1750, 8. August. Reglement, nach welchem künftig die Gravamina in geistlichen Sachen der in Schlesien subsistirenden Religionen abgemachet und entschieden werden sollen. (Korn, Edikten-Samml. Bd. 5. S. 415.)

— Nr. **11**. a. f. g. Beitragspflicht des Kirchenpatrons zu den Schulbaukosten in Schlesien. — Vergl. A. L. R. II. **12**. § 37.; General-Land-Schulreglement für die Römisch-Katholischen in Städten und Dörfern des Herzogthums Schlesien vom 3. November 1765 § 13. Schulreglement für die niederen katholischen Schulen in Schlesien vom 18. Mai 1801; Gesetz Nr. 2742. vom 21. Juli 1846 §§ 1 ff.

Rechtsgr. **1073**. — I. Senat. 17. November 1856. (XXIII. 55. 56.)

a) In der Provinz Schlesien kommen die Grundsätze von Kirchenbauten und Reparaturen auch bei Schulen katholischer Konfession allgemein und ohne den landrechtlichen Unterschied, ob die Schulgebäude zugleich Küsterwohnungen sind, zur Anwendung.

b) Daselbst hat der § 37. II. 12. des Allgem. Landrechts und das Gesetz vom 21. Juli 1846, betreffend die Befreiung der Patrone, Eingepfarrten und des Kirchenärars von ihrer früheren Verpflichtung, auch für den Erweiterungsbau der mit Küster-Wohnungen verbundenen Schulgelasse einzutreten, keine Gültigkeit.

c) Die Schulreglements vom 8. August 1750, 3. November 1765 und 18. Mai 1801 gelten noch jetzt für die katholischen Schulen in Schlesien als provinzialrechtliche Bestimmungen.

d) Der § 13. des Reglements vom 3. November 1765 ist nicht dahin zu verstehen, daß die Gutsherren zum Bau und zur Unterhaltung solcher Landschulen, wo die Gemeinden ganz oder größtentheils katholisch sind, gar nicht beizutragen hätten; vielmehr ist darin gerade die allgemeine Verpflichtung der ersteren, zum Bau und zur Unterhaltung der Schulen, außer den Gemeinden, beizutragen, festgesetzt worden.

1750, 8. August. Erneuerte Allgemeine Stolae-Tax-Ordnung vor das souveraine Herzogthum Schlesien. (Korn'sche Edikten-Sammlung Bd. 5. S. 433.)

— Siehe Rechtsgr. 664. (A. L. R. II. **11**. § 283.)

1754, 25. November. Edikt, wie es hinführo in dem souverainen Erbherzogthum Schlesien und der Grafschaft Glatz mit Abführung der jurium stolae, wenn Königliche Bediente actus parochiales bedürfen, zu halten sei. (Korn'sche Edikten Samml. Bd. 5. S. 654.)

— Siehe Rechtsgr. 664. (A. L. R. -I. **11**. § 283.)

1755, 7. Februar. Dorf-Ordnung für das Fürstenthum Minden und die Grafschaften Ravensberg, Tecklenburg und Lingen. (N. C. C. Bd. 1. S. 739 Nr. 16.; Rabe, Samml. Bd. 1. Abth. 2. S. 388; Schlüter, Provinzialrecht der Provinz Westphalen Bd. 2. S. 158.)

— § **6**. Siehe Rechtsgr. 1056. (Wegebesserungs-Edikt v. 10. September 1735.)

— **29**. Erbrecht und Miteigenthum der Kinder in Betreff des Vermögens der durch den Tod eines der Eltern aufgelösten Ehe nach der

Minden-Ravensbergischen Gütergemeinschaft. — Vergl. A. L. R. I. 17. §§ 127. 131 ff., II. 1. §§ 661. 664.

A. Haftbarkeit der Kinder für die elterlichen Schulden.

Rechtsgr. 1074. — IV. Senat. 19. April 1855. (XVII. 122.)

Nach der Minden-Ravensbergischen Gütergemeinschaft haften die bei dem Tode eines der Ehegatten sofort zum Erbrecht und Miteigenthum gelangenden Kinder für die vor erfolgter Schichtung entstandenen Schulden der Gemeinschaft nach dem Verhältniß des wirklich empfangenen Antheils, oder, falls die vorzunehmende Schichtung dem Gläubiger nicht in Zeiten bekannt gemacht worden, mit ihrem vollen Antheile.

Rechtsgr. 1075. — IV. Senat. 24. Mai 1855. (XVIII. 14.)

Nach dem Systeme der Minden-Ravensbergischen Gütergemeinschaft erhalten die abgeschichteten Kinder ihre Antheile nicht als Gläubiger, sondern als Erben, und sind dieselben daher für die von dem Schichtgeber übernommenen Schulden der bestandenen Ehe nach Verhältniß ihrer empfangenen Antheile, oder, wenn die Schichtung nicht in Zeiten den Gläubigern bekannt gemacht worden ist, mit diesen ganzen Antheilen den Gläubigern verhaftet.

B. Letztwillige Verfügungen des überlebenden Ehegatten. — Vergl. A. L. R. I. 12. § 248., II. 1. § 637., 2. §§ 418. 432. 433.; Gutachten der Gesetzkommission vom 4. April 1789; Bericht des Obertribunals vom 20. März 1844.

Rechtsgr. 1076. — I. Senat. 16. Februar 1855. (XVII. 24.)

Nach den Grundsätzen der in Minden-Ravensberg und Paderborn hergebrachten ehelichen Gütergemeinschaft kann der überlebende Ehegatte, welcher die Gütergemeinschaft mit seinen Kindern fortsetzt, nur über seine Hälfte des gütergemeinschaftlichen Vermögens und auch über diese nur vorbehaltlich des den Kindern gebührenden Pflichttheils letztwillig verfügen. Insoweit derselbe über die andere, den Kindern zustehende Hälfte letztwillig verfügt hat, sind die Kinder daher berechtigt, diese Verfügung vermöge ihres Miteigenthums als für sie unverbindlich anzufechten, und nicht verpflichtet, eine solche Klage als eine Pflichttheilsklage zu begründen.

C. Vertretung der Kinder der aufgelösten Ehe durch den Vater nach der Paderborner ehelichen Gütergemeinschaft. — Vergl. A. G. O. I. 1. §§ 13-15.

Rechtsgr. 1077. — IV. Senat. 4. Dezember 1855. (XIX. 158.)

a) Nach den Regeln der Paderborner Gütergemeinschaft kann nur der überlebende Ehegatte, so lange die Gemeinschaft dauert, wegen der auf derselben haftenden Schulden in Anspruch genommen werden, die Kinder müssen in diesem Falle die wider jenen ergangenen Judikate auch gegen sich gelten lassen.

b) Nach stattgehabter Schichtung werden zwar die für die Schulden der aufgelösten Ehe mit ihren Antheilen mitverhafteten Kinder, soweit sie noch unter väterlicher Gewalt stehen, in den von den Gemeinschaftsgläubigern anzustrengenden Prozessen von dem Vater vertreten; jedoch giebt in diesem Falle das blos gegen den Vater ergangene Judikat dem Gläubiger kein Recht, sich auch an die Abfindung der Kinder zu halten, die Klage muß vielmehr ausdrücklich auch gegen die Kinder mit gerichtet werden.

— § 34. Siehe Rechtsgr. 1056. (Wegebesserungs-Edikt v. 10. September 1735.)

1758, 3. März. Kabinetsorder wegen Befreiung der Evangelischen in Schlesien von Entrichtung der Zehnten, Garben und Brodten und dergleichen Abgaben an die Katholischen Pfarrer. (Korn, Ediktensammlung Bd. 6. S. 707.)

— Befreiung der evangelischen Eingesessenen von Zehnten und anderen

Abgaben an katholische Kirchenbediente überhaupt. — Vergl. A. L. R. II. **11**. § 261.; Verordnung vom 9. Februar 1775; Reskript vom 1. März 1784; Dorf-Polizei-Ordnung vom 1. Mai 1804.

Rechtsgr. **1078**. — I. Senat. 8. November 1854. (XVI. 15.)

Die Bestimmung der Kabinetsorder v. 3. März 1758 in Betreff der Befreiung der evangelischen Eingepfarrten von den an katholische Pfarrer zu entrichtenden Zehnten und ähnlichen Abgaben ist auch auf dergleichen Abgaben an andere Kirchenbediente anzuwenden.

1765, 30. April. Allgemeine Verordnung, wie es in Erbschaftsanfällen zu halten, desgleichen die Erbfolge zwischen Eheleuten in der Mark Brandenburg nach der Constitutio Joachimica von 1527 betreffend. (N. C. C. Tom. 3. Kol. 713 ff. Nr. 42.; Rabe, Samml. Bd. 1. Abth. 3. Seite 102.)

— Abth. **2**. §§ **4**. **7**. Unkonsentirte Schuldverbindlichkeiten und Veräußerungs-Verträge einer Märkischen Ehefrau. — Vergl. A. L. R. II. **1**. §§ 231. 232. 320.; Entwurf des Neumärkischen Provinzialrechts Motive II. Seite 100-104.; Kurm. Prov.-Recht, erste Ausgabe II. S. 38 ff. 50., u. zweite Ausgabe II. S. 20. 28.; Ober-Tribunals-Gutachten v. 9. Januar 1781 und Hofreskript v. 21. Januar 1781.

Rechtsgr. **1079**. — I. Senat. 29. Mai 1854. (XIII. 140.)

Eine Märkische Ehefrau kann zwar ohne Konsens ihres Ehemannes an sich gültige, nach aufgelöster Ehe gegen sie und ihr Vermögen verfolgbare persönliche Verbindlichkeiten und namentlich auch Schulden kontrahiren; dagegen sind die von ihr ohne Konsens ihres Ehemannes über ihr eingebrachtes Vermögen geschlossenen Veräußerungs-Verträge gänzlich ungültig und haben daher auch nach Auflösung der Ehe keine Wirkung.

Siehe auch Rechtsgr. 723. (A. L. R. II. **18**. § 574.)

— Abth. **2**. § **8**. Siehe Rechtsgr. 1039. (Const. Joachimica von 1527.)

1765, 5. Juni. Münsterisches Wegebesserungs-Edikt. (Schlüter, Provinzialrecht der Provinz Westphalen Bd. 1. S. 233.)

— Art. **12**. Polizeiliche Natur dieses Edikts.

Rechtsgr. **1080**. — III. Senat. 16. Juli 1855. (XVIII. 120.)

Das Münsterische Wegebesserungs-Edikt vom 5. Juni 1765, soweit sich dasselbe über die Mittel und Materialien zum Bau und zur Besserung der Straßen und Wege verbreitet und Anleitung zu deren zweckmäßigster Anwendung giebt, hat nur den Charakter einer polizeilichen Anordnung, welche die Polizei-Behörde nicht hindert, andere und zweckmäßige Mittel und Materialien zur Anwendung zu bringen, resp. vorzuschreiben. Die Baupflichtigen können daher aus diesem Edikt kein Recht herleiten, in Erfüllung ihrer Verpflichtung gerade nur die dort vorgeschriebenen Mittel und Maßregeln anwenden zu dürfen.

1765, 3. November. General-Land-Schul-Reglement für die Römisch-Katholischen in Städten und Dörfern des souverainen Herzogthums Schlesien und der Grafschaft Glatz. (Korn'sche Edikten-Sammlung Bd. 8. S. 780.)

— § **13**. Siehe Rechtsgr. 1073. (Schlesisches Reglement de gravaminibus vom 8. August 1750 Nr. 11.)

1766, 14. April. Deklarations-Patent wegen einer, vor sämmtliche Königlich Preußischen Provinzen, wo bisher die Accise eingeführt gewesen, gut befundenen neuen Einrichtung in Accise- und Zollsachen. (N. C. C. Tom. 4. pag. 294. No. 36.; Korn'sche Ed. Samml. Bd. 9. S. 72.)

— No. IV. §§ **1** ff. Siehe Rechtsgr. 1038. (Zeysebrief von 1448.)

1766, 29. April. Revidirte Bergordnung für das Herzogthum Kleve, Fürstenthum Moers und die Grafschaft Mark. (N. C. C. Tom. 4. Col. 317 ff. No. 39.; Rabe, Samml. Bd. 1. Abth. 3. S. 168.; Scotti, Samml. Kleve-Märkischer Prov.-Ges. Thl. 3. S. 1697.)

— Kap. **2**. § **2**. Bezeichnung des Fundorts in dem Muthzettel. — Vergl. A. L. R. II. **16**. §§ 154 ff.

Rechtsgr. **1081**. — III. Senat. 19. September 1855. (XVIII. 149.)

Das in der Kleve-Märkischen Bergordnung vom 29. April 1766 vorgeschriebene Formular eines Muthzettels ergiebt nicht, daß der Fundort darin nothwendig so genau bezeichnet sein müsse, um ihn darnach ohne weitere Ermittelung auffinden zu können; vielmehr deuten die in dem Formulare enthaltenen Worte: „am Berge, in der Haide, im Amte, im Gerichte," nur auf eine ungefähre Bezeichnung hin.

— **Kap. 30.** § **3.** Siehe Rechtsgr. 467. (A. L. R. I. **21.** § 37.)
— **Kap. 31.** Siehe Rechtsgr. 704. (A. L. R. II. **16.** § 138.)

1767, 11. Januar. Landstraßen- und Wege-Reglement für das Herzogthum Schlesien und die Grafschaft Glatz. (Korn, Edikten-Samml. Bd. 10. S. 3.)

— § **5.** Unterhaltung der von einem Dorfe zum andern führenden Feld- und übrigen Wege.

Rechtsgr. **1082.** — II. Senat. 6. März 1856. (XX. 249.)

Die Bestimmung des § 5. des Schlesischen Landstraßen- und Wege-Reglements vom 11. Januar 1767, daß die Feld- und übrigen Wege, welche nur von einem Dorfe zum andern führen, und außerhalb der Hauptstraßen liegen, von jeder Gemeinde für sich allein unterhalten werden müssen, — ist nur auf öffentliche Wege im Gegensatze zu Privatwegen, d. i. nur auf solche Wege zu beziehen, welche zum freien Verkehr dienen.

1769, 5. Juni. Revidirte Bergordnung vor das souveraine Herzogthum Schlesien und vor die Grafschaft Glatz. (N. C. C. Tom. 4., alte Aufl. Kol. 5827. No. 43. und neue Aufl. Kol. 5449.; Korn'sche Edikten-Samml. Bd. 11. S. 89.)

— **Kap. 1.** §§ **1** ff., **Kap. 5.** § **1.** Nachsuchung der Beleihung auf den Grund des durch Privilegium erlangten ausschließlichen Rechts auf gewisse Fossilien. — Vergl. Maximilianischer Bergvergleich vom 18. September 1575.; Schlesische Bergordnung vom 5. Februar 1577.

Rechtsgr. **1083.** — III. Senat. 5. Juni 1857. (XXIV. 354.)

Das zur Zeit der Gültigkeit der Rudolphinischen Berg-Ordnung vom 5. Februar 1577 und resp. vor der Gültigkeit der Schlesischen Berg-Ordnung vom 5. Juni

1769 durch Privilegien einzelnen Gutsbesitzern ertheilte ausschließliche Recht auf gewisse Fossilien schließt die Nothwendigkeit der von denselben nachzusuchenden Beleihung nicht aus.

Siehe auch Rechtsgr. 703. (A. L. R. II. **16.** § 124.)

— **Kap. 1. § 2.** Rechte des Grundeigenthümers an den Eisenerzen in Schlesien. — Vergl. A. L. R. II. **16.** § 69.; Bergwerksvertrag vom 1. April 1534. No. XII.; Bergvergleich vom 18. September 1575.; Bergwerksordnung vom 5. Februar 1577.; Landtagsabschied vom 30. Dezember 1831.

Rechtsgr. **1084.** — III. Senat. 8. November 1855. (XVIII. 296.)

In Schlesien stehen dem Eigenthümer des Grund und Bodens die Eisenerze zu, wenn von dieser Regel keine Ausnahme von einem angeblich vorzugsweise Berechtigten nachgewiesen wird.

— **Kap. 30. § 1., Kap. 31. § 2.** Siehe Rechtsgr. 701. (A. L. R. II. **16.** § 117.)
— **Kap. 73. § 2.** Siehe Rechtsgr. 700. (A. L. R. II. **16.** § 112.)
— **Kap. 83. §§ 4. 6.** Siehe Rechtsgr. 715. (A. L. R. II. **16.** § 292.)

1770, 10. Mai. Fürstlich Münstersche Eigenthums-Ordnung (Schlüter, Provinzialrecht der Provinz Westphalen, Bd. 1. S. 257.; v. Kamptz, Jahrbücher Bd. 29. S. 276.)
— Siehe Rechtsgr. 1100. (Bergisches Dekret vom 12. Dezember 1808. Art. 2.)

1770, 3. November. Verordnung wegen Einführung der Münsterschen Eigenthums-Ordnung vom 10. Mai 1770 in die Reichsgrafschaft Steinfurt. (Schlüter, Provinzialrecht der Provinz Westphalen, Bd. 1. S. 507.)
— Siehe Rechtsgr. 1100. (Bergisches Dekret vom 12. Dezember 1808. Art. 2.)

1772, 7. Dezember. Revidirte Bergordnung für das Herzogthum Magdeburg, Fürstenthum Halberstadt, die Grafschaften Mannsfeld, Hohenstein und Reinstein, auch inkorporirte Herrschaften. (N. C. C. Tom. Vb. pag. 621 ff. No. 71.; Rabe, Samml. Bd. 1. Abth. 4. S. 466.)

— Kap. 3. § 2. Bezeichnung des Fundorts in dem Muthzettel. — Vergl. A. L. R. II. 16. §§ 154 ff.

Rechtsgr. 1085. — III. Senat. 6. Juni 1856. (XXII. 24.)

Nach der Magdeburg-Halberstädter Bergordnung vom 7. Dezember 1772 braucht der Fundort in der Muthung nicht nothwendig so genau bezeichnet zu sein, um ihn darnach ohne weitere Ermittelung auffinden zu können, vielmehr deutet die im Formular enthaltene Angabe: „am Berge, in der Haide, im Amte, im Gerichte,“ nur auf eine ungefähre Bezeichnung hin.

Siehe auch Rechtsgr. 705. (A. L. R. II. 16. § 154.)

1775, 9. Februar. Verordnung, betreffend die Befreiung der Evangelischen in Schlesien von Entrichtung der Zehnten und sonstiger aus der Parochialverbindung originirenden Prästationen an die katholischen Pfarrer. (Korn, Edikten-Samml. Bd. 14. S. 287.)

— Siehe Rechtsgr. 1078. (Kabinetsorder vom 3. März 1758.)

1775, 16. Dezember. Kabinetsorder, betreffend die Rechtsverhältnisse der vom Staate auf adelichen Gütern in Pommern angesetzten Kolonisten. (Rabe, Samml. Bd. 13. S. 140.)

— Rechtsverhältnisse der Meliorations-Kolonistenhöfe in Pommern. — Vergl. Reskript des Ministers des Innern vom 20. Mai 1817 und Publikandum der Regierung zu Köslin vom 24. Juni 1817.

Rechtsgr. 1086. — II. Senat. 12. Juni 1855. (XVIII. 51.)

a) Der Anspruch auf die Meliorationsstelle nach der Kabinetsorder vom 16. Dezember 1775 ist nicht auf die in Gemäßheit derselben ursprünglich angesetzten Kolonisten und deren Rechts-Nachfolger beschränkt, und steht das Recht zur Wiederbesetzung der etwa erledigten Etablissements nicht den Gutsbesitzern sondern der Staats-Regierung zu.

b) Diese Stellen sind Eigenthum der Besitzer geworden, jedoch beziehen der Ministerial-Erlaß vom 20. Mai 1817 und das Regierungs-Publikandum vom 24. Juni 1817 sich nur auf die damaligen Stellen-Besitzer.

1777, 13. September Deklaration des § 3. Kap. 33. der Kleve-Märkischen Bergordnung vom 29. April 1766, betreffend die dem Grundeigenthümer angewiesenen Traddekohlen. (Neue Edikten-Sammlung, Tom. 6. S. 907. No. 42.; Scotti, Samml. Kleve-Märkischer Prov.-Ges. Thl. 4. S. 2113.)

— Siehe Rechtsgr. 467. (A. L. R. I. **21**. § 37.)

1779, 12. November. Hofreskript, betreffend die wegen des Steinkohlenbergbaues in Schlesien und der Grafschaft Glatz angeordnete Bergbau-Hülfskasse. (Vater, Repertorium Bd. 2. S. 469.)

— Rechtliche Existenz und Natur der Oberschlesischen Steinkohlen-Bergbau-Hülfskasse. — Vergl. Achter Schlesischer Landtagsabschied vom 27. Dezember 1845.; Gesetze vom 12. Mai 1851. No. 3390. § 6. und No. 3391. § 18. No. 16.

Rechtsgr. **1087**. — III. Senat. 16. Februar 1855. (XIX. 3.)

a) Die Oberschlesische Steinkohlen-Bergbau-Hülfskasse ist ein landesherrlich genehmigtes, der Verwaltung des Oberbergamtes anvertrautes, Institut, welches den Zweck hat, durch Verwendung von Beiträgen von allen Gruben den Schlesischen Bergbau im Großen und Ganzen zu heben.

b) Dasselbe ist kein Ausfluß der Bergwerks-Regalität und deshalb nicht auf Gegenden beschränkt, in denen dem Staate das Bergwerks-Regal zusteht.

c) Die an jene Kasse zu entrichtenden Beiträge sind durch die neuere Gesetzgebung nicht aufgehoben.

1781, 9. Januar. Bestätigtes Gutachten des Geheimen Ober-Tribunals, betreffend die in der Mark ohne Vorwissen des Ehemannes von der Ehefrau während der Ehe gemachten Schulden. (Stengel's Beiträge Bd. 2. S. 65.)

— Siehe Rechtsgr. 1079. (Erbschafts-Edikt vom 30. April 1765. Abtheilung 2. § 4.)

1781, 21. Januar. Hofes-Reskript an das Kammergericht, betreffend die Bestätigung des Ober-Tribunals Gutachten vom 9. Januar 1781, wegen der in der Mark ohne Vorwissen des Ehemannes von der Ehefrau während der Ehe gemachten Schulden. (Stengel's Beiträge Bd. 2. S. 65.; Rabe, Samml. Bd. 1. Abth. 6. S. 463.)

— Siehe Rechtsgr. *1079. (Erbschafts-Edikt vom 30. April 1765. Abth. 2. § 44.)

1781, 3. April. Eigenthums-Ordnung des Vestes Recklinghausen. (Scotti, Samml. Kurköllnischer, Westphälischer und Recklinghausenscher Landesverordnungen, Abthl. 1. Theil 2. S. 1004.)

— §§ **1. 34. 36.** Gewinngeld bei Uebertragung des Kolonats unter Vorbehalt des Nießbrauchs. — Vergl. Gesetz No. 939. vom 21. April 1825. § 34.

Rechtsgr. **1088**. — II. Senat. 29. Januar 1856. (XIX. 325.)

Die seitens des Besitzers eines ehemals eigenbehörigen Kolonats im Veste Recklinghausen unter Vorbehalt des unbeschränkten Nießbrauchs erfolgte Uebertragung des Kolonats an einen Dritten zum Eigenthum enthält eine zur Zahlung des Gewinngeldes verpflichtende Besitzveränderung.

1781, 29. Mai. Patent wegen Errichtung der Gesetzkommission. (N. C. C. Tom. 7. S. 337. No. 26.; Rabe, Samml. Bd. 1. Abth. 6. S. 506.)

— § **14.** Siehe Rechtsgr. 6. (A. L. R. Einl. § 10.)

1783, 21. Septbr. Fürstlich Münsterische Erbpachts-Ordnung. (Schlüter, Provinzialrecht der Provinz Westphalen, Bd. 1. S. 338.)

— Siehe Rechtsgr. 1100. (Bergisches Dekret vom 12. Dezember 1808.)

— §§ **40. 142.** Siehe Rechtsgr. 1329. (Ablösungsgesetz vom 2. März 1850. § 2. No. 2.)

1784, 1. März. Reskript des geistlichen Departements, betreffend die fernere Entrichtung der Wettergarben und Läutebrode an die Schullehrer. (Korn, Edikten-Samml. Bd. 18. S. 160.)

— Siehe Rechtsgr. 1078. (Kabinetsorder vom 3. März 1758.)

1784, 6. März. Baierische Bergordnung.

— Art. **106.** Siehe Rechtsgr. 715. (A. L. R. II. **16.** § 292.)

1784, 12. Dezember. Publikandum wegen zu errichtender vollständiger Urbarien von sämmtlichen Gütern und Dörfern im Herzogthum Schlesien und der Grafschaft Glatz (Korn, Edikten-Sammlung Bd. 18. S. 253 ff.)

— Siehe Rechtsgr. 614. (A. L. R. II. 7. § 137.)

1785, 20. Januar. Instruktion für die Haupt-Urbarien-Kommissionen in Breslau u. Glogau (Korn, Edikten-Samml. Bd. 18. S. 265. 292.)
— §§ **40. 43. 44.** Siehe Rechtsgr. 614. (A. L. R. II. **7.** § 137.)

1785, 23. August. Entscheidung der Gesetzkommission, die Exemtion des sämmtlichen Adels des Herzogthums Kleve und der Grafschaft Mark von der ehelichen Gütergemeinschaft betreffend (Scotti, Samml. Bd. 4. S. 2269.; Rabe, Samml. Bd. 1. Abth. 7. S. 461.)
— Siehe Rechtsgr. 1049. (Morgensprache vom 12. Mai 1643 § 5.)

1787, 20. Juli. Buden-Reglement für die Stadt Berlin.
— Anspruch auf Entschädigung wegen angeordneten Abbruchs eines Schlächterscharrens in der Stadt Berlin. — Vergl. A. L. R. Einl. § 94., I. **8.** § 31.; Buden-Reglement vom 15. August 1801.

Rechtsgr. **1089.** — I. Senat. 8. Februar 1856. (**XIX.** 336.)

Wer nach Erlaß der Buden-Reglements v. 20. Juli 1787 und 15. August 1801 in Berlin einen Scharrn erwirbt, kann, wenn auf Grund dieser Reglements das Abbrechen des Scharrns bewirkt worden, Entschädigung aus eigenem Rechte nicht verlangen.

1789, 4. April. Entscheidung der Gesetzkommission, betreffend die Beschränkung des überlebenden Ehegatten in dem Fürstenthum Minden bei Verfügung von Todeswegen hinsichtlich des gütergemeinschaftlichen Vermögens (Rabe, Samml. Bd. 1. Abth. 7. S. 757.)
— Siehe Rechtsgr. 1076. (Dorfordnung vom 7. Februar 1755 § 29.)

1789, 25. September. Kabinetsorder, betreffend das Schuldenmachen der Subaltern-Offiziere (v. Kamptz Jahrb. Bd. 41. S. 40.)
— Siehe Rechtsgr. 250. (A. L. R. I. **11.** § 684.)

1790, 1. Februar. Deklaration wegen des Bergbaues in Schlesien. (Gräff, Handbuch, S. 29.)
— Siehe Rechtsgr. 703. (A. L. R. II. **16.** § 124.)

1790, 16. u. 24. August. Decret sur l'ordre judiciaire (v. Daniels, Handbuch I. S. 268.; Gräff, Chronol. Samml. S. 109.)
— Tit. **2.** Art. **13.** Streit über die Kompetenz der betreffenden Verwaltungsbehörde zur Entlassung eines Beamten. — Vergl. Kaiserliches Dekret vom 30. Dezember 1809 Art. 33.; Kabinetsorders v. 12. April 1822 und 8. November 1835; Gesetze vom 29. März 1844 und 21. Juli 1852.

Rechtsgr. **1090**. — V. Senat. 26. September 1854. (XIII. 293.)

Die Gerichte sind zur Entscheidung über die Frage: ob die Entlassung eines Beamten von der dazu kompetenten Verwaltungsbehörde geschehen sei, nicht kompetent.

1793, 2. Juni. Patent wegen künftiger Einrichtung des Justizwesens in der Stadt Danzig. (N. C. C. Tom. 9. Seite 1471.)

— 9. Siehe Rechtsgr. 1051. (Privilegium vom Jahre 1600.)

1794, 13. Oktober. Reskript an das kurmärkische Pupillen-Kollegium, wiefern ein im Pflichttheil eingesetzter Erbe im Fall der Theilung auf Subhastation des im Nachlasse befindlichen Immobiles anzutragen befugt ist. (N. C. C. Tom. 9. Col. 2773 ff. Nr. 14.; Rabe, Samml. Bd. 2. S. 706.)

— Siehe Rechtsgrundsätze 721-723. (A. L. R. II. **18**. § 574.)

1795, 30. Mai (11 Prairial III.) Französisches Gesetz, betreffend den den Gemeinden provisorisch eingeräumten freien Gebrauch an nicht veräußerten Kirchen. (v. Daniels, Handbuch, Bd. 3. S. 67.)

— Eigenthum an den katholischen Kirchen, ihren Dependenzien und Kirchhöfen, in der Rheinprovinz. — Vergl. Konkordat vom 15. Juli 1801 (26. Messidor IX.) Art. 12. 13.; Gesetz vom 8. April 1802 (18. Germinal X.) Art. 71. 72. 75. 76.; Konsularbeschlüsse vom 9. Juni 1802 (20 Prairial X.) Art. 2. 3. 11. und vom 26. Juli 1803 (7 Thermidor XI.); Dekret vom 12. Juni 1804 (23 Prairial XII.) Art. 9-16.; Staatrathsgutachten vom 26. Januar 1805 (6 Pluviôse XIII.); Kaiserl. Dekrete v. 17. März, 30. Mai u. 31. Juli 1806, u. vom 30. Dezember 1809 Art. 92. Nr. 2. 3.; Kaiserliches Finanzgesetz vom 20. März 1813 Art. 2.

Rechtsgr. **1091**, — V. Senat. 23. Januar 1855. (XVI. 210.)

In dem auf der linken Rheinseite belegenen Theile der Rheinprovinz steht den Civil-Gemeinden das Eigenthum an den Kirchen, ihren Dependenzien und Kirchhöfen zu.

1796, 4. Mai. Wegereglement für Westpreußen und die Netzedistrikte. (Neue Edikten-Samml. Bd. 10. S. 315. Nr. 42.)

— § 5. Wegebaulast in Westpreußen. — Vergl. A. L. R. II. **15**. § 15.; Westpreußisches Provinzialrecht vom 19. April 1844 § 68.

Rechtsgr. **1092**. — III. Senat. 1. Oktober 1856. (XXII. 221.)

Der § 5. des Westpreußischen Wegereglements vom 4. Mai 1796, — nach welchem, insofern nicht Privilegien und die im Reglement bestimmten Exemtionen eintreten, jeder eigenthümliche Grundbesitzer, ohne Rücksicht auf seine persönliche Qualität, verpflichtet ist, die innerhalb der Grenze seines Grundstücks schon befindlichen Wege auf eigene Kosten und von eigenem Material jederzeit im guten Stande zu unterhalten, — bezieht sich nicht auf ganze Güterkomplexe und gesammte Feldfluren, sondern auf einzelne Grundstücke der Gemeindemitglieder, welche von dem Wege durchschnitten oder an ihren Grenzen berührt werden.

1796, 6. August. Instruktion für das Stadtgericht in Danzig.

— § **1**. Litt. c. Siehe Rechtsgr. 1051. (Privilegium König Kasimirs von Polen vom Jahre 1660.)

1796, 20. Oktober. (29. Vendemiaire V.) Loi qui règle **la manière** de suivre les actions dans lesquelles les communes etc. (Gräff, Samml. S. 341.)

— Art. **1-3**. Siehe Rechtsgr. 1343. (Gemeinde-Ordnung v. 11. März 1850 § 3.)

1796, 4. November. Patent (Dähnert, Sammlung, Suppl. Bd. 3. S. 826.)

— No. **2**. Klage auf Einräumung eines Kommunikationsweges.

Rechtsgr. **1093**. — V. Senat. 19. Juni 1855. (XVII. 293.)

Der Klage auf Einräumung eines Kommunikationsweges muß das No. 2 a. E. des Patentes vom 4. November 1796 bezeichnete Verfahren im Administrativwege vorausgehen.

1797, 14. Juli. Verordnung wegen verschiedener Mißbräuche bei gerichtlichen und anderen öffentlichen Subhastationen und Versteigerungen. (N. C. C. Tom. 10. S. 1313. Nr. 55.; Rabe, Samml. Bd. 4. S. 204.)

— §§ 3. 5. Anspruch des Subhastaten und dessen durch die Kollusion des Käufers mit den zurückgetretenen Kauflustigen beeinträchtigten Gläubiger an den Adjudikatar.

Rechtsgr. 1094. — I. Senat. 5. Juli 1854. (XIV. 117.)

a) Nach § 3. der Verordnung vom 14. Juli 1797 können der vorige Eigenthümer des subhastirten Grundstücks und dessen durch die Kollusion des Käufers mit den zurückgetretenen Kauflustigen beeinträchtigten Gläubiger auch den Adjudikatar auf Zahlung der von ihm den zurückgetretenen Kauflustigen versprochenen aber noch nicht gewährten Abstandsgelder und des höheren Betrags des Wiederverkaufspreises in Anspruch nehmen.

b) Eines besonderen Nachweises, daß der von dem Hypothekengläubiger bei der Subhastation erlittene Ausfall eine Folge der Kollusionen des Adjudikatars mit den zurückgetretenen Kauflustigen sei, bedarf es zur Begründung der Klage nach § 3. der Verordnung vom 14. Juli 1797 nicht.

1798, 23. Januar. Gutachten der Gesetzkommission, betreffend die Ansprüche des Pfarrers, als Nießbrauchers der Pfarrländereien, auf die dem Grundeigenthümer in der Kleve-Märkischen Berg-Ordnung vom 29. April 1766 angewiesenen Traddekohlen (Rabe, Samml. Bd. 5. S. 28.)

— Siehe Rechtsgr. 467. (A. L. R. I. 21. § 37.)

1798, 5. Februar. Justizministerialreskript wegen der Rechte des Nießbrauchers an die von den Bergbauenden zu leistende Entschädigung. (Rabe, Samml. Bd. 5. S. 28.; Stengel, Beiträge Bd. 6. S. 184.)

— Siehe Rechtsgr. 467. (A. L. R. I. 21. § 37.)

1798, 15. September. Reglement wegen Anordnung einer immediaten Forst- und Baukommission. (Neue Edikten-Samml. Bd. 10. S. 1738. Nr. 70.)

— Verhaftung der Erben des Freibauholzberechtigten für die von demselben verwirkte Strafe wegen nicht anschlagsmäßiger Verwendung des

Holzes. — Vergl. A. L. R. Einl. §§ 102 ff., I. **2**. §§ 34. 35. 40., **9**. §§ 350. 360 ff.

Rechtsgr. **1095**. — II. Senat. 16. Februar 1856. (XX. 179.)

Die von dem Freibauholzberechtigten nach dem Regulativ vom 15. September 1798 bei nicht anschlagsmäßiger Verwendung des Holzes zu zahlende poena quadrupli ist eine Art Konventionalstrafe, zu deren Entrichtung auch die Erben des Kontravenienten verpflichtet sind.

1798, 1. Dezember. (11 Frimaire VII.) Loi qui détermine le mode administratif des recettes et dépenses departementales, municipales et communales. (Gräff, Samml. S. 391.)

— Siehe Rechtsgr. 1056. (Wegebesserungs-Edikt v. 10. Sept. 1735.)

1798, 30. Dezember. Cirkular-Verordnung wegen genauer Bestimmung verschiedener im A. L. R. und der A. G. O. enthaltenen Vorschriften. (N. C. C. Tom. 10. pag. 1834 Nr. 95.; Rabe, Samml. Bd. 5. S. 261.)

— Abschnitt **5**. Siehe Rechtsgrundsätze 295. 316. 853. (A. L. R. I. **12**. §§ 115. 618.; A. G. O. I. **10**. § 19.)

1799, 27. Mai. Hof-Reskript, betreffend den fünften Abschnitt der Cirkular-Verordnung vom 30. Dezember 1798 (Rabe, Samml. Bd. 5. S. 463.)

— Siehe Rechtsgrundsätze 295. 316. (A. L. R. I. **12**. §§ 115. 618.)

1799, 12. August und 30. September. Reskripte des Justiz-Departements an das altmärkische Obergericht in Stendal, die Kirchenbaukosten betreffend (Stengel, Beiträge Bd. 15. S. 155.; Rabe, Samml. Bd. 5. S. 582.)

— Siehe Rechtsgr. 673. (A. L. R. II. **11**. § 729.)

1800, 3. Februar. Verordnung wegen der Schäfer und deren Vorvieh in der Kur- und Neumark Brandenburg und dem Herzogthum Pommern. (N. C. C. Tom. 10. S. 2778. Nr. 5.; Rabe, Samml. Bd. 6. S. 14.)

— § **12**. Siehe Rechtsgr. 511. (A. L. R. I. **22**. § 146.)

1800, 13. März (27 Ventôse VIII.) Loi sur l'organisation des tribunaux (v. Daniels, Handbuch Bd. 4. S. 134.; Gräff, Chron. Samml. S. 427.)

— **Art. 77. 80. 88.** Siehe Rechtsgr. 1273. (Gesetz v. 13. Oktober 1843 § 1.)

1801, 18. Mai. General-Landschulen-Reglement (Neue Edikten-Samml. Bd. 7. S. 26.)

— **§§ 12. 13. 18.** Rechtsverhältnisse des Landschullehrers, Organisten und Küsters. — Vergl. A. L. R. I. 9. § 613.; Ministerial-Instruktion vom 10. Januar 1813 Nr. 11.

Rechtsgr. **1096**. — II. Senat. 5. Juni 1856. (XXII. 13.)

Die Rechte auf Gehalt und Emolumente, welche die Bestallung einem Landschullehrer, auch wenn er zugleich als Organist und Küster fungirt, gewährt, sind rein persönlicher Natur, und findet daher eine Fortsetzung des Vertrags-Verhältnisses des Amtsvorgängers durch den Amtsnachfolger nicht statt.

Es folgt deshalb daraus, daß einem Landschullehrer bei seiner Anstellung ein seiner beständigen Bestimmung nach zur Dotirung der Küsterei und des Organistenamts des Orts dienendes Grundstück zum Nießbrauch überwiesen worden ist, an und für sich noch nicht, daß demselben alle die Nutzungsrechte zugewiesen worden seien, welche die Amtsvorgänger darauf ausgeübt hatten. Es entscheidet vielmehr der Inhalt der in dieser Beziehung den Anstellungsvertrag bildenden Vokation.

1801, 18. Mai. Schulreglement für die niederen katholischen Schulen in den Städten und auf dem platten Lande von Schlesien und der Grafschaft Glatz (Wenzel, Provinzialrecht S. 451.)

— Siehe Rechtsgr. 1073. (Schlesisches Reglement v. 8. August 1750 Nr. 11.)

1801, 15. Juli (26 Messidor IX.) Konkordat der Französischen Republik mit dem Papste Pius VII., betreffend die Ausübung der katholischen Religion in Frankreich (Gräff, Samml. S. 464.)

— Art. **12**. **13**. Siehe Rechtsgr. 1091. (Gesetz vom 30. Mai 1795.)

1801, 15. August. Buden-Reglement für die Stadt Berlin (Rabe, Bd. 6. S. 575.)
— Siehe Rechtsgr. 1089. (Buden-Reglement vom 20. Juli 1787.)

1802, 16. Januar. Edikt wegen Befolgung der Vorschriften der Verordnung vom 3. Februar 1800, die Abschaffung des Vorviehs der Schäfer und Schäferknechte in der Kur- und Neumark Brandenburg und dem Herzogthum Pommern betreffend. (Rabe, Samml. Bd. 7. S. 10.)
— § **12**. Siehe Rechtsgr. 511. (A. L. R. I. **22**. § 146.)

1802, 8. April (18 Germinal X.) Gesetz, betreffend die Organisation des religiösen Kultus (Gräff, Samml. S. 465.)
— Art. **64** ff. **71**. **72**. **75**. **76**. Siehe Rechtsgr. 1091. (Gesetz vom 30. Mai 1795.)

1802, 9. Juni (20 Prairial X.) Konsularbeschluß, betreffend die Aufhebung der Mönchs- und anderen geistlichen Orden (Gräff, Samml. S. 477.)
— Art. **2** **3**. **11**. Siehe Rechtsgr. 1091. (Gesetz v. 30. Mai 1795.)

1802, 24. Juni. Hofreskript, betreffend das Verfahren bei Aufnahme der Testamente Lesens und Schreibens unkundiger, tauber Personen (Rabe, Samml. Bd. 7. S. 175.; Neues Archiv Bd. 3. S. 9.)
— Siehe Rechtsgr. 299. (A. L. R. I. **12**. § 123.)

1802, 10. Juli. Gutachten der Gesetzkommission über die Konsolidation der Hypothekenrechte (Rabe, Samml. Bd. 7. S. 203.)
— Siehe Rechtsgr. 393. (A. L. R. I. **16**. § 484.)

1802, 23. Juli (4 Thermidor X.) Arreté relatif à une convocation extraordinaire des conseils municipaux (Gräff, Samml. S. 483.)
— Tit. **2**. art. **6**., Tit. **3**. art. **22**. **23**. Siehe Rechtsgr. 1343. (Gemeindeordnung vom 11. März 1850 § 3.)

1803, 25. Februar. Reichs-Deputations-Hauptschluß (v. Meyer, Corp. jur. conf. germ. Bd. 1. S. 29.; Emminghaus, Corp. jur. germ. Th. 1. S. 612.)

— §§ **35. 63.** Siehe Rechtsgr. 1050. (Westphälischer Friedensschluß vom 24. Oktober 1648 Art. 5.)

1803, 1. April. Patent zur Publikation der neuen Auflage des Allgem. Landrechts.
— Siehe Rechtsgr. 6. (A. L. R. Einl. § 10.)

1803, 5. April. Patent wegen Einführung des A. L. R. in die Erbfürstenthümer Paderborn und Münster, ingleichen die Abteien Essen, Werden und Elten (Rabe, Samml. Bd. 7. S. 422.)
— § **2.** Siehe Rechtsgr. 693. (A. L. R. II. **15.** § 15.)
— § **4.** Wahrung der Rechte des Grundeigenthümers in den neuerworbenen Landestheilen zum Bergbau auf Grund einer daselbst vor bestandener Bergwerksregalität erhaltenen Bewilligung. — Vergl. A. L. R. II. **16.** §§ 154 ff. 161. 169. 362.

Rechtsgr. **1097**. — III. Senat. 16. Mai 1856. (XXI. 183.)

Die von den Grundeigenthümern in den neu erworbenen Landestheilen der Monarchie auf den Grund einer vor der Preußischen Besitznahme bei nicht bestandener Bergwerksregalität erhaltenen Bewilligung erworbenen und zur Zeit der Einführung der Preußischen Gesetze ausgeübten Rechte sind durch die bei der Bergbehörde geschehene Erklärung über ihre Zuständigkeit für gewahrt zu erachten, ohne daß es für diese Erklärung der Erfordernisse einer vollständigen Muthung bedurfte.

1803, 26. Juli. (7 Thermidor XI.) Konsularbeschluß, betreffend die Zurückgabe der nicht veräußerten Güter der Kirchenfabriken. (Gräff, Samml. S. 511.)
— Siehe Rechtsgr. 1091. (Gesetz vom 30. Mai 1795.)

1803, 21. November. Deklaration des § 76. II. 2. des A. L. R., wegen des den Kindern aus Ehen zwischen Personen von verschiedenem Glaubensbekenntnisse zu ertheilenden Religions-Unterrichts. (Rabe, Samml. Bd. 7. S. 524.)
— Siehe Rechtsgr. 519. (A. L. R. II. **2.** § 36.)

1803, 13. Dezember. (21 Frimaire XII.), arrêté relatif aux formalités à observer pour les transactions. (Graeff, Samml. S. 517.)

— Art. 1. Siehe Rechtsgr. 1123. (Ressort-Reglement vom 20. Juli 1818. § 5.)

1804, 1. Mai. Schlesische Dorf-Polizei-Ordnung. (Korn, Edikten-Samml. Bd. 9. S. 91.)

— Siehe Rechtsgr. 1078. (Kabinetsorder vom 3. März 1758.)

1804, 12. Juni. (23 Prairial XII.) Französisches Dekret, die Kirchhöfe betreffend. (v. Daniels, Handbuch, Bd. 4. S. 533.)

— Art. 9. 16. Siehe Rechtsgr. 1091. (Gesetz vom 30. Mai 1795.)

1804, 12. November. Patent wegen näherer Bestimmung der Bauer-Ordnung vom 12. November 1616.

— §§ 3. 4. Siehe Rechtsgr. 541. (A. L. R. II. 1. § 351.)

1805, 26. Januar. (6 Pluviôse XIII.) Staatsrathsgutachten über das Eigenthum der Gemeinden an den Kirchen und Presbyterien. (Gräff, Samml. 547.)

— Siehe Rechtsgr. 1091. (Gesetz vom 30. Mai 1795.)

1805, 8. Oktober. Forst- und Jagd-Ordnung für Westpreußen und den Netzedistrikt. (Rabe, Samml. Bd. 8. S. 354.)

— Tit. 2. §§ 1. 26. 28. Vorschriftsmäßige Verwendung des angewiesenen Bauholzes nach der Forst- und Jagd-Ordnung für Westpreußen und den Netzedistrikt. — Vergl. A. L. R. I. 22. § 213.

Rechtsgr. **1098**. — II. Senat. 8. November 1855. (XIX. 75.)

Die im § 26. Tit. II. der Forst- und Jagdordnung für Westpreußen und den Netzedistrikt angedrohte poena dupli wird schon dadurch verwirkt, daß das angewiesene Bauholz nicht zu dem bestimmten Behufe verwendet ist. Diese vorschriftswidrige Verwendung hat indeß nicht den Verlust der Bauholzgerechtigkeit für dasjenige Gebäude zur Folge, zu dessen Reparatur das Bauholz angewiesen gewesen ist, sondern nur die Folge, daß zu derjenigen Reparatur, zu welcher das vorschriftswidrig verwendete Bauholz assignirt gewesen ist, nicht noch einmal freies Bauholz bewilligt wird.

1806, 20. Januar. Kabinetsorder, betreffend die Einschränkung der Besitzfähigkeit der Bergoffizianten hinsichtlich der Erwerbung von Bergantheilen. (Graeff, Handbuch des Preußischen Bergrechts, Anhang Seite 34.)

— Siehe Rechtsgr. 704. (A. L. R. II. 16. § 138.)

1806, 10. März. Hofreskript, die Bestimmung der Verjährungsfrist bei dem Kreditgeben der Studirenden betreffend. (Rabe, Sammlung, Bd. 8. S. 492.)

— Siehe Rechtsgr. 575. (A. L. R. II. 2. § 129.)

1806, 10. Mai. Hofreskript, betreffend die Anwendung der Zeichensprache bei Aufnahme der Testamente lesens- und schreibensunkundiger stummer Personen. (N. C. C. Tom. 12. S. 345.; Rabe, Samml. Bd. 8. S. 589.; Neues Archiv, Bd. 4. S. 255.)

— Siehe Rechtsgr. 299. (A. L. R. I. 12. § 123.)

1806, 30. Mai und 31. Juli. Französische Dekrete, betreffend das Fabrikvermögen der Kirchen und Presbyterien. (Gräff, Chronologische Samml. S. 578. 583.; v. Daniels, Handbuch, Bd. 5. S. 81. 107.)

— Siehe Rechtsgr. 1091. (Gesetz vom 30. Mai 1795.)

1806, 18. August. Deklaration der §§ 3. und 4. Tit. 4. der Kur- und Neumärkischen Holz-, Mast- und Jagd-Ordnung vom 20. Mai 1720, betreffend die Raff-, Lager- und Leseholzberechtigungen in der Kur- und Neumark Brandenburg. (Rabe, Samml. Bd. 8. S. 652.)

— §§ 2-4. Erhöhung der Haidemiethe von den Raff- und Leseholzberechtigten. — Vergl. Holz- und Jagd-Ordnung vom 20. Mai 1720. Tit. 4. § 3.

Rechtsgr. **1099**. — II. Senat. 26. Juni 1855. (XX. 31.)

Der § 3. der Deklaration vom 18. August 1806 – betreffend die Zulässigkeit der Erhöhung der Haidemiethe für Raff- und Leseholz in der Mark Brandenburg – ist auf Servitutberechtigte nicht zu beziehen.

1808, 23. Januar. Königlich Westphälisches Dekret, betreffend die Aufhebung der Leibeigenschaft. (Temme, Samml. S. 1.)

— Siehe Rechtsgr. 1061. (Minden-Ravensbergische Eigenthums-Ordnung vom 26. November 1741. Kap. 3. § 2.)

1808, 2. November. Kabinetsorder, betreffend die Beschränkung der Bergoffizianten hinsichtlich der Erwerbung von Bergantheilen nach der

Kabinetsorder vom 20. Januar 1806 (Gräff, Handbuch des Preußischen Bergrechts, Anh. S. 34.)
— Siehe Rechtsgr. 704. (A. L. R. II. **16.** § 138.)

1808, 19. November. Ordnung für sämmtliche Städte der Preußischen Monarchie. (N. C. C. Tom. 12. S. 471.; Rabe, Samml. Bd. 9. S. 321.; Gesetz-Samml. für 1808. S. 324.)
— §§ **142. 148.** Siehe Rechtsgr. 292. (A. L. R. I. **12.** § 99.)

1808, 12. Dezember. Großherzoglich Bergisches Dekret, die Abschaffung der Leibeigenschaft betreffend. (Gesetz-Büllетin, Bd. 1. S. 182.; Temme, Samml. S. 57.)
— Art. **1** ff. Siehe Rechtsgr. 1047. 1061. 1138. 1145-1149. (Eingensches Landrecht vom 31. Oktober 1639. Kap. 3. § 3.; Minden-Ravensbergische Eigenthums-Ordnung vom 26. Novbr. 1741. Kap. 3. § 2.; Gesetz No. 939. vom 21. April 1825. §§ 1. 22.)
— Art. **2. 19. 21.** Verwandlung der Erbpacht in Eigenthum im ehemaligen Großherzogthum Berg. — Vergl. Münsterische Eigenthums-Ordnung vom 10. Mai 1770; Verordnung vom 3. November 1770; Münsterische Erbpachts-Ordnung vom 21. September 1783; Bergisches Dekret vom 13. Septbr. 1811; Französisch-Hanseatisches Dekret vom 9. Dezember 1811.

Rechtsgr. **1100.** — II. Senat. 15. Juli 1854. (XIV. 163.)

Das Kaiserliche Dekret vom 12. Dezember 1808 über die Abschaffung der Leibeigenschaft im Großherzogthum Berg betrifft nur die früher eigenbehörig gewesenen, nicht aber die in Erbpacht gegebenen freien Kolonate.

1808, 24. Dezember. Revidirtes Ostpreußisches Landschafts-Reglement. (N. C. C. Tom. 12. S. 551.)
— § **384.** Erwerbung eines wieder in Kours gesetzten Ostpreußischen Pfandbriefs. — Vergl. A. L. R. I. **15.** §§ 45 ff.

Rechtsgr. **1101.** — III. Senat. 30. Juni 1854. (XIII. 247.)

Hat der Erwerber eines Ostpreußischen Pfandbriefes, welcher vor dem Gesetze vom 4. Mai 1843 von dem Depositorium eines Gerichts außer Kours und demnächst wieder in Kours gesetzt worden, diese Inkourssetzung für gesetzlich genügend erachtet, so trifft ihn um deswillen kein Vorwurf, und ist er nicht zur unentgeltlichen Herausgabe des Pfandbriefes verpflichtet.

1808, 26. Dezember. Verordnung wegen verbesserter Einrichtung der Provinzial-, Polizei- und Finanzbehörden. (N. C. C. Tom. 12. pag. 679.; Rabe, Samml. Bd. 9. S. 467.)

— §§ 3. 38. 39. Siehe Rechtsgr. 1069. (Wegebesserungs-Edikt vom 14. Juli 1742.)

1809, 17. März. Französisches Dekret, die Zurückgabe der dem Staat wieder zugefallenen veräußerten Kirchen und Presbyterien betreffend. (Gräff, Chronol. Samml. 675.)

— Siehe Rechtsgr. 1091. (Gesetz vom 30. Mai 1795.)

1809, 28. März. Königlich Westphälisches Dekret, die Allodifikation der Lehen betreffend. (Gesetz-Bülletin, Bd. 1. S. 675.; Temme, Samml. S. 9.)

— Art. 7. Vermuthung gegen die Fortdauer der Lehnsherrlichkeit eines Westphälischen Lehns. — Vergl. Gesetz No. 938. vom 21. April 1825. § 70.

Rechtsgr. 1102. — IV. Senat. 10. Dezember 1855. (XIX. 168.)

Bis zum Beweise des Gegentheils ist anzunehmen, daß der Ausnahmefall der Aufrechterhaltung der Lehnsherrlichkeit nach dem Westphälischen Dekrete v. 28. März 1809, daß nämlich das Lehn nur noch auf vier Augen gestanden, nicht stattgehabt habe.

Siehe auch Rechtsgr. 1122. (Verordn. No. 461. vom 11. März 1818.)

1809, 16. Mai. Königlich Westphälisches Dekret wegen Aufhebung der von den nicht angesessenen Einwohnern erhobenen Abgabe des Schutzgeldes. (Temme, Samml. S. 15.)

— Siehe Rechtsgr. 1136. (Gesetz No. 938. vom 21. April 1825 § 58. No. 1.)

1809, 27. Juli. Westphälisches Dekret wegen Erläuterung des Dekrets vom 23. Januar 1808 über die Aufhebung der Leibeigenschaft. (Temme, Samml. S. 16.)

— Siehe Rechtsgr. 1136. (Gesetz No. 938. vom 21. April 1825. § 58. No. 1.)

1809, 12. November. Großherzoglich Bergisches Dekret wegen Einführung des Code Napoléon. (v. Daniels, Handbuch, Bd. 7. S. 107.; Gräff, Chronol. Samml. S. 695.)

— Art. **3**. Siehe Rechtsgr. 987. (Code Napoléon Art. 691.)

1809, 30. Dezember. Kaiserlich Französisches Dekret, die Kirchenfabriken betreffend (v. Daniels, Handbuch, Bd. 5. S. 407. 440., Bd. 8. S. 76.; Gräff, Chronol. Samml. S. 705.)

— Art. **33**. Siehe Rechtsgr. 1090. (Französisches Dekret vom 16. und 24. August 1790.)

— Art. **64** ff. Siehe Rechtsgr. 987. (Code Napoléon Art. 691.)

— Art. **92**. No. **2**. **3**. Siehe Rechtsgr. 1091. (Gesetz vom 30. Mai 1795.)

1810, 8. Oktober. Verordnung wegen Einrichtung des Justizwesens in Neuvorpommern und Rügen.

— § **13**. Siehe Rechtsgr. 541. (A. L. R. II. **1**. § 351.)

1810, 11. Oktober. Schwedische Allodifikations- und Assekuranz-Urkunde für die Ritterschaft im Herzogthum Pommern und im Fürstenthum Rügen. (v. Kamptz, Jahrb. Bd. 35 S. 332.)

— § **1**. **9**. **10**. Allodifizirung neuvorpommerscher Lehen; Verpflichtung der Söhne zur Anerkennung der Fakta des Vaters. — Vergl. II. Feud. 45. si contigerit; Verordnung wegen Abfindung der Agnaten vom 11. Oktober 1810. Einl. §§ 1-11. 19-21 28. 35. 36.

Rechtsgr. **1103**. — V. Senat. 16. Mai 1854. (XIII. 100.)

a) Nur diejenigen, welche zur Zeit der Bekanntmachung der für Schwedisch-Pommern und Rügen erlassenen Schwedischen Verordnung wegen Abfindung der Agnaten vom 11. Okt. 1810 geboren waren oder innerhalb eines Jahres nach dieser Zeit geboren wurden, können auf die Lehnssuccession Anspruch machen.

b) Nach Pommerschem Lehnrechte müssen die Söhne die Fakta ihres Vaters auch hinsichtlich des Lehns wie ihre eigenen anerkennen.

1810, 11. Oktober. Schwedische Verordnung wegen Abfindung der Agnaten. (v. Kamptz, Jahrb. Bd. 35. S. 343.)

— Einl. §§ **1-11**. **19-21**. **28**. **35**. **36**. Siehe Rechtsgr. 1103. (Schwedische Allodifikations-Urkunde vom 11. Oktober 1810. § 1.)

1810, 27. Oktober. Verordnung No. 1. über die Erscheinung und den Verkauf der neuen Gesetz-Samml. (G. S. S. 1.)

— § **1**. Siehe Rechtsgr. 1237. (Kabinetsorder vom 10. Dezbr. 1839.)

1810. 27. Oktober. Verordnung über die veränderte Verfassung aller obersten Staatsbehörden in der Preußischen Monarchie (G. S. S. 3.)

— Seite **14.** Lit. D. Siehe Rechtsgr. 1352. (Ges v. 26. April 1851.)

1810. 28. Oktober. Edikt Nr. 10. wegen der Mühlengerechtigkeit und Aufhebung des Mühlenzwanges, des Bier- und Branntweinzwanges in der ganzen Monarchie. (G.-S. S. 95.)

— § **1.** Siehe Rechtsgr. 1109. (Gesetz vom 7. Septbr. 1811. § 52.)

1810. 30. Oktober. Edikt über die Einziehung sämmtlicher geistlicher Güter in der Monarchie. (Ges.-Samml. S. 32.)

— § **1.** Siehe Rechtsgr. 679. (A. L. R. II. **11.** § 1218.)

1810. 2. November. Edikt Nr. 9. über die Einführung einer allgemeinen Gewerbesteuer. (G.-S. S. 79.)

— §§ **1** ff. Nichteinführung dieses Edikts in die Stadt und das Gebiet Danzig. — Vergl. Patent vom 9. Septbr. 1814 § 1.

Rechtsgr. **1104.** — II. Senat. 3. Juli 1855. (XVIII 79.)

Durch die mittelst Patents vom 9. September 1814 erfolgte Wiedereinführung der Preußischen Gesetze in die Stadt und das Gebiet Danzig ist das Gewerbesteuer-Edikt vom 2. November 1810 daselbst nicht mit eingeführt worden.

Siehe auch Rechtsgr. 1109. 1284. (Gesetz Nr. 51. vom 7. Sept. 1811 § 52.; Gewerbeordn. v. 17. Januar 1845 § 55.)

— § **30.** Siehe Rechtsgr. 1154. (Dekl. vom 19. Febr. 1832 § 4.)

1810. 8. November. Gesinde-Ordnung für sämmtliche Provinzen der Preußischen Monarchie. (G.-S. S. 101.)

— §§ **32. 33.** Siehe Rechtsgr. 1215. (Gesetz vom 31. März 1838 § 2. Nr. 3.)

— §§ **86-96.** Verpflichtung der Herrschaft zur Kur des erkrankten Gesindes. — Vergl. A. L. R. I. **13.** §§ 54. 57. 80. 81.

Rechtsgr. **1105.** — IV. Senat. 6. März 1855. (XV. 367.)

Die Herrschaft ist nicht unter allen Umständen für die Kur des im Dienste erkrankten Gesindes verpflichtet. Es kommt vielmehr auf die Frage an, inwiefern dem Dienstboten selbst ein vertretbares Versehen zur Last fällt.

— § **101**. Siehe Rechtsgr. 608. (A. L. R. II. **5**. § 177.)

— § **118**. Beharrlicher Ungehorsam des Gesindes.

Rechtsgr. **1106**. — IV. Senat. 14. März 1855. (XVII. 90.)

Beharrlicher Ungehorsam im Sinne des § 118. der Gesinde-Ordnung vom 8. November 1810 setzt wiederholte Befehle der Herrschaft und deren Nichtbefolgung seitens des Gesindes voraus.

— § **100-162**. Entschädigungsklage des ohne gesetzlichen Grund entlassenen Gesindes, insbesondere der Hausoffizianten. — Vergl. A. L. R. I. **5**. § 408, II. **5**. § 162.

Rechtsgr. **1107**. — IV. Senat. 12. Februar 1857. (XXIV. 54 55.)

a. Auch Hausoffizianten müssen, wenn sie von der Herrschaft ohne gesetzmäßige Ursache vor Ablauf der Dienstzeit entlassen sind, zur Begründung ihres Anspruchs auf Lohn und Kost auf die noch rückständige Dienstzeit zuvor bei der Polizei-Obrigkeit den Antrag machen, die Herrschaft zu ihrer Wiederannahme und Fortsetzung des Dienstvertrages anzuhalten, und der Herrschaft beharrliche Weigerung dadurch nachweisen, wenn aber die Polizei-Obrigkeit die Einmischung verweigert, mindestens denselben Antrag vor Gericht wiederholen und zur Fortsetzung des Dienstvertrages sich bereit erklären.

b. Das ohne rechtlichen Grund entlassene Gesinde kann die gedachte obrigkeitliche Hülfe noch während der ganzen kontraktlich bestimmten Dauer der Dienstzeit behufs Fortsetzung des Dienstes oder Entschädigung für die noch übrige Dienstzeit in Anspruch nehmen.

c. Ist die Herrschaft nach § 408. I. 5. des Allgem. Landrechts von dem Dienstvertrage zurückgetreten, und diese Aufhebung des Vertrages, beziehungsweise die Entlassung des Gesindes rechtskräftig sanktionirt, so bleibt kein Raum übrig für das Ziel der polizeilichen Einwirkung, die lediglich auf Fortsetzung des Dienstvertrages gerichtet ist.

1811. 8. Februar. Verordnung betreffend die Kündigung und Abzweigung oder Partial-Cession von Schuldverschreibungen. (G.-S. S. 150.)

— Nr. 5. Siehe Rechtsgr. 443. (A. L. R. I. **20.** § 281.)

1811. 4. April. Deklaration der Verordnung vom 14. Juni 1810, wegen der Zinsen. (G.-S. S. 169.)

— Siehe Rechtsgr. 263. (A. L. R. I. **11.** § 793.)

1811. 2. Mai. Verordnung wegen allgemeiner Separation der Küstereien an Filialkirchen von den Küstereien an der Mutterkirche. (G.-S. S. 193.)

— § **4.** Baulast hinsichtlich der Filial-Küstereien. — Vgl. Gesetz Nr. 2742. vom 21. Juli 1846 §§ 3. 4.

Rechtsgr. **1108.** — I. Senat. 23. Januar 1857. (XXIII. 275.)

Durch die in Gemäßheit der Verordnung vom 2. Mai 1811 erfolgte Separation der Filial-Küstereien sind den Patronen keine Lasten erwachsen, welche ihnen vorher nicht oblagen.

1811. 7. September. Gesetz Nr. 51. über die polizeilichen Verhältnisse der Gewerbe. (G.-S. S. 263.)

— §§ **52-54.** Aufhebung der Real-Schank-Berechtigungen auf dem Lande. — Vergl. Edikte Nr. 10. vom 28. Oktober § 1. und Nr. 9. vom 2. Novbr. 1810 §§ 1 ff.; Kabinetsorder vom 7. Febr. 1835.

Rechtsgr. **1109.** — II. Senat. 4. September 1856. (XXII. 153.)

Die Bestimmung des § 52. des Gesetzes vom 7. September 1811, – nach welcher auf dem Lande den bisherigen Besitzern das Recht, zum Absatze an Andere zu brauen, und das Recht, Branntwein zu brennen, verblieben ist, – bezieht sich lediglich auf Realberechtigungen; alle anderen Berechtigungen dieser Art sind durch die Edikte vom 28. Okt. und 2. Nov. 1810 aufgehoben.

Siehe auch Rechtsgr. 517. (A. L. R. I. **23.** § 53.)

1811. 13. September. Großherzoglich Bergisches Dekret, die abgeschafften Rechte und Abgaben betreffend. (Temme, Samml. S. 66.)

— Siehe Rechtsgrundsätze 1100. 1137. 1138. 1140. 1145. 1333. (Bergisches Dekret vom 12. Dezember 1808 Art 2.; Gesetze Nr. 938. vom 21. April 1825 §§ 58. Nr. 1. 15. 22. und Nr. 939. vom 21. April 1825 §§ 1. 15.; Gesetz vom 2. März 1850 § 3. Nr. 10.)

1811. 14. September. Edikt Nr. 52., die Regulirung der gutsherrlichen und bäuerlichen Verhältnisse betreffend. (G.-S. S. 281.)

— §§ **1** ff. Siehe Rechtsgr. 1126. (Gemeinheitstheilungs-Ordnung vom 7. Juni 1821 § 159.)

— §§ **6. 37.** Wirkung eines Judikats auf Zurückweisung des Antrags auf Regulirung einer bäuerlichen Stelle und Verleihung des Eigenthums. — Vergl. A. G. O. I. Einl. §§ 65. 66., **13.** § 38., **16.** §§ 1. 2.

Rechtsgr. **1110.** — II. Senat. 11. September 1856. (XXII. 174.)

Ist der Besitzer einer bäuerlichen Stelle in dem Tenor des rechtskräftigen Urtheils mit dem Antrage: „auf Regulirung dieser Stelle auf Grund des Edikts vom 14. September 1811 und Verleihung des Eigenthums an derselben" zurückgewiesen worden, so ist, insofern jener Antrag auf der Behauptung eines erblichen Besitzrechts beruhte, auch dieses für aberkannt zu erachten.

— §§ **32** ff. Siehe Rechtsgr. 1339. 1340. (Ges. v. 2. März 1850 § 74.)

1811. 14. September. Edikt Nr. 53. zur Beförderung der Landeskultur. (G.-S. S. 300.)

— § **7.** Siehe Rechtsgr. 494. (A. L. R. I. **21.** § 628.)

— § **26.** Siehe Rechtsgr. 515. (A. L. R. I. **22.** § 215.)

1811. 15. November. Gesetz wegen des Wasserstaues bei Mühlen und Verschaffung der Vorfluth. (Ges.-Samml. S. 352.)

— §§ **1-6.** Rechtsweg in Betreff der Regulirung des Wasserstandes bei Mühlen-Anlagen. — Vergl. A. L. R. II. **15.** §§ 238. 239.

Rechtsgr. **1111.** — II. Senat. 22. Mai 1855. (XX. 25.)

Die Vorschriften wegen der Regulirung des Wasserstandes bei Mühlen-Anlagen nach dem Vorfluth-Edikt vom 15. November 1811 und die im § 5 daselbst erfolgte Ausschließung des Rechtsweges gegen die desfallsigen Festsetzungen der Kommissarien der Polizeibehörde findet sowohl in Betreff bereits vorhandener als in Betreff neu angelegter Mühlen Anwendung.

— §§ 10 ff. Rechtsweg gegen polizeiliche Verfügungen in Betreff Unterhaltung eines Grabens. — Vergl. A. L. R. I. 8. §§ 96 ff. 102 ff.; A. G. O. I. Einl. § 1.; Gesetz vom 11. Mai 1842.

Rechtsgr. 1112. — III. Senat. 28. Januar 1857. (XXIII. 297.)

Die Vorfrage: ob ein Graben in rechtsverbindlicher Weise bestehe, d. h. ob ein Interessent berechtigt sei, das Fortbestehen desselben zu verlangen, und wem in diesem Falle die Unterhaltungspflicht obliege, — ist kein Gegenstand der polizeilichen Anordnung nach § 10. des Edikts vom 15. November 1811, und wird diese Frage früher oder später streitig, so ist kein Grund vorhanden, in Beziehung auf dieselbe den Rechtsweg auszuschließen.

1811. 9. Dezember. Französisch-Hanseatisches Dekret wegen Aufhebung der Lehen. (Temme, Samml. S. 95.)

— Art. 1 ff. Siehe Rechtsgrundsätze 1100. 1137. 1333. (Großherzoglich Bergisches Dekret vom 12. Dezember 1808 Art 2.; Ges. Nr. 938. vom 21. April 1825 § 58. Nr. 1; Ablöse-Gesetz vom 2. März 1850 § 3. Nr. 10.)

1811. 16. Dezember. Kaiserlich Französisches Dekret über die Straßenbauten. (Graeff, Chronol. Samml. S. 840.)

— Siehe Rechtsgr. 1056. (Wegebesserungs-Edikt v 10. Septbr. 1735.)

1813. 10. Januar. Instruktion des Ministers für den Kultus und öffentlichen Unterricht. (Breslauer Regierungs-Amtsblatt S. 55.)

— Nr. 11. Siehe Rechtsgr. 1036. (General-Landschulen-Reglement vom 18. Mai 1801 § 12.)

1813. 14. Januar. Deklaration wegen des Anfanges der rechtlichen Wirkung der durch die Gesetzsammlung und durch die Amtsblätter bekannt gemachten Gesetze und Verfügungen. (G.-S. S. 2.)

— Siehe Rechtsgr. 1237. (Kabinetsorder vom 10. Dezember 1839.)

1813 20. März. Kaiserlich Französisches Finanzgesetz, betreffend die Einziehung der nutzbaren Kommunal-Güter zur Amortisationskasse. (Graeff, Samml. 923.)

— Art. **2**. Siehe Rechtsgr. 1091. (Französisches Ges. v. 30. Mai 1795.)

1813. 19 April. Kabinetsorder, betreffend die zwischen verschiedenen Kontrahenten bestehenden Verträge, welche die Gewerbefreiheit beschränken. (G.=S. S. 69.)

— Siehe Rechtsgr. 32. (A. L. R. I. **4**. § 6.)

1813. 30. Juli. Sächsisches Waldnebennutzungs=Mandat. (Cod. Aug. Cont. III. Tom. 2. pag. 161.)

— § **27**. Siehe Rechtsgr. 516. (A. L. R. I. **22**. § 215.)

1814. 3. Juni. Kabinetsorder wegen Ernennung des Ministerii. (Ges.=Samml. S. 42.)

— Siehe Rechtsgr. 1352. (Ges. vom 26. April 1851. Zusatz=Artikel II. Nr. 1.)

1814. 9. Septber. Patent wegen Wiedereinführung des A. L. R. und der A. G. O. in die von den Preußischen Staaten getrennt gewesenen, mit denselben wiedervereinigten Provinzen. (G.=S. S. 89.)

— § **1**. Siehe Rechtsgr. 1104. (Gewerbesteuer=Edikt v. 2. Nov. 1810.)

— § **2**. Siehe Rechtsgr. 693. 1056. 1057. (A. L. R. II. **15**. § 15.; Wegebesserungs=Edikt vom 10. September 1735.; Magdeburger Kirchen=Ordnung vom 9. Mai 1739.)

— § **3**. Siehe Rechtsgr. 261. 1361. (A. L. R. I. **11**. § 738.; Hypotheken=Novelle vom 24. Mai 1853 § 49.)

— § **6**. Siehe Rechtsgr 11. 12. (A. L. R. Einl. § 23.)

— § **7**. Einjährige Frist in Betreff der Form der Testamente.

Rechtsgr. **1113**. — I. Senat. 3. April 1857. (XXIII. 353.)

Der § 7. des Publikations=Patens vom 9. September 1814 ist lediglich auf die bereits am 1. Januar 1815 vorhanden gewesenen, nach der früheren Form errichteten Privat=Testamente zu beziehen.

1815. 22. Mai. Patent Nr. 283. wegen Besitzergreifung des mit der Preußischen Monarchie vereinigten Antheils von Sachsen. (G.=S. S. 77.)

— Siehe Rechtsgr. 1118. (Verordn. vom 21. Juni 1816 § 1.)

1815. 22. Mai. Patent Nr 298. wegen Einrichtung des Hypothekenwesens in den mit den Preußischen Staaten wiedervereinigten Provinzen jenseits der Elbe und Weser. (G.=S. S. 185.)

— §§ 3. 4. 9. 10. 12. Verlust nicht angemeldeter Realrechte. — Vergl. A. L. R. Einl. § 101.

Rechtsgr. 1114. — I. Senat. 8. November 1854. (XVI. 18.)

a. Durch die nach dem letzten Dezember 1816 geschehene Veräußerung eines im Bezirk der Gültigkeit der Verordnung vom 22. Mai 1815 belegenen Guts an einen dritten Besitzer gehen die zur Eintragung nicht angemeldeten Ansprüche des wahren Eigenthümers oder sonstigen Realberechtigten gegen das Gut verloren, auch wenn der Besittitel für den Veräußerer noch nicht berichtigt war.

b. Der Verlust des innerhalb der allgemeinen Präklusivfrist nicht angemeldeten Realanspruchs wird durch den bösen Glauben des neuen Erwerbers nicht abgewendet.

1815. 8. Juni. Deutsche Bundesakte. (G.-S. für 1818. Anh. S. 143.)

— Art. 14. Siehe Rechtsgr. 1124. (Instr. v. 30. Mai 1820 § 31.)

1815. 21. Juni. Verordn. Nr. 291., betreffend die Verhältnisse der vormals unmittelbaren deutschen Reichsstände in den Preußischen Staaten.

— § 4. Siehe Rechtsgr. 1124. (Instruktion Nr. 607. vom 30. Mai 1820 § 31.)

1816. 8. Januar. Verordnung, betreffend die eheliche Gütergemeinschaft in den Westphälischen Provinzen und in dem Herzogthum Kleve. (G.-S. S. 97.)

— § 1. Wiedereinführung des früher bestandenen Erbrechts der Ehegatten, Eltern und Kinder. — Vergl. A. L. R. II. 1. §§ 634. 638. 642.

A. Erbrecht des überlebenden Ehegatten auf die gütergemeinschaftliche Vermögens-Masse in der Provinz Westphalen.

Rechtsgr. 1115. — 1. Senat. 8. Juni 1857. (XXIV. 358.)

In den Westphälischen Provinzen sind durch das Gesetz vom 8. Januar 1816 mit der ehelichen Gütergemeinschaft auch die Statuten, Observanzen und Provinzialgesetze, welche das Erbrecht des überlebenden Ehegatten auf die gemeinschaftliche Vermögensmasse betreffen, wieder eingeführt worden.

B. **Erbrecht des überlebenden Ehegatten in den Nachlaß abgeschichteter Kinder.** — Vergl. A. L. R. II. 2. §§ 489 ff.; Minden-Ravensbergische Eigenthums-Ordnung vom 26. November 1741 Kap. 11. §§ 1. 10. 11.

Rechtsgr. **1116**. — I. Senat. 15. Juli 1854., 23. Januar 1856. (XIV. 176. 181., XIX. 302.)

a. Der durch die fremdherrlichen Gesetze außer Kraft gesetzte Grundsatz jener Provinzialgesetze und Statuten, daß abgeschichtete Kinder von einander, mit Ausschluß der Eltern, beerbt werden, ist durch die Wiedereinführung der allgemeinen ehelichen Gütergemeinschaft durch die Verordnung vom 8. Januar 1816 nicht wiederhergestellt worden.

Daher vererbt das von dem überlebenden Ehegatten und Wehrfester dem unter seinen Kindern vom Gesetz bezeichneten Anerben zum Eigenthum übertragene, mit dem Heimfall noch belastete Kolonat bei dem vor dem Tode des ersteren erfolgten kinderlosen Absterben dieses Anerben nicht auf den nnnmehr eintretenden weiteren gesetzlichen Anerben, sondern auf den überlebenden der Eltern des ersteren.

b. Der Grundsatz jener Provinzialgesetze und Statute, daß die von dem überlebenden Ehegatten abgeschichteten Kinder bei dessen nach Eingehung einer anderweitigen gütergemeinschaftlichen Ehe erfolgtem Tode kein Erbrecht in seinen Nachlaß haben, wenn Genossen dieser ferneren Ehe (überlebender Ehegatte oder Kinder) vorhanden sind, ist durch die Verordnung vom 8. Jan. 1816 für wiederhergestellt zu erachten. Dies gilt insbesondere in Betreff des Instituts der Paderborner ehelichen Gütergemeinschaft.

— § 2. Anwendbarkeit des Gesetzes vom 8. Januar 1816 auf die zur Zeit der Publikation desselben bestandenen wenngleich aufgelösten Ehen. — Vergl. Reskript des Justizministers an das Pupillen-Kollegium in Kleve vom 29. Juni 1816.

Rechtsgr. **1117**. — V. Senat. 11. Dezember 1855. (XIX. 173.)

Die in dem § 2. des Gesetzes vom 8. Januar 1816 über die eheliche Gütergemeinschaft in den Westphälischen Provinzen enthaltene Bestimmung: „daß alle seit der Einführung des fremden Rechtes geschlossenen Ehen, in Ermangelung besonderer Verabredungen in Bezug auf die eheliche Gütergemeinschaft, nach den darüber früher bestandenen provinziellen Vorschriften beurtheilt werden sollen", bezieht sich gleichmäßig auf die zur Zeit der Publikation des Gesetzes in der Provinz noch bestehenden, sowie auf die inzwischen aufgelösten oder außerhalb der Provinz fortgesetzten Ehen.

1816, 29. Mai. Deklaration des Edikts vom 14. September 1811 wegen Regulirung der gutsherrlich-bäuerlichen Verhältnisse. (G. S. Seite 154.)

— Art. **96**. Siehe Rechtsgrundsätze 432, 512. 513. (A. L. R. I. **11**. § 22., **22**. § 203.)

— Art. **112**. Siehe Rechtsgr. 1126. (Gemeinheitstheilungs-Ordnung vom 7. Juni 1821 § 159.)

— Art. **114** ff. Siehe Rechtsgr. 1126. 1201. (Gemeinheitstheilungs-Ordnung vom 7. Juni 1821 § 159.; Verordnung vom 30. Juni 1834 § 7.)

1816, 20. Juni. Kabinetsorder Nr. 367., betreffend die Gültigkeit gerichtlicher Verhandlungen bei des Schreibens und Lesens unerfahrenen Personen. (G. S. S. 203.)

— Siehe Rechtsgr. 295. 316. (A. L. R. I. **12**. §§ 115. 618.)

1816, 21. Juni. Verordnung, betreffend die Aufhebung des inländischen Abschosses. (G. S. S. 199.)

— § **1**. Aufhebung des Abschosses in den ehemals Sächsischen Provinzen. — Vergl. A. L. R. II. **14**. §§ 23. 24., **17**. § 174.; Patent Nr. 283. vom 22. Mai 1815.

Rechtsgr. **1118**. — II. Senat. 20. März 1855. (XV. 376.)

Auch in den ehemals Sächsischen Provinzen ist das auf einem Vertrage beruhende Privat-Abzugsgeld aufgehoben.

1816, 29. Juni. Justizministerial-Reskript an das Pupillen-Kollegium zu Kleve, betreffend die Verordnung vom 8. Januar 1816.

— Siehe Rechtsgr. 1117. (Verordnung v. 8. Januar 1816 § 2.)

1816, 15. November. Patent wegen Einführung des A. L. R. in die mit den Preußischen Staaten vereinigten ehemals Sächsischen Provinzen und Distrikte. (G. S. S. 233.)

— § **11**. Siehe Rechtsgrundsätze 1287-1289. (Verordnung Nr. 2592. vom 11. Juli 1845.)

1817, 7. Februar. Verordnung wegen der den Civilbeamten beizulegenden Amtstitel und der Rangordnung der verschiedenen Klassen derselben. (G. S. S. 61.)

— §§ **1-5**. Siehe Rechtsgr. 664. (A. L. R. II. **11**. § 283.)

1817, 20. Juni. Verordnung Nr. 430. wegen Organisation der Generalkommissionen und der Revisionskollegien zur Regulirung der gutsherrlichen und bäuerlichen Verhältnisse, ingleichen wegen des Geschäftsbetriebes bei diesen Behörden. (G. S. S. 161.)

— §§ **5-8**. Siehe Rechtsgr. 1201. (Verordnung vom 30. Juni 1834 § 7.)

— § **43**. Nr. **4**. Siehe Rechtsgr. 1291. (General-Konzession vom 23. Juli 1845 § 10.)

— §§ **56**. **85**. **115**. Siehe Rechtsgr. 418. (A. L. R. I. **17**. § 385.)

— § **116**. Siehe Rechtsgr. 384. (A. L. R. I. **18**. § 418.)

— §§ **145** ff. **152**. Siehe Rechtsgr. 418. (A. L. R. I. **17**. § 385.)

— § **169**. Anfechtung des Regulirungs-Rezesses wegen Betrugs. — Vergl. A. G. O. I. **11**. § 3., **24**. § 4.

Rechtsgr. **1119**. — III. Senat. 5. Juni 1854. (XIII. 256.)

Die Einrede des Betruges ist gegen einen bestätigten Regulirungs-Rezeß zulässig.

Siehe auch Rechtsgr. 1291. (General-Konzession vom 23. Juli 1845 § 10.)

— § **170**. Wirkung des Rezesses:

A. Bezüglich der Besitzverhältnisse. — Vergl. Verordn. vom 7. Juni 1821 § 10.

Rechtsgr. **1120**. — III. Senat. 9. Mai 1855. (XVII. 196.)

Die Vorschrift des § 170. der Verordnung vom

20. Juni 1817, — nach welcher durch den bestätigten Rezeß das Auseinandersetzungs-Verfahren dergestalt abschlossen wird, daß die zur Sache zugezogenen Interessenten mit keinen Einwendungen wegen der im Rezeß bestimmten Gegenstände weiter gehört werden können, bezieht sich nur auf solche Bestimmungen des Rezesses, welche eine Abänderung der bis dahin thatsächlich und rechtlich bestandenen Besitzverhältnisse zum Gegenstande haben, und einen veränderten Besitz- und Rechtszustand herbeiführen wollen.

B. Hinsichtlich der von dem Gutsherrn vor Verkündigung des Gesetzes vom 2. März 1850 aufgeschlossenen Erzförderungen. — Vergl. Ablösegesetz vom 2. März 1850 § 83.

Rechtsgr. **1121**. — III. Senat. 8. November 1855. (XVIII. 296.)

Ist weder bei dem Auseinandersetzungs-Verfahren, noch in dem Rezesse über die Regulirung des Eigenthums-Verhältnisses des Besitzers einer bäuerlichen Stelle dem Gutsherrn das Recht auf die vor Verkündigung des Gesetzes vom 2. März 1850 aufgeschlossenen Erzförderungen vorbehalten, noch auch eine desfallsige Entschädigung für den Stellenbesitzer verabredet worden, so kann jenes Recht nicht mehr geltend gemacht werden.

Siehe auch Rechtsgrundsätze 50. 384. 418. 1291. 1342. (A. L. R. I. **5**. § 109., **16**. § 418., **17**. § 385.; General-Konzession vom 23. Juli 1845 § 10.; Rentenbankgesetz v. 2. März 1850 § 50.)

1817, 23. Oktober. Instruktion Nr. 440. zur Geschäftsführung der Regierungen. (G. S. S. 249.)

— § **2**. Siehe Rechtsgr. 817. (A. G. O. I. Einl. § 1.)

— § **11**. Siehe Rechtsgr. 1069. (Wegebesserungs-Edikt v. 14. Juli 1742 § 11.)

1818, 11. März. Verordnung Nr. 461. über die Lehen und Fideikommisse in den jenseits der Elbe gelegenen Provinzen. (G. S. S. 17.)

— §§ **1**. **2**. Beweislast hinsichtlich des Fortbestehens eines Westphälischen Lehns und der agnatischen Rechte. — Vergl. Westphälisches Dekret vom 28. März 1809 §§ 1-7.

Rechtsgr. 1122. — IV. Senat. 10. Dezember 1855. (XIX. 168.)

Für das Fortbestehen der Westphälischen Lehen und der agnatischen Rechte an denselben ist eine allgemeine gesetzliche Vermuthung nicht begründet.

1818, 20. Juli. Ressort-Reglement.

— § 5. Genehmigung des Vergleichs einer Rheinischen Gemeinde seitens der Regierung ohne vorheriges Gutachten dreier Rechtsgelehrten. — Vergl. Code Napoléon art. 2045.; Arrêté vom 13. Dezember 1803 (21. Frimaire XII.) art. 1.

Rechtsgr. 1123. — V. Senat. 21. März 1854. (XIV. 208.)

Wenn die Genehmigung der Regierung hinzutritt, so kann ein Vergleich nicht um deswillen vor Gericht angefochten werden, weil unterlassen worden, vor der Genehmigung das durch das Arrêté vom 21. Frimaire des Jahres XII. vorgeschriebene Gutachten dreier Rechtsgelehrten zu erfordern.

1819, 7. Juli. Verordnung wegen Aufhebung des § 34. des Anhanges zur Allg. Gerichts-Ordnung in Beziehung auf die Staaten des Deutschen Bundes. (G. S. S. 212.)

— Siehe Rechtsgr. 727. (Wechsel-Ordnung-Einführungsgesetz v. 15. Februar 1850 § 6.)

1820, 30. Mai. Instruktion Nr. 607. wegen Ausführung des Edikts v. 21. Juni 1815, die Verhältnisse der vormals unmittelbaren Deutschen Reichsstände in der Preußischen Monarchie betreffend. (G.-S. Seite 81.)

— § 31. Freiheit der Standesherren von Entrichtung des Brücken-, Pflaster-, Wege- und Chausseegeldes. — Vergl. Deutsche Bundesakte v. 8. Juni 1815 Art. 14.; Verordnung Nr. 291. v. 21. Juni 1815 § 4.; §§ 2. 5. 7. 13. 18. 22. dieses Gesetzes.

Rechtsgr. 1124. — V. Senat. 27. Juni 1854. (XIII. 227.)

Die in dem § 31. der Instruktion vom 30. Mai 1820 den Standesherren ertheilte Befreiung vom Chausseegeld kommt ihnen nicht zu, wenn andere als die zu ihrer Familie gehörigen Personen (standesherrliche Beamte) in den standesherrlichen Wagen sich befinden.

1820, 30. Mai. Gesetz Nr. 616. über die Einrichtung des Abgabenwesens. (G. S. S. 134.)
— § **11**. Siehe Rechtsgr. 1332. (Ablösegesetz vom 2. März 1850 § 3. Nr. 10.)

1820, 30. Mai. Gesetz Nr. 619. wegen Entrichtung der Gewerbesteuer. (G. S. S. 147)
— § **3**. Siehe Rechtsgr. 620. (A. L. R. II. **8**. § 475.)

1821, 23. April. Gesetz wegen Aufhebung der Verlautbarung und Bestätigung der Verträge über unbewegliche Güter. (G. S. S. 43.)
— §§ **1** ff. Siehe Rechtsgr. 54. (A. L. R. I. **5**. § 111.)
— § **4**. Siehe Rechtsgr. 442. (A. L. R. I. **20**. § 227.)

1821, 7. Juni. Gemeinheitstheilungs-Ordnung. (G. S. S. 53.)
— § **1**. Siehe Rechtsgr. 505. (A. L. R. I. **22**. § 71.)
— § **2. 141. 142**. Ideelles Miteigenthum der Markengenossen an dem ungetheilt gebliebenen Theile des Theilungsobjekts.

Rechtsgr. **1125**. — II. Senat. 29. Mai 1856. (XXI. 225.)

Die Markengenossen sind nicht bloße Servitutberechtigte, sondern ideell Miteigenthümer des bei der Theilung ungetheilt gebliebenen Theiles des Theilungsobjekts.

— § **10**. Siehe Rechtsgr. 1120. (Verordnung Nr. 430. v. 20. Juni 1817 § 170.)
— § **51**. Siehe Rechtsgr. 508. (A. L. R. I. **22**. § 105.)
— §§ **56**. **57**. **95**. **141**. Siehe Rechtsgr. 505. (A. L. R. I. **22**. § 71.)
— §§ **141**. **142**. Siehe Rechtsgr. 1125. (§ 2. dieses Titels.)
— § **159**. Rechte des Pächters bei erfolgter Ablösung der ihm pachtweise überlassenen Rechte. — Vergl. Edikt Nr. 52. vom 14. Septbr. 1811; Deklaration v. 29. Mai 1816 Art. 112. 114. 119.

Rechtsgr. **1126**. — III. Senat. 28. Januar 1856. (XX. 87.)

Der Grundsatz des § 159. der Gemeinheitstheilungs-Ordnung vom 7. Juni 1821, — daß der Pächter, wenn er nicht gekündigt hat, mit der Benutzung der dem verpachteten Grundstück angewiesenen Entschädigung auf die

Dauer der Pachtzeit sich begnügen muß, — findet auch in dem Falle Anwendung, wenn von mehreren abgelösten Rechten nur einzelne pachtweise überlassen sind, und für sämmtliche abgelöste Rechte eine ungetheilte Kapitalsabfindung vereinbart und zugebilligt worden ist. Der Pächter kann jedoch in diesem Falle keine größere Entschädigung fordern, als dem Berechtigten nach der stattgehabten Ablösung von dem Verpflichteten zugebilligt worden ist.

— §§ 166-170. Legitimation der Hütungsberechtigten und Kompetenz der Gerichte zur Feststellung der Zahl des aufzutreibenden Viehes. — Vergl. A. L. R. I. 22. §§ 235. 236.

Rechtsgr. 1127. — II. Senat. 27. April 1854. (XIII. 66.)

Steht die Zahl des aufzutreibenden Viehes nicht fest, so sind die einseitig Hütungsberechtigten nicht befugt, zu verlangen, daß die Gerichte die Art und Zahl des aufzutreibenden Viehes dem belasteten Grundstück gegenüber feststellen.

1821, 7. Juni. Gesetz Nr. 653. wegen Untersuchung und Bestrafung des Holzdiebstahls. (G. S. S. 89.)

— § 20. Siehe Rechtsgr. 608. (A. L. R. II. 5. § 177.)

1821, 1. Juli. Gesetz, die Verleihung des Bergwerks-Eigenthums auf Flötzen betreffend. (G. S. S. 106.)

— §§ 2. 3. Beleihung des Muthers:

A. Vorzugsrecht der Muthung bei Aenderung der Feldesstreckung.

Rechtsgr. 1128. — III. Senat. 14. Juli 1856. (XXII. 123.)

Hat ein Muther einmal ein bestimmtes Feld in Anspruch genommen, so bleibt dasselbe innerhalb des Umfanges, innerhalb dessen überhaupt eine Verleihung erfolgen darf, so lange durch die Muthung bestrickt, bis sich findet, daß dasselbe nicht in dem verlangten Umfange verliehen werden kann.*

* Die Richtigkeit des obigen, sehr wichtigen Grundsatzes ist zu bezweifeln. Vergl. Archiv für Rechtsfälle Bd. 22. S. 125 ff.

B. Zusammenhängender Bau in dem gevierten Felde. — Vergleiche A. L. R. II. **16**. §§ 156. 157.

Rechtsgr. **1129**. — III. Senat. 11. Januar 1856. (XIX. 267.)

Hat die Bergbehörde ein geviertes Feld verliehen, so findet darüber: ob ein in diesem Felde liegendes Flötz einen zusammenhängenden Bau gestatte, der Weg Rechtens nicht statt.

Siehe auch Rechtsgr. 707. (A. L. R. II. **16**. § 156.)

1822, 7. März. Gesetz Nr. 709. wegen der Stempelsteuer. (G. S. Seite 57.)

— §§ **20**. **22**. **26**. Wechselstempel. — Vergl. A. D. Wechsel-Ordn. Art. 17. 31.

Rechtsgr. **1130**. — Senat für Strafsachen, Abth. I. 24. Oktober 1856. (XXII. 263.)

a) Der § 22. des Gesetzes wegen der Stempelsteuer vom 7. März 1822 findet auf Wechsel keine Anwendung.

b) Der § 26. daselbst erklärt den Indossatar als solchen nicht für die Stempelstrafe verhaftet.

c) Die Vorzeigung des Wechsels an den Aussteller, um sich über dessen Unterschrift Gewißheit zu verschaffen, sowie die Aufforderung zur Zahlung stellt kein Geschäft im Sinne des § 20. Art. 1. a. a. O. dar.

1822, 12. April. Kabinetsorder, betreffend das Verfahren bei Amtsentsetzung der Geistlichen und Jugendlehrer, wie auch anderer Staatsbeamte. (G. S. S. 105.)

— Siehe Rechtsgr. 1090. (Gesetz vom 16. und 24. August 1796 Tit. 2. Art. 13.)

1822, 4. Juli. Gesetz Nr. 735., betreffend den Verkauf ausstehender Forderungen und Kours habender Schuldpapiere im Wege der Exekution. (G. S. S. 178.)

— §§ **1** ff. Ueberweisung einer Forderung des Schuldners im Wege der Exekution mit den Rechten eines Assignatars:

A. Einwendungen des Schuldners einer dem Dritten überwiesenen Hypothekenforderung. — Vgl. A. L. R. I. **16**. §§ 251. 287. 288.,

20. §§ 423 ff. 520 ff.; Exekutions=Verordnung vom 4. März 1834 § 15.

Rechtsgr. 1131. — III. Senat. 7. Juni 1855. (XVIII. 68.)

Der Schuldner einer im Wege der Exekution mit der Wirkung der Assignation an den Exekutionssucher überwiesenen Hypothekenforderung ist berechtigt, dem letztern alle Einwendungen entgegenzusetzen, welche er nach allgemeinen Rechtsgrundsätzen dem eingetragenen Gläubiger entgegenzusetzen befugt ist.

B. Klage des Assignatars gegen den dritten Besitzer der Schuldurkunde auf Ungültigkeits=Erklärung der dem letzteren ertheilten Cession. — Vergl. A. L. R. Einl. § 89., I. 15. §§ 1 ff., 16. §§ 151. 283.

Rechtsgr. 1132. — IV. Senat. 18. Oktober 1855. (XVIII. 215.)

Der Gläubiger, welchem eine Forderung seines Schuldners im Wege der Exekution mit dem Rechte eines Assignatars überwiesen worden, ist nicht berechtigt, gegen den dritten Besitzer dieser Urkunde auf Ungültigkeitserklärung der demselben ertheilten Cession zu klagen.

C. Wirkung der im Wege der Exekution zu verschiedenen Zeiten an verschiedene Personen erfolgten Ueberweisung derselben Forderung in Kraft der Anweisung und in Kraft der Cession. — Vgl. A. L. R. Einl. § 91., I. 10. §§ 24. 25., 19. § 5.; A. G. O. I. 50. § 447.; Hyp.=Ordnung II. §§ 233. 234.; Exekutions=Verordnung vom 4. März 1834 § 15.

Rechtsgr. 1133. — IV. Senat. 8. November 1855. (XVIII. 289.)

a) Wenn dieselbe Forderung verschiedenen Personen zu verschiedenen Zeiten im Wege der Exekution überwiesen ist, so gewährt die frühere Ueberweisung ein Vorrecht vor der späteren, wenngleich jene in Kraft einer Anweisung und diese in Kraft einer Cession ertheilt ist.

b) Die Eintragung der späteren Ueberweisung in das Hypothekenbuch schützt den Extrahenten nicht, wenn ihm zur Zeit dieser Eintragung in das Hypothekenbuch die frühere, obschon nicht eingetragene, Ueberweisung in Kraft einer Anweisung bekannt war.

Siehe auch Rechtsgr. 959. 1197. (A. G. O. I. **51**. § 74.; Subhastations-Verordnung vom 4. März 1834 §§ 17 ff.)

— **§ 6.** Uebereignung einer Forderung des Schuldners im Wege der Exekution mit den Rechten eines Cessionars:

A. Beschlagnahme des Erbtheils eines Miterben an der noch ungetheilten Erbschaft im Wege der Exekution. — Vergl. A. G. O. I. **24**. §§ 47. 101., **50**. §§ **447**. **448**.

Rechtsgr. **1134**. — IV. Senat. 20. Februar 1855. (XVII. 46.)

Auch der Antheil eines Miterben an dem zwar noch ungetheilten, jedoch in einer liquiden in sich bereits abgeschlossenen Depositalmasse bestehenden Nachlasse kann für die Gläubiger des erstern behufs ihrer künftigen Befriedigung mit Beschlag belegt und übereignet werden.

B. Einwendungen des Schuldners einer dem Dritten übereigneten Hypothekenforderung. — Vgl. A. L. R. I. **11**. § 739., **20**. §§ 423-426. 522. 523. und Anhang § 53. zu § 511.

Rechtsgr. **1135**. — Plenum. 7. Mai 1855. (XVII. 171.)

Die Vorschriften der §§ 423-426. 522. und 523. I. 20., des § 739. I. 11. und des § 53. des Anhanges zum § 511. I. 20. des Allgem. Landrechts, nach welchen der Schuldner einer eingetragenen Forderung seiner Einwendungen gegen einen dritten redlichen Erwerber bei unterlassener Kundmachung oder Vermerkung im Hypothekenbuche verlustig geht, — finden auch Anwendung, wenn dem Exekutionssucher eine hypothekarische Forderung des Exequendus auf Grund des § 6. des Gesetzes vom 4. Juli 1822 durch richterliche Verfügung überwiesen worden ist.

1823, 3. April. Gesetz über die Testamente Preußischer Gesandten und gesandtschaftlicher Personen bei fremden Höfen während ihres Aufenthalts im Auslande. (G. S. S. 40.)

— **§ 1.** Siehe Rechtsgr. 10. (A. L. R. Einl. § 23.)

1824, 3 April. Deklaration Nr. 856. des § 52. des Anhanges zum A. LR. in Betreff der von dem Eigenthümer eines Grundstücks bezahlten annoch ungelöschten Hypothekenforderungen. (G. S. S. 77.)

— Siehe Rechtsgrundsätze 392-397. 1195. (A. L. R. I. 16. § 484. Subhstations-Verordnung v. 4. März 1834 § 16.)

1825, 2 April. Gesetz Nr. 938. über die den Grundbesitz betreffenden Rechtverhältnisse und über die Realberechtigungen in den Landestheilen, welche vormals eine Zeit lang zum Königreich Westphalen gehört haben (G. S. S. 74.)

— §§ 1. 23. 24. Siehe Rechtsgr. 1065. 1068. (Minden-Ravensbergische Eigenthums-Ordnung v. 26. Nov. 1741 Kap. 11. § 1.)

— § 37. Vertragsmäßiges Anerbenrecht in ehemals heimfallspflichtige Westphälische Kolonate. — Vergl. Deklaration v. 24. Novbr. 1833.; Kabinets-Order vom 1. August 1835; Verordnung vom 18. Dezember 1828.

Rechtsgr. **1136**. — I. Senat. 2. Februar 1855. (XVII. 1.)

Daß nach Publikation des gutsherrlich-bäuerlichen Gesetzes Nr. 938. vom 21. April 1825 und der Deklaration vom 4. November 1833, — betreffend die Wiederherstellung der bei den heimfallspflichtigen Grundstücken in Westphalen vor Einführung der fremden Gesetze bestandenen Vererbungs-Grundsätze, — bei der Auseinandersetzung der Erben des Kolonatsbesitzers einem Miterben zugesicherte Anerbenrecht ist durch das Fortbestehen des Heimfalls-Rechts oder der gesetzlichen bäuerlichen Succession-Ordnung überhaupt zur Zeit des Anfalls nicht bedingt.

Siehe auch Rechtsgr. 1063. 1066-1068. (Minden-Ravensbergische Eigenthumsordnung v. 26. Nov. 1741 Kap. 11. § 1.)

— § 58. Nr. 1. Begriff des öffentlichen Steuer-Einkommens. — Vgl. Westphälisches Dekret vom 16. Mai und 27. Juli 1809; Bergisches Gesetz vom 13. September 1811; Hanseatisches Dekret vom 9. Dezember 1811; Gesetze Nr. 939. und 940. v. 21. April 1825 §§ 38. Nr. 1. und 36. Nr. 1.

Rechtsgr. **1137**. — II. Senat. 27. Juni 1854. (XIV. 86.)

Unter dem öffentlichen Steuer-Einkommen nach den drei Gesetzen vom 21. April 1825 ist jedes Einkommen zu verstehen, welches in landesherrliche Kassen fließt.

Siehe auch Rechtsgr. 1332. (Ablöse-Gesetz v. 2. März 1850 § 3 Nr. 10.)

— **§ 70.** Siehe Rechtsgr. 1102. (Westphälisches Dekret v. 28. März 1809 Art. 7.)

1825, 21. April. Gesetz Nr. 939. über die den Grundbesitz betreffenden Rechtsverhältnisse und über die Realberechtigungen in den Landestheilen, welche zu dem ehemaligen Großherzogthum Berg eine Zeit lang gehört haben. (G. S. S. 94.)

— **§§ 1** ff. Berücksichtigung des Titels des gutsherrlichen Rechts bei Bestimmung der Ansprüche des bäuerlichen Besitzers. — Vergl. Allg. L. R. I. 7. §§ 179-182., **15.** § 33.; Großherzoglich Bergisches Dekret v. 12. Dezbr. 1808 und 13. Septbr. 1811.

Rechtsgr. **1138**. — II. Senat. 24. April 1855. (XVII. 130.)

Für die auf den Grund des Gesetzes Nr. 939. vom 21. April 1825 zu regulirenden Rechtsverhältnisse des Grundbesitzes und die nach Maßgabe derselben zu bestimmenden Ansprüche der bäuerlichen Besitzer kommt es auf den Titel, in welchem das gutsherrliche Recht beruht haben mag, nicht weiter an.

Daher hat ein bezüglich des letzteren bestandenes lehnsherrliches Obereigenthum die Erwerbung des vererblichen Besitzrechts und resp. vollen Eigenthums seitens des bäuerlichen Wirths nicht gehindert.

— **§§ 3. 15. 16. 21. 22.** Herleitung der Rechte des bäuerlichen Besitzers von dem Gutsherrn.

Rechtsgr. **1139**. — II. Senat. 10. April 1856. (XXI. 61.)

Für die in den vormals Bergischen Landestheilen der Provinz Westphalen belegenen Bauergüter ist aus dem Gesetz vom 21. April 1825 eine Vermuthung, daß der bäuerliche Besitzer seine Rechte von dem Gutsherrn erworben habe, nicht herzuleiten.

— § 15. Verleihung des vererblichen Besitzrechts:

A. Durch einen gutsherrlichen Gewinnbrief. — Vergl. Bergisches Dekret v. 13. Septbr. 1811.

Rechtsgr. 1140. — II. Senat. 14. Februar 1856. (XX. 167.)

Die in einem gutsherrlichen Gewinnbriefe enthaltene Klausel, daß, wenn eines der Kinder des Gewinnnehmers das Gut wieder beziehen wolle, dasselbe sich bei der Herrschaft melden, das Gewinngeld aber zu einer bestimmten Summe feststehen solle, — enthält die Verleihung eines vererblichen Besitzrechts.

B. Vermuthung für ein erbliches Besitzrecht bei Leib- und Zeitgewinngütern. — Vergl. A. L. R. I. 7. §§ 179 ff.; § 22. dieses Gesetzes.

— neuere Ansicht.

Rechtsgr. 1141. — II. Senat. 24. April 1855. (XVII. 129.)

Der bäuerliche Besitzer eines Leib- und Zeitgewinngutes in den Landestheilen, welche ehemals eine Zeit lang zum Großherzogthum Berg gehört haben, muß im Streite mit dem Gutsherrn die Vererblichkeit seines Besitzrechts erweisen.*

— neueste Ansicht.

Rechtsgr. 1142. — II. Senat. 5. Juli 1855. (XVII. 334.)

Bei Leib- und Zeitgewinn-Gütern in der Provinz Westphalen steht dem Kolonen bei einem Streite mit dem Gutsherrn die Vermuthung für ein erbliches Besitzrecht zur Seite.

— § 22. Gesetzlicher Kriterien-Beweis in Betreff eines erblichen Besitzrechtes bei Leib- und Zeitgewinngütern:

A. Beweis der erblichen Verleihung überhaupt.

Rechtsgr. 1143. — II. Senat. 7. Mai 1857. (XXIV. 269.)

In denjenigen Landestheilen der Provinz Westphalen, für welche das Vorhandensein der Kriterien des erblichen

* Vergl. dagegen Rechtsgrundsätze Bd. I. (2. Ausg.) S. 423. Nr. 1179.

Besitzrechts des bäuerlichen Grundbesitzers nach dem Gesetze vom 21. April 1825 als gesetzliche Bedingung für die Annahme desselben erscheint, steht es dem Richter nicht zu, dort, wo der Kolonatbesitzer den Kriterienbeweis zu führen außer Stande ist, auf Thatsachen Gewicht zu legen, welche weder den direkten Beweis der erblichen Verleihung feststellen, noch ein positives Fundament für eine solche Verleihung darbieten.

Rechtsgr. **1144**. — II. Senat. 5. Juli 1855. (XVII. 333.)

a) Die Schlußbestimmung des § 22. des Gesetzes Nr. 939. vom 21. April 1825, — nach welcher der Kolon sein erbliches Besitzrecht am Kolonate auch auf jedem anderen Wege, als dem des gesetzlichen Kriterienbeweises, rechtlich begründen kann, — schließt für diesen anderen Weg die Zulässigkeit der Berufung auf einzelne der gesetzlichen Haupt- und Nebenkriterien nicht aus.

b) Dieser anderweitige Beweis ist für erbracht zu erachten, wenn die beigebrachten Thatsachen in ihrer Gesammtheit, Qualifikation und Verknüpfung nicht nur die rechtliche Möglichkeit eines Zeitpachts-Verhältnisses ausschließen, sondern auch vereinigt die Merkmale eines erblichen Besitzrechts erschöpfend darstellen.

B. Kriterienbeweis insbesondere. — Vergl. A. L. R. I. 7. §§ 179-182, **15**. § 33.; Großherzoglich Bergische Dekrete v. 12. Dezbr. 1808 und 13. September 1811.

Rechtsgr. **1145**. — II. Senat. 24. April 1855. (XVII. 129. 130.)

a) Der Kriterienbeweis erfordert den Beweis sämmtlicher gesetzlichen Kriterien, und kann daher eine etwaige Mangelhaftigkeit dieses Beweises nicht auf andere Weise, z. B. durch den Inhalt der Gewinnbriefe, ergänzt und unterstützt werden.

b) Alle thatsächlichen Voraussetzungen, auf welchen die Erwerbung des vollen Eigenthums nach § 22. a. a. O.

beruht, müssen schon vor Eintritt der Gesetzeskraft des Bergischen Dekrets vom 13. September 1811 vorhanden gewesen sein. Daher kommen z. B. später neu errichtete Gebäude nicht in Betracht.

c) Hinsichtlich des ersten Momentes des Kriterienbeweises nach § 22. a. a. O. ist der Nachweis, daß sämmtliche Hofesgebäude auf Kosten des bäuerlichen Wirths oder seiner Vorfahren errichtet worden, nicht erforderlich; es genügt vielmehr, wenn dieser Nachweis für das Wohnhaus oder eines oder resp. mehrere der Hauptwirthschaftsgebäude geführt wird.

d) Unter dem „vorhergehenden Besitzer" in dem § 22. a. a. O. ist nicht sowohl ein solcher zu verstehen, dessen Gewinn durch den Tod oder sonst erloschen, der also bereits abgegangen war, als sein Ehegatte gewann; er ist vielmehr mit dem „vorher beliehenen" gleich zu erachten.

e) Bei Leib- und Zeitgewinngütern gilt jeder Gewinn eines zweiten Ehegatten des vorgewinnenden Besitzers entweder zur Zeit der ersten Wiedergewinnung nach Beendigung der ersten Periode, oder zur Zeit der Gewinnung nach dem Tode des vorgewinnenden Ehegatten als Uebertragungsfall im Sinne des § 22. a. a. O.

C. Einzelne Kriterien.

Rechtsgr. **1146**. — II. Senat. 27. Juni 1854. (XIV. 83.)

Unter den nach § 22. des Gesetzes Nr. 939. vom 21. April 1825 zum Beweis des erblichen Besitzrechts erforderlichen drei Uebertragungsfällen sind Uebertragungen an drei verschiedene Besitzer zu verstehen.

Rechtsgr. **1147**. — II. Senat. 27. Juni 1854. (XIV. 94.)

Die Abtretung eines Westphälischen Kolonats von Seiten des Gewinnträgers an einen Nicht-Verwandten gilt auch dann, wenn letzterer mit einer Verwandten des Uebertragenden verlobt ist, und hiernächst mit derselben sich verheirathet, rücksichtlich des Kriterien-Beweises des erblichen Besitzrechts nach dem Gesetz Nr. 939. v. 21. April 1825 als Uebertragung an einen Fremden.

Rechtsgr. **1148**. — II. Senat. 24. April 1855. (XVII. 129.)

Die nicht etwa auf einem speziellen obligatorischen Titel, sondern in dem gutsherrlich-bäuerlichen Verhältnisse beruhende Bauverpflichtung des bäuerlichen Wirths auf der einen, verbunden mit der Existenz der Gebäude und dem wenngleich unvollständigen Beweise deren Erbauung durch den Besitzer auf der andern Seite berechtigt zu dem Schlusse, daß die Existenz der Gebäude in jener Bauverpflichtung ihren Grund habe.

D. Gegenbeweis des Gutsherrn.

Rechtsgr. **1149**. — II. Senat. 27. Juni 1854. (XIV. 83.)

Die in einem von der Gutsherrschaft den Nachfolgern des Kolonatsbesitzers ertheilten Gewinnbriefe enthaltene Klausel: „ohne jedoch denselben und ihren Erben ein Erbrecht am Hofe zu gestatten", ist nicht geeignet, den nach § 22. des Gesetzes Nr. 939. vom 21. April 1825 der Gutsherrschaft gestatteten Gegenbeweis zu liefern.

— § **34**. Siehe Rechtsgr. 1088. (Eigenthums-Ordnung des Vestes Recklinghausen vom 3. April 1781 § 1.)

— § **38**. **Nr. 1**. Siehe Rechtsgrundsätze 1137. 1332. (Gesetz Nr. 938. vom 21. April 1825 § 58. Nr. 1.; Ablösegesetz vom 2. März 1850 § 3 Nr. 10.)

— §§ **59**. **62**. **68**. **69**. Berechtigung zum Fünftel-Abzug. — Vergl. Code Napol. art. 1315.; Gesetz v. 21. Januar 1839 §§ 1. 36-38.

Rechtsgr. **1150**. — V. Senat. 3. Juli 1855. (XVII. 322. 323.)

a) Der Plenarbeschluß Nr. 859. vom 18. Mai 1840, betreffend die Berechtigung des Besitzers eines mit Reallasten beschwerten Grundstücks im ehemaligen Königreich

Westphalen zum Fünftelabzug, ist für die zu dem ehemaligen Großherzogthum Berg gehörigen Landestheile nicht maaßgebend.

Nach dem für diese geltenden Gesetze Nr. 939. vom 21. April 1825, und zwar nach den §§ 59. 62. u. 68., ist der Grundbesitzer bei erwiesener früherer Steuerfreiheit zu einem Abzug berechtigt, wenn nicht eine vorhergegangene vertragsmäßige oder richterliche Feststellung Einem beider Theile die ganze Steuer zur Last gelegt hat.

b) Der Artikel 1315. des Bürgerlichen Gesetzbuches legt den Parteien nur den Beweis ihrer positiven Behauptungen auf, nicht den unmöglichen einer Negative, woraus folgt, daß der Beweis nicht zu führen ist, es seien die Bedingungen der §§ 59. und 62. des Gesetzes vom 21. April 1825 nicht vorhanden.

c) Die Annahme, daß der regelmäßige Steuersatz ein Fünftel des Reinertrages betrage, und daß daher stets der Fünftel- und nicht ein geringerer Steuerabzug eintreten müsse, verletzt den § 69. a. a. O. und das Gesetz vom 21. Januar 1839.

Rechtsgr. 1131. — II. Senat. 17. Juli 1856. (XXII. 136.)

Ist vor Einführung der fremdherrlichen Gesetze in das ehemalige Großherzogthum Berg daselbst die Verleihung eines steuerfreien Grundstücks dergestalt geschehen, daß der Verleihungsvertrag die Steuerfreiheit weder zugesagt, noch ihrer ausdrücklich Erwähnung gethan hat, so greift der Fünftelabzug von den auf denselben ruhenden Reallasten Platz.

1825, 21. April. Gesetz Nr. 940. über die den Grundbesitz betreffenden Rechtsverhältnisse in den Landestheilen, welche vormals zu den Französischen Departements eine Zeit lang gehört haben. (Ges. S. 112.)

— §§ **15** ff. Siehe Rechtsgr. 1329. (Ablösegesetz vom 2. März 1850 § 2. Nr. 2.)

— § **21**. Siehe Rechtsgrundsätze 1328. 1329. Ablösegesetz v. 2. März 1850 § 2. Nr. 2.)

— §§ **23**. **33**. **34**. **Unabgelöste Heimfallspflichtigkeit als Bedingung der fortdauernden alten Vererbungsgrundsätze:**

A. Heimfallspflichtigkeit und Vererbungsgrundsätze bei hofhörigen Gütern. — Vergl. das Recht des Hofes zu Loën Art. 32. 49. 64. 88. 89.; Deklaration v. 24. November 1833.

Rechtsgr. **1152**. — I. Senat. 16. Juni 1856. (XXI. 271.)

Die hofhörigen Güter in dem ehemaligen Fürstenthum Münster waren dem Heimfallsrecht unterworfen.

Bei der Vererbung dieser Güter finden daher, insofern das Heimfallsrecht noch unabgelöst besteht, die vor Einführung der fremden Gesetze bestandenen Erbfolge-Grundsätze Anwendung.

Nach dem Rechte des Hofes zu Loën erwarb der älteste Sohn des Hofbesitzers bei dem Tode desselben das Recht zur Succession in den Hof.

B. Vererbungsgrundsätze hinsichtlich des Pekuliums des Hofwirthes. — Vergl. A. L. R. I. 2. §§ 42 ff.

Rechtsgr. **1153**. — I. Senat. 16. Juni 1856. (XXI. 272.)

Das Pekulium mit Einschluß des Vieh- und Feld-Inventars ist jenen alten Vererbungsgrundsätzen nicht unterworfen.

Siehe auch Rechtsgr. 1062. (Minden-Ravensberg'sche Eigenthums-Ordnung vom 26. Nov. 1741 Kap. 11. § 1.)

— § **36**. Nr. 1. Siehe Rechtsgrundsätze 1137. 1332. (Gesetz Nr. 938. v. 21. April 1825 § 58. Nr. 1.; Ablösegesetz v. 2. März 1850 § 3. Nr. 10.)

1825, 30. April. Pensionsreglement. (v. Kamptz Annalen, Bd. 16. S. 343.)

— § **15 a**. Siehe Rechtsgrundsätze 1346. 1347. (Gemeindeordnung v. 11. März 1850 § 157.)

1825, 21. Juni. Patent Nr. 949. wegen Einführung des A. L. R. und der A. G. O. in das Herzogthum Westphalen. (Ges. S. 153.)

— § 4 Siehe Rechtsgr. 947. (A. G. O. I. **46**. § 7.)

1825, 7. Juli. Deklaration des § 684. I. 11. des A. L. R. und der A. G. O., betreffend den ohne Einwilligung des Chefs oder Kommandeur mit einem Subaltern-Offizier geschlossenen Darlehnsvertrag. (Ges. S. 188.)

— Siehe Rechtsgrundsätze 250. 352. (A. L. R. I. **11**. § 684., **14**. § 21.)

1826, 24. Juli. Kabinetsorder, betreffend die öffentliche Gültigkeit der ausschließlich durch die Amtsblätter bekannt gemachten Gesetze (Gesetz-S. 73.)

— Siehe Rechtsgr. 1237. (Kabinetsorder v. 10. Dez. 1839.)

1827, 0. Juli. Verordnung der Regierung zu Potsdam wegen Anstellung und Entlassung jüdischer Lehrer (Potsd. Amtsblatt S. 125.)

— Siehe Rechtsgr. 654. (A. L. R. II. **10**. § 68.)

1829, 3. Juli. Ordnung wegen Ablösung der Reallasten in denjenigen Landestheilen, welche vormals zum Königreiche Westphalen, zum Großherzogthum Berg oder zu den Französischen Departements gehört haben. (G. S. S. 65.)

— §§ 3 ff. Siehe Rechtsgr. 50. (A. L. R. I. **5**. § 109.)

1831, 30. Dezember. Landtags-Abschied für Schlesien.

— Siehe Rechtsgr. 1084. (Schlesische Bergordnung vom 5. Juni 1769 Kap. 1. § 2.)

1832, 11. Februar. Kabinetsorder wegen Regulirung des Kautionswesens für die Staatskassen- und Magazin-Beamten (G. S. S. 61.)

— Nr. 7. Siehe Rechtsgr. 816. (A. G. O. I. Einl. § 1.)

1832, 19. Februar. Deklaration des § 30. des Gewerbesteuer-Edikts Nr. 9. v. 2. Nov. 1810 (G. S. S. 64.)

— § 4 Erstattung der vor Einleitung des Prozesses entrichteten Gewerb-Abgaben. — Vergl. Gewerbesteuer-Gesetz v. 2. November 1810 § 3.; Gewerbe-Ordnung v. 17. Januar 1845 § 3.

Rechtsgr. **1154**. — II. Senat. 2. Oktober 1855. (XX. 38.)

In dem Herzogthum Sachsen ist der § 4. der zu

dem § 30. des Gewerbesteuer-Gesetzes vom 2. November 1810 ergangenen Deklaration vom 19. Februar 1832 durch § 3. der Gewerbe-Ordnung vom 17. Januar 1845 nicht für miteingeführt zu erachten.

1832, 4. Juli. Kabinetsorder Nr. 1365., betreffend den Gerichtsstand minderjähriger oder großjähriger, noch unter väterlicher Gewalt stehender Personen, welche sich im Dienste Anderer befinden, sowie dergleichen Lehrlinge, Gesellen, Handlungsdiener, Kunstgehülfen, Hand- u. Fabrikarbeiter (G. S. S. 175.)

— Siehe Rechtsgr. 596. (A. L. R. II. 2. § 626.)

1832, 19. Juli. Gesetz Nr. 1373., betreffend die Laudemien von Rustikalstellen in Schlesien (G. S. S. 194.)

— Siehe Rechtsgr. 1338. (Gesetz Nr. 3233. v. 2. März 1850 § 40.)

1832. 26. November. Kabinetsorder, daß unter einer Gefängnißstrafe von acht Tagen eine solche von einer Woche zu verstehen sei (v. Kamptz, Jahrb. Bd. 40. S. 500.)

— Siehe Rechtsgr. 38. (A. L. R. I. 4. § 92.)

1833, 21. Januar. Kabinetsorder, betreffend die Gültigkeit der Errichtung von Testamenten vor den Magisträten (G. S. S. 13.)

— Siehe Rechtsgr. 292. (A. L. R. I. 12. § 99.)

1833, 22. März. Instruktion der Minister der Justiz und der auswärtigen Angelegenheiten (v. Kamptz, Jahrb. Bd. 41. S. 220.)

— Siehe Rechtsgr. 866. (A. G. O. I. 10. § 115.)

1833, 1. Juni. Verordnung Nr. 1426. über den Mandats-, den summarischen und Bagatellprozeß (G. S. S. 37.)

— § 1. Begründung der Klage im Mandatsprozesse. — Vergl. Verordnung v. 21. Juli 1849 § 1.

Rechtsgr. 1155. — III. Senat. 13. Januar 1857. (XXIV. 62.)

Auf die Ergänzung der Beweisführung, die zur besseren Begründung der Klage dienen soll, ist im Mandatsprozeß nicht zu rücksichtigen.

Siehe auch Rechtsgrundsätze 850. 851. (A. G. O. I. 9. § 11.)

— § 1. Nr. 3. Siehe Rechtsgrundsätze 933. 943. (A. G. O. I. 31. §§ 1. 18.)

— § 4. Verspätete Einwendungen in dem auf Grund eines im Mandatsprozesse ergangenen Judikats angestrengten neuen Mandatsprozesse. — Vergl. Instruktion v. 24. Juli 1833 § 15.

Rechtsgr. 1156. — III. Senat. 20. Oktober 1854. (XV. 171.)

Einwendungen, welche im Mandatsprozesse nicht geltend gemacht worden sind, können auch in dem auf Grund des rechtskräftigen Urtheils oder Mandats angestellten neuen Mandatsprozesse nicht mehr geltend gemacht werden.

— § 14. Zugeständniß durch Kontumaz. — Vergl. A. G. O. I. 10. § 82.

Rechtsgr. 1157. — IV. Senat. 7. September 1854. (XIII. 280.)

Es ist keine Kontumaz vorhanden, wenn die Behauptungen der Klage zwar nicht mit ausdrücklichen Worten bestritten worden, indessen mit den Behauptungen der Klagebeantwortung nicht zu vereinigen sind.

— § 25. Siehe Rechtsgr. 1165. (§ 61. dieser Verordnung.)
— § 27. Siehe Rechtsgr. 868. (A. G. O. I. 10. § 252.)
— § 30. Normirung eines deferirten und acceptirten Eides. — Vergl. Instruktion v. 24. Juli 1833 § 40.

Rechtsgr. 1158. — II. Senat. 10. Juni 1856. (XXII. 30.)

Der Richter ist an die von den Parteien unter sich festgestellte Norm eines deferirten und acceptirten Eides nicht gebunden.

— 31. 32. Leistung eines Parteien-Eides. — Vergl. Verordnung vom 14. Dez. 1833 § 5.

Rechtsgr. 1159. — IV. Senat. 3. Juli 1855 und 13. Juni 1857. (XIX. 32., XXIV. 370.)

Die §§ 31. 32. dieser Verordnung enthalten nicht wesentliche Prozeßvorschriften.

Siehe auch Rechtsgr. 922. 924. (A. G. O. I. 27. §§ 21. 24.)

§§ 33 ff. 53. Siehe Rechtsgr. 1311. (Verordnung vom 3. Januar 1849 § 126.)

— § 35. Aufnahme neuer Beweise:

A. Eidesdelation im Audienztermine an die nicht erschienene Gegenpartei. — Vergl. Verordnung v. 14. Dezbr. 1833 § 5. Nr. 1.; Deklaration v. 6. April 1839 Art. 3. Nr. 1. u. 7.

Rechtsgr. **1160**. — I. Senat. 4. Oktober 1854. (XV. 69.)

Das Nichterscheinen der Partei im Audienztermine hat nicht den Erfolg, daß gegen sie wegen nicht sofort erfolgter Erklärung über einen ihr in demselben deferirten Eid angenommen werden könnte, sie wolle oder könne den Eid nicht leisten.

B. Vorschlagung neuer Zeugen in zweiter Instanz in Injurienprozessen. — Vergl. § 53. dieser Verordnung; Verordnungen v. 21. Juli 1846 § 22. und 3. Januar 1849 § 126.; Gesetze Nr. 3245. vom 11. März 1850 §§ 6. 8. und vom 3. Mai 1852 Art. 101-103.

Rechtsgr. **1161**. — Senat für Straff. Abth. I. 12. Oktober 1855. (XVIII. 206.)

Auch in Civilprozessen wegen Beleidigungen und leichter Mißhandlungen entscheidet hinsichtlich der Zulässigkeit der in dem zweiten Audienztermine zweiter Instanz vorgeschlagenen neuen Zeugen der § 35. der Prozeßverordnung vom 1. Juni 1833. – Daher findet die Vernehmung der an die Stelle nicht aufzufinden gewesener Zeugen im zweiten Audienztermine vorgeschlagenen neuen Zeugen bei dem Widerspruch des Gegners nicht statt.

Siehe auch Rechtsgrundsätze 1228. 1229. (Deklaration v. 6. April 1839 Art. 3. Nr. 1.)

— § 36. Unterlassene Vorlesung des Audienzprotokolls in Injuriensachen. — Vergl. Verordnung v. 14. Dezember 1833 Art. 5. Nr. 1.; Gesetz v. 3. Mai 1852 Art. 101. 102.

Rechtsgr. **1162**. — Senat für Straff. Abth. 1. 14. November 1855. (XVIII. 312.)

Die Nichtvorlesung des Audienzprotokolls in Injurien-Sachen enthält keine Verletzung einer wesentlichen Prozeßvorschrift.

— § **40**. Siehe Rechtsgr. 1164. (§ 52. dieser Verordnung.)

— §§ **41. 42. 44.** Berücksichtigung der vor dem Richter erster Instanz zu spät angebrachten Thatsachen von dem Richter zweiter Instanz. — Vergl. Instruktion vom 24. Juli 1833 § 44.; Kabinetsorder vom 17. Oktober 1833.

Rechtsgr. **1163**. — IV. Senat. 30. März 1854. (XIII. 45.)

Die von einer Partei in der ersten Instanz zu spät angeführten Thatsachen müssen von dem Richter zweiter Instanz auch dann berücksichtigt werden, wenn die Partei in der Appellations-Rechtfertigung oder Beantwortung auf dieselben nicht wieder zurückgekommen ist.*

— § **42**. Siehe Rechtsgr. 523. (A. L. R. II. **1**. § 66.)

— § **49**. Siehe Rechtsgr. 921. (A. G. O. I. **27**. § 3.)

— § **52**. Befugniß des Prozeßmandatars erster Instanz zur Vertretung der Partei in zweiter Instanz. — Vergl. A. G. O. I. **25**. § 28.; § 40. Alinea 3. dieser Verordnung; Instruktion vom 24. Juli 1833 §§ 42. 43.; Verordnungen vom 14. Dezember 1833 § 22. und vom 5. Mai 1838 §§ 1. 5.; Reskripte vom 1. August 1838 und vom 24. August 1839.

Rechtsgr. **1164**. — I. Senat. 1. Februar 1855. (XVI. 237.)

Die zwar nach Eröffnung des Erkenntnisses erster Instanz, jedoch noch vor Insinuation der Ausfertigung desselben einem bei dem Gerichte erster Instanz angestellten Rechtsanwalte von der Partei ertheilte Prozeß-Vollmacht, verbunden mit dem Antrage des ersteren, ihm die Urtheils-Ausfertigung zu insinuiren, reicht zur Legitimation dieses Anwalts als Vertreter der Partei in zweiter Instanz bei dem am nämlichen Orte befindlichen Appellationsgerichte hin.

— § **53**. Siehe Rechtsgr. 1161. 1311 (§ 35. dieser Verordnung; Verordnung v. 3. Januar 1849 § 126.)

— § **61**. Kontumazialfolge wegen Nichterscheinens des Verklagten im Termine zur Klagebeantwortung und weiteren mündlichen Verhandlung bei vorher eingereichter schriftlicher Klagebeantwortung. — Vergleiche § 25. dieser Verordnung; Verordnung v. 21. Juli 1846 §§ 9. 13.

* Obiges sehr wichtiges Präjudiz ist auch für die Revisions-Instanz anwendbar.

Rechtsgr. **1165.** — III. Senat. 10. September 1856. (XXII. 164.)

Der § 9. des Gesetzes vom 21. Juli 1846 hat nur die Warnung des § 25. der Verordnung vom 1. Juni 1833 für den Fall der mündlichen weiteren Verhandlung modifizirt, nicht aber die Verpflichtung des Verklagten, in dem zur Klagebeantwortung und zugleich zur weiteren mündlichen Verhandlung angesetzten Termin in Person oder durch einen Bevollmächtigten zu erscheinen, aufgehoben.

— § **73.** Zuziehung eines Protokollführers bei Verhandlungen in Mandats-, summarischen und Bagatell-Prozessen. — Vergl. Verordnung vom 14. Dezember 1833. § 5.

Rechtsgr. **1166.** — II. Senat. 13. Juni 1854. (XIII. 172.)

a) Die Vorschrift des § 73. dieser Verordnung in Betreff der Zuziehung eines Protokollführers setzt eine Verhandlung mit beiden Theilen voraus.

b) Diese Prozeßvorschrift ist keine wesentliche im Sinne der Verordnung vom 14. Dezember 1833.

§ **76.** Siehe Rechtsgr. 922. (A. G. O. I. **27.** § 21.)

1833, 24. Juli. Ministerial-Instruktion zur Ausführung der Verordnung No. 1426. vom 1. Juni 1833, über den Mandats-, summarischen und Bagatellprozeß. (v. Kamptz, Jahrb. Bd. 41. S. 454.)

— §§ **2. 23.** Siehe Rechtsgr. 939. (A. G. O. I. **31.** § 11.)

— § **15.** Siehe Rechtsgr. 1156. (Verordnung No. 1426. vom 1. Juni 1833 § 4.)

— § **29.** Siehe Rechtsgr. 913. (A. G. O. I. **23.** § 58.)

— § **40.** Siehe Rechtsgr. 1158. (Verordnung No. 1426. vom 1. Juni 1833 § 30.)

— §§ **42. 43.** Siehe Rechtsgr. 1164. (Verordnung No. 1426. vom 1. Juni 1833. § 52.)

— § **44.** Siehe Rechtsgr. 1163. (Verordnung No. 1426. vom 1. Juni 1833. § 41.)

— § **52.** Siehe Rechtsgr. 939. (A. G. O. I. **31.** § 11.)

1833, 17. Oktober. Kabinetsorder, betreffend die Ausführung der Verordnung vom 1. Juni 1833 über den Mandats-, summarischen und Bagatell-Prozeß. (G. S. S. 119.)

— Siehe Rechtsgr. 1163. (Verordnung No. 1426. vom 1. Juni 1833 § 41.)

1833, 24. November. Deklaration der §§ 37. und resp. 24. und 23. der Gesetze No. 938. 939. und 940. vom 21. April 1825 über die gutsherrlich-bäuerlichen Verhältnisse. (G. S. S. 292.)

— Siehe Rechtsgrundsätze 1062. 1063. 1066. 1136. 1152. (Minden-Ravensbergische Eigenthums-Ordnung vom 26. Novbr. 1741. Kap. 11. § 1.; Gesetz No. 938. vom 21. April 1825. § 37. und No. 940. vom 21. April 1825. § 23.)

1833, 14. Dezember. Verordnung über das Rechtsmittel der Revision und der Nichtigkeitsbeschwerde. (G. S. S. 302.)

— § **2**. Revision bei erfolgter Bestätigung des ersten Urtheils mit einer Maaßgabe. — Vergl. A. G. O. I. **15**. § 2.

Rechtsgr. **1167**. — IV. Senat. 24. April 1836. (XXI. 132.)

Es liegen Erkenntnisse verschiedenen Inhalts vor, wenn das die Verklagten als Erben zur Zahlung einer Summe verurtheilende Erkenntniß erster Instanz durch das Appellationserkenntniß mit der Maaßgabe bestätigt ist, daß die Verklagten nur als Benefizial-Erben die Zahlung zu leisten verbunden seien.

— § **3**. Revision wegen des Betrages der Abfindung einer Geschwängerten. — Vergl. Instruktion vom 7. April 1839. No. 1-3.

Rechtsgr. **1168**. — I. Senat. 27. April 1855. (XX. 11.)

Der Rechtsstreit über die höhere oder geringere Abfindung einer unter dem Versprechen der Ehe Geschwängerten ist nur dann ohne Rücksicht auf die Höhe der streitigen Summe revisionsfähig, wenn das Recht selbst, mithin die Abfindungsquote und der zur Auffindung der quantitativen Feststellung dienende Grundsatz, in Frage steht.

Siehe auch Rechtsgr. 908. (A. G. O. I. **17**. § 24.)

— § **4**. Nichtigkeitsbeschwerde:

A. Einlegung der Nichtigkeitsbeschwerde statt der zulässigen Revision. — Vergl. Verordnung vom 21. Juli 1846. §§ 17. 18. 23. 27.

Rechtsgr. 1169. — IV. Senat. 22. November 1856. (XXIII. 73.)

Die gegen ein Erkenntniß statt des zulässigen ordentlichen Rechtsmittels der Revision eingelegte Nichtigkeitsbeschwerde ist als unstatthaft zurückzuweisen.

B. Einlegung der Nichtigkeits-Beschwerde gegen ein die Rechtskraft des ersten Urtheils auf Abweisung angebrachtermaaßen verletzendes Urtheil zweiter Instanz. — Vergl. A. G. O. I. Einl. §§ 65. 66.; § 5. No. 10. Lit. d. dieser Verordnung.

Rechtsgr. 1170. — IV. Senat. 20. November 1856. (XXII. 322.)

Wenn der Kläger von dem Richter erster Instanz nur angebrachtermaaßen, von dem Richter zweiter Instanz aber auf seine Appellation für den Fall der Ableistung eines dem Verklagten auferlegten Eides unbedingt abgewiesen worden ist, so steht demselben gegen das Appellations-Urtheil, auch bei einem Werthe des Streitgegenstandes von mehr als 50 Thlr., nicht die Revision, sondern nur die Nichtigkeits-Beschwerde zu.

C. Unzulässigkeit der Nichtigkeits-Beschwerde rücksichtlich thatsächlicher Feststellungen des Appellationsrichters.

Rechtsgr. 1171. — I. Senat. 18. Januar 1856. (XX. 61.)

Die Feststellung des Appellations-Richters, daß der Testator bei Errichtung seines Testaments im dispositionsfähigen Zustande sich befunden habe, ist eine thatsächliche und daher mit der Nichtigkeitsbeschwerde nicht anfechtbar.

Siehe auch Rechtsgrundsätze 904. 908. 909. 1180. (A. G. O. I. **16.** § 13., **17.** § 24.; § 7 dieser Verordnung.)

— § 4. No. 1. Verletzung von Rechtsgrundsätzen:

A. Bezeichnung und Nichtbeurtheilung einer streitigen Behauptung als unerheblich.

Rechtsgr. 1172. — III. Senat. 28. September 1855. (XVIII. 167.)

Die auf Verletzung eines Rechtsgrundsatzes gestützte Nichtigkeits-Beschwerde entbehrt der faktischen Voraussetzung, wenn der Richter die Richtigkeit der streitigen Behauptung als ohne Einfluß auf die Sache *auf sich hat beruhen lassen*.*

* Vergl. *dagegen* die Anmerkung im Archiv für Rechtsfälle, Bd. 18. S. 169.

B. Eideszuschiebung über das Alter eines Menschen. — Vergl. Deklaration vom 6. April 1839. Art. 3.

Rchtsgr. 1173. — IV. Senat. 26. April 1856. (XXI. 143.)

Die Frage: ob eine Eideszuschiebung über das Alter eines Menschen zulässig ist, betrifft eine nicht wesentliche Prozeßvorschrift.

Siehe auch Rechtsgrundsätze 852. 859. 860. 875. 905. 907. 911. 913 1054. 1190. (A. G. O. I. 10. §§ 5a. 82. 312., 16. § 17., 17. § 1., 23. §§ 17. 58.; Schwedische Hofgerichts-Ordnung von 167. II. 31. § 3.; Subh.-Verordnung vom 4. März 1834. § 11.)

— § 4. N. 2. Verletzung von wesentlichen Prozeßvorschriften überhaupt.

Rchtsgr. 1174. — V. Senat. 28. November 1854. (XV. 256.)

Wenn der Appellations-Richter ein Gravamen seiner Beurtheilung nicht unterzieht, so verletzt er eine im Sinne des Gemeinen Rechts wesentliche Prozeßvorschrift.

Siehe auch Rechtsgrundsätze 1294. 1295. (Verordnung vom 21. Juli 1846. §§ 8. 12.)

— § 5. Begriff einer wesentlichen Prozeßvorschrift überhaupt. Siehe Rechtsgrundsätze 849. 869. 872. 911. 924. 926. 1159. 1166. 1293 -1295. (A. G. O. I. 8. § 14., 10. §§ 268. 292., 23. § 17., 27. §§ 24. 26.; Verordnungen vom 1. Juni 1833. §§ 31. 73. und vom 2. Juli 1846. §§ 1. 8. 12.)

— § 5. No. 1. Verletzung einer wesentlichen Prozeßvorschrift durch Nichthörung einer Partei:

A. Berücksichtigung des von den Parteien nicht bezogenen Inhalts der ihnen vorgelegten Bei-Akten. — Vergl. Deklaration vom 6. April 1839. Art. 3. No. 1; Instruktion vom 7. April 1839. No. 12.

Rchtsgr. 1175. — III. Senat. 23. März 1857. (XXIV. 147.)

Der Richter kann seine Entscheidung nicht auf Thatsachen und Rechtseinwendungen gründen, welche sich zwar aus vorgelegten Beiakten ergeben, auf die jedoch die betreffende Partei sich nicht berufen hat, und über welche die Gegenpartei nicht gehört worden ist.

B. Vorlegung der Vorprozeßakten an die Parteien in der Registratur des Gerichts. — Vergl. A. G. O. I. 10. §§ 89. 109. 110. 126.; Deklaration vom 6. April 1839. Art. 3. No. 1.

Rechtsgr. 1176. — I. Senat. 10. Januar 1857. (XXIII. 228.)

Vorprozeß-Akten, auf welche die Parteien sich zum Beweise ihrer Behauptungen berufen haben, müssen denselben vorgelegt werden, die bloße Erlaubniß zu deren Einsicht in der Registratur genügt nicht.

Siehe auch Rechtsgrundsätze 850. 851. 1160. 1162. 1228. 1229. 1356. (A. G. O. I. 9. § 11.; Verordnung vom 1. Juni 1833. §§ 35. 36.; Deklaration vom 6. April 1839. Art. 3. No. 1.; Gesetz vom 3. Mai 1852. Art. 101.)

— § 5. No. 2. Verletzung einer wesentlichen Prozeßvorschrift durch Androhung eines unrichtigen Präjudizes.
Siehe Rechtsgr. 873. (A. G. O. I. 10. § 297.)

— § 5. No. 3. Verletzung einer wesentlichen Prozeßvorschrift durch Zulassung eines unstatthaften Rechtsmittels.
Siehe Rechtsgr. 1230. 1231. (Deklaration vom 6. April 1839. Art. 3. No. 2.)

— § 5. No. 4. Verletzung einer wesentlichen Prozeßvorschrift durch unvollzählige Besetzung des erkennenden Gerichts.
Siehe Rechtsgr. 902. (A. G. O. I. 16. § 2.)

— § 5. No. 8. Verletzung einer wesentlichen Prozeßvorschrift in Betreff der Kompetenz; Berücksichtigung des Einwandes der Inkompetenz des Gerichts von Amts wegen. — Vergl. A. G. O. I. 2. §§ 160. 161.; Deklaration vom 6. April 1839. Art. 3. No. 1.

Rechtsgr. 1177. — IV. Senat. 12. Dezember 1854. (XVI. 90.)

Die außer dem Falle des § 161. I. 2. der Allgem. Gerichts-Ordnung von Amts wegen erhobene Einrede der Inkompetenz des ordentlichen Gerichts verletzt eine wesentliche Prozeßvorschrift.

Siehe auch Rechtsgrundsätze 833. 836. 1228. 1229. (A. G. O. I. 2. §§ 160. 173.; Deklaration vom 6. April 1839. Art. 3. No. 1.)

— § 5. No. 9. Verletzung einer wesentlichen Prozeßvorschrift durch unterlassene Beifügung von Entscheidungsgründen; Deklaratoria zu einem ohne alle Gründe abgefaßten Zuschlagsbescheid.

Rechtsgr. 1178. — III. Senat. 28. April 1856. (XXI. 150.)

Die Nichtigkeit des ohne Gründe abgefaßten Zuschlagsbescheides wird durch die der später abgefaßten Deklaratori beigefügten Gründe nicht geheilt.

— § 5 No. 10. Verletzung einer wesentlichen Prozeßvorschrift durch Entscheidung gegen den klaren Inhalt der Akten; insbesondere:

— No. 10 a. durch Nichterwähnung von Thatsachen.

Siehe Rechtsgr. 1362. 1363. (Gesetz vom 20. März 1854. § 1.)

— No. 10 b. Durch unrichtige Annahme eines Anerkenntnisses oder Zugeständnisses.

Siehe Rechtsgrundsätze 858. 868. (A. G. O. I. 10. §§ 82. 252.)

— No. 10 c. Unterlassene Aufnahme des Beweises. — Vergl. Deklaration vom 6. April 1839. Art. 3. No. 4.

Rechtsgr. 1179. — IV. Senat. 26. März 1857. (XXIV. 158.)

Wenn der Richter die von der einen Partei behauptete und von der anderen Partei bestrittene Thatsache ohne Aufnahme der vorgeschlagenen Beweismittel für wahr annimmt, so ist dies mit der Nichtigkeit nicht bedroht.

— No. 10 d. Siehe Rechtsgr. 826. 1170. (A. G. O. I. Einl. § 65.; § 4. dieser Verordnung.)

— § 6 Siehe Rechtsgr. 902. (A. G. O. I. 16. § 2. No. 3.)

— § 7 Nichtigkeitsbeschwerde gegen den dem Vormunde des Subhastaten ertheilten Zuschlagsbescheid. — Vergl. § 4 dieser Verordnung.

Rechtsgr. 1180. — III. Senat. 14. Juli 1854. (XIV. 161.)

Die Hypothekengläubiger sind nur im Falle des Zahlungsunvermögens des für sich selbst als Käufer aufgetretenen Vormundes der minorennen Miteigenthümer des subhastirten Grundstücks die demselben ertheilte Adjudikatoria anzufechten und auf Fortsetzung der Subhastation anzutragen berechtigt.

— § 11. Wirkung der Verwerfung der Nichtigkeitsbeschwerde auf das Eigenthum der zum gerichtlichen Verwahrsam gegebenen streitigen Sache oder Summe. — Vergl. A. L. R. I. 16. §§ 213 ff.

Rechtsgr. 1181. — IV. Senat. 31. Oktober 1854. (XV. 209.)

Die zur Abwendung der Exekution von dem Schuld=

ner im Falle erhobener Nichtigkeitsbeschwerde zum gerichtlichen Depositum gezahlte Summe wird auf erfolgte Verwerfung der Nichtigkeitsbeschwerde ohne besondere Uebergabe sofort Eigenthum des Gläubigers.

— § 16. Entscheidung auf die Nichtigkeits-Beschwerde mit Rücksicht auf das im angefochtenen Erkenntnisse angenommene Sachverhältniß.

Rechtsgr. **1182**. — III. Senat. 20. Juni 1856. (XXI. 289.)

Thatsachen, die nicht aus dem Zuschlagsbescheide erhellen, können der Nichtigkeitsbeschwerde nicht zu Grunde gelegt werden.

— § 22. Siehe Rechtsgr. 1164. (Verordnung No. 1426. vom 1. Juni 1833. § 52.)

1834, 4. März. Verordnung No. 1511. über die Exekution in Civilsachen. (G. S. S. 31.)

— § 2. Einwand der Benefizial-Erben-Qualität. — Vergl. A. L. R. I. **9**. § 414., **17**. §§ 127 ff.; A. G. O. I. **24**. § 19.

Rechtsgr. **1183**. — I. Senat. 25. September 1854. (XIII. 371.)

Zur Erhaltung der Rechtswohlthat des Inventars einem bestimmten Erbschaftsgläubiger gegenüber braucht der in Anspruch genommene Erbe nicht in diesem Prozesse seine Eigenschaft als Erbe mit Vorbehalt anzuzeigen.

Siehe auch Rechtsgr. 305. 396. (A. L. R. I. **12**. § 296., **16**. Anh. § 52. zu § 484.)

— § 6. Siehe Rechtsgr. 382. 919. (A. L. R. I. **16**. § 383.; Allg. G. O. I. **24**. § 36.)

— § 9. Liquidirung des Geldwerths des in fungiblen, marktgängigen Waaren bestehenden Knechtelohns nach gegen den Dienstherrn erfolglos vollstreckter Exekution. — Vergl. A. L. R. I. **5**. §§ 285 ff., **16**. § 383.; A. G. O. I. **16**. § 1., **24**. §§ 47. 56.

Rechtsgr. **1184**. — IV. Senat. 27. November 1855. (XIX. 135.)

Ist die von dem Dienstknecht gegen den Dienstherrn auf Entrichtung des an einem bestimmten Tage fällig gewesenen, in einer bestimmten Quantität Roggen und anderen Getreides bestehenden Dienstlohns auf den Grund des hierauf gerichteten rechtskräftigen Erkenntnisses nachgesuchte Exekution ohne Erfolg geblieben, so kann der Dienstknecht den Geldwerth dieser Prästationen nach dem Marktpreise am Tage der Einreichung des Exekutionsgesuchs fordern.

— § **15**. Siehe Rechtsgr. 959. 1131. 1133. [(A. G. O. I. **51**. § 74.; Gesetz vom 4. Juli 1822 § 1.)

— § **22**. Wirksamkeit einer hypothekarischen Protestation im Wege der Exekution:

A. bei hiernächst eingetragenem Subhastationsvermerke. — Vergleiche A. G. O. I. **50**. § 60., **51**. § 51.

Rechtsgr. **1185**. — IV. Senat. 9. Januar 1855. (XVI. 146.)

Nach im Hypothekenbuche vermerkter Eröffnung des Kreditverfahrens findet zwar die Umschreibung einer namentlich auch im Wege der Exekution nach § 22. der Verordnung vom 4. März 1834 protestativisch eingetragenen Post in eine definitive Hypothek nicht mehr statt; es bedarf derselben aber auch behufs Sicherung der Perzeption der Forderung aus den Kaufgeldern des subhastirten Grundstücks an der Stelle der eingetragenen Protestation nicht.

B. nach gehobenem Anstand oder Widerspruch. — Vergl. A. L. R. I. **20**. § 417-421.; Hypoth. Ordnung. II. §§ 18. 57. 92. 153. 289.)

Rechtsgr. **1186**. — III. Senat. 4. Juli 1855. (XVIII. 84.)

Die auf den Antrag des Gläubigers bei dem Hypotheken-Richter von diesem in Gemäßheit des § 22. der Exekutions-Verordnung vom 4. März 1834 aus einem Judikate eingetragene Protestation hat nicht blos die Wirkung eines Arrestschlages; sie verleiht vielmehr dem Gläubiger an der Stelle ihrer Eintragung ein wirkliches Hypothekenrecht mit der Priorität nach der Zeit der Eintragung insofern, als hiernächst der obwaltende Anstand oder der Widerspruch des Schuldners gegen die Eintragung gehoben wird, und der Gläubiger zur Zeit der Eintragung der Protestation sich in gutem Glauben befand.

C. nach Ablauf der dreimonatlichen Frist behufs des Antrags zur Eintragung einer förmlichen Hypothek. — Vergl. A. L. R. Einl. § 101., I. 20. §§ 5. 423 ff.

Rechtsgr. 1187. — III. Senat. 28. Januar 1856. (XIX. 313.)

a) Die nach § 22. der Exekutions-Verordnung vom 4. März 1834 auf den Antrag des Gläubigers eingetragene Protestation verliert, wenn binnen drei Monaten der Antrag des Prozeßrichters auf Eintragung einer förmlichen Hypothek nicht eingeht, ihre Wirkung, ohne Unterschied, ob die Löschung der Protestation vom Hypothekenrichter von Amtswegen verfügt worden ist, oder nicht.

b) Daher erwirbt auch bei nicht erfolgter Löschung der Protestation auch der Cessionar des Gläubigers dennoch kein Hypothekenrecht.

Siehe auch Rechtsgr. 448. 931. 932. (A. L. R. I. 20. § 422.; A. G. O. I. 29. § 81.)

— § 25. Verhaftung der Sequestrationsmasse für die auf dem Grundstücke eingetragenen Kapitalien vor den immittirten Gläubigern. — Vergl. A. L. R. I. 20. §§ 475. 476. 482.; A. G. O. I. 50. §§ 501. 512. 517.; Subhast.-Verordn. vom 4. März 1834 § 13.

Rechtsgr. 1188. — IV. Senat. 26. Februar 1856. (XXI. 14.)

Die Bestimmung des § 25. der Exekutionsverordnung vom 4. März 1834, — daß nach erfolgter Beschlagnahme der Einkünfte oder Einleitung der Sequestration eines Grundstücks die laufenden Zinsen, sobald sie fällig geworden, den aus dem Hypothekenbuche ersichtlichen Gläubigern, soweit die jedesmaligen Bestände hinreichen, auszuzahlen sind, — ist in dem Fall der hinzugetretenen Subhastation nicht maaßgebend. Der Hypothekengläubiger kann vielmehr in diesem Falle auch wegen des

Kapitals, soweit dasselbe durch die Kaufgelder des verpfändeten Grundstücks nicht gedeckt ist, sich an die noch vorhandenen Revenüen halten, ohne daß ihm die immittirten persönlichen Gläubiger im Wege stehen.

1834. 4. März. Verordnung Nr. 1512. über den Subhastations- und Kaufgelder-Liquidations-Prozeß. (G.-S. S. 39.)

— § 3. Siehe Rechtsgr. 397. 847. (A. L. R. I. **16**. Anhang § 52. zu § 484.; A. G. O. I. 7. § 48 c.)

— §§ 9. 16 ff. Vorzugsrechte der Gutsliedlöhner und Berechnung eines zweijährigen Rückstandes derselben im Subhastations-Kaufgeldervertheilungs-Verfahren. — Vergl. A. L. R. I. **20**. §§ 504. 508.; A. G. O. I. **50**. §§ 370. 393. Nr. 5, § 492.; A. Hyp. O. I. § 48.; Verordnung vom 28. Dezbr. 1840 §§ 1 ff.

Rechtsgr. **1189**. — IV. Senat. 20. Juni 1854. (XIII. 213.)

Das in der Konkurs-Ordnung gewissen uneingetragenen Gutsgläubigern eingeräumte Vorzugsrecht vor den Hypotheken-Gläubigern greift auch außerhalb des Konkurses in dem Subhastations-Kaufgeldervertheilungs-Verfahren Platz.

Siehe auch Rechtsgr. 725. (A. L. R. II. **18**. § 970.)

— § **11**. Bietungskaution:

A. Berechtigung der Subhastations-Interessenten, die Stellung einer Bietungs-Kaution zu verlangen. — Vergl. Verordn. v. 14. Dez. 1833 § 4. Nr. 1.

Rechtsgr. **1190**. — III. Senat. 1. Februar 1856. (XX. 116.)

Die ohne Berücksichtigung der Besonderheit des Falles ganz allgemein aufgestellte Annahme, daß Subhastations-Interessenten, welche die Zahlungsfähigkeit eines Kauflustigen bezweifeln, die Leistung einer Kaution von demselben unmittelbar, nachdem er das erste Gebot abgegeben, fordern müßten, verstößt rechtsgrundsätzlich gegen § 11. der Subhastations-Verordnung vom 4. März 1834.

B. Bietungskaution bei einer anderweiten Subhastation. — Vergl. A. G. O. I. **52**. Anh. § 408. zu § 64.; § 20. dieser Verordnung.

Rechtsgr. 1191. — III. Senat. 14. Juli 1854. (XIV. 152.)

a) Auch bei der wegen unterbliebener Zahlung des Kaufgeldes eingeleiteten anderweitigen Subhastation entscheidet rücksichtlich der Zulänglichkeit der von einem Bieter mit einer eingetragenen Forderung angebotenen Kaution lediglich der Umstand, ob diese Forderung innerhalb des Taxwerthes eingetragen steht, und kommt es daher nicht darauf an, ob diese Kaution den zehnten Theil der zu zahlen gewesenen Kaufgelder erreicht.

b) Nur die voreingetragenen Forderungen selbst, nicht auch die etwa rückständigen Zinsen derselben, oder Rückstände an Abgaben und Gesindelohn, oder die Subhastationskosten kommen bei der Berechnung der Zulänglichkeit der zur Kaution angebotenen Forderung in Betracht.

c) Eine Bietungs-Kaution, deren Zulänglichkeit nicht im Bietungstermine selbst überzeugend dargethan wird, kann nicht angenommen werden.

— §§ 12. 13. Regulirung von Kaufbedingungen mit Rücksicht auf die Rechte des Nießbrauchsberechtigten bei der theilungshalber eingeleiteten nothwendigen Subhastation. — Vergl. A. G. O. I. 52. §§ 41. 58.; Verordn. vom 11. August 1843 § 2.

Rechtsgr. 1192. — III. Senat. 12. Juni 1854. (XIII. 157.)

Der Grundsatz, daß die zum Zwecke der Auseinandersetzung eingeleitete nothwendige Subhastation gegen den Miteigenthümer, gegen welchen das Verfahren veranlaßt worden, und gegen alle auf dessen Antheil ausschließlich eingetragene Realrechte die Wirkungen einer nothwendigen Subhastation hat, — gilt auch hinsichtlich des von diesem Miteigenthümer einem Dritten an seinem Antheile bestellten Nießbrauches.

Daher kann der Miteigenthümer, welcher sein Miteigenthum schon vor Eintragung des von dem andern Miteigenthümer auf dessen ideelle Hälfte eingeräumten

Nießbrauchsrechts erlangt hatte, das Ausbieten des Grundstücks ohne Uebernahme der Last des Nießbrauchs verlangen.

— § **14.** Absatz **3.** Wirkung eines zur Ungebühr anberaumten neuen Bietungstermins rücksichtlich des im ersten Termin abgegebenen Meistgebots.

Rechtsgr. **1193.** — III. Senat. 29. Mai 1854. (XIV. 50.)

Durch die Anberaumung eines neuen Bietungstermines wird der Meistbietende in dem ersten Bietungstermine von der Verbindlichkeit aus seinem Meistgebote frei, auch wenn der neue Bietungstermin zur Ungebühr anberaumt worden ist.

— §§ **16** ff. Belegung der Kaufgelder:

A. Befreiung des Adjudikatars von seiner Verbindlichkeit durch Zahlung an den Gerichts-Deputirten. — Vergleiche A. L. R. I. **11.** §§ 740. 741., **16.** §§ 30. 37. 216., II. **18.** §§ 499. 500.

Rechtsgr. **1194.** — III. Senat. 5. Juli 1854. (XIII. 258.)

Die von dem Adjudikatar des nothwendig subhastirten Grundstücks in dem Kaufgelderbelegungs-Termine an den Gerichtsdeputirten geleistete Zahlung hat die Wirkungen einer rechtmäßigen gerichtlichen Deposition, und wird derselbe daher durch diese Zahlung von seiner Verbindlichkeit frei.

B. Bestreitung der Legitimation des voreingetragenen Hypothekengläubigers und der erfolgten Tilgung der sichergestellten Forderung seitens der nachstehenden Hypothekengläubiger. — Vergl. A. L. R. I. **3.** § 35., **11.** §§ 803. 804., **16.** §§ 205 ff. und Anh. § 52. zu § 484., **20.** §§ 436. 467. 500.; Dekl. v. 3. April 1824.

Rechtsgr. **1195.** — IV. Senat. 19. März 1857. (XXIV. 143.)

Der Einwand: daß der Gläubiger als Inhaber einer an sich rechtsgültigen Hypothek nicht legitimirt, oder daß die durch die Hypothek sichergestellte Forderung bereits getilgt sei, kann beim Kaufgelder-Belegungsverfahren nur von dem Schuldner, nicht von andern Hypothekengläubigern geltend gemacht werden.

C. Zurückforderung von im Kaufgelder-Belegungstermin gezahlten wucherlichen Zinsen. — Vergl. A. L. R. I. **3**. § 35., **16**. §§ 205 ff., II. **20**. § 1272.

Rechtsgr. **1196**. — IV. Senat. 8. März 1855. (XVII. 69.)

Die Befugniß des Schuldners eines Hypothekenkapitals, die von dem Gläubiger bezogenen wucherlichen Zinsen zurückzufordern, wird dadurch nicht aufgehoben, daß diese Zinsen nach stattgefundener nothwendiger Subhastation bei der Kaufgelderbelegung durch den Richter ohne Widerspruch des Schuldners gezahlt sind.

Siehe auch Rechtsgr. 223-225. 961. (A. L. R. I. **11**. § 342.; A. G. O. I. **51**. § 87.)

— §§ **17** ff. Anweisung des Hypothekengläubigers auf den Kaufgelder-Rückstand seitens des Gerichts-Deputirten. — Vergl. A. L. R. I. **16**. §§ 251 ff.; Verordnung vom 4. Juli 1822.

Rechtsgr. **1197**. — IV. Senat. 4. November 1856. (XXII. 292.)

Die von dem Subhastations-Richter im Kaufgelder-Belegungstermin in Abwesenheit des Adjudikatars den abwesenden Gläubigern ertheilte Anweisung auf den Kaufgelder-Rückstand oder deren Ueberweisung hat nicht die Wirkung der Cession; sie bewirkt daher ohne erfolgende Zahlung nicht auch die Aufhebung der ursprünglichen Schuldverbindlichkeit.

— §§ **18** ff. Vorzugsrecht der Salarienkassen wegen der Subhastationskosten bei nicht baar erfolgter Belegung der Kaufgelder. — Vergl. A. L. R. I. **20**. §§ 211. 509.; A. G. O. I. **50**. § 511.; Gebühren-Gesetz vom 10. Mai 1851 § 10. Nr. 2.

Rechtsgr. **1198**. — IV. Senat. 1. Juli 1854. (XIII. 251.)

Die Bestimmung des § 18. der Verordnung vom 4. März 1834, nach welcher die Subhastationskosten für die Salarienkasse bei der Vertheilung der Kaufgelder vorweg in Abzug zu bringen sind, — ist nicht blos auf den Fall der Vertheilung baar eingezahlter Kaufgelder, sondern auch auf den Fall zu beziehen, wenn die Belegung durch Anrechnung der Hypotheken auf die nicht baar gezahlten Kaufgelder seitens des Erstehers erfolgt.

Siehe auch Rechtsgr. 365. 457. 1188. (A. L. R. I. **16**. § 46., **20**. § 504.; Exekutions-Verordn. vom 4. März 1834 § 25.)

— § **20**. Siehe Rechtsgr. 1191. (§ 11. dieser Verordnung.)

— § **22**. Siehe Rechtsgr. 364. (A. L. R. I. **16**. § 46.)

1834. 15. März. Kabinetsorder, betreffend die Anwendbarkeit der Verordnung vom 14. Dezember 1833 wegen des Rechtsmittels der Revision und der Nichtigkeitsbeschwerde auf die gutsherrlich-bäuerlichen Regulirungen, Gemeinheitstheilungen und Ablösungen. (G.-S. S. 61.)

— § **1**. Revision wegen des Streites über die Natur einer Gerechtsame als Grundgerechtigkeit oder als Reallast. — Vergl. Verordnung vom 30. Juni 1834 § 45.

Rechtsgr. **1199** — II. Senat. 20. Dezember 1855. (XX. 54.)

In den zur Kompetenz der Königl. General-Kommissionen gehörenden Prozessen ist über die Frage: ob eine Gerechtsame eine Grundgerechtigkeit oder eine Reallast sei? die dritte Instanz zulässig.

1834. 11. April. Verordnung wegen Einführung des Schiedsmanns-Instituts in die Provinz Sachsen. (Merseburger Amtsblatt S. 187.)

— § **17**. Bevollmächtigte in Injuriensachen behufs des Sühne-Termins vor dem Schiedsmanne in der Provinz Sachsen. — Vergl. Instruktion vom 1. Mai 1841 § 10.

Rechtsgr. **1200**. — Senat für Strafs. II. Abth. 3. April 1856. (XXI. 40.)

Hat in der Provinz Sachsen der Beleidiger in dem vor dem Schiedsmanne angestandenen Sühne-Termin das persönliche Erscheinen des Beleidigten statt des erschienenen bevollmächtigten Verwandten desselben nicht verlangt, vielmehr den Vergleichs-Vorschlag des Bevollmächtigten mit der Erklärung, daß er sich zu keinem

Vergleiche herablassen wolle, gänzlich zurückgewiesen, so ist die Vermittelung des Schiedsmannes für ohne Erfolg vom Beleidigten nachgesucht zu erachten.

1834. 30. Juni. Verordnung Nr. 1542. wegen des Geschäfts-Betriebes in den Angelegenheiten der Gemeinheitstheilungen, Ablösungen und Regulirungen. (G.-S. S. 96.)

— § **7.** **Kompetenz der General-Kommissionen in Auseinandersetzungssachen rücksichtlich der Rückstände von Reallasten.** — Vergl. Deklaration vom 29. Mai 1816 Art. 114 ff.; Verordnung vom 20. Juni 1817 §§ 5-8.

Rechtsgr. **1201.** — V. Senat. 4. November 1856. (XXII. 282.)

Sobald eine Auseinandersetzungs-Sache und insbesondere das Verfahren wegen Ablösung der Reallasten bei der General-Kommission anhängig ist, sind auch die Rückstände von Reallasten in dieses Verfahren hineinzuziehen. – Es ändert hieran Nichts, wenngleich das berechtigte Grundstück verpachtet ist, und daher die Rückstände der Reallasten dem Pächter gebühren.

— §§ **13** ff. **44**. Siehe Rechtsgr. 50. (A. L. R. I. 5. § 109.)

— § **45**. Siehe Rechtsgr. 1199. (Kabinetsorder v. 15. März 1834 § 1.)

1835. 7. Februar. Kabinetsorder, betreffend den Kleinhandel mit Getränken auf dem Lande und den Gast- und Schankwirthschaftsbetrieb überhaupt für alle Theile der Monarchie. (G. S. S. 18.)

— Siehe Rechtsgr. 1109. 1284. (Gesetz vom 7. September 1811; Gewerbe-Ordnung vom 17. Januar 1845 § 55.)

1835. 26. April. Gesetz über Verträge zahlungsunfähiger Schuldner zum Nachtheil der Gläubiger. (G.-S. S. 53.)

— § **1.** Siehe Rechtsgr. 598. 975. (A. L. R. II. 2. § 628.; Lübisches Recht Buch 1. Tit. 5. Art. 7.)

— § **2.** Anfechtung eines Kauf-, Tausch-, und anderen lästigen Vertrages:

A. Beweis der Vermögens-Unzulänglichkeit.

Rechtsgr. **1202.** — IV. Senat. 5. September 1854. (XIV. 225.)

Die Vermögens-Unzulänglichkeit im Sinne des § 2. des Gesetzes vom 26. April 1835 ist dadurch, daß ein ergrifbares Vermögens-Objekt nicht bekannt ist, nicht für nachgewiesen zu erachten.

B. :arlehns - Rückzahlung.

echtsgr. 1203. — IV. Senat. 5. September 1854. (XIV. 225.)

Die Rückzahlung eines Darlehns seitens des Schuldners gegen die Quittungsleistung des Gläubigers gehört nicht zu den im § 2. des Gesetzes vom 26. April 1835 gedachten lästigen Verträgen.

C. Erbtheilungsverträge. — Vergl. A. L. R. I. 17. § 117.

Rchtsgr. 1204. — IV. Senat. 6. September 1855. (XVIII. 126.)

Erbtheilungsverträge sind zu den auf Grund des Gesetze vom 26. April 1835 anzufechtenden Verträgen nicht zu rechnen, mögen immerhin die Miterben die Verpflichtung übernommen haben, die eine Miterbin, die Schuldnerin des Klägers, gegen Ueberlassung ihres Erbtheil lebenslänglich zu unterhalten.

D. Pachtverträge.

echtsgr. 1205. — IV. Senat. 16. Dezember 1854. (XV. 290.)

Pachtverträge sind dem Anfechtungsrechte der Gläubiger des Verpächters nach dem Gesetz vom 26. April 1835 nicht unterworfen.

E. Personen, gegen welche die Anfechtungsklage zu richten ist.

Rechtsgr. 1206. — III. Senat. 27. Oktober 1854. (XV. 196.)

Die nach dem Gesetze vom 26. April 1835 über Verträge zahlungsunfähiger Schuldner zum Nachtheile der Gläubiger anzustellende Anfechtungsklage kann unter besonderen Umständen auch blos gegen Einen Kontrahenten des Vertrages gerichtet werden.*

Siehe auch Rechtsgr. 598. (A. L. R. II. 2. § 623.)

* Vergl. dagegen Rechtsgrundsätze Bd. I. (II. Ausgabe) Nr. 1269. S. 488.)

— § 5. Anfechtung eines die Zahlungsunfähigkeit zur Folge habenden Veräußerungsvertrages

Rechtsgr. 1207. — IV Senat. 28. Juni 1855. (XVII. 311.)

Auch die erst durch den Veräußerungs-Vertrag selbst hervorgebrachte Zahlungsunfähigkeit muß sowohl nach den Worten als nach der Absicht des § 5. des Gesetzes vom 26. April 1835 als Beweisthema genügen.

1835. 10. Juni. Kabinetsorder über den Sinn des § 610. I. **11**. des A. L. R. in Betreff des Betrages der Leibrenten bei Verträgen über dieselben. (G.-S. S. 100.)

— Siehe Rechtsgr. 243. (A. L. R. I. **11**. § 606.)

1835. 1. August. Kabinetsorder, betreffend die Auslegung der Deklaration vom 24. November 1833 wegen Vererbung der dem Heimfall unterworfenen Grundstücke. (G.-S. S. 180.)

— Siehe Rechtsgr. 1136. (Gesetz Nr. 938. vom 21. April 1825 § 37.)

1835. 8. August. Regulativ, die sanitätspolizeilichen Vorschriften bei den am häufigsten vorkommenden ansteckenden Menschen-Krankheiten enthaltend. (G.-S. für 1835, Anhang S. 1.)

— §§ 6. 7. Siehe Rechtsgr. 1349. (Gesetz Nr. 3256. vom 11. März 1850 § 3.)

1835. 19. August. Kabinetsorder, betreffend die definitive Berichtigung des Schuldverhältnisses mehrerer Landgemeinden in Schlesien, welche durch den Ankauf von Rittergütern und deren Vertheilung sich mit Schulden belastet haben, für welche sie als Korrealverpflichtete haften. (G.-S. S. 184.)

— §§ **14**. **16**. Vertretung der Korrealschulden-Interessenten der Landgemeinden in Schlesien durch die Dorfgerichte.

Rechtsgr. 1208. — III. Senat.. 7. Oktober 1855. (XVIII. 201.)

Die Befugniß der Dorfgerichte in Schlesien zur Vertretung der Korrealschulden-Interessenten der dortigen Landgemeinden in Gemäßheit der Kabinets-Order vom 19. August 1835 hat mit dem 1. Januar 1848 aufgehört.

1835. 30. September. Kabinetsorder, betreffend die Ausschließung der Anwendbarkeit des § 1087. II. **1**. des A. L. R. auf Schwängerungsklagen gegen im Auslande Wohnende. (G.-S. S. 216.)

— Siehe Rechtsgr. 572. (A. L. R. II. 1. § 1085.)

1835, 8. November. Kabinetsorder, betr. die Disciplinargewalt über Kirchenbeamte, die zugleich Schulmeister sind.

— Siehe Rechtsgr. 1090. (Französ. Dekret v. 16. u. 24. August 1790.)

1836, 5. Januar. Reglement Nr. 1692. für die Provinzial-Feuer-Sozietät der Provinz Westphalen. (G. S. S. 49.)

— § **11**. Doppelversicherung. — Vergl. A. L. R. II. **8**. §§ 2002. 2003.

Rechtsgr. **1209**. — IV. Senat. 3. April 1856. (XXI. 47.)

Die Doppelversicherung gegen Feuersgefahr hat auch nach dem Reglement für die Provinzial-Feuer-Sozietät der Provinz Westphalen vom 5. Januar 1836 den Verlust jedes Anspruchs auf die Versicherungs-Prämie nur dann zur Folge, wenn dem Versicherten Arglist oder ein vertretbares Versehen zur Last fällt.

1836, 13. Juli. Gesetz Nr. 1730. über die bäuerliche Erbfolge in der Provinz Westphalen. (G. S. S. 209.)

— §§ **1** ff. Subsidiäre Natur dieses Gesetzes.

Rechtsgr. **1210**. — I. Senat. 19. Dezember 1855. (XIX. 201.)

a) Das bäuerliche Erbfolgegesetz vom 13. Juli 1836 hat nur die gesetzliche, von dem Gemeinen Erbrecht abweichende, Sondererbfolge in das dem Gesetze überhaupt unterworfene Bauergut bestimmen wollen, ohne dadurch in den wegen der Erbfolge in dasselbe bereits getroffenen oder noch zu treffenden Verfügungen der Eigenthümer Etwas zu ändern.

b) Ist daher von dem Besitzer eines solchen Bauerguts eine den Bestimmungen des gedachten Gesetzes in Betreff der Erbfolge entgegengesetzte Anordnung getroffen, so ist der den nicht zur Erbfolge in das Bauergut berufenen Notherben gebührende Pflichttheil nicht nach den Bestimmungen jenes Gesetzes, sondern nach den Gemeinen Rechten zu ermitteln.

1837, 20. März. Gesetz Nr. 1792. über Errichtung und Bekanntmachung

der Verträge wegen Einführung oder Ausschließung der ehelichen Gütergemeinschaft. (G. S. S. 63.)
— § 4. Siehe Rechtsgr. 542. (A. L. R. II. 1. § 352.)

1837, 15. April. Kabinetsorder Nr. 1800., betreffend die Ergänzung der durch die Kabinetsorder vom 11. Februar 1832 wegen Regulirung des Kautionswesens für Staatskassen- und Magazin-Beamten gegebenen Bestimmungen. (G. S. S. 73.)
— Nr. 1. Litt. a. Siehe Rechtsgr. 816. (A. G. O. I. Einl. § 1.)

1837, 8. Mai. Gesetz Nr. 1807. über das Mobilar-Feuerversicherungs-Wesen. (G. S. S. 102.)
— §§ **5. 20. 27.** Anspruch auf die Feuerversicherungsgelder des verbrannten Waarenlagers bei unterlassener Buchführung über den Ab- u. Zugang desselben. — Vergl. A. L. R. II. 8. §§ 1983. 1984.

Rechtsgr. **1211**. — IV. Senat. 24. Oktober 1854. (XV. 175.)

Die unterlassene Buchführung über den Ab- und Zugang des gegen Feuersgefahr versicherten Waarenlagers hat den Verlust des Anspruchs auf die Feuerversicherungs-Gelder nicht zur Folge.

1837, 11. Juni. Gesetz zum Schutze des Eigenthums an Werken der Wissenschaft u. Kunst gegen Nachdruck u. Nachbildung. (G. S. S. 165.)
— §§ **10. 12. 22. 30.** Siehe Rechtsgr. 276. (A. L. R. I. 11. § 925.)

1837, 9. November. Beschluß der deutschen Bundesversammlung wegen gleichförmiger Grundsätze zum Schutze des schriftstellerischen und künstlerischen Eigenthums gegen Nachdruck und unbefugte Nachbildung. (G. S. S. 161.)
— Art. 1 ff. Siehe Rechtsgrundsätze 276. 283. 1281. (A. L. R. I. 11. §§ 925. 996.; Verordnung v. 5. Juli 1844.)

1838, 31. März. Gesetz Nr. 1885. wegen Einführung kürzerer Verjährungsfristen. (G. S. S. 249.)
— § 1. Zweijährige Verjährung, gegen den Nachfolger des ursprünglichen Verpflichteten.

Rechtsgr. **1212**. — V. Senat. 30. Oktober 1855. (XIX. 60.)

Bei der Anwendung des § 1. dieses Gesetzes macht

es keinen Unterschied, ob die Forderung gegen den eigentlichen Kontrahenten oder einen anderen an dessen Stelle tretenden Verpflichteten geltend gemacht wird.

Siehe auch Rechtsgrundsätze 15. 16. 1219. 1220. (A. L. R. Einl. § 23.; § 10. dieses Gesetzes.)

— § 1. Nr. 1. Zweijährige Verjährung der Forderungen der Maurermeister und anderer Handwerker als Bauunternehmer.

Rechtsgr. **1213**. — IV. Senat. 26. Juni 1856. (XXII. 63.)

Die Forderungen der Maurermeister und anderer Handwerker als Bauunternehmer sind der kurzen Verjährung nach § 1. des Gesetzes vom 31. März 1838 nicht unterworfen.

— § 2. Vierjährige Verjährung:
Siehe Rechtsgrundsätze 15. 16. 1219-1220. (A. L. R. Einl. § 23.; § 10. dieses Gesetzes.)

— § 2. Nr. 2. Vierjährige Verjährung des Mäklerlohns nicht kaufmännischer Geschäfts-Agenten.

Rechtsgr. **1214**. — IV. Senat. 14. Februar 1856. (XX. 163.)

Auch der Mäklerlohn nicht kaufmännischer Agenten für Vermittelung von Lieferungsgeschäften unterliegt der vierjährigen Verjährung nach dem Gesetze vom 31. März 1838, insofern der Vermittler aus der Uebernahme von solchen Aufträgen gegen Entgelt ein Geschäft gemacht hat.

— 2. Nr. 3. Vierjährige Verjährung der Forderungen der Haus- und Wirthschafts-Offizianten, Handlungsgehülfen und des Gesindes:

A. bei mangelnder Vereinbarung eines bestimmten Betrages des Dienstlohns. — Vergl. A. L. R. II. 5. §§ 181. 187.; Gesinde-Ordnung vom 8. November 1810 §§ 32. 33.

Rechtsgr. **1215**. — IV. Senat. 3. Februar 1856. (XXIII. 316.)

Der Dienstlohn der Hausoffizianten unterliegt, gleich dem des gemeinen Gesindes, auch dann, wenn er nicht auf einen bestimmten Betrag verabredet ist, der vierjährigen Verjährung.

B. Forderungen der Vorsteherin des Haushalts und der Wirthschaft eines Gutsbesitzers. — Vergl. A. L. R. I. 11. § 873., II. 5. § 187.

Rechtsgr. 1216. — IV. Senat. 3. Februar 1856. (XXXI. 316.)

Das Rechtsverhältniß der Vorsteherin des Haushalts und der Wirthschaft eines Gutsbesitzers ist nicht nach den Vorschriften über Hausoffizianten, sondern nach denen von Verträgen über Handlungen zu beurtheilen. Der Lohn einer solchen Vorsteherin unterliegt daher nicht der vierjährigen Verjährung nach dem § 2. des Gesetzes vom 31. März 1838.

— § 2. Nr. 5. Vierjährige Verjährung der Rückstände an vorbedungenen Zinsen von Besoldungen.

Rechtsgr. 1217. — IV. Senat. 5. September 1854. (XIV. 222.)

Unter der „Besoldung" nach § 2. Nr. 5. des Gesetzes vom 31. März 1838 ist lediglich eine „Gehaltssumme" zu verstehen. Daher unterliegen die Entschädigungsforderungen eines städtischen Beamten für die Entziehung der Dienstwohnung und des Dienstlandes nicht der vierjährigen Verjährung dieses Gesetzes.

Siehe auch Rechtsgr. 177. (A. L. R. I. 9. § 569.)

— § 5. Nr. 2. Anfang der Verjährung der Gerichtskosten, Stempel- und Portogefälle.

Rechtsgr. 1218. — V. Senat. 30. Oktober 1855. (XIX. 60.)

Der § 5. Nr. 2. a. a. O. ist nicht auf den Fall einer unterbrochenen und von Neuem angefangenen Verjährung zu beziehen.*

— § 5. Nr. 3. Siehe Rechtsgr. 174. (A. L. R. I. 9. § 552.)

— § 10. Fristen der nach stattgehabter Unterbrechung der Verjährung begonnenen neuen Verjährung. — Vergl. §§ 1. 2. dieses Gesetzes.

A. Verjährung nach Erlassung eines Mandats im Mandatsprozesse.

* Der entgegengesetzten Ansicht ist der IV. Senat des Ober-Tribunals. Vergl. die Note im Archiv für Rechtsfälle Bd. 19. S. 60.

Rechtsgr. **1219**. — III. Senat. 20. Oktober 1854. (XV. 169.)

Ein im Mandatsprozesse erlassenes und exekutorisch gewordenes Mandat auf Zahlung einer der kürzeren Verjährung des Gesetzes vom 31. März 1838 unterworfenen Forderung unterbricht die Verjährung in der Art, daß anstatt der ursprünglichen kürzeren die ordentliche Verjährungsfrist eintritt.

B. Verjährung nach Abschluß eines Vergleichs. — Vergl. A. L. R. I. **16**. §§ 454. 455.

Rechtsgr. **1220**. — IV. Senat. 15. Januar 1856. (XIX. 274.)

Die kürzeren Verjährungsfristen des Gesetzes vom 31. März 1838 finden auf die, durch Eingehung eines Vergleichs an die Stelle der jenem Gesetze unterworfen gewesenen Forderungen getretenen, neuen Forderungen keine Anwendung.

1838, 7. April. Verordnung über die Rechte der Ehefrau auf ihre eingebrachten Mobilien gegen die Gläubiger des Ehemannes. (Gesetz-S. 255.)

— § **2**. Siehe Rechtsgr. 488. (A. L. R. I. **21**. § 395.)

1838, 5. Mai. Verordnung wegen Einführung eines gleichmäßigen Verfahrens bei der Insinuation der richterlichen Erkenntnisse und bei Einlegung der Rechtsmittel. (G. S. S. 273.)

— § **1**. Siehe Rechtsgr. 1164. (Verordnung Nr. 1426. vom 1. Juli 1833 § 52.)

— §§ **5**. **6**. Frist zur Anmeldung und Einführung des zuständigen Rechtsmittels bei erfolgter Deklaration des Urtheils. — Vgl.. A G. O. I. **14**. § 1.

Rechtsgr. **1221**. — IV. Senat. 2. Dezember 1854. (XVI. 52.)

Ob der Lauf der Frist zur Einführung des zuständigen Rechtsmittels durch den Erlaß der Deklaration gehemmt wird, und vom Tage der Zustellung der Deklaratoria eine neue Einführungsfrist zu laufen beginnt, hängt von den jedesmaligen Umständen ab.

Siehe auch Rechtsgr. 1164. (Verordnung Nr. 1426. vom 1. Juni 1833 § 52.)

1838, 16. Juni. Verordnung Nr. 1904., betreffend die Kommunikations-Abgaben. (G. S. S. 353.)

— § **11**. Siehe Rechtsgr. 818. (A. G. O. I. Einl. § 1.)

1838, 1. August. Justizministerial-Reskript, betreffend die Zulassung der Obergerichts- und Untergerichts-Justizkommissarien zu den Verhandlungen zweiter Instanz im summarischen Prozesse. (v. **Kamptz**, Jahrb. Bd. 52. S. 188.)

— Siehe Rechtsgr. 1164. (Verordnung Nr. 1426. vom 1. Juni 1833. § 52.)

1838, 3. November. Gesetz über die Eisenbahnunternehmungen. (Ges.-Samml. 505.)

— §§ **8**. **9**. **11**. Siehe Rechtsgr. 479. (A. L. R. I. **21**. § 299.)

— § **14**. Entschädigungsanspruch des Grundeigenthümers wegen der ihm durch die Eisenbahnanlage verursachten Wirthschaftserschwernisse. — Vergl. A. L. R. I. **6**. §§ 79. 81.

Rechtsgr. **1222**. — III. Senat. 22. Oktober 1855. (XVIII. 223.)

a) Der Entschädigungsanspruch des Grundeigenthümers wegen der ihm durch die Eisenbahnanlage verursachten Wirthschaftserschwernisse ist von einer vorgängigen Verpflichtung desselben zur Erwirkung eines Beschlusses der Verwaltungsbehörde über Anlage und Ausführung einer jenem Nachtheil vorbeugenden oder denselben beseitigenden Brücke oder sonstiger im § 14. des Gesetzes vom 3. November 1838 bezeichneten Bauanlage nicht abhängig.

b) Der desfallsige Entschädigungsanspruch des Grundeigenthümers ist auf den Kostenbetrag der Herstellung der vorbezeichneten Brücke oder anderen Bauanlage nicht beschränkt.

— § **25**. Entschädigungspflicht der Eisenbahngesellschaften wegen des aus einer mangelhaften Instandhaltung der Bahn oder Transportmittel oder aus einer Nachlässigkeit in der Beförderungsart entstandenen Schadens:

A. Beschädigung der auf der Eisenbahn versendeten Waaren durch Regen.

Rechtsgr. **1223.** — IV. Senat. 22. April 1856. (XXI. 114.)

Hat der Eigenthümer der auf der Eisenbahn versendeten Waaren zu deren Transport offene Wagen gewählt, so ist die Eisenbahngesellschaft für den durch eingetretenen Regen an den Waaren entstandenen Schaden nicht verantwortlich.

B. Beschädigung der Eisenbahnbeamten im Dienste bei Beförderung der Züge.

Rechtsgr. **1224.** — IV. Senat. 25. November 1856. (XXII. 352.)

Die Vorschrift des § 25. des Eisenbahngesetzes vom 3. November 1838 ist auch auf die im Dienste befindlichen Beamten der Eisenbahngesellschaften zu beziehen.

— § **36.** Regulirung der Fahrpläne der Eisenbahngesellschaften durch den Postfiskus. — Vergl. A. L. R. II. **15.** § 142.; Verfassungs-Urkunde vom 31. Januar 1850 § 9.

Rechtsgr. **1225.** — I. Senat. 17. Oktober 1855. (XVIII. 209.)

Wenn das Königliche Ministerium für Handel, Gewerbe und öffentliche Arbeiten auf Grund und nach Maaßgabe des § 36. des Eisenbahngesetzes vom 3. November 1838 eine Eisenbahngesellschaft anhält, ihren Fahrplan anderweitig zu reguliren, um so ihren Betrieb in die nothwendige Uebereinstimmung mit den Bedürfnissen der Postverwaltung zu bringen, so ist der Staat nicht verpflichtet, den ihr dadurch etwa erwachsenen Schaden noch besonders zu vergüten.

1839, 21. Januar. Grundsteuergesetz Nr. 1964. für die Westphälischen Provinzen. (G. S. S. 30.)

— §§ **1. 36. 38.** Siehe Rechtsgr. 1150-1151. (Gesetz Nr. 939. vom 21. April 1825 § 59.)

1839, 6. April. Deklaration Nr. 1999. der Verordnung v. 14. Dezbr. 1833 über das Rechtsmittel der Revision und der Nichtigkeitsbeschwerde. (G. S. S. 126.)

— Art. 3. Verletzung wesentlicher Prozeßvorschriften überhaupt. Siehe Rechtsgrundsätze 875. 876. 926. 1173. (A. G. O. I. 10. § 312., 27. § 26.; Verordnung v. 14. Dezbr. 1833 § 4. Nr. 1.)

— Art. 3. Nr. 1. Verletzung einer wesentlichen Prozeßvorschrift durch Nichthören der Partei:

A. über das Leben eines Menschen. — Vergleiche A. L. R. I. 1. §§ 34. 38.

Rechtsgr. 1226. — I. Senat. 28. April 1856. (XXI. 145.)

Der Richter, welcher ohne die Parteien hierüber zu hören annimmt, daß Jemand noch lebe, und deshalb den Kläger abweist, verletzt eine wesentliche Prozeßvorschrift.

B. über den Inhalt des Gutachtens von Sachverständigen.

Rechtsgr. 1227. — III. Senat. 15. Mai 1857. (XXIV. 306.)

Eine Erörterung, die sich aus der Deposition der Sachverständigen dem Richter darbietet, ist nicht suppeditirt und nicht lediglich von Amtswegen aufgegriffen.

C. über einen von Amtswegen aufgestellten Einwand. — Vergl. Verordnungen v. 1. Juni 1833 § 35. und vom 14. Dezember 1833 § 5. Nr. 1. 8.

Rechtsgr. 1228. — II. Senat. 3. Juni 1856. (XXI. 250.)

Der Richter darf einen von den Prozeßparteien nicht vorgebrachten Rechtseinwand nicht berücksichtigen.

Rechtsgr. 1229. — IV. Senat. 6. April 1854. (XIV. 6.)

Die Begründung eines Urtheils durch den von der Partei nicht vorgebrachten Einwand der fehlenden Acceptation der in einer Schuldurkunde enthaltenen Erklärung enthält die Verletzung einer wesentlichen Prozeßvorschrift.

Siehe auch Rechtsgrundsätze 833. 850. 851. 857. 1160. 1175-1177. (A. G. O. I. 2. § 160., 9. § 11., 10. § 56.; Verordnungen v. 1. Juni 1833 § 35. und vom 4. Dezember 1833 § 5. Nr. 1. 8.)

— Art. 3. Nr. 2. Verletzung einer wesentlichen Prozeßvorschrift durch Zurückweisung oder Zulassung von Rechtsmitteln. — Vergl. Verordn. v. 14. Dezbr. 1833 § 5. Nr. 3.

A. durch Zulassung eines unstatthaften Rechtsmittels.

Rechtsgr. **1230**. — IV. Senat. 22. Mai 1855. (XVIII. 12.)

Die Zulässigkeit der prozessualischen Rechtsmittel ist ohne Rücksicht auf die etwaigen Erklärungen der Parteien über deren Gestattung lediglich nach den positiven Gesetzesvorschriften zu beurtheilen.

B. durch Zurückweisung eines Restitutionsgesuchs. — Vergl. A. G. O. I. **14**. § 70.; Verordnung v. 21. Juli 1846 §§ 30. 31.

Rechtsgr. **1231**. — IV. Senat. 13. Dezember 1855. (XIX. 180.)

Wenn das seitens der von dem requirirten Gerichte zur Eidesleistung vorgeladenen und hiernächst ausgebliebenen Partei bei dem requirirten Gerichte angebrachte Restitutionsgesuch von dem requirenden Gerichte, als bei dem ungehörigen Richter angebracht, zurückgewiesen ist, so enthält dies eine Verletzung einer wesentlichen Prozeßvorschrift.

— Art. 3. Nr. 4. Verletzung einer wesentlichen Prozeßvorschrift durch Nichterwähnung aufgenommener oder vorgeschlagener Beweismittel.

Rechtsgr. **1232**. — IV. Senat. 26. März 1857. (XXIV. 158.)

Unter dem in dem Art. 3. Nr. 4. der Deklaration vom 6. April 1839 gedachten „vorgeschlagenen Beweismitteln" sind nur die von dem Imploranten vorgeschlagenen zu verstehen.

Siehe auch Rechtsgr. 1079. (Verordnung vom 14. Dezember 1833 § 5. Nr. 10 c.)

— Art. 3. Nr. 5. Verletzung einer wesentlichen Prozeßvorschrift hinsichtlich der Verkennung der vollständigen Beweiskraft eines Beweismittels. — Vergl. A. G. O. I. **10**. § 252.; Corpus juris Fridericianum I. **4**. 6. § 109.

Rechtsgr. **1233**. — III. Senat. 26. Oktober 1855. (XVIII. 241.)

Die Annahme des Richters, daß die eventuelle Eides=

delation kein zulässiges Beweismittel sei, läßt sich nicht mit der Nichtigkeitsbeschwerde beseitigen.

Siehe auch Rechtsgr. 868. (A. G. O. I. 10. § 252.)

— Art. 3. Nr. 7. Siehe Rechtsgr. 1160. (Verordnung Nr. 1426. v. 1. Juni 1833 § 35.)

— Art. 13. Verdoppelung der sechswöchentlichen Frist zur Einlegung der Rechtsmittel der Appellation, der Revision, des Rekurses und der Nichtigkeitsbeschwerde:

A. in Betreff der privilegirten Korporationen. — Vergl. A. L. R. II. 6. §§ 22. 25.

Rechtsgr. **1234**. — IV. Senat. 2. November 1854. (XVI. 7.)

Die den privilegirten Korporationen zustehende Doppelfrist zur Einlegung der Rechtsmittel greift in Prozessen wegen Geschäfte, die ihren landesherrlich bestätigten Statuten fremd sind, nicht Platz.

Rechtsgr. **1235**. — I. Senat. 19. Oktober 1855. (XVIII. 219.)

a) Zu den privilegirten Korporationen im Sinne des Art. 13. der Deklaration vom 6. April 1839 gehört jede vom Staate ausdrücklich genehmigte oder bestätigte Gesellschaft zu gemeinnützigen Zwecken.

b) Daher steht auch den durch die Kreis-Armenkommission verfassungsmäßig vertretenen Landarmenverbänden, sowie den städtischen Deputationen und Kreissparkassen die Doppelfrist zur Einlegung von Rechtsmitteln in Prozessen zu.

B. in Betreff unter Vormundschaft stehender Minderjährigen. — Vergl. A. L. R. II. 2. § 229.

Rechtsgr. **1236**. — I. Senat. 22. Oktober 1855. (XVIII. 221.)

Eine minderjährige, wenngleich von ihrem Vater vertretene, Wittwe hat, wo es sich um ihre persönlichen Rechte handelt, ein Recht auf die Doppelfrist zur Einlegung von Rechtsmitteln.

— Art. **14.** Restitution in schleunigen Prozeßsachen. Siehe Rechtsgr. 1307. (Verordnung v. 21. Juli 1846 § 31.)

1839, 7. April. Instruktion zur Ausführung der Verordnung über das Rechtsmittel der Revision und der Nichtigkeitsbeschwerde. (G. S. Seite 133.)

— Nr. **1** ff. Siehe Rechtsgr. 1168. (Verordnung vom 14. Dezember 1833 § 3.)

— Nr. **3.** Siehe Rechtsgr. 895. (A. G. O. I. **14.** § 2.)

— Nr. **9.** Siehe Rechtsgr. 852. (A. G. O. I. **10.** § 5 a.)

— Nr. **12.** Siehe Rechtsgr. 1175. (Verordnung vom 14. Dezember 1833 § 5. Nr. 1.)

— Nr. **17.** Siehe Rechtsgrundsätze 1362. 1363. (Gesetz v. 20. März 1854 § 1.)

— Nr. **20.** Siehe Rechtsgr. 902. (A. G. O. I. **16.** § 2. Nr. 3.)

— Nr. **36.** Siehe Rechtsgr. 829. (A. G. O. I. Einl. § 65.)

1839, 24. August. Justizministerial-Reskript, betreffend den Umfang der Prozeßpraxis der Obergerichts-Justizkommissarien. (Justiz-Minist.-Blatt S. 302.)

— Siehe Rechtsgr. 1164. (Verordn. Nr. 1426 v. 1. Juni 1833 § 52.)

1839, 6. September. Justizministerial-Reskript, betreffend die Prüfung ausländischer Urkunden. (J. M. B. S. 311.)

— Siehe Rechtsgr. 866. (A. G. O. I. **10.** § 115.)

1839, 14. Oktober und 11. Dezember. Ministerial-Erklärung über die zwischen der Königlich Preußischen und Königlich Sächsischen Regierung getroffene Uebereinkunft zur Beförderung der Rechtspflege. (G. S. S. 353.)

— Art. **21.** Siehe Rechtsgr. 56. (A. L. R. I. **5.** § 111.)

1839, 10. Dezember. Kabinetsorder, betreffend die behauptete Observanz über die Beitragspflichtigkeit des Patrons und der Eingepfarrten zu Kirchenbauten im Bezirk des vormaligen Ober-Konsistoriums zu Glogau. (Liegnitzer Amtsblatt für 1846 S. 14.; J. M. Bl. für 1840 Seite 23.)

— Provinzial-Observanzen wegen der Beiträge zu den Kirchenbaukosten in Niederschlesien. — Vergl. A. L. R. Einl. § 10., II. **11.** §§ 710. 711., **13.** § 6.; Verordnung Nr. 1. vom 27. Oktober 1820 § 1.; Deklaration v. 14. Januar 1813; Kabinetsorder v. 24. Juli 1826.

Rechtsgr. **1233**. — I. Senat. 22. Mai 1857. (XXIV. 325.)

Die sogenannte Stielow'sche Observanz, betreffend die Befreiung der Eingepfarrten in Niederschlesien von den baaren Beiträgen zu Kirchen- und Schulbauten, hat durch die Kabinetsorder vom 10. Dezember 1839 ihre Berücksichtigung verloren.

1840, 28. März. Verordnung Nr. 2082. über das Rechtsmittel der Restitution gegen Purifikations-Resolutionen. (G. S. S. 103.)

— Einleitung. Siehe Rechtsgr. 1307. (Verordnung vom 21. Juli 1846 § 31.)

— § **2**. Siehe Rechtsgr. 877. (A. G. O. I. **10**. § 376.)

1840, 13. Juni. Kabinetsorder, die Auslegung des § 52. I. 16. des A. L. R. betreffend. (J. M. Bl. S. 254.)

— Siehe Rechtsgr. 75. 262. (A. L. R. I. **5**. § 247, **11**. § 769.)

1840, 28. Dezember. Verordnung, betreffend die Befreiung der Pfand- und Hypothekengläubiger von der Einlassung in den Konkurs- und erbschaftlichen Liquidationsprozeß. (G. S. für 1841 S. 4.)

— §§ **1** ff. Siehe Rechtsgr. 1189. (Subh.-Verordnung v 4. März 1834 § 9.)

— § **12**. Siehe Rechtsgrundsätze 364. 931. (A. L. R. I. **16**. § 46.; A. G. O. I. **29**. § 81.)

1841, 27. April. Reskript des Justizministers, betreffend die Auslegung des § 357. I. 50. der A. G. O. und der §§ 229. 230. I. 11. und des § 65. II. 14. des A. L. R. (J. M. Bl. S. 155.)

— Siehe Rechtsgr. 970. (A. Hyp.-Ordn. I. § 47.)

1841, 1. Mai. Justizministerial-Instruktion, betreffend das Verfahren vor den Schiedsmännern. (J. M. Bl. S. 230.)

— § **10**. Siehe Rechtsgr. 1200. (Verordn. v. 11. April 1834 § 17.)

1841, 31. Oktober. Landgemeinen-Ordnung Nr. 2205. für die Provinz Westphalen. (G. S. S. 297.)

— §§ **76**. **97**. **103**. **109**. Berücksichtigung der Dienstunkosten bei Pensionirung eines Bürgermeisters. — Vergl. Gemeinde-Ordnung vom 11. März 1850 § 157.

Rechtsgr. 1238. — I. Senat. 23. Januar 1856. (XIX. 298.)

Nur die wirklich stattgehabten, nicht die im Haushalts-Etat aufgeführten Dienstunkosten sind bei Feststellung des reinen Diensteinkommens des zu pensionirenden Bürgermeisters in Abzug zu bringen.

1842, 21. März. Justizministerial-Reskript, betreffend die Auslegung der Worte: „beständige fortlaufende" und „fixirte beständige" Abgaben. (J. M. Bl. S. 138.)

— Siehe Rechtsgr. 970. (A. Hyp.-Ordn. I. § 47.)

1842, 6. Mai. Reglement Nr. 2265. für die Provinzial-Städte-Feuer-Sozietät der Provinz Schlesien, mit Ausnahme der Stadt Breslau. (G. S. S. 144.)

— § **13**. Anspruch der Hypothekengläubiger auf die Feuer-Sozietäts-Gelder. — Vergl. A. L. R. I. **2**. § 42., **20**. §§ 1. 443 ff.; Reglement Nr. 3648. vom 1. Septbr. 1852 § 12.

Rechtsgr. 1239. — III. Senat. 11. Juli 1856. (XXII. 113.)

a) Nach den Feuer-Sozietäts-Reglements für die Schlesischen Städte vom 6. Mai 1842 und 1. September 1852 sind den Hypotheken-Gläubigern die Feuerversicherungs-Gelder mit verhaftet, wenn der Besteller der Hypothek in die Eintragung der Verpfändung in das Orts-Feuer-Lagerbuch eingewilligt hat, und dieselbe hiernächst erfolgt ist.

b) Zur Begründung des Anspruches eines nicht zur ersten Stelle eingetragenen Hypotheken-Gläubigers auf diese Feuerversicherungsgelder bedarf es der Behauptung, daß dieselben von den voreingetragenen Hypothekengläubigern nicht beansprucht werden, oder daß deren Recht erloschen sei.

1842, 6. Mai. Feuer-Sozietäts-Reglement Nr. 2264. für das gesammte platte Land der Provinz Schlesien mit Einschluß der im Sorauer Kreise belegenen Dörfer Haasel und Zilmsdorf. (G. S. S. 117.)

— §§ **110. 111**. Rechtsweg in Betreff der Rückforderung zuviel gezahlter Feuerversicherungsgelder. — Vergl. Reglement Nr. 3649. vom 1. Septbr. 1852 §§ 101. 102.

Rechtsgr. **1240**. — IV. Senat. 21. Oktober 1856. (XXII. 242.)

Der Streit über die Berechtigung der Schlesischen Provinzial-Land-Feuer-Sozietät zur Rückforderung eines zuviel bezahlten Betrages an Feuerversicherungs-Geldern unterliegt der Entscheidung der ordentlichen Gerichte.

1842, 11. Mai. Gesetz Nr. 2273. über die Zulässigkeit des Rechtsweges in Beziehung auf polizeiliche Verfügungen. (G. S. S. 192.)

— §§ **1** ff. Einrede der Unzulässigkeit des Rechtsweges gegen polizeiliche Verfügungen. — Vergl. A. G. O. I. 5. § 12.

Rechtsgr. **1241**. — II. Senat. 17. Oktober 1856. (XXII. 241.)

Die aus dem Gesetze vom 11. Mai 1842 entnommene Einrede der Unzulässigkeit des Rechtsweges gegen polizeiliche Verfügungen steht nicht blos der Polizeibehörde, sondern auch der betheiligten Privatperson zu.

Siehe auch Rechtsgr. 818. 1112. 1309. (A. G. O. I. Einl. § 1.; Edikt vom 15. November 1811 § 10.; Gesetz vom 28. Januar 1848 § 17.)

— § **4**. Rechtsweg über den Anspruch des Grundbesitzers auf Entschädigung wegen Enteignung eines im Verwaltungswege für einen öffentlichen Weg erklärten Privatweges. — Vergl. A. L. R. Einl. § 75., I. 8. §§ 29-32., **II**. §§ 3 ff.

Rechtsgr. **1242**. — II. Senat. 9. Dezember 1856. (XXIII. 137.)

Die Frage: ob der von der Verwaltungsbehörde für einen öffentlichen Weg erklärte Weg bisher als Privatweg im ausschließlichen Eigenthum des Grundbesitzers gewesen, und welche Entschädigung deshalb demselben für die Enteignung dieses Weges zu leisten sei? ist dem Rechtswege nicht entzogen.

1842, 31. Dezember. Gesetz Nr. 2317. (Heimathsgesetz) über die Aufnahme neuanziehender Personen. (G. S. 1843 S. 5.)

— § **5**. Verpflichtung des „Aufenthaltsorts" zur Armenpflege.

Rechtsgr. **1243**. — I. Senat. 25. April 1856. (XXI. 137.)

Der Ausdruck: „Aufenthaltsort" im § 5. des Heimathsgesetzes vom 31. Dezember 1842 bezieht sich nicht lediglich auf den Ort des Wohnsitzes, sondern auf den des Aufenthalts im Allgemeinen, ohne Unterschied, ob der letztere drei Jahre oder weniger betragen hat.

— §§ **8** ff. Erwerbung des Wohnsitzes seitens des Neuanziehenden:

A. Anmeldung des Neuanziehenden; polizeiliche Bescheinigung derselben.

Rechtsgr. **1244**. — I. Senat. 5. November 1855. (XVIII. 272.)

a) Zur Erwerbung des Wohnsitzes im Sinne des § 8. des Heimathsgesetzes vom 31. Dezember 1842 ist zwar nicht die persönliche Meldung des Anziehenden, wohl aber

b) die schriftliche Bescheinigung der geschehenen Meldung seitens der Polizeibehörde erforderlich.

B. Verpflichtung zur Erstattung der Kosten der Verpflegung des verarmten Gesindes wegen unterlassener Anmeldung desselben bei der Polizei-Obrigkeit. — Vergl. A. L. R. I. **6**. § 25.

Rechtsgr. **1245**. — I. Senat. 5. Dezember 1856. (XXIII. 106.)

Die §§ 8-11. des Heimathsgesetzes vom 31. Dezember 1842 sind zu den Polizeigesetzen zu zählen. Daher hat die seitens des Dienstherrn unterlassene Anmeldung des neu angezogenen Gesindes bei der Polizei-Obrigkeit die Verpflichtung der erstern zur Erstattung der Kosten der Verpflegung des nach dreijährigem Aufenthalt der Ortsarmenpflege anheimgefallenen Gesindes zur Folge.

Siehe auch Rechtsgr. 1247. (Armenpflege-Gesetz Nr. 2318. vom 31. Dezember 1842 § 1. Nr. 3.)

1842, 31. Dezember. Gesetz Nr. 2318. über die Verpflichtung zur Armenpflege. (G. S. für 1843 S. 8.)

— § **1**. Siehe Rechtsgr. 342. (A. L. R. I. **13**. § 268.)

— § **1**. Nr. **1**. Verpflegung eines verarmten S c h u t z v e r w a n d t e n.

Rechtsgr. **1246**. — I. Senat. 23. Mai 1856. (XXI. 215.)

Der von dem Magistrate einer Stadtgemeinde ertheilte Schutzbrief verpflichtet denselben zur Verpflegung des verarmten Schutzverwandten, sobald der letztere wirklich in der Stadt gewohnt hat.

— § 1. Nr. 3. Verpflichtung des Aufenthaltsorts zur Armenpflege. — Vergl Heimathsgesetz Nr. 2317. v. 31. Dezember 1842 § 8.

A. Allgemeine Erforderniß in Betreff des Aufenthaltsorts.

Rechtsgr. 1247. — I. Senat. 23. Februar 1856. (XX. 203.)

Der dreijährige Aufenthalt des hiernächst Verarmten an einem Orte hat die Verpflichtung der Gemeinde dieses Orts zur Armenpflege nur dann zur Folge, wenn dem Aufenthalt eine Selbstbestimmung des Verarmten zum Grunde gelegen hat.

B. Begründung und Verlust dieses Hülfsdomizils. — Vergl. § 4. dieses Gesetzes.

Rechtsgr. 1248. — V. Senat. 12. Juni 1855. (XVII. 271.)

Der § 1. Nr. 3. des Gesetzes v. 31. Dezember 1842 über die Armenpflege erfordert zu seiner Anwendbarkeit nicht, daß der Hülfsbedürftige zur Zeit des Hervortretens seiner Bedürftigkeit sich noch an demjenigen Orte befinde, wo er einen dreijährigen Aufenthalt gehabt hat. Vielmehr wird das Hülfsdomizil an sich durch dreijährigen Aufenthalt an einem Orte dergestalt begründet, daß hierbei diejenige Gemeinde als die Verpflichtete zu betrachten ist, wo der Hülfsbedürftige vor dem Zeitpunkte des Hervortretens seiner Verarmung zuletzt drei Jahre hindurch (nicht gerade die letzten drei Jahre) seinen gewöhnlichen Aufenthalt gehabt hat.

Siehe auch Rechtsgr. 1252. (§ 4. dieses Titels.)

— § 4. Erlöschung der Verpflichtung der Gemeinde nach § 1. dieses Gesetzes zur Armenpflege durch dreijährige Abwesenheit des Verarmten:

A. Bedingung hinsichtlich des Zeitpunkts des Eintrittes der Hülfsbedürftigkeit.

Rechtsgr. 1249. — I. Senat. 21. April 1856. (XXI. 101.)

Die Verbindlichkeit zur Armenpflege erlischt durch dreijährige Abwesenheit nach § 4. des Armenpflegegesetzes vom 31. Dezember 1842 nur dann, wenn innerhalb jener drei Jahre noch keine Armenpflege oder Hülfsbedürftigkeit eingetreten war.

B. Begründung eines anderen Wohnsitzes. — Vergl. § 40. dieses Titels.

Rechtsgr. 1250. — I. Senat. 7. März 1856. (XX. 258.)

Die Verpflichtung der Gemeinde des ehemaligen Wohnorts zur Armenpflege hört sowohl durch einen dreijährigen Aufenthalt, als durch Erwerbung eines Wohnsitzes des zu Verpflegenden an einem andern Orte auf.

C. Begriff eines stehenden Gewerbes.

Rechtsgr. 1251. — I. Senat. 23. Mai 1856. (XXI. 216.)

Das Gewerbe als Steuermann eines Stromfahrzeuges ist kein stehendes Gewerbe im Sinne des § 4. des Armenpflegegesetzes vom 31. Dezember 1842. — Daher wird durch dreijährige Abwesenheit des Steuermannes von seinem bisherigen Heimathsorte in der Verpflichtung des letzteren zur Armenpflege Nichts geändert.

D. Verarmung der Familie eines Ausgewanderten. — Vergl. § 1. Nr. 3., §§ 9. 12-17. 20. dieses Gesetzes; Naturalisations-Gesetz Nr. 2319. v. 31. Dezbr. 1842 §§ 12. 20. 21.

Rechtsgr. 1252. — I. Senat. 21. Mai 1855 (XX. 22.)

a) Der Verlust der Preußen-Eigenschaft hat für sich allein den Verlust des Heimathsrechts nicht zur Folge.

b) Ist daher der behufs der beabsichtigten Auswanderung aus dem Preußischen Unterthanen-Verbande Entlassene dennoch in dem Heimathsorte verblieben und daselbst verarmt, oder ist er mit Zurücklassung seiner Familie am Heimathsorte ausgewandert, und diese hiernächst daselbst verarmt, so ist in beiden Fällen die Armenpflege derselben der Heimathsgemeinde verblieben.

Siehe auch Rechtsgr. 1248. (§ 1. Nr. 3. dieses Gesetzes.)

— § 5. Verpflichtung der Gutsherrschaft zur Armenpflege rücksichtlich der durch Vermiethung einer Taglöhnerwohnung an- und aufgenommener Personen.

Rechtsgr. **1253**. — I. Senat. 6. Juli 1855. (XIX. 35.)

Die von der Gutsherrschaft durch Vermiethung einer Taglöhnerwohnung an- und aufgenommenen Personen sind rücksichtlich der Armenpflege als in den gutsherrlichen Bezirk aufgenommene Gemeindemitglieder anzusehen.

— § 8. Siehe Rechtsgr. 817. (A. G. O. I. Einl. § 1.)
— §§ 9. 12. 17. Siehe Rechtsgr. 1252. (§ 4. dieses Gesetzes.)
— §§ 20. 21. Armenpflege für die Kinder aus einer geschiedenen Ehe. — Vergl. A. L. R. II. 2. §§ 64 ff. 92. 103.

Rechtsgr. **1254**. — I. Senat. 23. April 1855. (XVII. 126.)

Derjenige Armenverband, welcher zur Fürsorge für einen geschiedenen Ehemann bei dessen Ableben verpflichtet gewesen wäre, hat auch für seine im Ehescheidungsurtheil seiner Erziehung anvertraute minorenne Tochter zu sorgen, wenngleich diese nach seinem Tode länger als drei Jahre hindurch in einem anderen Armenverbande bei der Mutter erzogen worden ist.

Rechtsgr. **1255**. — I. Senat. 26. Februar 1855. (XVII. 56.)

Wenn in einem Ehescheidungs-Urtheil über die Erziehung der Kinder Nichts festgesetzt, später aber von der abgeschiedenen Ehefrau gegen ihren gewesenen Ehemann blos ein Recht auf Alimente für ihre Kinder erstritten worden ist, so verbleibt die Pflicht der Armenpflege für diese Kinder dem Armenverbande des Vaters, selbst wenn sich die Kinder noch so lange bei der Mutter aufgehalten haben.

Siehe auch Rechtsgr. 1252. (§ 4. dieses Gesetzes.)

— §§ 28. 31. Vertretungsverbindlichkeit einer Gemeinde in Betreff der wegen rechtzeitiger Benachrichtigung der verpflichteten Gemeinde begangenen Versehen und Versäumnisse ihrer Obrigkeit, dritten Personen gegenüber.

Rechtsgr. 1256. — V. Senat. 3. Juli 1855. (XVII. 317.)

Eine Gemeinde hat die Versehen und Versäumnisse ihrer Obrigkeit, dritten Personen und Behörden gegenüber, zu vertreten; sie hat deshalb auf Ersatz derjenigen für einen Hülfsbedürftigen verwendeten Verpflegungskosten keinen Anspruch, welche vermieden worden sein würden, wenn der eigentlich verpflichteten Gemeinde rechtzeitig Nachricht gegeben worden wäre.

— § 30. Allgemeine Verwaltungskosten einer Kranken-Anstalt. — Vgl. Reskript vom 12. Februar 1844.

Rechtsgr. 1257. — I. Senat. 27. April 1855. (XIX. 21.)

Welche Kosten zu den allgemeinen Verwaltungskosten einer Krankenanstalt gehören, deren Erstattung nach § 30. des Armenpflegegesetzes vom 31. Dezember 1842 nicht gefordert werden kann, ist nach den in jedem einzelnen Falle obwaltenden thatsächlichen Verhältnissen, nach der Bestimmung der Anstalt, deren Etat und Gründungsurkunde zu beurtheilen.

— § 33-85. Streitigkeiten über die Armenpflege:

A. Feststellung der Eigenschaft als Armer.

Rechtsgr. 1258. — I. Senat. 21. April 1856. (XXI. 102.)

Die Eigenschaft als Armer im Sinne des Armenpflegegesetzes ist lediglich im Verwaltungswege festzustellen.

B. Unzulässigkeit des Rechtsweges in Betreff des gegen einen kirchlichen Armenfond behaupteten Anspruchs eines Dritten aus der nützlichen Verwendung wegen Verpflegung eines Armen. — Vergleiche A. L. R. I. 13. §§ 231. 268. 269., II. 19. § 9.

Rechtsgr. 1259. — I. Senat. 23. November 1855. (XIX. 121.)

In Betreff des Anspruchs eines Dritten aus der nützlichen Verwendung wegen Verpflegung eines Armen ist der Rechtsweg gegen den stiftungsmäßig zur Unterstützung verpflichteten Armenfond, welcher diese Unterstützung auf den Grund angeblicher Unzulänglichkeit des Fonds abgelehnt hat, nicht gestattet; es steht vielmehr nur der Weg der Beschwerde an die obere Verwaltungsbehörde offen.

— § **34**. Siehe Rechtsgr. 317. (A. G. O. I. Einl. § 1.)

1842, 31. Dezember. Gesetz Nr. 2319. über die Erwerbung und den Verlust der Eigenschaft als Preußischer Unterthan, sowie über den Eintritt in fremde Staatsdienste. (G. S. f. 1843 S. 15.)

— § **12. 20. 21**. Siehe Rechtsgr. 1252. (Armenpflegegesetz Nr. 2318. vom 31. Dezbr. 1842 § 4.)

1843, 28. Februar. Gesetz über die Benutzung der Privatflüsse. (G. S. Seite 41.)

— § **1**. Rechte des Uferbesitzers an Privatflüssen zur Benutzung des vorüberfließenden Wassers:

A. Aenderung des Laufes des Flusses durch den Eigenthümer des die Quelle enthaltenden Grundstücks. — Vergl. A. L. R. I. **8**. § 99.; § 13. dieses Gesetzes.

Rechtsgr. **1260**. — II. Senat. 26. Februar 1856. (XX. 213.)

Der Eigenthümer des Grundstücks, auf welchem die Quelle des Flusses entspringt, ist nicht berechtigt, über den Lauf des hervorspringenden Flußwassers zum Nachtheil der nutzungsberechtigten Uferbesitzer willkürlich zu verfügen.

B. Anspruch des Uferbesitzers aus einer vor dem Erscheinen des Gesetzes vom 28. Februar 1843 unternommener Hemmung oder Veränderung des Ablaufes des Flußwassers. — Vergl. A. L. R. I. **7**. §§ 106. 107., **8**. § 99.; § 13. dieses Gesetzes.

Rechtsgr. **1261**. — III. Senat. 15. September 1856. (XXII. 178.)

Die vor dem Erscheinen des Gesetzes vom 28. Febr. 1843 gegen Hemmung oder Veränderung des Ablaufs des Wassers in einem Privatflusse unternommenen Handlungen sind einen über die ältere Gesetzgebung hinausgehenden Anspruch zu begründen nur dann geeignet, wenn dieselben erweislich nicht blos auf Grund jener Gesetzgebung, sondern auf Grund eines speziellen Titels vorgenommen sind.

C. Possessorischer Schutz des Uferbesitzers bei Störung in der bisherigen Nutzungsweise des Flußwassers. — Vergl. A. L. R. I. 7. §§ 77. 99.; § 13. dieses Gesetzes.

Rechtsgr. **1262**. — III. Senat. 30. April 1855. (XVI. 353.)

a) Die bisherige Benutzungsweise des Wassers eines Privatflusses bildet für den Benutzenden seinen Besitzstand.

b) Derselbe ist, wenn er durch eine dem Gesetz vom 28. Februar 1843 zuwiderlaufende Wasserleitung beeinträchtigt wird, in possessorio zu schützen.

D. Zurückleitung des zum Betrieb einer Fabrik benutzten und durch den Gebrauch verunreinigten Wassers in den Fluß. — Vergl. A. L. R. Einl. §§ 89. 92. 94.

Rechtsgr. **1263**. — III. Senat. 1. Dezember 1854. (XVI. 50.)

Das zum Betriebe einer Fabrik benutzte und durch den Gebrauch verunreinigte Wasser des vorüberfließenden Flusses darf in den Fluß nicht zurückgeleitet werden, wenn die Substanzen, mit welchen das Wasser verunreinigt worden, auf den Betrieb der unterhalb der Fabrik belegenen Mühle eines Andern nachtheilig einwirken.

— **§ 13**. Ueberschreitung der gesetzlichen Schranken des Uferbesitzers in der Benutzung des Flußwassers.

Rechtsgr. **1264**. — III. Senat. 26. Juni 1854. (XIV. 73.)

Bei Beantwortung der Frage, ob der Uferbesitzer die ihm in dem § 13. des Gesetzes vom 28. Februar 1843 gesetzte Schranke nicht überschritten habe, ist der mittlere Wasserstand in Betracht zu ziehen.

Siehe auch Rechtsgrundsätze 1260-1262. (§ 1. dieses Gesetzes.)

— **§ 23**. Rechtsweg hinsichtlich des Widerspruchs gegen die Anlage einer neuen Mühle. — Vergl. A. L. R. II. **15**. §§ 237-239.

Rechtsgr. **1265.** — II. Senat. 22. Mai 1855. (XX. 26.)

Das Gesetz vom 28. Februar 1843 findet auf die Anlage neuer Mühlen und die dagegen geltend zu machenden Widerspruchsgründe keine Anwendung, und wird daher auch in Betreff dieser Widerspruchsgründe der Rechtsweg durch den § 23. jenes Gesetzes nicht ausgeschlossen.

1843, 5. März. Vorläufige Verordnung über die Ausübung der Waldstreuberechtigung. (G. S. S. 105.)

— §§ 2. 4. 7. Ausübung des Rechts zum Streuharken in den Sommermonaten und mittelst Harken mit eisernen Zinken.

Rechtsgr. **1266.** — II. Senat. 19. Oktober 1854. (XV. 145.)

Der zum Streuharken Berechtigte kann sich gegen das gesetzliche Verbot der Ausübung dieser Gerechtsame in den Sommer-Monaten und der Ausübung derselben mittelst Harken mit eisernen Zinken auch auf die Verjährung vor der Verordn. vom 5. März 1843 nicht berufen.

— § 4. Beschränkung der Ausübung der Streulings-Gerechtigkeit auf bestimmte Wochentage.

Rechtsgr. **1267.** — II. Senat. 6. März 1856. (XX. 252.)

Das Recht des Wald-Eigenthümers, bestimmte Tage in der Woche zum Einsammeln des Streulings festzusetzen, wird dadurch allein, daß der Streulings-Berechtigte in rechtsverjährter Zeit ohne Regulirung solcher Tage geharkt hat, nicht ausgeschlossen.

Siehe auch Rechtsgr. 1266. (§ 2. dieser Verordnung.)

— § 7. Siehe Rechtsgr. 1266. (§ 2. dieser Verordnung.)

1843, 21. Juli. Verordnung Nr. 2367, betreffend die Einlegung der Rechtsmittel. (G. S. S. 294.)

— §§ 1. 2. Siehe Rechtsgr. 1296. 1301. (Verordn. vom 21. Juli 1846. §§ 15. 17.)

1843, 21. Juli. Verordnung Nr. 2370. über die Grundsätze, nach denen der Werth des Streitgegenstandes in Civilprozessen zu berechnen ist (G. S. S. 297.)

— § 1. Appellable Summe:

A. Berechnung des Werths des Streitgegenstandes mit Rücksicht auf die Fütterungskosten des streitigen Thieres. — Vergl. A. G. O. I. 23. § 59.

Rechtsgr. **1268**. — IV. Senat. 22. Mai 1855. (XVIII. 11.)

Die Fütterungskosten des streitigen Thieres, welche während des Prozesses über die wegen Gewährsmängel desselben verlangte Aufhebung des Kaufvertrages aufgewendet worden sind, bleiben als Prozeßschäden auch für die Appellations=Instanz bei Berechnung des Werthes des Streitgegenstandes außer Betracht.

B. Nothwendiger Eid über eine Summe von mehr als 50 Thlr.

Rechtsgr. **1269**. — IV. Senat. 17. Juli 1855. (XX. 35.)

Ist Kläger über streitige Posten zum Betrage von mehr als 50 Thlrn. zum nothwendigen Eide verstattet, so ist, wenngleich für den Schwörungsfall der Verklagte nur zur Zahlung einer Summe von nicht über 50 Thlrn., als dem arithmetischen Saldo, verurtheilt worden, dennoch für denselben ein appellabler Gegenstand vorhanden.

— § 4. Siehe Rechtsgr. 1372. (Gesetz vom 9. Mai 1854. Art. 3. Nr. 3.)

— §§ 5. 6. 9. Erklärungen beider Parteien über den Werth des Streitgegenstandes:

A. Abweichende Erklärungen der Parteien.

Rechtsgr. **1270**. — V. Senat. 17. Juni 1856. (XXII. 34.)

a) Der Verklagte ist mit seiner Erklärung über den Werth des Streitgegenstandes nicht auf die Klagebeantwortung zu beschränken.

b) Bei abweichenden Erklärungen gilt die höhere Angabe so lange, bis vom Gegentheil der Minderwerth nachgewiesen ist.

B. Berücksichtigung des Interesse des Verklagten.

Rechtsgr. **1271**. — IV. Senat. 15. Juni 1854. (XIV. 59.)

Bei Feststellung des Werthes des Streitgegenstandes

ist nicht lediglich auf den Antrag der Klage, sondern auch auf das Interesse zu sehen, welches für den Verklagten aus der Verurtheilung erwächst.

C. Klageantrag auf Zahlung einer bestimmten Geldsumme.

Rechtsgr. 1272. — IV. Senat. 5. September 1854. (XIV. 221.)

Hat der Kläger als Entschädigung eine bestimmte Geldsumme gefordert, so kommt es auf eine Ermittelung des Werths des Streitgegenstandes nach § 6. der Verordnung vom 21. Juli 1843 nicht an.

Siehe auch Rechtsgr. 1353. (Gesetz vom 10. Mai 1851 § 12. Nr. 2.)

1843, 21. Juli. Deklaration Nr. 2369. der die Alimentationspflicht der Verwandten betreffenden §§ 63. und 251. II. 2. und der §§ 14. 15. II. 3. des A. L. R. (G. S. S. 296.)

— Siehe Rechtsgr. 583. (A. L. R. II. 2. § 251.)

1843, 11. August. Verordnung, betreffend die zum Zweck von Auseinandersetzungen eingeleiteten Subhastationen. (G. S. S. 323.)

— § 2. Siehe Rechtsgr. 1192. (Subh.-Verordnung vom 4. März 1834. § 12.)

1843, 13. Oktober. Gesetz Nr. 2384. über das Kassationsverfahren in Civilsachen bei dem Rheinischen Revisions- und Kassationshofe. (G. S. Seite 334.)

— § 1. Machtüberschreitung. — Vergl. Französische Gesetze vom 18. März 1800 (27 Ventose VIII.) Art. 77. 80. 88. und vom 7. Februar 1801 (18 Pluviose IX.) Art. 24-29.

Rechtsgr. 1273. — V. Senat. 26. Septbr. 1854. (XIII. 293.)

Wird Machtüberschreitung behauptet, so ist nach dem Rheinischen Verfahren nicht nothwendig, die Gesetze, worauf sie gegründet wird, anzuführen.

— § 3. Vorladung des Adzitaten

Rechtsgr. 1274. — V. Senat. 7. Februar 1854. (XIII. 320.)

Zur Ladung des Adzitaten bedarf es keiner vorangegangenen Erlaubniß durch Präsidial-Ordonnanz.

1843, 9. November. Gesetz Nr. 2391. über die Aktiengesellschaften. (G. S. S. 341.)

— § **1**. Siehe Rechtsgr. 626. (A. L. R. II. 8. § 614.)

1844, 24. Januar. Verordnung Nr. 2422. über die Festsetzung und den Ersatz der bei Kassen und anderen Verwaltungen vorkommenden Defekte. (G. S. S. 53.)

— § **16** Kompetenz der Gerichte in Folge Berufung auf rechtliches Gehör gegen die in Betreff der Kassendefekte ergangenen Beschlüsse der Verwaltungs-Behörden.

Rechtsgr. **1275**. — I. Senat. 23. März 1855. (XVII. 95.)

Die Gerichte sind nicht befugt, über die Kompetenz der Verwaltungsbehörden zur Festsetzung von Kassendefekten und zur Bestimmung des dafür Verhafteten blos formell zu urtheilen und deren Beschlüsse aus blos formellen Gründen aufzuheben.

1844, 12. Februar. Verfügung des Ministeriums des Innern, die allgemeinen Verwaltungskosten einer Krankenanstalt betreffend. (Verwaltungs-Ministerialblatt S. 26.)

— Siehe Rechtsgr. 1257. (Armenpflegegesetz vom 31. Dezbr. 1842 § 30.)

1844, 20. März. Gutachten des Geheimen Ober-Tribunals, betreffend die in den Fürstenthümern Paderborn und Minden, sowie in der Grafschaft Ravensberg geltende eheliche Gütergemeinschaft. (J. M. Blatt, Beilage zu Nr. 33.)

— Siehe Rechtsgr. 1076. (Dorfordnung vom 7. Februar 1755. § 29.)

1844, 29. März. Gesetz Nr. 2435., betreffend das gerichtliche und Disciplinar-Straf-Verfahren gegen Beamte. (G. S. S. 77.)

— Siehe Rechtsgr. 1090. (Gesetz vom 16. und 24. August 1790.)

1844, 21. Juni. Kabinetsorder Nr, 2464., betreffend den Kleinhandel mit Getränken und den Gast- und Schankwirthschaftsbetrieb. (G. S. Seite 214.)

— Siehe Rechtsgr. 1284. (Gewerbe-Ordnung vom 17. Januar 1845 § 55.)

1844, 28. Juni. Verordnung Nr. 2462. über das Verfahren in Ehesachen. (G. S. S. 184.)

— § **4**. Siehe Rechtsgr. 566. (A. L. R. II. 1. § 950.)

— §§ **10. 72**. Wirkung der verweigerten Ausstellung des Sühneattestes seitens des kompetenten katholischen Pfarrers.

Rechtsgr. **1276**. — I. Senat. 2. Juni 1856. (XXI. 246.)

Hat der kompetente Katholische Pfarrer unter dem Schutze seiner Obern die Ausstellung eines Sühneattestes mit der Erklärung abgelehnt, daß es nach den Grundsätzen der Katholischen Religion über Ehesachen, als Gegenstände eines Sakramentes, dem Katholischen Seelsorger nicht erlaubt sei, sich behufs eines nahen oder entfernten Ehescheidungs-Prozesses über Ehedissidien zu äußern, so gilt diese Erklärung als ein Attest über die Fruchtlosigkeit des Sühneversuchs.

Siehe auch Rechtsgr. 562. (A. L. R. II. 1. § 721.)

— **§ 39.** **Richterliche Ueberzeugung in Betreff der Richtigkeit des Ehescheidungsgrundes:**

A. **Berücksichtigung der Ueberzeugung des Richters erster Instanz seitens des Appellationsrichters.** — Vergl. A. L. R. II. 1. §§ 699. 701.

Rechtsgr. **1277**. — I. Senat. 16. Juli 1855. (XVII. 351.)

a) Die Vorschrift des § 39. der Verordnung vom 28. Juni 1844 erachtet nur das Urtheil des Richters über den Werth des erhobenen Beweises von den positiven Beweisregeln frei.

b) Daher ist in Betreff der Beantwortung der Frage: ob die dem einen Ehegatten von dem andern zugefügten Thätlichkeiten einen gesetzlichen Scheidungsgrund abzugeben geeignet sind? der Appellations-Richter an die Ueberzeugung des ersten Richters nicht gebunden.

B. **Berücksichtigung der Ueberzeugung der Vorder-Richter durch den Revisions-Richter überhaupt.**

Rechtsgr. **1278**. — I. Senat. 16. Juli 1855. (XVII. 351.)

Die in Gemäßheit dieser Verordnung ausgesprochene Ueberzeugung der früheren Richter kann von dem Revisionsrichter nur in sofern als verwerflich und unhaltbar angenommen werden, als nach dem Inhalte der Akten und den *positiven* Regeln des Beweises das Gegentheil von dem sich ergiebt, was der frühere Richter als Grundlage seiner Ueberzeugung festgestellt hat.

C. Berücksichtigung der Ueberzeugung der beiden Instanz-Richter in Betreff der behaupteten, durch unordentliche Wirthschaft des Ehemannes eingetretenen Unvermögens desselben zur Ernährung der Ehefrau. — Vergl. A. L. R. II. 1. § 711.

Rechtsgr. 1279. — I. Senat. 19. Mai 1854. (XIV. 31.)

Die von den beiden Instanzrichtern ausgesprochene Ueberzeugung, betreffend die Richtigkeit des Ehescheidungsgrundes des durch unordentliche Wirthschaft des Ehemannes eingetretenen Unvermögens desselben zur Ernährung der Ehefrau, ist auch für den Revisionsrichter maaßgebend, in sofern nach dem Inhalte der Akten und den positiven Regeln des Beweises sich nicht das Gegentheil der Grundlage der Ueberzeugung der früheren Richter ergiebt.

D. Berücksichtigung der Ueberzeugung des Appellationsrichters in Betreff der behaupteten Thätlichkeiten.

Rechtsgr. 1280. — I. Senat. 19. Mai 1854. (XIII. 117.)

In Ehesachen unterliegt das Urtheil des Appellations-Richters darüber, ob eine zwischen Eheleuten vorgefallene Thätlichkeit für eine geringe, oder für eine lebensgefährliche zu erachten sei, der freien Prüfung des Revisions-Richters.

— §§ 55-60. Siehe Rechtsgr. 946. (A. G. O. I. 40. § 53.)

1844, 5. Juli. Verordnung Nr. 2479, betreffend den Schutz gegen Nachdruck für die vor Publikation des Gesetzes vom 11. Juni 1837 erschienenen Werke. (G. S. S. 261.)

— § 1. Begriff der „damals“ gültigen Gesetze. — Vergl. Bundesbeschluß vom 9. November 1837.

Rechtsgr. 1281. — V. Senat. 22. April 1856. (XX. 339.)

Unter den in dem § 1. dieser Verordnung erwähnten „damals gültigen Gesetzen“ sind nicht die Bestimmungen des Bundesbeschlusses vom 9. November 1837, sondern die Vorschriften des älteren Rechts zu verstehen.

Siehe auch Rechtsgr. 283. (A. L. R. I. **11.** § 996.)

1845, 17. Januar. Allgemeine Gewerbe-Ordnung. (G. S. S. 41.)

— § **1.** Siehe Rechtsgr. 32. (A. L. R. I. **4.** § 6.)

— § **3.** Siehe Rechtsgr. 1154. (Deklaration vom 19. Februar 1832 § 4.)

— § **4.** Verpflichtung des Pächters in Betreff des von dem Pächter übernommenen Mahlzwanges. — Vergl. Inst. **3.** 19. §§ 19. 20.; Dig. **45.** 1. Lex 38. § 20.; Cod. **8.** 55. Lex 3.

Rechtsgr. **1282.** — V. Senat. 25. September 1855. (XVIII. 161.)

Beruht das Zwangsrecht auf einem Vertrage zwischen dem Verpächter und dem Bannberechtigten, so steht dieser Vertrag nach Gemeinem Rechte auch dem Pächter entgegen, wenn er in dem Pachtvertrage verpflichtet worden ist, den Mahlzwang zu respektiren.

— § **4.** Nr. **1.** Fortdauer der von dem Fiskus vererbpachteten Zwangsgerechtigkeit. — Vergl. A. L. R. Einl. § 57., I. **21.** §§ 187. 201., **23.** §§ 2. 14.; Gesetz vom 2. März 1850. § 2. Nr. 2.

Rechtsgr. **1283.** — II. Senat. 30. Dezember 1856. (XXIII. 181.)

a) Die Vorschrift des § 4. Nr. 1. der Gewerbe-Ordnung vom 17. Januar 1845, betreffend die Aufhebung der dem Fiskus zustehenden Zwangs- und Bannrechte, — ist nicht ausdehnend zu erklären.

b) Daher ist das vor dem Erscheinen der Gewerbe-Ordnung vom 17. Januar 1845 von dem Fiskus vererbpachtete Zwangsrecht, als dem Erbpächter zuständig, durch den § 4. Nr. 1. a. a. O. nicht aufgehoben worden.

— § **11.** Siehe Rechtsgr. 32. (A. L. R. I. **4.** § 6.)

— § **55.** Aufhebung der ausschließlichen Gewerbeberechtigungen und Fortdauer der Schankgerechtigkeiten ländlicher Grundstücke im Herzogthum Sachsen. — Siehe Gewerbesteuergesetz vom 2. November 1810; Kabinetsorder vom 7. Februar 1835 und 21. Juni 1844.

Rechtsgr. **1284.** — II. Senat. 2. October 1856. (XX. 38.)

In dem Herzogthum Sachsen sind die ausschließlichen

Gewerbeberechtigungen erst durch die Allg. Gewerbe-Ordnung v. 17. Januar 1845 aufgehoben worden.

Diese Aufhebung erstreckt sich nicht auf die subjektiv-dingliche Berechtigung zur Schankwirthschaft auf dem Lande; dieselbe ist vielmehr auch jetzt noch ein Gegenstand der Privatveräußerung und Uebertragung.*

— § 137. Rechtsweg hinsichtlich der Civilstreitigkeiten zwischen selbstständigen Gewerbtreibenden und deren Gesellen, Gehülfen und Lehrlingen.

Rechtsgr. **1285**. — IV. Senat. 25. Oktober 1855. (XVIII. 238.)

Die Vorschrift des § 137. der Gewerbe-Ordnung vom 17. Januar 1845, — betreffend die Unzulässigkeit des Rechtswegs hinsichtlich der Streitigkeiten der selbstständigen Gewerbtreibenden mit ihren Gesellen, Gehülfen und Lehrlingen, — findet nur da Anwendung, wo die Förderung des Gewerbes selbst von einer möglichst sachgemäßen und raschen Beilegung der Streitigkeiten abhängt.

Daher ist der Rechtsweg hinsichtlich des Civil-Entschädigungs-Anspruches gestattet, wenn der Lehrvertrag durch Entfernung des Lehrlings aus der Lehre aufgehoben worden, und kein Theil die Erneuerung oder Fortsetzung des Vertrages verlangt.

1845, 19. Juni. Beschluß der Deutschen Bundes-Versammlung wegen Erweiterung des Schutzes für Werke der Litteratur und Kunst gegen Nachdruck und mechanische Vervielfältigung. (G. S. f. 1846 S. 149.)

Rechtsgr. **1286**. — V. Senat. 22. April 1856. (XX. 339.)

Die §§ 1. und 2. des Bundesbeschlusses v. 19. Juni 1845 haben nur die in dem Bundesbeschlusse v. 9. November 1837 zum Schutze gegen Nachdruck festgesetzte Frist erweitert, nicht aber die Bestimmung des § 1. der Verordnung vom 5. Juli 1844 darüber, welche der vor

* Vergl. dagegen Rechtsgrundsätze Bd. I. (2. Ausg.) S. 447 Nr. 1285.

Publikation des Gesetzes vom 11. Juni 1837 erschienene Schriften zu schützen, abgeändert.

Siehe auch Rechtsgr. 283. (A. L. R. I. 11. § 996.)

1845, 11. Juli. Gesetz Nr. 2592. wegen Aufhebung der im Herzogthum Schlesien und der Grafschaft Glatz geltenden besonderen Rechte über die ehelichen Güterverhältnisse und die gesetzliche Erbfolge. (G. S. S. 473.)

— § 8. Nr. 2. Wahl der gesetzlichen Erbfolge seitens des überlebenden Ehegatten bei stattgehabter gesetzlicher Gütergemeinschaft. — Vgl. A. L. R. II. 1 §§ 495-499.; Patent v. 15. Nov. 1816 § 11.

A. Unvererblichkeit dieses gesetzlichen Wahlrechts. — Vergl. A. L. R. I. 9. § 360.

Rechtsgr. **1287**. — I. Senat. 13. Oktober 1854. (XV. 104.)

Das Wahlrecht des überlebenden Ehegatten nach § 8. der Verordnung vom 11. Juli 1845, betreffend die Beerbung des verstorbenen Ehegatten nach dem Statutarrechte oder nach den Grundsätzen des Allgem. Landrechts, ist ein höchst persönliches und geht daher auf seine Erben nicht über.

B. Nichtausübung des gesetzlichen Wahlrechts. — Vergl. A. L. R. I. 9. § 360.

Rechtsgr. **1288**. — I. Senat. 13. Oktober 1854. (XV. 104.)

Hat der überlebende Ehegatte dies Wahlrecht nicht ausgeübt, so kommen nicht die Bestimmungen des Statutarrechts, sondern die bei Erbtheilungen geltenden allgemeinen Gesetze, nämlich die Vorschriften des Allgem. Landrechts, und insbesondere bei einer unter den Eheleuten bestandenen Gütergemeinschaft die desfallsigen besonderen Bestimmungen des Allgem. Landrechts zur Anwendung.*

C. Wahl der Erbfolge nach den Vorschriften des A. L. R. — Vergl. A. L. R. II. 1. §§ 621 ff.

* Vergl. dagegen die Note Bd. XV. S. 104. des Archivs für Rechtsfälle und den hier folgenden Rechtsgrundsatz 1289.

Rechtsgr. 1289. — Plenarbeschluß. 5. November 1855. (XIX. 161.)

Hat unter den in der Provinz Schlesien vor dem 1. Januar 1846 verheiratheten Eheleuten gesetzliche Gütergemeinschaft stattgefunden, und will der überlebende Ehegatte nach der ihm in dem § 8. zu 2. des Gesetzes vom 11. Juli 1845 zustehenden Wahl, daß die gesetzliche Erbfolge nach den Vorschriften des Allgem. Landrechts beurtheilt werde, so sind unter diesen Vorschriften nicht diejenigen zu verstehen, welche die Erbfolge bei bestandener Gütergemeinschaft regeln, — §§ 643 ff., sondern die in den §§ 500 ff. und 621 ff. II. 1. gegebenen gemeinrechtlichen Erbfolgegesetze.

1845, 11. Juli. Gesetz Nr. 2598. über das Verfahren bei Aufnahme von Notariats-Instrumenten. (G. S. S. 487.)

— § 13. Beihülfe bei Ziehung der Handzeichen in einer Notariats-Urkunde. — Vergl. A. L. R. I. 5. § 172.

Rechtsgr. 1290. — III. Senat. 22. November 1854. (XIV. 333.)

a) Es ist nicht erforderlich, daß der Betheiligte bei Beifügung der Handzeichen von jeder fremden Beihülfe durchaus frei ist; es reicht aus, wenn er nur in einer Weise mitwirkt, welche seinen Willen feststellt, das Handzeichen als Zeichen seiner Genehmigung beizufügen.

b) Der § 13. des Gesetzes vom 11. Juli 1845 umfaßt auch den Fall, wenn der Betheiligte durch einen Zufall am Schreiben verhindert ist.

1845, 11. Juli. Gesetz Nr. 2599. über die Form einiger Rechtsgeschäfte. (G. S. S. 495.)

— Siehe Rechtsgrundsätze 46. 594. (A. L. R. I. 5. § 71., II. 23. § 615.)

1845, 23. Juli. General-Konzession für die von der evangelischen Landeskirche sich getrennt haltenden Lutheraner. (G. S. S. 516.)

— § 10. Verpflichtung der Altlutheraner zur ferneren Entrichtung von Zehnt-Abgaben an evangelische Pfarrer und Küster. — Vgl. A. L. R.

I. 2. §§ 126-136., 16. §§ 450. 454.; II. 7. § 37., 11. §§ 261. 875. 915. 937.; Pommersche Kirchen-Ordnung vom Jahre 1534 Tit. 6.; Verordnung vom 20. Juni 1817 § 43. Nr. 4. §§ 169. 170.

Rechtsgr. 1291. — IV. Senat. 28. Januar 1856. (XX. 75.)

a) Die aus der evangelischen Landeskirche Aus- und zur Gemeinde der Altlutheraner Uebergetretenen sind der Verpflichtung zur ferneren Entrichtung der Abgaben an Roggen und Garben an den evangelischen Pfarrer und Küster nicht für enthoben zu erachten; dagegen sind sie zur ferneren Entrichtung der Abgaben an Wurstgeld und Eiern nicht verpflichtet.

b) Sind in einem Regulirungs-Rezesse die von den Eingepfarrten der Reihe nach für den evangelischen Pfarrer zu leistenden Holzfuhren als Gemeindelast bezeichnet, und ist darin festgesetzt worden, daß die Gemeindelasten den Interessenten ungetheilt verbleiben, so sind diese Fuhren von den zu den Altlutheranern übergetretenen Interessenten auch ferner zu entrichten, wenngleich die Abgabe ursprünglich eine Pfarrlast gewesen ist.

Siehe auch Rechtsgr. 669. (A. L. R. II. 11. § 650.)

1845, 11. Dezember. Schul-Ordnung für die Elementarschulen der Provinz Preußen. (G. S. für 1846 S. 1.)

— §§ **38. 39.** Beschaffung des Brennholz-Mehrbedarfs des Schullehrers bei Erweiterung der Schule. — Vergl. A. L. R. II. 12. § 29.; Ostpreußisches Provinzialrecht Zusatz 221.

Rechtsgr. 1292. — I. Senat. 19. Januar 1855. (XVI. 190.)

Nach der Schulordnung für die Elementarschulen in der Provinz Preußen ist bei Schul-Erweiterungen der Mehrbedarf des Schullehrers an Brennholz, in Ermangelung eines andern aus einem besonderen Rechtsgrunde oder durch Herkommen zur Beschaffung des Brennholzes Verpflichteten, allein von der Schulgemeinde mit Ausschluß des Schulpatrons zu beschaffen.

1845, 27. Dezember. Achter Schlesischer Landtagsabschied.
— Seite **214**. Siehe Rechtsgr. 1087. (Hofreskript vom 12. November 1779.)

1846, 21. Juli. Verordnung Nr. 2729. über das Verfahren in Civilprozessen. (G. S. S. 291.)

— § **1**. Natur dieser Vorschriften. — Vergl. Verordn. vom 14. Dezbr. 1833 § 4. Nr. 2. § 5.

Rechtsgr. **1293**. — IV. Senat. 3. Juli 1855., 13. Juni 1857. (XIX. 32.; XXIV. 370.)

Der § 1. dieser Verordnung enthält eine für nicht wesentlich zu erachtende Prozeßvorschrift.

Siehe auch Rechtsgr. 924. (A. G. O. I. **27**. § 24.)

— § **7**. Siehe Rechtsgr. 913. (A. G. O. I. **23**. § 58.)

— § **8**. Natur dieser Vorschrift. — Vergl. Verordnung v. 14. Dezbr. 1833 § 4. Nr. 2. § 5.

Rechtsgr. **1294**. — IV. Senat. 13. Juni 1857. (XXIV. 370.)

Der § 8. dieser Verordnung enthält eine für nicht wesentlich zu erachtende Prozeßvorschrift.

Siehe auch Rechtsgr. 913. (A. G. O. I. **23**. § 58.)

— §§ **9. 13**. Siehe Rechtsgr. 1165. (Prozeß-Verordn. vom 1. Juni 1833 § 61.)

— § **12**. Natur dieser Vorschrift. — Vergl. Verordnung v. 14. Dez. 1833 § 4. Nr. 2. § 5.

Rechtsgr. **1295**. — IV. Senat. 3. Juli 1855. (XIX. 32.)

Der § 12. dieser Verordnung enthält eine für nicht wesentlich zu erachtende Prozeßvorschrift.

Siehe auch Rechtsgr. 924. (A. G. O. I **27**. § 24.)

— § **13**. Siehe Rechtsgr. 922. 939. 1165. (A. G. O. I. **27**. § 21., **31**. § 11.; Verordn. Nr. 1426. v. 1. Juni 1833 § 61.)

— § **15**. Anmeldung der Rechtsmittel:

A. Anmeldung der Rechtsmittel der Revision und Nichtigkeitsbeschwerde in Sachen, in welchen in erster Instanz von einem ehemaligen Oberlandesgericht erkannt ist. — Vergl. §§ 16. 30. dieser Verordnung; Verordn. Nr. 2367. v. 21. Juni 1843 §§ 1. 2.; Gesetz v. 2. Januar 1849 §§ 9. 18. 24.

Rechtsgr. 1296. — III. Senat. 27. Oktober 1854. (XV. 204.)

Das Rechtsmittel der Revision und Nichtigkeits-Beschwerde in einer Prozeßsache, in welcher in erster Instanz von einem ehemaligen Oberlandesgerichte erkannt worden, ist bei dem betreffenden Kreisgerichte anzumelden. — Daher ist das Rechtsmittel, dessen Anmeldung zwar innerhalb der Nothfrist bei dem Appellations-Gericht eingereicht worden, jedoch erst nach Ablauf dieser Frist an das Kreisgericht gelangt ist, für nicht devolvirt zu erachten.

B. Anmeldung der Nichtigkeitsbeschwerde in Wechselsachen. — Vergl. § 27. dieser Verordnung.

Rechtsgr. 1297. — IV. Senat. 24. Januar 1857. (XXIII. 279.)

In Wechselsachen bedarf es einer besonderen Anmeldung der Appellation oder Nichtigkeitsbeschwerde nicht. Es genügt, daß das Rechtsmittel gehörig eingeführt und gerechtfertigt ist.

— § 16. Form und Prüfung der Anmeldungsschrift:

A. Mangelnde Unterschrift des Anmeldungs-Protokolls. — Vergleiche A. G. O. I. 10. Anh. § 74. zu § 19.

Rechtsgr. 1298. — I. Senat. 17. September 1856. (XXII. 188.)

Die Gültigkeit der, einem von dem Gerichte dazu beauftragten Bureau-Beamten mündlich zu Protokoll erklärten Appellations-Anmeldung wird durch die mangelnde Unterschrift des Protokolls seitens des Appellanten nicht aufgehoben, wenn dies Protokoll den Vermerk, daß die Unterschrift ohne Grund verweigert worden, enthält.

B. Unterkreuzung der Anmeldungsschrift.

Rechtsgr. 1299. — IV. Senat. 13. Juni 1854. (XIII. 162.)

Die Anmeldung eines Rechtsmittels kann mit rechtlicher Wirkung auch mittelst eines von der lesens= und schreibensunkundigen Partei unterkreuzten, ihre Namensunterschrift tragenden Schriftsatzes geschehen.

Siehe auch Rechtsgr. 1296. (§ 15. dieser Verordnung.)

— § 17. Frist zur Einführung und Rechtfertigung des Rechtsmittels:

A. Einreichung der Akten mit der Appellations=Rechtfertigungsschrift durch das Gericht erster Instanz.

Rechtsgr. **1300**. — IV. Senat. 10. November 1856. (XXII. 306.)

Die Berufung ist nicht devolvirt, wenn die Akten, worin die Appellations=Einführung liegt, nur zufällig dem Appellationsgericht zugehen.

B. Mangelnde Unterschrift der Partei unter der durch den Mandatar erster Instanz eingeführten Appellations=Rechtfertigungsschrift. — Vergl. A. G. O. I. 3. § 22., **25**. §§ 25 ff., III. **7**. § 7.; Verordnung Nr. 2367. v. 21. Juli 1843 §§ 1. 2.; §§ 20. 21. dieser Verordnung.

Rechtsgr. **1301**. — I. Senat. 17. Oktober 1856. (XXIII. 14.)

Die Mitunterschrift der Partei unter der von ihrem auch zur Einlegung von Rechtsmitteln bevollmächtigten Mandatar erster Instanz eingereichten, von demselben unterschriebenen und mit seinem Dienstsiegel versehenen Appellations=Rechtfertigungsschrift ist zur Wahrung dieses Rechtsmittels nicht erforderlich.

Siehe auch Rechtsgr. 1169. 1350. (Verordn. v. 17. Dezbr. 1833 § 4.; Ferien=Ordn. v. 16. April 1850 § 2.)

— § 18. Angabe der Beschwerdepunkte in der Einführungs= u. Rechtfertigungsschrift.

Rechtsgr. **1302**. — I. Senat. 23. Mai 1856. (XXI. 213.)

Die allgemeine Bezugnahme des Revisionsberichtes auf die Appellations=Rechtfertigung verdient, auch wenn die Beschwerdepunkte genau präzisirt sind, dennoch keine Berücksichtigung.

Siehe auch Rechtsgr. 1169. (Verordnung vom 14. Dezbr. 1833 § 4.)

— § 20. Siehe Rechtsgr. 1301. 1350. (§ 17. dieser Verordnung; Ferien-Ordnung v. 16. April 1850 § 2.)

— §§ 21. 23. 33. Legalisation der Appellations-Rechtfertigungsschrift durch einen Rechtsanwalt.

Rechtsgr. 1303. — IV Senat. 20. Juni 1844. (XIII. 210.)

Die der Legalisirung einer Appellations-Rechtfertigungsschrift durch einen Rechtsanwalt von demselben hinzugefügte Bemerkung, dieselbe nicht konzipirt zu haben, macht weder die Legalisation ungültig, noch auch befreit sie den Rechtsanwalt von der Verantwortlichkeit für den Inhalt der Schrift.

Siehe auch Rechtsgr. 1301. (§ 17. dieser Verordnung.)

— § 22. Siehe Rechtsgr. 921. 1161. 1311. (A. G. O. I. 27. § 3.; Prozeß-Verordnung v. 1. Juni 1833 § 35.; Verordn. v. 3. Januar 1849 § 126.)

— § 23. Siehe Rechtsgr. 1169. (Verordnung vom 14. Dezember 1833 § 4.)

— § 27. Rechtsmittel in schleunigen Sachen:

A. Bestimmung der Frist zur Einlegung, und kompetentes Gericht zur Annahme der Rechtfertigung der Revision und Nichtigkeitsbeschwerde.

Rechtsgr. 1304. — II. Senat. 20. Februar 1855. (XVII. 43.)

In Bezug auf die Frage, in welcher Frist die Revision oder die Nichtigkeitsbeschwerde anzubringen, und ob sie bei dem Gericht erster Instanz oder bei dem Obertribunal zu rechtfertigen sei, entscheidet lediglich die Form des Prozesses, in welcher derselbe in den frühern Instanzen behandelt worden ist.*

B. Einführung und Rechtfertigung der Nichtigkeitsbeschwerde in Betreff eines Einwandes in der Exekutions-Instanz in schleunigen Sachen.

Rechtsgr. 1305. — IV. Senat. 6. Dezember 1856. (XXIII. 116.)

Der § 27. der Verordnung vom 21. Juli 1846, —

* Vergl. dagegen den Plenarbeschluß vom 5. September 1842. Entscheidungen Bd. VIII. S. 202.

betreffend die Einführung und Rechtfertigung der Nichtigkeitsbeschwerde in schleunigen Sachen binnen drei Tagen bei dem Gerichte erster Instanz, — ist auch in dem Falle anwendbar, wenn es sich um einen in solchen Sachen in der Exekutions-Instanz erhobenen Einwand handelt.

Siehe auch Rechtsgr. 922. 1169. 1297. 1307. (A. G. O. I. **27.** § 21.; Verordn. v. 14. Dezember 1833 § 4.; §§ 15 31. dieser Verordnung.)

— § **30.** Siehe Rechtsgr. 1231. 1296. 1306. (Deklaration vom 6. April 1839 Art. 3. Nr. 2.; §§ 15. und 31. dieser Verordnung.)

— § **31.** Rechtsmittel der Restitution gegen Kontumazial-Erkenntnisse und Purifikations-Resolutionen:

A. Anbringung des Restitutionsgesuchs bei dem requirirten Gericht. — Vergl. A. G. O. I. **14.** § 70.; Deklaration vom 6. April 1839 Art. 3. Nr. 2.; § 30. dieser Verordnung.

Rechtsgr. **1306.** — IV. Senat. 13. Dezember 1855. (XIX. 180.)

Die von dem requirirten Gerichte zur Eidesleistung vorgeladene, aber ausgebliebene Partei kann ihr Restitutionsgesuch auch bei dem requirirten Gericht anbringen.

B. Wegen versäumter Eidesleistung im Wechselprozeß. — Vergleiche A. G. O. I. **19.** § 27.; Dekl. v. 6 April 1839 Art. 14.; Gesetz v. 28. März 1840 Einl.; § 27. dieser Verordnung.

Rechtsgr. **1307.** — IV. Senat. 12. April 1855. (XVI. 335.)

Im Wechselprozeß findet keine Restitution gegen versäumte Eidesleistung statt.

Siehe auch Rechtsgr. 877. 1231. (A. G. O. I. **10.** § 376.; Deklaration v. 6. April 1839 Art. 3. Nr. 2.)

1846, 21. Juli. Deklaration Nr. 2733 über die Anwendung des § 395 I. 21. des A. L. R., betreffend die dem Vermiether und Verpächter beigelegten Rechte eines Pfandgläubigers (G. S. S. 326.)

— Siehe Rechtsgr. 488. (A. L. R. I. **21.** § 395.)

1846, 21. Juli. Gesetz Nr. 2742., betreffend den Bau und die Unterhaltung der Schul- und Küsterhäuser. (G. S. S. 393.)

— §§ **1** ff. Siehe Rechtsgr. 1073. (Reglement vom 8. August 1750 Nr. 11 a.)

— §§ **3. 4.** Siehe Rechtsgr. 683. 1108. (A. L. R. II. **12.** § 37.; Verordnung vom 2. Mai 1811 § 4.)

— § **22.** Siehe Rechtsgr. 671. (A. L. R. II. **11.** § 710.)

1847. 1. März. Kabinetsordre Nr. 2811., betreffend den Gerichtsstand der Eisenbahngesellschaften bei Entschädigungs-Ansprüchen der Grundbesitzer. (G.-S. S. 112.)

— Siehe Rechtsgr. 1351. (Gesetz vom 26. April 1851 Art. 2. Nr. 1.)

1847. 30. März. Zusammenstellung der in dem A. L. R. enthaltenen Bestimmungen über Glaubens- und Religionsfreiheit. (G.-S. S. 123.)

— **Nr. 2.** Siehe Rechtsgr. 1071. 1072. (General-Judenprivilegium vom 17. April 1750 § 31.)

1847. 30. März. Verordnung Nr. 2823., betreffend die bürgerliche Beglaubigung der rc. Geburts-, Heiraths- und Sterbefälle bei den aus ihrer Kirche Ausgetretenen. (G.-S. S. 125.)

— § **17.** Siehe Rechtsgr. 1071. 1072. (General-Judenprivilegium vom 17. April 1850 § 31.)

1847. 30. April. Verordnung Nr. 2840. über die Bildung des Ehrenraths unter den Justizkommissarien, Advokaten und Notarien. (G.-S. S. 196.)

— § **12.** Siehe Rechtsgr. 1357. (Gesetz vom 21 Juli 1852 § 14.)

1847. 1 November. Feldpolizei-Ordnung für alle Landestheile, in denen das Allgem. Landrecht Gesetzeskraft hat, mit Ausschluß der Kreise Rees und Duisburg. (G.-S. S. 376.)

— §§ **8. 11. 14.** Pfandgeld ohne verursachten Schaden. — Vergl. A. L. R. I. **14.** §§ 444. 445.

Rechtsgr. **1308.** — III. Senat. 23. Januar 1856. (XIX. 293.)

Die Verpflichtung zur Zahlung des Pfandgeldes wird dadurch nicht aufgehoben, daß durch den Uebertritt des Viehes rc. ein Schaden nicht entstanden ist.

1848. 28. Januar. Gesetz Nr. 2933. über das Deichwesen. (G. S. S. 54.)

— §§ **17. 22. 23.** Rechtsweg wegen Streitigkeiten der Deichgenossen des Ober-Oderbruchs. — Vergl. A. G. O. I. Einl. § 1.; Gesetz vom 11. Mai 1842 §§ 1 ff.; Verordnung vom 17. Januar 1853 § 4.

Rechtsgr. 1309. — III. Senat. 11. Juli 1856. (XXII. 120.)

Wegen Streitigkeiten über die Herabsetzung der laufenden Beiträge eines Genossen der Deichsozietät des Ober-Oderbruchs findet auch dann, wenn diese Herabsetzung vermöge eines Spezial-Titels verlangt wird, der Rechtsweg nicht statt.

— § 28. Siehe Rechtsgr. 696. (A. L. R. II. 15. § 63.)

1848. 17. April. Allerhöchster Erlaß, betr. die Bildung des Ministeriums für Handel, Gewerbe und öffentliche Arbeiten. (G.-S. S. 109.)

— §§ 1. 4. Siehe Rechtsgr. 1352. (Ges. v. 26. April 1851 Zus.-Art. 1.)

1848. 31. Oktober. Gesetz, betreffend die Aufhebung des Jagdrechts auf fremdem Grund u. Boden und die Ausübung der Jagd. (G. S. S. 343.)

— §§ 1. 2. 3. 6. Aufhebung des Jagdrechts auf öffentlichen Flüssen. — Vergl. A. L. R. II. 14. § 21., 15. § 38., 16. § 39.; Jagd-Polizei-Ordnung vom 7. März 1850 §§ 1. 2.

Rechtsgr. 1310. — II. Senat. 6. März 1855. (XV. 360.)

Die Aufhebung des Jagdrechts auf fremdem Grund und Boden erstreckt sich auch auf die im Eigenthume des Staates befindlichen Flüsse.

1848. 5. Dezember. Verfassungs-Urkunde für den Preußischen Staat. (G.-S. S. 375.)

— Art. 4. Siehe Rechtsgr. 518. (A. L. R. II. 1. § 30.)

— Art. 40. Siehe Rechtsgr. 1341. (Ablösegeś. v. 2. März 1850 § 91.)

— Art. 42. Nr. 1. 2. Siehe Rechtsgr. 1331. (Ablösegesetz vom 2. März 1850 § 3. Nr. 6.)

1848. 5. Dezember. Patent betreffend die Zusammenberufung der Volksvertreter. (G.-S. S. 392.)

— Nr. 9. Siehe Rechtsgr. 518. (A. L. R. II. 1. § 30.)

1848. 18. Dezember. Verordnung Nr. 3078., betreffend die bäuerliche Erbfolge in der Provinz Westphalen. (G.-S. S. 425.)

— § 4. Siehe Rechtsgrundsätze 1063. 1136. (Minden-Ravensbergische Eigenthums-Ordnung vom 26. November 1741 Kap. 11. § 1.; Gesetz Nr. 938 vom 21. April 1825 § 37.)

1849. 2. Januar. Verordnung über die Aufhebung der Privatgerichtsbarkeit und des eximirten Gerichtsstandes, sowie über die anderweitige Organisation der Gerichte. (G.-S. S. 1.)

— §§ **1. 40.** Siehe Rechtsgr. 564. (A. L. R. II. **1.** § 734.)

— § **3.** Siehe Rechtsgr. 965. (A. G. O. III. **8.** § 14.)

— § **9.** Siehe Rechtsgr. 1296. 1351. (Prozeß=Verordnung v. 21. Juli 1846 § 15.; Gesetz vom 26. April 1851 Art. 2. Nr. 1.)

— § **15.** Siehe Rechtsgr. 1049. (Morgensprache 12. Mai 1643.)

— §§ **18. 24.** Siehe Rechtsgr. 1296. (Prozeß=Verordnung vom 21. Juli 1846 § 15.)

1849. 3. Januar. Verordnung über die Einführung des mündlichen und öffentlichen Verfahrens mit Geschworenen in Untersuchungs=Sachen. (G.=S. S. 14.)

— § **22.** Siehe Rechtsgr. 882-887. 1311. (A. G. O. I. **13.** § 9., **16.** § 24.; § 126. dieser Verordnung.)

— § **126.** Wiederholung der Beweisaufnahme in zweiter Instanz in den im Wege des Civilprozesses verhandelten Sachen wegen Ehr=Verletzungen und leichter Mißhandlungen:

A. Bewirkung dieser wiederholten Beweisaufnahme durch einen Kommissar. — Vergl. Verordnungen Nr. 1326. vom 1. Juni 1833 §§ 33 ff. 53, Nr. 2729. vom 21. Juli 1846 § 22., vom 3. Jan. 1849 § 22. und Nr. 3245. vom 11. März 1850 § 6.

Rechtsgr. **1311.** — Senat für Strafsachen. II. Abth. 15. März 1855. (XVII. 75.)

In den im Wege des Civilprozesses verhandelten Sachen wegen Ehrverletzungen und leichter Mißhandlungen braucht die in zweiter Instanz für nöthig erachtete Wiederholung der Beweisaufnahme nicht vor dem Appellations=Richter selbst, sie kann vielmehr auch vor einem Kommissar stattfinden.

B. Freie Beurtheilung des Appellations=Richters nach stattgehabter Wiederholung der Beweisaufnahme. — Vergl. Gesetze Nr. 3245. vom 11. März 1850 § 8. und 3. Mai 1852 Art. 102.

Rechtsgr. **1312.** — Senat für Strafsachen. Abth. II. 15. März 1855. (XVII. 75.)

Der Appellations=Richter ist auf den Grund der nach § 126. der Verordnung vom 3. Januar 1849 und Art. 102. des Gesetzes vom 3. Mai 1852 für die zweite Instanz veranlaßten Wiederholung der Beweisaufnahme an die thatsächliche Festsetzung des ersten Richters auch dann nicht gebunden, wenn diese wiederholte Beweisaufnahme ein anderes Resultat nicht gewährt hat.

Siehe auch Rechtsgr. 1161. (Prozeß-Verordn. vom 1. Juni 1833 § 35.)

— § **179**. Kosten der von der Verwaltungsbehörde in Kontraventionssachen ohne Beitritt der Staatsanwaltschaft eingelegten Rechtsmittels.

Rechtsgr. **1313**. — Senat für Strafsachen. Abth. I. 21. Oktober 1856. (XXII. 263.)

Auch in dem Falle, wenn eine Verwaltungsbehörde das Rechtsmittel der Nichtigkeitsbeschwerde allein — ohne Beitritt der Staatsanwaltschaft — und ohne Erfolg eingelegt hat, ist in Gemäßheit des § 179. der Verordnung vom 3. Januar 1849 auf Niederschlagung der Kosten zu erkennen.

1849. 30. Juni. Verordnung, betreffend die Vervielfältigung und Verbreitung von Schriften und verschiedenen durch Wort, Schrift 2c. begangenen strafbaren Handlungen. (G.-S. S. 226.)

— § **25**. Siehe Rechtsgr. 814. (Strafgesetzbuch vom 14. April 1851 § 156.)

1849. 21. Juli. Verordnung Nr. 3153. über das Verfahren in Civilprozessen in den Bezirken des Appellationsgerichts zu Greifswald und des Justizsenats zu Ehrenbreitstein. (G.-S. S. 307.)

— § **1**. Siehe Rechtsgr. 1155. (Verordn. Nr. 1426 v. 1. Juni 1833.)

— § **23**. Siehe Rechtsgr. 1320. (§ 52. dieser Verordnung.)

— § **29**. **30**. Gegenstand der Eidesdelation und der Beweisauflage.

Rechtsgr. **1314**. — V. Senat. 17. Oktober 1854. (XV. 115.)

Eideszuschiebung und Beweisauflage finden nur über bestimmte Thatsachen, nicht über Urtheile und rechtliche Schlußfolgen statt.

Siehe auch Rechtsgrundsätze 1036. 1318. (cap. I. in VI. 2. 5. und § 48 dieser Verordnung.)

— §§ **42** ff. Einfluß der im Wege der Beschwerde ergangenen Verfügungen des Ob.-Tribunals auf die Entscheidung des Richters.

Rechtsgr. **1315**. — V. Senat. 17. Oktober 1854. (XV. 123.)

Die von dem Ober-Tribunal im Wege der Beschwerde

erlassene Verfügung der Einleitung der Appellation hindert den Appellations-Spruchrichter nicht, die Zulässigkeit dieser Einleitung seiner anderweitigen Beurtheilung und Entscheidung zu unterziehen.

— §§ 46. 48. Aufstellung bestimmter Beschwerdepunkte in der Appellations-Rechtfertigungsschrift. — Vergl. A. G. O. I. 14. §§ 21 ff.

Rechtsgr. 1316. — V. Senat. 17. Oktober 1854. (XV. 123.)

Auch nach der Prozeß-Verordnung vom 21. Juli 1849 kann die Appellation nicht wegen Mangels der Angabe bestimmter Beschwerdepunkte für unstatthaft erklärt werden, wenn aus dem Antrage in der Appellations-Einführungs- und Rechtfertigungs-Schrift sich mit Bestimmtheit ergiebt, wodurch Appellant sich beschwert erachtet. *)

— §§ 47-49. Appellation:

A. Beurtheilung der Zulässigkeit der Appellation nach dem Werthe des Gegenstandes der Beschwerde. — Vergl. Gesetz v. 10. Mai 1851 § 11. Nr. 4. 5., § 12. Nr. 3.

Rechtsgr. 1317. — V. Senat. 9. September 1856. (XXII. 160.)

Rücksichtlich der Zulässigkeit des Rechtsmittels der Appellation entscheidet nicht die Erklärung der Parteien über den Werth des Streitgegenstandes, sondern lediglich der Werth des Gegenstandes der Appellationsbeschwerde, respektive das Interesse der das Rechtsmittel ergreifenden Partei.

B. Deckung der Kontumaz erster Instanz in zweiter Instanz; beneficium novorum.

Aeltere Ansicht. — Vergl. § 29. dieser Verordnung.

Rechtsgr. 1318. — V. Senat. 1. Mai 1855. (XVI. 361.)

Es gilt der Grundsatz: Contumax non appellat. — Der § 48. dieser Verordnung hat an den gemeinrechtlichen Grundsätzen über das beneficium appellationis,

* Ueber den Unterschied zwischen Beschwerdepunkten und Rechtfertigungsgründen siehe die Note im Archiv für Rechtsfälle Bd. XV. Seite 128.

nondum deducta deducendi et nondum probata probandi, Nichts geändert. Es ist daher, zumal mit Rücksicht auf den § 29., unzulässig, einen in erster Instanz präkludirten Beweis in zweiter Instanz anzutreten.

Neuere Ansicht. — Vergl. A. G. O. I. Einl. § 18., I. 9. § 44., 14. §§ 16 ff.

Rechtsgr. 1319. — V. Senat. 1. April 1856. (XX. 299.)

a) Der in erster Instanz mit der Replik resp. Duplik Ausgeschlossene kann nach der Verordnung vom 21. Juli 1849 diese Kontumaz, welche sich nur auf die erste Instanz erstreckt, in zweiter Instanz decken.

b) Der gemeinrechtliche Grundsatz: „Contumax non appellat“, ist nur anwendbar auf die eigentlichen Kontumazial-Erkenntnisse.

— § 52. Mündlicher Vortrag des Referenten in dem Audienz-Termin zweiter Instanz. — Vergl. § 23. dieser Verordnung.

Rechtsgr. 1320. — V. Senat. 29. April 1856. (XXI. 163.)

Nach der Civilprozeß-Verordnung vom 21. Juli 1849 genügt auch im Audienz-Termin zweiter Instanz eine mündliche Darstellung der bisherigen Verhandlungen auf Grund des vorher gefertigten schriftlichen Referats.

— § 60. Nr. 2. Verletzung einer wesentlichen Prozeßvorschrift:

A. Durch Unterstellung eines Einwandes.

Rechtsgr. 1321. — V. Senat. 3. Juli 1855. (XVII. 317.)

Nach Gemeinem Recht liegt ein Verstoß gegen eine wesentliche Prozeßvorschrift vor, wenn der Richter ohne Anregung der Partei ihr einen Einwand suppeditirt.

B. Durch Uebergehen erheblicher Anführungen.

Rechtsgr. 1322. — V. Senat. 5. September 1854. (XIII. 275.)

Das stillschweigende Uebergehen der für die Beurtheilung erheblichen Anführungen verletzt nach Gemeinem Recht die wesentliche Prozeßvorschrift, nach welcher der

Richter verpflichtet ist, die von beiden Theilen vorgebrachten Angriffs- und Schutzmittel vollständig vor seine Beurtheilung zu ziehen.

1849. 19. September. Allerhöchster Erlaß wegen zeitgemäßer Umgestaltung der Verwaltung des Postwesens. (G.-S. für 1850 S. 299.)

— Siehe Rechtsgr. 1352. (Ges. v. 26. April 1851 Zus.-Art. 2 Nr. 1.)

1849. 12. Dezember. Dienstinstruktion für die Ober-Postdirektionen.

— Abschnitt **1**. §§ **11**. **12**. Siehe Rechtsgr. 1352. (Gesetz v. 26. April 1851 Zus.-Art. 2. Nr. 1.)

1850. 31. Januar. Verfassungsurkunde des Preuß. Staats. (G.-S. S. 17.)

— Art. **4**. Siehe Rechtsgr. 518. 554. (A. L. R. **II**. **1**. §§ 30. 701.)

— Art. **9**. Siehe Rechtsgr. 1225. (Eisenbahngesetz vom 3. November 1838 § 36.)

— Art. **12**. Siehe Rechtsgr. 519. (A. L. R. **II**. **2**. § 36.)

— Art. **42**. Siehe Rechtsgr. 1053. 1332. 1333. 1341. (Sächsische Landesordnung vom 28. Januar 1669 Tit. 2. § 15.; Ablösegesetz vom 2. März 1850 § 3. Nr. 10. § 91.)

— Art. **109**. Bedeutung der allgemeinen Axiome der Verfassungs-Urkunde. — Vergl. A. L. R. Einl. § 59.

Rechtsgr. **1323**. — I. Senat. 24. November 1856. (XXII. 331.)

Die allgemeinen Axiome der Verfassungs-Urkunde haben mehr die Bedeutung, die leitenden Grundsätze für die künftige Gesetzgebung vorzuzeichnen, als daß sie schon selbst zur unmittelbaren Anwendung auf bürgerliche Streitigkeiten sich eignen; wenigstens darf dies immer nur mit großer Vorsicht zumal da geschehen, wo es sich fragt, ob durch dieselben eine bisher bestandene besondere gesetzliche Vorschrift implizite für aufgehoben erachtet werden soll.

Siehe auch Rechtsgrundsätze 518. 1332. 1333. (A. L. R. II. **1**. § 30.; Ablösegesetz vom 2. März 1850 § 3. Nr. 10.)

1850. 2. März. Gesetz Nr. 3233., betreffend die Ablösung der Reallasten und die Regulirung der gutsherrlichen und bäuerlichen Verhältnisse. (G.-S. S. 77.)

— § **1**. Nr. **8**. Siehe Rechtsgr. 1053. (Landesordnung vom 2. Januar 1669 Tit. 2. § 15.)

— §§ 2. 3. Ohne Entschädigung aufgehobene Berechtigungen:
— Feudale und gutsherrliche Reallasten überhaupt.

Rechtsgr. 1324. — V. Senat. 6. November 1855. (XVIII. 274.)

Hinsichtlich der Frage, ob eine auf dem Grund und Boden ruhende Reallast zu den durch das Gesetz vom 2. März 1850 aufgehobenen feudalen oder gutsherrlichen gehört, entscheidet ihre Entstehung, ohne daß es, wenn diese in dem gutsherrlichen Nexus zu suchen ist, weiter darauf ankommt, ob die Einrichtung, zu welcher die Leistung ursprünglich verwendet worden, noch jetzt besteht oder nicht.

Siehe auch Rechtsgr. 1053. (Landes-Ordnung vom 28. Januar 1669 Tit. 2. § 15.)

— § 2. Nr. 2. Aufhebung des Ober-Eigenthums des Guts- oder Grundherrn und des Erbzinsherrn, desgleichen des Eigenthumsrechts des Verpächters:

A. Bedingtes Erbpachtsverhältniß.

Rechtsgr. 1325. — II. Senat. 30. Dezember 1856. (XXIII. 187.)

Die Vorschrift des Ablösegesetzes vom 2. März 1850 § 2. Nr. 2., betreffend die Verleihung des Eigenthums an Erbpächter, — findet auf ein bedingtes Erbpachtsverhältniß, so lange die Bedingung nicht eingetreten ist, keine Anwendung.

B. Eventuelles Revokationsrecht des Erbverpächters. — Vergl. § 5. dieses Gesetzes.

Rechtsgr. 1326. — II. Senat. 1. Juni 1854. (XIII. 152.)

Das in dem Erbpachtsvertrage dem Erbverpächter vorbehaltene eventuelle Revokationsrecht ist durch das Gesetz vom 2. März 1850 aufgehoben.

C. Entschädigungsanspruch des Erbpächters an den Erbverpächter wegen des durch Wasserströmung ihm entrissenen Theiles des Erbpachtlandes. — Vergl. § 5. dieser Verordnung.

Rechtsgr. 1327. — II. Senat. 8. Januar 1856. (XIX. 223.)

Wird von einem vererbpachteten Lande nach der Rechtskraft des Gesetzes vom 2. März 1850 durch die Strömung des Flusses ein Stück abgerissen, so ist der Erbverpächter trotz der Bestimmung des Erbpachtsvertrages zur Werth-Erstattung des abgerissenen Landes nicht verpflichtet.

D. Erbliches Besitzrecht auf drei Leiber an einem Kolonate in den ehemals Französisch-Hanseatischen Landestheilen. — Vergl. A. L. R. I. **16.** §§ 454 ff.; Gesetz Nr. 940. vom 21. April 1825 § 21.

Rechtsgr. **1328.** — II. Senat. 16. Januar 1857. (XVI. 174.)

Hat in den zur Zeit der Fremdherrschaft zu Frankreich gehörig gewesenen Landestheilen durch Vertrag des Gutsherrn mit dem Kolonen eine Beschränkung des erblichen Besitzrechts des letzteren auf drei Leiber gegen Erlaß rückständiger Pächte stattgefunden, so ist hierin ein Verzicht desselben auf ein ausgedehnteres Recht enthalten, und demgemäß dessen Antrag auf Ablösung der gutsherrlichen Rechte unstatthaft.

E. Verleihung von Grundstücken auf höchstens drei Vererbungsfälle (Leiber) in den ehemals Französisch-Hanseatischen Landestheilen. — Vergl. A. L. R. I. **21.** § 189.; Münsterische Erbpachts-Ordnung vom 21. Sept. 1783 §§ 40. 142.; Gesetz Nr. 940 vom 21. April 1825 §§ 15 ff. 21.

Rechtsgr. **1329.** — II. Senat. 12. Februar 1857. (XXIV. 50.)

a) Grundstücke und Gerechtigkeiten in den ehemals Französisch-Hanseatischen Landestheilen, welche auf höchstens drei Vererbungsfälle (drei Leiber) verliehen oder verpachtet sind, unterliegen nicht den Bestimmungen des § 2. No. 2. des Gesetzes vom 2. März 1850 und sind daher nicht volles Eigenthum der Besitzer geworden.

b) Der vorstehende Grundsatz findet auch dann Anwendung, wenn das Grundstück nach Einführung des Allgem. Landrechts dem Besitznachfolger als neuem Pächter wiederum auf drei Generationen verliehen worden mit der Klausel, daß derselbe in alle Rechte und Pflichten des früheren Pächters eintrete.

Siehe auch Rechtsgrundsätze 421. 1283. (A. L. R. I. 18. § 630.; Gewerbeordnung v. 17. Januar 1845 § 4. Nr. 1.)

— § 2. Nr. 6. § 4. Aufhebung des Vorkaufs- und Retraktsrechts des Lehnsherrn. — Vergl. A. L. R. I. 18. §§ 187. 288. 302. 308.

Rechtsgr. 1330. — Plenum. 18. September 1854. (XIV. 263.)

Das agnatische Lehns-Vorkaufs- und Retraktrecht ist durch das Gesetz vom 2. März 1850 ohne Entschädigung und allgemein aufgehoben.

— § 3. Nr. 6. und Nr. 15. Aufhebung der in Beziehung auf die Jagd obliegenden Dienste und Leistungen.

— Abgaben in Beziehung auf das Jagdrecht. — Vergl. Verfassungsurkunde vom 5. Dezbr. 1848 Art. 42. Nr. 1. 2.

Rechtsgr. 1331. — V. Senat. 6. November 1855. (XVIII. 274.)

a) Unter den in Beziehung auf die Jagd obliegenden Leistungen, welche nach § 3. Nr. 6. des Ablösegesetzes vom 2. März 1850 unentgeldlich aufgehoben worden, sind nicht lediglich persönliche Leistungen im engeren Sinne, sondern auch Abgaben, z. B. Geldrenten, zu verstehen.

b) Die Vermuthung spricht dafür, daß die unter der Benennung „Hundekorn" oder „Hundehafer" bestandenen Abgaben in dem früheren Jagdrechte ihren Entstehungsgrund haben und daher ohne Entschädigung aufgehoben sind.

— § 3. Nr. 10. Aufhebung der aus den früheren gutsherrlichen, schutzherrlichen und grundherrlichen Rechten abgeleiteten und hergebrachten steuerartigen, nicht zum öffentlichen Steuer-Einkommen gehörenden Abgaben und Leistungen:

A. Begriff des öffentlichen Steuereinkommens; Fortbestand der Orbör oder Orböde. — Vergl. Gesetze Nr. 616. vom 30. Mai 1820 Nr. 1. § 11. u. Nr. 938. 939. u. 940. v. 21. April 1825 §§ 58. resp. 38. 36.; Verfassungsurkunde v. 31. Jan. 1850 Art. 42. 109.

Rechtsgr. 1332. II. Senat. 27. Juni 1854. (XIV. 86.)

a) Unter dem in dem § 3. Nr. 10. dieses Gesetzes gedachten „öffentlichen Steuer-Einkommen" ist jedes Steuer-Einkommen zu verstehen, welches in landesherrliche Kassen fließt.

b) Die Abgabe der Orböde oder Orbör ist zwar steuerartiger Natur, sie gehört jedoch, insofern sie in landesherrliche Kassen fließt, zum öffentlichen Steuer-Einkommen, und ist daher nicht für gesetzlich aufgehoben zu erachten.

B. Fortbestand der in dem landesherrlichen Schutz begründeten Abgaben und Leistungen. — Vergl. Großherzoglich Bergisches Dekret vom 13. Septbr. 1811 und Hanseatisches Dekret vom 9. Dezbr. 1811; Verfassungsurkunde v. 31. Januar 1850 Art. 42. 109.

Rechtsgr. 1333. — II. Senat. 27. Juni 1854. (XIV. 87.)

Unter den aus schutzherrlichen Rechten abgeleiteten und hergebrachten Abgaben und Leistungen, welche nach § 3. Nr. 10. des Gesetzes vom 2. März 1850 ohne Entschädigung aufgehoben worden, sind nicht solche Abgaben und Leistungen zu verstehen, die ihren Ursprung in dem Schutze des Landesherrn haben.

C. Rechtliche Natur der Mundgutsteuer.

Rechtsgr. 1334. — II. Senat. 3 Juli 1856. (XXII. 78.)

Ist die Mundgutsteuer alljährlich, ohne irgend eine Gegenleistung oder Gewährung von Nutzungen von Seiten der Gutsherrschaft, eingefordert und von den verklagten Gemeinden, als solchen, abzutragen gewesen, so hat sie eben deshalb weder die Natur eines Grundzinses, noch die einer auf Verhältnissen des Privatrechts beruhenden obligatorischen Verpflichtung, sondern die Natur einer von dem Gutsherrn den Unterthanen auferlegten Steuer. Sie ist daher nach § 3. Nr. 10. des Gesetzes vom 2. März 1850 aufgehoben.

D. Rechtliche Natur der Schoßabgaben.

Rechtsgr. 1335. — II. Senat. 29. Januar 1856. (XX. 95.)

Aus der bloßen Bezeichnung einer Abgabe in den Quittungen als Geschoßzins, Geschoß, Geschoßgeld, Schoßgeld, Schoßzins, ist weder deren Entstehung aus einem früheren gutsherrlichen, schutzherrlichen und grundherrlichen Rechte, noch auch deren steuerartige Natur herzuleiten.

— § 4. Siehe Rechtsgr. 1330. (§ 2. Nr. 6. dieses Gesetzes.)

— § 5. Vorrecht des Erbverpächters wegen des Erbpachtkanons. — A. L. R. I. 21. §§ 212-215.; A. G. O. I. 50. § 382 b.

Rechtsgr. 1336. — IV. Senat. 2 Mai 1854. (XIII. 71.)

Die Vorrechte des Erbverpächters wegen des Erbpachtkanons sind durch das Gesetz vom 2. März 1850 nicht aufgehoben worden.

Siehe auch Rechtsgr. 1326. 1327. (§ 2. Nr. 2. dieses Gesetzes.)

— § 6. Siehe Rechtsgr. 425. 426. (A. L. R. I. 19. § 1.)

— § 37. Siehe Rechtsgr. 494. (A. L. R. I. 21. § 628.)

— § 40. Nachweis der Verpflichtung eines Grundstücks zu Besitzveränderungsabgaben durch Anerkenntniß des Besitzers in einer öffentlichen Urkunde:

A. Erfordernisse dieses Anerkenntnisses überhaupt. — Vergl. A. L. R. I 18. § 719.

Rechtsgr. 1337. — Plenum. 6. November 1854. (XIV. 311.)

Das zum Nachweise der Verpflichtung zu Besitzveränderungsabgaben nach § 40. des Gesetzes vom 2. März 1850 genügende Anerkenntniß braucht weder überhaupt, noch auch bei Descendentenfällen insbesondere, mit bestimmten Worten dahin ausgesprochen zu sein, daß auf dem Grundstücke die Verpflichtung zu dieser Abgabe ruhe; vielmehr reicht zur Wirksamkeit des Anerkenntnisses jede Willenserklärung aus, welche mit Zuverlässigkeit entnehmen läßt: daß die auf dem Grundstück ruhende Verpflichtung zur Entrichtung einer Besitzveränderungs-Abgabe entweder überhaupt oder für Deszendentenfälle als rechtlich bestehend betrachtet wird.

B. Wirkung dieses Anerkenntnisses bei nicht erfolgter Eintragung der Laudemalpflicht. — Vergl. A. L. R. Publ.-Patent v. 5. Februar 1794 § 7., Einl. § 4., I. 19. §§ 5. 7., II. 7. § 13.; Hyp.-Ordn. I. §§ 48. 49.; Gesetz Nr. 1373. v 19. Juli 1832.

Rechtsgr. **1338**. — Plenum. 19. Juni 1854. (XIII. 195.)

Das von dem Besitzer eines Grundstücks in einer öffentlichen Urkunde abgegebene Anerkenntniß, daß dasselbe zu Besitzveränderungs-Abgaben verpflichtet sei, verbindet dessen Besitznachfolger auch dann, wenn die Verpflichtung zu Besitzveränderungs-Abgaben in dem Hypothekenbuche des Grundstücks nicht eingetragen ist.*

— §§ **47. 48. 79.** Siehe Rechtsgr. 1342. (Rentenbankgesetz Nr. 3234. v. 2. März 1850 § 50.)

— § **74.** Regulirungsfähigkeit einer bäuerlichen Stelle behufs der Eigenthumsverleihung. — Vergl. Regulirungs-Edikt v. 14. Septbr. 1811 § 32.; Deklaration v. 24. Mai 1853 § 1.

Rechtsgr. **1339**. — II. Senat. 31. Januar 1856. (XIX. 328.)

Zur Regulirungsfähigkeit einer Stelle behufs der Eigenthumsverleihung nach dem § 74. des Gesetzes vom 2. März 1850 und dem § 1. der Deklaration vom 24. Mai 1853 genügt nicht, daß zur Zeit der Verkündigung des Edikts vom 14. September 1811 von den zu regulirenden Ländereien, — es ist vielmehr erforderlich, daß zu jener Zeit von der Stelle selbst, als solcher, eine Steuer vom Staate ausgeschrieben worden ist.

Rechtsgr. **1340**. — II. Senat. 2. September 1856. (XXII. 148.)

a) Stellen, welche erst nach Einführung des Edikts vom 14. September 1811 oder der Kabinetsorder vom 6. Mai 1819 in den betreffenden Landestheilen gegrün-

* Vergl. über die ältere Ansicht des zweiten Senats des Ober-Tribunals: Rechtsgrundsätze Bd. I. (2. Ausgabe) Nr. 719. S. 237.

gründet worden sind, unterliegen der Regulirung behufs der Eigenthumsverleihung nicht, wenngleich die zu den Stellen gehörigen Ländereien früher zu andern, nach dem Gesetze vom 2. März 1850 regulirungsfähigen Stellen gehört haben.

b). Hat die Gutsherrschaft von dem bereits vor dem Edikt vom 14. September 1811 bestandenen und nach Einführung dieses Edikts ihr von dem Besitzer zurückgegebenen spanndienstpflichtigen Bauergut die hiernächst durch Verwendung eines Theils des Areals zur Gründung einer neuen Stelle verkleinerte alte Stelle einem neuen Wirth unter Umwandlung der Spann- in Handdienste übergeben, so unterliegt die letztere der Regulirung behufs der Eigenthumsverleihung.

— § 82. Litt. c. Siehe Rechtsgr. 1053. (Landesordnung v. 28. Jan. 1669 Tit. 2. § 15.)

— § 88. Siehe Rechtsgr. 1121. (Verordnung vom 20. Juni 1817 § 170.)

— § 91. Unzulässigkeit vertragsmäßiger Bestimmungen über die Beschwerung eines Grundstücks mit ablösbaren Reallasten. — Vergl. Verfassungs-Urkunden v. 5. Dezember 1848 § 40. und v. 31. Januar 1850 § 42.

Rechtsgr. **1341**. — III. Senat. 14. November 1856. (XXIV. 6.)

Die im § 91. des Ablösegesetzes vom 2. März 1850 angeordnete Ungültigkeit der Bestimmungen eines Vertrages, durch welche einem Grundstücke ablösbare Lasten auferlegt worden, betrifft nicht blos diese dingliche Belastung, sondern auch die persönliche Verpflichtung des Erklärenden.

— § 99. Siehe Rechtsgr. 1342. (Rentenbankgesetz Nr. 3234. vom 2. März 1850 § 50.)

— § 108. Siehe Rechtsgr. 50. (A. L. R. I. 5. § 109.)

1850, 2. März. Gesetz Nr. 3234. über die Errichtung der Rentenbanken. (G. S. S. 112.)

— § 18. Siehe Rechtsgrundsätze 425. 426. (A. L. R. I. 19. § 1.)
— § 50. Objektiv-persönliche Natur der Geldforderung wegen rückständiger Laudemien. — Vergl. A. L. R. I. 18. §§ 714. 720. 731.; Verordnung vom 20. Juni 1817 § 170.; Ablösegesetz vom 2. März 1850 §§ 47. 48. 99.

Rechtsgr. 1342. — II. Senat. 21. Dezember 1854. (XVI. 108.)

Die dem Berechtigten aus der Nichtzahlung verfallener Laudemien erwachsene Geldforderung bildet eine persönliche Schuld des Erwerbers des Grundstücks und ist daher durch Nichterwähnung in dem Ablösungsrezesse nicht für verloren gegangen zu erachten.

1850, 7. März. Jagd-Polizei-Gesetz. (G. S. S. 165.)
— §§ 1. 2. Siehe Rechtsgrundsatz 1310. (Gesetz vom 31. Oktober 1848 § 1.)

1850, 11. März. Gesetz Nr. 3245., betreffend die Aufhebung der Zirkularverordnung vom 26. Februar 1799, wegen Bestrafung der Diebstähle und ähnlicher Verbrechen und die Abänderung der Injurienstrafen. (G. S. S. 174.)
— §§ 6. 8. Siehe Rechtsgrundsätze 1161. 1311. 1312. (Prozeßverordnung vom 1. Juni 1833 § 35.; Verordnung v. 3. Januar 1849 § 126.)
— § 9. Siehe Rechtsgr. 912. (A. G. O. I. 23. § 23. Nr. 4.)

1850, 11. März. Gemeindeordnung für den Preußischen Staat. (Ges.-Samml. 213.)
— § 3. Entschädigungsanspruch einzelner Gemeindemitglieder wegen widerrechtlicher Störung in der Benutzung eines Kommunalweges. — Vergl. Gesetz vom 20. Oktober 1796; Konsular-Beschluß vom 23. Juli 1802 Tit. 2. Art. 6., Tit. 3. Art. 22. 23.

Rechtsgr. 1343. — V. Senat. 8. Januar 1856. (XIX. 225.)

Jedes einzelne Mitglied der Gemeinde, welches in der Benutzung eines Kommunalweges von einem Dritten widerrechtlich gestört und hierdurch in seinem Vermögen verletzt wird, ist selbstständig zu Geltendmachung seiner Entschädigungsansprüche befugt.*

* Vergl. dagegen Rechtsgrundsätze Bd. I. (2. Ausg.) Nr. 17. S. 7.

— § 60. Siehe Rechtsgrundsätze 1346. 1347. (§ 157. dieser Gemeinde-Ordnung.)

— §§ 61. 157. Berechnung der Dienstzeit bei der Pensionirung der bei Einführung der Gemeinde-Ordnung vom 11. März 1850 wiedergewählten Bürgermeister.

Rechtsgr. 1344. — I. Senat. 4. April 1855. (XVII. 107.)

Bei der Pensionirung eines bei Einführung der neuen Gemeinde-Ordnung vom 11. März 1850 wiedergewählten, schon vorher fest oder kommissorisch angestellt gewesenen Bürgermeisters kommt im Mangel getroffener Uebereinkunft nach § 61. der gedachten Gemeinde-Ordnung dessen ganze Dienstzeit in Berechnung.

Siehe auch Rechtsgrundsätze 1346. 1347. (§ 157. dieser Gemeinde-Ordnung.)

§§ 156. 157. Anspruch des von der Königlichen Regierung nach der Publikation jedoch vor der Einführung der Gemeindeordnung ernannten Bürgermeisters auf Pension.

Rechtsgr. 1345. — V. Senat. 10. Juli 1855. (XVII. 347.)

Demjenigen Bürgermeister, welcher zwar nach Publikation der Gemeinde-Ordnung, jedoch vor Einführung derselben in den betreffenden Gemeinden, von der Königlichen Regierung ernannt, resp. in sein von ihm niedergelegt gewesenes Amt wieder eingesetzt worden ist, steht der Anspruch auf Pension zu.

— § 157. Berechnung des reinen Diensteinkommens des zu pensionirenden Bürgermeisters. — Vergl. Pensions-Reglement v. 30. April 1825 § 15 a. Nr. 2. § 15 g.; §§ 60. 61. dieser Gemeindeordnung.

Rechtsgr. 1346. — V. Senat. 30. Mai 1854. (XVII. 231.)

Repräsentationskosten und Emolumente für die Aufbewahrung der Grundsteuer-Mutterrollen, für die Besorgung der Provinzial-Feuer-Sozietäts-Angelegenheiten, für die Ertheilung der Auszüge aus den Grundsteuer-Mutterrollen gehören nicht zu dem pensionspflichtigen **reinen** Diensteinkommen.

Rechtsgr. 1347. — I. Senat. 25. April 1856. (XXI. 139.)

Unter dem im § 157. der Gemeinde-Ordnung vom 11. März 1850 erwähnten Diensteinkommen des zu pensionirenden Amtmanns ist nur dasjenige zu verstehen, welches ihm für die Wahrnehmung des Gemeindeamtes selbst durch die Gemeinde oder durch die Regierung zugesichert worden ist, ohne daß die von ihm für die Wahrnehmung anderer Geschäfte bezogenen Emolumente dabei in Betracht kommen.

Siehe auch Rechtsgr. 1238. 1344. 1345. (Landgemeine-Ordnung v. 31. Oktober 1841 § 76.; §§ 61. 156. dieser Verordnung.)

1850, 11. März. Gesetz Nr. 3256. über die Polizeiverwaltung. (Ges.-Samml. 265.)

— §§ **1** ff. Aufhebung der gutsherrlichen Polizei. — Vergl. Gesetz Nr. 3755. v. 24. Mai 1853.

Rechtsgr. 1348. — II. Senat. 19. Oktober 1854. (XV. 150.)

Die Aufhebung der gutsherrlichen Polizei ist durch das Gesetz vom 11. März 1850 ausgeführt, und dies Gesetz ist durch das Gesetz vom 24. Mai 1853, betreffend die Aufhebung der Gemeindeordnung, nicht wieder aufgehoben worden.

Siehe auch Rechtsgrundsätze 515. 1053. (A. L. R. I. **22**. § 215.; Niederlausitzsche Landesordnung v. 28. Januar 1669 Tit. 2. § 15.)

— §§ **2**. **3**. **6**. Kosten der örtlichen Polizei. — Vergl. Regulativ vom 8. August 1835 §§ 6. 7.)

Rechtsgr. 1349. — V. Senat. 11. November 1856. (XXIII. 40.)

a) Die Gemeinden müssen die Kosten der örtlichen Sanitätspolizei tragen.

b) Die im § 3. des Gesetzes vom 11. März 1850 gedachten Beamten sind nur die Beamten der exekutiven Polizei des § 2., zu welchen der Kreis-Physikus nicht gehört.

c) Der Kreis-Physikus hat als solcher nicht die Pflicht,

unentgeltlich die fortlaufende Untersuchung der, der Syphilis verdächtigen Frauenzimmer zu bewirken.

1850, 16. April. Ferien-Ordnung. (Justiz-Ministerialblatt S. 129.)
— § 2. Berechnung der Rechtsmittel-Einführungs- und Rechtfertigungsfrist, deren Endpunkte in die Erndteferien fällt. — Vergl. Verordnung vom 21. Juli 1846 §§ 17. 20.

Rechtsgr. **1350**. — Plenum. 7. Juli 1856. (XXI. 345.)

Die Fristen zur Einführung und Rechtfertigung der eingelegten Rechtsmittel, sowie zu deren Beantwortung, deren Endpunkt in die, durch die Ferien-Ordnung vom 16. April 1850 eingeführten Erndteferien fallen würden, laufen in nicht schleunigen Prozeßsachen erst mit dem Ende der Ferien ab.

1851, 22. April. Bekanntmachung der von den Kammern ertheilten Genehmigung zu der Verordnung vom 2. Januar 1849 über die Aufhebung der Privat-Gerichtsbarkeit. (G. S. S. 180.)
— Siehe Rechtsgr. 1053. (Sächsische Landesordnung vom 28. Januar 1669 Tit. 2. § 15.)

1851, 26. April. Gesetz, betreffend die Zusätze zu der Verordnung vom 2. Januar 1849 über die Aufhebung der Privat-Gerichtsbarkeit und des eximirten Gerichtsstandes, sowie über die anderweitige Organisation der Gerichte. (G. S. S. 181.)
— Siehe Rechtsgrundsätze 1049. 1053. (Morgensprache vom 12. Mai 1643 § 5.; Sächsische Landesordnung v. 28. Januar 1669.)
— Zusatz-Art. 2. Nr. 1. Persönlicher Gerichtsstand des Fiskus:

A. Gerichtsstand des verklagten Fiskus in Betreff der Entschädigungs-Ansprüche wegen expropriirter Grundstücke. — Vergl. Nr. 3. dieses Zusatz-Artikels; A. G. O. I. 2. §§ 111. 112.; Kabinetsorder v. 1. März 1847.; Gesetz vom 2. Januar 1849 § 9.

Rechtsgr. **1351**. — III. Senat. 23. Mai 1855. (XX. 29.)

Die hinsichtlich der Entschädigungs-Ansprüche wegen expropriirter Grundstücke gegen Eisenbahn- und andere mit Expropriationsrechten versehene Gesellschaften angeordnete Kompetenz des Gerichts des belegenen expropriirten Grundstücks findet bei solchen Ansprüchen gegen den Fiskus nicht statt.

B. Vertretung des Postfiskus in Prozessen. — Vergl. A. G. O. I. 2. §§ 126-130.; Verordnung vom 27. Oktober 1810; Kabinetsorder vom 3. Juni 1814.; Allerhöchster Erlaß v. 17. April 1848 §§ 1. 4. und vom 19. Septbr. 1849; Dienst-Instruktion vom 12. Dezbr. 1849 Abschn. 1. §§ 11. 12.

Rechtsgr. **1352**. — I. Senat. 4. Oktober 1854. (XIII. 373.)

Klagen aus Verträgen der Postverwaltung, deren Abschluß ressortmäßig dem Geschäftskreise des General-Postamts vorbehalten worden, und die wirklich auch von dem letztern abgeschlossen sind, können nur gegen das General-Postamt, nicht aber gegen einzelne Ober-Postdirektionen gerichtet, und daher nicht bei den Ortsgerichten der letzteren, sondern nur bei dem Stadtgerichte in Berlin angebracht werden.

1851, 5. Mai. Forstpolizei-Ordnung der Königlichen Regierung in Potsdam, die Ergänzung der Forstpolizei-Ordnung vom 11. März 1850 betreffend. (Potsdamer Amtsblatt für 1851.)

— §§ **1. 8. 35.** Siehe Rechtsgr. 515. (A. L. R. I. **22**. § 215.)

1851, 7. Mai. Gesetz, betreffend die Dienstvergehen der Richter und die unfreiwillige Versetzung derselben auf eine andere Stelle oder in den Ruhestand. (G. S. S. 218.)

— § **15**. Siehe Rechtsgr. 1357. (Gesetz v. 21. Juli 1852 § 14.)

1851, 10. Mai. Gesetz über den Ansatz und die Erhebung der Gerichtskosten. (G. S. S. 622.)

— § **10**. Nr. **2**. Siehe Rechtsgr. 1198. (Subh.-Verordn. v. 4. März 1834 § 18.)

— § **11**. Siehe Rechtsgr. 1372. (Verordnung v. 9. Mai 1854 Art. 3. Nr. 3.)

— § **11**. Nr. **4. 5**. Siehe Rechtsgr. 1317. (Verordnung v. 21. Juli 1849 § 47.)

— § **12**. Nr. **2**. und **3**. Einfluß des Kosten-Ansatzes auf die Zulässigkeit der Rechtsmittel. — Vergl. Verordnung vom 21. Juli 1843 §§ 5. 6. 9.

Rechtsgr. **1353**. — V. Senat. 17. Juni 1850. (XXII. 34.)

Der § 12. Nr. 2. des Gesetzes vom 10. Mai 1851 ist nur für den Ansatz der Kosten, nicht hinsichtlich der Zulässigkeit der Rechtsmittel maßgebend.

Siehe auch Rechtsgr. 1317. (Verordnung Nr. 3153. vom 21. Juli 1849 § 47.)

1851, 12. Mai. Gesetz Nr. 3390. über die Besteuerung der Bergwerke für den ganzen Umfang der Monarchie mit Ausnahme der auf dem linken Rheinufer belegenen Landestheile. (G. S. S. 261.)

— § **6**. Siehe Rechtsgr. 1087. (Hofreskript v. 12. Nov. 1779.)

1851, 12. Mai. Gesetz Nr. 3391. über die Verhältnisse der Miteigenthümer eines Bergwerks für den ganzen Umfang der Monarchie mit Ausnahme der auf dem linken Rheinufer belegenen Landestheile. (G. S. S. 265.)

— § **1**. Siehe Rechtsgr. 701. (A. L. R. II. **16**. § 117.)

— §§ **2** ff. Siehe Rechtsgrundsätze 701. 713. (A. L. R. II. **16**. §§ 117. 264.)

— § **5**. Siehe Rechtsgr. 701. (A. L. R. II. **16**. § 117.)

— §§ **14**. **18**. Nr. **5**. Rechte eines Grubenrepräsentanten.

Rechtsgr. **1354**. — IV. Senat. 6. Januar 1857. (XXXIII. 196.)

Die von den einzelnen Gewerken, unter welchen die Bergprodukte in Natur getheilt werden, besonders aufzubringenden Beiträge zu den Betriebsgeldern der Grube ist der Repräsentant der Gewerkschaft auszuschreiben und einzuklagen befugt.

— §§ **16** **17**. **24**. Siehe Rechtsgr. 713. (A. L. R. II. **16**. § 264.)

— § **18**. Nr. **16**. Siehe Rechtsgr. 1087. (Hofreskript vom 12. November 1779.)

1851, 12. Mai. Tarif zum Gesetz vom 12. Mai 1851, betreffend den Ansatz und die Erhebung der Gebühren der Rechtsanwalte. (Gesetz-Samml. S. 656.)

— §§ **1-3**. Natur der Diäten und Reisekosten der Rechtsanwalte.

Rechtsgr. 1355. — IV. Senat. 3. März 1857. (XXIV. 90.)

Die Diäten und Reisekosten der Rechtsanwalte sind ihren sonstigen Gebühren entgegen gesetzt und daher ein gesetzliches Aequivalent für die Verwendungen, welche der Aufenthalt außerhalb der Wohnung und dem Geschäftslokal, sowie die Beförderung nach dem entfernteren Orte mit sich bringt.

1852, 9. Februar. Danziger Auktions-Reglement.

— Siehe Rechtsgr. 226. (A. L. R. I. **11**. § 360.)

1852, 3. Mai. Gesetz Nr. 3544., betreffend die Zusätze zu der Verordnung vom 3. Januar 1849 über die Einführung des mündlichen und öffentlichen Verfahrens mit Geschworenen in Untersuchungssachen. (G. S. S. 209.)

— Art. **95**. Siehe Rechtsgr. 882-887. (A. G. O. I. **13**. § 9.)

— Art. **101-103**. Wiederholung der Beweisaufnahme in Injuriensachen im Audienztermine zweiter Instanz. — Vergl. Verordn. v. 14. Dez. 1833 Art. 5. Nr. 1.

Rechtsfr. 1356. — Senat für Strafsachen Abth. I. 14. November 1856. (XVIII. 312.)

Kann in Injurienprozessen die Verletzung einer wesentlichen Förmlichkeit behauptet werden, wenn der Appellationsrichter die Wiederholung der Beweis-Aufnahme durch nochmalige Vorlegung von Schriftstücken nicht angeordnet, sondern im Audienztermine brevi manu vorgenommen hat?

— Vergl. auch Rechtsgr. 1161. 1162, 1312. (Prozeßverordnung vom 1. Juni 1833 §§ 35. 36.; Verordnung v. 3. Jan. 1849 § 126.)

1852, 2. Juni. Gesetz Nr. 3573., den Diebstahl an Holz und anderen Waldprodukten betreffend. (G. S. S. 305.)

— § **35**. Siehe Rechtsgr. 608. (A. L. R. II. **5**. § 177.)

1852, 5. Juni. Gesetz Nr. 3577. über das Postfuhrwesen. (Gesetz-Samml. S. 345.)

— § **4**. Siehe Rechtsgr. 653. (A. L. R. II. **8**. § 2452.)

1852, 21. Juli. Gesetz Nr. 3609., betreffend die Dienstvergehen der nicht-richterlichen Beamten, die Versetzung derselben auf eine andere Stelle oder in den Ruhestand. (G. S. S. 465,)

— Siehe Rechtsgr. 1090. (Gesetz vom 16. und 24. August 1790 Titel 2. Art. 13.)

— §§ **14-16**. Amtssuspension nicht-richterlicher Beamten. — Vergleiche Strafgesetzbuch § 25.; Verordnung v. 30. April 1847 § 12.; Gesetz v. 7. Mai 1851 § 15.

Rechtsgr. **1357**. — V. Senat. 12. Dezember 1854. (XV. 279.)

Die Amtssuspension ist in Bezug auf alle nicht-richterlichen Beamten als eine zulässige Strafart nicht zu betrachten.

1852, 1. September. Revidirtes Reglement Nr. 3648. für die Feuersozietät der sämmtlichen Städte der Provinz Schlesien, der Grafschaft Glatz und des Markgrafenthums Oberlausitz mit Ausschluß der Stadt Breslau. (G. S. S. 591.)

— § **12**. Siehe Rechtsgr. 1239. (Feuersozietäts-Reglement v. 6. Mai 1842 § 13.)

1852, 1. September. Revidirtes Reglement Nr. 3649. für die Feuersozietät des platten Landes der Provinz Schlesien, der Grafschaft Glatz und des Markgrafenthums Oberlausitz. (G. S. S. 621,)

— §§ **101. 102.** Siehe Rechtsgr. 1240. (Feuersozietäts-Reglement vom 6. Mai 1842 § 110.)

1853, 17. Januar. Verordnung, die Einführung einer interimistischen neuen Deichrolle für das Ober-Oderbruch betreffend. (G. S. S. 41.)

— § **4**. Siehe Rechtsgr. 1309. (Gesetz Nr 2933. vom 28. Januar 1848 § 17.)

1853, 21. April. Baupolizei-Ordnung für die Stadt Berlin. (Potsdamer Amtsblatt für 1853.)

— § **31**. Siehe Rechtsgr. 499. (A. L. R. I. **22**. § 13.)

1853, 2. Mai. Gesetz Nr. 3730., betreffend einige Bestimmungen zur Beseitigung von Kompetenz-Streitigkeiten unter verschiedenen Gerichten. (G. S. S. 169.)

— § **2**. Kompetenzstreit zwischen inländischen Gerichten.

Rechtsgr. 1358. — V. Senat. 28. April 1857. (XXIV. 224.)

Nur wenn der Kompetenzstreit bei einer Gelangung an das Ober-Tribunal sich noch als ein Streit zwischen zwei inländischen Gerichten darstellt, liegt der Fall des § 2. des Gesetzes vom 2. Mai 1853 vor.

S. auch Rechtsgr. 918. 929. (A. G. O. I. **24**. § 30., **28**. § 14.)

1853, 24. Mai. Gesetz Nr. 3755., betreffend die Aufhebung der Gemeinde-Ordnung v. 11. März 1850, sowie der Kreis- u. Provinzial-Ordnung. (G. S. S. 238.)

— Art **1**. Siehe Rechtsgr. 1348. (Gesetz Nr. 3256. vom 11. März 1850 § 1.)

1853, 24. Mai. Deklaration Nr. 3756. der §§ 74. und 97. des Gesetzes vom 2. März 1850 über die Ablösung der Reallasten und die Regulirung der gutsherrlichen und bäuerlichen Verhältnisse. (Gesetz-Samml. S. 240.)

— § **1**. Siehe Rechtsgrundsätze 1339. 1340. (Gesetz vom 2. März 1850 § 74.)

1853, 24. Mai. Gesetz Nr. 3757. zur Ergänzung des Gesetzes vom 2. März 1850, betreffend die Zerstückelung von Grundstücken. (Gesetz-Samml. S. 241.)

— §§ **2. 3.** Theilweise Nichtigkeit eines Kaufvertrages wegen unförmlicher Dismembration.

Rechtsgr. 1359. — III. Senat. 18. Mai 1857. (XXIV. 318.)

a) Ein Kaufvertrag, der mehrere Grundstücke umfaßt und in Betreff eines Trennstücks eine nicht in der Form des Gesetzes bewirkte Dismembration enthält, ist nur in Betreff dieses Trennstückes nichtig, selbst wenn für dies und die übrigen Grundstücke nur ein unzertrennter Kaufpreis festgesetzt ist.

b) Verzichtet der Kläger auf dieses Trennstück, ohne Reduktion des in Pausch und Bogen stipulirten Kaufpreises zu begehren, so wird der Kauf gültig.

Der Verkäufer muß den Verzicht annehmen und darf sich somit auf den Grundsatz: Beneficia non obtruduntur, nicht berufen.

1853. 24. Mai Gesetz Nr 3804., betreffend einige Abänderungen der Hypotheken-Ordnung vom 20. Dezember 1783. (G.-S. S. 521.)

— **§ 30.** Siehe Rechtsgr. 456. (A. L. R. I. 20. § 482.)

— **§ 32.** Löschung der Hypothek wegen mangelnden Interesses des Gläubigers.

Rechtsgr. **1360**. — III. Senat. 9. Juli 1856. (XXI. 347.)

Der Besitzer des Grundstücks, auf welchem der Pfandbesitz für einen Dritten eingetragen ist, kann von dem letzteren im Falle eines mangelnden Interesses desselben bei dem ferneren Bestehen dieses Vermerks die Bewilligung dessen Löschung verlangen.

— **42.** Siehe Rechtsgr. 962. (A. G. O. I. **51**. § 110.)

— **§ 49.** Antrag des Gläubigers auf Löschung einer vor der Geltung der Hypotheken-Novelle vom 24. Mai 1853 wegen nicht gezahlter Valuta eingetragenen Protestation. — Vergl. A. L. R. Einl. § 14., I. **11**. §§ 732. 738.; Publikationspatent vom 9. Septbr. 1814 § 3.

Rechtsgr. **1361**. — III. Senat. 2. Juli 1855. (XXII. 73.)

Zur Löschung der Protestation wegen nicht gezahlter Valuta nach § 49. der Hypotheken-Novelle vom 24. Mai 1853 reicht der Antrag des Gläubigers aus, ohne daß es einer vorgängigen Verwarnung des Protestanten bedarf.

Siehe auch Rechtsgr. 261. (A. L. R. I. **11**. § 738.)

1854. 20. März. Gesetz Nr. 3966., betreffend einige Abänderungen der Vorschriften über das Civilprozeßverfahren und die Exekution in Civilsachen. (G.-S. S. 115.)

— **§ 1.** Bezugnahme des Appellations-Richters auf das Erkenntniß erster Instanz. — Vergl. Verordnung vom 14. Dezbr. 1833 § 5. Nr. 10 a.; Instruktion vom 7. April 1839 Nr. 17.

Rechtsgr. **1362**. — Plenarbeschluß. 19. Mai 1856. (XXI. 190.)

Unter der im § 1. des Gesetzes vom 20. März 1854 nachgelassenen Bezugnahme auf die im ersten Erkenntnisse enthaltene Darstellung des Sachverhältnisses ist nicht eine ausdrückliche Erklärung des Appellations-Richters zu verstehen.

Rechtsgr. 1363. — IV. Senat. 23. Mai 1857. (XXIV. 337.)

Es ist davon auszugehen, daß der Appellations-Richter, auch wenn in seinem Urtheil eine Berufung auf den faktischen Vortrag des ersten Richters fehlt, denselben dennoch seiner Entscheidung zu Grunde gelegt hat.

1854. 24. April. Gesetz Nr. 3993., betreffend die Abänderungen des Abschnitts 11. II. 1. und des Abschnitts 9. II. 2. des Allg. Landrechts. (G.-S. S. 193.)

— §§ 1 ff. Siehe Rechtsgr. 21. (A. L. R. Einl. § 82.)

— § 9. Nr. 1. Verlust des Entschädigungs-Anspruchs der außerehelich Geschwängerten und Wegfall des Anspruchs ihres Kindes. — Vergl. § 13. Nr. 1. dieses Gesetzes.

A. Durch Beischlaf mit anderen Mannspersonen. — Vergl. A. L. R. I. 16. § 381.

Rechtsgr. 1364. — I. Senat. 11. Januar 1856. (XIX. 262.)

Auch das vor dem Erscheinen des Gesetzes vom 24. April 1854 von einer Geschwächten abgegebene Anerkenntniß des Beischlafs mit Mehreren schließt für eine nach dem Erscheinen des gedachten Gesetzes angestellte Klage jeden Anspruch gegen den unehelichen Vater aus.

B. Durch Verheirathung. — Vergl. A. L. R. II. 2. §§ 1. 12. 13. 618.

Rechtsgr. 1365. — I. Senat. 4. April 1856. (XX. 317.)

Durch die nach Ablauf der Konzeptionsfrist vor der Geburt ihres Kindes erfolgende Verheirathung der Geschwängerten gehen weder ihr noch dem Kinde die Ansprüche gegen den Schwängerer verloren.

— § 9. Nr. 2. Wegfall des Entschädigungs-Anspruchs der Geschwängerten wegen Bescholtenheit derselben.

Rechtsgr. 1366. — I. Senat. 2. März 1857. (XXIII. 338.)

Der Grund der Bescholtenheit muß vor Ablauf der Konzeptionszeit eingetreten sein. Tritt er später ein, so ist er auf die Rechte der Geschwängerten ohne Einfluß.

Rechtsgr. 1367. — I. Senat. 17. Oktober 1856. (XXII. 338.)

Der Entschädigungs-Anspruch der außerehelich Geschwängerten aus der Schwängerung fällt auch dann hinweg, wenn sie sich einem andern Manne, als dem Schwängerer, gegen Bezahlung zur Wollust hingegeben hat.

— § 10. Siehe Rechtsgr. 571. (A. L. R. II. 1. § 1083.)

— § 11. Siehe Rechtsgr. 572. (A. L. R. II. 1. § 1085.)

— § 13. Nr. 1. Siehe Rechtsgr. 1364. 1365. (§ 9. Nr. 1. dieses Ges.)

— § 13. Nr. 2. Begründung der Pflicht zur Alimentation eines unehelichen Kindes durch Anerkenntniß der Vaterschaft. — Vergl. § 15. dieses Gesetzes.

Rechtsgr. **1368**. — I. Senat. 26. November 1855. (XIX. 132.)

Das bloße Anerkenntniß, der Schwängerer der Mutter des unehelichen Kindes zu sein, ist nicht für ein die Pflicht zur Alimentation des letzteren nach § 13. Nr. 2. des Gesetzes vom 24. April 1854 begründendes Anerkenntniß der Vaterschaft zu erachten.

Rechtsgr. **1369**. — I. Senat. 31. März 1856. (XX. 284.)

Die Rechtsgültigkeit des Anerkenntnisses der Vaterschaft eines unehelichen Kindes ist nicht durch die besondere Feststellung bedingt, daß der Anerkennende der Schwängerer sei, resp. mit der Mutter innerhalb der Konzeptionszeit den Beischlaf vollzogen habe.

— § 15. Siehe Rechtsgrundsätze 1368. 1369. (§ 13. Nr. 2. dieses Gesetzes.)

— § 22. Siehe Rechtsgr. 590. (A. L. R. II. 2. § 592.)

— § 23. Anwendung dieses Gesetzes auf frühere Fälle:

A. Nichtanwendbarkeit dieses Gesetzes auf bereits rechtshängig gewesene Sachen. — Vergl. A. G. O. I. 7. § 48.

Rechtsgr. **1370**. — I. Senat. 5. Oktober 1855. (XVIII. 181.)

Der § 23. des Gesetzes vom 24. April 1854, – betreffend die Nichtanwendbarkeit dieses Gesetzes auf die bei Eintritt dessen Gesetzeskraft durch Insinuation der Klage bereits rechtshängig gewordenen Sachen, setzt eine rechtsgültige Insinuation der Klage und der Vorladung des Verklagten voraus. – Daher schließt die vor Eintritt jener Gesetzeskraft blos an den minderjährigen Beklagten erfolgte Insinuation der Klage und der Vorladung die Anwendbarkeit dieses Gesetzes nicht aus, wenngleich hiernächst die Klagebeantwortung des Minderjährigen von seinem Vormunde genehmigt worden ist.

B. Vorher stattgehabtes prozessualisches Verfahren in Betreff vorläufiger Festsetzung der Niederkunfts- und Wochenbettskosten. — Vgl. A. L. R. II. 1. §§ 1020 ff.; A. G. O. I. 7. § 48.)

Rechtsgr. 1371. — I. Senat. 21. April 1856. (XXI. 107.)

Durch das nach den §§ 1020 ff. II. 1. des Allgem. Landrechts wegen vorläufiger Festsetzung der Niederkunfts- und Wochenbettskosten vor Eintritt der Gültigkeit des Gesetzes vom 24. April 1854 stattgehabte prozessualische Verfahren ist die Anwendbarkeit dieses Gesetzes auf die erst nach Eintritt seiner Gesetzeskraft insinuirte Klage auf Feststellung der Vaterschaft, Vorbehalt des gesetzlichen Erbrechts und Alimentation des Kindes nicht ausgeschlossen.

1854. 9. Mai. Gesetz Nr. 4023, betreffend einige Abänderungen des Gesetzes über den Ansatz und die Erhebung der Gerichtskosten vom 10. Mai 1851. (G.-S. S. 273.)

— Art. 3. Nr. 3. Revisibilität in Pacht- und Miethssachen. — Vergl. Verordnung Nr. 2370 vom 21. Juli 1843 § 4. Alinea 2.; Gesetz vom 10. Mai 1851 § 11.

Rechtsgr. 1372. — III. Senat. 26. März 1855. (XXI. 1.)

Der Art. 3. Nr. 3. der Verordnung vom 9. Mai 1854 bezieht sich lediglich auf den Ansatz der Prozeßkosten und entscheidet daher nicht die Frage nach der Revisibilität.

1855, 21. Mai. Gesetz Nr. 4224. über die Ergänzung der Gesetze v. 31. Dezbr. 1842 über die Verpflichtung zur Armenpflege und die Aufnahme neuanziehender Personen. (G. S. S. 311.)

— Art 5. 9. Siehe Rechtsgr. 342. (A. L. R. I. 13. § 268.)

Register.

A.

B.

C.

D.

E.

F.

G.

H.

J.

K.

L.

M.

N.

O.

P.

Q.

R.

S.

T.

U.

W.

Z.

Druck von J. Blumenthal in Berlin, Adlerstr. 9.